KB236961

정신 분석 입문

프로이트 지음

김양순 옮김

일신서적출판사

정신 분석 입문
─────── 차례

제1부 잘   못

지은이 머리말

내가 이번에 《정신분석학 입문》이란 책을 출판하는 것은 이미 발행된 정신 세계에 관한 학문의 소개서, 즉 히치만의 《프로이트의 노이로제론》, 퓌스타의 《정신분석학 방법론》, 레오 카프란 《정신분석학 개설》, 레지스 및 에스나알의 《노이로제 및 정신병의 정신분석》, 파리 아돌프 E. 메이엘 《정신분석에 의한 노이로제 치료》 등과 경쟁하기 위해서가 아니다. 본서는 내가 빈 대학에서 1915년~1916년과 1916년~1917년의 두 차례에 걸친 겨울 학기 동안 의사와 일반 남녀 청강자에게 행한 강의의 원고이다.

독자의 눈을 쏠리게 하는 본서의 특징은 모두 위와 같은 성립 조건에 입각하고 있다. 나는 청강자들에게 나의 이론을 설명할 때 학술 논문에 필요한 냉정함을 유지할 수가 없었다. 강사는 무려 두 시간의 강의를 하는 동안, 청중의 주의력이 산만해지지 않도록 주의하여야만 한다. 그래서 나는 그때그때의 효과를 고려해서 처음에 꿈의 해석, 뒤에는 노이로제의 문제와 결부시키는, 부득이 이와 같은 제목을 반복하기에 이르렀다. 재료의 배열에 관해서도 으레 1·2의 중요한 제목, 이를테면 '무의식'과 같은 것을 한 군데에서 상세히 설명해버릴 수가 없었다. 이런 제목을 여러 차례 다루다가는 다시 새롭고 좋은 기회를 포착하여 그 지식을 보충하여야만 했다.

정신분석에 관한 문헌에 정통해 있는 분이라면 이 책보다 상세한, 이미 나온 다른 서적에도 씌어 있지 않은 사항이 나의 〈입문〉에 조금밖에 기재되어 있지 않음을 알 것이다. 그러나 저자는 자료를 정리하여 매듭짓기 위해 2·3장(불안의 병인·히스테리적 공상)에서 오늘날까지 발표하지 않았던 연구를 소개하기로 했다.

1917년 봄
빈에서
프로이트

첫번째 강의

처음에

나는 여러분이 책이나 사람들의 소문으로 정신분석에 대해 어느 정도의 지식을 갖고 있는지 알지 못한다. 그러나 〈정신분석학 입문〉이라는 강의 제목을 내건 이상, 나는 어디까지나 여러분을 정신분석의 지식이 없는, 첫걸음 입문이 꼭 필요한 분으로서 다루기로 하겠다.

하기야, 정신분석이란 노이로제 환자를 의학적으로 치료하는 방법이라는 것은 여러분이 이미 알고 있는 것으로 가정해도 좋을 것이다. 그래서 나는 곧 이 정신분석의 분야는 의학의 다른 분야와는 전혀 다른 것이 있다는 것, 아니 전혀 상반되는 것조차 종종 있다는 것을 예를 들어 여러분에게 보여주고 싶다. 일반적으로 환자에게 새로운 치료법을 시도할 때는, 언제나 그것에 따르는 고통은 되도록 적게 해주고 그 치료 효과가 충분히 믿을 만하다는 것을 보장해주는 것이 지금까지의 의학이었다. 이것은 좋은 결과를 낳는 확률을 높이기 때문에 그것은 그것대로 올바른 방법이라고 생각한다. 그러나 노이로제 환자에게 정신분석 요법을 쓸 때는 양상이 완전히 달라진다. 우리는 환자에게 치료 방법이 어렵고, 시간이 걸리며 희생이나 노력을 치르지 않으면 안 된다고 설명하고 있다. 또 그 효과에 대해서도 확실한 약속은 할 수 없지만, 그 사람의 태도와 이해 정도, 솔직함과 인내 여하에 달렸다고 말해주기로 되어 있다. 그와 같이 형편이 좋지 못한 태도를 취해야 하는 데는 그만한 이유가 있으므로 나중에 다시 설명할 기회가 있을 것이다.

그런데 내가 여러분을 벌써 이와 같은 노이로제 환자와 다름없이 다

10

루고 있다고 해서 분개하지 않기를 바란다. 그리고 여러분이 내 강의를 다시 들으러 찾아오는 일이 없도록 충고해둔다. 이 기회에 나는 정신분석 교육에는 어떤 불완전함이 필연적으로 따르는가, 또 자신의 판단을 갖기까지는 어떤 어려움이 있는가를 여러분에게 상세히 설명하고 싶다. 이 강의에서 나는 여러분이 여태까지 받아온 모든 교육내용과 사고방식이 어떻게 여러분을 정신분석의 반대자로 만드는가, 또 이 본능적인 적개심을 극복하기 위해서 여러분은 얼마나 많은 것을 정복하지 않으면 안 되는가 보여주고 싶다. 여러분이 이 강의에서 얼마나 정신분석의 지식을 얻게 될는지 나는 물론 예측할 수 없다. 그러나 여러분이 내 강의를 듣는 것만으로는 어떤 순서로 정신분석 연구를 시작해야 하는가, 또 어떤 방법으로 그것을 치료하는가 하는 것을 결코 배울 수 없다는 것은 확언할 수 있다.

그러나 여러분 가운데 정신분석의 개략적인 지식을 얻는 데에 만족하지 않고 정신분석과 오랜 동안 관계를 맺고 싶은 분이 있다면 나는 그에게 그만두라고 말할 뿐 아니라 직접 경고까지 하고 싶다. 현재의 상태를 보아도 알 수 있듯이 정신분석이라는 직업을 택해봐야 대학에서 채용해줄 가능성도 없고, 또 만일 이 길에 숙련된 의사가 되어 개업해본댔자 그의 노력을 이해해주지도 않을 뿐더러 그를 의혹과 질시의 눈으로 보고 기회만 있기를 기다리고 있는 악의를 품은 자들이 한꺼번에 그에게 덤벼들 것이다. 여러분은 오늘날 유럽 곳곳을 휩쓸고 있는 전쟁(제 1차 대전)에 따르는 여러 가지 현상(잔학 행위나 파렴치한 행위)을 보면 얼마나 이러한 자들이 많은지 대강은 짐작이 갈 것이다. 물론 어느 곳에나 이와같이 불쾌한 일에 굽히지 않고 새로운 지식이라고 일컬어지는 것에 따뜻한 동정을 가져주는 사람도 있다. 만일 여러분 가운데도 그러한 사람이 있어서 내 경고를 전혀 아랑곳하지 않은 채 다음 번 강의에도 출석한다면, 그때 나는 여러분을 환영하겠다. 그것은 그렇다치고, 여러분은 모두 정신분석의 어려움이란 대체 어떤 것인지 알 권리를 갖고 있다.

우선 첫째, 정신분석 교수법과 강의에 따르는 어려움을 말해보자. 여러분은 의학 강의에서 사물을 보는 데 익숙해져 있다. 여러분은 해부학의 표본, 화학 반응의 침전(沈澱), 신경 자극의 결과인 근육의 연축(攣縮)을 볼 것이다. 그리고 의학 강의가 진척됨에 따라서 환자라든가, 병의 증상이라든가, 병리 과정(病理過程)의 산물, 나아가서는 분열상태에 있는 병원균까지도 흔히 볼 것이다. 외과의 경우 환자에게 시술하는 행위를 목격하고 때로는 스스로 메스를 들고 수술도 해볼 것이다. 정신과에서조차 실물교시(實物敎示)가 있다. 이때는 환자의 표정, 변화, 말투, 거동을 세밀히 관찰하고 깊은 인상을 받게 될 것이다. 의학 교수라는 사람들은 여러분에게 박물관을 한 바퀴 구경시켜주는 안내인이나 해설자의 역할을 하고 있는 것이다. 그리고 여러분들도 그와 같은 사물과 친히 접하여 자기 눈으로 본 다음에야 새로운 사실이 존재하는 것을 납득할 수 있었다고 믿는 것이다.

유감스럽게도 정신분석에서는 이 모든 사정이 다르다. 분석요법에서는 단지 의사와 환자가 말을 나눌 뿐이다. 환자는 말을 하고, 자기가 겪은 경험의 대부분과 현재의 인상을 이야기하고, 병의 증세를 호소하고, 자기의 희망과 감정을 고백한다. 의사는 그의 말에 귀기울이고, 그 사고의 흐름을 어떤 방향으로 돌려서 시도하고, 어떤 일을 회상시키고, 그의 주의를 한점에 집중시키고, 설명을 해주고, 그에게 일어난 긍정 또는 부정의 반응을 주의 깊게 관찰한다. 그러나 환자의 가족되는 교양없는 사람들은 눈에 보이는 것, 손에 잡히는 것에만 정신이 빼앗겨 마치 영화에서 보는 듯한 행동을 가장 애호하는데 그런 사람들은 '말만으로 어떻게 병을 고칠 수 있는가?' 하는 의문을 일으킨다. 그런 사고방식은 물론 불합리하며 근시안적이다. 왜냐하면 그들 정신병 환자란 단순히 자기에게 이러이러한 증상이 있다고 믿고 있는 것에 지나지 않음을 잘 알고 있기 때문이다.

말의 기원은 본디 마술이다. 오늘날에도 말은 그 옛 마력을 다분히 지니고 있다. 말의 힘으로 사람은 남을 기쁘게 할 수도 있고 반대로 절망의 구렁텅이에 몰아넣을 수도 있다. 말을 통해서 교사는 학생에게 지식을 전달하고, 연사는 마당에 모인 청중을 감동시키며, 그 판단과 결의를 좌우할 수 있다. 말은 감정에 불을 붙인다. 말은 감동을 불러일으키고 사람끼리 서로 영향을 주는 보편적인 수단이 되고 있다. 그러므로 심리요법에 말을 사용한다고 경멸해서는 안 된다. 만일 우리가 정신분석 의사와 환자 사이에 오가는 말의 방청자가 될 수 있다면 그것을 아주 쉽게 깨달을 수 있을 것이다.

그러나 방청은 허용되지 않는다. 정신분석 요법은 대화에 의해 이루어지지만 그 대화에 방청자가 끼어서는 안 되기 때문이다. 회화는 결코 실물교시의 대상이 될 수는 없다. 정신의학 강의에서는 교수가 학생에게 노이로제 환자나 히스테리 환자를 실물교시하는 일도 있다. 그때 환자는 자기의 병력(病歷)이라든가 자기 고민을 호소하지만 결코 그 이상의 말은 하지 않는다. 분석에 필요한 보고를 얻을 수 있을 때란 환자와 의사 사이에 특별한 감정적 결합이 성립되었을 때뿐이다. 만일 자기와 아무런 관계도 없는 제삼자가 듣고 있다는 것을 깨달으면 환자는 금방 입을 다물고 만다. 왜냐하면 그와 같은 보고는 그의 정신생활에서 가장 비밀스러운 부분에 속해 있기 때문이고, 또 사회적으로 독립된 한 개인으로서 남에게 숨겨두어야 하는 것이기 때문이며, 나아가서 조화된 인격으로서 자기 자신에게조차 고백하고 싶지 않은 것과 관련이 있기 때문이다.

그러므로 여러분은 정신분석 요법의 상황을 방청할 수는 없다. 여러분은 치료 이야기를 남에게서 들을 수 있을 뿐이다. 말하자면 엄밀한 뜻에서 여러분은 정신분석을 남의 말을 통해서 듣고 배울 수밖에 없다. 이와같이 재탕한 교육에 의해 판단을 내려야 하므로 여러분은 분명 불리한 조건에 놓여 있다. 그러므로 여러분이 내리는 판단은 분명히 여러분이 증인을 어느 정도 신용하느냐에 달려 있다.

가령 정신의학 강의가 아니라 역사학 강의를 들으러 왔다고 상상해 보라. 그리고 강사가 알렉산더 대왕의 생애와 전공(戰功)에 대해 이야기하고 있다고 하자. 대체 어째서 여러분은 그 강사의 말을 거짓말이 아니라고 믿겠는가? 이것은 정신분석의 경우보다 훨씬 불리하지 않은가? 역사학 교수는 여러분과 마찬가지로 알렉산더의 원정에 참가하지 않았기 때문이다. 이에 비해 정신분석가는 적어도 자기 자신이 맡아 한 일에 대해서 여러분에게 보고한다. 여기서 곧 역사가를 믿어도 좋다고 하는 근거는 무엇인가 하는 의문이 생긴다. 역사가는 여러분에게 동시대, 또는 그 사건과 가까운 무렵에 쓴 옛 저술가의 기록, 이를테면 디오도로스, 플루타크, 아리아누스(^{이상 세 사람은 모두 고}_{대 그리스의 역사가}) 등의 책을 사실(史實)로 제시할 수도 있다. 역사가는 현재까지 보존되어오는 화폐라든가 대왕의 초상을 복사하여 보여주고, 잇수스의 싸움을 새긴 폼페이우스의 모자이크 사진을 회람시켜 줄 것이다. 엄밀히 말하면, 이들 기록은 모두 알렉산더가 실재했다는 것이나, 그의 사적이 사실이라는 것을 먼 옛날 사람들이 이미 알고 있었음을 증명하는 것에 지나지 않는다. 그리고 여러분은 이 사실을 근거로 해서 멋대로 새로운 비판을 가해도 좋다. 이리하여 알렉산더에 관한 기록이 전부 믿을 만한 것이라든가, 자세한 것은 확인해보아야 한다는 것을 알게 된다. 그러나 나는 여러분이 모두 알렉산더 대왕의 실재를 의심하면서 강의실을 나가리라고는 생각지 않는다. 여러분이 내리는 판결은 주로 다음 두 가지 점을 고려해서 정해진다. 첫째는, 강사 자신이 의심쩍다고 생각되는 사실을 여러분에게 진실인 것처럼 여기게 하려는 의도는 전혀 보이지 않는다는 것, 둘째는 어느 역사책을 뒤져보나 이 사실이 거의 똑같이 씌어져 있다는 점이다.

여러분이 옛 사료(史料)를 검토할 때도 이와 같은 점을 고려하게 될 것이다. 즉, 같은 사항에 대해서 사료의 제공자들이 무엇을 어떻게 생각했는가, 또 그 증언이 서로 일치되었나 어떤가를 조사하리라고 생각한다.

위에서 말한 두 가지 점을 고려한 결과 알렉산더의 실재는 확실히 믿어도 좋은 것이 되겠지만 모세라든가 님로드(기원전 2450년 무렵에 살았다는 바빌론의 왕)와 같은 인물이 되면 다소 이야기는 달라진다. 이와 마찬가지로 정신분석의 보고자를 어느 정도 믿어야 좋은가 하는 것은 나중에 충분히 알게 될 것이다.

여기서 여러분은 이런 질문을 할 권리가 있다. 만일 정신분석을 객관적으로 믿을 수도 없고 볼 수도 없다면 대체 어떻게 정신분석을 배우고 그 주장이 진실이라는 것을 확인할 수 있을 것인가 하는 점이다. 실제로 정신분석을 배우는 것은 쉽지 않다. 정신분석을 정식으로 배운 사람은 손가락을 꼽을 정도밖에 없다. 그러나 이에 도달하는 길은 물론 열려 있다.

우선 여러분은 자기를 대상으로 하여 스스로 정신분석을 시도하고 자기라는 인간을 연구함으로써 습득할 수 있다. 이것은 이른바 내관(內觀, 자기 자신의 마음의 상태나 움직임을 하나도 빼놓지 않고 관찰하여 보고하는 것. 실험심리학의 연구 방법)과는 말뜻이 다르지만, 달리 알

14

맞은 말이 발견되지 않으므로 우선은 이런 말로 형용해두자. 정신분석을 조금만 배우면 자기 자신을 분석 재료로 쓸 수 있는, 빈번히 일어나는 보편적인 정신현상이 많이 있다. 그러한 재료를 분석함으로써 여러분은 정신분석이 말하는 현상이 진실이라는 것, 정신분석 학설이 절대 거짓이 아니라는 것을 확신하게 될 것이다. 하기야 그런 방법으로 나아가면 어느 한계에 부딪치게 된다. 그러므로 더욱 깊게 연구할 생각이라면 전문분석가에게 자기에 대한 분석을 부탁하여 분석의 효과를 스스로 몸으로 체험하고, 다시 그 분석가가 사용하는 미묘한 분석 기술을 살피는 기회를 갖는다면 눈에 띄게 진보하게 될 것이다. 이보다 더 좋은 방법은 없다. 물론 이런 편리한 방법은 개인에게만 국한되어 있지 결코 학생 전체가 동시에 사용할 수는 없다.

정신분석을 이해하려고 할 때 일어나는 두 번째의 곤란은, 정신분석에만 책임을 지울 수는 없다. 적어도 여러분이 오늘날까지 의학 연구에 종사해왔다면, 여러분 자신에게도 책임이 있다고 보아야 한다. 여러분이 여태까지 받아온 교육은 여러분의 사고 활동을 정신분석과는 멀리 떨어진 방향으로 돌려버렸다. 여러분은 생체(生體)의 기능이나 그 장애를 해부학의 기초 위에 올려 화학적 또는 물리학적으로 해석하고, 또 생물학적으로 포착하도록 교육받아왔다. 그 결과, 여러분의 흥미는 조금도 이 놀랄 만큼 복잡한 생체 기능의 절정에 있는 정신생활로 돌려지는 일이 없었다. 이런 교육 때문에 심리학적 사고법의 소양이 모자라고, 정신생활을 불신의 눈으로 바라보며, 거기에 과학성(科學性)을 인정하지 않고 마침내 비전문가, 시인, 자연, 철학자, 신비주의자들에게 맡기는 습관이 붙어버렸다.

이와 같은 편견은 확실히 여러분이 의사로서 활동하는 경우에는 유감스런 일이다. 왜냐하면 모든 인간 관계가 그렇듯이 여러분이 환자를 진찰할 때에도 우선 그 환자의 정신적 외모만 보이기 때문이다. 그러한 편견 때문에 여러분이 이룩하고자 하는 치료 효과의 일부를 여러분이 그토록 경멸하는 돌팔이 의사, 자연요법가 및 신비주의자에게 맡기는 어리석음을 범하지 않을까 하고 나는 두려워한다.

지금까지의 교육이 가진 결함에 대해서 여러분이 어떤 변명을 할 것인지 나는 잘 안다. 그러나 아무튼 의사라는 여러분의 직업에 도움이 되는 철학적 보조 학문이 결여되어 있는 것은 확실하다. 사변철학(思辨哲學)이라든가, 기술심리학(記述心理學) 또는 감각생리학(感覺生理學) 등을 토대로 한 실험심리학(實驗心理學)이라는 것은 여러분이 학교에서 배운 것처럼 정신과 육체의 관계를 아는 데 도움이 되었다고는 할 수 없고, 또한 그러한 것들이 여러분에게 정신 기능에 일어남직한 장애를 이해하는 열쇠를 줄 수도 없다.

 의학 영역에서의 정신의학은 관찰된 정신장해를 기술하고 임상증상(臨床症狀)으로 종합하는 일을 하고는 있지만 정직하게 고백하자면, 정신의학의 순수한 기술적(記述的) 진술에 과연 과학의 이름에 해당하는 가치가 있는가를 정신의학자 자신이 의심하고 있는 것이다. 병상(病像)을 이루고 있는 증상의 유래, 메커니즘의 상호 관계는 아직도 알려져 있지 않다. 그러한 증상은 정신의 해부학적 기관인 뇌로 증명되는 변화와 완전히 일치하고 있지도 않으며 그런 해부학적 변화만을 기초로 그 증상을 모두 설명할 수도 없다. 다만 이와 같은 정신장해가 어떤 기질적 질환(器質的疾患)의 부작용이라는 것을 알았을 때만 치료의 효과가 나타나는 것이다.

 정신분석이 메꾸려 하고 있는 것이 이 허점이다. 정신분석은 지금까지 정신의학에 결여되어 있던 심리학적 기초를 만들어주고자 하며, 신체적 장해와 정신적 장해가 동시에 일어나는 이유를 설명해주는 공통적인 바탕을 발견하고자 한다. 이 목적을 위해서 정신분석은 해부학적, 화학적 혹은 생리학적 성질의 가설에서 해방되어 어디까지나 순수한 심리학적인 개념에 의해서 연구를 진행시키지 않으면 안 된다. 이러한 이유로 정신분석이 여러분에게 기묘한 느낌을 주게 되지나 않을까 하고 나는 걱정하고 있다.

 세 번째의 곤란에 대해서는 여러분이 받아온 교육, 또는 여러분의 태도에 책임이 있다고는 말하지 않겠다. 정신분석은 다음에 말할 두 가지 주장 때문에 세상 사람의 노여움을 사고 반감마저 초래했던 것이다. 그 주장의 하나는 세상의 지성적인 편견과 상반되고, 또다른 하나는 심미적(審美的), 도덕적인 편견과 상반된다는 점이다. 이러한 편견을 너무 과소평가하지 않기를 바란다. 그것들은 위력있고 유용한 것이며 아니, 필연적인 인류 진화 과정의 부산물이다. 그것들은 감정에 의해서 고착되어 있으므로 그것들에 대한 투쟁은 매우 어렵다.

세상에서 반감을 사고 있는 정신분석이 가진 주장의 첫째는, 정신 현상 그 자체가 무의식이며 의식적 과정은 정신생활 전체 가운데 한 가지 활동 부분에 지나지 않는다는 점이다. 여러분은 이와는 달리 정신과 의식을 같은 것으로 여기는 습관이 붙어 있음을 상기하게 될 것이다. 즉 의식이란 분명히 정신을 규정하는 특질이며 심리학은 의식 내용을 연구하는 학문이다. 이 사실은 매우 당연하므로 이에 반대한다는 것은 매우 어리석은 일처럼 보인다. 그럼에도 불구하고 정신분석은 의식과 정신을 동일한 것이라는 가정을 인정할 수 없다. 여러분의 정의에 따르면 정신이란 감정, 사고, 욕망의 과정이다. 그러나 정신분석에서는 의식적 사고와 무의식적 욕망이 존재한다고 주장하지 않을 수 없다. 그러나 이 주장 때문에 정신분석은 처음부터 냉정한 학문적 성격을 좋아하는 사람들의 동정을 잃어 어둠 속에서 토대를 쌓고 탁류에서 고기를 낚으려 하는 엉터리 신비교(神秘敎)의 혐의를 받고 만 것이다.

그러나 내가 어떤 이유로 ‘정신은 의식이다’는 추상적인 명제를 편견이라고 단정하는지, 여러분이 아직 알지 못하는 것은 당연하다. 또 만일 무의식이라는 것이 실제로 존재한다면 어떤 과정을 통해서 이와 같은 무의식이 부정당하게 되었는가, 또한 이 명제를 부정할 때 어떤 이익이 있었는가를 여러분은 짐작하지 못할 것이다. 정신과 의식은 같은가, 아니면 정신은 의식의 범위를 넘어서 펼쳐져 있는가 하는 것은 이익도 없는 말꼬리 트집의 논쟁처럼 보인다. 그러나 나는 무의식적인 정신 과정이 존재한다고 가정했기 때문에 세계의 학문에 전혀 새로운 문이 열렸다는 점을 여러분에게 단언할 수 있다.

이와 마찬가지로 정신분석의 이 첫번째의 대담한 주장이 다음에 말하고자 하는 두 번째의 대담한 주장과 얼마만큼 밀접한 관계가 있는가를 여러분은 상상하지 못할 것이다. 정신분석이 이 업적의 하나로서 발표한 두 번째 명제란, 사람들이 좁은 뜻으로나 넓은 뜻으로 성적(性的)이라고 부르고 있는 욕구의 흥분이 노이로제와 정신병의 유인(誘因)으로 오늘날까지 옳게 평가되지 않았던 면에 중대한 역할을 맡고 있다는 주장이다. 아니 그 이상으로 이 성적 충동은 인간 정신이 이룩한 최고의 문학적, 예술적, 사회적 창조에 가벼이 볼 수 없는 커다란 공헌을 해왔다고 주장하는 바이다.

나의 경험에 따르면, 이 정신분석 연구의 성과에 대한 반감이야말로 정신분석이 당한 가장 신랄한 비판의 근원이었다. 여러분은 우리가 성적 충동을 어떻게 설명하는지 알고 싶은가? 문화란 생존경쟁에서 오는 압력으로 본능적 욕구 충족을 희생하여 산출한 것이라고 우리는 믿고 있다. 문화의 대부분은 잇따라 새로이 인간 사회의 일원이 된 각 개인이 사회 전체를 위해서 욕구 충족을 되풀이하여 희생함으로써 언제나 새로 만들어내는 것이다. 이와같이 이용된 본능력(本能力) 중에서도 특히 성적 욕망은 중요한 역할을 맡고 있으며 그때 성적 욕망은 승화된다. 즉, 성적 충동은 그 본래의 성적 목표에서 전도(轉導)되어 사회적으로 한층 높은 차원의 성적이 아닌 목표로 돌려지는 것이다. 그러나 이와 같은 방법으로 구축된 건축은 불안정하다. 왜냐하면 성본능은 제어하기 어려운 것이기 때문이다. 문화 활동에 종사하는 사람들의 마음 밑바닥에는 자기 속에서 불타는 성본능의 승화 작업을 포기할 위험이 늘 존재한다.

성본능이 억제에서 해방되어 그 본디의 목표로 다시 돌려질 때만큼 사회가 문화의 위기를 느낄 때는 없다. 사회는 그 자체의 토대가 되어 있는 이 아픈 부분이 상기되는 것을 좋아하지 않는다. 사회는 성본능의 위력이 인정되고 성생활의 의의가 각 개인에게 계몽되는 데 아무런 흥미도 보이지 않는다. 사회는 오히려 교육적이라는 견지에서 이성이라는 영역 전체에 사람의 주의가 집중되지 않는 길을 택한 것이다. 그래서 사회는 정신분석이 밝힌 연구 성과를 이해하지 않았던 것이다. 사회는 안간힘을 쓰고 미(美)에 반대되는 것, 도덕상 배척해야 하는 것, 위험하기 짝이 없는 것이라는 낙인을 정신분석에 찍고 싶었던 것이다.

그러나 학문적 업적의 객관적 성과라는 것은 이런 비난을 받아봐야 동요하지 않는다. 적어도 항의하려면 그 항의는 지적인 영역의 문제로서 주장하도록 다시 출발하지 않으면 안 된다. 인간은 자기가 좋아하지 않는 것을 진실이 아니라고 비방하고 곧 그 증거를 찾아내는 것이 상례다. 사회도 자기 마음에 들지 않는 것은 진실이 아니라고 하여 정신분석의 학설에 대해 우선은 이론적이고 구체적이지만 다분히 감정만 앞세운 논거(論據)를 내세우고 대들지만 본래 그것은 감정적인 반발이며, 아무리 반박해도 편견에 지나지 않은 이의(異議)를 고집하고 있는 것이다.

그러나 위와 같이 우리는 비난 많은 명제를 제창함에 있어서 어떠한 세상의 풍조에도 추종하지 않았다고 단언할 수 있다. 우리는 어려웠던 연구에서 발견했다고 믿은 것만을 발표하고 싶었던 것뿐이다. 우리는 학문적 연구에 이와 같은 실생활의 문제를 뒤섞는 것을 절대적으로 거부할 권리를 요구한다. 그리고 이와 같은 권리를 얻기 전에는 우리에게 실생활에 관한 것을 억지로 이것저것 생각하게 하는 위구심이 과연 정당한 것인지 어떤지 조사할 것도 없이 말이다.

지금까지 말해온 것은 여러분이 정신분석을 배울 때 만나는 어려움 가운데 두세 가지에 지나지 않는다. 강의의 시작에 즈음하여 이것으로 충분할 것이다. 여러분이 이제까지의 권고로도 동요하지 않을 결심이 생겼다면 지금부터 강의에 들어가기로 하겠다.

두 번째 강의

잘못

가설이 아닌, 하나의 연구로서 시작하자. 연구 대상으로서 매우 자주 나타나고 사람들이 모두 알고 있지만 그러면서도 그다지 주의를 기울이지 않고 있는 한 현상을 골라보자. 이 현상은 어떠한 건강한 사람에게도 볼 수 있다는 점에서 직접 병과는 무관한 것이다. 한 현상이란 인간이 저지르는 잘못, 이른바 '실수 행위'이다. 예를 들면 무슨 말을 하려고 했는데 그만 틀린 말을 지껄이는 '잘못 말하기(Versprechen)' 같은 것이다. 이와 같은 잘못은 글을 쓸 때도 나타난다. 이것은 나중에 깨닫는 수도 있고, 깨닫지 못하는 수도 있다. 또 인쇄물이나 문서에 씌어 있는 글자와는 다르게 읽는 '잘못 읽기(Verlesen)'가 있다. 자기에게 하는 말을 잘못 듣는 '잘못 듣기(Verhören)'도 한 종류이다. 물론 청력(聽力)에 기질적 장애(器質的障碍)가 있을 때는 별도다. 마찬가지 현상의 두 번째 종류에 들어가는 것은 오랜 동안이 아닌 일시적인 '망각(Vergess-en)'으로 알려져 있는 것이다. 이를테면 종종 말해왔고 얼굴은 떠오르는데 사람의 이름이 떠오르지 않는 경우라든가, 나중에는 생각나지만 하려고 한 '계획'을 잊는 경우, 즉 짧은 시간 동안만 잊고 있는 현상 등이다.

세 번째 종류에서는 이 '일시적'이라는 조건이 빠져 있다. 이를테면, 물건을 어디엔가 치워두고는 그 다음에 가서 어디에 두었는지 완전히 잊어버리는 '둔 곳 잊기(Verlegen)'가 있다. 이것과 아주 닮은 '분실(Verlieren)'도 이 속에 들어간다. 이것은 망각의 일종이지만 보통의 망각과는 별도로 취급된다. 이때 사람은 있을 수 있는 일로 생각하지 않고 잊어버린 데 대해서 스스로 기가 막히거나, 짜증이 나거나 한다. 이와 관련해서 '착각(Irrtüme)'이라는 것이 있다. 착각에도 이 일시적이라는 요소가 포함되어 있다. 즉 그렇지 않다는 것은 그 전에도 알고 있었고 나중에 문득 깨닫게 되지만, 그때는 그 잘못을 믿는 것이다. 이와 같은 많은 현상이 여러 가지로 불리어지고 있다.

이러한 현상들은 서로 모두 깊은 관계가 있어서 독일에서는 'Ver'라는 전철(前綴)이 붙은 단어로 나타낸다. 이와 같은 현상은 모두 중요한 것이 아니고 대개 그저 일시적인 것이며, 인간생활에 큰 의의가 없다고 여겨지고 있다. 그 중에서 예외로 물건의 분실이라는 것이 실생활에서는 가끔 중대한 일로 문제되는 일이 있을 뿐이다. 그러므로 이런 현상은 약간 감정이 동요될 뿐이며 그다지 주의하지 않는다.

여러분은 지금부터 한번 이와 같은 현상에 주의를 기울여주기 바란다. 그러나 여러분은 분개하며 이렇게 항의할는지도 모른다.

"이 넓은 세계에는 수수께끼가 얼마든지 있고, 정신 생활이라는 좁은 세계에도 수수께끼로 가득 차 있으며, 정신장애의 영역에도 설명이 필요하고 설명할 가치가 있는 경이(驚異)가 헤아릴 수 없이 많은데, 하필 이런 하찮은 것에 정력과 관심를 소비한다는 것은 정말 어처구니없는 일이라고 생각합니다. 선생님이 우리들에게, 건전한 귀와 눈을 갖춘 인간이 왜 대낮에 거기 존재하지 않는 것을 보거나 듣거나 할 수 있는가? 또 어째서 여태까지 가장 사랑하던 사람이 자기를 박해한다고 갑자기 믿게 되는가? 또 어째서 어린아이들도 어처구니없다고 생각할 망상이 나타나는가? 이런 이유를 똑똑히 가르쳐주신다면, 정신분석을 존중할 수 있겠지요. 그러나 축사를 하는 사람이 어째서 말을 잘못했는가, 가정주부는 어째서 열쇠를 어디에 두었는지 잊어버렸는가, 하는 따위의 하찮은 문제만 연구하는 것이 정신분석이라면 우리는 모처럼의 시간과 흥미를 더 유익한 다른 일에 바치고 싶습니다."

이에 대해서 나는 여러분께 다음과 같이 대답한다. "참으시오, 여러분의 비평은 그릇된 것입니다." 그야, 정신분석이 지금까지 한 번도 하찮은 것을 연구 대상으로 삼지 않았다고는 주장할 수가 없다. 아니 이와는 아주 반대로 정신분석의 관찰 자료는 다른 학문으로부터 하찮은 것이라고 버림받은 눈에 띄지 않는 것, 말하자면 현상계(現象界)의 쓰레기 같은 것을 언제나 그 관찰 재료로 삼아왔다. 그러나 여러분은 비평함에 있어서, 문제의 규모가 크다는 것과 그 특색이 사람의 눈에 띄지 않는다는 것을 혼동하고 있지는 않을까? 매우 중대한 것이 어떤 때, 어떤 조건 아래서 아주 눈에 잘 띄지 않는 징후(徵候)로 나타난 적은 없었던가? 나는 쉽게 그와 같은 실례를 많이 들 수 있다. 여기 있는 청년 여러분은 어느 여성이 자기를 좋아한다는 것을 사소한 징후로 알아챌 것이다. 여러분은 꼭 입으로 하는 사랑의 고백이나, 정열에 찬 포옹을 받고 비로소 그렇다고 생각하지는 않으리라, 아니, 몰래 던진 추파나 교태를 잠깐 보았다든가, 1초쯤 길게 악수를 한 것만으로 충분하지 않을까? 그리고 여러분이 형사가 되어 살인범 수사에 종사한다면 범인이 현장에 자기 현주소를 적은 사진을 남겨두리라고 기대하겠는가? 아니, 여러분은 어디까지나 범인이 남긴 빈약하고 불확실한 증거물로 만족해야 할 것이다. 그러므로 사소한 징후를 경멸해서는 안 된다. 십중 팔구 이 사소한 증거에서 커다란 증거에 도달할 수 있게 되는 것이다. 그러나 나도 여러분과 마찬가지로, 현실 세계와 학문상의 큰 문제가 가장 우리의 흥미를 끌 권리를 가지고 있다고 생각한다. 그러나 이것저것 큰 문제를 지금부터 전심전력으로 연구하겠다고 결심해봐도 대개 별로 이익이 되지 않는다. 그런 결심을 해봐야, 대체 무엇부터 시작해야 좋을지 전혀 짐작이 가지 않는다. 학문의 연구에서는 신변에 있는 것이나 이미 연구의 길이 트여 있는 것부터 착수하는 편이 유리하다. 만일 사람이 이 신변의 것부터 착실하게 아무런 예상도 기대도 가지지 않고 백지 그대로를 연구한다면, 그리고 사람이 행운이라는 것을 가지고 있다면 모든 것이 서로 연관성(聯關性)을 가지고 있으므로 작은 것과 큰 것을 결부시키고 있는 관계를 더듬어 가망이 없을 것 같은 연구에서도 큰 문제에 도달하는 실마리를 발견할 수 있는 것이다.

그래서 나는 여러분의 흥미를 건강한 사람에게 나타나는 언뜻 보기에는 아주 하찮은, 잘못이라는 문제의 연구로 돌리고 싶은 것이다. 지금 정신분석의 지식이 없는 사람을 붙잡고 "대체 당신은 이 같은 현상을 어떻게 설명하겠는가?" 하고 질문했다고 하자.

그 사람은 먼저 이렇게 대답할 것이다. "뭐야, 그까짓것은 설명할 가치도 없는 거야. 하찮은 우연이지." 이 대답은 어떤 뜻일까? 이 사람은 우주 현상계의 인과율(因果律)에서 벗어난, 있어도 없어도 마찬가지인 조그마한 사건이 존재한다고 구태여 주장할 참인가? 만일 이 사람이 이런 식으로 자연계의 결정론(決定論)을 단 하나의 관점에서 파괴해버린다면 학문적 세계관을 무시한 것이 된다. 여러분은 그런 사람에게 신의 특별한 의지가 없으면 참새 한 마리도 지붕에서 떨어지지 않는다고 단정한, 저 종교적 세계관이 얼마나 더 일관성이 있느냐고 그 사람에게 지적해주면 된다. 생각컨대 이 사람은 자기의 첫 대답에서 일관된 결론을 끌어내려고는 하지 않을 것이다. 그는 다시 생각하고 만일 나라도 그런 현상들을 연구한다면 물론 그 설명을 발견할 수 있다고 대답할 것이다. 그것은 기능의 가벼운 장애, 정신적 행위의 부정확함이 문제라고 말할 것이다. 그러나 그러한 조건은 이미 옛날에 발견되었다. 어떤 사람이 평소에는 정확히 말을 할 수 있는데 연설을 하다가 잘못 말했다고 하자. 그때의 조건은 (1) 그 사람이 좀 기분이 나빴거나 피곤했을 때 (2)그 사람이 흥분했을 때 (3)그 사람의 주의가 다른 일에 몹시 빼앗기고 있었을 때 등이다. 이 조건을 증명하는 것은 아무것도 아니다.

실제로 잘못 말하는 것은 피로했을 때나, 머리가 아팠을 때나 편두통의 발작이 일어나려 할 때 특히 잘 일어난다. 이와 마찬가지 상태에서는 고유명사(固有名詞)의 망각이 흔히 나타난다. 그리고 고유명사가 잘 생각나지 않을 때, 편두통의 발작이 드디어 가까워졌다고 예상하는 습관이 붙은 사람도 많다. 상기되거나 흥분하면 말뿐 아니라 사물을 혼동하여, '실수(Vergreifen)'하게 된다. 그리고 방심(放心)하고 있을 때, 즉 무언가 다른 일에 주의가 집중되어 있을 때 계획을 망각한다든가 생각지도 않던 엉뚱한 다른 행위를 하게 된다. 이와 같은 방심상태의 잘 알려진 예로는 '프리겐데 브레터(오스트리아의 월간 풍자 만화 잡지)'에 실려 있는 한 교수(教授) 이야기가 있다. 이 교수는 다음 저서에 쓸 문제를 골똘하게 생각하고 있었기 때문에 지기 우산을 어디엔가 놓고 남의 모자를 쓰고 나온다. 이와 마찬가지로 계획이나 남과의 약속을 실행에 옮기기 전에 몹시 복잡한 일이 일어나면 잊어버리기 쉽다는 것은 여러분도 자기 자신의 경험으로 잘 알고 있을 것이다.

이것은 알기 쉬워서 이러쿵저러쿵 이론(異論)이 나올 여지는 없을 것으로 보인다. 우리가 기대한 만큼 흥미있는 일도 아니다. 그러면 잘못에 대한 설명을 더 상세하게 살펴보기로 하자.

잘못이라는 현상이 일어나는 조건은 늘 동질적인 것은 아니다. 불쾌감이나 순환장애(循環障碍)는 정상적인 기능을 해치는 생리학적 바탕이 된다. 흥분, 피로, 방심 등은 정신생리학적(精神生理學的)이라고 부를 수 있는 또 다른 조건이다. 이 조건들은 쉽게 학설이 되었다. 피로, 방심, 혹은 전신의 흥분 때문에 주의력이 산만해지고 그 결과 당면한 일에 주의가 집중되기 어려워진다. 이런 상태에서 한 일은 자칫하면 혼란되어 부정확하게 행하여질 수 있다. 가벼운 병, 신경중추에 있어서의 혈행(血行)의 변화도 동일한 결과를 가져온다. 즉, 그러한 것이 결정적인 인자(因子)가 되어 주의력의 분산이라는 마찬가지 영향을 낳는다. 그러므로 모든 경우가 기질적인 원인이나 심리적인 원인에 기인하는 주의력 장애의 결과인 것이다.

이런 것은 정신분석의 흥미를 크게 돋군다고는 생각되지 않는다. 우리는 다시 이 주제를 즉각 버리고 싶은 심정이다. 물론 다시 더 세밀하게 관찰을 진행시켜나가면 잘못이 다 이 주의력의 학설과 일치한다고는 말할 수 없다는 것, 적어도 이 학설로 잘못의 전부를 직접 설명할 수 없다는 것을 알게 될 것이다. 이와 같은 잘못이나 망각은 피로하거나 방심하건, 흥분하거나 흥분하지 않은 사람, 오히려 어느 면으로 보나 정상 상태에 있는 사람에게도 나타난다는 것을 우리는 경험으로 잘 알고 있다. 그 사람이 그때 잘못을 저질렀기 때문에 흥분해 있었을 것이라고 나중에 말하지만 사실 본인은 그때 흥분 따위는 조금도 느끼지 않고 있었던 것이다. 그러므로 사람의 행위란 그 위에 기울여진 주의력의 증대로 훌륭히 수행되고 주의력의 저하로 손상된다고 간단히 설명할 수는 없다. 순전히 기계적으로 그다지 주의도 기울이지 않고 행하고도, 완전히 확실하게 달성되는 행위가 많지 않은가. 산책을 하고 있는 사람은 자기가 어느 방향으로 걸음을 옮기고 있는지 거의 모른다. 그래도 길을 잘못 들지 않고 바른 길을 지나 목적지에 도착한다. 적어도 일상생활에서는 만사가 대체로 이와 같다. 물론 잘

24

못 칠 때가 간혹 있기는 하지만 생각지 않고 치는 것이 잘못의 위험도를 높이는 것이라면, 평상시에 잘 연습하고 자동적으로 칠 수 있게 된 명연주가야말로 가장 많이 이 잘못 치는 위험에 놓이는 셈이다. 그런데 이와는 달리 많은 행위는 특별히 크게 주의를 필요로 하지 않는 경우에 오히려 매우 순조로이 수행되고 정확하게 하고자 특별히 열을 기울일 때, 즉 잘못을 저지르는 요인인 주의력의 산만이 아무리 보아도 없을 것 같을 때 오히려 잘못을 저지른다. 이것이 바로 '흥분'의 결과라고 말할 사람이 있을는지 모른다. 그렇다면 우리가 그렇게 관심을 쏟고 있는 일에 흥분은 왜 주의집중력을 높여주지 않는지 이해하기 힘들다. 누가 중요한 연설이나 강연을 할 때 자기가 말하려고 생각한 것과 정반대의 말을 무심코 해버렸을 경우, 이 잘못 말하기를 정신생리학적인 이론이나 주의력이 이론으로 잘 설명할 수 있는 사람은 거의 없다.

잘못에는 또한 이해할 수 없고, 지금까지 설명으로는 뚜렷이 지적할 수도 없는 조그마한 부차적 현상(副次的現象)이 많이 일어난다. 이를테면 사람의 이름을 일시적으로 잊어버렸을 경우, 속이 상하고 어떻게든 생각해내려고 하는 바람에 다른 일이 손에 잡히지 않게 된다. 아무리 생각해내려고 기를 써봐야, '입 안에서 뱅뱅 돌고 있어' 누가 말해주면 금방 생각날 이름인데, 아무리 주의를 기울여 생각해내려 해도 생각이 떠오르지 않는 경우가 있는 것은 무슨 까닭일까? 그리고 잘못이 잡다한 모습을 하고, 서로 얽혀 이어지는 경우도 있다. 어떤 청년은, 처음에는 데이트 약속을 잊어버리고 이제 결코 잊지 않겠다고 결심했는데도 이번에는 약속 시간을 완전히 잘못 생각하고 있다는 것을 깨달았다. 또 잊어버린 이름을 이리저리 궁리하여 생각해내려고 할 경우, 그 말을 찾아낼 때 도움이 될 제이의 이름을 잊어버린다. 이 제이의 이름을 쫓다가 이번에는 제삼의 말을 잊어버린다.

이와 같은 일이, 식자공(植字工)의 경우에는 오식(誤植)이라는 형태로 간혹 일어난다는 것은 잘 알려진 일이다. 한번은 사회민주당 기관지에 이런 종류의 집요한 오식이 끼어 있었다는 이야기를 들었다. 즉 어느 축전(祝典) 기사에 이렇게 씌어 있었다. '당일의 식장에는, Komprinz도 참석하셨다.' 다음날 신문에 오식의 정정 기사가 나왔다.

신문은 오보(誤報)에 관해 사과하고 다음과 같이 쓰고 있었다. '전일의 기사 Komprinz는 마땅히 Knorprinz의 오식이므로 정정합니다(‘당일의 식장에는 Kronprinz(황태자 전하)도 참석하셨다’고 쓸 참이었다. 말하자면 오식 정정기사에도 오식이 있었던 것이다) 이런 사건을 보통 '오식의 악마(惡魔)'라든가, '식자 상자의 요괴(妖怪)'라고 부르는 것이다. 이 표현은 아무튼 정신 생리적인 학설 이상의 것이 있다는 것을 시사하는 것이다.

여러분이 알고 있는지 어떤지는 모르지만 하나의 암시에 의해서 잘못 말하게 할 수가 있다. 이에 대해서 다음과 같은 이야기가 있다. 한 번은 풋내기 배우가 연극에서 중요한 배역을 맡았다. 그것은 《오를레앙의 처녀(실러의 희곡)》의 한 장면으로, 임금에게 "Connëtable(원수)이 칼을 반환해왔습니다." 하고 알리는 중요한 장면이었다. 그런데 연습 중에 주연 배우가 곁에서 대본의 대사 대신에 "Komfortabel(빈 속어로 한 필이 끄는 마차의 마부)이 말을 반환해왔습니다." 하고 우물쭈물하고 있는 풋내기 배우를 몇 번이나 놀려주었다. 이 주연 배우는 마침내 자기의 목적을 이루었다. 상연 중에 풋내기 배우는 너무 지나치게 조심하다가 가엾게도 그만 주연 배우가 놀려대던 그 잘못된 말을 지껄여버린 것이다.

잘못의 이와 같은 자질구레한 특징은 앞에 나의 주의력 산만의 학설만으로는 도저히 설명할 수 없다. 그렇다고 이 학설이 잘못되어 있다는 것은 아니다. 아마 이 학설만으로는 불충분한 것 같다. 이 학설을 나무랄 데 없는 것으로 만들기 위해서는 보충할 어떤 것이 필요하다. 그럼으로써 잘못의 많은 것을, 다시 다른 관점에서도 바라볼 수 있는 것이다.

잘못 가운데서도 우리의 연구에 적절한 것으로서의 '잘못 말하기'를 골라보자. 물론 잘못 쓰거나 잘못 읽기를 골라도 상관없다. 아까부터 언제, 어떤 조건 밑에서 사람이 잘못 말하게 되는가 하는 의문을 던지고 이 의문에만 뚜렷한 해답을 해온 것을 다시 한 번 상기해주기 바란다. 그러나 여러분이 관심을 다른 데로 돌려서 왜 사람은 꼭 이런 식으로만 잘못 말하고, 달리는 잘못 말하지 않는가 하는 점을 알고자 해도 좋을 것이다. 이때 여러분은 잘못 말하기의 본질을 고찰하게 된다. 이 의문에 대답할 수 없고 되잘못 말하는 작용이 분명히 밝혀지지 않는 이상, 비록 생리학적으로는 훌륭하게 해석이 되더라도 심리학적 견지에서 보면 이 현상(現象)은 여전히 하나의 우연인 것으로 남게 된다. 내가 잘못 말할 경우, 나는 분명히 무한히 많은 방법으로 잘못 말할지도 모른다. 한 마디의 옳은 말 대신에 다른 수천 마디 중의 하나를 지껄이고 그 옳은 말을 무한히 다양하게 바꾸어버릴 수 있었을지도 모른다. 그렇다면 이와같이 무수한 가능성 중에서 이 특수한 경우에 나에게 다름 아닌 이 방법으로만 잘못 말하게 한 데는 그 무엇이 있는 것이 아닐까? 그렇지 않으면 그것은 역시 우연이며 제멋대로의 생각일까? 이 의문에는 결국 합리적인 대답은 줄 수 없는 것일가?

1895년에 메링거($\binom{독일의}{언어학자}$)와 마이어($\binom{스위스의 정}{신\ 의학자}$) 두 학자가 그들의 입장에서 잘못 말하기의 의문을 풀려 했다. 두 사람은 많은 실례를 모아 우선 순기술적(純記述的)인 관점에서 기재했다. 물론 이 실례에는 아무 설명도 되어 있지 않았지만 해명에의 실마리는 열려 있었다. 메링거와 마이어는 본인이 말할 생각으로 있던 본래의 말이 잘못 말함으로써 왜곡되는 방법을 구별하며, 즉 도치(倒置-Vortauschungen), 선행발음(先行發音-Antizipationen), 후퇴발음(後退發音-Postpositionen), 혼성(混成-Kontaminationen), 대용(代用-Substutionen)으로 분류했다. 이제 여러분에게 이들 두 학자가 보여준 주요 분류를 예를 들어 설명하기로 한다. 도치의 예로는 '밀로의 비너스'라고 말하는 대신 '비너스의 밀로'라고 말했을 때다($\binom{어순의}{도치}$). 선행발음의 예는 'Es war mir auf der Brust so schwer(나는 걱정으로 가슴이 무겁다).'고 말하는 대신 'Es war mir auf der Schwest'라고 말했을 때($\binom{뒤에\ 있는\ 'Schwer(무거운)'가\ 앞에\ 가서\ 'Brust(마}{음)'의\ st와\ 붙어\ \langle Schwest\rangle 라고\ 발음된\ 것이다.}$)이다. 후퇴발음의 예로는 저 유명한 우스꽝스러운 축배 'Ich fordere Sie auf, auf das wohl unseres Chefs aufstossen($\binom{이것은\ '여러분,\ 우리\ 은사님의\ 건강을\ 축원하여\ 구토를\ 합시다'가}{된다.\ 건배를\ 한다는\ anstossen을,\ 구토를\ 한다는\ aufstossen이라고.\ 말해버린\ 것이다}$).' 그것이다. 이상과 같이 잘못 말하는 세 가지 형식은 그리 흔히 볼 수 있는 것은 아니다. 이들보다 더 자주 있는 것은 생략이라든가 혼성의 형식으로 나타나는 경우이다. 이를테면 한 신사가 길거리에서 낯선 젊은 여성에게 이렇게 인사했다. 'Wenn Sie gestatten, mein Fräulein, möchteich Sie gerne begleitdigen.'이 혼성된 말 속에 'begleiten(모시고 가다)'이라는 말이 아닌 'beleidigen(능욕하다)'이 분명히 포함되어 있다($\binom{원래는\ '아가씨,\ 실례지만\ 제가\ 모시고\ 가게\ 해}{주십시오'하고\ 말하려고\ 했던\ 것을\ 실언했다.}$). 이런 고약한 신사는 도저히 젊은 여성에게 접근할 수 없을 것이다. 다시 대용(代用)의 예로,

메링거와 마이어는 'Ich gebe die Präparate in den Brütkasten(표본을 孵卵器 넣어두다)' 대신, 'Briefkasten(우편함)'이라고 말한 것을 들고 있다.

이 두 학자가 그 수집된 실례에서 끌어낸 설명은 완전하다고는 할 수 없다. 그들은 한 말의 발음과 철자는 저마다 다른 가치를 가지고 있으며 가치가 높은 발음의 신경지배(神經支配)는 가치가 낮은 발음의 신경지배를 혼란시킨다고 생각한다. 그들은 그토록 자주 볼 수는 없는 선행발음과 후퇴발음의 예에 입각하여 결론을 내린 것이다. 이 밖의 잘못 말하기 형에서는 발음의 우세가 설령 있다고 하더라도 일부러 문제삼아 고려할 것까지는 없다. 아무튼 가장 잘 일어나는 잘못 말하기는 하나의 말 대신 그것과 매우 비슷한 다른 말을 지껄이는 예이다. 이 유사작용(類似作用)은 여러 사람에게 잘못 말하기를 설명하기에 충분하다. 이를테면 모 교수가 취임 연설에서, "나는 존경하는 우리 전임자의 공적을 평가하기를 좋아하지(geneigt) 않습니다('평가하기에 적합하지 (geeignet)않습니다'의 실언이였음)."라고 말한 경우다. 또 다른 것으로 어떤 교수가, "여성의 성기(性器)에 대해서는 무수한 유혹(Versuchungen)에도 불구하고……. 아니, 실례했습니다. 무수한 연구(Versuch)에도 불구하고……." 라고 실언했을 경우이다. 그러나 가장 흔하고 가장 주목할 만한 잘못 말하기의 형태는 자기가 말하고자 하는 말과 정반대의 뜻을 가진 말을 지껄이는 경우이다. 이 형태는 물론 발음 관계라든가, 유사작용과 하등 관계가 없다. 그대신 여러분은 반대말이라는 것은 개념상 친근성이 있고 심리적 연상(心理的聯想)에서는 서로 특별히 밀접하게 결부되어 있다는 것을 깨닫게 될 것이다. 이 형태의 잘못 말하기 예로서는 역사상의 실례가 있다. 한번은 하원(下院)의장이 다음과 같은 말로 개회를 선언했다. "여러분, 의원의 출석수를 확인하고, 이제 폐회를 선언합니다."

보통 흔히 있는 연상이 반대 관계를 띠고 뜻밖에 떠올라 그 결과 모처럼의 자리가 어색해지는 수가 있다. 예를 들면 잘 알려진 이런 이야기가 있다. H. 헬름홀츠(독일의 생리학자이며 물리학자)의 아들과 유명한 발견자이며 공업가인 지멘스의 딸과의 결혼 피로연에서 유명한 생리학자 듀 보아 레이몬이 축사를 하게 되었는데, 이 생리학자는 훌륭한 축사를 다음과 같은 말로 끝맺었다. "여기에 생긴 새로운 회사, 지멘스-할스케의 성공을 빌겠습니다(지멘스-헬름홀츠라고 했어야 옳았던 것이다.)." 할스케란 물론 유서 깊은 회사의 이름이며, 이 두 이름을 연상하여 나란히 부르게 된 것은 빈 사람들이 '리멜-보이텔(오스트리아의 철강 재벌)'이라고 말하듯이 베를린 사람들에게는 하나의 습관이었음에 틀림없다.

그러므로 발음 관계와 언어의 유사성 이외에 언어 연상작용을 덧붙이지 않으면 안 된다. 그러나 이것만으로는 불충분하다. 잘못 말하기의 어떠한 경우에서나 적당한 설명을 하기 위해서는 잘못 말하기 직전에 어떤 말을 했는가, 또는 어떤 것을 생각했는가를 고려하지 않으면 관찰된 잘못 말하기를 뚜렷이 밝힐 수 없다. 따라서 메링거가 강조한 후퇴발음이라는 잘못 말하기는 매우 멀리서부터의 관찰에 불과하다. 이리하여 이상에서 관찰한 것만으로도 우리는 잘못 말하기를 조금은 더 잘 이해한 것 같은 인상을 갖게 되었다고 하지 않을 수 없다.

방금 시도한 연구로 '잘못 말하기'의 실례에서 새로운 인상을 받았다고 해서 오해하지 않기 바란다. 여태까지는 잘못 말하게 되는 조건과 잘못 말하여 일어나는 왜곡(歪曲)의 종류를 연구했는데, 잘못 말하기 자체의 작용을 그 기원에 관계없이 독립적으로는 아직 고찰해보지 않았다. 만일 과감히 이 본체(本體)를 고찰한다면 우리는 결국 어떤 소수의 예에서는 잘못 말하여 입 밖에 나온 말 자체에는 그 내용에 의미가 있다고 주장하지 않으면 안 되게 된다. 그러면 잘못 말하기에 의미가 있다는 말은 대체 무슨 뜻일까? 그것은 다음과 같이 말할 수 있다. 즉 잘못 말하기의 작용은, 그 자신의 목적을 추구하고 있는 정당한 심리적 행위이며 또 내용과 뜻을 가진 표현으로 풀이해도 좋다는 것을 의미한다. 여태까지 우리는 언제나 잘못을 문제삼아왔는데 지금 다시 생각해보면 잘못은 아주 정당한 행위이며 예측했거나 의도한 다른 행위와 대치(代置)된 행위에 지나지 않는다고 생각된다.

잘못이 포함하고 있는 이 독특한 의미는 어떤 경우에는 아주 이해하기 쉽고 뚜렷하다. 하원 의장이 개회식에서, '개회'라고 할 것을 '폐회'라고 잘못 말했을 때, 이 잘못 말하기가 나타난 당시의 상황을 조사해보면, 이 잘못은 깊은 뜻이 있다고 생각하지 않을 수 없게 된다. 의장은, 이번 의회가 자기 당에 불리하다고 예상하고 있어서 곧 폐회

할 수 있었으면, 하고 생각하고 있었던 것이다. 이와 같은 의미를 찾아내는 것, 즉 이 잘못한 말을 해석하기란 결코 어렵지 않다. 어떤 부인이 다른 부인에게 인사를 하는데 "Diesen reizenden neuen Hut haben Sie sich wohl selbst aufgepatzt? ('이 훌륭한 새 모자는 조잡하게 만들어졌네요?' 이 부인은 '당신에게 아주 잘 어울려요.'라고 할 셈이었는데 'aufgeputzt(장식하다)'라고 한다는 것이, 'aufgepatzt(조잡하게 하다)'로 발음해버린 것이다.)"라고 말했다면 이 잘못한 말에서 '이 모자는 조잡하다'는 뜻을 끌어냈다고 해서 세계의 어떤 과학자도 감히 이론을 제기하지는 못할 것이다.

다른 예에서, 콧대 세기로 유명한 어느 부인에게 의사가 대체 어떤 영양식을 남편에게 먹이고 있는가를 물어보았더니, 특별한 식사가 필요없대요. 남편은 "내가 좋아하는 것을 무엇이나 먹고 마셔도 좋다는 거예요." 하고 말했을 때, 이 실언은 역시 어떤 뜻에서는 과연 틀림없이 시종 일관된 자기 중심주의를 표현하고 있다.

잘못 말하기에 있어서 잘못의 극히 적은 사례만이 의미를 가지고 있는 것이 아니라 그 대부분의 것이 어떤 '의미'를 포함하고 있다고 가정한다면, 지금까지 문제로 되지 않았던 잘못의 의미는 우리에게는 매우 흥미진진한 것이 되고 일체의 다른 견해는 마땅히 무시되어버린다. 이렇게 되면 모든 생리학적 요소, 혹은 정신 생리학적 요소를 버리고 우리는 그 의미, 바꿔 말하면 잘못의 의의, 잘못의 목적을 오직 순심리학적으로 연구하지 않으면 안 되게 된다. 따라서 이와 같은 기대에 호응하여 많은 관찰 재료를 검토하는 것을 게을리해서는 안 된다.

이 계획을 실행하기 전에 나와 함께 다른 실마리를 찾도록 여러분을 안내해보고 싶다. 시인은 흔히 잘못 말하기나 또는, 그 밖의 잘못을 시적 묘사(詩的描寫)의 기교에 이용한다. 이 사실만으로도 시인은 이를테면 잘못 말하기와 같은 실수를 중요한 것으로 여기고 있다는 점을 알 수 있다. 왜냐하면 시인은 일부러 그런 잘못을 창작하기 때문이다.

시인이 우연히 잘못 쓰고는, 그 잘못 쓴 것을 작중 인물이 잘못한 말로서 남겨둔다는 것은 있을 수 없다. 작가는 잘못 말함으로써 독자에게 무엇을 알리려고 하고 있을 것이다. 여기서 우리는 그 잘못 말한 것이 대체 무엇인가, 과연 작가가 우리에게, 그 작중 인물이 방심상태에 있었다든가, 혹은 편두통이 일어나려 하고 있었다든가 하는 것을 암시하려는 것은 아닌가 조사해보아도 좋다. 작가가 잘못한 말이 아주 뜻깊은 것이라고 하더라도 우리는 그것을 과대평가할 생각은 없다. 잘못 말한 것이 실제로는 아무 의미가 없는 심리적 우연일 수도 있을 것이고 의미를 포함하는 일은 매우 드물지도 모르기 때문이다. 그러나 시인은 기교상 잘못 말하기를 사용하는 것이므로 잘못 말하기를 세련시켜 거기에 뜻을 곁들이는 기술을 터득하고 있는 것이다. 잘못 말하기에 관해서는 언어학자나 정신 의학자에게 배우는 것보다 작가로부터 배우는 것이 많다고 해도 이상할 것이 없다.

이와 같은 잘못 말하기의 예가, 실러의 《발렌시타인(피콜로미니 제1막 제5장)》에 있다. 제 4장에서 막스 피콜로미니는 열렬하게 발렌시타인 공(公)의 편을 든다. 그리고 그때 발렌시타인의 딸을 수행하여 진영까지 여행하는 동안에 깨달은 평화의 행복을 공에게 진심으로 설득시킨다. 그리고 피콜로미니는 넋을 잃고 있는 자기 아버지 옥타비오와 조정의 사신 퀘스텐베르크를 뒤에 남겨놓고 그 자리를 떠난다. 거기서 제 5장이 전개된다.

퀘스텐베르크 아아, 큰일났구나. 그렇게 되어버렸나? 그런 어처구니없는 생각으로 그를 가버리게 해도 좋을까? 그를 다시 불러올 수는 없을까? 이 자리에서, 그의 눈을 뜨게 해줄 수는 없을까?

옥타비오 (깊은 생각에 잠겼다가, 문득 정신을 차리고) 이제, 그 애가 내 눈을 뜨게 해주었구나. 눈을 뜨고 보니 마음대로 온갖 것이 다 보이는구나.

퀘스텐베르크 아니, 무슨 말씀이시오, 그게?

옥타비오 에이, 지긋지긋한 여행이다.

퀘스텐베르크 왜요? 왜 그렇지요?

옥타비오 아무튼 가자. 이 불길한 조짐을 지금 당장 규명해서 내 눈으로 직접 확인해야겠다. 나와 함께 가자. (퀘스텐베르크를 채근한다)

퀘스텐베르크 예, 어디로 가십니까?

옥타비오 (숨가쁘게) 그 아가씨한테.

퀘스텐베르크 그 아가씨라니?

옥타비오 (말을 고쳐서) 아니, 공(公)한테. 자, 가세.

옥타비오는 공을 찾아간다고 말하려다가 그만 잘못 말해버린 것이다. '아가씨한테'라고 말하는 옥타비오의 말은 적어도 우리에게 그가 자기 아들인 젊은 기사가 평화를 펀드는 배후에 움직이고 있는 그 영향력을 명백히 통찰하고 있음을 폭로해주었다.

더 감명 깊은 예를 오토 랑크(프로이트의 제자)가 셰익스피어의 작품에서 발견했다. 그것은 《베니스의 상인》의 유명한 장면, 즉 행운의 청혼자가 세 개의 상자 중에서 하나를 고르는 장면이다. 나는 랑크의 짧은 글을 여러분에게 읽어주는 편이 오히려 알기 쉽다고 생각한다.

'문학적으로 보면 미묘한 동기가 있고, 기교상으로 보면 눈이 동그래지도록 화려하게 사용된 잘못 말하기', 즉 프로이트가 《발렌시타인(일《일상생활의 정신 병리》 제 2판, 48페이지)》에서 보여준 것은 작가가 잘못의 메커니즘과 잘못에 포함되어 있는 의미를 충분히 알고 있고, 또 독자도 그것을 안다고 예상하고는 고의로 만들었다는 것을 나타내고 있다. 같은 예를 셰익스피어의 《베니스의 상인(제 3막 제 2장)》에서도 발견할 수 있다. 아버지의 유언에 따라 미래의 남편을 제비뽑기로 선택하도록 강요받은 포샤는 지금까지 자기가 싫어하는 청혼자들을 우연한 행운 덕분에 물리칠 수 있었다. 그런데 마지막으로 자기가 진정으로 사모하고 있는 바사니오가 자기에 대한 청혼자라는 것을 알고, 그녀는 바사니오도 옳게 제비뽑지 못하게 되지나 않을까 하고 걱정한다. 만일 잘못 뽑더라고 역시 나는 당신을 사랑하지만 내가 한 맹세 때문에 두 사람 사이는 막히고 만다고, 그녀는 바사오니에게 말하고 싶어한다. 이 작가는, 이 내면의 갈등으로 고민하는 그녀의 입으로 이 사랑하는 청혼자에게 다음과 같이 말하게 하고 있는 것이다.

포샤 제발 서두르지 마시고 하루 이틀 계시다가 운명을 시험하세요. 잘못 고르시는 날엔 두 번 다시 만날 수 없게 되니까 말예요. 그러니 잠시만 참으세요. 사랑은 아니지만 어쩐지 당신과 헤어지기가 싫은 것만 같아요. 미운 정은 그런 조언을 절대로 하지 않을 거예요. 그러나 당신계서 제 마음을 이해 못 하시지나 않을까 하여…… 그래도 처녀의 마음은 생각뿐이지 발표는 못 해서…… 그러니 저를 위해서도 운명을 시험하시기 전에 한두 달 이 곳에 머무르시게 하고 싶어요……. 어떤 것을 고르시라고 가르쳐드릴 수도 있지만, 그러면 제가 맹세를 깨뜨리게 되니 가르쳐드릴 수는 없어요. 그러나 내버려두면 잘못 고르실는지도 몰라요. 그렇게 되면 맹세를 깨뜨렸으면 좋았을 것을, 하고 전 죄많은 것을 생각하게 되는지도 몰라요…… 아, 원망스러워라, 당신의 그 두 눈. 그 눈에 사로잡혀서 제 마음은 두 조각이 났어요. 한 조각은 당신의 것, 다른 한 조각도 당신의 것…… 아니 제 것이긴 하면서도 제 것은 역시 당신의 것, 그러니 결국은 죄다 당신의 것이에요……

그녀가 맹세를 깨뜨리고 마음을 고백해서는 안 되기 때문에 은근히 남자에게 암시하고 싶었던 것, 즉 제비를 뽑기 전부터 나는 모두 당신의 것이다. 나는 당신을 사랑하고 있다는 것을 이 작가는 경탄할 만한 미묘함으로써, 잘못 말하기의 형식으로 표면에 드러내준 것이다. 이 기교를 통해서 견딜 수 없는 애인의 불안과 제비뽑기의 결과가 어떻게 될까 하고 손에 땀을 쥐는 관객의 긴장에 안도감을 준 것이다.'

마지막의 아슬아슬한 순간에 포샤가 얼마나 미묘하게 잘못한 말 속에 간직된 두 가지 선고(宣告)를 타협시키고 어떻게 두 가지 선고 사이에 가로놓인 모순을 화해시켰으며 그리하여 결국은, "…… 아니 제 것이긴 하면서도 제 것은 역시 당신의 것, 그러니 결국은 죄다 당신의 것이에요……." 하고 말하여, 그 잘못한 말을 오히려 정당화시킨 점에 주의해주기 바란다.

의학과는 인연이 먼 사상가도 또한 이따금 자기 자신의 관찰을 통해서 잘못에 포함되어 있는 의미를 발견하고 우리의 연구가 있기 전에 이 방면의 해명에 노력해왔었다.

"괴테가 농담을 할 때는 그 농담 속에 문제가 감추어져 있다." 고 괴테에 대해서 말한, 기지에 넘치는 풍자 작가 리히텐베르크(1742년 ~1799년)를 여러분은 알고 있을 것이다. 문제의 해결도 농담으로 계시(啓示)될 때가 있다. 리히텐베르크는 기지와 풍자에 넘치는 자기의 수상집 속에 이렇게 쓰고 있다.

‘나는 ‘angenommen(가정하면)’이라고 읽을 것을 언제나 무심코 Agamemnon(그리스 신화의 영웅. 호메로스의《오디세이아》에 나오는 인물)’이라고 읽었다.’

그만큼 그는 호메로스를 열심히 읽고 있었던 것이다. 이 글이야말로 바로 잘못 읽기의 이론(異論)이다.

다음 차례에서, 잘못에 대한 우리의 견해가 얼마나 시인들의 견해와 일치하는가 살펴보자.

역주 : 점은 지은이가 찍은 것임.

세 번째 강의

잘못——계속

지난번 강의에서 우리는 잘못을 관찰함에 있어서 잘못에 의해 방해되기 전에 의도했던 행위와 관련시켜서 잘못을 관찰하지 않고, 잘못 그 자체를 관찰한다는 착안을 했다. 그리고 어떤 경우에는 잘못이 그 자신의 독자적인 뜻을 말해버리는 일도 있다는 인상을 받았다. 잘못에는 의미가 있다는 것이 만일 넓은 범위에 걸쳐서 입증된다면 이 의미는 잘못의 원인이 되는 조건을 연구하는 것보다 흥미있는 것이 될 것이라고 말해두었다.

다시 한 번, 심리 현상의 '의미'란 대체 무엇인가에 대해 우리의 의견을 일치해두고 싶다. 의미는 그 의미를 포함하고 있는 의도, 또는 일련의 심리계열(心理系列) 중에서 심리과정의 위치에 지나지 않는다. 우리의 연구에서는 이 '의미'를 '의도' 또는 '의향'이라고 고쳐 말해도 좋다. 만일 이 의미 속에서 하나의 의도를 발견할 수 있다면 의미를 단순히 잘못이라는 현상의 기만적 가면(欺瞞的假面)이라든가, 시적 기교로서 처리해버릴 수는 없다.

그러면 잘못 말하기의 실례에만 이야기를 한정시켜서 이와 같은 현상을 많이 관찰해보자. 그러면 여기서 잘못 말하기의 의도, 즉 의미가 뚜렷이 드러나 있는 잘못 말하기의 사례 전체가 분류될 것이다.

첫째로, 자기가 말하고자 하던 것과 정반대의 것이 입 밖에 나올 경우다. 하원 의장이 개회식 인사말에서 "즉각 폐회를 선언합니다." 하고 잘못 말했다. 이 잘못 말하기의 의도, 즉 의미는 뚜렷하다. 이 잘못된 연설의 의미와 의도는, 의장이 의회를 빨리 끝마치고 싶다고 생각했기 때문이다. 어떤 사람은 "의장은 입으로만 그렇게 말했을 뿐이다."하고 말할는지 모르지만, 우리는 그의 말만으로 충분하다. 이런 것은 있을 수 없다든가, 의장이 폐회를 바라고 있었던 것이 아니라 개회를 바라고 있었음을 우리는 잘 알고 있다든가, 자기 의도를 가장 잘 알고 있는 본인이 개회를 희망하고 있었음을 입증해줄 것이라든가, 하는 항의를 내게 들이댄다면 곤란하다. 여러분은 우리가 잘못된 행위를 우선 하나의 독립된 것으로서 관찰하려고 하는 입장에 있음을 잊어서는 안 된다. 잘못과 그것으로 인해서 방해된 의향(意向)과의 관계는 나중에 말하겠다. 그렇게 하지 않으면 여러분은 논리상의 잘못을 범하게 된다. 이 잘못을 영어에서는 '선결문제 요구의 허위 (begging the question)⟨문제점을 증명하지 않고 논점을 진실이라고 전제하여 논의를 진행시키는 것, '논점 절취의 허위'라고도 한다.⟩'라고 말하듯이 여러분은 논하고자 하는 문제를 요술처럼 없애버리고 얼버무려버리게 된다.

둘째로, 정반대의 것을 말하지 않았을 경우에도 잘못한 말 속에서 정반대의 의미가 표현되어 있을 때가 있다. 이를테면 "나는 존경하는 나의 전임자의 공적을 평가하기를 좋아하지 않습니다."라는 예에서 geneigt(적합하다)는 geeignet(좋아하다)의 반대는 아니지만 그때 교수가 해야 할 말과는 분명히 정반대되는 표현을 공공연히 고백했다.

셋째로, 잘못 말하기는 의도했던 의미에 제2의 의미를 덧붙이는 일도 있다. 이때는 잘못 말하여 나타난 문구가 여러 문구의 단축, 생략, 압축처럼 보인다. 이를테면 콧대세기로 유명한 부인이, "남편은 '내가' 좋아하는 것은 무엇이나 먹고 마셔도 좋다는 거예요."하고 말한 것은, 마치 부인이 "남편은 자기가 좋아하는 것은 무엇이건 마시거나 먹거나 할 수 있어요. 하지만 대체 남편은 무엇을 원할까요? 그 선택의 권리는 내가 쥐고 있는 거예요."라는 뜻을 말하고 있는 것처럼 보인다. 이와같이 잘못 말하기는 흔히 생략의 인상을 준다. 이를테면 해부학 교수가 비강(鼻腔)의 강의가 끝난 뒤, 학생들에게 비강에 대해서 정말로 알았느냐고 질문했다. 모두 알았다고 이구동성으로 말했을 때 교수는 이렇게 계속했다. "암만해도 믿을 수 없군. 비강에 대해서 정말로 잘 아는 사람은 수백만 명이나 사는 이 도시에서도 이 '한 손가락으로'…… 아니, 아니…… 다섯 손가락으로 헤아릴 정도밖에 없거든."에서 생략된 문구에는, '정말로 잘 아는 사람은 오직 하나, 나뿐이다.'라는 의미가 포함되어 있다.

넷째로 잘못의 의미가 뚜렷이 나타나는 경우와는 대조적으로, 잘못 말한 것이 아무런 의미도 주지 않기 때문에 우리의 기대에 어긋나는 경우가 있다. 잘못 말하기의 한 경우로 고유명사를 길게 발음하거나, 또는 보통 쓰지 않는 말을 만들어내는 수가 흔히 있으므로 모든 잘못에는 다 의미가 있는가 하는 생각은 즉각 부정되는 것처럼 여겨진다. 그러나 이런 종류의 예를 자세히 살펴보면 이런 왜곡은 쉽게 이해할 수 있고, 또 의미가 뚜렷하지 않은 잘못 말하기의 경우도 앞에서 말한 의미가 뚜렷한 잘못 말하기의 경우와 별로 다르지 않다는 것을 깨닫게 된다.

말(馬)을 가진 사나이가, 말의 건강 상태에 대해 질문을 받고, "Ja, das draut…… Das dauert Vielleicht nocheinen Monat."라고 대답했으므로 대체 무슨 말을 하고 있는 거냐는 반문을 받자, 그는 이렇게 설명했다. "Das seieine traurige Geschichte(퍽 가엾은 일이야.)라고 말하려던 것이, dauert(계속하다)와 traurig(가엾다)가 결합하여 draut 가 된 거다(그는,'응, 퍽 가엾은 일이야. 아직 한 달은 더 걸릴걸.' 하고 말할 생각이었다. 메링거와 마이어)."

어떤 사람이 자기가 항의한 어떤 사건을 이야기할 때 다음과 같이 계속했다. "Dann aber sind Tatsachen zum Vorschwein gekommen……." 반문을 받고, 실은 이 일을 Schweinereien이라고 말하고 싶었던 것이라고 설명했다. 즉, 'Vorschein(명백하다)'과 'Schweinerei(외설)'가 합쳐서, 'Vorschwein'이라는 이상한 말이 생긴 것이다(이 사람은, '진상은 결국 알았는데 외설스러운 일이야.'라고 말할 참이었던 것이다. 메링거와 마이어).

여러분은, 처음 보는 젊은 여자에게 begleitdigen하려고 한 신사의 예가 생각날 것이다. 우리는 우리 마음대로 이 말을 말을 'begleiten(수행하다)'과 'beleidigen(능욕하다)'으로 나누었는데, 이 해석은 굳이 설명할 필요도 없을 만큼 확실하다. 여러분은 이러한 예로서, 의미가 뚜렷하지 않은 잘못 말하기도 두 가지 다른 의도의 충돌, 즉 간섭으로써 설명할 수 있다는 것을 짐작할 수 있을 것이다. 그리고 잘못 말하기의 전자의 경우에서는 한쪽의 의도와 다른 쪽의 의도가 완전히 뒤바뀌어(代理), 완전히 정반대의 것이 잘못한 말로서 나타났는데 후자의 경우에서는, 한쪽의 의도가 다른 쪽의 의도를 왜곡하거나, 혹은 변형시킨 것뿐이므로 다소나마 의미를 포함한 것 같은 기형이 생긴 것이다. 이것이 양자의 다른 점이다.

이제 우리는 잘못 말하기의 많은 수수께끼를 풀었다고 확신할 수 있다. 이 견해를 똑똑히 납득하면 여태까지 풀지 못했던 경우도 자연히 이해할 수 있을 것이다. 이를테면 이름의 왜곡에서는 항상 비슷하지만 다른 두 이름의 경합이 그 원인이라고 가정할 수는 없다. 그러나 이때라도 제2의 의도를 찾아내는 것은 그리 어렵지 않다. 이름의 왜곡은 잘못 말하기 이외에서도 잘 나타난다. 이것은 본래의 이름을 귀에 거슬리게 들리도록 하거나 조금 천하게 들리도록 하기 위해서 사용되며 흔한 욕의 방식이 되어 있다. 교양있는 사람은 곧 그것을 삼가하지만 실은 마지못해 조심할 뿐, 종종 '위트'로서 사용한다. 그러나 결코 고상한 '위트'는 아니며 오늘날에도 널리 사용되고 있다. 이름의 왜곡으로서 더없이 야비한 예로는 어떤 사람이 최근에 프랑스 공화국 대통령 포앙카레(Poincaré)의 이름을 슈바인스카레(Schweinskarë)라고 비꼰 적이 있다(슈바인(Schwein)은 독일에서는 본래 '돼지'라는 뜻이며, 천한 사람을 욕하는 야비한 속어로 되어 있다.). 잘못 말하기에 이와같이 얼굴이 붉어지고 입 밖에 낼 수도 없는 욕설의 의도가 속에 숨어 있는 것은 두말할 것도 없다.

우리의 견해를 우스꽝스런, 생각도 미치지 못할 효과를 가진 실언까지 밀고 나가면, 그것에도 이와 비슷한 설명을 하지 않을 수 없게 된다. "여러분, 우리 은사님의 건강을 축원하며 구토합시다……."라는 예에서는, 식욕을 망칠 불쾌한 기분을 불러일으키는 말이 불쑥 끼어들어 혼란되며 모처럼의 축하 기분이 엉망이 되어버린다. 그리고 우리는 그것이 모욕이나 조소를 나타내는 말과 비슷하기 때문에 이 표면상의 존경과는 딴판으로 존경을 힘껏 부정하려고 하는 의향이 고개를 쳐들어, '사은회라니 같잖구나. 말만의 인사지. 저런 놈을 누가 알아주기나 한다나.' 하고 말할 속셈이었다고 상상된다. 이것과 마찬가지 설명은, 이를테면 Apropos(때마침)를 Apopos(popos(엉덩이)의 뜻)라고 말하거나, Eiweissscheibchen(달걀 흰자위 조각)을 Eischeissweibchen(scheissen (똥누다)라는 속어, weibchen(여자)의 속칭)이라고 말하는 것처럼(메링거와 마이어), 아무렇지도 않은 말을 일부러 천하고 외설스러운 말로 바꾸어놓는 잘못 말하기에도 적용된다.

우리는 정당한 말을 일부러 외설스러운 말로 왜곡하여 어떤 쾌감을 느끼려는 경향이 어떤 사람들에게 있음을 알고 있다. 그것이 곧 위트로 여겨지지만 실제로 그런 말을 한 사람에게 과연 그 말을 일부러 위트로 했는가, 아니면 무심코 잘못 말했는가, 한번 조사해볼 필요가 있다.

우리는 이제 큰 힘도 들이지 않고 잘못의 수수께끼를 해결한 것 같다. 잘못은 결코 우연이 아니라 진지한 정신적 행위이며 거기에는 특유한 의미가 있고 두 가지 다른 의도가 상호 작용——더 적절히 말하면 상호 영향의 결과가 생긴 것이다. 그런데 지금 여러분은 내게 의문을 갖거나 질문하려고 할 것이다. 그래서 우리 연구의 첫 성과를 기뻐하기 전에 먼저 여러분이 품은 그 의문이나 질문에 답하여 그것을 처리하지 않으면 안 되겠다. 하지만 해결을 서두를 필요는 없다. 계속해서 모든 경우를 냉정하게 비판해보지 않겠는가, 여러분의 의문을 들어보자.

"방금 한 선생님의 설명은, 잘못 말하기의 모든 경우에 적용된다고 생각하십니까? 아니면 어떤 특별한 경우에만 적용된다고 생각하십니까? 이 견해는 다른 많은 경우의 잘못, 이를테면 잘못 읽기, 잘못 쓰기, 망각, 착각, 둔 곳을 잊어버리기 등에도 적용됩니까? 피로, 흥분, 방심, 주의력 장애 같은 요소가 잘못의 심리적 본질이고 보면 그 위에 어떤 의의가 있는 것은 아닙니까? 그리고 두 가지 서로 중복되는 경향 가운데 하나가 항상 잘못하는 행위 표면에 나타나고 다른 것은 언제나 나타나지 않는다면 나타나지 않는 의향을 끌어내기 위해서는 어떻게 하면 됩니까? 그것을 끌어냈다고 믿을 때에 그것이 과연 확실할 뿐만 아니라 유일하게 정확한 것이라고 증명하기 위해서는 어떻게 하면 됩니까?"

여러분은 이 밖에도 의문을 갖고 있는가? 이 이상의 의문을 갖고 있지 않다면 이번에는 계속하기로 한다. 우리는 오로지 잘못의 현상 그 자체를 연구하려고 한 것이 아니라, 잘못의 연구에서 다만 정신분석에 관하여 가치 있는 점만을 알고자 했을 뿐이다. 이것은 여러분의 기억에도 새로운 일일 것이다. 그래서 나는 다음 문제를 제기한다. 이와같이 다른 의향, 또는 의도를 방해할 수 있는 의도란 도대체 어떤 것인가? 방해하는 의향과 방해받는 의향 사이에는 어떠한 관계가 있는가? 이 문제가 해결되어야 비로소 다음의 새로운 연구가 시작되는 것이다.

그러면 내가 말한 설명은 잘못 말하기의 모든 경우에 적용되는가? 나는 적용된다고 믿고 싶다. 왜냐하면 잘못 말하기의 어떤 경우를 검토하더라도, 예외없이 내가 말한 설명으로 그것이 해석된다는 것을 깨닫기 때문이다. 그러나 잘못 말하기에 반드시 이와 같은 메커니즘이 작용하고 있다고 단언할 수는 없다. 그것은 그럴 것이다. 그러나 그런 문제는 이론적으로 아무래도 좋다. 왜냐하면 설혹 잘못 말하기의 아주 적은 예만이 그렇다 하더라도——실제로는 적은 예가 아니었지만——우리가 정신분석학 입문에서 얻고자 하는 결론은 성립되기 때문이다. 제이의 의문, 즉 잘못 말하기에서 밝혀진 해석이 다른 종류의 잘못에도 마찬가지로 똑같이 적용되느냐 하는 의문에 대해서, 나는 적용된다고 분명히 대답하고 싶다. 나중에 잘못 쓰기, 착각 등의 예를 연구할 때 여러분은 납득하게 되겠지만 우선은 잘못 말하기를 더 철저하게 논할 때까지 기법상의 이유로 그런 연구는 앞으로 미루기를 제안한다.

여러 대가(大家) 선생들이 역설하는 혈액순환 장애, 피로, 흥분, 방심 같은 요소, 또는 주의력 장애의 학설이 과연 우리에게 의의가 있느냐 없느냐 하는 질문에 대해서는 지금까지 말해온 잘못 말하기의 심리적 메커니즘을 인정할 때, 비로소 충분한 해답을 할 수 있다고 말하고 싶다. 우리도 이 여러 요인을 부정하는 것이 아니라는 점은 여러분도 충분히 알 줄 믿는다. 정신분석이 다른 학파에서 주장하는 학설을 부정하는 일은 거의 드물다. 정신분석은 여태까지의 다른 학설에 새로운 것을 덧붙이고 있으며 또 여태까지 간과되고 있던 것을 덧붙이고 있다. 새로 지금 덧붙인 것이 다른 학설의 본질인 요소가 되는 일도 실제로 있는 것이다. 불쾌감, 순환 장애, 피로 등으로 일어난 생리적인 상태 때문에 잘못 말하는 일이 생긴다는 것은 충분히 인정할 수 있다. 여러분도 일상적인 자신의 경험으로 그것을 충분히 알고 있다. 그러나 그것만으로 모든 것이 설명될 것인가?

우선 첫째, 그것은 잘못을 일으키는 데 있어서 필수적인 조건이 아니다, 잘못 말하기는 완전히 건강하고 정상적인 상태에서도 나타난다. 그러므로 이와 같은 육체적 요소는 잘못 말하기 특유의 심리적 메커니즘을 일으키기 쉽게 하고, 보조 역할을 하는 데에 지나지 않는다. 이 점에 관해서 나는 전에 하나의 비유를 든 적이 있다. 더 이상 적절한 비유를 찾을 수 도 없기 때문에 여기서도 같은 예를 되풀이하기로 한다. 어느 어두운 밤, 내가 인적없는 호젓한 길을 걷고 있었다고 가정하자. 그때 나는 악당에게 습격받아 시계와 지갑을 빼앗겼다. 도둑의 얼굴이 똑똑히 보이지 않았기 때문에 가까운 파출소에 가서 이렇게 호소했다고 하자. "혼자였고 어두웠기 때문에 내 귀중품을 겁탈당했습니다." 경관은 내 호소에 이렇게 대답할 것이다.

"암만해도 당신은 극단적으로 기계론적인 견해를 중시하는군요. 우리들 같으면 오히려 이렇게 말하지요. 어둠과 혼자 몸으로 가고 있는 것을 요행으로 여기고 도둑이 귀중품을 겁탈해갔다고 말입니다. 당신의 경우, 근본적인 문제는 우리들 경관이 도둑을 붙잡는 일로 여겨집니다. 좋습니다. 우리는 아마 그 도둑한테서 당신의 귀중품을 되찾을 수 있을 것입니다."

흥분, 방심, 주의력 장애 같은 심리적인 요소는 분명 설명이라는 목적에서 보면 거의 도움이 되지 않는다. 그것들은 단순한 상투어에 불과하고 내부를 감추는 병풍에 지나지 않는다. 우리는 용감하게 그 병풍 안쪽을 뒤져보지 않으면 안 된다. 이 경우, 대체 무엇이 흥분이나 주의력의 특수한 산일(散逸)을 일으켰는가 하는 것이 오히려 문제의 핵심이 된다. 그래서 다시 발음의 영향, 언어의 유사(類似) 및 그 말에 수반되어 생기기 쉬운 연상(聯想) 등이 중요하다고 볼 수 있다. 말하자면 잘못 말하기가 그 방향에 따라 일어나기 쉬운 길을 가르쳐줌으로써 잘못 말하기가 쉽게 일어나도록 돕는 것이다. 그러나 내 눈앞에 길이 있다고 해서 그것만으로 그 길을 나아가자고 금방 결심하겠는가? 그 길을 택하자고 결심하는 데는 다른 하나의 동기가 필요하고, 그 길을 전진시키는 하나의 힘이 필요하다. 그러므로 전의 발음 관계나 언어의 유사는, 몸의 상태와 마찬가지로 잘못 말하기를 일어나기 쉽게 만드는 것에 지나지 않으며, 결코 잘못 말하기의 올바른 해명을 줄 수는 없다. 지금 내가 여기서 사용하고 있는 발음이 비슷해서 다른

말을 상기시킨다든가, 그 말이 반대어와 밀접하게 관련되어 있다든
가, 그 말에 일어나기 쉬운 연상이 얽혀 있다든가 하는 사정이 있더라
도 대개의 경우 나의 말에 잘못이 생기는 일은 없다. 잘못 말하기가
몸이 피로했던 뒤이거나 연상경향(聯想傾向)이 말하고자 한 의향을
이겼을 때 나타난다고 말한 철학자 분트(W. Wundt 독일의 심리학자, 실험심리학의 창시자)의 의견에 아
직도 동조하는 사람이 있다. 만일 경험이 이것과 모순되지 않는다면
이 학설은 참으로 경청해볼 가치가 있다고 생각하지만, 경험이 입증
하는 바에 따르면 잘못 말하기의 어떤 경우에는 실언을 일으키기에 알
맞는 연상이 발견되지 않는다.

특히 흥미 깊은 것은 여러분이 제기하는 다음의 질문이다. "선생님
은 어떤 방법으로 서로 간섭하는 두 의향을 확인하십니까?" 아마 여
러분은, 이 문제가 얼마나 중대한 결과를 초래하느냐에 대해서 상상
할 수 없을 것이다. 두 의향 중의 하나, 즉 방해받는 의향 쪽은 언제나
뚜렷하다. 잘못을 저지르는 본인이 그 의향을 알고 있으며 그 의향을
고백하기 때문이다. 그런데 의문이나 의혹을 일으키는 것은 다른 의
향, 즉 방해하는 쪽의 의향이다. 여러분은 내가 많은 예를 들어 이 방
해하는 의향도 방해받는 의향과 마찬가지로 분명하다고 말했던 것을
분명히 기억하고 있을 것이다. 그것은 잘못 말하기가 어떤 효과를 일
으키느냐에 따라 분명해진다. 물론 우리가 이 효과를 그 자체로서 뜻
있는 것으로 인정하는 용기가 있다면 말이다. 정반대의 말을 한 의장
의 경우, 그가 개회를 선언하고자 했던 것은 분명하지만, 또 폐회되기
를 바란 것도 마찬가지로 뚜렷하다. 이 예는, 해석 따위가 필요없을
만큼 명료하다. 그런데 이런 예가 있다. 방해하는 의향 자체는 모습을
보이지 않고, 그 본디의 것을 왜곡하는 데 그쳤을 때는 어떻게 하면,
왜곡에서부터 방해하는 의향을 끌어낼 수 있을 것인가?

첫째 계열의 경우에서는 매우 간단하고도 확실한 방법, 즉 아까 우
리가 방해받은 의향을 확인한 것과 같은 방법을 사용하면 된다. 즉,
잘못 말한 본인으로부터 방해하는 의향을 직접 보고받는 방법이다.
즉 잘못 말하고 나서 곧, 본인은 본디 말할 생각으로 있던 말을 해
준다. "Dasdraut, nein, das dauert vielleicht noch einen Monat."의 경우에
서는 본인 자신이 왜곡된 의향을 말했다. "아니 어째서 자네는 처음에

draut라고 말했는가?” 하고 질문하자, 그는 곧 “나는 실은 Das ist eine traurige Geschichte(퍽 가엾은 일이다)라고 말할 참이이었는데.” 하고 대답했다. 또 다른 예, 그 ‘Vorschwein’의 잘못 말하기의 경우에서, 본인은 처음 ‘Das ist eene Schwiinerei(그것은 외설스러운 일이다)’라고 말할 참이었던 것이, 외설이라는 말이 적당히 완화되어서 다른 방향으로 빗나가버린 것을 여러분에게 입증해주었다. 그러므로 이 예에서는, 왜곡받은 의향을 규명하는 것만큼 확실하게 왜곡하는 의향도 찾아낼 수 있었다. 내가 여기서 나나 내 학파 사람들이 보고한 것도 해결한 것도 아닌 예를 인용한 것은 까닭이 있다. 더욱이 이 두 가지 예에서도, 잘못 말하기를 해결하기 위해서는 어떤 메스를 가하는 간섭이 필요했었다. 즉, 본인에게 당신은 왜 그와 같이 잘못 말했는가, 대체 본디는 어떻게 말할 생각이었던가, 하고 질문하지 않으면 안 되었다. 그렇게 캐묻지 않으면, 아마 본인은 아무런 설명도 하지 않고, 잘못 말한 것은 잘못 말한 대로 그쳐버렸을 것이다. 그런데 질문을 받자 그는 자기 머릿속에 떠오른 생각을 이야기하고 설명한 것이다. 그리고 이제 여러분은 메스를 가한 그 결과야말로 바로 정신분석이며 우리가 더 널리 시도하고자 하는 정신분석적 연구의 표본이라는 것을 깨달았으리라고 생각한다.

그러나 정신분석이 여러분 앞에 자태를 나타낸 이 순간에 여러분의 마음속에 정신분석에 대한 반대가 고개를 쳐들기 시작하고 있다고 추측한다면, 이것은 지나친 의심일까? 여러분은 잘못 말한 뒤에 요구받은 질문에 대답한 본인의 보고 따위를 어떻게 믿을 수 있느냐고 내게 항의할 생각은 없는가? 여러분은 이렇게도 생각할 것이다.

‘본인은 물론, 이쪽 요구대로 자신이 잘못 말한 것을 설명하려고 할 것이다. 그리고 자기의 설명에 편리하다고 생각하면, 자기에게 떠오른 생각 중에서 멋대로 나오는 대로 말할 것이리라. 그런 것으로 잘못 말한 것이 과연 그대로 일어났다는 증명 따위가 될 까닭이 없다. 어쩌면 똑같이 잘 들어맞는, 아니 더 잘 들어맞는 다른 생각을 해낼지도 모르지 않은가?’

여러분이 실제로 심리적인 사실에 이토록 경의를 표하지 않는다는 것은 참으로 주목할 만한 일이다. 누군가가 어떤 물질을 화학 분석해서, 그 성분을 몇 밀리그램 얻었다고 하자. 그리고 이 무게를 토대로 하여 어떤 결론을 얻었다고 하자. 그런데 이 추출(抽出)된 물질의 무게가 다를지도 모른다는 이유로 이 결론을 부정할 화학자가 있다고 여러분은 믿는가? 누구나 이 물질은 꼭 무게이며 결코 다른 무게가 될 수 없다는 사실 앞에 굴복하여 이 결론을 믿고, 다시 그 위에 그 이상의 결론을 세우려고 한다. 그런데도 여러분은 잘못 말한 이유를 질문받은 사람에게, 일정한 연상이 떠오른다는 심리적 사실을 대할 때만 이 주장을 옳다고 보지 않고 그것과는 다른 어떤 생각이 떠오를지 모른다고 주장하는 것이다. 여러분은 마음의 자유라는 환상 속에 사로잡혀 그 환상에서 기꺼이 빠져나오려 하지 않는 것 같다. 내가 이 점에서 여러분과 전혀 상반되어 있다는 것은 유감스러운 일이다.

여러분은 이 점에서는 굽히려 할지 모르지만 다른 점에서는 반대를 계속할 것이다. 여러분은 계속해서 이렇게 말하리라.

"우리는, 피분석자(被分析者)로 하여금 직접 그 문제의 해결을 말하게 하는 것이 정신분석의 독특한 방법이라는 것을 알았습니다. 다른 예를 드는 것을 용서해주십시오. 사은회의 석상에서 한 연사가 은사의 건강을 축원하여 '구토하자.'고 실언했지요. 선생님은 그 예에서 방해하는 의향은 은사를 경멸하는 의향이다. 다시 말해서 축하한다는 표현과는 정반대의 의미라고 말씀하셨습니다. 그러나 이것은 선생님의 일방적인 해석이며 잘못 말하기에서 완전히 떠난 제삼자의 관찰에서 비롯된 것일 뿐입니다. 만약 선생님이 잘못 말한 본인에게 직접 질문하신다면, 그는 은사에게 경멸감을 품고 있었다고는 설마 말하지 않을 것입니다. 그는 오히려 극력 반대할 것입니다. 왜 선생님은 이 뚜렷한 부정의 고백을 어기고 근거없는 해석을 버리려 하지 않습니까?"

과연 여러분은 이번엔 무서운 질문을 발견했다. 이 미지의 연사를 한번 마음에 그려보자. 그는 아마 이 축하받은 은사의 조수나, 아니면 막 강사가 된 전도유망한 청년일는지도 모른다. 내가 이 청년에게 다가가서, "자네의 마음 밑바닥에는 은사에게 존경을 표하라는 요구를 거역하는 그 무엇이 꿈틀거리고 있지 않느냐."고 물었다고 하자. 그러면 나는 굉장한 봉변을 당하리라. 그는 화가 나서, 느닷없이 내게 덤벼들 것이다.

"뭐, 이 마당에 이런 심문은 집어치우시오. 불쾌하기 짝이 없소. 게다가 당신의 의심 때문에 내 앞길이 엉망이 되었소. 나는 anstossen (축배를 들다)이라고 말하려던 것을 그만 무심코 aufstossen(구토하다) 이라고 말했을 뿐이오. 왜냐하면 나는 그 전에 두 번이나 auf라는 말을 썼단 말이오. 이것은 메링거가 후퇴발음이라고 이름지은 바로 그것이 오. 내가 잘못 말한 데 대해서 억지 해석을 하려들지 마시오. 알겠 소? 이제 집어치워요!"

이거야말로 놀랄 만한 반응이며 무서운 반박이다. 이 청년에게 나 는 이제 더 말을 붙여볼 수도 없게 된다. 그러나 이 청년이 자기의 잘 못이 아무 의미도 없는 것이라고 역설하는 데에 매우 강한 개인적인 관심이 나타나 있다고 생각한다. 여러분도 이 청년이, 순이론적인 질 문에 이와같이 난폭한 대꾸를 하는 것은 올바르지 않다고 인정할 것 이다. 그러나 결국 여러분은 이 청년이 자기가 말하고 싶었던 것과, 말하고 싶지 않았던 것을 실제로는 알고 있음이 틀림없다고 생각할 것 이다.

그러면 그는 그것을 깨달았을까? 이것은 역시 의문으로 남는다.

이번에야말로 나를 함정에 빠뜨렸다고 여러분은 생각할 것이다. '그것이 선생님의 방식이군요.' 하고 여러분이 신나서 떠들어대는 소 리가 들리는 것도 같다.

"잘못 말한 본인이, 선생님의 견해와 맞는 설명을 하면, 선생님은 그 설명이야말로 이 문제의 마지막 권위(權威)라고 선언하십니다. '본인 자신이 말했다.'고 말씀하신단 말입니다. 그러나 그의 말이 선 생님의 생각과 다를 때는 손바닥을 뒤집듯이 그가 말하는 것은 새빨간 거짓말이다. 도저히 믿을 수 없다고 버티십니다."

확실히 그렇다. 그러면 거기서, 이와 아주 비슷한 이상야릇한 예를 들겠다. 어떤 피고가 재판관 앞에서 범행을 자백했다고 하자. 재판관 은 그의 자백을 진실이라고 믿는다. 그러나 피고가 그 범죄 행위를 부 정하면 재판관은 피고의 진술을 허위라고 생각한다. 만일 피고의 진 술대로 범죄를 부정했다고 해서 그것을 믿는다면 재판 같은 것은 필요 없을 것이다. 여기에는 때로 오심(誤審)도 있지만 여러분은 이 제도를 역시 인정하지 않으면 안 된다.

 “아니, 선생님은 재판관이십니까? 잘못 말한 사람은, 선생님 앞에서는 피고입니까? 잘못 말하는 것이 범죄입니까?”

 우리들은 굳이 이 비유를 거부할 필요는 없다. 그러나 여러분은 겉보기에 아주 악의가 없어보이는 잘못이라는 문제도 한 걸음 더 깊이 파고들어가면, 표면과 엄청나게 다른 내용이 드러난다는 것을 깨닫게 될 것이다. 우선은 표면과 내용의 차이를 어떻게 타협시키면 좋을지 알 수 없다. 나는 방금 든 재판관과 피고의 예로써 임시방편의 타협을 여러분에게 시사해둔다. ‘어떤 잘못의 의미는 피분석자 자신이 스스로 인정하면, 하등 의심할 여지가 없다.’는 나의 주장을 여러분은 인정해도 좋을 것이다. 그러나 거꾸로 만일 피분석자가 보고를 거부할 경우에는, 이쪽에서 상상한 뜻이 정말이라고 직접 증명할 수는 없음을 고백하고 싶다. 물론 이것은 본인이 나타나지 않고 우리에게 직접 보고해주지 않을 경우에도 해당된다. 재판의 경우와 마찬가지로 이런 경우에 우리는 간접증거(어떤 일의 존부를 간접으로 증명하는 일. 이를테면, 차용증을 직접증거라고 부르는 데 대해서, 돈에 궁한 것을 증명하는 사실을 말한다.)에 의거한다. 그러나 간접증거가 확고한 결정을 내려주는 일도 있고 어설픈 결정밖에 내려주지 않는 일도 있다. 재판의 경우에는 실제상의 이유로 간접증거에 의해서도 유죄가 선고된다. 우리는 그럴 필요까지는 없지만, 때로는 그런 간접증거를 존중하지 않을 수 없는 경우도 있다. 학문이라는 것이 엄밀히 증명될 수 있는 학설만으로 되어 있다고 생각하는 것은 잘못이며, 그래야 한다고 요구하는 것도 옳지 않다. 그와 같은 요구는 종교적인 교의(敎義)를 다른 것과——설혹 학문적인 교의라고 하더라도——대체하고 싶게 만드는 권위욕(權威欲)을 일으킬 뿐이다. 교의 속에 필연적인 명제란 일부분에 지나지 않는다. 그 대부분은 과연 그럴지도 모른다는 단계에 가까스로 도달한 개연성을 지닌 주장에 지나지 않는다. 이와 같은 방법으로 확실성에 접근하는 데 만족하고 궁극적인 보증이 없는 데도 조직적인 연구가 계속되는 것은 과학적 사고방식의 덕분이다.

 그러면 피분석자가 잘못의 의미를 스스로 설명하지 않을 경우, 우리의 해석의 거점(據點) 즉 간접증거를 어디서 구하면 되겠는가? 나는 이 물음에는 다방면에서 얻을 수 있다고 말하고 싶다. 첫째로, 잘못 이외의 현상에서 유추(類推)할 수 있다. 이를테면 잘못 말해서 이름을 왜곡시키는 것은 고의로 이름을 왜곡하는 것과 마찬가지로 경멸의 뜻을 포함하고 있다고 우리는 주장한다. 다음으로 간접증거는 잘못을 저지른 심리상황에서, 또한 잘못을 저지르는 인물의 성격에 대한 지식에서 얻을 수 있다. 이 인물이 잘못을 저지르기 전에 이러이러한 인상을 가진 일이 있으며, 그것에 대한 잘못에 의해 반응한 모양이라는 간접적 지식으로부터 얻을 수 있다. 보통 우리는 일반적인 원칙에 따라 잘못을 해석하고 있다. 그러므로 처음에 이 해석은 추측이나 해석상의 한 제창에 지나지 않지만, 다음은 심리 상태를 검토하여 간접증거로서 실증해줄 만한 것을 찾아본다. 때로는 우리의 추측이 맞았음을 확인하기 위해 잘못에 의해 예고된 사건이 실제로 일어나기까지 기다리지 않으면 안 될 때도 있다.

잘못을 잘못 말하기의 영역에만 한정한다면, 이에 대한 예증을 여러분에게 보이기는 쉽지 않다. 그러나 지금이라도 두세 가지 좋은 예는 언제나 들 수 있다. 처녀에게 begleitdigen하고 싶다고 한 신사는 몹시 수줍어하는 성격의 사람임에 틀림없다. "남편은 내가 좋아하는 것은 무엇이나 먹고 마셔도 좋다는 거예요." 하고 말한 아내는, 가정에서 폭군처럼 설치는 자기 주장이 강한 성격이라고 생각한다. '콩코르디아(로마 신화에 나오는 평화와 조화의 여신인데, 여기서는 빈에 있는 신문기자 클럽의 이름이다.)'의 총회에서, 젊은 회원이 격렬한 반대 연설을 했다. 그 연설 중에 클럽의 간부 위원을 Ausschussmitglieder(위원 여러분)라고 말하는 대신 Vorschussmitglieder라고 말했다. 이것은 얼른 보기에 Vorstand(重役)와 Ausschuss(위원)를 합친 것처럼 보인다. 우리는 이 청년의 마음속에는 자기의 반대 연설을 거역하려고 하는 하나의 방해하는 의향이 고개를 쳐들고 있었다고 추측한다. 이 방해하는 의향은 아마 Vorschuss(前借金)와 관계가 있는 것처럼 여겨진다. 실제로 우리는 믿을 만한 사람한테서 이런 말을 들었다. 이 청년은 언제나 돈에 쪼들려 있었으며 마침 그 무렵에도 돈을 빌려고 한창 뛰어다니고 있던 중이었다는 말을 들었다. 그러므로 반대 연설을 방해하려고 끼어든 것이 '반대는 적당히 해두라. 그 사람들은 기꺼이 나에게 돈을 빌려줄 사람들이야.'라는 마음의 속삭임을 했었는지 모른다.

다시 내가 실수행위의 넓은 영역 안에 발을 들여놓기만 하면 이런 종류의 간접증거는 무수히 보여줄 수 있다.

이를테면 어떤 사람이 잘 알고 있는 고유명사를 잊거나 또는 아무리 애를 써도 그 사람의 이름을 기억할 수 없을 때는, 우리는 그가 그 이름을 가진 사람을 원망하고 있어서 그것을 생각해내고 싶지 않은 것이라고 가정해도 좋다. 다음에 드는 예는, 이와 같은 실수행위가 일어나는 심리상태를 밝혀주고 있다.

'Y씨는 어느 여성에게 청혼했다가 거절당하고 말았다. 그 후 곧, 이 여성은 X와 결혼했다. Y는 꽤 오래 전부터 X를 알고 있었고, 또 장사 거래 관계까지 있는 사이다. 그런데 그는 X의 이름을 곧잘 잊어버린다. 그래서 그는 X에게 편지를 쓸 때는 언제나 주위 사람들에게 그 이름을 물어보지 않으면 안 되었다$\left(\begin{smallmatrix}C\cdot\\G\,융\end{smallmatrix}\right)$.'

Y는 분명히 행복한 연적(戀敵)을 생각하고 싶지 않은 것이다. '그 이에 관한 것은 잊어버리자.'라고 생각하는 것이다.

또 이런 예가 있다.

'어느 여성이 의사에게서 자기의 아주 친한 친구의 소식을 들었다. 그런데 그 여성은 친구를 처녀 시절의 이름으로 불렀다. 왜냐하면 그 친구의 결혼 후의 성(姓)이 아무리 해도 생각나지 않았기 때문이다. 그 여성은, 친구의 결혼에 아주 반대했으며 그녀의 남편을 아주 싫어했다고 고백했다$\left(\begin{smallmatrix}A\cdot A\\ \text{브릴}\end{smallmatrix}\right)$.'

이 이름의 망각에 대해서는, 다른 여러 관점에서 말하지 않으면 안 된다. 그러나 우선 가장 흥미있는 것은 망각이 나타난 당시의 심리상태이다.

어떤 계획을 잊는 것은 일반적으로 그 계획을 수행하지 않으려고 이것과 대항하는 마음의 움직임에 원인이 있다고 할 수 있다. 그러나 이 견해는 꼭 정신분석만의 입장뿐 아니라, 세상 일반의 견해이기도 하다. 사람들은 모두 일상 생활에서는 그러한 견해를 가졌으면서도 이론적으로 그것을 승인하지 않는다. 보호자가 피보호자에게, '너의 부탁을 잊어버리고 있었다.'고 변명할 때, 피보호자는 속으로 매우 못마땅하다. 그는 즉각, '내 부탁 따위는 그 사람에게 아무래도 좋은 거야. 물론 입으로만 약속했을 뿐, 실제로는 할 생각이 없는 거야.'하고 생각한다. 그러므로 실생활에서도 어떤 점에서는 무엇을 잊어버린다는 것은 아주 금물이다. 이 실수행위에 대한 민간의 견해와 정신분석의 견해는 다를 것이 없다고 여겨진다. "어머, 오늘 와주셨군요? 참, 오늘 오시라고 초대해놓고, 깜박 잊고 있었네요." 하면서 손님을 맞이하는 가정주부를 상상해보라. 혹은 자기 연인에게, 얼마 전의 데이트 약속을 까맣게 잊고 있었다고 고백하는 청년을 상상해보라. 이 청년은 결코 정직하게 고백하지는 않을 것이다. 그는 오히려 그때 가지 못한 적당한 구실이나, 그 전에 그것을 알리지 못한 구실을 그저 되는 대로 변명할 것이 틀림없다. 군대에서는 잊어버렸다는 변명은 인정되지 않는다. 변명해봐야 벌을 면하지 못한다는 것을 다 알고 있고, 모두 그것을 당연하다고 생각한다. 여기서는 모든 사람들이 금방, 어떤 실수행위는 이미 깊은 것이라는 것, 거기에는 꼭 어떤 의미가 있다는 데 의견이 일치한다. 그렇다면 어째서 그들은 이 견해를 다른 실수행위에까지 확대하여 그것을 공공연히 인정할 만큼 일관성이 없는가? 여기에 하나의 대답이 있다는 것은 당연한 일이다.

일반 사람조차도 이처럼 자기 계획을 잊는다는 의미를 의심하지 않는다면, 작가가 동일한 의미로 이런 종류의 실수행위를 사용하고 있음을 발견했다 해서 조금도 놀랄 것은 없다. 버나드 쇼의 《시저와 클레오파트라》라는 희곡을 보거나 읽은 사람은, 마지막 장면에서 막 출발하려는 시저가 아직 무언가 다하지 못한 일이 남아 있는 것 같은데, 아무리 해도 머리에 떠오르지 않아 생각에 잠기는 장면을 기억할 것이다. 가까스로 '아 참, 클레오파트라에게 작별 인사를 해야지.' 하는 생각이 난다. 작가는 이 조그마한 기교로서, 위대한 시저가 의식적으로 가지고 있지 않았고, 또 조금도 가지려고 하지 않았던 하나의 우월감을 그에게 부여하고 있는 것이다. 여러분은 역사 문헌에서 시저가 클레오파트라로 하여금 자기를 좇아 로마로 오게 했다는 것과 시저가 암살당했을 때 클레오파트라는 어린 세잘리온과 함께 로마에 살고 있었으며 그 후 로마에서 도주했다는 것을 알고 있을 것이다.

자기 계획을 잊는 경우 그 의미는 일반적으로 명료하다. 그러므로 실수행위가 가진 의미의 간접증거를 그 심리상태에서 포착하려고 하는 의도에서 본다면 별로 도움되지 않는다. 그러므로 특히 복잡하고 모호한 실수행위, 즉 분실이라든가 둔 곳 잊어버리기로 이야기를 옮겨야겠다. 분실이라는 그토록 씁쓸한 사건에 대해서도 그 당사자에게 분실해버리고 싶은 의향이 있었던 것이라 한다면 여러분은 틀림없이 설마 하고 못 미더워할 것이다. 그러나 이런 실례는 얼마든지 있다. 이를테면, 한 청년이 소중히 여기던 색연필을 어느 날 분실해버렸다. 마침 그 전날, 이 청년은 자형한테서 한 통의 편지를 받았다. 그 편지는 다음과 같은 문구로 씌어져 있었다. "나는 지금 네 불성실과 나태를 옹호해줄 기분도 시간도 없다(B. 너 다트)."

그런데 실은 색연필이 자형의 선물이었다. 물론 이런 일치가 있으므로 이 분실에는, 자형의 선물 따위는 아무데나 없어져라 하는 의향에 관여하고 있었다고 단언할 수 있다. 이와 같은 예는 대단히 많다. 이를테면 어떤 물건을 준 사람과 의가 상해서 이제 그 녀석에 관한 것은 생각만 해도 화가 난다고 생각하고 있을 때라든가, 또는 그 물건에 싫증이 나서 더 좋은 다른 물건과 바꾸자는 핑계를 만들고 싶을 때 그 물건을 잃어버리게 된다. 물건을 떨어뜨린다든가 부순다든가 깨는 경우에도 물론 그 물건에 대해서 마찬가지 기분이 작용하고 있다. 국민학교에 다니는 어린아이가, 마침 생일 전날의 자기의 소지품 이를테면 회중시계나 책가방 같은 것을 분실하거나, 못 쓰게 만들거나, 찢어버리거나 하는 것을 우연한 일이라고 보아넘길 수 있겠는가?

자기가 치운 물건을 아무리 해도 기억할 수 없는 안타까운 경험을 자주 한 사람은, 자기가 물건 둔 곳을 잊어버린 데에 자기 의향이 포함되어 있었다고는 믿으려 들지 않을 것이다. 그러나 그런 예도 드물지 않다. 이 경우, 둔 곳을 잊어버리는 데 따르는 상황은 그 물건을 잠시, 또는 오래 어디에 숨겨두고 싶다는 의향이 작용하고 있다는 것을 나타내고 있다. 다음의 예는 아마 가장 훌륭한 실례가 될 것이다.

한 청년이 나에게 이런 이야기를 들려주었다.

"이삼 년 전부터, 저와 아내 사이는 좋지 않았습니다. 저는 아내를 냉담하다고 생각하고 있었지요. 저도 아내의 좋은 성품은 잘 알고 있었습니다만, 두 사람 사이에 애정 같은 것은 없이 살아왔습니다. 한번은 아내가 외출하고 돌아오더니, 제게 한 권의 책을 주었습니다. 아내는 그것이 제 마음에 들 것 같아서 사온 것이었습니다. 저는 아내의

50

이 배려가 고맙더군요. 그래서 한번 읽어보겠노라고 약속하고는 넣어
두었습니다. 그런데 그 후에 그것이 눈에 띄지 않는 것입니다. 세월은
흘러 저는 이따금 그 없어진 책을 생각해보았습니다만 아무리 찾아보
아도 헛일이었습니다. 그리고 약 반 년쯤 지났을 때, 당시 우리들과
따로 살고 계시던 제 어머님이 병에 걸리셨습니다. 아내는 시어머니
를 간호하려고 떠나게 되었습니다. 어머님의 용태가 매우 심각했으니
까요. 아내는 알뜰하게 밤에 잠도 제대로 자지 못하고 어머니를 간호
해 주었습니다. 어느 날 밤, 저는 아내의 배려와 성의에 대한 감격과
감사의 마음으로 가득 차서 집에 돌아왔습니다. 책상에 다가가서 무
심코 몽유병자와 같은 정확성으로 서랍을 열었지요. 그런데 어찌된
일일까요? 그 속에 그토록 오랫동안 찾을 수 없었던, 어디다 두었는
지조차 잊어버렸던 그 책이 그대로 들어있지 않겠습니까?"

동기(動機)가 사라짐과 동시에 두고 잊었던 것이 발견되었던 것
이다.

여러분, 나는 이와 같은 실례를 매우 많이 보았지만, 지금 다 이야
기할 여가가 없다. 여러분은 내가 저술한 《일상 생활의 병태 심리
(1901년
발행)》를 읽으면, 잘못의 연구에 관한 많은 증례보고를 발견하게 될
것이다(마에더, 브릴, 존즈, 스
테르켄 등의 실례 참조). 그러한 실례는 항상 동일한 결론을 내려준다.
그리고 여러분에게 실수행위가 하나의 의미를 갖고 있다는 것을 수긍
시켜줄 것이고, 또 어떻게 하면 실수행위에 부수되는 심리상태에서
그 의미를 찾아내어 확인할 수 있는가도 가르쳐준다. 그러나 오늘은
간단하게 말하기로 한다. 왜냐하면 우리가 이 현상을 연구한 것은 오
직 정신분석의 입문에 이용하기 위해서이기 때문이다. 나는 여기서
두 종류의 관찰, 즉 반복되고 결합된 실수행위나 나중에 일어나는 사
건으로 우리의 해석이 실증된 예를 들기로 한다.

반복되고 결합된 실수행위의 경우는 확실히 가장 매력적인 꽃이라
할 만하다. 실수행위가 의미를 가지고 있음을 증명하는 일만이 우리
의 문제라면, 우리는 처음부터 이야기를 실수행위에만 한정해왔을 것
이다. 왜냐하면 그 뜻은 둔감한 통찰력으로도 느껴지고 저절로 비판
적인 판단을 내릴 수 있기 때문이다. 실수행위가 되풀이될 때는 결코
우연이라고는 말할 수 없는 미리 의도되어 있었던 것 같은 집요함이

나타난다.

마지막으로 각종 실수가 잇따라 일어날 때는 그 실수행위의 중요하고 본질적인 요소가 무엇인가 밝혀진다. 즉, 실수행위의 방식이나 그것을 이용하는 수단이 아니라, 오히려 실수행위 그 자체를 구사하여 별의별 수단으로 목적을 이루려 하는 의도를 알 수 있다.

나는 여기서, 몇 번이나 되풀이된 망각의 한 예를 여러분에게 보이기로 한다. E. 존스(영국의 정신분석학자, 프로이트의 첫 제자)는 다음과 같이 말하고 있다. "언젠가 나는 편지를 나 자신도 분명치 않은 동기에서, 며칠 동안 서랍 안에 넣어두었다. 그러나 마침내 결심하고 그것을 부쳤더니 배달 불능이라는 쪽지가 붙어서 돌아왔다. 왜냐하면 상대편 주소를 잊어버리고 쓰지 않았기 때문이다. 그래서 주소와 이름을 적어 우체국에 가져갔는데 이번에는 우표를 깜박 잊고 붙이지 않았다. 그리하여 결국, 나는 이 편지를 암만해도 부칠 기분이 나지 않는다는 사실을 인정하지 않을 수 없었다."

또 다른 예에서는 착각과 둔 곳 잊어버리기가 결합될 때가 있다. 어떤 부인이, 유명한 예술가인 자기 형부와 함께 로마에 여행했다. 두 사람은 로마에 사는 독일인에게 매우 환영을 받았으며 형부는 오래된 고대(古代)의 금메달을 선물로 받았다. 그런데 이 부인은 형부가 이 아름다운 메달에 도무지 관심이 없는 것이 마음에 걸려서 견딜 수가 없었다. 이윽고 자기 언니가 왔으므로 한 걸음 먼저 귀국했다. 그런데 집에 돌아와서 짐을 끌러보니 어떻게 된 까닭인지 그 메달이 자기 짐에 들어 있는 것이 아닌가. 부인은 곧 형부에게 편지를 써서 자기가 무심코 그 메달을 가지고 왔는데, 내일 로마로 우송하겠다고 알렸다. 그런데 그 다음 날, 메달을 어디다 두었는지 암만해도 찾을 수가 없어서 결국 보내지 못했다. 부인은 자기가 이렇게 멍청해진 것은 이 메달을 자기가 갖고 싶어하는 생각 때문이라는 것을 깨달았다(라이틀러).

나는 앞에서 망각과 착각이 결부된 예를 들어두었다. 즉, 어느 청년이 처음에는 데이트 약속을 잊어버리고 다음에는 결코 잊어버리지 않겠노라 맹세했는데도 불구하고 약속 시간이 아닌 때에 나갔다. 과학과 문예에 흥미를 갖고 있는 친구가 이와 비슷한 경험을 내게 말해주었다.

"몇 해 전에 나는 한 문학단체의 위원에 입후보하여 피선되었지. 이 문학단체에 관계를 가져두면 언젠가 한번은 내 각본의 상연에 편의를 도모해줄 것이 틀림없다고 생각했기 때문이야. 그리고 별로 흥미도 없었지만, 금요일마다 개최되는 주례회에 꼭꼭 빠지지 않고 얼굴을 내놓았지. 두세 달 전에 드디어 내 각본이 F시의 극장에서 상연된다는 확약을 받았는데, 그때부터 나는 금요일마다 있는 주례회에 참석하는 것을 잊어버리게 되더란 말이야. 이 문제에 관한 자네 저서를 읽었을 때, 나는 내 망각의 이유를 깨닫고 얼굴이 붉어지더군. 내 계획이 달성되니까 그만 그 단체의 사람들이 필요없어져서 나가지 않게 되는 내 비열함이 부끄러워서 다음 금요일에는 꼭 잊어버리지 않고 나가겠다고 결심했지. 나는 몇 번이나 이 결심을 되새겨보고는 마침내 내 결심을 실행해서 주례회가 열리는 회의실 문 앞에 섰지. 그런데 놀랍게도 그 문이 닫혀 있지 않는가. 주례회는 이미 끝난 뒤였네. 실은 날짜를 잘못 알고 있었던 거네. 그 날은 토요일이었단 말이야."

이와 같은 관찰을 모으는 것은 매우 재미있는 일이지만, 나는 한 걸음 더 나가보고 싶다. 나는 우리가 내린 해석이 훨씬 나중에 가서 입증되기를 기다려야 하는 실례를 한 가지 여러분에게 보여주고 싶다.

이 실례의 중요 조건은 현재의 심리상태를 우리는 알 수 없거나 확인할 수 없다는 것이다. 그러므로 그런 때 우리가 내리는 해석은 추측에 지나지 않으며, 우리 자신도 별로 중요시할 기분이 들지 않는다. 그런데 나중에 가서 그때 내린 우리의 해석이 얼마나 올바른 것이었나 하는 것을 뒷받침해줄 만한 사건이 일어났다. 전에 나는 갓 결혼한 젊은 부부 집에 초대받은 적이 있었다. 그때 신부가 웃으면서 최근에 일어난 사건을 들려주었다. 이야기는 이러했다. 그녀가 신혼 여행에서 돌아온 다음 날, 하나밖에 없는 여동생을 불러 남편이 회사에 가고 없는 사이에 처녀 시절처럼 여동생을 데리고 물건을 사러 나갔다. 그녀는 길 건너편에 한 신사가 걸어가는 것을 보고 갑자기 떠듬거리면서 여동생에게, "저봐, 저기 L씨가 걸어가고 있어." 하고 소매를 끌었다. 그녀는 그 신사가 불과 이삼 주일 전부터 자기 남편이라는 것을 깜박 잊어버렸던 것이다. 이 이야기를 들었을 때 나는 온몸에 전율을 느꼈지만 더 파고들어가서 추측을 내리지 않았다. 그 뒤 몇 해가 지나서 두 사람의 결혼생활이 불행한 결말로 끝났다는 말을 듣고 나는 그 조그마한 사건을 떠올렸다.

마에더도 같은 이야기를 보고하고 있다. 한 여자가 결혼식 전날까지 웨딩드레스의 가봉을 까맣게 잊고 있었다. 그러다가 밤늦게서야 문득 깨닫고, 양재사를 크게 당황하게 만들었다. 마에더는 이 여자가 결혼한 지 얼마 안 되어 남편과 이혼했다는 사실과, 이 망각 사이에는 어떤 깊은 관계가 있다고 말하고 있다. 나는 남편과 헤어진 여성한테서 실제로 이혼하기 몇 해 전부터 재산 관리의 서류에 자주 자기의 처녀 때 이름으로 서명을 하고 있었다는 이야기를 들었다.

또 어떤 부인은 신혼 여행 중에 약혼반지를 잃어버렸다. 그리고 결혼생활을 하는 동안에 우연한 분실 사건에도 의미가 있다는 것을 깨달았다는 말을 들었다.

그 결말이 불행은 아니지만 더욱 극단적인 실례가 있다. 독일의 어느 유명한 화학자에 대해서 다음과 같은 소문이 있다. 이 화학자는 결혼식 시간을 잊어버리고 교회로 가지 않고 실험실로 갔다. 그 때문에 결혼식이 엉망이 되었다. 그는 현명한 사람이었으므로 이 한 가지 사건으로 결혼을 단념하고 한평생 독신으로 살다 죽었다.

이러한 실례를 들은 여러분은, 실수행위가 고대인(古代人)이 예언하는 전조(前兆)를 대신하고 있음을 깨닫게 될 것이다. 그리고 실제로 고대인이 말한 어떤 종류의 전조란 하나의 실수행위에 지나지 않았던 것이다. 이를테면 넘어지거나 미끄러져 뒹굴거나 한 것을 그 어떤 전조로 간주한 것이다. 전조의 다른 종류는 주관적인 행위라기보다 오히려 객관적인 사건의 성질을 띠고 있었다. 그러나 어떤 사건을 당했을 경우 그것이 주관적인 종류에 속하느냐, 객관적인 종류에 속하느냐를 결정하는 것이 얼마나 어려운가, 여러분은 생각도 못 할 것이다. 행위라는 것은 흔히 객관적인 사건의 가면을 쓰는 방법을 알고 있기 때문이다.

자기가 걸어온 긴 인생의 경험을 뒤돌아볼 수 있는 사람은 아마 다음과 같이 말할 것이다. 만일 교제에 있어서 조그마한 잘못이나 실수를 전조로 인정하고, 모습을 나타내지 않는 숨은 의향의 표현으로 볼 만한 용기와 배짱을 아울러 가지고 있었더라면, 많은 환멸과 쓰디쓴

불의의 기습을 피할 수 있었을 것이라고. 그러나 대개의 사람들은 그렇게 할 용기가 없다. 아니, 학문이라는 길을 멀리 우회해와서 다시 옛 그대로의 미신에 빠진다는 느낌이 든다. 전조가 다 반드시 실현된다고는 말할 수 없다. 그리고 여러분은 우리의 이론으로 보아서 전조가 반드시 다 실현될 필요가 없다는 것을 납득하게 될 것이다.

네 번째 강의

잘못——끝

잘못에는 하나의 의미가 있다는 사실을, 여태까지 우리가 노력해서 얻은 성과로 삼고, 또 앞으로의 연구에 토대로 삼아도 좋다. 우리의 연구 목적에는 주장 같은 것이 필요없겠지만, 모든 잘못에 전부 의미가 있는 것이라고는 결코 주장하지 않았다는 것을 다시 한 번 강조해 두고 싶다. 물론 내 주장은 확실한 것이라고 생각하지만, 그와 같은 의미가 잘못의 여러 가지 종류로서 비교적 많이 증명될 수 있다면 우리로 봐서는 충분한 것이다. 그리고 이와 같은 여러 가지 종류의 잘못은 의미라는 관점에서 보면 많은 차이가 있다. 즉, 잘못 말하기나 잘못 쓰기는 순전히 생리적인 근거를 붙일 수 있을는지 모르지만 그러나 나는 망각에서 비롯되는 잘못의 종류(이름의 망각, 의도의 망각, 둔 곳을 잊어버리기 등)가 그런 원인으로 일어난다고는 믿지 않는다. 일부러 한 것이 아니라고 간주할 수 있는 분실의 경우도 상당히 많이 있다. 일상생활에 나타나는 착각(또는 과실)은 어느 범위까지 우리의 견해를 적용할 수 있을 뿐이다. 앞으로 우기가, 실수행위라는 것은 심리적 행위이며, 두 가지 의향의 간섭으로 일어난다는 가설에서 출발하는 이상, 여러분 위의 적용범위를 잊지 말아주기 바란다.

이 가설이야말로 정신분석의 첫 성과다. 이와같이 두 가지 의향 사이의 간섭으로 일어나는 것, 다시 그 간섭의 결과로서 잘못이라는 현상이 나타난다는 가능성에 대해서 종래의 심리학은 조금도 깨닫지 못했다. 우리는 정신현상의 영역을 광범하게 확장하여 옛날에는 심리학의 영역에 넣지 않았던 현상들을 공략하여 심리학 속에 끌어들인 것이다.

　이제 잠시 시간을 내서, 잘못은 '심리적 행위'라는 주장을 검토해보자. 그런데 이 주장은 앞에서 말한 잘못에는 의미가 있다는 주장 이상으로 무언가를 내포하고 있는 것일까? 나는 그렇다고 생각하지 않는다. 이 주장은 전에 말한 주장보다 한층 애매하며 오해받기 쉽다. 사람은 정신생활에서 관찰할 수 있는 것을 모두 정신현상이라고 부른다. 그러나 다음의 것을 고려하지 않으면 안 된다. 즉 하나하나의 정신현상은 직접 신체적, 기질적, 물질적인 영향으로 일어난 것은 아닌가? 그 연구가 심리학에 적합하지 않은 것은 아닌가? 혹은, 정신과정의 배후에 있는 일련의 기질적인 작용이 있는 다른 정신과정에서 직접 유도된 것은 아닌가? 하는 것이 문제시될 것이다. 우리가 어떤 현상을 정신과정이라고 부를 때는 후자의 경우를 말하는 것이다. 따라서 우리의 연구 결과를 '그 현상은 의미심장하다. 하나의 의미를 포함하고 있다.'는 형식으로 표현하는 것이 목적에 들어맞는다. 요컨대 우리는 의미라는 것을 의미, 의도, 의향 및 심적 연관의 계열 속에서의 위치로 풀이하고 있다.

　잘못과 매우 닮았지만 잘못이라는 이름을 붙이기에 적당치 않은 현상이 많이 있다. 우리는 이런 것들을 우발행위와 증상행위(Zufall und Symtom-shandlung)라고 부르고 있다. 이러한 행위는 얼른 보기에 동기가 없고 의의가 없고 중대하지 않다는 성격을 실수행위와 똑같이 갖추고 있으며, 게다가 부수적인 것이라는 특성을 가지고 있다는 것이다. 이것들은 간섭하고 방해하는 한쪽의 의향이 결여되어 있는 점에서 잘못이나 실수행위와 다르다. 그러나 이들 행동은 우리가 정서(精緒)의 표현이라고 간주하고 있는 몸짓이나 동작과 뚜렷이 구별되지 않는다. 이를테면 무심코 옷을 만지작거리거나 신체의 일부분을 움직이거나 신변의 물건 같은 것을 만지작거리는, 얼른 보기에 목적 없는 행위는 모두 우발행위의 부류에 들어간다. 마찬가지로 그가 같은 동작을 갑자기 중지하는 것, 그리고 콧노래로 흥얼거리는 멜로디 등도 이 부류에 들어간다. 나는 이러한 현상은 모두 의미를 가지고 있어서 잘못의 경우와 마찬가지 방법으로 연구하면 해석이 가능하고 다른 중요한 정신현상의 조그마한 징후이며, 순전한 심리적 행위라고 주장한다. 그러나 나는 정신현상 분야의 연구에 더 이상 오래 머물고 싶지 않다. 그보다는 정신분석에 있어서 더욱 중요한 문제를 명백히 하기 위해서 잘못의 연구로 되돌아가기로 하자.

아까, 잘못의 연구에서 제기해놓고 아직 해결이 되지 않는 가장 흥미있는 문제는 다음과 같은 것일 것이다. 잘못은 상이한 두 가지 의향의 간섭의 결과라고 말했다——그 의향의 하나는 방해하는 것, 다른 하나는 방해받는 것이라고 불렀다——그런데 방해받는 의향은 이제 문제될 게 없지만, 방해하는 의향에 관해서 우리는, 첫째 다른 의향의 방해자로서 나타나는 의향은 어떤 의향인가, 둘째로 방해하는 의향은 방해받는 의향에 대해서 대체 어떤 태도를 취하는가 하는 두 가지 점을 알고 싶다.

잘못의 대표적인 예로서, 다시 잘못 말하기를 택하기로 하자. 그런데 나는 첫째 의문보다 오히려 둘째의 의문부터 풀어두고 싶다.

잘못 말하기에서는, 방해하는 의향이 방해받는 의향과 내용적 관계를 갖고 있다. 즉 방해하는 의향은 방해받는 의향에 대한 모순을 안고 있으며 그 수정 또는 보충의 의미를 내포하고 있다. 그런데 더 애매하고 더 흥미있는 경우는 방해하는 의향이 방해받는 의향과 내용상 아무 관계가 없을 때이다.

이 두 가지 관계 중에서 전자에 대한 예증은 앞에서 말한 실례로 힘들이지 않고 발견할 수 있다. 정반대의 말을 실언하는 잘못 말하기의 대부분의 경우, 방해하는 의향은 방해받는 의향의 반대를 표현한다. 즉, 이 경우의 잘못은 서로 받아들이지 않는 두 의향의 갈등의 표현인 것이다. '나는 의회의 개회를 선언하게 되어 있으나 실은 빨리 폐회해 버리고 싶다.'는 것이 그 의장의 실언에 포함되어 있는 의미다. 어느 정치 신문이 매수되었다는 비난을 받았다. 그 신문은 다음과 같은 말이 클라이맥스가 되는 글로 비난에 대한 자신의 입장을 해명하려 했다.

"독자 여러분은 본지가 언제나 '사욕을 버리고(in uneige-nnützlichster Weise)' 다년간 대중의 복리를 대변해왔음을 아실 것입니다."

그런데 해명문 기초(起草)를 맡은 편집자는 그만 '사욕을 가지고(in eigennützlichster Weise)'로 잘못 써버렸다. 즉, 편집자는 '사욕을 버리고, 라고 써야 하지만 내가 알기로는 사실과 다르지 않다'는 생각을 하고 있었던 것이다.

또한 독일 황제에게 'rückhaltlos(기탄없이)' 진실을 말해달라고 아뢸 셈이었던 한 국회의원은, 자기의 대담함을 두려워하는 내면의 소리 때문에 rückhaltlos를 그만 'rückgratlos(기골없이)'라고 잘못 말해버렸다*(1908년 11월의 독일 국회에서).

이미 말한 압축과 생략의 인상을 주는 실례에서는 잘못 말하기의 중심은 수정, 보족, 혹은 계속이 문제가 되며 그와 함께 제1의 의향과 나란히 제2의 의향이 나타난 것이다. "진상은 결국 명백해졌지만 말일세, 털어놓고 말하면 외설스러운 일이야." 이 때문에 'zum Vorschwein geko-mmen'이라고 잘못 말하게 된 것이다 —— '정말로 그것을 이해하고 있는 사람은, 이 다섯 손가락으로 헤아릴 정도밖에 없다. 아니, 정말로 이해하고 있는 사람은 나 단 한 사람밖에 없다.' 그래서 '이 한 손가락으로'라고 잘못 말하게 된 것이다. 또 다른 예에서 나의 남편은 '내'가 좋아하는 것은 무엇이나 먹고 마셔도 좋다고 말한 경우도 역시 그렇다. 마음대로 행동하는 것은 참지 못한다. 그래서 남편은 '내'가 좋아하는 것은 무엇이나 먹고 마시지 않으면 안 된다고 잘못 말하게 된 것이다. 이러한 예를 보면 결국 잘못 말하기는 방해하는 의향 자체에서 직접 나왔거나 혹은 그 의향의 내용과 밀접하게 결부되어 있다.

서로 간섭하는 두 의향의 관계가 이상과 같은 것이 아닐 때는 이상한 느낌을 준다. 만일 방해하는 의향이 방해받은 의향과 내용상 아무런 관련도 없을 때는 이 방해하는 의향이 대체 어디서 나왔을까? 또 어떻게 해서 꼭 그 자리에 방해자로 나타났을까? 이 경우를 관찰해보면 다음과 같은 대답을 할 수 있다. 즉 방해하는 의향은 그 본인이 잘못 말하기 직전에 뇌리를 차지하고 있던 사고의 흐름에서 나왔으며, 그 사고의 흐름이 회화 속에 이미 표현되었거나 아니거나 관계없이 잘못이라는 형태로 나중에 꼬리를 물고 나타난다. 그러므로 방해하는 의향을 후퇴발음이라고 해도 좋으나, 반드시 먼저 입으로 발음한 말의 후퇴발음은 아니다. 이런 경우에도 방해하는 의향과 방해받는 의향 사이에는 역시 연상 관계가 있다. 그러나 그 연상은 내용 관계가 아니라 오히려 인위적으로 대개의 경우, 매우 강제적인 연락로를 통해 맺어져 있다.

이 점에 대해서 나 자신이 관찰한 예를 보고한다. 어느 날, 나는 아름다운 돌로미텐 산맥^(오스트리아의 티롤에서 북이탈리아에 걸친 산맥)에서 빈에서 온 두 부인을 만났다. 이 두 부인은 여행 복장을 하고 있었다. 나는 잠시 길동무가 되어 여행을 즐거움과 고생에 관한 이갸기를 나누었다. 그 중의 한 부인이 이렇게 하루를 보내면 불쾌한 일이 많다고 고백했다. "정말이에요. 온종일 햇빛을 쬐면서 걷는다는 것은 결코 유쾌하지 않아요. 브루제 (블라우스)나 헴드(슈미즈)는 땀에 흠뻑 젖구……." 이때 부인은 잠깐 말이 막히는 듯하더니, 곧 계속했다. "하지만, 호제(팬티)로 돌아가서 옷을 말끔히 갈아입을 때는……." 나는 이 경우의 잘못 말하기를 분석하지는 않았지만 현명한 여러분은 쉽게 그 뜻을 알 수 있을 것이다. 이 부인은 자기 신변의 물건을 일일이 열거하려고 브루제(블라우스)나 헴드(슈미즈), 그리고 이어서 호제(팬티)라고 말하고 싶었던 것이다. 그때 숙녀의 예의상 아마 호제를 입 밖에 내지 못하고 그만두었던 것이다. 그런데 그 다음에 온, 내용적으로 전혀 관계없는 문구 속에, 입 밖에 내지 못했던 조금 전의 호제라는 말이 하우제(집)라는 비슷한 발음의 말로 왜곡되어 불쑥 나와버린 것이다.

이제 드디어 우리가 오랫동안 보류해왔던 중요한 주제로 향할 수가 있다. 즉 어떤 의향이 궤도를 벗어나 다른 의향의 방해자가 되는가 하는 문제다. 이 의향은 가지각색이지만 여기서 우리는 공통점을 찾아낼 수 있다.

그러한 실례를 많이 검토해보면 금방 세 가지 종류로 분류할 수 있다.

제1군(群)에는 다음의 실례가 해당된다. 방해하는 의향을 말하는 본인이 잘 알고 있을 뿐 아니라 잘못 말하기 직전에 자신도 문득 깨닫는 경우다. 이를테면 잘못 말하여 'Vorschwein'이라고 했을 경우, 말하는 사람은 문제의 사건을 '외설'이라고 꺼려했지만 처음에 외설이라는 말을 그대로 하려는 의향을 가지고 있었음을 가르쳐준다.

제2군(群)에 적절한 것은 다음의 예이다. 즉 말하는 사람은 방해하는 의향이 자기 마음에 존재하고 있었다는 것을 인정하지만, 잘못 말하기 직전에 자기 마음속에서 작용하고 있었던 것이라고는 깨닫지 못하는 경우다. 그러므로 본인은 그 잘못 말하기에 대한 우리의 해석을 인정하지만 어느 정도 그것에 당황한다. 이와 같은 심리상태는 이 잘못 말하기의 경우보다 다른 잘못 쪽에 더 적절한 실례가 있다.

제3군은, 방해하는 의향의 해석을 잘못 말한 본인이 극력 부정하는 경우다. 본인은 그러한 의향이 잘못 말하기 직전에 자기 마음속에서 움직이고 있었다는 것을 부인할 뿐 아니라, 그러한 의향이 자기와 전혀 관계가 없다고 주장한다. 한 연사가 '구토합시다.' 하고 실언한 예를 생각하면 된다. 그리고 내가, 본인으로부터 그 방해하는 의향을 끌어냈을 때 그가 무례하다고 극력 부인한 것이 생각날 것이다. 이와 같은 경우에 내린 우리의 견해가 만장일치로 찬성을 받지 않았다는 것은 여러분도 다 아는 일이다. 그러나 이 실언한 연사의 반대 따위를 나는 개의치 않는다. 나는 내 해석이 과녁에서 벗어나지 않았다고 확신한다.

그러나 여러분은, 이 연사가 분개하는 것을 차마 볼 수 없어서 '그와 같은 경우의 잘못 말하기에는 해석 같은 것을 내리지 말고, 역시 정신분석 이전의 견해를 가지고 순생리적인 행위라고 인정해주는 편이 좋지 않겠는가?' 하고 망설이고 있을 것이다. 나는 무엇이 그렇게 여러분을 경계시키는지 짐작할 수 있다. 나의 해석은 다음의 가설을 포함하고 있다. 즉, 이 말하는 사람에게 나타난 의향은 말하는 본인도 전혀 깨닫지 못하고 있지만 나는 간접증거에 의해서 그 의향의 존재를 추정할 수 있다는 가설이다. 이와같이 매우 신기하고 중대한 결과를 낳는 가설에 대해서 여러분이 멈칫해질 것은 당연한 일이다. 여러분의 기분은 나도 잘 알 수 있고, 여러분의 주장은 무리도 아니다. 그러나 우리는 다음의 것만은 확실히 해두고 싶다. 즉, 만일 여러분이 많은 실례로써 입증된 잘못의 가설을 논리적으로 추궁해나가려면 방금 말한 신기한 가설을 인정할 결심을 해야만 한다는 것이다. 만일 여러분이 이 가설을 인정할 수 없다면 가까스로 서광이 비치기 시작한 잘못에 관한 연구를 다시 중지하지 않으면 안 될 것이다.

이 세 가지 종류가 일치된 점, 즉 잘못 말하기의 이 세 가지 메커니즘의 공통점을 다시 논해보려 한다. 다행히도 이 공통점은 누구의 눈에도 쉽게 띈다. 제1군과 제2군에서는 방해하는 의향을 말하는 본인이 깨닫고 있다. 제1군에서는 방해하는 의향이 잘못 말하기 직전에 얘기하는 사람의 머릿속에 나타난 것이라고 덧붙여야 한다. 그런데 두 종류에서는, 이 방해하는 의향이 '억눌려' 있었다. '말하는 본인이 그 의향을 말로서 나타내지 않겠다고 마음먹었다. 그런데 그때 그 의향이 잘못 말하기의 형식으로 입 밖에 나와버린 것이다. 바꾸어 말하면 그 순간에 억눌려 있던 의향이 말하는 사람의 의사를 어기고 말이 되어 나와버렸다. 본인이 좋다고 한 의향이 표현을 바꾸고, 또는 그 표현과 뒤섞여, 또는 그것과 완전히 바뀌어' 말해버린 것이다. 이것이 잘못 말하기의 메커니즘이다.

나의 관점에 서면 제3군의 과정도 방금 말한 메커니즘에 훌륭히 일치시킬 수 있다. 의향을 억누르는 정도의 차이에 따라서, 이 세 가지 종류가 생기는 것이라고 가정하기만 하면 된다. 제1군에서는 그 의향이 이미 존재해 있어 잘못 말하기 직전에 본인이 문득 깨닫는다. 그 의향을 안으로 밀어넣자고 생각하는 순간에 말이 잘못되어 튀어나온 것이다. 제2군에서는, 의향의 억제가 훨씬 앞으로 거슬러 올라간다. 그 의향은 이제 말하기 직전에는 의식되지 않는다. 그러나 놀라운 일이지만 이 의향은 잘못 말하기의 유인(誘因)으로서 역시 관여했던 것이다. 그리고 이 상태에 입각하면 제3군의 과정도 매우 쉽게 설명할 수 있다. 나는 대담하게 이렇게 가정하겠다. 즉, 말하기 훨씬 전에 아마도 더 오래 전에 억압되어 있어 말한 사람 자신이 극력 부정할 수 있는 하나의 의향이, 그 본인은 깨닫지 못하는 사이에 잘못이나 실수 행위 속에 나타날 수 있는 것이라고.

그러나 여러분 자신이 제3군은 젖혀놓더라도, 여러 경우의 관찰로 미루어보면 '무언가 말하고자 하는 당시의 의향을 억누르는 것이 잘못 말하기를 일으키는 불가결의 조건이다.'라는 결론에 도달하지 않을 수 없을 것이다.

이번에야말로 우리는 잘못에 관한 이해에 큰 전진을 보았다고 주장해도 좋다. 잘못이란, 그 의미와 의향을 알아볼 수 있는 심리적 행위라는 것일 뿐 아니라, 잘못은 두 가지의 서로 다른 의향의 간섭으로 생긴다는 것을 알았다. 또한 이 두 가지 의향 중 하나가 다른 의향의 방해자로서 나타날 때의 그 의향은 어떤 억제를 받은 것이 틀림없다는 것도 알았다. 즉, 하나의 의향이 방해하는 의향이 되기 전에 그 의향 자체가 먼저 방해받지 않으면 안 된다는 점이다. 물론 이것만으로는 잘못이라고 불리는 현상을 완전히 설명했다고는 할 수 없다. 곧 무수한 의문이 나타난다. 그리고 그 의문을 다시 설명하려고 하면 다시 새로운 의문이 솟아날 것을 예기치 않을 수 없다. 이를테면 어째서 잘못은 더 간단하게 일어나지 않느냐는 의문이 솟는다. 어느 한 의향의 실현을 허용치 않고 이것을 억누르는 의향이 있다면, 억제가 성공했을 때 그 의향은 흔적도 없어질 것이고 실패했을 때만 억눌린 영향이 나타날 것이 아닌가 하는 의문도 생긴다. 그러나 그렇지 않다. 잘못은 타협의 산물이다. 잘못은 두 가지 의향 가운데 어느 쪽인가를 반은 성공시키고, 반은 실패시키는 것을 의미한다. 방해받은 의향은 전부 억제되지도 않고——어떤 경우를 제외하고는——전부 발현(發現)되지도 않는다. 이와 같은 간섭, 혹은 타협이 일어나려면 특별한 조건이 있을 것이 틀림없다고 생각되지만, 그 조건이 어떤 종류의 것인가는 지금까지 한 번도 추측할 수 없었다. 잘못을 더욱 깊이 연구해나간다 해서 이 미지의 조건을 발견할 수 있다고는 나도 믿지 않는다. 먼저 필요한 것은 잘못과는 다른 정신생활, 즉 잘못 이외의 연구되지 않은 영역을 탐구하는 일이다. 첫째로, 잘못과 그 외의 정신생활 영역과의 유사에서 우리는 잘못을 철저하게 규명하는 데 필요한 가설을 세울 용기를 얻는다. 다시 또 하나, 정신분석의 영향에서 우리가 줄곧 보아온 사소한 징후(徵候)를 연구하면 거기에는 당연히 어떤 위험이 따른다. '결합성(結合性) 파라노이아'라는 정신병이 있다. 이것은 사소한 징후가 무제한 확대되어 적용되는 병이다. 물론 나도 이런 사소한 징후 외에 세워진 결론을 끝내 옳다고 주장할 생각은 없다. 우리의 관찰을 폭넓게 확대하여 정신생활의 다방면에 걸친 영역에서 비슷한 인상을 다수 모아야 비로소 이 위험을 모면할 수 있다고 믿는다.

이 기회에, 일단 잘못의 분석을 마치기로 한다. 그러나 한 마디, 여러분에게 주의해주고 싶다. 우리가 어떤 식으로 잘못의 현상을 다루었나 하는 것을 정신분석의 표본으로서 똑똑히 머리에 새겨두기 바란다. 지금까지의 실례로 우리의 심리학이 가진 목표가 어떤 것인가 알 수 있었을 것이다. 우리는 단순히 현상을 기술하거나 분류하지 않고 오히려 현상을 마음속에 숨겨진 힘이 작용하여 나타난 것, 또는 협력하고 반발하면서 어떤 목적을 향하여 움직이고 있는 여러 가지 의향의 표현으로 보기를 바란다. 우리는 정신현상의 '역학적(力學的)인 파악'을 꾸준히 추구해왔다. 우리의 이런 역학적인 해석에 의하면 의식에 포착된 현상은, 단순히 가정된 것에 지나지 않는 것이지만 의향과 비교하면 그 중요성이 덜할 수밖에 없다.

 따라서 잘못이나 실수행위를 더 깊이 연구할 생각은 없다. 그러나 이미 알고 있는 사실을 재확인하고 몇 가지 새로운 사실까지 찾아낼 수 있을 것이다. 이때 우리가 근거로 삼을 것은 처음에 열거한 세 가지 종류이다. 제1군은 잘못 말하기이며, 이것에는 잘못 쓰기, 잘못 읽기, 잘못 듣기 등의 부차적인 형식도 포함된다. 제2군은 망각이다. 잊어버린 대상(명사, 외국어, 의도, 인상)에 따라서 다시 세분할 수 있다. 제 3군은 둔 곳 잊어버리기, 분실 등이다. 우리가 다루는 착각이라는 것은 일부는 망각, 일부는 바꿔 생각하기에 속한다.

 잘못 말하기에 대해서는 이미 상세하게 설명한 줄 알지만, 다시 두세 가지 사실을 덧붙여두고 싶다. 잘못 말하기에는 조그마한 감정 현상이 얽혀 있다. 이것은 흥미 있는 현상이다. 일부러 잘못 말하려고 하는 사람은 없다. 자기의 실언은 잘 모르지만 남이 잘못 말하는 것은 절대로 놓치지 않는다. 또한 잘못 말하기에는 어느 의미에서는 전염성이 있다고 할 수 있다. 실언을 하지 않고 실언에 대해서 논한다는 것은 어렵다. 잠재적인 정신과정이 분명찮은, 보잘것없는 잘못 말하기 형태에서도 그 동기를 간파하는 일은 그리 어렵지 않다. 이를테면 누군가가 장모음(장모음, 예를 들면 아아, 이이)을 어떤 동기로, 즉 그 단어에 끼어든 방해물 때문에 짧게 발음(이를테면 아, 이)했다면, 그 바로 뒤에 온 단모음을 길게 발음하여 또 하나의 잘못 말하기의 과오를 저지른다. 즉, 앞의 잘못을 보충하기 위해 다시금 잘못 발음하는 것이다. 이것과 마찬가지로 복합모음을 분명치 않게 흐리게 발음했다면, 예를 들어 eu(오이)나 oi(오이)를 ei(아이)로 발음했다면, 다음에 오는 ei(아이)를 eu(오이)나 oi(오이)로 바꾸어 보충하려고 한다. 이러한 태도 속에는 말하는 사람 자신이, 자기가 모국어의 사용법에 불충실하다는 인상을 주고 싶지 않다는 고려가 결정적으로 작용하고 있는 것으로 생각된다. 즉 첫번째 잘못 말하기를 보충하려는 뜻을 갖는, 두 번째의 왜곡(歪曲)은 다음과 같은 뜻이 있다. 처음의 잘못에 대해 듣는 사람의 주의를 끌어서, 말하는 나 자신도 잘못을 깨닫고 있다는 것을 듣는 사람에게 설득하려는 의도를 나타내고 있는 것이다. 가장 자주 일어나고 간단하며 사소한 잘못 말하기는 두드러지지 않은 품사에 나타난 단축(短縮)과 음의 선행(先行)으로 이루어지는 것이다.

이를테면 긴 문장을 말할 때 의도한 주지(主旨)에 따르면 나중에 올 말을, 먼저 말해버리는 경우다. 이런 잘못 말하기는 그 문구를 빨리 말해버리고 싶은 초조감을 나타내며, 또 일반적으로 잘못된 문장 또는 말 그 자체에 거역하는 저항이 있음을 나타내고 있다. 여기서 우리는 잘못 말하기에 대한 정신분석의 견해와 생리학적의 견해 사이에 차이점이 없어지는 한계선에 이른다. 이 경우도 우리에게는 말의 의도를 방해하는 의향이 존재한다고 가정하고 싶지만 그러한 의향이 존재한다고 말할 수 있을 뿐이지, 그 의향이 무엇을 목적하고 있는지는 알 수 없다. 그 의향이 일으키는 방해는 어떤 발음의 영향으로 일어났거나, 또는 연상에 이끌려 생긴 것으로 이야기의 취지로부터 주의력을 다른 곳에 옮기려고 했기 때문이라고 간주해도 좋다. 그러나 주의가 빗나가는 것이라든가 연상이 생기는 것은 전혀 사건의 본질을 해명하는 것이 아니다. 이것은 말의 의도를 방해하는 의향이 존재한다는 것을 나타내는 데 지나지 않는다. 그러나 이번만은 방해하는 의향의 본질을 잘못 말하기의 모든 두드러진 예를 들어 설명할 수 있었듯이 그 결과로 추측할 수는 없다.

나는 지금부터 잘못 쓰기로 이야기를 옮길까 한다. 이 잘못 쓰기는 잘못 말하기와 메커니즘이 비슷하므로 새로운 관심을 얻을 수는 없을 것이다. 다만, 잘못 쓰기의 연구로 지금까지 얻은 지식에 조금 덧붙일 수 있을 뿐이다. 누구에게나 볼 수 있는 조그마한 잘못 쓰기, 생략, 뒷글자(특히 마지막 글자)를 앞에 쓰는 따위의 잘못은 일반적으로 글씨 쓰기의 귀찮음, 글씨를 다 쓸 때까지의 초조함 등을 나타내고 있다. 두드러진 잘못 쓰기의 예에서 방해하는 의향과 본질과 목적을 알 수 있다. 편지 속에 잘못 쓴 것이 있을 때는 그 편지를 쓴 본인의 마음이 당시 혼란되어 있다는 것을 나타내는 것이다. 그러나 무엇이 혼란을 일으켰는지 추정한다는 것은 상당히 어렵다. 잘못 쓰기도 잘못 말하기와 마찬가지로 그것을 저지른 본인은 깨닫지 못하는 법이다. 그러면 다음의 일은 기묘하다. 자기가 쓴 편지를 언제나 봉하기 전에 다시 한 번 읽어보는 습관이 있는 사람이 있다. 또 읽어보지 않고 바로 봉하는 사람도 있다. 이런 사람들이 어쩌다가 다시 한 번 읽어보면, 두드러지게 잘못 쓴 것이 발견되어 언제나 정정할 기회를 가질 것이다. 이 사실은 어떻게 설명하면 좋을까? 이런 사람들은 편지를 쓸 때 잘못 쓴다는 것을 의식하고 있었던 것처럼 보인다. 우리는 정말로 그렇게 믿어도 좋을 것인가?

잘못 쓰기의 실제상의 의의와 결부된 하나의 재미있는 문제가 있다. 여러분은 아마 살인범 H의 사건을 기억할 것이다. 이 사람은 세균학자라고 자칭하면서 과학연구소에서 매우 위험한 배양균을 손에 넣어 그 배양균으로 자기 주위 사람들을 가장 근대적인 방법으로 죽일 계획을 세웠다. 그리하여 어느 날, 이 사나이는 자기에게 보내온 배양균이 효력이 없다는 것을 연구소 소장에게 불평하기 위해 한 통의 편지를 썼는데, 그때 무심코 잘못 써서 '내가 생쥐(Mäusen)와 마못(Meerschuseichen)으로 실험했는데'라고 쓰는 대신, '내가 인간(Menschen)으로 실험했는데'라고 똑똑히 써버린 것이다. 이렇게 잘못 쓴 것은 연구소 의사들의 눈에도 띄었으나 내가 아는 의사들은 이 잘못 쓰기에서 아무런 추정도 내리지 못했던 모양이다. 그런데 여러분은 이것을 어떻게 생각하는가? 여기서 의사들이 이 잘못 쓴 것을 하나의 고백으로 보고 수사를 개시했다면 이 살인 미수범을 즉각 검거할 수 있었을 것이다. 이 실례는 잘못에 대한 정신분석의 학설이 실제로 매우 중요한데도 세상 사람들의 무지 때문에 돌이킬 수 없는 실수를 저질렀음을 시사해주는 것은 아닌가? 바로 그렇다. 나도 그런 잘못 쓰기를 확실히 큰 혐의로 간주한다. 그러나 그 잘못 쓰기를 하나의 고백으로서 검거의 증거로 삼기에는 상당히 중대한 것이 방해하고 있다고 생각한다. 이 문제는 그렇게 간단하지 않다. 잘못 쓴 것은 확실히 증거물이 되지만, 그런 잘못 쓰기만으로 수사를 시작하기에는 증거가 불충분한 것이다. 이 잘못 쓰기는 그 사나이가 인간에게 병원균을 감염시키겠다고 늘 생각하고 있었음을 증명하고는 있지만 이 생각이 분명히 살인 계획에 해당하는가, 혹은 실생활에서는 아무 소용도 없는 공상에 지나지 않는가를 결정하기는 어렵다. 잘못 쓴 이 사나이가, 주관적으로 도리에 맞는 이유를 들어 이 공상을 부인하고 그런 생각은 자기로서는 도저히 꿈에도 생각지 않는 것이라고 주장할 수도 있다. 나중에 내가 심리적 현실과 물질적 현실의 차이를 고찰할 때 여러분은 이 가능성을 똑똑히 이해할 수 있을 것이다. 그러나 아무튼 이 이야기는 사소한 잘못이 훗날에 생각지도 못한 의의를 갖게 된다는 실례가 된다.

잘못 읽기에서는, 심리상태가 잘못 말하기나 잘못 쓰기와 아주 다른 것이 확실하다. 잘못 읽기의 경우, 서로 충돌하는 그 두 의향 중의 하나는 감각적 흥분으로 바뀌기 때문에 이 의향은 저항이 약해진다. 사람이 읽고자 하는 것은 사람이 쓰고자 하는 것처럼 자기의 심리 활동의 소산은 아니다. 그러므로 대부분의 경우, 잘못 읽기의 본질은 완전한 대체형성(代替形成)이다. 읽어야 할 글자를 다른 글자로 대용한다. 그때는 원문과 잘못 읽는 결과 사이에 반드시 대체 관계가 성립하지 않아도 가능하다. 즉, 대개는 발음 유사(發音類似)이다. 리히텐베르크가 angenommen(가정하면)을 Agamemnon(그리스 신화의 영웅 이름)으로 잘못 읽은 것은, 이런 종류의 좋은 실례이다. 만일 잘못 읽기를 일어나게 하는 그 방해하는 의향을 알고 싶다면, 잘못 읽는 원문을 아주 무시하고 첫째, 원문 대신에 읽은 말 다음에는 어떤 연상이 떠오르는가, 둘째, 어떤 잘못 읽기가 어떤 심리상태에서 일어난 것인가, 이 두 문제에서부터 분석 연구를 시작하면 된다. 심리 상태만 알면 저절로 잘못 읽기의 설명이 되는 경우도 있다. 이를테면 낯선 거리에서 어떤 사람이 오줌이 마려워 헤매다가 1층에 걸려 있는 커다란 글자로 쓴 간판을 'Closethaus(세면소)'라고 읽었다. 그는 간판이 너무 높은 곳에 걸려 있는 것이 우습다고 수상쩍어할 만한 여유를 아직은 갖고 있었다. 그때 그는 간판 글자가 실은 'Corsethaus(코르셋 상점)'였음을 깨달았다. 원문 내용과는 전혀 관계가 없어 잘못 읽었을 경우는 특히 신중한 분석을 요구하는데 이 분석은 정신분석의 기술에 의하지 않고는, 즉 정신분석을 믿지 않고는 행하기 어렵다. 그러나 대개의 경우 잘못 읽기의 해명은 비교적 쉽다. 마치 저 '아가멤논'의 예처럼 대체된 말은 혼란이 일어난 관념의 범위를 보여준다. 이를테면, 이번 세계대전(제1차 세계대전) 때 세상 사람들은 도시의 이름, 장군의 이름, 군대 용어를 도처에서 읽게 되어 그것과 발음이 비슷한 말을 들으면 곧잘 그러한 말로 잘못 읽는 습관이 붙게 되었다. 이와 같이, 자기에게 흥미가 있거나 관심을 차지한 것은 자기에게 관계가 없거나, 아직 흥미를 주지 않는 다른 것을 대체한다. 관념의 잔상(殘像)이 새로운 지각을 흐리게 하는 것이다.

또 읽어야 할 원문 자체가 방해하는 의향을 환기하여 그 결과 대개 그 원문과 정반대의 것으로 바뀌는 경우가 있다. 이런 종류의 잘못 읽기도 상당히 많다. 사람이 자기가 바라지 않는 것을 읽어야 했다고 하자. 분석의 결과, 그 읽어야 하는 것을 거부하고자 하는 심한 소망이 그와 같이 잘못 읽는 주된 원인이 되었다는 것을 알 수 있다.

지금까지 말한 잘못 읽기가 더 자주 일어나는데, 이 경우에는 잘못을 일으키는 메커니즘에서 중요한 역할을 하고 있던 두 인자(因子), 즉 두 의향의 갈등과 한쪽 의향의 억제(이 의향은 잘못을 일으키고 그것을 보충하지만)는 그다지 눈에 띄지 않는다. 잘못 읽기에서 이에 반대되는 것은 볼 수 없으나 잘못 읽게 하는 관념 내용의 침입은 이 관념에 미리 가해진 억제보다 훨씬 눈에 띄는 수가 있다. 그러나 이 두 인자는 망각이 일어나는 여러 실수행위에서 가장 뚜렷이 볼 수 있다.

의도(意圖)의 망각은 매우 뚜렷하므로 그 해석은 아마추어한테서도 항의를 받지 않을 것이다. 의도를 방해하는 의향은, 항상 그것과는 반대의 의지, 즉 하고 싶지 않다는 것이다. 의문되는 점은 '그렇다면 어째서 이 반대의지가 달리 공공연하게 나타나지 않는가.' 하는 점이다. 그러나 반대의지가 있다는 것은 의심할 여지가 없다. 이 반대의지를 꼭 숨겨야만 했던 동기를 얼마쯤 짐작하는 데 성공하는 수가 흔히 있다. 그리고 반대의지는 실수행위를 통해서 은근히 그 목적을 달성한다. 거꾸로 만일 그것이 공공연하게 반대를 주장한다면 거절당할 것이 틀림없다. 의도와 그 수행 사이에 심리상태의 중대한 변화가 일어나서 그 결과 의도의 수행이 문제되지 않게 되었을 때는 의도를 잊어버리더라도 그것은 실수행위가 아니다. 의도의 망각이 일어나도 사람이 그것을 수상쩍어하지 않으며 새삼 그 의도를 상기한다는 것은 쓸

데없는 일이라고 생각한다. 그 의도는 영구히, 혹은 일시적으로 지워져버린다. 그러므로 의도의 망각은 그와 같이 중간에 지워져버렸다고 믿을 수 없을 때, 비로소 실수행위라고 부르게 되는 것이다.

일반적으로 의도의 망각은 매우 평범하고 그 의미가 매우 분명하므로 연구해봐야 그다지 흥미가 없다. 그러나 이와 같은 잘못을 연구하면 두 가지 점에서 어떤 새로운 사실을 배울 수 있게 된다. 이미 말한 것처럼 망각, 즉 어떤 의도를 수행하지 않는다는 것은 그 의도에 도전하는 '반대의지'가 있음을 나타낸다. 그것은 틀림없는 사실이다. 그런데 반대의지는 우리의 연구 결과에 의하면 직접적 반대의지와 간접적 반대의지, 두 가지로 구별할 수 있다. 간접적 반대의지가 무엇인가는 다음의 한두 가지 예로 잘 알 수 있다. 후원자가 자기의 피후원자를 제삼자에게 추천하는 것을 잊었을 경우는 간접적 반대의지라고 할 수 있다. 왜냐하면 후원자는 원래 자기의 피후원자에게 별로 관심이 없어서 추천할 마음이 썩 내키지 않았기 때문이다. 피후원자는 후원자의 망각을 언제나 이런 뜻으로 해석할 것이다. 그러나 문제는 더 복잡할지 모른다. 의도의 수행을 거역하는 반대의지는 이 후원자의 경우 전혀 다른 방향에서 오고 전혀 다른 곳에 반대의지의 중심이 있는지도 모른다. 반대의지가 피후원자와는 전혀 무관하고 오히려 추천을 받아들여 줄 제삼자를 향하고 있을 수도 있다. 그러므로 정신분석의 해석을 실제로 응용하려면 주의를 요한다고 여러분은 생각할 것이다. 망각을 아무리 올바르게 해석해봐야 피후원자는 너무나 의심쩍어져서 후원자에게 아주 무례한 짓을 할 우려가 있다.

또 하나의 예로서 한 청년이 상대편과 만날 것을 약속하고 자기 자신도 지킬 결심을 한 데이트 약속을 잊었다면 가장 평범한 이유는 이 여성과 만나고 싶지 않았다는 점일 것이다. 그러나 이 경우 분석을 진행시켜보면 방해하는 의향이 그 여성을 향하여 있지 않고 데이트에 지정된 장소에 얽힌 어떤 괴로운 추억이 그 장소로 그의 발걸음을 옮겨놓지 못하게 하는 것이다.

세 번째의 예로서 어떤 사람이 편지 부치는 것을 잊었다고 하자. 그때 반대의지는 그 편지의 내용에 있을 수 있다. 그러나 때로는 그 편지 자체에는 죄가 없고 편지 사연 중의 무엇이 훨씬 전에 썼던 어떤

편지를 생각케 하여, 그 옛날의 편지가 반대의지의 직접적인 근거가
된 것이 분명해지는 경우도 있다. 그러므로 이때의 반대의지는 정당
한 이유가 있었던 그 옛날의 편지에서, 아무런 이유없이 현재의 편지
로 전가되었다고 할 수 있다. 그러므로 여러분은 우리가 올바르다고
본 해석을 이용할 때는 가감(加減)을 해서 신중한 태도를 취하지 않으
면 안 된다는 것을 알 수 있을 것이다. 심리학적으로 보면 동일한 가
치의 것이라도 실지로 응용하게 되면 매우 많은 의미가 있는 것이다.

　이와 같은 현상은 여러분에게는 매우 기묘하게 보일 것이다. 여러
분은 '간접적' 반대의지의 과정은 이미 그 사건이 병적(病的)임을 나
타내는 것이라고 주장할는지 모른다. 그러나 나는 그러한 반대의지는
정상이며 건강한 상태에서도 나타난다고 확신하고 있다. 내가 말하는
뜻을 오해해서는 안 된다. 이렇게 말했다고 해서 우리의 분석적 해석
이 근거가 없다는 것은 아니다. 의도의 망각에는 수많은 의미가 포함
되어 있다고 말했는데 이것은 그 한 실례를 분석하지 않고 우리의 일
반적인 가설을 전제하여 해석하는 한에 있어서만 다의성(多義性)이
있다고 말할 수 있는 것이다. 그러나 우리가 그 본인에 대해 분석한다
면 그 망각이 언제나 직접적 반대의지인지, 또는 다른 곳에서 유래한
간접적 반대의지인지 뚜렷이 알게 될 것이다.

　두 번째 점은 다음과 같이 말할 수 있다. 의도의 망각이 하나의 반
대의지에서 생긴다는 것이 많은 경우에서 증명되면 피분석자가 우리
의 추리 결과인 반대의지의 존재를 인정하지 않고 아예 부정해버리는
경우에도 이 해석을 확대 적용할 용기가 솟아오른다.

　그 예로서 매우 자주 일어나는 사건을 들어보자. 즉 빌린 책을 돌려
주는 것을 잊어버리거나 대금이나 빚의 지불을 잊은 경우를 많이 들
수 있다. 그런 사람은 책을 자기 것으로 만들자든가, 빚을 떼어먹자든
가 하는 의도를 가졌다고 우리는 대담하게 말할 수 있다. 이런 억측을
받은 당사자는 그러한 의도를 부정하지만, 자기 행위에 대해서 우리
가 한 것과 다른 해명은 하지 못한다. 그래서 우리는 "당신은 그런 의
도를 가지고 있는 것이오. 다만 당신이 그것을 깨닫지 못할 뿐이오"
하고 버틴다. 그런 당신의 의도가 망각이라는 작용 때문에 본성을 드
러낸 것이라고 말하는 것만으로 충분하다고 하면 당자는 잠깐 잊었을

뿐이라고 되풀이할는지 모른다. 이제야 이런 상황이 내가 전에 한 번 언급한 것과 같다고 여러분은 생각하게 될 것이다.

잘못에 대한 우리의 해석이 정당하다는 것은 종종 실증되었지만 이 해석을 일관성있게 밀고 나가려면 인간에게는 아무래도 본인이 모른 채 활동하고 있는 의향이 있다고 가정하지 않을 수 없게 된다. 그러나 이 가설을 주장하는 이상 우리는 실생활과 심리학을 지배하는 모든 견해에 반대하게 되는 것이다.

고유명사, 외국 이름 및 외래어의 낱말을 망각하는 것도 마찬가지로 그 이름에 직접, 또는 간접으로 작용하는 하나의 반대의향에서 오고 있다. 직접 그것에 대하여 작용하는 반감에 대해서는 이미 많은 예를 소개했다. 그러나 이런 경우에는 간접적 유인(誘因) 쪽이 특히 많이 존재하고 있으며 간접이라고 추정하려면 충분히 신중한 분석을 하지 않으면 안 된다.

이를테면 우리가 여태까지 누린 즐거움을 억지로 빼앗아버린 이번 대전(제 1 차 세계대전) 때는, 매우 이상한 연상 때문에 고유명사를 자유로이 떠올리는 능력이 매우 손상되어버렸다. 최근, 나는 파괴를 면한 메렌(그 무렵은 오스트리아, 지금은 체코의 한 주)의 도시 비젠츠의 이름이 아무래도 생각나지 않았다. 분석해본 결과 나는 이 도시에 직접 적의를 품고 있지 않았는데, 옛날 자주 즐거운 시간을 보낸 오르비에토(중부 이탈리아의 도시)의 비젠치 궁전과 이름이 비슷했기 때문이라는 것을 알았다.

이름을 떠올리는 데 반항하는 의향의 동기로서 여기에 비로소 하나의 원칙이 제시된다.(이 원리는 나중에 노이로제 증상을 일으키는 데 중대한 의의를 갖고 있음을 알게 될 것이다.) 즉, 어떤 일이 불쾌한 감정과 결부되어 있어 그것을 떠올리면 불쾌감이 되살아나는 기억을 좋아하지 않는다는 원리다. 회상, 또는 다른 심리행위에서 오는 불쾌감을 쫓아버리려는 이 의향은 불쾌로부터의 심리적 도피이며 우리는 이름의 망각뿐 아니라 태만, 오해 등과 같은 많은 실수행위에 대한 궁극적으로 유효한 동기로 인정해도 좋을 것이다.

그러나 이름의 망각은 정신생리적으로 가장 설명하기 쉬운 것 같다. 따라서 불쾌의 동기가 섞여 있다는 것이 입증되지 않을 경우에도 이름의 망각은 일어난다. 이를테면 누가 이름을 잊어버리는 경향이 있을 때 여러분이 그 사람을 분석적으로 연구하면 그가 그 이름을 잊어버리는 것은 그 이름을 좋아하지 않는다든가, 그 이름이 무언가 불쾌한 것을 회상시키기 때문만이 아니라, 그 이름이 그와 밀접한 관계가 있는 다른 연상권(聯想圈)에 속해 있기 때문이라는 것을 알 수 있다. 그 이름을 말하자면 그 연상권에 뿌리를 내리고 순간순간에 발동하려고 하는 다른 연상을 붙들어놓고 있는 것이다. 여러분이 기억술의 특징을 상기한다면 이름을 잊어버리지 않으려고 일부러 만든 연상 때문에 오히려 안 잊으려던 이름을 잊어버린다는 것을 알고 놀랄 것이다.

이것을 가장 잘 가르쳐주고 있는 것이 사람의 이름이다. 이름은 분명히 사람에 따라 전혀 다른 심리적 가치를 가지고 있기 때문이다. 이를테면 데오도르라는 이름을 예로 들어보자. 데오도르는 여러분 가운데 어떤 사람들에게는 두드러진 의미가 없겠지만 어떤 사람들에게는 데오도르가 자기 아버지, 형제, 친구, 또는 자기 자신의 이름일 수도 있다. 분석의 결과 전자의 경우는 이 미지인의 이름을 잊어버릴 염려가 없지만, 후자는 자기와 밀접한 관계가 있는 것으로 여겨지는 이 이름을 남에게 적용하고 싶어하지 않는다는 것을 알게 된다. 이 연상에 의한 억제작용이 불쾌 원리의 작용에 결합할 뿐만 아니라 간접적 메커니즘과 결합하는 수가 있다고 가정한다면, 여러분은 이름의 일시적인 망각의 원인이 되는 콤플렉스를 만든다는 것을 뚜렷이 알게 될 것이다. 그러나 이러한 착잡한 관계를 적절히 분석하면 남김없이 모두 밝혀낼 수 있다.

인상과 체험의 망각은, 이름의 망각보다 더 뚜렷하게 예외없이 불쾌한 것을 기억에서 멀리하고자 하는 의향이 작용한다는 것을 나타내고 있다. 물론 이것이 다 실수행위는 아니다. 그러나 평소보다 잊어버리는 것이 두드러질 때나 부당하게 여겨질 때, 즉 최근의 생생한 인상이나 중요한 인상을 잊어버렸을 경우라든가, 보통때 같으면 잘 생각나는 기억의 연쇄 중에 탈락이 있는 경우는 실수행위에 속한다. 그러나 확실히 우리에게 깊은 인상을 남긴 체험, 이를테면 어린 시절에 일어난 사건을 우리는 어째서, 그리고 어떻게 잊어버리느냐 하는 것은 이것과는 전혀 다른 문제이다. 그러나 이 경우에도 불쾌한 것에 대한 방어(Abwehr)가 중요한 역할을 하고 있는데 그것만으로는 설명이 충분하다고 할 수 없다. 불쾌한 인상을 잊어버리기 쉬운 것은 의문의 여지가 없는 사실이다. 심리학자들도 이것을 인정하고 있고 위대한 다윈도 이것에서 강한 인상을 받았으므로 자기의 학설에 불리하게 생각되는 관찰을 특히 신중하게 메모해두는 것을 '황금률(黃金律)'로 삼았다. 왜냐하면, 그는 그러한 관찰이야말로 기억에 남기 어렵다는 것을 확신하고 있었기 때문이다.

불쾌한 기억을 잊어버림으로써 방어한다는 이 원리를 처음 들은 사람은 반드시 이렇게 항의한다. "그렇지 않습니다. 내 자신의 경험으로 알 수 있듯이 고통스러운 일이야말로 잊기 어려운 것입니다. 이를테면 경멸을 당하거나, 모욕을 당한 기억은 내 의지를 어기고 언제나 되살아나서 나를 괴롭히거든요." 과연 옳다. 그러나, 이 항의는 과녁에서 빗나가 있다. 정신생활이란 대립하는 의향의 전쟁터이며 투기장이다. 역학적이 아닌 표현을 쓴다면 정신생활은 한 쌍의 대립과 모순으로 성립되어 있다는 것을 재빨리 고려하는 것이 중요하다. 어떤 의향의 존재를 증명했더라도 그에 대립하는 의향이 공존할 여지가 있는 것이다. 다만 문제가 되는 것은 대립하는 것이 어떻게 하여 나란히 있는가, 한쪽 의향은 어떤 작용을 하고 다른 한쪽 의향은 어떤 작용을 주느냐 하는 것이다.

물건의 분실이나 둔 곳 잊어버리기는 다양한 뜻을 가지고 있는데 이 실수행위를 일으키는 의향이 다양하기 때문에 특히 흥미롭다. 모든 경우에 공통되는 점은 어떤 물건을 잃어버리고 싶다는 소망이다. 그러나 어떤 이유나 어떤 목적으로 잃어버리고 싶은가는 저마다의 경우에 따라 달라진다. 그 물건이 낡았을 때, 그 물건을 더 좋은 것과 바꾸고 싶을 때, 그 물건이 싫어졌을 때, 그 물건이 사이가 나쁜 사람의 선물이었을 때, 생각하고 싶지 않은 상황 아래서 손에 넣은 물건일 때, 이러한 조건일 때 비로소 그 물건을 잃어버린다. 물건을 떨어뜨린다든가, 상하게 한다든가, 부순다든가 하는 데에도 같은 목적이 작용하고 있다. 사회생활의 경험에서 우리는 사생아(私生兒)가 합법적인 결혼으로 태어난 아이보다 훨씬 허약하다는 것을 알고 있다. 그런 어린 아이가 허약한 것은 양부모의 육아법이 나쁜 탓이라고 말할 필요는

없다. 육아의 보살핌에 소홀한 점이 있었다는 것만으로 다 설명이
된다. 물건의 보존에도 어린아이의 보호에도 같은 말을 할 수 있는 것
이다.

  그리고 또, 어떤 물건을 운명에 맡기어 희생시키자는 의도가 있을
때는 그 물건의 가치가 손상됨이 없이 그 물건은 분실되는 운명에 놓
이게 된다. 그리하여 두려워하던 손해를 면할 수 있다. 분석의(分析
醫)의 진술에 의하면 우리 주위에는 이와 같은 자발적인 의도로 분실
이 자주 일어난다. 그러므로 분실이라는 것은 흔히 우리가 희망하던
희생이다. 한편, 반항 자기 징벌(自己懲罰) 때문에 분실이 일어나는
일도 있다. 요컨대 분실로서, 물건을 멀리 하고자 하는 의향의 배후에
숨어 있는 동기를 꿰뚫어보는 것은 쉬은 일이 아니다.

  다른 잘못과 마찬가지로 바꿔 생각하기도 단념해야 할 소망을 채우
기 위해서 잘 이용된다. 이 경우 의도는 다행히도 우연이라는 가면을
쓰고 있다. 내 친구의 말에 의하면, 그는 몹시 싫었지만 하는 수 없이
기차를 타고 교외에 가야 할 경우가 있었다. 그런데 바꾸어 탈 역에서
열차를 잘못 갈아타서 그만 출발역으로 되돌아가버렸다. 또 한 예에
서는 어떤 사람이 여행 중 도중의 어느 역에서 어떻게든 머물고 싶었
으나 부득이한 용무로 그런 여유를 만들 수 없게 되었다. 그런데 그는
열차 시간을 잘못 알았기 때문에 열차를 놓쳐서 희망대로 머무르지 않
을 수 없게 되었다. 또 다른 예에서는(이것은 내 환자의 이야기지만)
내가 그 환자에게 애인을 전화로 불러서는 안 된다고 미리 일러두
었다. 그런데 이 환자는 내게 전화를 걸어볼 생각으로 ‘잘못하여’, 아
니 ‘그만 무심코’ 틀린 번호를 댔기 때문에 전화는 뜻밖에도 그 애인
집으로 연결되어버렸다.

  어느 기사(技師)가 관찰한 물품 파손 사건에 대한 다음과 같은 이야
기는 실생활에도 의의 있는 직접적인 바꿔 생각하기의 훌륭한 실례
이다.

  “며칠 전부터 나는 몇 사람의 동료와 함께 대학의 실험실에서 탄성
(彈性)에 관한 복잡한 실험을 하고 있었다. 이 연구는 우리들 마음대
로 선택한 것인데 막상 시작해보니 예상보다도 많은 시간이 걸렸다.
어느 날, 내가 동료 F군과 함께 실험실에 들어갔을 때, F군은 ‘실은

집에 산더미처럼 할 일이 쌓여 있는데 실험 때문에 오늘 하루를 소비하게 되었으니 도저히 참을 수 없다.'고 투덜거렸다. 나도 그에게 동정하지 않을 수 없었다. 그리고 그는 반 농조로, 꼭 1주일 전에 일어난 우연한 사건 하나를 암시하면서, '다시 한 번 기계가 탈이 나주면 실험을 중지하고 빨리 집에 갈 수 있겠는데.' 하고 말했다. 실험의 담당을 정하게 되어 F군은 압축기의 밸브를 조절하는 일을 맡았다. F군은 신중하게 밸브를 열고 탱크에서 천천히 액체를 수압(水壓)이 걸려 있는 압축기의 원통으로 흘려보냈다. 실험 주임이 압력계를 바라보면서 압력이 일정한 점에 이르렀을 때, 큰소리로 '됐어!' 하고 외쳤다. 그런데 이 명령을 들은 F군은 밸브를 쥐더니 힘껏 왼쪽으로(어떤 밸브든 죌 때는 오른쪽으로 돌리게 되어 있는데) 돌렸다. 그 결과 탱크의 전압력이 갑자기 압축기에 작용하여(연결장치는 이 압력에 견디어낼 만큼 단단하지 않았으므로), 순식간에 연결관이 파열해버렸다. 정말 대수롭지 않은 파손이었지만 우리는 그날의 연구를 중지하고 집으로 돌아가지 않으면 안 되었다. 아울러 특기할 만한 것은 그 후 얼마 안 되어 우리가 이 사건을 논의하고 있을 때 F군은 나도 똑똑히 기억하고 있는 그 농담을 전혀 기억하고 있지 않았다는 것이다."

이 말을 들은 여러분은 하인이 주인집의 기구에 가하는 파손은 단순한 우연만은 아니라고 의심할지 모른다. 또 몸에 상처를 입거나 자기가 위험에 부딪쳤을 때 그것이 우연이라고 말할 수 있을까, 하고 의문을 가질는지도 모른다. 이것은 기회 있을 때마다 여러분 자신의 관찰을 분석해서 연구해주기 바란다.

잘못이나 실수행위에 대해서 말해야 할 바를 이것으로 다한 것이 아니다. 연구하고 토의할 일은 산더미처럼 남아 있다. 그러나 여러분이 지금까지 한 내 이야기를 듣고 여러분의 마음을 차지하고 있던 종래의 사고방식이 어느 정도 흔들려서 우리의 학설을 받아들일 준비가 되었다면 나로서도 만족이다. 아무튼 많은 문제를 다 설명하지 않고, 이야기를 중단하는 것은 아쉬운 일이다. 우리는 잘못이나 실수행위의 연구로 우리의 학설을 전부 설명할 수도 없고 이 재료에 의해서 얻은 증명에만 의지하고 있는 것도 아니다. 우리의 목적으로 봐서 잘못이나 실수행위가 매우 가치있는 것은 이 현상이 매우 자주 일어난다는 것, 자기 스스로 관찰할 수 있다는 것, 절대로 병에서 오는 것이 아니라는 점이다. 결론으로서 여러분에게 아직 대답해주지 않은 의문을 하나 말하겠다. 그 의문은 이것이었다.

"우리가 많은 실례에서 본 것처럼, 만일 인간이 잘못에 대한 지식에 정통하고, 마치 잘못의 뜻을 통찰한 것처럼 행동한다면, 그들은 모두 잘못을 우연이지 뜻이나 의지를 가진 것이 아니라고 주장하면서, 잘못에 내린 정신분석의 설명에 기를 쓰고 반항하는 일이 일어나지 않겠습니까?"

여러분의 생각은 옳다. 실제로 그것은 대단한 일이며, 설명을 필요로 하는 일이다. 그러나 여러분에게 그 설명을 하고 싶지는 않다. 오히려 여러분을 천천히 인도하여, 내가 가르치지 않더라도 저절로 설명이 될 수 있도록 해주고 싶다.

역주 : 이에 대해서 프로이트는 《일상생활의 병태 심리》에서 이렇게 말하고 있다.

라트만 군(독일 국민당) '우리는 상주(上奏) 문제를 독일 국회의 사무 규정에 따라 처리하고 있습니다. 사무 규정에 의하면, 독일 국회는 황제 폐하에게 이와 같은 상주를 할 권리를 갖고 있습니다. 독일 국민의 일치된 사상과 희망은 이 경우에도 일치된 상주문을 제출하는 데까지 이를 밀고나갈 것으로 믿습니다. 그리고 우리가 폐하의 감정을 모든 점에서 고려하는 형식으로 이것을 할 수 있다고 하더라도, 우리는 이것을 기골없이 해야 하는 것입니다(몇 분간 계속되는 폭풍 같은 박수). 여러분, '기골없이'가 아닙니다. '기탄없이'였습니다(박수). 폐하께서도, 독일 국민의 이 같은 기탄없는 성명을, 시국 다난한 차제에 받아들이시리라 생각합니다.'
1908년 11월 12일께 '포르베르'지(독일 사회민주당 기관지)는, 이 잘못 말하기의 심리학적 의의에 대한 지적을 게을리하지 않았다. '반 유대주의자 라트만이, 질문 이틀째에 장중한 정열을 곁들여서 자기와 자기 동지가 황제에게 '기골없이' 의견을 말하도록 탈선하여 고백했는데 국회의원이 의회에서 무심코 진심을 드러내어 군주에 대한, 그와 다수당의 태도를 이토록 적절하게 표명한 적은 없을 것이다. 각 방면에서 일어난 폭풍 같은 박수 때문에 이 가엾은 의원은 더 말을 못 하고 그만두었는데 그는 원래 '기탄없이'라고 말할 참이었다고 떠듬거리면서 해명할 필요가 있다고 생각한 것이다.

제 2 부　꿈

다섯 번째 강의

여러 어려움과 첫 만남

옛날 어떤 사람이, 어떤 종류의 노이로제 환자가 나타내는 증상에는 의미가 있다는 것을 발견했다. 정신분석의 치료법은 이 발견에서 유래한다(요제프 브로이어가 1880년~82년에 발견했다. 프로이트가 1909년에 미국에서 행한 정신분석 강연 참조). 이 치료 중에 환자가 증상 대신 꿈을 호소하는 일이 있었다. 그래서 그와 같은 꿈도 의미가 있는 것은 아닐까 하는 추측이 생겼다. 그러나 우리는 이러한 경과를 꿈으로부터 시작하여 거꾸로 더듬어가고 싶다. 즉, 우리는 노이로제 연구의 준비로서 꿈의 의미를 증명하고 싶은 것이다. 꿈의 연구는 노이로제 연구에 가장 좋은 준비일 뿐 아니라 꿈 자체가 노이로제 증상이고 게다가 꿈은 건강한 모든 사람에게도 나타난다는, 우리에게 짐작도 못 할 이점이 있기 때문이다. 아니 인간이 모두 건강하고 꿈만 꾸고 있었다면 지금까지 노이로제 연구에서 얻은 지식은 모두 이 꿈의 연구에서 얻을 수 있었을 것이다.

그러므로 꿈은 정신분석의 연구 대상이 된다. 우리는 이제 잘못과 마찬가지로 흔해빠지고 보잘것없는, 얼른 보기에 실용 가치가 없고, 건강한 사람에게도 나타난다는 점에서 잘못과 공통점을 가진 꿈이라는 현상을 다루게 되었다. 그런데 이번 연구 조건은 앞에서의 잘못에 관한 연구의 경우보다 불리하다. 잘못은 학문적으로 무시당하고 있었을 뿐이며 사람들은 이 문제에 그다지 주의를 기울이지 않는다. 그러나 결국 잘못을 연구했다고 해서 수치가 되지는 않았다. "그야 이 세상에는 더 중요한 일이 있지만 그런 잘못이라도 연구한다면 무슨 결과라도 얻을 수 있겠지."라고 사람들은 말했다. 그런데 꿈을 연구한다는 것은 실용도 되지 않는 쓸모없는 일일 뿐더러 비난받을 일이다. 꿈을 연구함으로써 비과학적이라는 오명을 얻을 뿐 아니라, 신비주의적 경향이 있다는 의혹까지 받게 된다. '신경병리학(神經病理學)이나 정신의학에는 더 절실한 문제가 있지 않은가? 즉, 정신생활의 기관(器官)을 압박하는 사과만한 크기의 종양, 뇌일혈, 현미경으로 조직편(組織片)의 변화를 실증할 수도 있는 만성염증 등이다. 그만두어라. 의사란 자가 꿈 따위에 몰두하고 있어서는 안 된다. 꿈 따위는 이것에 비하면 아주 보잘것없고 연구할 만한 가치도 없다.'는 말을 듣기 십상이다.

게다가 꿈의 성질만 생각하더라도 꿈의 구조 자체가 정확한 연구에 필요한 모든 요청에 어긋난다. 꿈의 연구에서는 연구 대상조차 불확실하다. 이를테면, 망상이라는 것은 명확히 일정한 윤곽을 가지고 나타난다. "나는 중국 황제다." 하고 망상에 사로잡힌 환자는 큰소리로 외친다. 그런데, 꿈은 어떠한가? 대개 꿈이란 남에게 말할 수가 없다. 어떤 사람이 자기가 실제로 꾼 꿈을 이야기할 때, 자기는 본 그대로 말했다든가, 이야기 중에 말을 바꾸지 않았다든가, 기억이 모호해서 부득이 지어내지 않았다고 보장할 수 있겠는가? 대개의 꿈은 일반적으로 기억해낼 수가 없으며 조그마한 단편까지 잊어버린다. 그러므로 이러한 재료를 해석하는 것이 과학적 심리학이나 환자의 치료에 기초되겠는가?

이런 종류의 과장된 비판을 진실로 받아들인다면 우리는 당연히 회의에 빠지고 만다. 그러나 꿈을 연구 대상으로 하는 데 대한 이와 같은 항의는 분명히 극단적이다. 이미 우리는 잘못의 경우에서 보잘것없는 것을 다루었다. 우리는 중대한 사물이 조그마한 전조(前兆)밖에 나타내지 않는 수가 있음을 말해두었다. 꿈이 불확실하다는 것은 바로 꿈의 다른 특징들——이에 대해서는 아무것도 말할 수가 없지만——과 마찬가지로 꿈의 한 특징인 것이다. 한편 일정한 윤곽을 갖춘 뚜렷한 꿈도 있고, 정신의학적 연구의 대상 중에는 꿈처럼 애매한 성격을 가진 것도 있다. 이를테면 강박관념의 많은 실례가 그것이다. 존경할 만한 뛰어난 정신학자들은 이와 같은 것에 몰두하고 있는 것이다. 여기서 한 여자 환자가 다음과 같은 말로 내게 자기의 병을 호소해왔던 한 증례를 소개한다.

"나는 무언가를……. 어린애인가 봐요……. 아냐, 개인지 몰라요……. 무언가 짐승에게, 상처를 입히려는 맘이 들어요. 아마 다리에서 떠밀었는지……, 아냐, 그것도 아닌지 모르겠어요……."

우리가 꿈을 꾼 사람은 꿈을 잊어버렸을지도 모른다든가, 기억 속에서 변형시켰는지도 모른다든가 하고 부질없는 걱정을 하지 않고, 그 사람이 들려주는 것이 바로 그 사람의 꿈이다 하고 보장할 수만 있다면 꿈의 기억은 확실하지 않다는 비난을 면할 수 있을 것이다. 꿈 따위는 부질없는 것이라고 말하지만 마지막에 가서는 반드시 일반적으로 그렇다고 주장할 수도 없게 될 것이다. 우리는 꿈에서 깼을 때의 기분이 그날 온종일 계속되는 수가 있다는 것을 저마다의 경험으로 알고 있다.

또 의사는 어떤 정신병이 꿈과 더불어 발병하여 그 꿈에 유래하는 망상을 수반한다는 증상의 예를 보고하고 있으며 또 역사상의 인물은 꿈에서 중대한 사업의 암시를 얻었다는 이야기도 전해진다. 그러면 우리는 과학의 세계에서는 왜 꿈이 경시되고 있는가 알아보자.

나는 그것이 옛날에 꿈을 너무 중시한 경향의 반동이라고 생각한다. 과거를 되살려낸다는 것은 확실히 쉬운 일이 아니나, 3천 년 전, 또는 그 이상 옛날의 우리 조상들도 현재 우리가 꾸고 있는 것과 마찬가지로 꿈을 꾸고 있었다는 확신을 가지고——농담 같아서 실례이지만——가정해도 좋다. 우리가 아는 한, 고대 민족은 모두 꿈에 커다란 의의를 부여하여 실제적인 이용 가치가 있다고 생각했다. 그들은 꿈에서 미래의 예시를 찾고, 꿈에서 미래의 전조(前兆)를 점치려고 했다. 그리스 인이나 동양인들은 마치 오늘날의 정찰기처럼 해몽가들의 대동(帶同)없이는 행군하지 못했다. 알렉산더 대왕은 원정을 계획할 때는 언제나 일류 해몽가에게 물어보았다. 그 무렵 아직도 섬 안에 있던 티루스 시(고대 페니키아의 도시)가 강력히 왕에게 저항했으므로 대왕은 포위를 단념할까 하고 생각했다. 그러던 어느 날 밤, 대왕은 사튀르 신(그리스 신화에 나오는 양의 다리를 가진 숲의 신)이 승리에 취하여 미친 듯이 춤추는 꿈을 꾸었다. 그래서 대왕은 이 꿈을 해몽가에게 알렸더니, 그것은 바로 대왕이 티루스 시를 함락하는 전조라고 대답했다. 그래서 대왕은 다시 공격을 명령하여 거뜬히 티루스를 점령할 수 있었다. 에트루리아 인이나 로

마인 사이에는 미래를 점치는 데 다른 방법이 쓰이고 있었으나, 해몽(꿈점)은 그리스 로마 시대를 통해서 성행되고 존중되었다. 당시의 해몽에 관한 문헌 중에서 적어도 걸작이라고 해도 좋은 것은, 하드리아누스 황제 시대에 편찬된 다르디스의 《아르테미도로스 서(書)》이다.

그 뒤 어떻게 하여 해몽이 쇠퇴하고 꿈이 신용을 잃게 되었는지, 나로서는 잘 모르겠다. 계몽이 크게 작용했다고도 할 수 없다. 왜냐하면 암흑시대였던 중세에서는 고대의 해몽 이상으로 불합리한 관습이 충실하게 보존되어 있었기 때문이다. 실은 꿈에 대한 흥미가 차차 미신으로 떨어지고 무식한 사람들의 손으로 돌아가버렸다는 것이 원인일 것이다. 해몽의 마지막 타락으로서는 복권을 맞추기 위해서 복권 번호를 꿈으로 알고자 하는 일이 오늘날에도 행하여지고 있는 일이다.

한편 현대의 정밀과학이 몇 번이나 꿈의 연구에 손을 댔으나 그 연구의 목적은 언제나 생리학적 학설을 꿈에 적용해보는 데 지나지 않았다. 의사는 물론 꿈을 심리현상이라고 생각하기보다 육체 자극이 정신생활에 나타난 것이라고 생각했다. 1876년, 빈츠는 꿈이란 "육체현상이며, 모든 경우에 무익하고, 많은 경우에 병적인 과정이며, 낮은 불모의 사막에 푸른 하늘이 있듯이, 그 현상 위에 우주의 불멸하는 영혼이 높이 치솟아 있다."고 했다. 마우리는 꿈을, 정상인의 균형잡힌 운동과는 정반대인 무도병(舞蹈病)의 발작적인 경련에 비유했다. 옛 비유에 의하면 꿈의 내용은 '음악을 알지 못하는 사람이 열 손가락으로 피아노의 키를 두드릴 때' 울리는 소리였다.

해석한다는 것은 그 숨은 의미를 발견하는 일인데, 꿈의 작용을 이런 식으로 평가하는 이상, 해석 같은 것은 생각도 못 할 일이다. 여러분은 분트나 요들, 그 밖의 근대 철학자들이 기도한 꿈에 관한 글을 읽어보라. 그들은 꿈을 경멸하는 태도로 꿈의 생활이 깨어 있을 때의 사고와 다르다는 사실을 열거하면서 연상(聯想)의 붕괴, 비판력의 감퇴, 모든 지식의 마비, 저하된 활동력 같은 특징을 역설하며 만족해하고 있다. 정밀과학에 감사해도 좋은 꿈의 지식에 대한 유일하게 가치있는 공헌은 잠잘 때 가해진 육체의 자극이 꿈의 내용에 어떤 영향을 미치는가 하는 실험이다. 얼마 전에 죽은 노르웨이의 학자 모를리 볼트가 《실험적 꿈의 연구》라는 두 권의 두꺼운 책(1910년과 1912년에 독일어로 번역되었다.)을 발표했다. 이 책은 손발의 위치의 변화가 꿈에 어떤 결과를 가져오는가 하는 연구에 지나지 않지만, 정밀한 꿈 연구의 모범으로서 추천할 만하다.

그런데 드디어 우리가 꿈의 의미를 발견하기 위한 연구를 시작한다는 말을 정밀과학이 듣는다면, 정밀과학이 우리에게 무슨 말을 할 것인가 생각해주기 바란다. 아마 '잘못 연구'의 경우와 같은 항의가 있겠지만 우리는 그런 것 때문에 주춤거릴 생각은 없다. 실수행위의 의미가 포함되어 있었다면 마땅히 꿈에도 의미가 포함되어 있어야 할 것이다. 실수행위의 많은 경우가 의미를 가지고 있지만, 정밀과학은 그것을 빠뜨리고 있었다. 우리들은 고대인이나 민간의 편견을 인정하고 고대의 해몽을 한번 따라가보기로 하자.

우선 먼저, 우리는 우리의 과제를 정해놓고 꿈의 세계를 돌아보지 않으면 안 된다. 대체 꿈이란 무엇인가? 그것을 한 마디로 정의하기는 어렵다. 하지만 누구에게나 알려져 있는 재료를 말하는 것이니, 정의를 내릴 것까지도 없을 것이다. 그러나 우리는 꿈의 본질을 뚜렷이 해두지 않으면 안 된다. 그러면 그 본질을 어디서 찾아야 할 것인가? 우리가 목표하고 있는 꿈이라는 영역 안에는 여러 방면에 걸쳐 놀랄 만큼 각양각색의 종류가 있다. 그러나 우리가 모든 꿈에 공통된다고 입증할 수 있는 것은 아마 그 본질일 것이다.

그렇다. 첫째, 모든 꿈에 공통된 점은 그때 우리가 자고 있다는 것이다. 꿈이란 분명히 수면 중의 심리활동이며, 그것은 깨어 있을 때의 심리활동과 어느 점에서는 비슷한 반면 크게 다르다. 이 점은 이미 아리스토텔레스가 정의한 바다. 그런데 꿈과 수면 사이에는 더 밀접한 관계가 있는 것 같다. 사람들은 꿈으로 인해 잠이 깨는 수가 흔하며, 저절로 잠이 깼을 때나 타의로 수면이 방해되었을 때에도 꿈을 꾸고 있는 경우가 매우 많다. 그러므로 꿈은 수면과 각성의 중간 상태에 있는 것처럼 여겨진다. 그렇다면 수면이란 무엇일까?

수면은 생리학상이나 또는 생물학상의 큰 문제이며 지금도 논쟁이 계속되고 있다. 우리는 수면에 대해서 아무것도 똑똑히 단정할 수 없지만 수면의 심리학적 특징을 정의해둘까 한다. 수면이란 내가 외계(外界)에 대해 아무것도 알려 하지 않고 외계로부터 관심을 끊어버린

상태를 말한다. 내가 외계에서 물러나서 외계의 자극과 절연했을 때 나는 잠에 빠진다. 또 내가 외계에 싫증이 났을 때도 잠에 빠진다. 취침할 때 "나를 쉬게 해다오. 나는 자고 싶으니까." 하고 외계에 말한다. 어린아이는 이와 반대로, "나는 졸리지 않아. 조금도 고단하지 않아. 더 뭔가 하고 싶어." 하고 말한다. 즉, 수면의 생리학적 목적은 휴양이며, 그 심리학적 특징은 외계에 대한 관심의 중단으로 간주된다. 타의(他意)로 태어나 저절로 맺게 된 우리와 외계와의 관계도 중단이 없으면 견딜 수 없을 것같이 여겨진다. 따라서 우리는 주기적으로 탄생 전의 상태, 즉 태내생활(胎內生活)로 되돌아가는 것이 된다. 우리는 따뜻하고 어둡고 자극없는 태내 생활과 완전히 같은 상태를 적어도 수면에 의해서 만들 수가 있다. 어떤 사람은 거북하게 새우처럼 몸을 구부리고 자궁 안에서 취한 것과 비슷한 자세로 잠을 잔다. 외계가 어른의 생활 전체는 아니며 삼분의 이 정도에 불과하다. 나머지 삼분의 일 정도는 아직 태어나지 않은 상태라 할 수 있다. 그러므로 어른에게는 아침에 깨는 일은 하나의 새로운 탄생이다. 우리는 잠에서 깬 상태를 '갓 태어난 어린아이 같다.'고 말한다. 생각해보면, 신생아의 일반 감각에 대해서는 아주 그릇된 가정을 세우고 있었던 것이다. 신생아는 오히려 매우 불안한 기분을 느끼고 있다고 생각해야 할 것이다. 우리는 탄생하는 것을 '세상의 빛을 본다.'고도 말하고 있다.

　방금 말한 것이 수면이라고 한다면, 꿈은 결코 수면의 프로그램 속에 들어 있지 않은 셈이다. 꿈은 오히려 수면에게는 거추장스러운 부속물처럼 여겨진다. 우리도 꿈없는 수면이야말로 가장 좋고 바람직한 바른 수면이라고 생각한다. 수면중에는 어떤 정신활동도 있어서는 안 된다. 만일 정신생활이 활동하면 태아와 같은 안정 상태를 만들 수가 없다. 그러나 정신활동의 잔재까지 없어진다는 것은 불가능하다. 이 정신활동의 나머지가 꿈이 되는 것이다. 그러나 이렇게 생각하면 꿈이 실제로 의미를 가질 필요가 없을 듯이 여겨진다. 잘못의 경우는 꿈과 달라서 깨어 있을 때의 정신활동이었다. 그런데 우리가 잠들어서 정신생활이 완전히 정지되고 그 나머지만 억제를 받지 않는다면, 이 나머지가 굳이 의미를 가진다는 점에는 필연성이 없다. 또 정신생활의 나머지까지 잠들었을 경우, 나는 의미라는 말조차 사용할 수 없게 된다. 그때는 실제로 꿈은 경련과 비슷한 반응, 즉 육체의 자극에 의하여 일어나는 정신현상에 지나지 않게 된다. 그러므로 꿈은 깨어 있을 때의 정신활동의 나머지, 더욱이 잠을 방해하는 나머지가 되는 셈이다. 그렇다면 정신분석에 알맞지 않은 이 따위 테마는 주저없이 버릴 결심을 하지 않을 수 없게 된다.

그러나 가령 꿈을 쓸데없는 것이라고 치더라도 꿈은 역시 존재한다. 꿈이 존재하는 이상, 우리는 꿈의 존재에 어떻게든 설명을 하지 않으면 안 된다. 그러면 왜 정신생활은 잠들어버리지 않는가? 아마 이것은 그 무엇인가가 정신에 휴양을 허락하지 않기 때문일 것이다. 자극은 정신에 작용하며, 정신은 자극에 반응하지 않을 수 없다. 그러므로 꿈이란 잠잘 때 받은 자극에 정신이 어떻게 반응하는가 하는 표적인 것이다. 이렇게 생각하면 꿈에 대한 이해가 한 걸음 나아감을 깨닫게 된다.

이제 우리는 수면을 방해하려 하는, 즉 꿈이 되어 반응하는 자극이 어떤 것인가를 여러 가지 꿈에서 찾아볼 수가 있을 것이다. 그러면 모든 꿈에 공통되는 제일의 공통점에 관한 문제가 해결된 셈이 된다.

그렇다면 더 다른 공통점이 있을까? 있다. 확실히 있는데 그 공통점을 잘 포착하여 기술하기는 어렵다. 수면중의 정신과정은 깨어 있을 때의 것과 그 성질이 전혀 다르다. 사람은 꿈 속에서 온갖 것을 경험했다고 믿고 있지만 방해하는 자극밖에는 아무것도 경험하지 않았다. 꿈 속의 경험은 주로 시각의 형태를 취하지만 때로는 감정이나 관념도 관여하고 있다. 무언가 시각 이외의 다른 감각으로 경험하는 수도 있으나 대개는 영상(映像)이다. 꿈을 말하기가 어려운 것은 이 상(像)을 말로 옮기지 않으면 안 되는 점에 그 일부의 원인이 있다. 꿈을 꾼 사람은 자주 영상을 머리에 그릴 수는 있지만 어떻게 입으로 나타내면 좋을지 모른다고 곧잘 말한다. 이 상태는 천재에 비교할 경우의 정신박약자의 정신활동처럼 본질적으로 저하된 정신활동은 아니다. 그것은 질적으로 다르기는 하나, 그 차이가 어디 있는가 말하기는 어렵다. 일찍이 페히너(독일의 물리학자, 심리학자)는 마음속에서 꿈이라는 극이 연출되는 무대는 깨어 있을 때의 관념생활(觀念生活)의 무대와는 다르다고 추측한 적이 있었다. 페히너가 무슨 말을 하려고 했는지 우리는 알 수 없고 또 알지 못하지만 아무튼 대부분의 꿈이 주는 기묘한 인상은 실제로 존재한다. 꿈의 작용을, 음악을 이해하지 못하는 사람의 연주에 비교한다는 것은 여기서는 허용되지 않는다. 왜냐하면 피아노에서는 아무렇게나 키를 두드리면, 멜로디는 아니어도 언제나 키에 따르는 소리로 대답하기 때문이다. 모든 꿈에 통하는 이와 같은 제2의 공통점은 설혹 이해하지 못하더라도 신중히 주의하도록 하자.

그 이외의 공통점이 있을까? 이 이상의 공통점은 우선은 눈에 띄지 않고 곳곳에 또 어느 점에나 차이점이 있다. 외견상의 지속 시간, 선명함, 감정의 관여, 안정성 등에 관한 차이점이 그것이다. 이 모든 차이점은 꿈이란 자극을 막기 위한 불가피하고 불완전한 경련 같은 방어라는 학설에서 예상되는 것과는 전혀 다르다. 꿈의 차원에 대해서도, 어떤 꿈은 매우 짧아서 단지 하나의 상(像), 얼마 안 되는 상, 하나의 관념, 아니 하나의 말을 포함하고 있을 뿐이다. 어떤 꿈은 이상할 만큼 내용이 풍부하고 이야기가 전개되며 매우 긴 시간 계속되는 듯이 여겨진다. 어떤 꿈은 현실의 경험처럼 선명하고, 깬 뒤에도 한참 동안 꿈이라고 여겨지지 않을 만큼 뚜렷하다. 또한 어떤 꿈은 말로 나타낼 수 없을 만큼 희미하고 몽롱하여 그림자처럼 사라질 것 같다. 또 같은 꿈 속에도 극히 선명한 부분과 거의 포착될 수 없을 만큼 모호한 부분이 섞여 있는 때도 있다. 또 조리있는 꿈이라든가, 적어도 이론이 정연한 꿈, 기지에 찬 꿈, 환상적으로 아름다운 꿈이 있다. 또 다른 꿈은 반대로 정신박약자처럼 어리석고 혼란스러우며, 불합리해서 이따금 아주 광적인 것도 있다. 우리를 냉정하게 만드는 꿈이 있는가 하면, 감동이 너무 절실해서 비통한 나머지 울고, 불안한 나머지 잠이 깨고, 또는 경탄하고, 황홀해지는 꿈도 있다. 대개의 꿈은 눈을 뜨면 금방 잊어버리지만 그날 온종일 기억에서 떠나지 않고 있다가 저녁때 가서야 간신히 흐려져서 단편적으로 여기저기 드문드문 생각나는 것도 있다. 어떤 꿈은 아주 뚜렷이 기억에 남는다. 이를테면 한 어린 시절의 꿈처럼, 그 기억이 30년 후의 오늘날에까지 최근의 경험처럼 생생하게 떠오르는 경우다. 어떤 꿈은 여러 형의 인간처럼 단 한 번 나타나고 두 번 다시 나타나지 않으며, 어떤 꿈은 같은 사람에게 그대로 또는 약간 변한 채로 되풀이해서 찾아온다. 한 마디로 말해서, 아주 적은 이 밤중의 정신활동은 하나의 큰 방대한 레퍼토리를 마음대로 처리하고, 낮에 정신이 할 수 있는 모든 일을 실제로 할 수 있다. 그러나 결코 낮의 정신활동과 동일한 것은 아니다.

꿈의 이와 같은 다양성을 해명하기 위해 이 다양성이 수면과 각성(覺醒) 사이의 여러 가지 중간 단계, 불완전한 수면의 여러 단계에 대응한다고 가정함으로써 그 이유를 설명하는 게 가능하다고 여러분은 생각할지도 모른다. 과연 그것도 일리가 있지만, 만약 그렇다면 마음이 차차 각성 상태에 접근함에 따라 꿈의 가치, 내용, 선명도가 증대할 뿐 아니라, ‘지금 꿈을 꾸고 있다.’는 인식도 차차 확실해진다. 그 까닭은 이와 같은 꿈을 꿀 때는 잠이 깨일 때가 가깝기 때문이다. 이 논법에 따르면 분명히 줄거리 있는 꿈의 단편 바로 옆에 어리석은 흐릿한 꿈의 단편이 이어지고 다시금 분명한 꿈이 계속되는 일이 일어날 수 없다는 말이 된다. 그렇게 급격하게 마음이 잠의 깊이를 바꿀 수 없다고 생각한다. 그러므로 이 가설은 아무 도움이 되지 않는다. 실제로 이 문제에 즉각 대답하기는 어렵다.

우리는 당분간 꿈의 ‘의미’에 대해 언급하지 않고 그 대신 꿈의 의미를 더 잘 이해하는 하나의 수단으로서, 꿈의 공통점에서부터 시작하기로 하자. 꿈과 수면과의 관계에서, 꿈이란 수면을 방해하는 자극에 대한 반응이라고 결론지어두었다. 앞에서 말했듯이 이것은 정밀한 실험심리학이 도움이 된 유일한 점이다. 실험심리학은 수면 중에 가해진 자극이 꿈이 되어 나타난다는 것을 증명해주었다. 앞에서 말한 모를리 볼트의 실험에 이르기까지 그와 같은 연구는 많이 실시되었다. 우리는 모두 자기의 개인적인 경험으로 이 결론을 인정하는 입장에 있다. 여기서 나는 이런 종류의 오래된 실험 두세 가지를 골라 보고하기로 한다.

마우리는 그와 같은 실험을 자기 자신에게 해보았다. 그는 잠들어 있는 사이에 자기에게 오데코롱의 냄새를 맡게 했다. 그 결과, 그는 카이로의 요한 마리아 파리나의 향수가게(오데코롱의 최초 제작소로 유명함)에 있는 꿈을 꾸었다. 그리고 그 꿈의 마지막 가까이에, 미친 듯한 모험이 계속되었다. 그리고 그의 목을 가볍게 꼬집게 했다. 그랬더니 발포고(발포고, 칸 타 리 스

^{가 든 연}_고)를 붙인 모습과 어린 시절에 치료받은 적이 있는 의사의 모습이 나타났다. 그리고 다시 그의 이마에 물 한 방울을 떨어뜨리도록 했다. 그랬더니 그는 이탈리아에서 흠뻑 땀에 젖어 오르비에토(이탈리아의 도시, 포도주의 명산 지임)산 백포도주를 마시고 있는 꿈을 구었다.

  실험적으로 만들어낸 이와 같은 꿈들 '자극몽(刺戟夢 Reiztraum)'을 참고하면 더욱 명확하게 그 특색을 드러내게 된다. 뛰어난 관찰자 힐데브란트의 경우, 그는 자명종의 벨소리에 반응한 세 가지 꿈을 보고하고 있다.

  〈첫째 예〉 "봄날 아침, 나는 어슬렁어슬렁 거닐고 있었다. 파르스름하게 물들기 시작한 들판을 가로질러 이웃 마을까지 갔다. 그때 나는 나들이옷을 입고 찬송가 책을 옆구리에 낀 마을 사람들이 함께 교회로 가는 것을 보았다. 그렇다, 오늘은 일요일이다. 아침 기도를 시작할 시간이다. 나도 참석해야지 하고 생각했으나 좀 더워서 교회를 둘러싼 묘지에서 더위를 식히자고 생각했다. 묘지에서 갖가지 묘비명을 읽고 있는 동안에 탑에서 울려퍼지는 종소리가 들렸다. 쳐다보니 탑 꼭대기에 매달려 있는 기도의 시작을 알리는 조그마한 종이 시야에 들어왔다. 잠시 동안 종은 꼼짝도 않고 있더니, 이윽고 흔들리기 시작했다. 그리하여 갑자기 종은 청명하고 요란하게 울렸다. 그 소리가 너무 맑고 날카로웠으므로 나는 잠에서 깨었다. 그 종소리는 자명시계에서 나는 것이었다."

  〈둘째 예, 꿈과 자극의 결합〉 "맑게 갠 겨울날. 거리는 눈에 덮여 있다. 나는 원거리 썰매타기에 참가할 약속을 했는데 오래 기다려야만 했다. 이윽고 썰매가 문간에 닿았다고 알려왔다. 이제 출발 준비가 다 되었다. 모피가 깔리고 발덮개가 걸쳐졌다. 그런데 다소 출발이 지체되었다. 말은 출발 신호를 학수고대하고 있다. 마침내 고삐가 당겨지고, 조그마한 방울이 심하게 흔들거리고, 그 그리운 터키 행진곡이 힘차게 연주되기 시작했는데 그 순간 꿈의 거미줄이 끊어졌다. 이것 역시 자명시계의 날카로운 소리에 지나지 않았다."

  〈다시 셋째 예〉 "하녀가 사기접시를 열두 장 정도 포개들고 식당으로 통하는 복도를 걸어오는 것이 보였다. 하녀가 안고 있는 접시들은 곧 중심을 잃을 것 같았다. '조심해라, 손에 든 것이 떨어지겠다.' 하고 내가 주의시켰다. 물론 이에 대한 대답은 여느때나 다름없이, ‘우리는 이런 일에 익숙해요.’ 하는 정도의 것이었다. 나는 역시 불안한 마음으로 지켜보았다. 그러다가 아니나 다를까, 식당의 문지방에 발이 걸렸다. ……접시들은 떨어져서 마룻바닥에 쨍그렁 울리면서 산산조각 나버렸다. 그러나…… 곧 깨달았는데, 이 무한히 계속되는 소리는 정말로 접시들이 깨지는 소리가 아니라, 단순히 방울 소리였다. ……그리고 내가 눈을 뜬 다음에 알았듯이, 이 소리는 바로 자명시계에서 울리고 있었던 것이다.”

　이 꿈들은 매우 재미있고 그럴 듯하다. 꿈은 보통 모순되어 있는 법인데 여기엔 모순의 그림자가 조금도 섞여 있지 않다. 이 점에 대해서는 이의를 말하지 않겠다. 이런 꿈에 공통적인 것은 결말이 언제나 하나의 소리에 유래하고 있으며 눈을 떴을 때 그것이 자명시계 소리라는 것을 깨닫고 있는 점이다. 이 예로 꿈이 어떻게 하여 만들어지는가를 알 수 있을 뿐 아니라 더 다른 점을 깨닫게 된다. 즉 꿈은 자명시계를 분간하지도 않으며——꿈 속에 자명시계가 나타나지도 않는다——자명시계 소리를 다른 소리로 바꿔놓고 있다. 이 꿈들은 수면을 방해하는 자극을 해석하고 있지만 그 내용은 모두 다르다. 이것은 어째서일까? 이에 대해서 대답할 수는 없지만 아마 자의적(姿意的)인 것 같다. 그러나 꿈을 이해하려면 꿈이 각성자극(覺醒刺戟)을 해석함에 있어서 하필이면 왜 이 소리를 택하고 다른 것을 택하지 않았을까 하는 것을 설명하지 않으면 안 된다. 같은 논법으로 마우리의 실험을 반박하지 않으면 안 된다. 즉, 주어진 자극이 무난히 꿈 속에 나타났다는 것은 이해할 수 있지만, 어째서 그 자극이 꿈 속에 꼭 이런 모습으로 나타났는지 알 수 없고, 또 수면을 방해하는 자극의 성질로 이것을 설명할 수 없는 것처럼 여겨진다. 그리고 또, 이 직접자극에 의한 마우리의 실험에는 무수한 다른 꿈이 계속되어 있다. 이를테면 오데코롱의 꿈에 나타난 그 미친 듯한 모험 따위가 그것인데 이는 도저히 설명할 수가 없다.

　이제 여기서, 여러분은 잠을 깨우는 꿈이야말로 수면을 방해하는 외부자극의 영향을 아는 데 가장 좋은 기회라고 생각하겠지만 다른 부분의 꿈은 한층 어렵다. 실제로 꿈을 꾸면 반드시 깨는 것도 아니고 아침이 되어 지난밤의 꿈을 떠올릴 때 사람이 자는 동안 작용했으리라 짐작되는 수면 방해 자극을 어떻게 발견하는 것일까? 그 뒤 나는 물론 특별한 사정 때문이지만, 이와 같은 음향 자극을 아는 데 비로소 성공했다. 어느 날 아침 나는 티롤(오스트리아의 한 지방)의 한 고원에서 교황이 죽은 꿈을 꾸고 눈을 떴다. 나는 이 꿈을 설명할 수는 없었으나 나중에 아내가 "새벽녘에 온 시내의 교회와 예배당에서 요란스레 종이 울린 것을 알고 계세요?" 하고 물었다. 나는 "아니, 전혀 몰랐는걸. 정신 없이 자고 있었거든." 하고 대답했다. 그러나 나는 아내의 이 보고 덕분에 꿈을 이해하였다. 사실 이와 같은 자극이 자고 있는 사람에게 작용하여 꿈을 꾸게 하는 일은 얼마나 많을까? 어떤 경우에는 매우 많다고 증명할 수 있겠지만 어떤 경우에는 나중에 이렇게 가르쳐주지 않았다면 거의 증명할 수 없을 것이다. 자극이 이미 증명되지 못할 때 꿈이 자극에서 일어났다고 단언할 자신이 없다. 꿈을 방해하는 외부 자극은 꿈의 일부를 설명하지만 결코 꿈의 전부를 설명할 수 없다는 점을 안 이상, 우리는 아무튼 이와 같은 방면의 평가를 단념하지 않으면 안 되게 된다.

그렇다고 해서 우리는 이 학설을 완전히 포기할 것까지는 없다. 그뿐만 아니라 이 학설을 계속해서 전개시킬 수도 있다. 무엇이 수면을 방해하고 정신을 자극하여 꿈을 꾸게 하는가는 분명히 문제가 안 된다. 그것이 만일 항상 외부의 감각 자극이라고 할 수 없다면, 외부 자극 대신 내부기관에서 비롯되는 이른바 내장 자극을 생각해도 좋을 것이다. 이와 같은 추축은 여러분에게 자연스러운 일이며, 꿈의 기원에 대한 통속적인 견해와도 일치하는 것이다. '꿈은 오장(五臟)에서 오는 것'이라고 흔히 말한다. 그러나 유감스럽게도 한밤중에 작용한 내장 자극이 잠이 깬 뒤에는 다시 증명할 수 없기 때문에 근거가 없는 것이라고 단정하지 않으면 안 되는 경우가 흔히 있다. 그러나 꿈이 내장 자극에서 유래한다는 생각을 많은 경험이 지지하고 있다는 사실도 간과하고 싶지는 않다. 내장 상태가 꿈에 영향을 준다는 것은 이제 의심할 여지가 없다. 많은 꿈의 내용이 방광(膀胱)의 충만이라든가, 성기의 흥분 상태와 깊은 관계가 있다는 것은 누구나 간과할 수 없을 만큼 명백하다. 이러한 명백한 예에서 다른 예로 옮겨서 그 꿈의 내용으

로부터 이와 같은 내장 자극이 작용했다는 추측을 끌어내는 것도 잘못
이 아닌 경우가 있다. 즉, 꿈의 내용으로 보면 우리가 이 신체적 자극
이 가공되어 어떤 것을 표현하고 해석한다는 것을 깨닫는 그러한 꿈
이다. 꿈의 연구가 세르너는 1861년에 꿈에 내장 자극에서 온다는 것
을 역설하고 이에 관하여 훌륭한 예를 들었다. 이를테면, 어떤 꿈에서
'금발머리의 상냥한 얼굴을 한 귀여운 어린아이들이 두 줄로 서서 싸
우려고 서로 쏘아보더니, 양쪽에서 덤벼들어 맞붙들고 싸우다가 떼어
놓는 바람에 본디 위치로 돌아갔다. 그러고는 다시 반복하여 싸움을
시작했다.' 세르너가 어린아이들의 두 줄을 이〔齒〕라고 해석한 것은
참으로 그럴 듯하다. 그리고 이 싸움의 광경에 이어 '턱에서 긴 이빨
을 한 개 뽑았다.'는 꿈을 꾼 데서 자기의 해석에 대한 자신을 더 얻은
모양이다. '길고 좁은 꼬불꼬불한 길'을 장(腸)의 자극으로 해석하는
것은 그럴 듯하다. 또 이것은 '꿈은 자극을 보내온 기관을 그 기관과
비슷한 물건으로 묘사하려고 한다.'는 그의 주장을 입증하고 있다.
　그러므로 꿈 속에서는 내부자극이 외부자극과 마찬가지 역할을
한다고 인정하지 않을 수 없다. 그러나 유감스럽게도 외부자극의 경
우와 마찬가지로 내부자극의 평가에 대해서도 항의가 일어난다. 대다
수의 경우, 내장 자극의 해석은 불확실하며 그것을 증명할 수도 없다.
즉, 모든 꿈이 아니라 일부의 꿈에서 내장 자극이 꿈의 발생에 관여
했다고 할 수 있다. 그리하여 결국 외부적인 감관 자극과 마찬가지로
내장 자극설도 꿈이 자극에 대한 직접적인 반응이라는 것밖에 꿈을 설
명해주지 못한다. 따라서 꿈의 나머지가 어디서 왔느냐 하는 것은 여
전히 의문 속에 있다고 할 수 있다.
　여기서, 이와 같은 자극 작용을 연구하여 알게 된 꿈의 한 특징에
주의하자. 꿈은 받은 자극을 단순히 재현하는 것뿐만 아니라 그 자극
을 가공하고, 채색하고, 거기에 스토리를 달아 그것을 다른 무엇으로
대체하려고 한다. 이것이 '꿈의 작업(Traumarbeit)'의 한 측면이다. 이
것을 연구하면 꿈의 본질에 가까이 접근할 수 있을 것이므로 흥미있을
것이 틀림없다. 만일 어떤 사람이 어떤 자극에 의하여 무엇을 만들
었다고 하더라도, 이 자극으로 작품이 다 설명되어야 할 필요는 없다.
이를테면, 세익스피어의 《맥베스》는 왕이 처음으로 삼국(三國)을 병

합했을 때 왕의 즉위를 축하하여 씌어진 작품이었다. 그러나 이 역사적인 계기가 극의 내용과 일치하는가? 또한 이 계기라는 사실로 이 극의 위대성과 신비성이 설명되겠는가? 이와 마찬가지로 자고 있는 사람에게 작용하는 내적 및 외적 자극은 아마 꿈을 자극하는 것(Traumanreger)에 지나지 않을 것이다. 그러므로 꿈의 본질은 이것에 의하여 조금도 밝혀지지 않는 것이다.

꿈의 다른 공통점, 즉 꿈의 정신생활의 특수성은 한편에서는 이해하기 어렵고, 다른 한편에서는 더 파고들기 위한 연구의 단서를 마련해주지 않는다. 대개의 경우, 우리는 시각상(視覺像)으로서 꿈을 경험한다. 이와 같은 것이 자극으로 설명될 것인가? 그때 실제로 우리는 시각 자극을 경험하고 있는 것일까? 꿈 속에서 눈이 자극받는 경우는 매우 드문데, 어째서 꿈을 시각의 형태로 경험하는 것일까? 또 연설의 꿈을 꾸었을 때 수면 중에 어떤 대화나 이와 비슷한 잡음이 귀에 들어왔다는 사실을 증명할 수 있겠는가? 나는 이와 같은 가능성을 단연코 부인한다.

꿈의 공통점으로부터 이제 더 이상 한 걸음도 나아갈 수 없다면 이번에는 꿈의 차이점에 관한 연구를 시작하자. 꿈은 흔히 뜻이 없고 혼란된 부조리한 것이지만, 한편에서는 의미심장하고 분별있고 조리있는 꿈도 있다. 후자의 의미심장한 꿈을 토대로 전자의 무의미한 꿈을 해명할 수 있을지 어떨지 살펴보자. 그러면 여기서 한 청년이 고백한 조리있는 꿈을 이야기하기로 한다.

"나는 케른트너 가(街)를 산책하고 있었어요. 도중에서 X씨를 만났지요. 잠시 함께 걸어가다가, 나는 어느 식당으로 들어갔습니다. 뒤를 따라 한 신사와 두 여성이 들어와서 내가 앉아 있는 식탁에 앉았습니다. 처음에는 좀 불쾌하더군요. 그래서 그들의 얼굴을 보지 않으려고 애썼지요. 그런데 잠시 후 무심코 바라보고는 그 사람들이 매우 예의바른 사람들이라고 깨달았습니다."

청년은 이 꿈을 설명해주었다. 꿈을 꾸기 전날 저녁때 이 청년은 늘 거니는 케른트너 가를 실제로 산책했으며 도중에서 X씨와 만났다. 꿈의 후반은 언뜻 생각이 나지 않지만 훨씬 전에 이것과 비슷한 경험을 한 적이 있었다. 또 하나, 어느 부인의 조리있는 꿈을 이야기하겠다.

"남편이 '피아노의 조율을 부탁해야 되겠군그래.'하고 말했어요. 그래서 나는 '그것만으로는 안 돼요. 어차피 키의 가죽을 갈아야 해요.'하고 대답했어요."

이 꿈은 그 전날 부부가 나눈 대화를 그대로 고스란히 되풀이하고 있다. 이들 두 조리있는 꿈에서 대체 무엇을 배울 수 있겠는가? 그것은 꿈 속에서 일상생활이나 일상생활에 관계있는 사실이 되풀이된다는 것밖에 가르쳐주고 있지 않다. 만일 이와 같은 것을 꿈에 대해서 일반적으로 적용할 수 있다면 이는 매우 양상이 달라진다. 그러나 그런 말은 할 수 없으며, 실제로 이것은 소수의 꿈에만 적용된다. 대개의 꿈에서는 그 전날 경험과의 깊은 관계가 발견되지 않는다. 이 점에서는 무의미하며 어이없는 꿈을 설명할 단서를 얻을 수 없다. 그러나 여기서 우리는 또 하나의 새로운 문제에 직면한 것을 깨닫는다. 우리는 꿈이 무엇을 말하고 있는가 알고 싶을 뿐 아니라, 방금 든 예와 같이 만일 꿈이 의미를 가진다면 어째서, 무엇 때문에 우리가 이미 아는 사실이나 극히 최근의 경험을 꿈 속에서 다시 되풀이하는가 알고 싶은 것이다.

지금까지와 같은 연구를 계속해나간다는 것은 나와 마찬가지로 여러분도 따분할 것이라고 생각한다. 그러나 해결에 도달하기 위해서 걸어갈 수 있는 길을 하나라도 발견해두지 않으면, 어떤 문제에 아무리 관심이 있더라도 소용이 없다. 아직 우리는 이 길을 하나도 발견하지 못했다. 실험심리학은 자극이 꿈을 유발하는 것으로서 의의가 있다는 정도의 가치있는 보고밖에 하지 않았다. 그리고 철학은 우리의 연구 대상이 지적(知的)으로 하찮은 것이라고 오만하게 비난하고 있는 것 외에는 철학에서 아무것도 기대할 것이 없다. 그렇다고 해서 신비학(神秘學)에는 의존하고 싶지는 않다. 역사와 민간의 견해는 꿈이 뜻깊은 것, 중요한 것, 예언적인 것이라고 말하고 있으나 이것도 얼른 납득하기가 어렵고 근거가 있다고 할 수도 없다. 따라서 우리의 첫 노력은 결국 오리무중을 헤매고 있는 형편이다.

그러나 뜻밖에도 지금까지 우리가 거들떠보지도 않았던 측면에서 하나의 힌트를 얻을 수 있다. 우연한 것이 아니라, 오랜 지식의 침전물(沈澱物)이라고 할 관용어(慣用語)이다. 이것은 실제로 부주의하게 이용해서는 안 된다. 이 관용어 중의 하나에 기묘하게 들리는 '백일몽(白日夢 Tagtraum)'이라는 말이 있다. 백일몽이란 공상의 산물이다. 이것은 매우 일반적인 현상이며 건강한 사람에게나 병자에게서 다 볼 수 있고, 자기 자신의 경험으로도 쉽게 연구할 수 있다. 이 공상적 산물에서 가장 두드러진 점은 백일몽이라는 이름은 갖고 있지만 꿈의 두 공통점과는 아무 관계가 없다는 것이다. 즉 수면 상태와 관계가 없으므로 이름이 모순되고 또한 꿈의 둘째 번 공통점에 관해서도 거기에는 아무런 경험도 하지 않고, 환각도 일어나지 않으며, 단순히 마음에 무언가를 그릴 뿐이므로 꿈과 모순된다. 이 백일몽은 공상하는 것이며 보고 있는 것이 아니라 생각하고 있는 것이다. 사춘기 이전, 때로는 유년기 후기에 나타나서 성년기까지 계속되며 그 후 사라져버리는 수도 있고, 만년에 이르도록 끈질기게 남는 수도 있다. 이 공상의 내용은 매우 명백한 동기에 지배되고 있다. 공상 속에 나타나는 장면이나 사건 속에서는 이기주의적인 욕구, 야심, 권력욕, 혹은 에로틱한 소망이 충족된다. 청년들에게는 주로 야심의 공상이 가장 많고 여성들에게는 야심의 내용이 주로 사랑의 성취이기 때문에 에로틱한 공상이 앞선다. 그러나 남성들 사이에서도 에로틱한 욕구가 흔히 그 배후에 숨어 있다. 실로 모든 영웅적 행위와 성공도 결국은 여성의 감탄과 호감을 얻기 위한 것이다. 이 백일몽은 매우 가지각색이며 그 운명도 변화가 많다. 대부분은 단시간에 사라지고 그대신 새로운 내용으로 대치되며 어떤 것은 오랜 동안 계속되어 긴 이야기로 발전되며 생활 사정의 변화에 따라 그 모습을 바꿀 때도 있다. 그것은 말하자면 시간과 더불어 진행하여 새로운 상황의 영향을 나타내는 '시간의 스탬프'가 된다. 백일몽은 문학 창조의 원료가 된다. 작가는 자기가 그리는 백일몽을 변형, 분식(扮飾), 단축하여 여러 가지 정경을 만들어내어 단편이나 장편소설, 또는 희곡에 담는다. 백일몽의 주인공은 언제나 직접 그대로의 자기 자신이거나 아니면 다른 사람의 모습을 빌린 자기 자신이다.

백일몽의 내용은, 꿈의 내용과 마찬가지로 현실적이 아니어서 현실에 대한 관계가 비슷하기 때문에 백일몽이라고 이름지어진 모양이다.

그러나 이들이 꿈이라는 이름을 공통으로 가지고 있는 것은 어쩌면 우리가 구하고 있으면서도 아직 모르고 있는 꿈의 심리적 특징에 바탕을 두고 있기 때문인지도 모른다.

　반면에 이들이 꿈이라는 이름을 공통으로 가진 점이 매우 의미심장하다고 해서 그 사실을 이용한다는 것은 부당하다는 말을 들을 수도 있다. 이 점에 관해서는 나중에 밝혀보기로 한다.

여섯 번째 강의

꿈 풀이의 여러 전제와 풀이하는 법

우리는 꿈의 연구를 진척시키기 위해 새로운 길과 방법을 필요로 한다. 그래서 나는 알기 쉬운 제안을 하나 하겠다. 앞으로의 연구를 위한 큰 방침으로서 '꿈이란 육체적 현상이 아니라 심리현상'이라는 가설을 세우고 싶다. 이 가설이 무엇을 뜻하는가는 여러분도 알고 있을 것이다. 그런데 이 가설에는 근거가 있는가? 근거는 없지만 이와 같이 가정해서는 안 된다는 이유도 없다. 그 까닭은 이러하다. 꿈이 육체적인 현상이라면 우리와 별 관계가 없다. 꿈이 심리현상이라는 전제 아래서라야 꿈은 우리 관심을 끌게 되는 것이다. 우리는 이 가설이 올바르다고 가정하고 연구하면 어떤 결과가 생기는가 보기로 하자. 머지않아 우리의 연구 결과는 이 가설을 고수해도 좋은지 어떤지, 또는 거꾸로 이 가설을 가설이 아니라 단정으로 간주해도 좋은지 어떤지를 결정해줄 것이다.

대체 우리는 어떤 목적으로, 또 무엇을 목표하여 이 연구를 하는 것일까? 우리가 목표로 삼고 있는 것은 과학 일반이 목표하고 있는 것이다. 즉, 현상을 이해하는 일, 그 현상들 사이의 상호관계를 입증하는 일, 가능한 한 궁극의 목적으로서 현상의 저편까지 우리의 지배력을 넓히는 일이다.

이상의 이유로 꿈이 심리현상이라는 가설 아래 우리는 이 연구를 계속하기로 한다. 꿈이란 꿈을 꾼 사람의 작품이며 표현이다. 그런데 우리에게는 도무지 짐작할 수도 없고, 이해할 수도 없는 작품이며 표현인 것이다. 내가 만일 여러분에게 이해할 수 없는 말을 했다면 여러분은 어떻게 하겠는가? 여러분은 "뭐라고요?" 하고 반문할 것이 틀림없다. 이와 마찬가지로 꿈을 꾼 사람에게 "도대채 당신의 꿈은 무슨 뜻입니까?" 하고 질문하면 안 될까?

우리는 이것과 똑같은 상황에 처했던 일을 기억할 수 있다. 잘못에 관한 연구의 잘못 말하기의 예에서 어떤 사람이 "Das sind Dinge zum Vorschwein gekommen"이라고 잘못 말했을 때, 우리는 즉각 그에게 질문하지 않았던가? 아니, 질문한 것은 다행히도 우리가 아니라 정신분석과는 인연이 먼 사람들이었다. 정신분석과 전혀 분야가 다른 사람들이 그 뜻을 알 수 없는 실언(失言)은 대체 무슨 뜻이냐 하고 질문한 것이다. 그는 곧 'Das waren Schwein-ereien(진상은 외설이야)'이라고 말할 생각이었는데, 이 의향을 제이의 온당한 의향이 억눌러 'Das sind Dinge zum Vorschwein gekommen(결국 알았지만)'이라는 말이 되었다고 대답해주었다. 나는 그때 이미, 이와같이 보고해주는 것이 정신분석 연구의 표본이라고 설명했다. 이제 여러분은 정신분석의 기법은 되도록 실험받는 사람 자신으로 하여금 수수께끼의 해답을 말하게 하는 방법임을 알게 되었을 것이다. 따라서 꿈을 꾼 사람 자신이 자기의 꿈이 어떤 뜻인가를 우리에게 말하게 하는 것이다.

그런데 꿈의 경우는 그처럼 간단히 되지 않는다. 잘못에서는 이 방법이 대개의 경우 잘 되었다. 또한 질문받는 본인이 말하려고 하지 않거나 심지어는 우리가 추측한 답에 분개하여 부인하는 일까지 있었다. 그런데 꿈의 경우에는 잘될 사례가 전혀 없다고 할 수 있다. 꿈을 꾼 사람은 언제나 모른다고 말한다. 우리가 그에게 아무것도 제시할 수 없기 때문에 그는 우리의 해석을 거부할 수도 없다. 그렇다면 우리는 또 연구를 단념해야 되겠는가? 꿈을 꾼 사람은 그 꿈에 대해서 아무것도 알고 있지 않고, 우리도 아무것도 모른다. 제삼자도 물론 모른다. 이런 식으로는 도저히 해석을 내릴 방법이 없다. 그렇다. 만일 희망한다면 연구를 단념해도 좋다. 그러나 단념하기를 바라지 않는다면 여러분은 나와 함께 같은 길을 가도 좋다. 나는 여러분에게 이렇게 말하겠다. "즉, 꿈을 꾼 사람은 자기의 꿈에 어떤 의미가 있는지 알고 있을 가능성이 있다. 아니, 십중 팔구는 알고 있다. 다만 자기가 알고 있다는 점을 모를 뿐이다. 그때문에 자기는 모르는 줄 믿고 아예 단념해버리는 것"이라고.

"제일의 가설을 내놓은 지 아직 얼마 되지도 않았는데, 선생님이 다시 또 하나의 가설, 즉 제이의 가설을 끌어넣는다면, 선생님의 기법을 점점 신뢰할 수 없게 되지 않느냐."고 주의해줄 사람도 있을 것이다. 그러나 꿈이 심리현상이라는 가설과, 인간에게는 자기가 알고 있는 줄 모르면서 알고 있는 심적 사상(心的事象)이 있다는 가설——여러분은 이 두 가지 가설이 갖는 애매한 점만을 주목해주면 된다. 이들 가설에서 끄집어내는 결론에 관심을 가질 필요는 없다.

내가 여러분을 여기까지 이끌어온 것은 여러분을 속이거나, 여러분의 눈앞에서 무언가를 숨기기 위해서가 아니다. 물론 나는 여러분에게 '정신분석학 입문'이라는 제목을 내건 강의였지만 모호하게 서술하여 여러분이 '나는 새 지식을 배웠다.'고 마음편하게 믿을 수 있도록 귀찮은 대목은 신중히 감추고, 틈새기를 메우고, 의문점은 얼버무려서 줄거리에 매끄러운 연결을 지을 생각은 없었다. 그렇기는커녕 여러분이 초심자인 만큼 나는 여러분에게 평탄치 않은 점, 생경한 점, 미숙한 점, 의심스러운 점까지도 있는 그대로 우리 학문의 숨김없는 모습을 제시하려고 한 것이다. 이러한 방법은 어느 학문에서나 마찬가지며 특히 초심자에게는 그 이외의 길이 없다고 생각한다. 또 학문을 가르칠 때 선생은 보통 그 학문의 난점이나 불안전성을 우선 학생에게 감추려고 애쓴다는 것도 알고 있다. 그러나 정신분석에서는 그렇게 해서는 되지 않는다. 그러므로 우선 나는 두 가설을 내놓은 것이다. 그리고 모두가 너무 성가시고 불확실하다고 생각하는 사람과 더 높은 확실성, 더 고상한 연역(演繹)에 친숙한 사람은 굳이 나와 함께 나아갈 필요가 없다. 그런 사람은 심리학의 문제에 애초부터 관여하지 않는 편이 좋다고 충고하고 싶다. 이런 말을 하는 것은 정신분석에서는 그런 사람이 여태까지 친숙해온 정확하고 완전한 길이라는 것을 발견할 수 없지 않을까 염려되기 때문이다. 무언가를 실제로 제시할 수 있는 내용을 가진 학문이라면 청중이나 지지자를 얻으려고 애쓰는 것은 그야말로 부질없는 짓이다. 그 학문이 참으로 인정을 받느냐 못 받느냐 하는 것은 오로지 그 학문의 성과에 달려 있다. 그러므로 그 성과가 세상의 주목을 끌 때까지는 느긋하게 기다리지 않으면 안 되는 것이다.

그러나, 이 문제를 계속 연구하고 싶은 사람에게 한 마디 충고해두고 싶은 것은, 내가 내놓은 두 가설은 결코 같은 가치를 지닌 것이 아니라는 점이다. 꿈이 심리현상이라는 제일의 가설은 우리의 연구 결과에 입각해서 입증하려고 하는 전제(前提)이다. 그리고 제이의 가설은 이미 학문의 다른 영역에서 증명된 것이며 내가 마음대로 내 학설 속에 끌어넣은 것에 지나지 않는다.

우리가 꿈을 꾼 사람에 대해 가정해보려는 사실, 즉 사람은 자기가 알고 있는 것을 전혀 모른다는 사실이 있다는 것을, 어디서 어느 학문의 영역에서 증명했을까? 실로 이 가설은 주목할 만하고 경탄할 만한 것이며 정신생활에 대한 여태까지의 우리 견해를 바꾸게 할 만한 사실이다. 이 사실을 말살해버릴 필요는 없다. 그리고 이 사실은 단지 이름만 말하면 사람들의 조소를 사지만 그 내용은 정반대이며, 진실미를 가진 실재(實在)여서 —— 즉 contractio in adjecto(형용의 모순-긴 점, '찬 불' 같은 모순을 가리키며 여기서는 '무지의 지' 즉, '알고 있지만 알지 못한다'는 모순)이다. 이 사실을 숨길 필요는 전혀 없다. 사람들이 이 사실에 대해서 아무것도 모르거나 또 사람들이 이 사실을 충분히 고려하지 않는다는 것도 이 사실의 탓이 아니다. 마찬가지로 우리의 책임도 아니다. 왜냐하면 이와 같은 심리학상의 문제가 모두, 이것을 확증하는 관찰과 경험으로부터 거리가 먼 사람들에 의해서 최종 판결이 내려지고 있기 때문이다.

이 사실의 증명은 최면 현상의 영역에서 이루어졌다. 1889년에 낭시(프랑스의 도시)에서, 리에보와 베르네임(두 사람 모두 프랑스의 정신과 의사)의 매우 인상적인 실물교시(實物敎示)를 참관했을 때, 나는 다음과 같은 실험을 상세히 보았다. 한 남자를 최면 상태에 놓아두고 그 상태에서 남자에게 환각적으로 모든 것을 경험시켰다. 그리고 잠시 후 남자는 최면에서 깨어났다. 처음 그는 최면 중에 일어난 사건을 아무것도 모르는 것처럼 보였다. 그때 베르네임은 최면 중에 일어난 일을 즉각 말하라고 명령했다. 그는 아무것도 생각나지 않는다고 말할 뿐이었다. 그러나 베르네임은 끝까지 그를 채근하여 '당신은 틀림없이 알고 있다. 그러니 그것을 생각해내야 한다.'고 확신시켰다. 그러자 이상하게도 그는 잠시 망설이고 있더니 이윽고 생각해내기 시작했다. 먼저 그에게 암시된 경험의 하나가 그림자처럼 떠오르기 시작하고, 이어 다른 것이 떠올려지고 드디어 기억은 점점 더 선명하고 완전해져서 마침내 하나도 빠짐없이 명료하게 드러났다. 그런데 이것은 최면술이 끝나고 난 뒤에 생각해낸 것이고, 또 생각하는 동안 옆에서 일러준 것도 아니므로, 그가 이 기억을 처음부터 갖고 있었다고 결론내리는 것이 타당하다. 다만 그는 그 기억을 자기 힘으로 어떻게 할 수 없었을 뿐이다. 그는 자기가 알고 있음을 모르고는 그것을 모른다고만 생각하고 있었던 것이다. 즉 우리가 꿈을 꾼 사람에게 가정한 사실과 완전히 같은 것이다.

여러분은 이 사실이 입증되었으므로 새삼스레 놀라서 다음과 같은 질문을 할 것이다.

"왜 선생님은 진작 잘못을 연구할 때, 이 증거를 내놓지 않았습니까? 이를테면, 잘못 말한 사람의 말 속에서 본인이 모르거나 부인하는 의도가 있음을 지적했을 때에 이 증명을 언급할 수 있었을 텐데요. 어떤 사람이 그 기억을 마음속에 가지고 있음에도 불구하고 그 체험에 대해서 아무것도 모르는 줄 믿고 있다면, 그가 전혀 깨닫지 못하는 다른 정신과정이 그의 마음속에 있다는 가설도, 이제 얼마든지 있을 수 있지 않겠습니까? 방금 펴신 선생님의 논증은 확실히 인상적이었습니다. 만일 선생님이 그 가설을 좀더 빨리 가르쳐주셨더라면 잘못에 대한 이해를 더 뚜렷이 할 수 있었을 텐데요."

여러분의 말대로 나는 그때 그것을 발표할 수 있었지만, 그것이 꼭 필요한 다른 기회가 올 때까지 일부러 보류해두었던 것이다. 잘못의 일부는 자연스레 설명이 되었다. 그리고 나머지 몇 가지 잘못에 관한 연구에서 우리는 이런 현상의 상호 관계를 이해하려면, 본인이 전혀 모르는 심리과정이 있다고 가정해야 한다는 시사를 받았다. 그런데 꿈의 경우, 우리는 어떻게든지 다른 영역에서 그 설명을 끌어내지 않으면 안 되었다. 그래서 이것을 최면술로부터 꿈에 전용(轉用)하는 것을 여러분은 가볍게 용서해줄 줄 안다. 여러분은 잘못이 일어나는 상태를 정상이라고 생각할 것이 틀림없다. 이 상태는 최면 상태와는 닮은 데가 없다. 이에 반해서, 최면 상태와 꿈을 꾸는 조건인 수면 상태와는 밀접한 관계가 있다. 실제로 최면은 인공적 수면(人工的睡眠)이라 한다. 우리는 최면술을 걸려고 하는 상대에게 "잠을 자시오." 하고 말한다. 그리고 우리가 그 사람에게 주는 암시는 자연적인 수면 중의 꿈에 비교할 수가 있다. 그 심리 상태는 양쪽이 다 실제로 유사성이 있다. 자연적인 수면에서는 외계에 대한 우리의 관심이 모두 없어지는데, 최면 상태에서도 외계에 대한 모든 관심이 없어진다. 다른 점은 암시를 주는 사람[術者]이 있어 피실험자는 그 술자의 래포(rapport, 교감 관계, 최면술에 있어서 술자가 피실험자에게 가지는 독점적 관계로, 후자가 전자의 암시에 의해서만 반응하는 현상)에 있다는 것이다. 이를테면 최면 상태를 '유모가 아기를 안고 자는 잠'에 비유해도 좋다. 이때 유모와 어린아이 사이에는 끊을 수 없는 관계[래포]가 있고, 어린아이는 유모에 의해서만 잠이 깬다. 이 상태야말로 정상 상태에 있어서의 최면과 한 쌍을 이루는 대응물(對應物)이다. 그러므로 최면 상태에서 볼 수 있는 것을 자연적인 수면에 전용한다는 것이 결코 대담한 모험이라고는 생각되지 않는다. 그러므로 꿈을 꾼 사람이 자기의 꿈에 대해서 무언가 알고는 있지만 언급하기 어려울 뿐이어서, 스스로 알고 있다는 그 점을 자기 자신이 믿지 않을 따름이라는 가정은 전혀 근거없는 것이 아니다. 여기서 꿈의 연구에 대한 제삼의 실마리가 열리는 것을 깨닫는다. 제일은 수면을 방해하는 자극에서, 제이는 백일몽에서, 그리고 제삼은 방금 말한 최면 상태 중에 암시된 꿈에서, 새로운 길이 열려오는 것이다.

지금부터 큰 자신을 갖고 우리의 과제로 돌아가자. 꿈을 꾼 사람이 자기의 꿈에 대해서 알고 있다는 점은 매우 확실해졌다. 다만 문제가 되는 것은, 자기가 알고 있다는 것을 깨닫게 하여서 그것을 우리에게 보고할 수 있도록 만들어주는 것이다. 우리는 본인이 당장 꿈의 의미를 말해야 한다고 요구하지는 않지만, 꿈을 꾼 사람은 자기 꿈이 어떤 근거, 어떤 사고와 관심권 내에서 왔는가를 발견할 수 있을 것이다. 잘못의 경우, 자네는 어째서 'Vorschwein'이라는 실언을 했느냐고 물어보았다. 그리고 이에 대한 그의 첫 연상이 우리에게 설명이 된 것을 기억할 것이다.

꿈의 경우 우리가 사용하고자 하는 방법은 단지 이 예를 본받은 매우 간단한 방법이다. 우리는 꿈을 꾼 사람에게 그 꿈에 대해서 어떤 연상이 떠오르느냐고 질문한다. 그리고 그때 그에게 떠오른 첫 진술이 그 꿈의 설명으로 간주되는 것이다. 그러므로 우리는 본인이 자기 꿈에 대해서 알고 있다고 생각하거나 않거나를 문제시하지 않고 우리는 이 두 가지 경우를 다 알고 있는 것으로 취급한다.

이 기법은 매우 간단한데, 내가 근심하는 것은 이 기법이 여러분의 가장 심한 비난을 살지 모른다는 점이다. 여러분은 말할 것이다.

"또 새로운 가설입니까? 제삼의 가설은 모든 가설 중에서 가장 불확실한 가설이 아닙니까? 꿈을 꾼 사람에게 그 꿈에 대해서 어떤 연상이 떠오르느냐고 물었을 때, 맨 먼저 떠오른 연상이 기대하는 설명을 가져다준다고요? 그런데, 꿈을 꾼 사람은 아무것도 연상하지 않을지도 모릅니다. 무엇을 연상할 것인가는 오직 신만이 아십니다. 대체 어떤 연상을 믿어야 좋을지 모르겠습니다. 어떤 연상이 이 경우에 합당한가 결정하려면 많은 비판력이 필요하겠군요. 그렇다면 더욱 더 신에 의존하지 않을 수 없지 않습니까? 게다가 꿈은 '잘못'의 경우처럼 한 마디의 실언이 아니라 많은 요소로 이루어져 있습니다. 그렇다면 대체 어떤 연상을 믿어야 하는 것입니까?"

부차적인 점에서는 여러분의 말이 모두 옳다. 꿈이 많은 요소로 이루어져 있다는 점에서도, 꿈과 '잘못'은 전혀 다르다. 이 점만이라도 마땅히 다루는 기법을 고려하지 않으면 안 된다. 그래서 이렇게 제안하고 싶다. 즉, 꿈을 각 요소로 분해해서 각 요소를 따로따로 연구하기로 하자는 것이다. 그러면, '잘못 말하기'에서 한 것과 같은 방법이 그대로 사용될 수 있을 것이다. 그리고 그 꿈의 각 요소에 대해서 질문을 받은 사람이 거기에 대해서는 아무 연상도 떠오르지 않는다고 대답할지 모른다는 점에서도 여러분의 말은 당연하다. 우리도 때로는 연상이 떠오르지 않는다는 대답을 듣는 일이 있는데 이 설명은 나중에 하기로 한다. 아무튼 우리가 특정한 연상을 끌어낼 수 있는 경우가 있다는 것은 주목할 만하다. 그러나 일반적으로 말하면 꿈을 꾼 사람이 아무 연상도 떠오르지 않는다고 주장할 때는 그 사람의 말을 부인하고 그에게 채근해서 무슨 연상이든 반드시 떠오를 것이라고 명령해야 한다. ——그러면 과연 이쪽 말이 사실이라고 수긍하게 될 것이다. 그는 꿈에 대해서 무언가 한 가지 연상을 끌어낼 것이다. 그것이 무엇이건 상관없다. 우리가 역사적이라고 불러도 좋은 보고라면 특히 회상하기 쉬울 것이다. 그는 말한다. "어제 경험한 일이에요."
(아까 말한 조리있는 꿈의 예처럼) 또는, "얼마 전에 있었던 일 같은
기분이 드네요." 그리하여 꿈은 우리가 처음 생각한 이상으로 최근의
인상과 관계가 있다는 것을 깨닫는다. 마침내 그는 그 꿈을 출발점으
로 하여 훨씬 전에 일어난, 때로는 거의 과거에 묻혀 있던 경험까지도
생각해내게 된다.

그러나 여러분은 중요한 점에 대해서 착각하고 있다.

'꿈을 꾼 사람이 그 자리에서 곧 연상한 것이, 바로 얻어내려는 설
명을 갖다주었다든가, 그 곳에 이르는 실마리를 주었다고 생각하는
것은 자의적인 가설이다. 도리어 그 연상은 수의적(隨意的)인 것이며
얻어내려는 설명과 관계가 없는 것이다. 그것을 당신이 그렇게 기대
한다면 신의 묵시에 의지하는 수밖에 없다.' 하고, 여러분의 마음대로
가정한다면 큰 잘못을 범하는 것이다. 여러분의 마음속에는 정신의
자유라든가, 마음의 임의성(任意性)이라든가 하는 것에 대해 뿌리 깊
은 신념이 도사리고 있는데, 이 같은 신념은 아주 비과학적이어서 정
신생활까지 지배하고 있는 결정론의 권위 앞에서는 굴복하지 않을 수
없다고 나는 앞에서 말했다. 그러나 나는 한 가지 신념을 거부하고 다
른 신념을 강요하려는 것은 아니다. 질문받은 사람에게 떠오른 연상
은 임의적인 것도 아니고 불확실한 것도 아니며 우리가 얻으려고 하는
것과 아무 관련이 없는 것도 아니라는 것을 증명할 수 있다. 이것은
사실이다. 나는 얼마 전에 실험심리학이 이런 증명을 했다는 말을 들
었다. 하기야 그것을 그다지 중시하는 것은 아니지만.

이 문제는 중요하므로 여러분은 특별히 주의를 기울여주기 바란다.
꿈의 어떤 요소에 대해서 무엇을 연상하는가 말해달라고 누구에게 요
구할 때, 나는 '출발점이 되는 표상(表象)에 마음을 집중시켜 떠오르
는 자유연상(自由聯想)에 마음을 맡겨주기 바란다.'고 그 사람에게
요구하고 있다. 그러기 위해서는 성찰과는 아주 다른, 성찰하는 태도
를 배제한 특별한 주의와 태도를 요구한다. 많은 사람들은 이와 같은
태도를 쉽게 취하지만 믿을 수 없을 만큼 서툰 태도를 보이는 사람도
있다. 지금 이러한 출발점이 되는 표상을 포기시키고 고유명사라든가
숫자를 자유로이 연상시키도록 해서 연상의 성질과 종류를 한정해버

104

리면 연상의 자유도(自由度)는 극도로 높아진다. 이때의 연상은 꿈의 연구에 사용된 연상보다 훨씬 자유분방한 것이며 예측하기 어려운 듯이 보인다. 그런데 이때 떠오르는 연상은 '잘못'의 원인인 방해하는 의향이나, 우발행위를 유발하는 의향과 마찬가지로 연상이 작용하는 순간에는 알려지지 않는 마음속의 중대한 내적 경향에 의해서 엄밀히 규정되어 있다.

나와 나의 뒤를 따르는 많은 사람들은 출발점으로서 어떤 특별한 관념을 주지 않고, 숫자나 이름을 마음대로 연상시키는 연구를 거듭하여 그 중 두세 가지를 발표했다. 그 방법은 이렇다. 떠오른 이름을 출발점으로 하여 연상의 흐름이 움직이기 시작한다는 것이다. 그러므로 연상은 이미 완전하게는 자유롭지 않고 마치 꿈의 요소에 대한 연상에 묶여 있듯이 묶여 있다. 그리고 이 연상의 흐름은 처음에 일어난 자극이 끊어질 때까지 계속된다. 동시에 이것은 이름에 대한 자유연상의 동기와 의의를 설명해준다. 몇 번 되풀이해도 실험의 결과는 같으며 피실험자의 보고는 흔히 충분한 재료를 포함하고 있어서 다시 세밀한 점까지 연구하지 않으면 안 될 정도다.

자유로이 떠오르는 숫자의 연상도 의의가 있다. 이 연상은 매우 빠르게 잇따라 나타나서 놀랄 만큼 확실하게 감추어진 목표에 돌진하므로 본인이 실제로 당황할 정도다. 나는 여기서 이러한 테마의 분석에 관해 한 가지만 예를 들기로 한다. 그 예는 다행히도 적은 재료로서 할 수 있다.

한 청년을 치료하는 동안에 우연히 나는 이 테마에 언급하여 얼핏 보기에는 선택의 자유가 있을 것 같으나 실은 연상된 이름이 모두 피실험자와 매우 가까운 사이라든가, 피실험자의 사정, 특질 및 그 순간의 상황에 몹시 제한되어 있음이 확실하다는 이야기를 해주었다. 그러나 그 청년은 내 말을 의심쩍어했으므로 당장 청년 자신에 대해서 실험해 보지 않겠느냐고 제안했다. 나는 이 청년이 특히 유부녀나 처녀들과 상당히 많이 교제하고 있다는 것을 알고 있었으므로, 자네가 만일 여성의 이름을 하나만 연상하면 교제하고 있는 그 많은 여성들의 이름을 잇따라 끌어낼 수 있을 것이라고 말했다. 청년은 이 제안에 동의했다. 나보다도 오히려 그가 깜짝 놀랐겠지만 청년은 여성의 이름을 잇따라 퍼붓기는커녕 한참 동안 잠자코 있었다. 이윽고 천천히 "겨우 하나가 떠올랐습니다. 알비네(Albine)라는 이름입니다. 그 밖엔 없습니다." 하고 고백했다. "이상한 일이군. 이 이름과 자네와는 어떤 관계가 있나? 몇 사람쯤 알비네라는 여성을 알고 있나?" 이상하게도 청년은, 알비네라는 여성을 알지 못했다. 그에겐 이 이름에서 그 이상 아무런 연상도 떠오르지 않았다. 여러분은 분석이 실패로 끝났다고 생각할는지 모르지만 실은 그렇지 않다. 분석은 훌륭하게 성공했다. 이 이상의 연상은 필요가 없는 것이다. 청년 자신이 남자로선 보기 드물게도 얼굴이 희었으므로 치료 중에 나는 이야기를 하면서 몇 번이나 그를 알비노(Albino 흰둥이)라고 놀려줄 정도였다. 그때 우리는 이 청년의 체질에 혹시 여성적인 요소는 없을까 규명하는 연구에 몰두하고 있었다. 그리고 그 가정은 대체로 사실로서 나타났다. 요컨대 그 자신이 바로 알비네였던 것이다. 그 당시 가장 그의 흥미를 끌고 있던 여성은 알비네, 즉 바로 그 자신이었던 것이다.

이와 마찬가지로 갑자기 떠오르는 멜로디도 어떤 사고의 흐름에 의해서 규정되며 거기에 종속되고 있다. 그리고 본인은 그 흐름의 활동을 깨닫지 못하고 있지만 어떤 이유 때문에 그의 마음을 차지하고 있는 것이다. 떠오른 멜로디는 그 멜로디에 붙어 있는 가사라든가, 그 노래의 유래와 깊은 관계가 있다는 것을 쉽게 보여줄 수 있다. 그러나 이 주장을 천성으로 음악을 좋아하는 사람에게까지 적용하는 것은 삼가야 한다. 그런 사람에 관해서는 아무 재료를 얻을 기회가 없기 때문이다. 음악을 좋아하는 사람의 경우는 멜로디의 음악적 가치 쪽이 그 멜로디가 의식에 떠오르는 결정적 인자가 되는지도 모른다. 그러나 이 경우보다는 전자의 경우가 더 많다. 나는 어느 청년한테서 다음과 같은 이야기를 들은 적이 있다. 그 청년은 《아름다운 헬레나》의 1절인 〈파리스의 노래〉라는 기분좋은 멜로디가 한참 동안 머리에서 떠나지 않았던 때가 있었다. 분석해보니 결국 그 무렵 그의 관심 속에서 '이데'와 '헬레나'라는 두 여성이 다투고 있다는 것을 깨달았다(파리스, 이데, 헬레나는 모두 그리스 신화에 나오는 인물이다.).

그러므로 자유로이 떠오른 연상이 이와같이 제약을 받아 일정한 관을 이루어서 배열되어 있다면 연상은 적어도 하나의 속박에 의해 즉,

출발점이 된 하나의 표상에 의하여 반드시 엄밀히 규정되어 있다는 결론을 내려도 좋은 것이다. 실험해보면 각 연상은 우리가 제출한 출발점이 된 표상에 단단히 묶여 있을 뿐 아니라 그 순간은 깨닫지 못하는 무의식 속에 강하게 작용하는 감정을 수반한 사상과 관심의 영역, 즉 콤플렉스(Komplex)에 좌우된다는 것을 실제로 알 수 있다.

이와 같은 속박성을 가진 연상은 정신분석의 역사상 주목할 만한 유익한 실험적 연구대상이며, 이 연구는 중요한 한 장(章)이었다. 분트 학파가 이른바 '연상실험(聯想實驗)'을 창시했다. 이 실험에서 피실험자는, 자기에게 주어진 '자극어(刺戟語)'에 대해서 되도록 빨리 임의(任意) '반응어(反應語)'로 대답하라는 명령을 받는다. 이와같이 해서 자극과 반응 사이에 소요되는 시간, 반응으로서 나온 대답의 성질, 그리고 뒷날에 같거나 비슷한 실험을 되풀이했을 경우에 생기는 오차 등이 연구되었다.

브로일러와 융이 지도하는 취리히 학파가, 연상실험에서 나타나는 반응을 설명했다. 즉 이와같이 하여 나온 연상에 대해서 만일 무언가 특수한 점이 있으면 설명해달라고 피실험자에게 부탁했다. 그 결과, 이 기이한 반응은 피실험자의 콤플렉스에 의해서 가장 엄밀히 규정되어 있다는 것을 알았다. 이렇게 하여 브로일러와 융은 실험심리학과 정신분석학 사이에 처음으로 다리를 놓은 것이다.

이와 같은 이야기를 들으면 여러분은 다음과 같이 말할는지도 모른다.

"우리는 자유연상이 규정되어 있다는 것, 자유연상이 여태까지 믿어지고 있던 것만큼 자의적인 것이 아니라는 것을 이제야 알았습니다. 꿈의 요소에 대한 연상의 경우에도, 이런 사실을 인정할 수 있겠지요. 그러나 우리가 지금 문제로 삼고 있는 것은 이 점이 아닙니다. 선생님은, 꿈의 요소에 대한 연상은 우리가 모르는 것으로 이 꿈의 요소에 대응하고 있는 심리적 배경에 의해서 규정되고 있다고 주장하셨습니다. 그러나 이에 대해서는 증명이 안 된 것처럼 여겨집니다. 꿈의 요소에 대한 연상이 꿈을 꾼 사람의 콤플렉스의 하나에 의해서 규정되어 있다고 증명될 줄은 이미 예상하고 있었습니다만, 그것이 무슨 소용이 있습니까? 그런 것을 알아봐야 꿈을 더 잘 이해할 수 있게 된다고는 생각되지 않습니다. 연상실험과 이른바 콤플렉스의 지식을 배웠을 뿐입니다. 대체 이 콤플렉스는 꿈과 어떤 관계가 있습니까?”

여러분의 질문은 당연하나 잠시 잠자코 있어주기 바란다. 나는 그 점을 생각했기 때문에 연상실험을 이 문제의 출발점으로 선택하기를 보류했던 것이다. 이 실험에 있어서 반응을 결정하는 하나의 결정물, 즉 자극어는 우리가 임의로 고른 것이다. 그러므로 반응어는 이 자극어와 피실험자에게 야기된 콤플렉스를 연결하는 하나의 매개물이다. 그런데 꿈에서는 자극어가 꿈을 꾼 사람에게는 알려져 있지 않은 원천에서 유래하는 어떤 것과 대치되어 있다. 말하자면, 그 자극어는 즉각 ‘콤플렉스의 후예(後裔－Komplexabkömmling)’가 될 수 있는 것이다.

그러므로 꿈의 요소와 결합하고 있어 잇따라 떠오르는 많은 연상은 꿈의 요소 그 자체를 만들어낸 콤플렉스에 의해서만 규정되어 있다고 생각한다는 것, 또 그 연상에서 그 콤플렉스를 발견할 수 있다고 기대한다는 것은 결코 공상적인 일이 아니다. 사실 이것은 꿈의 경우에도 해당된다는 것을 다른 예를 들어 보여주겠다.

고유명사의 망각은 꿈의 분석에도 이용할 수 있는 훌륭한 본보기다. 다만 망각의 경우는 한 사람이 관계하고 있지만 꿈의 분석에서는 두 사람이 관계하고 있다는 것만이 다르다. 내가 어떤 이름을 잠깐 잊었을 때 나는 속으로 확실히 그 이름을 알고 있을 텐데, 하고 확신할 수 있다. 꿈을 꾼 사람도 마찬가지 확신이 있을 것이라는 것을 우리는 베르네임의 실험이라는 우회(迂廻)를 거쳐서 증명할 수 있었다. 그러나 알고는 있지만 망각한 이름은 어쩔 도리가 없다. 잘 생각해보아도 아무리 열심히 생각해보아도 생각이 나지 않는다는 것은 여러분도 경험했을 것이다.

그러나 잊어버린 이름 대신에 하나 또는 많은 대리명(代理名)을 언제라도 연상할 수는 있다. 만일 그와 같은 대리명이 자연히 내 머리에 떠올랐을 때 비로소 이 상태는 꿈을 분석하는 상태와 일치하게 된다. 꿈의 요소는 결코 진짜가 아니며 어떤 것의 대용물, 즉 내가 모르는 꿈을 분석해서 발견될, 본디의 것의 대용물에 지나지 않는다. 그러므로 양자의 구별은 이런 점에 있다. 이름의 망각에서는 그 대용물이 본디의 것이 아님을 즉각 인정할 수 있지만 꿈의 요소가 본디의 것이 아니라는 견해는 고생 끝에 비로소 얻을 수 있는 것이다. 그런데 이름을 잊었을 때라도, 대용물에서 무의식적인 본디의 것, 즉 잊어버린 이름에 도달하는 길이 있다. 만일 이 대용물에 주의를 집중하여 그 대리명을 출발점으로 해서 잇따라 연상을 시도하면 어떤 때는 짧고 어떤 때는 긴 우회를 한 끝에 그 잊어버린 이름에 도달할 수 있다. 그리고 자연히 머리에 떠오른 대리명은 잊어버린 이름과 관계가 있고 그 잊어버린 이름에 의해서 규정되어 있다는 것을 깨닫게 될 것이다.

이런 종류의 분석을 한 가지 알려주겠다. 어느 날 나는 몬테 카를로 (Monte Carlo)를 중심지로 삼는 리비에라 연안($\binom{\text{남프랑스에서 북이}}{\text{탈리아에 걸친 해안}}$)의 작은 나라 이름이 생각나지 않는 것을 깨달았다. 초조했지만 결국 헛일이었다. 나는 그 나라에 대해서 될 수 있는 대로 아는 것을 모두 생각해보았다. 르시니앙 가(家)의 알베르 왕, 그 왕의 결혼, 그 왕이 해양 연구에 흥미를 갖고 있다는 것, 그 밖에 그에 대해서 내가 모을 수 있는 것을 모두 생각해보았으나, 결국 아무 소용도 없었다. 그래서 나는 생각하는 것을 그만두고, 잊어버린 이름 대신으로 대리명을 연상해보았다. 그 연상은 금방 나왔다. 먼저 몬테 카를로, 그리고 피에몽 (Piemont), 알바니아(Albania), 몬테비데오(Montevideo), 콜리코 (Colico) 등이었다. 알바니아는 맨 먼저 내 주의를 끌었는데 흰색과 검은색의 대조($\binom{\text{Albania의 어간 albus는 ‘흰색’ Negro}}{\text{의 어간 Niger는 ‘흑색’임}}$)에 의해서인지, 금방 몬테네그로 (Montenegro)로 바뀌었다.

이어 나는 이 네 가지 대리명이 ‘몬(mon)’이라는 같은 철자를 갖고 있는 것을 깨달았다. 그때 갑자기 잊어버렸던 이름이 생각나서, ‘모나코(Monaco)’라고 소리쳤다. 즉 이들 대리명들은 실제는 잊어버린 이름에서 나왔던 것이다.

처음의 네 가지 이름은 몬(mon)이라는 첫 철자에서 왔고 다섯 번째는 철자의 순서와 코(co)라는 마지막 철자를 주었다. 그때 우연히 나는 모나코라는 이름을 잊어버린 이유를 깨달았다. 모나코는 독일 뮌헨의 이탈리아 이름이다. 그 뮌헨이 방해자로 작용하고 있었던 것이다. 그런데 이 예는 훌륭하지만 너무 간단하다. 다른 경우에서는 최초의 대리명에 대해서 상당히 많은 연상을 계속해나가지 않으면 안 된다. 그 결과 꿈의 분석과 비슷하다는 것을 알게 될 것이다. 나는 그와 같은 경험을 한 적이 있다. 어느 날 외국인이 이탈리아 포도주를 대접하겠다고 초대했다. 그런데 함께 술집에 갔을 때, 그 사람은 즐거운 추억이 있어서 주문하려고 했던 포도주 이름을 잊어버린 것을 깨달았다. 그래서 나는 그 잊어버린 이름 대신, 여러 대리명을 잇따라 연상시켜나가는 동안에 해트비히라는 사람에 대한 생각이, 그로 하여금 포도주의 이름을 잊어버리게 했다는 것을 알았다. 그리고 실제로 그 사람은 이 포도주를 해트비히라는 여자의 집에서 처음 마셨고 이야기했을 뿐 아니라, 이 해트비히의 이름에서 잊어버린 술 이름이 생각났다. 그녀는 그때 신혼의 달콤한 생활에 젖어 있었으며 해트비히라는 이름은 그가 생각하고 싶지 않은 과거에 속하는 사람이었던 것이다.

잊어버린 이름의 경우에 성공하듯이 꿈의 해석에서도 대용물을 실마리로 하여 거기에 얽히는 연상을 더듬어나가면 마침내 본디의 것에 도달할 수 있을 것이다. 이름 망각의 실례에 따라서 꿈의 요소에서 떠오른 연상은 그 꿈의 요소뿐 아니라 무의식적 본질에 의해서 규정되어 있다고 가정해도 좋다. 이렇게 우리는 우리의 기법이 정당하는 데 대해서 두세 가지 점을 설명한 셈이다.

일곱 번째 강의

꿈의 현재 내용과 잠재의식

잘못에 관한 우리의 연구가 결코 헛수고는 아니었다. 이 방면을 애써서 개척한 덕분에——여러분이 알고 있는 가설 아래——두 가지 수확을 얻었다. 첫째로, 꿈의 요소에 대한 견해와, 둘째로 꿈의 해석에 관한 기법이다. 꿈의 요소에 대한 견해는 다음과 같다. 꿈의 요소란 결코 본디의 것이 아니라, 마치 '잘못'의 의향처럼 꿈을 꾼 사람에게 알려져 있지 않은 것이며 꿈을 꾼 사람의 마음속에 그것이 존재하기는 하지만 알기 어려운, 어떤 것의 대리물(代理物)이라는 것이다. 우리는 이와 같은 요소로 성립되어 있는 모든 꿈에 똑같은 견해가 적용될 수 있다고 생각한다. 다음으로 기법의 본질은 꿈의 요소들에 대한 자유연상에 의하여 다른 대리물을 떠오르게 해서 그것을 바탕삼아 숨겨진 어떤 것을 추측하자는 것이다.

우리의 이야기를 원활하게 진행시키기 위하여 앞에서 말한 것을 지금 우리의 술어(術語)로 바꾸기를 제의한다. 숨겨져 있다든가, 알기 어려운 것이라든가, 또는 본디의 것이 아니라고 말하는 대신, 더 정확하게 기술하기 위해서 '꿈을 꾼 사람의 의식으로서는 도달하기 불가능하다' 또는 '무의식'이라는 말을 사용하기로 한다. 잊어버린 말이나 잘못의 경우 방해하는 의향이라고 말하는 대신 그때 '무의식적'이었다고 바꾸어 말하는 것뿐이다. 이에 반해서 꿈의 요소 그 자체와 연상에 의해서 얻어진 대리표상(代理表象)은 '의식적'이라고 불러도 좋다. 이 술어에는 아직 아무 이론적인 뒷받침은 없다. 적절하고 쉽게 이해할 수 있는 술어로, 이 무의식이라는 말을 사용하는 데에는 이의

가 없을 것이다.

　개개의 꿈의 요소에 대한 우리의 견해를 꿈 일반에 확대시키면 꿈이란 어떤 다른 것, 즉 무의식의 왜곡된 대리물이며, 이 무의식을 발견하는 것이 바로 꿈 해석의 과제가 된다. 그리고 여기서 즉각 꿈의 해석을 연구하는 동안 반드시 지켜야 할 세 가지 중요한 규칙이 나온다.

　1. 꿈이 알기 쉬운 것이거나, 부조리한 것이거나, 선명하거나, 몽롱하거나, 결코 꿈이 외관상 갖고 있는 듯이 보이는 의미에 마음이 동요되어서는 안 된다. 왜냐하면 그 외관상의 의미는 어떤 경우나 결코 우리가 찾고 있는 무의식이 아니기 때문이다. 그리고 이 규칙에 뚜렷이 제한을 두어야 한다는 것은 나중에 자연히 알게 된다.

　2. 꿈의 어떤 요소이건 그 대리표상이 떠오르도록 연구의 촛점을 모으지 않으면 안 된다. 대리표상을 숙고하거나, 대리표상이 적절한 것을 포함하고 있는지 어떤지 음미하지 말고, 대리표상과 꿈의 요소가 아무리 서로 관계가 멀더라도 전혀 개의할 필요는 없다.

　3. 내가 앞에서 말한 잊어버린 말 '모나코'의 실험처럼 우리가 목적하는 숨은 무의식이 저절로 드러날 때까지 끈질기게 기다리지 않으면 안 된다.

　자기 꿈에 대해서 많이 기억하고 있거나 적게 기억하고 있거나, 또 특별히 정확하게 기억하고 있거나 희미하게 기억하고 있거나 아무 문제가 아니라는 것도 곧 알게 된다. 기억에 남아 있는 꿈은 결코 본디의 것이 아니며 오히려 그 본디의 것이 왜곡된 대리물에 불과하다. 그 대리물은 다른 대리표상을 눈뜨게 하여 본디의 의미에 접근하는 데 도움이 된다. 즉 꿈의 무의식을 의식하는 데 도움이 되는 것이다. 그러므로 우리의 기억이 분명했을 때 이 대리물은 더 왜곡된 것이 된다. 그리고 왜곡이 강하면 마땅히 거기에 어떤 동기가 있는 것이다.

　우리는 남의 꿈과 마찬가지로 자기 자신의 꿈도 해석할 수 있다. 자기의 꿈이라면 더 배우는 바가 많고 그 과정에 수긍되는 점이 많다. 한번 이와 같은 방법으로 실험을 진행시키면 이 해석의 작업에 대해서 그 무언가가 저항하는 것이 있다는 것을 깨달을 것이다. 물론 연상이 떠오르지만 그 나타난 연상의 전부를 우리는 그대로 받아들이려 하지 않는다. 그 연상을 음미하여 그 속에서 선택하고 싶어진다. 하나의 연상이 떠오르면 사람은 이렇게 말한다.

"이것은 적절하지 않다. 아니 방향이 다르다." 제2의 연상이 떠오르면, "이것은 너무나 어이없다." 제3의 연상이 떠오르면, "이것은 완전히 겨냥이 빗나갔다." 그리고 잇따라 트집을 잡아서는 연상이 아직 뚜렷해지기도 전에 이미 연상을 다 묵살해버리고 마침내 떠오르지 않도록까지 만들어버린다. 이것은 한편 출발점이 되는 표상, 즉 꿈의 요소에 너무나 지나치게 구애되기 때문이며 또 한편에서는 제멋대로의 선택으로 자유연상의 결과를 엉망으로 만들어버리기 때문이다. 자기 꿈의 해석을 자기 자신이 하지 않고 남에게 해석케 하면 떠오른 연상을 자기에게 유리하도록 선택시키는 동기가 무엇인지 매우 뚜렷이 알 수 있다. 사람은 그런 경우 흔히 이렇게 말한다. "이 연상은 너무 불쾌해 입 밖에 낼 기분이 나지 않습니다. 입 밖에 낼 수도 없습니다."

이와 같은 반대적(反對的) 동기는 분명히 우리 연구의 성과를 해칠 염려가 있다. 사람은 이런 반대동기를 경계해야 한다. 그리고 그 반대의 소리 결코 항복하지 않겠다고 단단히 결심하고 자기의 꿈을 해석하지 않으면 안 된다. 남의 꿈을 해석할 때는 '이 연상은 그다지 중요하지 않다. 너무나 어이없다, 방향이 다르다, 이런 것은 남에게 말하기에 난처하다.' 하는 이 네 가지 반대의 소리 중 어느 하나가 설령 그의 마음에 생기더라도 떠오른 연상은 어떤 종류건 정직하게 말하지 않으면 안 된다는, 불가침의 원칙을 일러준 다음 분석을 시작해야 한다. 그는 이 원칙을 지키겠다고 약속하지만, 실제로 그가 이 약속을 번번이 어기므로 화가 난다. 그리고 이 일을 다음과 같이 설명할 것이다. 자유연상의 올바름을 충분한 권위로서 아무리 보장해줘봐야 그 올바름을 그는 잘 납득하지 못한다고. 그러고는 먼저 책을 읽게 한다든가 강연에 데리고 가준다든가 하여, 이론적으로 납득시켜서 자유연상에 대한 우리의 견해를 믿게 하지 않으면 안 되겠다고 생각할지 모른다. 그러나 가장 확신을 가져야 할 자기 자신조차, 어떤 종류의 연상에 대해서는 비판적 반론이 나타났거나 나중에야 비로소 마치 제2심(第二審)처럼 그 반론을 제거할 수 있다는 것을 생각하면, 이와 같은 것은 아주 쓸데없는 일이며 할 필요가 없다는 것을 알게 된다.

꿈을 꾼 사람이 말을 따르지 않는다고 못 마땅해하는 대신, 이 경험을 활용하면 꿈을 꾼 사람한테서 새로운 것을 배울 수 있다. 꿈을 꾼 사람이 예비 지식이 없으면 없을수록 중요한 것을 배울 수 있다. 꿈을 해석하는 작업은 이에 저항하는 하나의 저항을 어기고 행하여지는 것이며 비판적 반대는 실로 이 저항의 표현이라는 것을 알 수 있다. 이 저항은 꿈을 꾼 사람이 아무리 이론을 알고 있더라도, 그 확신과는 아무 상관없이 일어난다. 우리는 이 이상의 것을 배운다. 즉 경험으로 이런 종류의 비판적 반론은 결코 옳은 것이 아님을 안다. 오히려 이런 식으로 억제하는 연상이야말로 예외없이 가장 중요한 것이며 무의식의 발견에 결정적인 포인트가 되는 것임을 알 수 있다. 만일 어떤 연상에 이와 같은 반대가 따른다면 이 연상이야말로 주목할 만한 것이다.

이 저항은 아주 새로운 것이며, 우리의 가설——물론 가설에는 그런 것이 포함되어 있지 않았지만——에 의해 발견한 현상이다. 이 새로운 인자(因子)를 우리의 연구에서도 고려해야 한다는 것은 사실 그다지 유쾌하지 않다. 이 인자 때문에, 우리의 작업이 어려워지지 않을까 하는 예감 때문에 꿈을 해명하는 것을 깨끗이 집어치우고 싶은 기분도 든다. 꿈이라는 이런 하찮은 것에, 더욱이 명료하고 수월한 기법으로가 아니고, 이렇게 고생을 하지 않으면 안 되다니! 그러나 한편, 이 고생이야말로 우리를 고무해주는 것이고, 또 이 연구는 노력할 만한 보람이 있다는 기분도 든다. 꿈의 요소라는 대리물에서 숨겨진 무의식으로 돌입하려고 하면 저항에 부딪칠 것이 당연하다. 그러므로 이 대리물 뒤에 무언가 중요한 의미가 숨어 있는 것이 틀림없다고 생각해도 무관하다. 그렇지 않다면, 끝내 버티면서 숨기려고 하는 부정의 소리는 대체 어쩐 일일까? 만일 어린아이가 보자고 해도 손에 꽉 쥐고 보이려 하지 않는다면, 그 손바닥에는 가져서 안 될 것을 가지고 있는 것이다.

우리가 지금 저항이라는 역학적 관념을 끌어넣는 순간에 이 저항이라는 인자는 양적으로 차이가 있다고 생각지 않을 수 없게 된다. 즉, 큰 저항과 작은 저항이 있으며 우리의 연구중에도 이와 같은 대소의 차이는 나타난다고 각오할 필요가 있다. 아마 우리가 꿈의 해석을 연구하다가 겪는 다른 경험에도 이 저항이라는 개념을 결부시킬 수 있을 것이다. 꿈의 요소로부터 그 배후에 있는 무의식으로 들어가려면 단한 가지나 두세 가지 연상으로 충분할 경우도 많지만 때로는 기다란연상의 사슬을 더듬고 많은 비판적 반대를 극복해야 할 때도 있다. 나는 그와 같은 차이가 저항이 크기 때문에 나타난다고 말하고 싶다. 아마 이 말은 옳을 것이다. 저항이 작을 때는 무의식과 대리물의 거리는짧지만 저항이 클 때는 무의식의 왜곡도 크고, 따라서 대리물에서 무의식까지의 거리도 길다.

어떤 꿈을 골라서 그 꿈에 우리의 기법을 시험하고 이에 대한 지금까지의 기대가 충족되는지 어떤지 살펴본다는 것은 지금이 가장 알맞은 때이다. 그러면 이 목적을 위해서 어떤 꿈을 고르면 좋겠는가? 이결정이 나에게는 얼마나 여려운 일인지 여러분은 도저히 상상도 못한다. 그리고 그 곤란이 어디에 있는가를 나는 아직도 여러분에게 이해시키지 못하고 있다. 왜곡을 받지 않은 꿈이 분명히 있을 것은 틀림없다. 그런 꿈을 먼저 분석하는 것이 가장 좋을 것이다. 그러나 대체어떤 꿈이 왜곡이 심하지 않은 꿈이겠는가? 앞에서 예로 든 두 가지꿈처럼, 이치가 닿으며 몽롱하지 않은 꿈을 말하는 것일까? 이런 생각은 아주 잘못이다. 연구를 진행시켜보면 그런 꿈은 매우 왜곡되어있다는 것을 알 수 있다. 그런데 내가 특별한 조건을 달지 않고 마음대로 꿈을 골라보면 여러분은 아마 매우 실망할 것이 틀림없다. 개개의 꿈이 갖는 요소에 대해서 떠오른 매우 많은 연상을 일일이 관찰하거나 기록하다보면 해석이라는 작업을 여러분이 한눈에 알지 못하게되어버린다. 꿈을 적어두고 그 꿈에 대해서 떠오른 연상을 남김없이기록하여 비교해보면 연상이 본디 꿈의 몇 배나 된다. 그러므로 짧은꿈을 몇 개 골라서 분석하는 것이 가장 목적에 맞는다. 그리고 그 중의 하나가 적어도 우리에게 무언가를 말해주고 무언가를 입증해줄 것이다. 어디에 그리 왜곡되지 않은 꿈이 있을까? 우리는 경험으로 거의 알고 있지 않으나 아무튼 방금 말한 대로 결행해보기로 하자.

그런데 나는 우리 앞길에 문제를 쉽게 만드는 다른 방법이 가로놓여있는 것을 알고 있다. 즉, 꿈 전체를 해석하는 대신 해석을 꿈의 개개요소에 한정시키는 것이다. 그리고 우리의 기법을 응용하면 어떻게꿈이 설명되는지 실례를 좇아서 설명해보기로 하자.

1. 어떤 부인이 다음과 같은 이야기를 해주었다. "저는 어릴 때, 하나님이 뾰족한 종이모자를 쓰고 있는 꿈을 몇 번이나 꾸었어요." 여러분은 이 부인의 도움을 빌리지 않고 이 꿈을 어떻게 설명할 참인가? 그것은 정말 어이없게 여겨질 것이다. 그러나 부인의 보고를 들으면, 그리 터무니없지는 않다. 즉, "어릴 때 내가 식탁에 앉을 때는 누군가 가족이 꼭 그런 모자를 씌워주었어요. 왜냐하면 나는 형제들의 접시를 들여다보고, 누구의 음식이 내것보다 더 많이 담겨져 있나를 보는 버릇이 있었거든요." 이 모자는 분명히 눈을 가리는 역할을 한 것에 틀림없다. 아주 쉽게 이 꿈의 역사적 유래가 보고된 셈이다. 꿈을 꾼 부인에게 잇따라 떠오른 연상을 말하게 함으로써 요소의 해석과 나란히 이 짧은 꿈 전체의 해석이 쉬워진다. "하나님은 전지전능하시다고 들었습니다. 마치 하나님처럼, 아무리 가족들이 못 하게 해도 나는 모든 것을 알고 모든 것을 볼 수 있다는 것을, 그 꿈은 뜻하고 있을 뿐입니다." 하고 부인은 말했다. 이 실례는 너무나 단순하다.

2. 의심이 많은 한 여환자가 긴 꿈을 꾸었다. 그 꿈 속에서 어떤 사람이 그녀에게 내가 쓴 《기지(機知)》에 관한 책을 그녀에게 이야기해주면서 매우 칭찬했다. 그리고 화제가 《운하(運河)》에 미쳤다.

"아마, 운하라는 글자가 씌어 있는 책이었겠지요. 아니, 무언가 운하에 대해서 쓴 책이었는지도 몰라요. ……모르겠어요. ……정말 불명료하였으니까."

여러분은 이 '운하'라는 꿈의 요소가 너무나 막연해서 해석할 도리가 없다고 말하고 싶을지 모른다. 여러분이 추측하는 곤란은 당연한 일이나 그것이 막연하기 때문에 어려운 것이 아니라 다른 이유 때문에, 즉 꿈의 요소를 불명료하게 만든 것과 같은 것때문에 해석이 어려운 것이다. 그 여환자는 운하에 관해서 전혀 연상이 떠오르지 않는다고 말한다. 나로서도 물론 운하에 대해서 무어라 말할 수 없는 것이 당연하다. 잠시 뒤, 실은 그 이튿날 그 여자에게 그 꿈과 관계가 있을 만한 연상이 떠올랐다. 이 연상은 누가 그녀에게 이야기했다는 기지(機知)와도 관계가 있었다.

"도버와 칼레 사이의 배 안에서 어떤 유명한 저술가가 한 영국인과 이야기하고 있었어요. 그때 영국인이 무슨 말 끝에, 'Du sublime au ridicule il n'y a q'um pas(고귀함과 익살스러움 사이는 겨우 한 걸음 차이다).'라는 문구를 인용했습니다. 그러자 저술가는 즉각, 'Oui, le pas de Calais(그렇군요. 칼레로부터는 한 걸음이지요).' 하고 대답했어요. 저술가는 이 대답으로 프랑스 인은 고귀하고 영국인은 익살스럽다는 것을 암시할 생각이었던 거예요. 하지만, 'Pas de Calais'라는 것은, 칼레에서 한 걸음(Pas 는 '한 걸음'이라는 뜻과 '해협'이라는 뜻을 가졌다.)이라는 뜻도 있으나 역시 하나의 운하, 즉 칼레 해협(도버 해협)도 되는 것이죠."

그런데 이 연상이 지금의 꿈과 어떤 관계가 있느냐고 여러분은 물을 것이다. 나는 확실히 관계가 있다고 생각한다. 이 연상은 수수께끼 같은 이 꿈의 요소에 대한 해답이 되고 있다. 혹은 여러분은, 이 우스갯소리는 꿈을 꾸기 전부터 존재하고 있었으며 기지가 '운하'라는 요소 속에 있는 무의식적인 표상이라는 것을 의심하겠는가? 여러분은 이 기지가 나중에 발견될 것이라고 생각할 수 있는가? 이 연상은, 그녀가 겉으로는 과장해서 감탄하지만 뒤에서는 언제나 의심이 숨어 있다는 것을 증명하는 것이다. 그리고 이 저항은 다음 두 가지 것의 공통된 원인이 되어 있다.

첫째, 그녀에게 이 연상이 좀처럼 마음속에 떠오르지 않았다는 것, 둘째로 그에 대응하는 꿈의 요소를 그와 같이 몽롱하게 만들었던 것이다. 여기서 꿈의 요소와 그에 대응하는 무의식의 관계를 잘 보아주기 바란다. 꿈의 요소는 마치 이 무의식의 한 조각과 같은 것이며 이 무의식에 대한 한 암시이다. 둘을 떼어놓으면 꿈의 요소는 전혀 이해할 수 없는 것이 되어버린다.

3. 한 환자가 긴 꿈을 꾸었다. 그 일부는 이렇다. "특별한 모양의 테이블 주위에 가족들이 앉아 있었다." 이 테이블에 대해서 연상이 떠올랐다. 환자는 그와 비슷한 가구를 전에 방문했던 어느 가정에서 보았다고 말했다. 그리고 그의 생각은 다음과 같이 진행되었다. 그 가정에서는 아버지와 아들 사이에 특별한 관계가 있었다. 그리고 곧 환자는 자기와 자기 아버지 사이에도 그와 비슷한 관계가 있었다고 덧붙였다. 즉 테이블은 이러한 병행(竝行) 관계를 그리기 위해서 꿈 속에 삽입되었던 것이다.

이 환자는 오래 전부터, 꿈의 해석에 관한 학설을 믿고 있었다고 한다. 그렇지 않다면, 테이블의 모양이라는 하찮은 것을 연구의 주제로 삼는 일에 주저했을 것이다. 무릇 꿈에 나타나는 것으로 우연이나 하찮은 것이라고 단언할 수 있는 것은 없다고 선언해둔다. 그와 같이 보잘것없고 이렇다할 동기도 없는 사소한 현상에서 꿈을 설명할 수 있는 것이다. 꿈의 작용은, '우리의 관계도 그들의 관계와 결국 마찬가지다.'라는 생각을 나타내기 위해서 테이블을 택했다고 말한다. 여러분은 아마 놀라겠지만 방문한 가정이 이 티슐러 가(家)였다는 이름을 들으면 이 설명은 한층더 뚜렷해진다. 그는 꿈 속에서 자기 가족들을 이 테이블 주위에 앉힘으로써, 자기의 가족도 티슐러 가와 같다고 말하고 있는 것이다. 여러분은 꿈의 이와 같은 해석을 보고하면 필연적으로 비밀이 드러난다고 생각할 것이다. 따라서 실례를 고르기가 어렵다고 앞에서 말한 이유의 하나를 잘 알 수 있을 것이다. 나는 이런 실례보다 평범한 다른 실례를 언제라도 들 수 있었지만 이처럼 비밀이 누설되는 것을 피하려 하면 필연적으로 그 대신으로 다른 비밀이 누설되는 죄를 범하게 되리라 생각한다.

이 기회에, 나는 오래 전에도 가능하면 사용하고 싶었던 두 개의 술어를 소개하기로 한다. 꿈이 이야기하는 것을 꿈의 현재내용(顯在內容 manifester Trauminhalt)이라고 부르고 여러 가지 떠오르는 것을 추구하여 도달할 수 있는, 그 숨겨진 것을 꿈의 잠재의식(潛在意識 latente Traumegedanken)이라고 부르고 싶다. 지금까지의 실례로도 알 수 있듯이, 지금부터 현재내용과 잠재의식의 관계에 주목해보자. 이 상호 관계는 매우 다양하다. 예1과 예2에서는, 현재적(顯在的) 요소가 잠재의식의 한 성분이거나 조그만 단편에 지나지 않았다. 꿈의 무의식적인 사상 속에 있는 커다란 정신의 합성물로부터 극히 일부분이 단편처럼, 어떤 때는 그 암시처럼, 암호처럼, 생략된 전문처럼 현재(顯在)의 꿈 속에 모습을 나타낸다. 해석하는 일이란, 이 단편이나 암시를, 제삼의 예에서 특히 훌륭하게 성공한 것처럼, 완전한 것으로 만드는 일이다. 그러므로 일종의 왜곡——그것이 바로 꿈의 작업의 본질이다——은 하나의 단편, 혹은 하나의 암시에 의한 하나의 대리형성(代理形成)이다. 여러분은 우리가 몇 가지 예에서 간결하고 명쾌하게 설명하고자 하는 현재내용과 잠재의식의 다른 관계를 앞의 제삼의 예에서도 볼 수 있을 것이다.

4. 한 남자가 아는 여자를 침대 뒤에서 '끌어내는(her vorziehen)' 꿈을 꾸었다. 그는 첫 연상에 의해서 스스로 이 꿈의 요소가 의미하는 뜻을 발견했다. 즉, 이 꿈은 자기 자신이 그 여자를 '좋아한다(Vorzuggeben)'는 뜻이다(독일어에서 '끌어내다'는 hervorziehen. 이 단어의 her가 빠진 vorziehen 은 '좋아하다'라는 뜻이다. vorzug는 vorziehen의 명사화.).

5. 어떤 사나이는 자기 형이 상자 속에 갇혀 있는 꿈을 꾸었다. 그는 첫 연상으로 상자를 장롱과 대치했다. 제이의 연상으로 이 꿈의 의미는 '형은 생활을 긴축하고 있다'는 것이 된다('긴축하고 있다'는 sich einschränken, 이것은 '장롱'을 뜻하는 Schrank와 발음이 비슷하다.).

6. 어떤 사람이 꿈을 꾸었다. "산에 올라가고 있는 동안에 매우 멀리까지 경치(Aussicht)를 전망할 수 있었다."

이것은 완전히 합리적인 꿈이며 특별한 해석이 전혀 필요없을 것 같다. 그리하여 이 꿈이 어떤 과정에 입각해서, 어떤 동기로 환기되었는가 하는 것만을 찾아내면 좋을 듯 생각된다. 그러나 여러분의 생각은 잘못되어 있다. 이 꿈이야말로 어수선한 꿈과 마찬가지로 아니 그 이상으로 해석이 필요하다는 것을 알 수 있다. 즉, 꿈을 꾼 사람은 등산에 관한 연상을 전혀 떠올릴 수 없었다. 그 대신 이 꿈을 꾼 사람의 아는 사람이 동양과 서양의 관계를 연구하는 '전망(展望 Rundschau)'이라는 잡지를 발행하려 하고 있다는 것이 생각났다. 그러므로 꿈의 잠재의식은 꿈을 꾸고 있는 자기를 '전망자(展望者)'와 동일시하고 있는 것이다.

여러분은 이러한 예에서, 꿈의 현재요소(顯在要素)와 잠재요소(潛在要素)의 관계에 하나의 새로운 형(型)이 있다는 것을 깨달을 것이다. 현재요소는 잠재요소가 왜곡된 것이라기보다, 잠재요소의 표상(表象)이다. 즉, 잠재요소를 조형적(造形的), 구체적으로 형상화한 것이다. 그리고 그것은 발음 관계에 유래하고 있다. 물론 이 때문에 다시 한 번 왜곡이 나타난다. 우리는, 그 말이 구체적인 형상에서 발생했다는 것을 오랫동안 잊어버리고 있었다. 그러므로 말이 형상에 대치되었을 때는 그 형상의 뜻을 알지 못한다. 대개의 현재몽(顯在夢)이 주로 시각상(視覺像)에 성립되어 있고 사상이나 언어로 성립되는 경우가 드물다는 것을 생각하면 여러분은 현재몽과 잠재의식의 이와 같은 관계가 꿈의 형성에 특히 중요한 의의를 가진다는 것을 알 수 있을 것이다. 또 여러분은 이와 같은 방법으로 많은 추상적인 사상이 그 대리가 되는 형상을 현재몽 속에 만들 수 있으며 현재몽은 은폐의 역할을 하고 있음을 깨닫게 될 것이다. 이것은 그 '수수께끼 그림'의 방법이다. 이와 같은 잠재요소의 표현이 약간 익살스런 꼴을 취하는 까닭이 무엇인가는 특별한 문제이며 여기서는 이 문제에 대해 언급할 필요가 없다고 생각한다.

현재요소와 잠재요소 사이의 제사의 관계에 대해서는 여러분이 우리의 기법을 충분히 납득할 때까지 설명할 수 없다. 나는 양자의 관계를 완전히 예거하지 않았지만 우리의 목적에는 방금 말한 것만으로도 충분하다.

그러면 여러분은 꿈 전체를 해석해보겠다는 용기가 있는가? 과연 우리가 이 문제를 다룰 충분한 준비가 되어 있는가, 한번 시험해보지 않겠는가? 물론, 너무나 막연한 꿈을 예로 든다는 것은 우선은 적당하지 않다. 그래서 나는 꿈의 특징을 분명히 나타내고 있는 예 하나를 골라보기로 한다.

몇 해 전에 결혼한 어느 젊은 부인이 다음과 같은 꿈을 꾸었다.

"부인은 남편과 함께 극장 고급 좌석에 앉아 있었다. 좌석 한쪽은 모두 비어 있다. 남편은 아내에게 '엘리제 L과 그 약혼자도 오고 싶어하고 있는데, 석 장에 1플로린 50크로이처씩 하는 C석밖에 없었고, 그것마저 두 사람은 살 수 없었다는군.' 하고 말했다. 부인은 두 사람이 그때 오지 못했다고 해서 결코 불행하지는 않다고 생각했다."

그녀가 들려준 최초의 것은, 현재내용 속에 있는 것과 같은 사건이 그 꿈을 꾸는 동기가 되었다는 것이다. 즉, 그녀의 남편은 엘리제 L이라는, 그녀와 같은 연배의 여자 친구가 약혼했다고 그녀에게 말했다. 이 꿈은 그 보고에 대한 반응이다. 우리는 전날에 일어난 이와 같은 유인(誘因)을 많은 꿈으로 쉽게 증명할 수 있다는 것과 꿈의 유래를 꿈을 꾼 사람으로부터 힘들이지 않고 끌어낼 수 있다는 것을 이미 말했다. 그녀는 현재몽의 다른 요소에 대해서도 자진하여 비슷한 보고를 해주었다. 좌석의 한쪽이 모두 비어 있었다는 것은 어디서 온 것인가? 이것은 지난 주에 실제로 일어난 어떤 사건을 암시하고 있다. 그녀는 어떤 연극을 보러 갈 생각으로, '일찍' 지정석의 입장권을 샀다. 그러나 너무 일렀으므로 예약료를 치러야만 했다. 그런데 당일 두 사람이 극장에 들어가보니 그녀의 그런 걱정이 모두 공연한 것이었음을 알았다. 지정석 한쪽은 거의 비어 있었기 때문이다. 상연 당일에 입장권을 사도 충분히 들어올 수 있었던 것이다. 아니나 다를까, 남편도 그녀가 지나치게 서둘러 예매권을 산 것을 빈정댔다.

1플로린 50크로이처는 대체 어디서 온 것일까? 이것은 지금의 연극 얘기와는 전혀 관계가 없는 별개의 곳에서 오고 있는데 역시 전날의 사건을 암시하고 있다. 시누이가 남편이 선물한 150플로린을 받고서 어리석은 거위처럼 부랴부랴 보석상에 뛰어가서 그 돈으로 몽땅 장식품을 산 일이 있었다.

어디서 3이라는 숫자는 나왔을까? 약혼녀 엘리제가 10년쯤 전에 약혼한 자기보다 석 달밖에 젊지 않다는 연상을 도외시한다면 그녀는 이 3이라는 숫자에 대해서는 별로 생각나는 바가 없었다. 사람이 둘밖에 없는데도 입장권을 석 장 산다는 것은 어이없는 짓이 아니겠는가? 이에 대해서 그녀는 아무 말도 하지 않았다. 그녀는 이에 대해서 더 연상을 진행시키는 것도 상세한 보고를 하는 것도 거부해버렸다.

그 부인은 얼마 안 되는 연상 속에서 이만한 재료를 제공해주었다. 그리고 그러한 재료를 기초로 꿈의 잠재의식을 추측할 수가 있을 것이다. 부인의 보고를 보면 몇 군데에 시간에 대한 관계가 나타나 있고 이 재료의 여러 부분에 일관된 공통성이 있다는 것이 주목을 끌고 있다. 그녀는 극장의 입장권을 '너무 일찍'부터 걱정하여, '지나치게 서둘러서' 사버렸다. 그 때문에 예약료를 치러야 했다. 시누이는 부랴부랴 보석상에 뛰어들어 '서둘러서 한시도 지체할 수 없는'것처럼 장식품을 사는 데 돈을 써버렸다.

우리가 '너무나 일찍', '서둘러서'라는 이 강조점을 꿈의 유인인 자기보다 불과 석 달 아래인 여자 친구가 이제 유능한 남편을 가지게 되었다는 뉴스와 시누이에 대해 '그렇게 서두른다는 것은 어이없는 일이다.'라는 경멸적 비평을 연결시키면 꿈의 잠재의식은 저절로 다음과 같이 구성되어 떠오른다. 현재몽은 잠재의식이 짓궂게 왜곡된 대리물이라는 것을 알게 될 것이다.

'그렇게 서둘러서 결혼한 나는 어쩌면 그렇게도 바보였을까요. 그 증거로 엘리제를 보세요. 나도 훨씬 나중에 결혼할 수도 있었을 텐데 (서둘렀다는 뜻은, 그녀가 입장권을 살 때 서두르는 꼴과, 시누이가 장식품을 살 때 설치는 모습에 의해서 그려지고 있다. 결혼의 대리물로서 연극 구경이 그려져 있다).''

이것이 꿈의 주요 사상이었던 것이다. 그다지 확실히 단정할 수는 없으나, 우리는 계속해도 좋을 것이다. (확실하지 않다는 것은 이런 대목의 분석은 꿈을 꾼 부인의 진술을 무시해서는 안 되기 때문이다.) 그리고, '그만한 돈이 있으면, 이보다 백 배나 훌륭한 물건을 살 수 있었을 텐데. (150플로린은 1플로린 50크로이처의 백 배다.)' 만일 이 돈을 지참금으로 대치한다면, 남편을 지참금으로 살 수 있다는 의미도 된다.

장식품과 C급 좌석은 남편의 대리물이 되어 있는 듯한데 우리의 지식은 거기까지 미치지 못한다. 우리는 이 꿈이 현재의 남편에 대한 '경멸'과 너무 서둘러서 일찍 '결혼한' 후회를 나타내고 있다고 추측했을 뿐이다.

우리는 이 최초의 꿈 해석의 결과에 만족하기는커녕 그 결과에 오히려 적잖이 놀랐으며 이 결과 때문에 우리의 머리는 혼란되었다는 것이 나의 판단이다. 여태까지 얻은 것보다 많은, 도저히 감당할 수 없는 지식이 일시에 우리들에게 밀어닥쳤다. 나는 이미 꿈의 해석이 가르쳐주는 바는 끝이 없다고 말한 적이 있다. 확실히 새로운 지식이라고 할 수 없는 것만을 여기서 설명하기로 한다.

첫째, 잠재의식에서는 너무 서두른다는 요소가 특히 강조되어 있는데 현재몽에서는 이에 대한 요소가 아무것도 발견되지 않는다는 점이 주목할 만하다. 만일 분석을 하지 않았더라면 이 '서두르다'라는 인자가 어떤 역할을 하고 있는지 예상도 할 수 없을 것이다. 그러므로 주요점, 즉 무의식적인 사상의 중심은 결국 현재몽에 모습을 나타내지 않을 수도 있다. 이 때문에 꿈 전체의 인상이 완전히 바뀌어버릴 것이 틀림없다.

둘째, 꿈 속에서는 1플로린 50크로이처에 석 장이라는 불합리한 요소가 나타났다. 우리는 '(그렇게 빨리 결혼한 것은) 바보짓이었다.'는 문구를 꿈의 요소에서 간파했다. '바보짓이었다'라는 관념이 이 꿈 속에 하나의 불합리한 요소를 끌어넣음으로써 나타난 것이라고 결론지을 수 없을까?

셋째, 현재요소와 잠재요소 사이의 관계는 결코 단순한 것이 아니다. 그러므로 현재요소가 잠재요소를 대리하고 있는 것이 아님은 둘을 비교해보면 알 수 있다. 도리어 이 관계는 어떤 현재요소는 복수(複數)의 잠재요소에 의해 대치되듯이 양군(兩群) 사이의 집단관계가 되지 않으면 안 된다.

마지막으로 이 꿈의 의미와 이 꿈을 꾼 부인의 자기 꿈에 대한 태도에 대해서 우리는 더 놀라운 말을 해두지 않으면 안 되겠다. 그녀는 이 꿈의 해석을 인정했지만 그녀 자신이 해석에 은근히 놀라버린 것이다. 그녀는 자기 남편을 그렇게 경멸하고 있었다는 것을 의식하지 못했고 왜 자기 남편을 그렇게까지 경멸해야 되는지도 몰랐다. 그러므로 여기에는 충분히 납득할 수 없는 점이 아직도 있다. 우리는 아직 꿈의 해석에 대한 준비가 덜 되어 있다. 그러니 우리는 더한층 지도를 받아 준비하지 않으면 안 된다고 생각한다.

여덟 번째 강의

어린이의 꿈

너무 빨리 나아간 듯하므로 약간 되돌아가기로 한다. 지난 번에 우리가 제창한 기법을 사용해서 꿈의 왜곡이라는 의문을 정신분석의 기법으로 정복하려고 한 실험을 시도하기 전에 여러분에게 왜곡이 없는 꿈이라든가 설령 왜곡이 있더라도 아주 작게 나타나 꿈만에 범위를 한정해서 당분간은 그 난관을 피하는 것이 좋다고 말한 적이 있었다. 이 길을 가면 우리들의 인식(認識)의 발전, 즉 정신분석의 발달사에서 벗어나게 된다. 왜냐하면 실제로 꿈의 해석법을 철저하게 적용하여 왜곡된 꿈의 분석에 성공해서야 비로소 우리는 그와 같은 왜곡되기 전의 꿈의 존재를 깨달았기 때문이다.

우리가 지금 구하고 있는 이 왜곡되지 않은 꿈은 어린아이에게서 발견할 수 있다. 어린아이의 꿈은 짧고 선명하고 이론이 정연하여 알기 쉬운데다가 모호한 데가 없을 뿐더러 뚜렷하다. 그러나 어린아이의 꿈이 다 이와 같은 것이라고 생각해서는 안 된다. 꿈의 왜곡은 어린 시절의 매우 이른 시기에 나타나는 것으로 다섯 살부터 여덟 살까지의 어린아이의 꿈에 벌써 후일의 꿈의 특색이 모두 포함되어 있었다는 예가 보고되고 있다. 만일 정신활동이 눈에 띄기 시작하는 나이에서 사오 세까지의 시기로 한정한다면, 유치형(幼稚型)이라고 할 특색을 갖춘 많은 꿈을 발견할 것이다. 그리고 이후의 소아(小兒) 시절에도 같은 종류의 꿈이 약간 발견될 것이다. 그리고 또 어른도 어떤 조건 아래서는 전형적인 유치형 꿈과 비슷한 꿈을 꾼다.

이런 어린아이의 꿈에서 우리는 매우 쉽고 확실하게 꿈의 본질에 대한 결론을 끌어낼 수 있다. 그리고 이 결론이 모든 꿈에 골고루 적용되는 것이 증명되기를 기대한다.

1. 어린아이의 꿈을 이해하기 위해서는 분석이 필요없고, 또 우리의 기법을 이용할 필요도 없다. 자기 꿈을 이야기하는 어린아이에게 질문할 필요도 없다. 그러나 그 아이의 생활에 대해서 조금이나마 이야기를 들어야 한다. 꿈을 설명하는 것은 언제나 그 전날의 체험이다. 꿈이라는 것은 전날 체험에 대한 수면 중의 정신생활의 반응이다.

어린아이의 꿈에서 한 걸음 나아간 결론을 얻기 위해 두세 가지 예를 들어보자.

(a) 생후 22개월이 된 남자아이가, 축하 인사로 버찌 한 바구니를 남에게 선사하라는 말을 들었다. 가족들이 그 중에서 조금은 네게 주마고 약속했으나, 어린아이는 아주 시무룩해졌다. 다음날 아침, 어린아이는 "헤르만(He'r'man은, 헤르만이라는 인명 이외에 '그 사람'이라는 뜻이 있다.)이 버찌를 다 먹어버렸어." 하고 꿈 이야기를 했다(프로이트 조카의 꿈이며, 프로이트의 생일에 있었던 일이다.).

(b) 3년 3개월째 되는 여자아이가 생전 처음으로 호수에서 보트를 타게 되었다. 물가에 닿았을 때, 아이는 보트에서 내리기가 싫다고 억지를 쓰며 큰소리로 울기 시작했다. 아이에게는 보트에 타고 있는 시각이 너무나 빨리 지나간 것처럼 생각되었다. 다음날 아침, "지난밤에 나는 호수를 건넜어." 하고 말했다. 우리는 "배에 타고 있던 시간이 어제보다 훨씬 길었다."고 보충해도 좋다.

(C) 5년 3개월 남자아이가, 할슈타트(오스트리아의 찰츠부르크 근방의 관광지)근교의 에셀튼 계곡의 소풍에 따라갔다. 어린아이는 할슈타트가 다하슈타인 산의 기슭에 있다는 말을 들은 적이 있었다. 그리고 이 산은, 어린아이의 호기심을 매우 돋구었다. 아우스제의 휴게소에서 본 다하슈타인 산의 조망은 참으로 아름다웠고 망원경으로 산꼭대기에 있는 지모니 산장까지도 똑똑히 볼 수 있었다. 어린아이는 몇 번이나 망원경으로 그 산장을 보려 했는데, 아이가 과연 산장을 아주 발견했는지 어떤지는 알 수 없었다. 소풍은 아이가 아주 들떠 즐거워하는 가운데 시작되었으며, 새로운 산이 보일 때마다, "저 산이 다하슈타인이야?" 하고 줄곧 물어댔다. 그런데 어른이 그 질문에 "아니."라고 대답할 때마다 어린아이는 차차 시무룩해지더니 마지막에는 입을 다물고 함께 폭포를 구

경하러 가자고 해도 얼마 안 되는 비탈길을 핑계를 대며 올라가기 싫어했다. 어른은 아이가 지쳐서 그런 줄만 알았는데 이튿날 아침 아이는 매우 즐거운 듯이 "어제 우리가 지모니 산장에 올라간 꿈을 꾸었어." 하고 말했다. 즉, 어린아이가 어른과 함께 소풍을 가고 싶어한 것은 지모니 산장에 갈 수 있다는 기대가 있었기 때문이다. 더 자세히 물어보니 아이는 전에 '꼭대기까지 여섯 시간이면 올라갈 수 있다.'는 말을 들은 적이 있었다는 것이다(위의 두 꿈은 1869년 여름, 프로이트 가족이 알프스에 여행했을 때, 3녀 안나와 차남 올리버가 꾼 꿈이다.).

이 세 개의 꿈은 우리가 바라는 것을 충분히 알려주고 있다.

2. 방금 말한 어린아이의 꿈에 의미가 없다고는 할 수 없다. 이런 꿈들은 '알기 쉽고, 충분히 근거가 있는 심리적 행위'이다. 내가 꿈에 관한 의학적 판단으로서 꿈은 마치 '음악을 모르는 사람이 열 손가락으로 피아노 건반을 두들기는 것과 같은 것'이라고 인용한 비유를 상기해주기 바란다. 여러분은 이 비유가 방금 말한 어린아이들의 꿈의 경우와 분명히 일치하지 않는다는 것을 깨달을 것이다. 그러나 성인이라면 같은 경우, 경련상의 반응밖에 나타내지 않는데 어린이는 잠든 동안 완벽한 심리활동을 나타낸다는 것은 너무나 이상한 일이 아닌가. 어린이가 어른보다 훨씬 깊은 잠을 잔다는 것은 믿을 만한 근거가 있다.

3. 이러한 꿈에는 꿈의 왜곡이 없었다. 그러므로 해석을 필요로 하지 않는다. 현재몽과 잠재몽이 일치하고 있다. 그러므로 '꿈의 왜곡은 꿈의 본질이 아닌 것이다.' 이런 말을 들으면 여러분은 마음의 무거운 짐을 벗게 될 것이다. 그러나 더 자세히 연구해보면 어린아이의 꿈에도 약간의 왜곡, 현재몽의 내용과 잠재사상 사이에 어느 정도의 차이가 있다는 것을 인정하지 않을 수 없게 된다.

4. 어린아이의 꿈은 아쉬운 기분이나 동경, 채우지 못한 소망 등이 남아 있는 전날의 체험에 대한 반응이다. '꿈은 이런 소망에 직접적이고 노골적인 충족을 시켜준다.' 그런데 여러분은 내외(內外)의 신체적 자극이 수면을 방해하는 것, 꿈을 자극하는 것으로서 어떤 역할을 하고 있다는 데 대해 우리가 앞에서 논한 것을 생각해주기 바란다. 우리는 육체적 자극의 이와 같은 역할에 대해서 아주 결정적인 사실을 알았지만 그와 같은 방법으로는 아주 적은 꿈밖에 설명하지 못했다.

이들 어린아이의 꿈으로는 이와 같은 육체적 자극이 작용했음을 나타내는 것은 없다. 이점에서 우리가 잘못되어 있다고는 도저히 생각할 수 없다. 왜냐하면, 방금 그 꿈들은 육체적 자극을 생각지 않더라도 완전히 이해할 수 있었고 전체를 꿰뚫어볼 수 있었기 때문이다. 그렇다고 꿈이 자극에서 생긴다는 주장을 버릴 필요는 없다. 문제가 되는 것은 다만, 왜 수면을 방해하는 육체적 자극 외에 수면을 방해하는 심리적 자극이 있다는 것을 처음부터 잊어버리고 있었느냐 하는 것이다. 우리는 이와 같은 자극에 의한 흥분이야말로 어른의 수면을 방해하는 최대의 원인이라는 것을 알고 있다. 이 심리적 흥분이 잠드는 데 필요한 정신상태, 즉 외계에 대한 관심을 철회시키는 방해를 한다. 그렇게 되면 어른의 경우는 되도록 생활을 계속하며 중단하지 않고 자기가 하고 있는 사물에 관해 일을 계속하고 싶어한다. 그러므로 잠들지 못한다. 이와같이 잠을 방해하는 심리적 자극은 어린이의 경우는 채워지지 않는 소망으로서 어린이는 이에 대해서 꿈을 통하여 반응하고 있는 셈이다.

5. 여기에서 우리는 가장 빠르게 꿈의 기능을 알게 된다. 꿈이 심리적 자극에 대한 반응이라면, 꿈은 이 심리적 자극을 처리(Erledigung)시켜주는 데 가치가 있다. 그 결과 자극은 제거되어 수면을 계속할 수 있는 것이다. 꿈에 의한 자극의 이러한 처리가 역학적으로 어떻게 이루어지는가를 우리는 아직 모르지만 이미 우리가 주장한 것처럼 꿈은 '수면의 방해자가 아니라——사람들은 꿈이 수면을 방해하는 것이라고 비난하고 있다——수면의 수호자이며 수면의 방해를 제거해주는 파수꾼'임을 이미 알고 있다. 꿈이라는 것이 없다면, 우리는 더 푹 잘 수 있을 것이라고 사람들은 말한다. 그러나 그것은 잘못이다. 우리가 어느 정도 숙면할 수 있는 것은 꿈의 덕분인 것이다. 마치 소음으로 우리를 깨우려고 하는 안면 방해자를 야경꾼이 쫓아버리기 위해서는 조금쯤 소리를 내는 것도 부득이한 것과 마찬가지로 꿈이 다소 잠을 방해하는 것은 어쩔 수 없는 일이다.

6. 소망이 꿈을 유발시키는 것(Traumerreger)이며, 이 소망의 충족이 꿈의 내용이라는 것은 실로 꿈의 중요한 성격의 하나이다. 꿈은 사상을 단지 표현하는 것이 아니라, 환각적인 체험의 형태로 충족시키

는 것으로서 나타난다는 것은 또한 언제나 볼 수 있는 꿈의 특징이다. '호수를 건너고 싶다.'는 것이 꿈을 일으킨 소망의 내용이다. 그런데 그 꿈 자체는, '나는 배로 호수를 건너고 있다.'는 내용이 되었다. 그러므로 잠재몽과 현재몽의 차이 즉, 잠재의식의 왜곡은 이와같이 어린이의 단순한 꿈 속에도 존재한다. 이 꿈 속에서도 '생각이 체험으로 대치되어 있다.'는 것이 바로 그것이다. 꿈을 해석할 때는 무엇보다 먼저 이 얼마 안 되는 변화까지 원상태로 되돌리지 않으면 안 된다. 방금 말한 것이, 어떤 꿈에도 해당되는 보편적인 성격임을 분명히 밝힐 수 있다면, 전에 보고한 꿈의 단편, '내 형이 상자 안에 들어 있다.'는 꿈은 '내 형은 생활을 긴축하고 있다'고 풀이할 것이 아니라, '내 형은 더 생활을 긴축해주면 좋겠다.', '내 형은 생활을 긴축하지 않으면 안 된다.'로 풀이해야 할 것이다. 방금 말한 꿈의 두 가지 보편적 성격 중에서도, 두 번째 성격이 첫 번째 성격보다 이의없이 인정될 가망이 분명히 많다. 우리가 철저하게 연구하면, 꿈을 일으키는 것은 언제나 하나의 소망이어야 한다는 것, 또 꿈을 일으키는 것은 근심이라든가 계획이라든가 비난일 수 없다는 것을 조금 더 음미한다면 알 수 있을 것이다. 그러나 꿈은 이 자극을 단순히 재현할 뿐 아니라 일종의 체험을 통하여 그 자극을 폐기하고, 제거하고, 해소시킨다는 다른 특성에는 아직도 언급하지 않았다.

7. 꿈의 이러한 성격과 관련하여 다시 한 번 꿈과 잘못을 비교해보자. 잘못에 있어서는 방해하는 의향과 방해받는 의향이 구별되며 잘못이란 이 두 가지 의향의 타협이라고 말했었다. 이와 같은 도식(圖式)은 꿈에도 적용된다. 꿈에서는 방해받는 의향이란 바로 잠자고자 하는 의향이다. 방해하는 의향은 심리적 자극, 즉 기어이 해소되기를 갈망하는 소망이라는 것이다. 왜냐하면 우리는 지금 수면을 방해하는 심리적 자극으로서의 소망밖에 모르기 때문이다. 여기서도 또한 꿈은 타협의 산물이다. 우리는 잠자코 있으나 꿈 속에서 소망이 처리되는 것을 체험한다. 우리의 소망은 채워지면서 동시에 잠은 계속된다. 즉, 둘 다 일부는 목적을 달성하고 일부는 버려지고 있다.

8. 매우 선명한 공상의 산물을 백일몽이라고 부르는 데서 꿈의 문제를 한 걸음 더 깊이 이해하는 길이 트인 것을 상기해주기 바란다. 백

일몽은 분명히 소망의 충족이며 우리가 잘 알고 있듯이 야심에 찬 소망이나 에로틱한 소망의 충족이다. 그러나 가령 그것이 생생하게 표상(表象)되었다 해도 생각 속에서뿐이지, 결코 환각적인 체험의 형태를 갖지 않는다. 즉 백일몽에는 꿈의 두 가지 주요 성격 가운데, 확실성이 희박하다는 성격은 존재하지만 또 하나의 성격, 즉 잠자고 있을 때 본다는 성격은 각성상태에서는 실현되지 않는 것이므로 각성몽에는 전혀 결여되어 있다. 그러므로 백일몽이라는 관용어는 소망의 충족이 꿈의 중요한 특징이라는 것을 암시하고 있다.

게다가 꿈 속의 경험은 수면 상태라는 조건 아래서만 가능해지는 변형된 표상(表象)이라 한다면, 즉 '밤에 보는 백일몽(nächtlich Tagtraum)'이라고 한다면, 꿈 형성의 과정이 밤중에 작용하는 자극을 제거하고 소망의 충족을 가져다줄 수 있다는 것은 금방 이해가 갈 것이다. 왜냐하면 백일몽은 소망의 충족과 결부된 활동이며 사람은 소망 충족을 위해서 백일몽에 잠기기 때문이다.

이 백일몽이라는 말뿐 아니라 다른 관용어에서도 같은 뜻을 볼 수 있다. '돼지는 도토리의 꿈을 꾸고, 거위는 옥수수의 꿈을 꾼다.' '닭은 무슨 꿈을 꾸나? 수수의 꿈을 꾸지.'라는 속담은 잘 알려져 있다. 이 속담의 주인공들은 어린아이와 동물로, 우리보다 훨씬 격을 낮춰 꿈의 내용이 어떤 욕구의 충족이라는 것을 주장하고 있다. 많은 표현, 이를테면 '꿈처럼 아름답다.'든가, '꿈에도 생각지 않았다.'든가, '그런 것은 엉뚱한 꿈에서도 상상조차 못 했다.'는 것은, 같은 뜻을 암시하고 있는 것 같다. 이러한 관용구들은 분명히 우리 견해를 지지하고 있다. 물론 악몽이라든가, 고통스러운 내용, 또는 아무렇지도 않은 내용을 담은 꿈도 있지만, 그러한 꿈은 꿈에 대한 관용구를 만드는 데까지는 이르지 않았던 것이다. 그야 사람들은 '악몽'이라고 말하지만, '악'이라는 것을 떼어버리고 단순히 꿈만을 다룬다면 순전히 소망 충족을 나타내고 있는 데 지나지 않는다. 돼지나 거위가 살해되는 꿈을 꾼다고 입증하는 속담 같은 것은 전혀 없으니까.

꿈의 소망 충족이라는 성격이 꿈의 연구자의 눈에 띄지 않았다는 것은 도저히 생각할 수 없다. 연구자들은 자주 이 특징에 주의를 했지만 아무도 이 성격을 보편적인 것으로 인정하지 못했던 것이다. 우리는 그들이 왜 이것을 알아채지 못했는가를 상상할 수 있으므로 나중에 이 문제를 규명해볼 예정이다.

이것은 그렇고, 여러분은 어린이의 꿈에 관한 연구에서 아무 힘도 안 들이고 얼마나 많은 것을 얻었는가를 생각해보기 바란다. 즉, 꿈의 기능은 수면의 파수꾼이라는 것, 꿈은 서로 심하게 갈등하는 두 의향에서 생긴다는 것, 그 중의 하나는 변하지 않는 것 즉 수면의 욕구이며, 또 하나는 심리적 자극을 채우고자 힘쓰는 요구라는 것, 꿈은 의미의 풍부한 심리적 행위라는 증명, 그리고 꿈의 두 가지 중요한 성격은 소망 충족과 환각적 체험이라는 것 등이다. 이런 것들에 정신을 빼앗겨서 우리는 정신분석을 연구하고 있다는 것을 자칫 잊어버릴 뻔했다. 꿈을 잘못과 결부시켜 연구한 이외에 우리는 정신분석 연구에 이렇다할 특징을 내세울 것이 없다. 정신분석의 가설을 아무것도 모르는 심리학자라도, 어린이의 꿈을 이와같이 설명할 수 있었을 것이다. 그런데도 왜 아무도 이 설명을 하지 않았을까?

어린이의 꿈 같은 형태의 꿈만이 꿈의 전부라면, 꿈의 문제는 이것으로 곧 해결되고 우리의 연구는 완성되었을 것이다. 그것뿐이라면 꿈을 꾼 사람에게 질문할 필요도 없거니와, '무의식'의 힘을 빌릴 필요도 없으며 자유연상에 의존할 필요도 없다. 그러나 지금부터 공공연하게 우리의 연구를 이 방향으로 진행시켜보고 싶다.

우리가 보편적으로 해당된다고 말한 꿈의 일반적 특징은 어떤 종류의 꿈, 한정된 수의 꿈에만 해당되는 데 지나지 않는다는 것은 몇 번이나 경험했다. 그러므로 어린아이의 꿈에서 추론(推論)된 그러한 보편적의 여러 성격이 과연 그렇게까지 널리 근거가 있는 것인지, 꿈의 현재 내용과 전날부터 남아 있는 소망과의 사이에 아무런 관계도 없는 선명치 않은 꿈에도 이러한 일반적 성격이 적용되는지가 문제이다. 이런 종류가 다른 꿈은 몹시 왜곡되어져 그 때문에 곧 판단을 내릴 수 없다는 것이 우리의 생각이다. 이와 같은 왜곡을 뚜렷이 밝히기 위해서 어린이의 꿈을 이해하는 데에는 필요치 않았던 정신분석적인 기법이 필요한 것이다.

어린아이의 꿈처럼 소망 충족이라는 것을 쉽게 인정할 수 있는 왜곡되지 않은 꿈이 조금은 있다. 심한 육체적 욕구, 이를테면 굶주림, 갈등, 성욕 등으로 일어나는 꿈이 평생을 통해서 나타난다. 이러한 꿈은 내적인 육체 자극에 대한 반응으로서 소망 충족을 목표하고 있다. 나는 19개월 되는 여자아이의 한 꿈을 기록해두었다. 이 아이는 자기 이름 밑에 적힌 메뉴(안나 F……딸기, 구즈베리, 오믈렛, 빵죽)의 꿈을 꾸었다. 아이의 꿈은 배탈이 났기 때문에 하루 식사를 못 한 공복의 반응으로 보여지며 더욱이 배탈이 난 원인이 꿈에 두 번 나온 과일(딸기와 구즈베리)이었다. 같은 무렵에 여자아이의 할머니도── 할머니의 나이와 여자아이의 나이를 합치면 꼭 70살이 되는데── 유주신(遊走腎)(콩팥의 고정조직이 풀려 이상한 위치로 이동하는 병) 때문에 하루를 굶어야 했다. 그날 밤 할머니는 어느 집에 초대받아, 눈앞에 산해 진미가 차려져 나온 꿈을 꾸었다. 굶주린 채 버림받은 죄수나, 여행과 탐험을 하다가 식량 부족으로 고생하는 사람들을 관찰하면, 이와 같은 조건 아래서의 인간이란 거의 틀림없이 식욕을 채우는 꿈을 꾼다는 것을 알 수 있다.

1904년에 출판된 오트 노르덴쇨드(Otto Nordenskjöld. 스웨덴의 지리학자, 극지 탐험가)의 《남극》이라는 책에 그와 함께 극지에서 겨울을 보낸 승무원의 얘기가 실려 있다.

"우리의 꿈은 마음속 깊이 숨어 있는 의식을 매우 뚜렷이 나타내고 있었다. 우리의 평생을 통해서 현재만큼 꿈이 생생하고 그 수가 많았던 적이 없었다. 평소에는 아주 드물게 꿈을 꾸는 승무원들조차 매일 아침이 되면 서로 공상세계에서 조금 전에 본 경험을 서로 긴 이야기로 들려주는 것이었다. 승무원의 꿈은 극지에서 멀리 떨어진 본국의 세계에 관한 것이었으며, 흔히 현재의 처지에 들어맞는 것이었다. ……그 중에서도 마시는 것과 먹는 것은 우리 꿈의 가장 중심이 되는 주제였다. 밤이면 반드시 성대한 오찬회에 갈 수 있는 것을 자랑으로 삼았던 어떤 승무원이 아침에 눈을 뜨고 '간밤에 나는 세 접시나 나오는 점심 식사를 했지.' 하고 동료들에게 보고할 때의 기뻐하는 모습은 이루 말할 수가 없었다. 어떤 승무원은 담배의 꿈, 산더미처럼 담배가 쌓인 꿈을 꾸었다. 또 어떤 승무원은 배가 돛을 높이 올리고 대양을 건너 극지를 향해서 오는 꿈을 꾸었다. 그리고 여기에 보고할 만한 가치있는 꿈이 있다. 우체부가 우편물을 들고 와서 어떤 까닭으로 이 우편이 이렇게 늦었는지 지리하게 설명해주었다. 우체부는 잘못 배달해 버려서 되찾는데 숱한 애를 먹었다고 말했다. 대개 수면 중에는 실제로 있을 듯하지 않은 꿈을 꾸는 법인데, 그러나 여기서는 내 자신의 꿈이거나 남에게서 들은 꿈이거나 거의 모두 공상이 결여되어 있는 점이 두드러지게 나타났다. 그런 꿈을 일일이 기록해두면 아마 심리학적으로 보면 크게 흥미가 있을 것이다. 우리가 못 견디도록 갖고 싶어 하는 것은 무엇이든지 꿈이 제공해주므로 우리가 얼마나 잠을 열망했는지 독자는 쉽게 짐작할 수 있을 줄 안다.”

다음은 듀 프렐(Du Prel)의 예.

“멍고 파크(Mungo Park, 1771~1806. 영국의 탐험가)가 아프리카 여행을 하다가 목이 말라 죽게 되었을 때 밤마다 물이 풍부한 고향의 골짜기며 푸른 평원의 꿈을 꾸었다. 마찬가지로, 마그데부르크(독일의 도시)의 보루에서 굶주림에 시달리던 트렌크(Trenck, 1726~1794. 오스트리아 군의 스파이. 독일, 프랑스 등지에 잠입하여 활약하다가 프랑스 혁명때 사형됨)는 자기가 성찬으로 둘러싸인 꿈을 꾸었으며, 프랭클린(John Franklin, 1786~1847, 영국의 탐험가)의 제1회 탐험대(1819~1822. 북아메리카 탐험)에 참가한 조지 백(George Back. 1796~1817. 영국의 탐험가)은 식량 부족 때문에 다 죽어가게 되었을 때, 밤마다 거의 빠짐없이 맛있는 음식을 먹는 꿈을 꾸었다.”

저녁 식사 때 짠 음식을 먹고 밤중에 목이 마른 사람은 무언가를 마시고 있는 꿈을 꾸는 수가 많다. 음식에의 강한 욕구가 꿈을 꾸었다고 해서 해소되지는 않는다. 이런 경우에는 목마름 때문에 꿈에서 깨어 실제로 물을 마시게 될 것이다. 그러므로 이 경우 꿈의 효용은 그다지 없으나 잠자는 사람을 깨워서 행동시키고자 하는 자극에 대해서 수면을 지키기 위해 꿈이 동원되었다고 생각하지 못할 것도 없다. 그런 욕구가 그다지 강한 것이 아닐 때는 소망 충족의 꿈에 의해 대개 이 욕구를 벗어날 수 있는 것이다.

마찬가지로 성적 자극을 받았을 때도 꿈으로 소망이 채워지는데 이런 종류의 꿈에는 특기할 만한 특징이 있다. 성욕은 굶주림이나 갈증에 비하면 대상에 의존하는 정도가 한층 낮기 때문에 그 욕망은 몽정(夢精)에 의해 실제로 채워진다. 또 대상과의 관계에 어떤 곤란이 있기 때문에——이에 대해서는 나중에 이야기할 것이다——선명하지 않고 왜곡된 꿈의 내용과 결부되어 실제로 성욕이 채워지는 수가 특히 많다. 몽정에 이와 같은 특색이 있는 것은 오토 랑크가 주목한 것처럼, 꿈의 왜곡을 연구하는 데 더없이 좋은 재료를 우리에게 제공해준다. 또 어른에게 나타나는 욕구 충족의 꿈은 욕구를 채우는 것 이외

132

에 순전히 심리적 자극원에서 나온 다른 것을 포함하고 있으므로 그 꿈을 이해하려면 마땅히 해석의 다른 힘을 빌지 않으면 안 된다.

또한 유치형(幼稚型)의 어른이 소망 충족의 꿈은 이른바 어쩔 수 없는 욕구(굶주림이나 목마름 등)에 대한 반응으로서만 나타난다고 주장하고 싶지는 않다. 이것과 마찬가지로 심리적 자극원에서 나오는 꿈도 있으며 어떤 지배적인 사항의 영향을 받아서 만들어진 이런 종류의 선명하고 짧은 꿈이 있다는 것도 우리는 알고 있다. 이를테면 무척 기다려지는 성급한 꿈이 있다. 여행이라든가, 특히 흥미있는 연극, 강연, 방문 등을 성급한 기대로서 기다리고 있을 때, 그 예상이 재빨리 꿈으로 실현되면서 전날 밤의 실제 체험에 앞서서 연극을 보고 있기도 하며 찾아간 집의 사람과 이야기를 하고 있는 수가 있다. 그리고 또 쾌적한 꿈이라고 부를 수 있는 꿈이 있다. 더 자고 싶어 못 견딜 때 꿈 속에서는 벌써 일어나서 얼굴을 씻기도 하고, 학교에 가 있기도 하는데, 현실에서는 아직 잠자고 있는 것이다. 즉 현실에서가 아니라 꿈 속에서 깨어나 있는 것이다. 우리가 꿈의 형성 속에 언제나 관여하고 있다는 것을 발견한, 그 잠자고자 하는 소망은 뚜렷이 이들 꿈에 나타나 있어서 이 소망은 꿈의 본질적 형성자(形成者 Traumbildner)로서 중요한 역할을 하고 있다. 수면 욕구는 바로 다른 커다란 육체적인 다른 욕구와 동렬에 속하는 것이다.

이 점과 관련해서, 나는 여러분에게 뮌헨의 샤크 화랑에 있는 슈빈트(Schwind, 1804~1871 오스트리아의 낭만파 화가)가 그린 명화의 복제품을 소개하기로 한다. 여러분은 그것을 보고, 꿈은 그때의 지배적 상황에서 만들어진다는 것을 그 화가가 정확하게 이해하고 있는 데 대해 아마 놀랄 것이다. 제목은 〈죄수의 꿈〉이라고 했다. 그 내용은 도망이다. 죄수가 창문으로 달아나려고 한다는 것은 좋은 착안이다. 왜냐하면 그 창문에서 광선의 자극이 들어의 죄수의 잠을 깨우려 하기 때문이다. 어깨에 올라서 있는 난쟁이들은 죄수가 창문까지 기어오를 때 차례로 취해야 하는 자세를 나타내고 있다. 그리고 내 생각이 틀리지 않고 또 이 화가에게 그렇게까지 작의(作意)를 강요하지 않는다면 창살을 톱으로 자르고 있는 맨 위의 난쟁이는, 죄수 자신이 하고 싶어하는 일을 행하고 있어서, 이 난쟁이야말로 죄수 자신의 모습일 것이다. (〈죄수의 꿈〉 그림 참조.)

어린이의 꿈과 유치형의 꿈에 속하지 않은 다른 꿈에는, 이미 말한 것처럼 모두 꿈의 왜곡이 있으므로 우리의 진행은 방해된다. 그 왜곡도 소망 충족이 아니냐고 추측하고 싶어지지만 이에 대해서는 아직 아무 말도 할 수 없다. 또 어떤 심리적 자극으로 왜곡된 꿈이 일어나는지는 현재내용(顯在內容)으로는 알 수 없다. 또, 왜곡이 있는 꿈은 자극을 제거하여 해소하려 하고 있다고 입증할 수도 없다. 왜곡은 해석되지 않으면 안 된다. 즉, 번역되어야 하는 것이다. 본디로 되돌려져야 한다. 현재내용을 잠재내용으로 대치하지 않으면 안 된다. 그 후에야 비로소 우리가 어린이의 꿈에서 발견한 것이 모든 꿈에도 똑같이 적용되는지를 판단할 수 있는 것이다.

아홉 번째 강의

꿈의 검열

어린아이의 꿈에 관한 연구로, 우리는 꿈의 발생과 본질 및 기능을 배웠다. '꿈이란, 수면을 방해하는 심리적 자극을 환각적인 충족으로 처리하는 일이다.' 우리는 어른의 꿈에서 출발하여 우리가 유치형 꿈이라고 이름지은 꿈의 일단만을 설명할 수 있었는데, 한편 다른 종류의 꿈은 어떤 것인지 아직 모를 뿐 아니라 이해하는 단계까지 이르지 않았다. 아까 우리는 하나의 결과를 얻었는데 그 의의를 결코 경시하고 싶지는 않다. 즉, 우리가 어떤 꿈을 완전히 이해할 수 있었을 때는, 언제나 그 꿈은 환각적인 소망 충족이라는 것을 알았다. 이것은 우연한 일치가 아니라 중요한 일이다.

다른 종류의 꿈에 대해서 이것저것 숙고하고 다시 잘못에 대한 해석과의 유사점을 참고로 하여 우리는 다음과 같이 가정한다. 즉 그와 같은 꿈은 어떤 미지의 내용이 왜곡된 내용물이며 이 꿈을 이해하려면 먼저 미지의 내용을 추구해야 한다는 것이다. 이 꿈의 왜곡을 연구하고 이해하는 것이 우리의 과제인 것이다.

꿈의 왜곡은 우리로 하여금 꿈을 기괴하고 이해하기 어렵게 여기도록 만드는 것이다. 우리는 그 왜곡에 대해서 많은 것을 알고 싶어하고 있다. 첫째, 왜곡은 무엇에서 기인(起因)하는가? 바꾸어 말하면 왜곡의 역학(力學)이다. 둘째, 왜곡은 무엇을 하고 있는가? 셋째, 그 왜곡은 어떻게 만들어지는가? 꿈의 왜곡은 꿈의 작업이 만들어낸 산물이라고 말할 수 있다. 꿈의 작업을 기술하고, 아울러 그 작업에 작용하는 힘을 살펴보고 싶다.

그러면 나로 하여금 다음과 같은 꿈을 이야기하게 해주기 바란다. 이 꿈은 정신분석의 동료로서 유명한 어느 여성이 보고한 것(박사 폰 후크 헬무트 여사가 '국제 정신 분석학 잡지' (제3권 1915년)에 보고)이며, 꿈을 꾼 사람은 남에게 존경받는 교양있는 노부인이다. 이 꿈은 분석되지 않았다. 이 꿈의 보고자는 이 꿈은 정신 분석가에게는 전혀 해석할 필요가 없는 것이라고 말하고 있다. 이 꿈을 꾼 부인 자신도 꿈을 해석하지는 않았으나, 비평을 하고는 마치 이 꿈이 무엇을 의미하는지 알고 있는 듯이 자기의 꿈에 대해서 '자나깨나, 자식 일로 머리가 가득 찬 쉰이나 먹은 여자가 이런 천하고 어이없는 꿈을 꾸다니.' 하고 불쾌해했기 때문이다.

그런데 그 꿈은 '사랑의 봉사'에 관한 꿈이었다.

"그녀는 제1육군 병원으로 갔다. 그리고 문에 서 있는 보초에게, '병원장(그녀는 미지의 이름을 댔다)님을 뵈려고 왔습니다. 면회하려는 뜻은 내 자신이 병원에서 무언가 봉사를 하고 싶어서 그럽니다.' 하고 말했다. 그녀는 이때 '봉사'라는 말을 강하게 발음했으므로 그 말을 들은 보초 하사관은 '사랑의 봉사'를 말하는구나, 하고 금방 깨달았다. 그녀가 나이를 먹었으므로 하사관은 조금 망설이다가 겨우 들어가게 해주었다. 그런데 그녀는 병원장실에는 가지 않고 어둠침침한 큰 방으로 들어갔다. 방 안에는 많은 장교와 군의관들이 긴 탁자를 둘러싸고 서 있거나 앉아 있었다. 그녀는 선임 군의관에게 자기의 용건을 말했다. 군의관은 짧은 말에서 그녀의 뜻을 금방 짐작해주었다. 꿈 속에서 그녀가 한 말은 '저뿐이 아닙니다. 빈에 살고 있는 주부들이나 처녀들은 결심하고 있어요. 장교건 병졸이건 누구든 상관없이 군인들을 위해…….' 그러자 꿈 속에서 소란한 웅성거림이 일어났다. 그녀가 한 말을 사람들이 옳게 이해해준 증거로 장교들은 이 말을 듣는 순간 당황한 듯 좀 놀리는 듯한 표정을 지었다. 여자는 계속해서 말한다. '우리의 결심을 아주 이상하게 여기시겠지만 우리는 진정으로 희망하고 있는 거예요. 싸움터에 나가시는 병사들은 목숨이 아깝다든가 아깝지 않다든가 말할 수는 없지 않겠어요.' 그리고 잠시 동안 숨막히는 침묵이 계속되었다. 선임 군의관은 그녀의 허리에 팔을 두르며 말한다. '부인, 사실 이렇게 말하는 마당에…….' (소음) 그녀는 어차피 모두 다 마찬가지다, 라고 생각하면서 남자의 팔을 풀었다.

그리고 입을 연다. '어머나, 저는 나이 먹은 여인입니다. 저에게는 그런 일이 적당치 않습니다. 한 가지 조건을 생각해봐야겠습니다. 나이라는 것을 생각해보면, 나이 먹은 여자와 젊은 청년이……(소음)아아, 망측한 일입니다.'——군의관은 '부인 말씀을 잘 알겠습니다.' 하고 말한다. 몇 사람의 장교들——그 가운데에는 처녀 시절 그녀에게 구혼했던 남자의 모습도 보였다——이 한꺼번에 와자하니 웃었다. 그리고 여자는 만사가 잘 처리되도록 자기가 아는 병원장에게 안내해달라고 애원한다. 그런데 여자는 자기가 그 병원장의 이름을 모른다는 것을 깨닫고 당황한다. 그럼에도 불구하고 선임 군의관은 그녀에게 아주 정중하게, 마침 그 방에서 똑바로 2층으로 나 있는 아주 좁으면서도 긴 철제 나선형 계단을 올라가서 2층으로 가도록 손가락으로 가리킨다. 층계를 올라가면서 그녀는 한 장교의 말소리를 듣는다. '참으로 훌륭한 결심이군. 젊건 늙었건 그건 거야 상관있나. 대견스런 마음씨를 가진 여자잖아.' 자기의 의무를 재빨리 완수하려는 감정으로 가득 차서, 여자는 무수한 계단을 올라간다."

꿈을 꾼 부인의 말을 들어보면——이것과 같은 꿈이 이삼 주일 동안에 두 번이나, 물론 군데군데 중요하지 않은 무의미한 대목은 바뀌었지만 대체로 비슷한 줄거리로 되풀이되었다고 한다.

이 꿈이 전개되는 순서는 낮에 떠오른 백일몽과 일치한다. 이 꿈에는 군데군데 타락된 부분이 있다. 그 내용에 포함되어 있는 개개의 자질구레한 점은 물어보면 분명해졌겠지만 알다시피 그것을 묻지 않았다. 그러나 더 뚜렷하고 우리의 흥미를 끄는 점은 꿈이 몇 군데서 탈락, 그것도 기억의 탈락이 아니라 내용의 탈락이 있다는 것이다. 말하자면 세 군데에서 꿈의 내용이 말살되어 있다. 탈락된 대화는 소란스러움으로 중단되어 있다. 우리는 아무 분석도 하지 않았으니 엄밀히 말하면 이 꿈의 뜻에 대해서 이러쿵저러쿵 말할 권리는 없다. 그러나 이 꿈에서 '사랑의 봉사'라는 말은 그 무엇을 짐작해도 좋은 암시가 된다. 더욱이 소란스러움의 바로 앞에 나타나 있는 중단된 회화 부분은 꼭 보충할 필요가 있다. 그 대목을 보충해보면 그 의미는 너무나 분명해진다. 삽입해 살펴보면 결국 꿈을 꾼 여자는 장교, 하사관, 병사의 애욕을 채워 주기 위해서 마치 애국심을 발휘하듯, 자기 몸을 바쳐도 좋다는 내용의 공상이 뚜렷해진다. 이것은 확실히 망측스럽고 파렴치한 성적 공상의 전형인데, 그 점은 이 꿈의 어디를 찾아보아도 나타나 있지 않다. 이야기의 순서로서, 이런 것을 고백해야 하는 바로 그 대목에서, 현재몽 속에서 마침 그때 이유를 알 수 없는 소란스러움이 일어나서 어떤 것이 말살되거나 혹은 억제되어버렸다.

말살된 대목에 나타나 있는 이 망측스러움이야말로, 그 부분을 억제하는 동기였다고 추측하는 것은 여러분도 당연히 인정할 것이다. 그러면 이와 같은 현상과 비슷한 일을 어디서 찾으면 좋다고 생각하는가? 현대에서는 굳이 먼곳을 찾을 필요가 없다. 시험적으로 아무 정치 신문이나 손에 들고 들여다보라. 신문의 군데군데에 원문이 삭제되고 그 자리는 백지인 채로 되어 있다. 이것이 신문 검열관의 작업이라는 것은 여러분도 알 것이다. 이 공백이 되어 있는 곳에는 검열 기관의 노여움을 산 일이 기재되어 있었던 것이다. 그것 때문에 거기가 삭제되었던 것이다. 아마 여러분은 백지를 바라보면서 유감스럽다고 생각할 것이 틀림없다. 왜냐하면 그 부분에 가장 흥미있는 '특종'이 실려 있었을 것이기 때문이다.

그 중에는 완성된 문장에 검열관이 간섭하지 않는 경우도 있다. 신문 기자는 미리 검열에 저촉될 것을 예상하고 그 부분을 부드럽게 만들어 검열에 걸리지 않게 하거나, 조금 수정하고, 어떤 때는 정말 쓰고 싶은 바를 막연히 암시하거나 넌지시 건드리는 정도로 만족한다. 그러므로 신문 지상에 공백은 없지만 문장에 어떤 함축이 있거나 내용이 흐린 데서 신문 기자가 미리 검열을 염두에 두고 있다는 것을 짐작하게 된다.

이 유사점을 염두에 두고 아까 그 꿈 속에서 말살되거나 소란스러움으로 감추어진 회화는 검열이 지운 것이라고 말할까 한다. 이처럼 꿈이 일부 왜곡되게 하는 것을 우리는 '꿈의 검열(Traumzensur)'이라고 부르고 싶다. 즉, 현재몽에 탈락이 있는 부분은 언제나 이 검열 탓인 것이다. 다시 말을 진행시켜서 뚜렷이 생각나는 어떤 꿈의 요소 속에 특별히 약하거나 흐릿하거나, 수상쩍은 경우에는 언제나 꿈의 검열관이 간섭한 대목이라고 인정해야 한다. 그러나 이 '사랑의 봉사'의 꿈의 예에서처럼 극히 드물지만 때로는 검열이 매우 공공연하게, 매우 노골적으로 나타나는 때가 있다. 그러나 대개의 경우는 위에서 말한 제2형의 검열 편이 많아 본디의 뜻을 약하게 만들거나, 둘러서 말하거나 암시하거나 한다. 꿈의 검열에 제3형에 대해서는 신문 검열의 세계에서 적절한 비교를 빌려올 수 없지만, 지금까지 분석한 꿈에서 이 제3의 형을 제시해보기로 한다. 여러분은 그 'C급석 입장권 석 장에 1플로린 50크로이처의 꿈'이 생각날 것이다. 이 꿈의 잠재사상에는 '서둘러서, 너무나 빨리'라는 요소가 눈에 띄었다. 즉, 그렇게 빨리 결혼한 것은 바보짓이었다, 그렇게 서둘러 입장권 걱정을 한 것은 바보짓이었다, 시누이가 장식품을 사려고 그렇게 서둘러 빨리 돈을 써버린 것은 바보짓이었다가 된다.

그러나 꿈의 사상의 중심적 요소는, 현재몽에 흔적도 나타나 있지 않다. 현재몽에서는 단지 연극 구경을 간다는 것과 입장권을 사는 것이 중심이 되어 있었다. 이와같이 강조점을 이행시키고 꿈의 내용 요소의 편성을 바꿈으로써 현재몽은 잠재사상과 비슷하지도 않은 것이 되어버리고 그 때문에 아무도 잠재사상이 현재몽 뒤에 있는 것을 짐작할 수 없게 된다. 이 강조점의 이행은 꿈에 왜곡을 일으키는 중요한 방법이며 이 이행으로 꿈은 기괴한 것이 되고 꿈을 꾼 당자조차도 자기가 만든 것인 줄 모르게 된다.

그러므로 이와같이 재료를 생략하고, 변형하고, 편성을 바꾸는 일이 꿈의 검열의 구실이며, 꿈에 왜곡을 일으키는 수단이다. 사실 꿈의 검열이야말로 꿈의 왜곡——그것을 우리는 지금 연구하고 있는 것이지만——을 일으키는 장본인, 아니 장본인의 한 사람인 것이다. 우리는 이런 변형과 편성 바꾸기를 '전위(轉位 Verschiebung)'라는 이름으로 총괄하고 있다.

꿈의 검열의 활동에 대해서 말했으니 지금부터는 검열의 역학(力學)으로 이야기를 돌리기로 한다. 여러분은 '검열관'이라고 해서 너무 의인화시켜 생각하여 엄격한 난쟁이나 정령(精靈)으로 상상하고 이 난쟁이나 정령이 뇌 속의 조그만 방에 살면서, 거기서 직무를 수행하고 있다고 생각하지 말기를 바란다. 혹은 또 너무 국재론적(局在論的)으로 생각하여 검열관은 '뇌중추'의 하나이며, 그 중추가 그런 검열 작용을 명령하고 있다든가, 그 중추가 장해를 받거나 제거되면 검열력이 금방 없어져버린다고 상상하지 않기를 바란다. 검열관이라는 술어는 단지 역학적인 관계를 나타내기 위해 편의상 붙인 술어에 지나지 않는다. 물론 검열이라는 말을 여러분이 듣고 어떤 의향에 의해서 그와 같이 검열력이 행사되는가, 또 어떤 의향에 대해서 검열력이 가해지는가, 하는 의문을 가져도 좋다. 하기야 훨씬 전에도 그렇게 말하지는 않았지만, 꿈의 검열에 대해 잠깐 언급한 적이 있다면 아마 여러분은 의외로 생각할 것이다.

실제로 그 이야기를 한 적이 있었다. 우리가 자유연상의 기법을 적용하기 시작했을 때 우리는 놀랄 만한 경험을 만난 적이 있음을 여러분도 기억할 것이다. 즉, 꿈의 요소에서 그 대용물인 무의식적인 요소에 도달하려고 했을 때, 하나의 '저항'에 부딪치고 있는 것을 느꼈다. 이 저항의 크기는 갖가지여서, 거대할 수도 있고 보잘것없는 크기일 수도 있다고 말했다. 저항이 보잘것없는 크기일 때는 해석의 작업은 다만 두세 개의 사슬만 지나면 충분했지만 저항이 클 때는 꿈의 요소에서 출발하여 긴 연상의 사슬을 더듬어 요소에서 멀리 떨어진 곳으로 끌려가서 떠오른 연상에 대한 비판적 반론으로서 나타나는 온갖 장애물을 극복하지 않으면 안 되었다. 해석 작업에 있어서 저항으로서 나타나는 것이야말로 꿈의 작업 속에서 우리가 검열이라고 부른 바로 그것이다. 해석할 때의 저항이란 꿈의 검열을 객체화(客體化)한 것에 지나지 않는다. 이것으로 검열의 힘은 꿈에 왜곡을 일으키기 위해 소모되며 그 이후에 사라져 없어지는 것이 아니라 왜곡을 끝까지 유지하는 의도를 가진 지속적인 제도로서 그 존재를 계속하고 있다는 것을 알 수 있다. 그리고 해석할 때 부딪치는 저항이 각 요소마다 크기가 다르듯이 검열에 의해서 야기된 왜곡은 하나의 꿈 속에서도 요소마다 각기 크기가 다르다. 현재몽과 잠재몽을 비교해보면 어떤 잠재요소는 완전히 말살되고, 어떤 요소는 다소 변형되며, 다른 요소는 변형되지 않고 아니 과장되어 꿈의 내용 속에 나타나 있음을 알 수 있다.

다음으로 우리가 연구하고자 하는 것은 어떤 의향이 다른 어떤 의향에 대해서 검열을 행하는가 하는 것이다. 우리가 분석한 꿈의 몇 가지 예를 보면 꿈을 이해하는 데 있어서나 인간 생활을 이해하는 데 있어서 매우 중요한 이 문제는 쉽게 이해할 수 있을 것이다. 검열을 하는 의향은 꿈을 꾼 사람이 잠에서 깼을 때의 판단으로 그 자신도 이 판단이 의향과 꼭 일치하고 있음을 자각함으로써 인정할 수 있는 것이다. 그리고 만일 여러분이 자기 꿈의 정확한 해석을 거부한다면 그 동기는 꿈의 검열이 실시되어 꿈의 왜곡이 생기고, 그로 인해 해석이 필요하게 되었던 그 동기와 동일한 것이라고 확신해도 좋다. 앞서 말한 50살 된 부인의 꿈을 생각해보라. 그 부인은 꿈을 해석해주지 않았는데도 망측하다고 느꼈다. 만일 폰 후크 여사가 다르게는 생각할 수도 없이 확실한 해석을 조금이라도 그 부인에게 이야기했더라면 부인은 더욱 분개했을 것이다. 그 부인의 꿈에서 가장 망측스러운 대목이 소음으로 전위(轉位)된 것은 부인 스스로 비난해야 할 것이라고 판단을 내렸기 때문일 것이다.

그런데 검열의 대상이 되는 의향들은 마음속에 있는 법정(法廷) 자체의 입장에서 설명이 되어야 한다. 이 의향은 어디까지나 비난할 만한 성질의 것이며, 윤리적·미적·사회적 견지에서 보아 온당치 않은, 누가 감히 생각해보려고도 하지 않거나 생각하는 것조차 혐오스러운 것이라고 할 수 있다. 특히 검열을 당하여 꿈 속에 왜곡되어 나타나는 소망은 방종스럽고, 체면도 없는 이기주의의 표현이다. 더욱이 꿈을 꾼 사람의 자아는 아주 꿈에나 나타나 있으며 가령 현재내용에서는 잘 감추어져 있더라도, 어느 꿈에서나 주역을 맡고 있다. 이 꿈의 '신성한 이기주의(sacro egoismo)'는 자려 하는 태도, 즉 외계 전체로부터 관심이 물러난 상태와 확실히 관계가 있다.

모든 윤리적 구속에서 해방된 자아는, 성본능(性本能)의 모든 요구와 일치하고 있다. 그러나 성본능이라는 것은 미적 교육(美的敎育)에 의해서 오랫동안 비난적 판단을 받고 있었던 것이고 도덕적인 금지령에 배치되고 있었던 것이다. 쾌감을 바라는 욕구──우리는 이것을 '리비도(Libido)'라고 부르고 있지만──는 그 대상을 자유로이 선택한다. 더욱이 리비도는 금지된 것을 즐겨 선택한다. 남의 아내뿐 아니라 인류의 도덕률에 의해 신성시되고 있는 대상, 남성에게는 어머니나 자매, 여성에게는 아버지나 형제(앞서의 쉰 살 부인의 꿈도 근친상간적인 내용이며 의심할 것도 없이 자기의 리비도를 자기의 아들에게 돌리고 있는 것이다)를 근친상간의 대상으로 선택하는 것이다. 인간

성과는 별 관계가 없다고 우리가 믿고 있는 이 정욕은 꿈을 일으키기에 충분한 힘을 갖고 있다는 것을 알고 있다. 그리고 또 증오도 제멋대로 광란하여 울분을 푼다. 혈연상 가장 가깝고 인생에서 가장 사랑하는 사람들, 즉 양친, 형제 자매, 부부, 심지어는 자식에 대해서까지 복수나 죽음의 소망을 품는 예가 결코 드물지 않다. 검열을 받는 이러한 소망은 정말 지옥 밑바닥에서 솟아오르는 듯이 보인다. 우리가 깨어 있을 때 그 의미를 해석한다면 어느 검열이나 절대로 지나치게 엄격하다는 소리는 못 할 것이다.

그러나 내용이 악에 넘친다고 해서 꿈 자체를 비난해서는 안 된다. 꿈은 무해한 기능, 아니 오히려 수면이 방해되지 않도록 하는 유익한 기능을 가졌다는 것을 여러분은 잊어버리지 않았을 것이다. 그런 내용의 흉악성은 꿈의 본질이 아니다. 여러분은 정당한 소망이나 절실한 육체적 욕구를 채우고 있다고 할 수 있는 꿈이 있음을 알고 있을 것이다. 이때는 물론 꿈의 왜곡은 생기지 않고, 또 왜곡을 만들 필요도 없다. 이런 꿈은 윤리적 및 미적 의향을 침해하지 않고도 그 기능을 다할 수 있다.

여러분은 또한 꿈의 왜곡이 두 가지 인자(因子)와 정비례한다는 것을 기억할 것이다. 즉 검열되는 소망이 혐오할 만한 것일수록 꿈의 왜곡은 그만큼 크고, 검열의 요구가 엄할수록 꿈의 왜곡은 더욱 크다. 그러므로 엄격한 가정에서 자란 수줍은 처녀에게 있어서는 우리들 의사는 온당하고 무해한 리비도적 소망이라고 인정하지 않을 수 없는, 그리고 처녀 자신도 10년쯤 세월이 지나면 우리와 마찬가지로 온당하다고 판단을 내릴 꿈의 충동조차 용서없이 검열에 의해 왜곡하고 마는 것이다.

꿈의 해석이라는 우리의 작업 결과에 분개하기에는 아직 이른 듯하다. 우리는 아직도 꿈을 올바로 이해하는 데까지도 도달하지 않았다고 믿지만 틀림없이 닥쳐올 비난과 공격은 막아야 할 의무가 있다. 해석의 결과에 트집을 잡는 것은 매우 쉽다. 우리의 꿈에 대한 해석은 이미 말한 것처럼 다음의 가설 위에 서 있다. 즉, 꿈에는 하나의 뜻이 있다는 것, 그때는 무의식적인 정신 과정의 존재를 최면법에 의한 최면에서 건강한 수면 상태로 전용(轉用)해도 상관없다는 것, 모든 연상은 결정되어 있다는 것 등 세 가설이다. 만일 이 가설 위에 서서 꿈에 관한 해석의 그럴 듯한 결과를 얻을 수 있다면, 이 가설은 옳은 것이었다는 결론을 내려도 좋을 것이다. 그런데 꿈의 해석 결과가 방금 말한 것 같은 것이라면 어떻게 되겠는가? 이때는 마땅히 이렇게 말할 것이다.

"이 결과는 생각할 수도 없는 신빙성이 없는 결론입니다. 그러므로 선생님의 가설에는 무언가 잘못된 점이 있었던 것입니다. 꿈은 결국 정신 현상이 아닌지도 모릅니다. 아니면 정상 상태에서는 무의식이라는 것이 없는지도 모릅니다. 혹은 정신분석 기법에 어딘가 결합이 있었던 것인지도 모릅니다. 선생님이 가설 위에 서서 발견했다고 큰소리치시는 그 기분나쁜 결론보다도 더욱 단순하고 만족할 만한 가정은 세울 수 없는 것입니까?"

더욱 단순하고 만족할 만한 가정이라는 말은 지당한 말이긴 해도, 그렇다고 해서 필연적으로 바르다고 말할 수는 없다. 우리에게는 시간이 좀더 필요하다. 단정을 내릴 만큼 조사가 진행되어 있지 않다. 무엇보다도 우리의 꿈의 해석에 대한 비판을 더 강화할 수 있다. 우리가 얻은 해석의 성과가 매우 불쾌하며 욕지기가 날 만큼 불쾌하다는 것은 그다지 중요하지 않다. 그보다는 꿈을 해석하여 이와 같은 소망이 꿈에 포함되어 있다고 말했을 때, 꿈을 꾼 본인이 애써 그럴 듯한 이유를 늘어놓고 내 결론을 부인하는 태도가 더 논할 가치가 있다.

어떤 사람은 이렇게 말한다.

"뭐라구요? 선생님은, 내가 누이의 지참금과 동생의 교육비로 쓴 돈을 지금도 원통하게 생각하고 있다는 것을 내 꿈에서 증명하려는 겁니까? 그런 일은 없습니다. 나는 오직 누이와 동생을 위해서 일했으니까요. 장남으로서 돌아가신 어머니께 맹세한 의무를 다하는 것 이외에 내 인생에서 즐거움은 없습니다."

또한 꿈을 꾼 한 여성은 이렇게 말한다.

"내가 남편이 죽기를 바라고 있다구요? 어쩌면! 터무니없는 얘기예요. 선생님은 내 말에는 아예 귀도 기울여주시지 않았지만, 우리의 결혼 생활은 정말 행복한걸요. 남편이 만일 죽기라도 한다면 이 세상에서 내가 가진 행복은 모두 잃어버리게 돼요."

또 어떤 사람은 우리에게 이렇게 반대할 것이다.

"내가 내 누이동생에게 성적 욕망을 느끼고 있다구요? 기가 차는 얘깁니다. 사실 난 누이동생에게 아무 흥미도 없어요. 누이동생과 나 사이는 매우 험악해서 말입니다. 몇 해 동안이나 벌써 말도 한 적이 없다구요."

자기들에게 있다고 지적된 의향을 그들이 시인하지 않거나 부정할 때, 그 사람의 말을 그대로 믿는 것은 속단이다. 그것이야말로 여러분이 자기 자신을 의식하고 있지 않는 것이라고 말할 수 있다. 그런데 우리가 해석한 소망과 정반대의 것을 그들이 마음속에 느끼고 있거나 또 그 반대의 소망이 그들의 마음을 대부분 차지하고 있다는 것을 평소의 행위로서 증명한다면, 우리 역시 당황하지 않을 수 없다. 연구의 결과가 불합리하게(ad absurdum) 되어버렸으니, 이제 우리는 꿈의 해석에 관한 연구 따위는 단념해야 하지 않겠는가?

아니, 아직 이르다. 우리가 비판적으로 논박하면 그 강경한 논증도 무너뜨릴 수 있다. 정신생활에는 무의식과 정반대의 것이 우세하다는 것을 증명했다고 해서 여러분의 증명력이 커졌다고는 말할 수 없다. 아마 정신생활 속에는 대립하는 경향, 서로 모순하는 것이 병존할 여지가 있는 모양이다. 실제로 한 충동이 우세하다는 것이야말로 그에 대립하는 활동이 무의식적으로 있는 조건이 되는 것이다. 그러므로 꿈의 해석 결과가 간단하지 않을 뿐더러 매우 불쾌하다는 사실에 가장 먼저 공격의 불꽃이 오르는 것이다.

이에 대해서 첫째로 반대해두고 싶은 것은 여러분이 그 결과를 간단히 하려고 아무리 애써봐야 간단함으로는 꿈의 문제를 하나도 해결할 수 없다는 것이다. 여러분은 먼저 꿈의 문제에는 복잡하기 짝이 없는 관계가 있다는 것을 분명히 인정해야 한다.

둘째로, 여러분이 느끼는 쾌(快)·불쾌(不快)의 감정을 과학적 판단의 동기로 삼는 것은 분명히 잘못이다. 대체 꿈에 관한 해석의 결과가 불쾌하거나, 얼굴이 붉어지는 느낌이 들거나, 혐오감을 일으키게 한다고 해서 그것이 어쨌다는 것인가? 내가 젊은 의사였을 때 은사 샤르코 선생이 지금과 같은 경우에, "Ca n'empeche pas d'exister. (그건 그래도 어쩔 수 없다)"고 말씀하시는 것을 들은 적이 있다. 이것은 이 세상의 현상을 알고자 한다면 겸허한 마음으로 자기의 공감과 반감을 깨끗이 묻어두어야 한다는 뜻이다. 만일 물리학자가 이 지구상의 생물은 조만간에 전멸할 운명에 있다고 증명했을 때 여러분은 그에게 덤벼들어 "그런 일은 있을 수 없다. 그 예측은 너무 불쾌하다." 하고 감히 반대할 것인가? 다른 물리학자가 나타나서, 그 가설이나 예상의 잘못을 증명해줄 때까지 여러분은 이러쿵저러쿵 말하지 않을 줄 안다, 여러분이 불쾌하다고 부인한다면 꿈을 형성하는 메커니즘을 이해하여 극복하기는커녕 그것을 되풀이하는 셈이 된다.

여러분은 검열을 받은 그와 같은 꿈의 소망이 갖고 있는 불쾌한 성격에서 얼굴을 돌리고 싶을 것이며 인간의 자질 속에서 악(惡)에게 그토록 큰 자리를 주어야 한다는 사실을 도무지 납득할 수 없다는 태도로 논의를 되풀이할 것이다. 그런데 여러분은 자신의 경험에 비추어 그런 말을 할 자격이 있는가? 여러분 자신의 참된 모습이 어떤 것인가에 대해서 나는 아무 말도 하고 싶지 않지만 여러분은 선배나 경쟁자에게 진심으로 따뜻한 호의를 느끼고 자기의 적에게 의협심을 발휘하며 여러분이 아는 사람을 조금도 시샘하지 않고, 인간 본성의 어딘가에 이기적인 악이 숨어 있다는 사실에 끝내 반대할 의무를 느낄 만큼 도덕적인가? 보통, 사람이 성생활 문제에 있어서 얼마나 자제력이 없으며 믿을 수 없는지 여러분은 모르는가? 지금 정신분석이 하고 있는 것은, 플라톤이 한 말로 "선인이란 악인이 현실에서 하고 있는 것을 꿈으로 보고 만족하는 사람이다."라는 옛 말을 입증하는 것과 다름없는 것이다.

한편 개인한테서 눈을 돌려, 지금도 여전히 유럽을 황폐시키고 있는 이 대전쟁(제1차
대전)을 바라보면 수없는 야만, 잔학, 또는 기만이 지금 문명국에 만연하고 있다는 것을 깨달을 것이다. 명령에 의해 움직이고 있는 그 많은 사람들이 모두 같은 죄를 범하고 있다고는 할 수 없으나, 한줌의 양심조차도 없는 야심가나 유혹자들이 사악한 정신을 만연시키는 데 성공했다고 여러분은 믿지 않는가? 이런 현상을 눈앞에 보는 여러분은 인간의 정신 구조에서 악을 추방하기 위해 기꺼이 칼을 들고 싸울 용기가 있는가?

여러분은, 내가 전쟁을 일방적으로 비판한다고 비난할 것이다. 여러분은 전쟁이 인류의 가장 아름다운 것, 가장 숭고한 것, 즉 영웅적인 용기, 희생 정신, 사회적 연대감을 크게 발현시키는 것이라고 말할지 모른다. 참으로 지당한 말씀이지만 여러분은 여기서 정신분석이 한 설을 주장하기 위해 다른 설을 부정한다고 부당하게도 흔히 정신분석을 곡해하는 자들에게 가담해서는 안 된다. 우리는 조금도 인간의 천성 속에 있는 고상한 성향을 부정할 생각은 없고, 또한 그 가치를 과소평가한 일도 없다. 아니 그 정반대이다. 나는 검열을 받는 꿈의 악한 소망을 여러분에게 보여주었을 뿐 아니라, 그 악을 억제하여 구별할 수 없게 만들고 있는 검열까지도 보여주지 않았던가? 인간의 내면에 있는 악에 관해서 우리가 상당히 길게 역설하는 까닭은 다른 사람들이 그것을 부인하기 때문이다. 그것을 부인함으로써 인간의 정신 생활은 물론 개선될 리 없으며 도리어 이해할 수도 없게 된다. 우리가 일방적인 윤리 평가를 버릴 때야말로, 인간성에 있어서의 선과 악의 관계에 대한 올바른 공식을 발견할 수 있을 것이다.

그러면 그렇다고 해두자. 꿈의 해석에 대한 우리의 연구성과가 이상한 느낌을 품지 않을 수 없다고 하더라도 굳이 버릴 것은 없다. 아마 나중에 우리는 다른 길을 지나서 더 꿈을 이해할 수 있게 되겠지만, 우선은 꿈의 왜곡이란 밤중에 잠잘 때 우리의 마음속에서 꿈틀거리는 어떤 좋지 않은 충동을 자아(自我)에 용인된 세 경향이 검열한 결과라고 단정해두기로 하자. 그러나 왜 이 비난받을 소망은 꼭 밤중에만 나타나는가, 또 그것은 어디서 오는 것인가, 이런 문제에는 다시 더 연구해야 할 많은 문제가 남아 있다.

그러나 우리가 지금, 이 연구의 다른 성과를 역설하지 않는다면 잘못을 저지르게 될 것이다. 우리의 수면을 방해하려고 하는 꿈의 소망은 아직 우리가 깨닫지 못하는 것이며 꿈의 해석으로 비로소 그 존재를 알 수 있을 것이다. 즉 우리의 말로 하면, 꿈의 소망은 ‘그때에는 무의식이었던 것’이라고 할 수 있다. 그런데 이 꿈의 소망은 그때 무의식 이상의 것이라고 말하지 않으면 안 된다. 많은 실례로 알았듯이, 꿈을 꾼 사람이 그 꿈의 해석에 의하여 소망의 실체를 알게 된 뒤에도 역시 그것을 부정하기 때문이다. 우리가 처음 ‘구토를 한다(aufstossen)’는 잘못 말하기를 해석했을 때, 연사 자신은 은사를 경멸하는 감정을 그때도, 그 전에도 의식한 적이 없다고 분개하면서 단정했는데 그것과 같은 사례가 꿈의 해석에서도 되풀이된다. 우리는 이미 그때, 그와 같은 단어의 가치를 의심하고, 이 연사는 자기 마음속에 있는 기분을 줄곧 깨닫지 못하고 있다는 가설을 세웠던 것이다. 그와 같은 반대의 소리는, 몹시 왜곡된 꿈의 해석에 있어서도 반드시 반복되므로 우리의 견해에 관하여 한층 중요한 의의를 가진다. 우리는 이제 와서는 정신생활에는 전혀 의식되지 않는, 매우 오랫동안 전혀 의식하지 못했던, 아니 아마 한 번도 의식하지 않았던 과정이나 의향이 있다고 가정할 수가 있다. 그러므로 '무의식'이라는 말은 하나의 새로운 뜻을 갖게 된다. '그때'라든가 '일시적'이라든가 하는 것은, 무의식의 본질에서 사라져버린다. 무의식이라는 말은 단순히 '그때 잠재해 있었다'는 뜻이 아니라, '영구히' 무의식적이라는 뜻을 갖게 된다. 그러나 이 무의식에 대해서는 후일 더 이야기하지 않으면 안 될 것이다.

열 번째 강의

꿈의 상징적 표현

우리는 꿈의 이해를 방해하는 꿈의 왜곡은, 무의식이 허락할 수 없다고 생각하는 소망에 대해 주어지는 검열 작용의 결과라는 점을 이해했다. 그러나 물론 우리는, 꿈의 검열이 꿈의 왜곡을 일으키는 유일한 인자(因子)라고 주장하지는 않았다. 사실 꿈을 더 연구해보면 이 검열 작용 이외에 다른 계기가 관여하고 있다는 것을 발견할 수 있다. 이것은 검열이 없어지더라도 꿈이라는 것은 역시 이해하기 어렵고, 꿈의 현재내용(顯在內容)이 그 잠재사상(潛在思想)과 같지 않다고 말하는 것과 같다.

우리의 정신분석 기법이 가진 어떤 결함에 주의한다면 꿈을 불투명하게 만드는 다른 계기, 즉 꿈의 왜곡을 일으키는 다른 요인을 발견할 수 있다. 피분석자가 꿈의 각 요소에 대해서 아무 연상도 하지 못하는 때가 있다고 앞에서 여러분에게 말한 적이 있다. 그러나 실제로 그런 예는 그리 많지 않다. 대개의 경우, 끈기있게 강요하면 결국 무엇이고 연상시킬 수가 있는데 전혀 떠오르지 않는 경우나 아무리 강요해도 우리가 기대하는 것을 얻을 수 없는 경우가 있다.

만일 정신분석의 치료중에 이런 일이 일어나면 거기에는 어떤 특수한 의의가 존재한다. (여기서는 이 의의에는 언급하지 않는다.) 그런데 그러한 일이 정상인의 꿈을 해석할 경우나 자기 자신의 꿈을 해석하는 경우에도 일어난다. 그런 경우, 아무리 초조해봐야 아무 소용이 없다는 것을 확인하면, 마침내 사람들은 이 바람직스럽지 않은 우발사(偶發事)가 꿈의 특정한 요소 사이에 언제나 나타난다는 것을 발견한다. 그리고 분석 기법이 실패하는 예외의 경우에 부닥쳤다고 생각될 때는, 무언가 새로운 법칙이 거기에 작용하고 있음을 깨닫기 시작한다.

그래서 우리는, 꿈이 이 '침묵하고 말하지 않는' 요소 자체를 해석하고 그 요소를 독특한 방법으로 번역해볼 기분이 된다. 만일 여러분이 내가 지금부터 번역하는 대리형성(代理形成)을 믿고 행한다면 납득할 만한 의미를 언제나 얻게 되지만 이 방법을 결행할 결심이 서지 않으면 꿈은 영원히 의미없는, 지리멸렬한 모습 그대로 나가는 동안에 우리는 처음에 주저하며 해본 시도에도 확고한 자신이 생기게 된다.

나는 이상의 모든 것을 좀 도식적으로 이야기할까 한다. 그러나 그것은 교수하기에 편리하기 때문이며 속이기 위해서가 아니라 간단히 하기 위해서다.

그렇게 하면, 사람들은 통속적인 해몽서(解夢書)와 대조하여 꿈에서 본 모든 일을 번역하듯이 꿈의 요소를 일정한 것으로 번역할 수 있다. 그러나 연상법(聯想法)으로는 꿈의 요소들이 결코 일정 불변한 것으로 대리(代理)되는 적이 없음을 잊어서는 안 된다.

그러면 여러분은 즉각 '해석의 이와 같은 방법은 자유연상에 의한 방법보다 훨씬 부정확하고, 난점이 많다'고 말할 것이다. 그러나 일률적으로 비난할 수는 없다. 왜냐하면 이와 같은 일정 불변할 대리물을 많이 모아보면 꿈 해석의 이 부분은 실제로 우리 자신의 지식으로 메꿀 수 있었던 것이라든가, 꿈을 꾼 사람의 연상을 빌지 않더라도 이 부분은 실제로 이해할 수 있었던 것이라고 나중에 말하고 싶어지기 때문이다. 그러면, 어디서 우리가 그 의미를 알게 되는가는 이 강의의 후반에서 설명하기로 한다.

꿈의 요소와 그 번역 사이의 이와 같은 일정 불변한 관계를 우리는 '상징' 관계라고 부른다. 즉 꿈의 요소 그 자체가 꿈의 무의식적인 사상의 상징이다. 앞에서, 내가 꿈의 요소와 그 본래의 것과의 관계를 연구할 때, 다음의 세 가지 관계, 즉 첫째는 전체를 부분으로 대리하는 관계, 둘째는 암시하는 관계, 셋째는 형상화하는 관계로 구별한 것을 기억하고 있을 것이다. 그때, 넷째의 관계가 있다는 것도 보고했으나, 이름은 붙이지 않았다. 이 넷째의 관계야말로 방금 소개한 상징인 것이다. 상징과 관련해서 매우 재미있는 논의를 다루어보자. 아마 상징은 꿈의 학설 중에서 가장 주목할 만한 장(章)일 것이다.

우선 먼저, 상징은 항상적(恒常的)·고정적 번역이므로 정신분석의 기법과는 관계가 멀지만, 어떤 점에서는 고대의 해몽이나 통속적인 꿈점의 이상(理想)을 어느 정도 실현시킨다. 꿈을 꾼 사람에게 아무런 질문을 하지 않더라도, 어떤 경우 상징에 빌려서 꿈을 해석할 수도 있다. (그리고 꿈을 꾼 사람이 상징을 대해서 아무런 지식을 갖고 있지 않아도 된다.) 일반적으로 사용되고 있는 꿈의 상징과, 거기에 덧붙여서 꿈을 꾼 사람의 인품, 그의 생활 환경, 꿈을 생기게 하는 계기가 되었던 인상 등을 안다면 우리는 꿈을 곧 해석하고 쉽게 번역할 수 있다. 이와 같은 기교는 꿈 해석자를 우쭐대게 하고 꿈을 꾼 사람을 감탄하게 할 것이 틀림없다. 꿈을 꾼 사람에게 일일이 질문을 퍼부어 나가는 그 귀찮은 방법에 비하면, 이런 일은 실로 얼마나 기분이 좋은지 모른다. 그러나 여러분은 그런 것으로 유혹되어서는 안 된다. 재주를 부리는 것이 우리의 목적이 아니다. 상징의 지식에 입각한 해석은 자유연상법에 대신될 수 있는 기법도 아니고 그에 필적하는 기법도 아니다. 즉, 상징은 자유연상의 보조(補助)이며 상징에서 끌어낸 결과는 자유연상과 병용했을 때만 비로소 유효해진다. 그러나 꿈을 꾼 사람의 심리상태를 알고 싶으면 여러분은 자기가 잘 알고 있는 사람의 꿈만을 해석의 대상으로 삼고 있지 않다는 것, 꿈을 일으키는 계기가 된 낮의 사건을 일반적으로 모르고 있다는 것, 피분석자의 연상이야말로 심리상태에 관한 지식을 제공한다는 점 등, 이 세 가지를 고려하는 편이 좋을 것이다.

그리고 꿈과 무의식 사이에 상징 관계가 있다는 문제에 대해서 심한 항의가 일어난 것은 놀랄 만한 일이지만 이것은 나중에 말하는 사항과 관련하여 주목해두기 바란다. 왜냐하면 지금까지 오랫동안 정신분석과 함께 걸어온, 판단력도 있고 명망도 있는 사람들조차 이 상징이라는 문제에 이르면 함께 걷기를 거부했기 때문이다. 그러나 첫째로 상징은 꿈에서만 볼 수 있는 것이 아니고 꿈의 특징도 아니다. 둘째로, 꿈에 나타나는 상징은 정신분석이 발견한 것이 아니라는 것 —— 그

150

외의 점에서는 정신분석에 눈부신 발견이 적지 않지만——을 아울러 생각하면 이 태도는 매우 기묘하다. 만일 꿈의 상징 표현이 근대에 와서 기원(起源)을 가진 것이라고 한다면, 꿈의 상징을 발견한 사람은 철학자 셰르너(K.A. Scherner 1861년)일 것이다. 정신분석은 셰르너의 발견을 입증하고 동시에 이 발견을 더 철저히 수정한 것이다.

　그런데 여러분은 꿈의 상징의 본질과 그 실례에 대해서 무언가 알고 싶을 것이다. 나는 기꺼이 내가 아는 것을 들려주고 싶지만 나의 지식은 유감스럽게도 그다지 깊다고 할 수 없음을 정직하게 고백한다.

　상징 관계의 본질은 비교대조(比較對照)이다. 그러나 이 대조는 아무것이나 상관없는 임의적인 것은 아니다. 이 대조에 어떤 특별한 조건이 있는 것은 아닐까 하는 생각이 드는데 그 조건이 무엇인지는 모른다. 어떤 대상이나 어떤 과정에 대조할 수 있는 것이 모두 꿈 속에서 상징화되어 나타나는 것은 아니다. 한편, 꿈은 아무것이나 임의의 것을 상징화하지 않고 단순히 꿈의 잠재사상의 어떤 특정한 요소만을 상징화하려고 한다. 바꾸어 말하면 이 두 방면의 제약(制約)이 있는 것이다. 아직은 상징의 정의를 똑똑히 말할 수 없으며 상징은 대리물이나 표현 등과 혼동되고 암시에 가깝기까지 하다고 고백하지 않을 수 없다. 어떤 종류의 상징에서는 그 밑바닥에 있는 대조가 똑똑히 떠올라 있을 때가 있으나, 다른 종류의 상징에서는 이 추정된 비교의 공통점, 즉 비교상의 제3의 입장(Tertiumcomparationis)을 어디에서 찾아야 하나 하는 의문이 솟아오를 때조차 있다. 이 경우 잘 생각해보면 그 비교를 발견할 수도 있다. 상징이 하나의 비교라면, 비교된 사물은 연상으로 끌어낼 수 없으며, 또 꿈을 꾼 사람은 이 비교를 깨닫지 못하고 알지도 못하면서 그 상징을 이용하고 있다는 것은 이상하며 꿈을 꾼 사람에게 비교된 사물을 들이대면, 그것을 인정하지 않으려 하는 것은 더욱 이상하다. 그러므로 상징 관계는 아주 특수한 비교이며 그 본질은 아직도 전혀 밝혀지지 않았다는 것을 알 수 있을 것이다. 그러나 더 연구를 진행시켜나가면 이 뚜렷하지 않은 부분도 밝혀질 것이다.

　꿈 속에서 상징적으로 나타나는 것은 그다지 많지 않다. 신체의 전부분, 부모, 자식, 형제, 자매, 분만, 죽음, 나체——이 밖에 또 하나 있다. 집은 전신을 묘사하는 유일한 전형적 즉 통례적인 것이다. 이것은 이미 셰르너도 인정한 것인데, 그는 이 상징에 부당하다고 여겨질 만큼 의의를 부여하고 지나치게 과장했다.

꿈 속에서 어떤 때는 쾌감에 차고 어떤 때는 공포에 사로잡혀서, 집 벽을 타고 내려오는 일이 흔히 있다. 벽이 아주 편편한 집이면 남자의 상징이고, 손으로 잡을 수 있는 툭 튀어나온 부분이나 발코니가 있으면 여성이다. 부모는 꿈 속에서 황제나 여왕, 임금이나 왕비, 그 밖의 높은 사람이 되어 나타난다. 이때의 꿈은 매우 경건하다. 자식이나 형제 자매는 꿈 속에서는 정답게 다루어지지 않는다. 즉, 조그만 동물이나 독충으로서 상징된다. 분만은 물에 뛰어들거나, 물 속에서 기어오르거나, 물 속에서 사람을 구하거나, 물 속에서 구조를 받거나 하는 식으로 항상 물과 관련되어 상징화된다. 즉, 어머니와 아이의 관계를 상징화하고 있다. 죽음은 꿈 속에서 여행을 떠나거나 철도 여행 등으로 나타난다. 죽음은 어둡고 무서운 암시로서 나타난다. 나체는 옷이나 제복으로 나타난다. 여러분은 여기서 상징적 묘사와 암시적 묘사의 한계가 애매하다는 것을 깨달을 것이다.

방금 하나씩 든 예가 빈약한 데 비하면, 다른 영역의 사물들이나 내용이 매우 풍부한 상징에 의하여 표현되는 데 여러분은 놀랄 것이다. 그것은 성생활 즉, 성기(性器), 성적 과정, 성교의 세계다. 꿈에 나타나는 매우 많은 상징은 성의 상징이다. 이 때문에 이상한 불균형이 생긴다. 왜냐하면 표현되는 내용은 얼마 안 되지만 그 내용을 나타내는 상징은 참으로 많아서, 그 결과 이러한 사물이 저마다 거의 가치가 비슷한 무수한 상징으로 표현되기 때문이다. 상징을 해석하면 그 결과는 일반 사람들의 감정을 해치게 된다. 즉 상징의 해석은 꿈의 표현의 다양성과는 대조적으로 매우 단조롭기 때문이다. 상징의 해석을 안 사람은 불쾌한 얼굴을 하지만 그것은 어쩔 수 없는 일이 아니겠는가?

이 강의에서 성생활에 관하여 언급하는 것은 처음이므로 이 기회에 이 주제를 어떻게 다룰 생각인지 여러분에게 한 마디 해둘 책임이 있다. 정신분석은 감추거나 간접적으로 암시할 필요가 없으며 이와 같이 중대한 연구를 조금도 부끄럽게 생각지 않고 성의 현상 일체를 그 확실한 이름으로 부르는 편이 오히려 정확하고 옳다고 생각한다.

그리고 그런 태도로 임하여 쓸데없는 부수적인 관념을 쉽사리 제거할 수 있다고 생각한다. 남녀가 섞인 청강자들에게 설명한다고 해서 조금도 그 태도를 바꿀 필요는 없다. 과학이라는 것은 적당하게(in usum delphini) 말해서는 안 되며, 또 숫처녀에게 이야기하듯이 설명해서도 안 된다. 이 강의에 출석한 이상, 남녀 동등하게 다루어지기를 바란다고 생각해도 무관할 것이다.

꿈에서는 남성 성기가 무수한 상징으로 나타난다. 그리고 그 대조 뒤에 있는 성의 공통점은 대개 매우 뚜렷하다. 남성 성기 전체는 특히 신성한 숫자 '3'으로 상징된다. 가장 눈에 띄고, 남녀 양성 중에서 가장 흥미 있는 부분, 즉 음경(陰莖)은 첫째로 그것과 모양이 비슷한 길고 돌출한 물건, 즉 지팡이, 양산, 막대기, 나무 등으로도 상징된다. 그리고 몸 속에 들어가서 손상을 주는 물건, 즉 나이프, 단도, 창, 칼과 같은 끝이 뾰족한 무기로 나타나고, 또한 화기(火器), 즉 소총, 피스톨, 음경과 매우 모양이 비슷한 연발식 권총 등으로도 나타난다. 처녀들이 꾸는 악몽에는 나이프나 총을 손에 든 사나이가 쫓아오는 장면이 흔히 있다. 이런 광경은 꿈의 상징으로서 아마 가장 잘 나타나는데, 여러분도 이런 예를 보면 이제 쉽게 해석할 수 있을 것이다. 또 음경이 물을 뿜는 것으로 상징되는 것도 곧 이해할 수 있을 것이다. 즉, 수도꼭지, 물뿌리개, 분수 등으로 나타난다. 길게 늘어나는 물건으로 매다는 등잔이나 샤프펜슬 등으로도 상징된다. 연필, 펜대, 손톱 다듬는 줄, 망치나 그 밖의 연장도 분명히 성적인 것의 상징이며 이런 것들은 이 기관(器官)의 통속적인 개념과 관련이 있다.

중력(重力)을 무릅쓰고 일어날 수 있는 음경의 놀라운 특징, 즉 발기(勃起)의 현상은 경기구(輕氣球), 비행기, 최근에는 체펠린 비행선 등의 상징으로 표현되기에 이르렀다. 그러나 꿈은 발기를 상징화하는 훨씬 인상 깊은 방법을 가지고 있다. 꿈은 음경을 인간의 본질적인 부분으로 생각하고 이것을 날아가는 것으로 나타낸다. 우리가 흔히 보는 멋있는 비행의 꿈은 일반적으로 성적 흥분의 꿈, 발기의 꿈으로 해석되어야 한다. 정신분석자 중에서 페데른(1903년경의 프로이트의 초기 제자)이 모든 의혹에 반대하여 이 해석이 올바르다는 것을 입증하였다. 페데른 이외의 사람을 찾는다면 냉정한 비판력으로 이름이 높고 팔이나 다리의 위치를 인공적으로 바꾸어 그 꿈의 실험을 한 모를리 볼트도 정신분석과는 실제로 거리가 있고 정신분석에 대해서는 거의 아무것도 알지 못했던 모양이나 연구의 결과 정신분석과 같은 결론에 도달했다. 여성도 남성처럼 비행하는 꿈을 꾸지 않느냐고 여러분은 항의할 것이다. 꿈은 소망 충족이라는 것, 여성에게는 남성이 되고 싶다는 소망이 의식적으로 혹은 무의식적으로 아주 흔히 있다는 것을 상기해주기 바란다. 여성도 이 소망을 남성과 같은 감각으로 충족할 수 있다는 점은 해부학의 전문가를 기다릴 것도 없다. 여성은 성기에 남성 것과 비슷한 조그만 음경을 갖고 있다. 이 조그만 음경인 음핵(陰核)은 어린아이 때나 성교 경험 전의 나이 때 남성의 큰 음경과 같은 역할을 한다.

어떤 종류의 파충류와 어류도 쉽게 이해되지 않겠지만 남성 성기의 상징이다. 특히 뱀은 아주 강한 남성의 상징이다. 모자와 외투가 성의 상징으로 사용되는 이유는 잘 알 수 없지만 이 상징적 뜻을 갖는다는 것은 명백하다. 마지막으로 남성 성기를 발이나 손 등의 신체 일부로 나타내는 것도 상징으로 풀이하면 되는가 하는 의문이 솟는다. 나는 전체적인 맥락에 의하여 여성 측의 대응물이 있는 경우에 상징으로 결론을 내리지 않으면 안 된다고 생각한다.

여성 성기는 가운데가 텅비었거나 속에 무언가를 넣을 수 있는 것을 특징으로 한 물건이 상징적으로 나타난다. 이를테면 구멍, 웅덩이, 동굴, 관(管), 병, 상자, 함, 트렁크, 통, 궤짝, 호주머니 등으로 상징된다. 배(船)도 이 범주에 들어간다. 여성의 상징은 대부분 성기보다 자궁과 관계 있는 일이 많다. 장롱이나 부뚜막, 특히 방은 그 대표적인 것이다. 방의 상징은 집의 상징과 결부되어 있는데 문이나 문간은 생식구(生殖口)의 상징이다. 또 목재나 종이 같은 원료도 여성의 상징이고 그런 원료로 만드는 물건, 이를테면 테이블이나 책도 여성의 상징이다. 동물 중에서 달팽이와 조개는 분명히 여성의 상징이라고 할 수 있다. 신체의 각 부분 중에서 입〔口〕은 생식구의 대표이며 건물 가운데서 교회와 사원은 여성의 상징이다. 물론 이런 상징들은 모두가 다 과연 그렇구나 하고 쉽게 이해할 수 있는 것은 아니다.

유방도 성기로 간주해야 하는데 그것은 여성의 큰 하반신과 마찬가지로 사과, 복숭아 등 일반적으로 과일에 의해 표현된다. 남녀의 음모

(陰毛)는 꿈 속에서는, 숲이나 풀숲으로 나타난다. 여성 음부의 복잡한 구조는 바위, 숲, 물 등이 있는 풍경으로 묘사되는 일이 많으며 한편 남성 성기의 당당한 메커니즘은 표현하기 어려울 만큼 복잡한 기계로 상징된다.

특히 말해두고 싶은 여성 성기의 상징은 보석 상자이다. 꿈 속에서도 보석이나 보물이 애인을 나타내는 데 사용된다. 훌륭한 식사는 흔히 성적 향락을 나타내는 일이 많다. 자기 성기로 만족을 얻는 것은 피아노의 연주를 포함한 여러 가지 종류의 연주로 암시된다. 자위(自慰)의 뛰어난 상징적 묘사는 미끄러지거나, 나무를 뽑거나 하는 일이다. 특히 놀라운 상징은 자위를 이가 빠진다든가 이를 뽑거나 함으로써 나타내는 일이다. 이것의 이유는 아마 자위에 대한 벌로서의 거세(去勢)를 뜻하는 것이 확실할 것이다. 성교의 특별한 묘사는 꿈 속에서 지금까지 말한 보고로 연상될 만큼 많지는 않다. 그러나 리드미컬한 활동, 이를테면 댄스, 승마, 등산 등이 이에 속하고 또 자동차에 치이는 등의 난폭한 행위의 경험도 성교를 나타낸다. 그리고 어떤 종류의 일, 예를 들면 앞에서 말한 무기에 의한 협박도 성교의 상징이다.

여러분은, 이런 상징들이 아주 단순하게 사용되고 번역되고 있다고 생각해서는 안 된다. 그때에는 모든 방면에서 우리의 기대를 배신하는 일이 나타난다. 일례를 들면, 여러분은 좀 믿기 어렵겠지만, 이와 같은 상징적인 묘사에서는 성별이 뚜렷하지 않을 때가 많다. 어떤 상징, 이를테면 어린아이는 남녀의 구별없이 성기 일반을 의미한다. 또 어떤 경우에는 남성의 상징이 여성 성기를 나타내는 데 사용되는 일도 있다. 이 점은 여러분이 인간의 성관념의 발달을 이해하기 전에는 알지 못할 것이다. 대개의 경우 상징이 이와같이 모호한 것은 외관뿐이며 그런 상징 중에서도 가장 뚜렷한 것, 즉 무기, 호주머니, 상자 같은 것은 결코 양성적(兩性的)으로 사용되지 않는다.

표현된 물건보다 상징 그 자체에 대해서 한 마디 언급해두고 싶다. 그리고 이 성적 상징의 대부분이 대체 어느 세계에서 오는가 이야기하고 아울러 조금 이해하기 어려운 공통성을 가진 상징을 고려하면서 두세 가지 덧붙여두고 싶다. 이런 모호한 상징은 모자, 일반적으로 머리에 쓰는 물건이다. 대개의 경우 모자는 남성을 뜻하지만 때로는 여성을 뜻하는 일도 있다. 마찬가지로 외투는 남성을 나타내지만, 언제나 반드시 성기와 관계있는 것은 아니다. 왜 그러한가 하는 의문이 여러분에게 솟을 것은 당연하다. 축 늘어진, 여성이 결코 매지 않는 넥타이는 분명히 남성의 상징이다. 흰 셔츠와 리넨은 일반적으로 여성의 상징이다. 이미 말한 것처럼 옷이나 제복은 나체나 인체를 나타낸다. 구두나 슬리퍼는 여성 성기를 나타낸다. 얼른 보기에 수수께끼 같지만 테이블과 목재는 이미 말한 것처럼 틀림없이 여성의 상징이며, 사다리, 언덕, 층계, 그리고 이를 올라가는 것은 확실히 성교의 상징이다. 잘 생각해보면 올라갈 때는 율동이 따르며, 높이 올라갈수록 흥분이 커져서 숨이 가빠지는 것도 역시 공통점으로서 우리의 주의를 끈다.

풍경이 여성 성기의 묘사라는 것은 이미 말했지만, 산과 바위는 음경의 상징이고, 마당은 흔히 여성 성기의 상징이다. 과일은 어린아이의 상징이 아니라 유방을 뜻한다. 야수(野獸)는 육욕에 고민하는 인간이나, 그 이상의 나쁜 본능이나 정열을 의미한다. 만발한 꽃은 여성 성기, 특히 처녀성을 나타낸다. 여러분은 꽃이 실제로 식물의 성기라는 것을 잊지 않았을 것이다.

이미 말한 것처럼 방은 상징이다. 이 상징은 더 확대될 수 있다. 이를테면 창문, 방의 출입구는 체공(體孔)을 의미하고 있다. 방문을 닫는 것, 방문을 여는 것도 상징이며 방문을 여는 열쇠는 확실히 남성의 상징이다.

이상이 꿈의 상징을 연구하는 데 있어서의 재료인데 이것만으로는 결코 충분하지 않다. 우리는 더욱 깊고 넓게 연구하지 않으면 안된다. 그러나 여러분에게는 이것만으로도 충분한데 여러분은 이에 실망했을 줄 안다. 여러분은,

"마치 성의 상징에 둘러싸여서 생활하고 있는 것 같군요. 나를 둘러싸고 있는 물건, 내가 입고 있는 옷, 내가 들고 있는 물건들이 모두 성의 상징이나 다름없다는 말씀입니까?"

하고 질문할 것이다. 여러분이 이상하게 생각하는 것도 당연하다. 그리고 여러분이 느끼는 최초의 의문은 다음과 같은 것일 것이다.

“꿈을 꾼 사람 자신이 전혀 가르쳐주지도 않고, 또 가르쳐주어도 극히 조금뿐인데, 선생님은 대체 어디서 그와 같은 상징의 뜻을 알게 되었습니까?”

나는 이에 대해서 이렇게 대답한다. 동화, 신화, 농담, 익살과 민간전승(民間傳承)인 풍속, 관습, 언어, 민요 그리고 시어(詩語), 속어 등이 여러 가지 자료를 제공한 원천이었다고. 동일한 상징이 도처에서 발견되고, 아무런 예비지식이 없더라도 이 분야의 도처에서 동일한 상징을 발견할 수 있다. 만일 이와 같은 원천을 일일이 더듬어본다면 꿈의 상징에 대응하는 것을 발견할 수 있으므로 우리의 해석이 옳다는 것을 인정하지 않을 수 없게 된다.

인체가 꿈 속에서 흔히 집의 상징으로 묘사된다는 세르너의 견해는 앞에서도 말한 바 있다. 이 상징을 확대하면 창문, 문, 문간은 체강(體腔)의 입구를 의미하게 된다. 집의 전면은 편편할 수도 있고, 발코니나 돌출물이 붙어 있을 때도 있다. 관용어에서도 같은 상징이 발견된다. 이를테면, 친한 사람에게 정답게 ‘altes Haus’(낡은 집이란 뜻. ‘야! 여보게’라고 부를 때 씀)하고 말을 건네어 인사하고, ‘einem eins aufs Dachlgeben’(‘사람의 머리를 친다’라는 뜻. Dachl은 Dachel이며 작은 지붕을 뜻함. 즉 ‘작은 지붕의 윗부분을 친다’이므로 신체가 집으로 표현된 셈)이라고 말한다. 해부학에서는 체강을 직접 ‘Leibespforten(육체의 문)’이라고 부르고 있다.

우리가 부모를 꿈 속에서 황제와 황후라든가 왕과 왕비로 발견하는 것은 청음에는 좀 뜻밖이다. 그러나 동화 속에서 같은 일이 발견된다. 많은 동화는 ‘옛날 옛적에 어느 곳에 임금님과 왕비님이 살았습니다.’로 시작되는데, 이것은 ‘옛날 옛적에 어버지와 어머니가 살았습니다.’ 하는 것과 마찬가지가 아닌가? 가정에서 우리는 자기 아들을 장난삼아 왕자라고 부르고, 장남을 황태자라고 부른다. 왕 자신은 자기를 국부(國父)라고 말한다. 우리는 어린아이를 농으로 ‘구더기’라고 부르고, 동정적(同情的)으로 ‘가엾은 구더기’라고 말한다.

다시 집의 상징으로 돌아가자. 꿈에서 집의 돌출부를 붙잡는 곳으로 이용하는데, 다 아는 속담으로 잘 발육된 유방을 가진 여성을 ‘Die hat etwas zum Anhalten.(저 여자는 잡을 곳을 가지고 있다)’고 말하는 것은 같은 상징이 아니겠는가? 이와 같은 경우에 속어로, ‘Die hat viel Holz vor dem Hause.(저 여자는 집 앞에 재목을 많이 갖고 있다)’

고 말하는 것은 재목을 여성, 혹은 어머니의 상징으로 보는 우리의 해석을 뒷받침해주고 있다.

재목에 대해서는 달리 또 할 말이 있다. 우리는 재목이 어째서 어머니나 여성을 나타내게 되었는지 모르지만, 비교언어학은 이에 도움이 될 것이다. 독일어로 재목을 나타내는 홀츠(Holz)는 그리스 어의 재료, 원료를 뜻하는 유레($\nu\lambda\eta$)와 같은 어원이라고 한다. 재료라는 보통 명사가 마침내 어떤 특수한 재료에만 쓰이게 되는 일은 결코 드물지 않다는 것을 이것으로 알 수 있다. 대서양에 마데이라(Madeira)라는 섬이 있다. 포르투갈 사람이 발견했을 때 이 이름을 붙였는데 이유는 발견 당시 도처에 수목이 무성했기 때문이다. 마데이라는 포르투갈 어로 재목이라는 뜻이다. 이 마데이라는 일반적으로 재료를 뜻하는 라틴 어의 마테리아(Materia)와 같다. 그런데 마테리아는 마터(Mater), 즉 어머니의 파생어이다. 재료로 물건이 만들어지는데, 그 재료는 물건으로 말하자면 어머니와 같은 관계에 있다. 재목으로 여성이나 어머니를 상징적으로 나타내는 것은, 이와 같은 오랜 관념의 유물인 것이다.

분만은 꿈 속에서 언제나 물과 관련하여 나타난다. 물에 뛰어들거나, 물에서 기어나오거나 하는 것은 아이를 낳거나, 태어나는 것을 뜻한다. 이 상징은 두 가지 점에서 발생학상의 진리에 입각해 있다는 것을 잊지 말아야 한다. 즉 첫째, 뭍에 사는 모든 포유동물과 인류의 조상은 수서동물(水棲動物)에서 진화했다. 그러나 이것은 너무나 오래된 사실이다. 둘째로, 모든 포유동물은 물론 인간도 생존의 제1기를 물 속, 즉 태아로서 모체의 양수(羊水) 속에서 보냈으며, 분만으로 물에서 나온 것이다. 꿈을 꾸는 사람이 이것을 알고 있다고 주장할 생각은 없다. 이와는 반대로 나는 꿈을 꾸는 사람은 그런 것을 알 필요가 없다는 의견을 가지고 있다. 꿈을 꾼 사람은 아마 어릴 때 들은 적이 있는 다른 것을 흐릿하게 기억하고 있을 것인데, 나는 그 기억이 상징 형성에 관여했다고 주장하고 싶지는 않다. 우리는 요람 속에서 황새가 아기를 데리고 왔다는 이야기를 듣곤 했었다. 그러면 대체 황새는 어디서 아기를 데리고 왔을까? 호수에서나 연못에서, 즉 물에서 데리고 온 것이다. 백작의 아들이었던 나의 환자 한 사람은, 어릴 때 이

158

이야기를 들었는데, 이 이야기를 들은 오후 홀연히 모습을 감춰버렸다. 가까스로 집안 사람들은 아이가 성의 연못가에 엎드려서 작은 얼굴을 수면에 대고 아기가 물 밑에서 나타나는가를 지켜보고 있는 것을 발견했다.

랑크가 비교 연구한, 영웅의 탄생에 관한 신화에서는——가장 오랜 것은 기원전 약 2800년의 아카데(바빌론 북부, 아카도라고도 한다.)의 자르곤 왕의 탄생이다——일단 물 속에 버려져 있는 것을 건져냈다는 것이 압도적인 주제가 되어 있다. 랑크는 탄생의 이 묘사가 꿈에서의 묘사와 같으며, 온 세계에서 행하여지고 있다는 것을 발견했다. 꿈 속에서 물 속의 사람을 건져올릴 때, 건진 사람은 자기 어머니거나 아니면 단순히 모성으로 간주된다. 신화에서는 아이를 물 속에서 건져내는 사람은 그 아이의 실모(實母)가 된다. 잘 알려진 토막 이야기에 이런 것이 있다. 영리한 유대인 남자아이가 "모세의 어머니가 누군 줄 아느냐?"라는 질문을 받자, 즉각 "공주님이지 뭐."라고 대답했다. "아니다, 공주님은 모세를 물에서 건져올렸을 뿐이다."라고 말하자, "공주님은 일부러 그런 말을 하고 있는 거야." 하고 대답했다. 이 토막 이야기는, 이 아이가 신화를 정확히 해석했다는 것을 증명하고 있다.

꿈 속에서 여행을 떠나는 것은 죽음을 의미한다. 마찬가지 일이 어린아이를 대하는 습관에도 있다. 어린아이가, 죽어서 모습이 보이지 않게 된 사람의 행방을 물으면, 어른들은 그 사람은 "여행을 떠났다." 고 말한다. 그러나 나는 여행을 떠난다는 꿈의 상징이 어린아이에 대한 이런 구실에서 왔다는 데에는 반대하고 싶다. 시인도 같은 상징을 사용하고 있지 않은가? 피안(彼岸)을 '한 번 발을 들여놓으면, 어느 나그네라도 다시 돌아올 수 없는 미지의 나라'라고 형용한다. 일상생활에서도 '죽음의 나그네 길'이라고 표현하고 있다. 고대의 의식에 밝은 사람은, 고대 이집트의 신앙에, '어둠의 나라로의 여행'이라는 죽음에 대한 관념이 얼마나 진지하게 믿어지고 있었나 알고 있을 것이다.

여행자에게 여행안내서인 《베데카》를 지니게 하듯, 죽음의 여행길로 떠나는 미라에게 주었던 《사자(死者)의 서(書)》가 지금도 많이 남아 있다. 묘지가 주택지에서 멀리 떨어진 곳에 만들어지고부터 사자의 '마지막 여행길'은 현실이 된 것이다.

이와 마찬가지로 성의 상징도 실은 꿈 속에만 나타나는 것이 아니다. 여러분은 여자를 얕잡아보고 'alte Schachtel(낡은 상자)'라고 부른 적이 있을 것이다. 그러나 이때 자기가 성기의 상징을 사용하고 있다고는 설마 깨닫지 못했을 것이다. 신약성서에는 '여자는 연약한 그릇이니라(〈베드로 전서〉 제3장 7절)'라는 문구가 있다. 구약성서에는 시에 가까운 문체로 성의 상징이 가득 표현되어 있는데, 그것은 반드시 올바르게 해석되어오고 있지는 않다.

이를테면 솔로몬의 《아가(雅歌)》 중의 성의 상징에 대한 주석에는 많은 엉뚱한 해석이 내려져 있다. * 후기의 히브리 문학에서는 여자를 집으로 묘사하고, 그 집의 문간을 생식구의 상징으로, 그것도 넓게 열려진 음문을 나타내고 있다. 남편은 신부의 처녀가 아니라는 것을 알았을 때 이미 '문은 열려 있었다.'고 호소한다. 테이블을 여성의 상징으로 하는 용법도 히브리 문학의 문헌에 나타나 있다. 아내는 자기 남편에 대해서, '나는 남편을 위해서 테이블을 정돈해놓았는데, 남편은 그것을 뒤엎어버렸다.'고 말한다. 남편이 테이블을 뒤집어엎은 뒤에 태어난 아이는 불구가 된다고 한다. 나는 이와 같은 연구를 브륜(체코에 있는 도시로 지금은 부르노라고 함)의 레바가 쓴 《성서 및 유대 율법에 나타난 성적 상징(Die sexual symbolik der Bibel und des Tamads)》에서 빌려왔다('성과학잡지(1914년)' 게재 논문).

꿈 속의 배(schiff : 船)도 여자를 뜻한다는 것을 우리는 어원학자들한테서 배웠다. 언어학자는 배, 즉 'schiff'의 어원은 흙으로 만든 항아리며, 또 배는 'Schaff(통)'와 같은 것이었음을 입증했다.

아궁이가 여성과 모체의 상징이라는 것은 그리스 신화에서 코린트 섬에 페리안도로스(코린트의 자칭 왕으로서 재위는 B.C.625~585)와 그의 아내 메리샤의 이야기가 보장해준다. 헤로도투스(그리스의 유명한 역사가)의 저서(《역사》 제5권 92)에 따르면, 폭군 페리안도로스는 자기가 무척 사랑하고 있었으나 질투 때문에 참살한 아내 메리샤의 망령을 불러내어 그녀 소식을 들었다는 것인데, 그때 죽은 아내는 어느 누구에게도 고백할 수 없는 사건('페리안도로스는 메리샤의 시체와 성교를 하고 있었다'는 말이 있다)을 감추기 위해서 페리안도로스가 싸늘한 아궁이에 자기 빵을 쑤셔넣었음을 상기시켜서, 자기라는 것을 알린 것이다. 프리드리히 S. 클라우스가 편집한 《안트로포피테이아(성 모랄의 발달사를 위한 민속학적 조사의 연구 연보임)》라는 책은 여러 민족의 성생활에 관한 모든 지식을 모은 귀중한 자료인데 그 속에 독일의 어느 시골에서 해산한 여자에 대해서 '그 여자의 아궁이는 망가졌다.'고 말한다고 씌어 있다. 불이 훨훨 타오르는 것과, 불에 관한 모든 일은 성의 상징과 밀접한 관계를 가지고 있다. 불길은 언제나 남성 성기의 상징이며, 불이 타는 곳, 즉 아궁이는 자궁이다.

왜 꿈 속의 경치가 자주 여성의 성기를 상징하는 데 사용되는 것일까, 하고 여러분은 아마 놀랐을 것이다. 그러나 여러분은 신화학자한테서 '어머니인 대지'가 고대의 관념과 제사에서 중요시되고 있다는 것, 경작이라는 개념은 이 상징으로 표현되어 있었다는 것을 배우게 될 것이다.

꿈 속의 방〔Zimmer〕이 여자를 나타낸다는 것은 독일어로 여자 (Frau) 대신 'Frauenzimmer(글자대로 옮기면 여자의 방을 뜻 하나, 여자를 낮추어 칭한 말)'라고 말하는 것을 상기해주기 바란다. 즉 인간은 일상생활의 직무로서 정해진 장소에 의해서 표현된다는 관용어의 사용법에서 나오는 모양이다(한국어의 '안'이 여 자를 가리키듯이). 마찬가지로 우리는 'Hohen Pforte(글자대로 옮기면 '높은' 문'으로 제왕에 해당됨)'라는 말을 사용하는 데 이것은 터키 황제와 그 통치를 의미한다. 고대 이집트의 군주 파라오(Pharao)라는 이름은 바로 '큰 안마당'이라는 뜻이다. (고대의 동양에서는 도시의 중문 사이에 있는 광장이 마치 그리스 로마 시대의 시장처럼 집회를 여는 장소였다.)

그러나 이런 추론(推論)은 너무 표현적이라고 생각된다. 방은 사람을 넣는 공간으로서 여성의 상징이 되었다고 말하는 편이 더 그럴 듯하다. 우리는 이미 이런 뜻에서 집을 알고 있다. 신화와 시문(詩文)에 있어서 도시, 성채, 거성(居城), 요새를 널리 여성의 상징으로 생각해도 좋다. 이 문제는 독일어를 쓰지도 않고 알지도 못하는 사람의 꿈으로도 쉽게 인정할 수 있다. 나는 요즈음 주로 외국인 환자를 치료하고 있는데, 그런 외국인의 꿈 속에서 방이——하기야 그 외국인의 국어에는 우리 말과 같은 표현, 즉 여성을 의미하는 'Frauenzimmer(여자의 방)'라는 표현은 없지만——여성의 상징이라는 것을 깨달았다.

꿈 연구가 슈버트가 이 1862년에 주장한 것처럼, 상징은 언어의 국경을 넘는다는 것을 나타내는 다른 증거가 있다. 그러나 내 환자는 독일어를 전혀 몰랐던 것이 아니므로 다른 나라에서 한 국어밖에 말할 줄 모르는 사람들의 예를 모을 수 있는 정신분석가에게 양자의 차이에 관한 연구를 맡기는 수밖에 없다.

남성 성기의 상징적 표현 중에서 우스갯소리, 속어, 또는 시적 관용어법 속에 되풀이되었고, 특히 고전 시인에 의해 반복되어 사용되지 않는 표현은 하나도 없다. 그러나 이와 같은 상징은 꿈 속에 나타나는 것만이 문제가 되는 것이 아니라, 아직도 내가 설명하지 않은 것, 이를테면 여러 가지 작업에 사용되는 연장, 그 중에서도 첫째 쟁기가 문제가 된다. 그러나 남성의 상징적 표현을 말하자면 이야기가 매우 여러 면에 걸쳐서 의론이 구구하므로 나는 시간을 낭비하지 않기 위해 이 영역에서 멀리하고 싶다. 잠깐, 이런 종류에 들어가지 않은 '3'이라는 숫자의 상징에 대해서 몇 가지 말하고 싶다.

3이라는 숫자가, 그 상징적 뜻(3위 1체)때문에 신성시되고 있는지 어떤지는 아직 단정짓지 않았지만, 아무튼 자연계에 존재하는 세 부분을 가진 것은 대개 이와 같은 상징적 의의에 입각해서 문장(紋章)이나 기장(記章)에 쓰여지고 있는 것은 확실한 것 같다. 세 잎 클로버는 그 대표이다. 세 개의 꽃잎을 가진 프랑스 백합이나 트리스켈레스(Triskeles, 중심에서 절반 굽은 다리가 셋 나와 있다.)——이것은 시칠리아 섬과 맨 섬(영국에 있는 섬)과 같이 매우 멀리 떨어져 있는 두 섬에서 기괴한 문장이 되어 있다——는 남성 성기의 도안화(圖案化)에 지나지 않는다고 한다.

고대에는 음경의 모형이 악마를 물리치는 강력한 부적(符籍——Apotropaea)으로 사용되었다. 이것과 관련하여, 행운을 가져다준다는 현대의 부적은 모든 첫눈에 성기, 또는 성적 상징임을 알 수 있다. 조그마한 은제 장식 모양의 이와 같은 수집물, 이를테면 네 잎 클로버, 돼지, 송이버섯, 말발굽, 사다리, 굴뚝 청소부 등을 보라. 네 잎 클로버는 상징에 적합한 세잎의 대신이다. 돼지는 고대에서부터 다산(多産)의 상징이었다. 팔루스 임푸디쿠스(Phallus impudicus)(글자의 뜻이 '외설스러운 음경')라는 분류명을 가진 송이버섯이 있는데, 이것은 그 모양이 음경과 잘못 알아볼 만큼 많이 닮았다. 말굽은 여성 성기의 윤곽과 비슷하다. 사다리를 들고 있는 굴뚝 청소부도 이 부류에 속한다. 왜냐하면 굴뚝 청소부는 통속적으로 말해서 성교에 비교할 수 있는 일을 하고 있기 때문이다(연보 《Authropophyteia》 참조). 꿈 속에서 사다리가 성적 상

162

징이라는 것을 아는 데에는, 독일어의 용어법이 참고가 된다. 독일어의 '올라가다(steigen)'는 분명히 성적인 뜻으로 사용되고 있다. 여자 뒤만 쫓아다니는 것을 'den Frauen nachsteigen(여자의 뒤에 올라가다)'라고 하며, 늙은 방탕자를 'ein alter Steiger(올라가는 늙은이)'라고 한다. 프랑스에서는 층계를 'la marche'라고 말하는데, 늙은 방탕자를 똑같이 'un vieux marcheur'라고 한다. 많은 큰 동물의 교미는 올라가는 것, 즉 암컷을 타는 것이라고 가정한다면 이 관계는 적어도 새삼스러운 것이 아닐 것이다.

자위의 상징적 묘사는 나무를 뽑는 것인데, 이것은 자위라는 행위의 속어적인 명명과 일치하고 있을 뿐 아니라 널리 신화에서도 비슷한 것을 볼 수 있다. 여기서 특히 주목할 만한 것은 자위, 아니 오히려 자위의 형벌로서의 거세(去勢)를 이가 빠지는 것, 이를 뽑는 것으로서 상징하는 일이다. 이 표현을 꿈을 꾸는 사람이 알고 있는 일은 극히 드물지만 민속학(民俗學)에서는 이와 대응하는 것을 찾아낼 수 있다. 많은 민족이 행하는 할례(割禮)는 거세와 상통하는 것이며 거세의 대신이라는 것을 나는 의심할 수 없는 것으로 생각한다. 최근의 보고에 의하면 오스트레일리아의 미개 종족은 성년식 때 할례를 행하는데 그 이웃에 있는 다른 종족은 할례 대신 이를 뽑는다.

이 정도로 견본적인 예를 드는 서술을 끝내고 싶다. 지금까지 이야기한 것은 극히 얼마 안 되는 예다. 우리는 이에 대해 더 많은 것을 알고 있다. 우리와 같은 딜레탕트들한테서가 아니라, 신화학·인류학·언어학·민속학의 전문가들이 제공한 이 방면의 수집이 얼마나 내용이 풍부하고 흥미있는지 여러분은 상상할 수 있을 것이다. 이상의 연구에서 우리는 두세 가지 결론을 얻었다. 그 결론은 충분한 것이라고는 할 수 없으나, 아무튼 여러 가지 문제를 우리에게 제공해주었다.

첫째, 꿈을 꾸는 사람은 깨어 있을 때는 알지도 못하며, 재인(再認)하지도 않는 상징을 그 꿈 속에서 자유롭게 표현하는 힘을 갖고 있다는 것을 알았다. 여러분이 고용한 하녀가 보헤미아의 시골 출신이어서 산스크리트 어를 배우지도 않았는데 그것을 알고 있다는 것을 발견한다면, 아마 크게 놀랄 것이다. 위에서 말한 것은 그와 마찬가지로 놀랄 만한 일이다. 우리의 심리학적 견해로 이 사실을 다 설명한다는 것은 쉽지 않다. 그러나 우리는 다음의 것만은 말할 수 있다. 즉, 상징의 지식은 꿈을 꾼 사람에게는 의식되지 않는 것이며 상징은 그 사람의 무의식적 정신 생활에 속한다고. 그러나 이 가정만으로는 부족하다. 여태까지 우리는 사람들이 일시적으로나 또는 영구히 깨닫지 못하는 무의식적인 의향이 있다고 부득이 가정하지 않을 수 없었는데 이제 이 문제는 확대된다. 무의식적인 지식, 즉 여러 가지 대상 사이에서 언제나 한편이 다른 편의 대리가 되는 사고 관계, 이른바 비교대조가 문제시된다. 이와 같은 비교대조는 그때마다 새로 만들어지는 것이 아니라, 이미 다 완성되어 있으므로 확고부동한 것으로 되어 있다. 인종을 달리하건 언어를 달리하건 일치하기 때문이다.

이와 같은 상징 관계의 지식은 어디에 원천을 두고 있는 것일까? 관용어법으로부터는 극히 일부분밖에 설명되지 않는다. 다른 부분에 갖가지 비슷한 현상이 있다는 것을 꿈을 꾼 사람은 대개 모르고 있다. 우리들도 처음에는 고생해서 가까스로 모으지 않으면 안 되었을 정도다.

둘째로, 이러한 상징 관계는 꿈을 꾼 사람 또는 상징 관계를 표현시키는 꿈의 작업에 한정된 것은 아니다. 우리는 같은 상징을 신화, 동화에서 이용하고, 민중은 그것을 속담이나 민요 속에 사용하고, 때로는 속어나 시적(詩的) 공상에도 쓰고 있는 것을 알았다. 상징의 세계는 참으로 넓다. 그리고 꿈의 상징은 그 세계의 조그마한 일부분에 지나지 않는다. 따라서 꿈에서 이 문제 전부를 규명하고자 한다는 것은 무모한 짓이다. 다른 부문에서 사용되고 있는 상징의 대부분은 꿈 속에 나타나지 않거나, 나타나더라도 극히 드물다. 한편, 꿈의 상징은 다른 모든 부문에서 발견되지 않고 여러분이 보았듯이, 여기저기 나타날 뿐이다. 여기에는 오래되어 소멸해버린 표현법이 있어 여러 가지 부문에 가지각색의 꼴로 살아 남아 있으니, 하나는 여기에만, 다른 것은 저기에만, 제3의 것은 조금 변형되어 약간의 부문에만 하는 식으로 남아 있다는 인상을 받는다. 여기서 나는 재미있는 한 정신병 환자의 공상을 생각하지 않을 수 없다. 이 사나이는 하나의 '기본어(Grundsprache)'를 공상했다. 그 기본어 속에서 이러한 상징 관계가 모두 유물(遺物)처럼 나타나 있었다.

셋째로, 우리의 주의를 끄는 것은 지금까지 말한 다른 부문에서는 상징이 성(性)의 상징에 한정되어 있지 않았는데, 꿈에서는 그 상징의 거의 모두가 성적인 사물이나 성적인 관계를 나타내는 데 사용되고 있다는 점이다. 이것도 설명이 쉽지 않다. 본디는 성적인 뜻을 가지고 있던 상징이 나중에는 다른 것에 사용되게 된 것일까? 그리고 또 상징적 표현이 약해져서 다른 종류의 표현으로 옮긴 것은 이것과 관계가 있는 것일까? 우리가 꿈의 상징에 범위를 한정하여 연구하고 있는 이상 이와 같은 문제에 분명히 대답할 수는 없다. 다만 올바른 상징과 성적인 것 사이에는 특히 밀접한 곤계가 있다는 추측만 굳게 지켜주면 된다.

최근 이 문제에 대해서 중요한 암시가 주어졌다. 스웨덴 업살라의 언어학자 슈페르버는 정신분석과는 관계없는 입장에서 성욕은 언어의 기원과 그 뒤의 발달에 최대의 역할을 했다는 학설을 발표했다.

그에 의하면, 최초의 음성은 전달하는 구실과 사랑의 상대를 불러내는 것을 목적으로 하고 있었다. 어근(語根)은 원시인의 노동과 더불어 발달되었다. 그 노동은 공동 작업이며 리드미컬하게 언어적 표현을 되풀이하면서 이루어졌다. 이때 성적인 관심은 노동으로 옮겨갔다. 원시인은 노동을 성활동과 같은 가치의 것, 성활동의 대리물로 다루어, 말하자면 노동을 유쾌한 것으로 삼았다. 이리하여 공동 작업을 할 때 지껄여지는 언어는 두 가지 뜻, 즉 성행위의 뜻과 그것과 같은 가치의 노동의 뜻을 가지게 되었다. 세월이 지남에 따라 이 말에서 성적인 뜻부터 떨어져 나와 노동에만 고착(固着)하게 되었다. 그 후의 세대에서도 같은 일이 일어났다. 즉, 처음엔 성적인 의미를 가지고 있던 신어(新語)에 대해서도 같은 일이 일어나고 다른 새로운 종류의 노동에 전용되었다. 이리하여 꽤 많은 어원(語源)이 만들어졌는데, 어느 것이나 성적인 것에서 유래하여 서서히 그 성적인 의미를 다른 것에 양도하게 되었다는 것이다.

만일 여기에 개요를 인용한 그의 의견이 옳다면 꿈의 상징성을 이해하는 가능성이 물론 열려진다. 어째서 이렇게 원시적인 사정을 가진 꿈에 성의 상징이 놀랄 만큼 많은가? 또 어째서 무기나 도구가 언제나 남성의 상징이며, 원료나 가공품이 여성의 상징인가, 하는 것을 이것으로 이해할 수 있을 것이다. 상징 관계는 옛날에 단어가 같았다는 것의 유물이라고 해도 좋다. 일찍이 성기와 같이 불려진 것이 지금은 꿈 속에서 성기의 상징이 되어 나타나는 것인지도 모른다.

꿈의 상징적 표현에 대응하는 것에서, 여러분은 정신분석의 성격을 평가할 수 있을 것이다. 이 특징이야말로 정신분석을 심리학도 정신의학도 아직 도달하지 못하는 일반적인 관심의 대상으로 만드는 것이다. 정신분석적 연구서는 다른 모든 정신과학과 관계를 가지고 있다. 그리고 이 연구는 언어학, 신화학, 민속학, 민족심리학, 종교학 등에서 매우 가치있는 정신분석의 토양 위에 하나의 잡지가 성장해온 것을 여러분도 알 것이다. 1912년에 창간되어 한스 작스와 오토 랑크가 주관하고 있는 '이마고(Imago)'라는 잡지는, 이러한 정신분석과 여러 과학과의 사이의 관계를 취급하는 것을 주된 과제로 삼고 있다. 이런 관계에 있어서는 정신분석의 기묘한 성과가 다른 학문의 영역에서 재확인되었다는 점에서는 정신분석이 여러분의 신뢰감을 깊게 한 이점을 얻었지만, 전체로 보아 기술상의 방법과 착암점을 제공한 것은 실로 정신분석 쪽이다. 그리고 다른 학문의 영역에서 그것을 응용하면 수확이 많다는 것을 알았다. 개개인의 심리적 활동은 정신분석으로 설명되는데 그 설명으로 우리는 집단 생활의 많은 수수께끼를 풀고 다시 그러한 문제들을 거짓없는 안목으로 바라볼 수 있는 것이다.

우리는, 어떤 조건 아래라면 방금 가정한 그 '기본어'를 더 깊이 통찰할 수 있는가, 또 어떤 영역에서 원시언어의 다수가 지금도 보존되어 있는가 하는 것은 아직 한 번도 이야기하지 않았다. 여러분이 이 문제를 모르는 한, 이 주제의 의의는 평가할 수 없다. 이 영역은 노이로제학의 세계이다. 노이로제 환자가 나타내는 증상이나 표현이야말로 그 자료의 보고(寶庫)이다. 노이로제 환자를 연구하고 치료하기 위해서 정신분석이 만들어진 것이다.

넷째 견지는, 우리의 첫 출발점으로 돌아가서 목표하는 길을 더듬는 것이다. 설혹 검열이 없더라도 꿈은 역시 이해하기 어려운 것이라는 것을 앞에서도 말했다. 그 까닭은 우리는 꿈의 상징언어(象徵言語)를 깨어 있을 때의 사고언어(思考言語)로 풀이해야 하기 때문이다. 이를테면 상징성의 꿈의 검열과 나란히 꿈의 왜곡을 만드는 제2의 독립된 계기이다. 그러나 상징의 이용이 꿈의 검열에 매우 편리하다고 가정하는 것은 극히 자연스런 일이다. 왜냐하면 상징이 검열과 같은 목적, 즉 꿈을 기괴하게 만들고 이해하기 어렵게 만드는 데 도움이 되고 있기 때문이다.

꿈을 더 연구하는 동안에 꿈을 왜곡시키는 다른 새로운 계기와 마주치지 않을까 하는 의문은 곧 밝혀질 것이다. 꿈의 상징성이 신화, 종교, 예술, 언어 등에 있어서는 그 상징성이 널리 인정되고 있다는 것을 의심하지 않는데도 교양있는 사람들 사이에서 꿈의 상징은 매우 심한 반론을 불러일으키는 것이다. 이 수수께끼에 다시 언급함이 없이 상징성이라는 주제를 종결짓고 싶지는 않다. 이것도 역시 성애(性愛)에 대한 관계에 그 원인이 있기 때문일까?

역주 : 구약성서 《아가(兒歌)》 8장 제8~10절에 다음과 같은 말이 있다.

'우리에게 있는 작은 누이는 아직도 유방이 없구나. 그가 청혼을 받는 날에는 우리가 그를 위하여 무엇을 할꼬. 그가 성벽일진대 우리는 은 망대를 그 위에 세울 것이요 그가 문일진대 우리는 백향목 판자로 두드리리라. 나는 성벽이요, 나의 유방은 망대 같으니, 그러므로 나는 그의 보기에 화평을 얻은 자 같구나.' 즉 오빠들은 누이동생이 난공불락의 성이라면, 왕관을 얹어주겠다고 생각한다. 이에 대해서 누이동생은 웃으면서 그래봐야 아무 소용도 없다. 성은 내주게 될 것이다. 아니 실제로 내주었다고 대답한다. 성, 성벽, 탑은 열린 문에 대해서 처녀의 상징으로 사용되고 있다.

열한 번째 강의

꿈의 작업

여러분이 꿈의 검열과 상징적 표현에 관한 지식에 정통했다고 하더라도, 꿈의 왜곡을 아직 완전히 정복했다고는 할 수 없다. 그러나 대개의 꿈은 이만한 지식이 있으면 이해할 수 있을 것이다. 그때 여러분은 서로 보충하는 두 가지 기법을 사용하게 될 것이다. 즉, 대리물에서 본래의 것〔眞相〕으로 돌입할 때까지 꿈을 꾼 사람에게 연상을 환기시키고 아울러 그 사람에 대한 여러분 자신의 지식을 토대로 해서 상징에 대한 의의를 삽입시킬 것이다. 이때 부딪치는 어떤 종류의 불확실한 점은 나중에 기회를 보아 다루겠다.

그런데, 전에 우리가 꿈의 여러 요소와 그것이 의미하는 것 사이의 관계를 연구했을 때 불완전한 방법으로 시도한 작업을 다시 한 번 해보기로 하자. 즉 전체 속의 부분과의 관계, 근사(近似) 또는 암시와의 관계, 상징적 관계, 조형적 언어 표현이라는 네 가지 중요한 관계를 규명했다. 이 주제를 대규모로 연구하여 꿈의 현재내용(顯在內容)을 해석함으로써 발견된 잠재몽과 비교해보면 된다.

여러분이 꿈의 현재내용과 잠재몽을 혼동하지 않기를 바란다. 여러분이 이 둘을 혼동하지 않는다면 여러분은 나의 《꿈의 해석》을 읽은 독자 이상으로 꿈을 이해한 것이 된다. 잠재몽을 현재몽으로 바꾸는 일을 '꿈의 작업'이라고 이름지은 것을 다시 한 번 똑똑히 머리에 넣어두기 바란다. 그리고 '꿈의 작업'과 반대 방향으로 현재몽에서 잠재몽에 도달하려고 하는 작업이 우리가 하고 있는 '해석작업'이다. 즉 '해석 작업'은 '꿈의 작업'을 해소시키고자 하는 일이다. 소망 충족이 뚜렷이 나타나 있는 유치형(幼稚型)의 꿈은 그 자체가 이미 꿈의 작업이었다. 즉, 소망 형식을 현실로 바꾸는 일이며 대개는 다시 관념을 시각상(視覺像)으로 바꾸어놓는 일이다. 이 경우는 해석이 필요하지 않다. 이 두 가지 치환(置換)을 거꾸로 행하기만 하면 된다. 꿈의 작업이 관여하고 있는데, 이것을 우리는 '꿈의 왜곡(歪曲)'이라고 부른다. 그리고 이것은 우리의 해석 작업으로 본디의 자태로 돌릴 수 있는 것이다.

많은 꿈의 해석을 비교해서, '꿈의 작업'이 대체 어떻게 꿈의 잠재 사상이라는 재료에서 무엇을 만들어내는가 하는 문제를 종합해서 설명할 단계가 되었다. 그러나 여러분에게 너무 많은 기대를 걸지 말도록 부탁해두고 싶다. 여기서는 짧게 설명하기로 하겠는데 그것을 냉정히 주의 깊게 들어주기 바란다.

꿈의 작업이 가진 제1의 작업은 '응축(Verdichtung)'이다. 응축이란 현재몽이 잠재몽에 비해서 그 내용이 적다는 것, 따라서 현재몽은 생략을 가한 잠재몽의 어떤 번역이라는 뜻이다. 어떤 경우에는 응축이 결여되어 있지만 대개의 경우 응축은 존재하며 매우 엄청나게 응축되기도 한다. 이 관계는 결코 반대 방향으로 된 적이 없다. 즉, 현재몽이 잠재몽에 비해 그 규모가 크거나, 그 내용이 풍부하거나 한 적은 절대로 없다. 응축은 다음과 같이 이루어진다. 첫째, 어떤 종류의 잠재요소가 완전히 탈락된다. 둘째, 잠재몽의 많은 콤플렉스 가운데서 그 약간만이 현재몽으로 옮겨가며 그 대부분은 이행(移行)하지 않는다. 셋째, 어떤 공통점을 가진 몇 가지 잠재요소가 현재몽이 될 때 융합해 하나의 것으로 되어버린다.

희망한다면, 이 셋째 과정만을 '응축'이라고 불러도 좋다. 응축의 효과는 아주 쉽게 보여줄 수 있다. 여러분 자신의 꿈을 생각해보면 온갖 인물로 압축되어 있다는 것이 쉽게 상기될 것이다. 이와 같은 혼성 인물은 이를테면 표정은 A같지만, B같은 옷을 입고 C를 생각케 하는 일을 하고 있다. 그러면서도 그 사람은 D라는 인물 같기도 하다는 의식의 겹치기이다. 물론 이 혼성 인물 속에는 네 사람의 공통점이 일관해서 특히 눈에 띈다. 사람에 대한 것과 마찬가지로, 물품이나 장소에 대해서도 혼성물이 만들어진다. 그러나 개개의 물품이나 장소가 현재몽이 강조하는 어떤 것을 서로 공유한다는 조건이 만족될 때만 이와 같은 혼성물이 만들어진다. 그것은 이 공통점을 핵으로 삼아서 어떤 새로운 일시적 개념이 만들어지는 것과 비슷하다. 서로 응축된 각 부분이 다시 겹침으로써 마치 같은 필름으로 몇 번이나 사진을 찍는 것처럼 윤곽이 뚜렷하지 않은 흐릿한 상(像)으로 만들어진다.

꿈의 작업은 이와 같은 혼성물을 만드는 점에서 특히 중요하다. 왜냐하면 혼성물에 필요한 공통점이 처음에는 발견되지 않는데도 일부러 만들어진다는 것을 증명할 수 있기 때문이다. 이를테면 어떤 관념을 나타내는 언어 표현을 택함으로써 만들어진다. 우리는 이런 종류의 응축과 혼성물을 이미 배워서 알고 있다. 그것은 잘못 말하기를 야기시키는 데 큰 역할을 했다. 처녀를 begleitdigen하려고 한 신사를 생각해보라(begleiten '함께 가다.'와 / beleidigen '능욕하다.'). 또 잘못 말하기 이외에 위트가 있다. 위트는 결국 이와 같은 응축으로 일어난다. 위트 문제는 젖혀놓고, 응축 과정은 정말 이상하고 기괴한 것이라고 주장해도 좋다. 꿈 속의 혼성 인물의 모습과 같은 것이 우리의 공상의 산물 중에서 많이 발견된다. 이를테면 고대 신화나 배크린(1827~1901. 스위스의 화가)의 그림에 나오는 켄타우로스(그리스 신화의 반인반마의 괴물)나 동화 속의 동물 같은 것이 생겨난다. 즉, 각 부분이 현실에서는 연관이 없으나, 공상은 쉽게 그 부분들을 합성하여 하나의 종합된 모습으로 만들어낸다. '창조적'공상이라고는 하지만 새로운 것을 발명한 것이 아니라, 전혀 관계가 없는 각 부분을 합성했을 뿐이다. 그러나 꿈의 작업이 하는 방법에서 특수한 점은 다음과 같다. 꿈의 작업에 사용되는 자료는 여러 가지 관념이다. 그 관념의 몇몇은 온당하지 않고 불쾌한 것일지도 모르지만, 정말 정확하게 형성되고 표현되었다는 점이다. 이들 관념은 꿈의 작업에 의해 다른 형식으로 바뀌어진다. 그리고 관념의 번역, 대치에 있어서 다른 글자나 말로 번역하는 경우와 마찬가지로 융합이나 결합과 같은 수단이 이용된다. 이것은 기묘하고 이해하기 어렵다. 일반적으로 언어의 번역에서는 원서 속에 구별되어 있는 곳을 존중하고 비슷한 것은 엄밀히 구별하도록 노력해야 하는 법이다. 그런데 꿈의 작업은 전혀 이와는 반대이며 마치 위트처럼 두 가지 관념을 암시하는 모호한 말을 골라서 서로 다른 두 가지 관념을 응축하려고 한다. 여러분은 이 특징을 즉각 이해하려고 생각해서는 안 된다. 그러나 이 특징은 꿈의 작업을 해독하는 데 중요한 것이 될 것이다.

응축이 꿈을 불투명하게 만듦에도 불구하고 일반적으로 응축이 꿈의 겸열의 결과라는 인상을 받지 않는다. 우리는 응축을 오히려 기계적, 또는 경제적 계기로 돌리고 싶다. 그러나 아무튼 검열은 거기서 이익을 얻고 있는 것이다.

응축의 작용은 대단히 엄청난 것일 때가 있다. 그 작용의 도움을 빌리면 전혀 다른 두 가지 잠재적 사고 과정이 때로는 하나의 현재몽으로 결합된다. 그 결과, 여러분이 하나의 꿈을 훌륭히 해석했다고 생각하더라도 그것은 외면만의 것이며 역시 제2의 뜻을 간과하고 있는 수가 있다.

응축은 잠재몽과 현재몽과의 관계에도 영향을 미치므로 양쪽의 꿈이 가진 요소 사이의 관계는 결코 단순하지 않다. 마치 서로 얽혀 있는 것처럼 하나의 현재요소는 동시에 많은 잠재요소에 대응하고 있으며, 또 거꾸로 하나의 잠재요소는 많은 현재요소에 관련되어 있다. 꿈을 해석하는 동안에 깨닫게 되는 일이지만, 하나의 현재요소에 대한 연상은 굳이 잇따라 차례대로 떠오르게 할 필요는 없다. 오히려 우리는 꿈 전체를 해석할 때까지 기다려야 할 때가 많다.

그러므로 '꿈의 작업'은 '꿈의 사상'을 고쳐 쓰기 위해서 매우 기발한 방법을 사용한다. 즉, 축어적(逐語的) 직역(直譯)도 아니며 말의 자음만이 재현되고 모음은 생략되어버리는 식으로 일정한 법칙을 따르는 선역(選譯)도 아니거니와 또 항상 많은 요소 대신 하나의 요소만을 선택하는 소위 대표라는 방법도 택하지 않는다. 꿈의 작업은 이런 것과는 전혀 다른 매우 복잡한 방법을 사용한다.

꿈의 작업의 제2의 작용은 '치환(置換─Verschiebung)'이다. 치환에 대해서는 다행히도 이미 그 연구가 끝났다. 우리는 치환이 꿈의 검열이 하는 일이라는 것을 알고 있다. 치환이 나타나는 데는 두 가지가 있다. 첫째는, 잠재요소가 그 자신의 구성요소로서가 아니라, 그것과는 인연이 먼 것, 즉 하나의 암시에 의해서 대리되는 경우이다. 둘째는, 심리적인 강조점이 어떤 중대한 요소에서 다른 중대하지 않은 요소로 옮겨가고 그 결과 꿈의 중심이 다른 곳으로 옮겨져서 꿈이 기괴한 모습으로 보이게 되는 경우이다.

암시로 대용하는 것은 우리가 깨어 있을 때의 사고에도 존재하지만 이들은 전혀 별개의 것이다. 눈을 뜨고 있을 때의 사고에서, 암시는 금방 알 수 있고 대리물은 그 본디의 것과 내용 관계가 있다. 위트도 흔히 암시를 이용하는데 위트의 경우는 내용상의 연상이라는 조건은 없으며 발음이 비슷하다든가, 낱말의 의미가 여러 가지 있다든가 하는 평소에는 볼 수 없는 외면적인 연상이 사용된다. 그러나 위트에서는 쉽게 이해된다는 조건이 필요하다. 암시에서 그 본래의 것으로 쉽게 돌아갈 수 없다면 위트의 효과는 상실되고 만다.

이에 반해서 꿈의 치환에서 사용되는 암시는 이 두 가지 제약이 없다. 꿈의 암시는 가장 표면적이고 본래의 요소와 가장 먼 관계로 결합되어 있다. 그러므로 꿈의 암시는 이해하기 어려우며 설령 본래의 사물로 돌아갈 수 있었다고 하더라도 그 해석은 어떤 때는 서툰 위트라는 인상을 주기도 하고, 억지로 갖다 붙여 날조한 해석이라는 인상을 주기도 한다. 위트에서 그 본래의 것으로 돌아가는 길을 도저히 발견할 수 없을 때야말로 꿈의 검열이 목적을 달성했을 때라고 말해야 한다.

강조점의 이동은 사상을 나타내는 수단으로서는 허용할 수 없다. 깨어 있을 때의 사고(思考)에서는 희극적 효과를 얻기 위해서 이 강조점의 치환이 흔히 사용된다. 내가 다음과 같은 토막 이야기를 하면, 이 강조점의 이동에서 생긴 당황한 인상을 여러분에게 환기시킬 수 있을지 모르겠다.

"어느 마을에 대장장이가 살고 있었다. 이 대장장이가 사형에 처해지게 되는 큰 범죄를 저질렀다. 재판소는 그의 죄상이 사형이 명백하다고 판단하여 사형을 선고했다. 그런데 이 마을에는 대장장이가 이 한 사람뿐이었으므로 마을로 봐서는 꼭 있어야 할 사람이었다. 이에 반해서 이 마을에서 옷을 만드는 직공은 세 사람이나 있었다. 결국 그 세 사람 가운데 하나가 대장장이 대신 교수대에 서게 되었다."

꿈의 작업이 하는 제3의 작용은 심리학적으로 가장 흥미 깊다. 이 작용의 본질은 사상을 시각상(視覺像)으로 바꾸는 일이다. 우리는 꿈의 사상 전부가 다 변환된다고는 말하지 않는다. 그 가운데 많은 것은 그 원형을 간직하고 있어서, 관념 또는 지식의 형태로 현재몽 속에도 나타난다. 시각상은 결코 관념이 변환되는 유일한 방법이 아니지만 아무튼 꿈을 만드는 데 있어서는 본질적인 것이다. 이미 안 것처럼 꿈의 작업의 이 부분은 가장 변화를 받기 어려운 것이다. 그리고 우리는 꿈의 낱낱의 요소에 대한 '조형적 언어표현(Plastische Wortdarstellung)'을 이미 배웠다.

이 제3의 작용이 결코 쉬운 것이 아님은 분명하다. 그것의 어려움을 이해하기 위해 여러분은 신문의 정치 문제에 관한 논설을 일련의 도해(圖解)로 바꾸라는 명령을 받았다고 가정해보라. 이를테면 알파벳을 상형문자로 역행시키는 것과 같다. 이 논설 중에 나오는 인물이나 구체적인 사건은 쉽게 알파벳보다 더 훌륭하게 그림으로 바꿔놓을 수 있겠지만 추상적인 말이나 전치사나 접속사 등과 같은 갖가지 사고의 상호 관계를 나타내는 품사(品詞)를 그림으로 그리려면 매우 애를 먹지 않으면 안 된다. 추상적인 말을 그림으로 그릴 때는 여러 가지 기교를 사용해야 한다. 이를테면 여러분은 아마 논설 속의 원문을 신기하지만 더 구체적인, 즉 그림으로 그리는 데 알맞는 구성 요소를 가진 다른 말로 바꾸려고 할 것이다. 그리고 그때 추상적인 말은 대개 처음에는 구체적인 말이었지만, 그 구체적인 의미가 퇴색해버렸다는 것을 알게 될 것이다. 그리고 그 결과, 여러분은 이런 추상적인 말의 기원에 해당되는 구체적인 의미로 거슬러올라가 파악하게 된다. 그러므로 여러분은 물건을 '소유한다'라는 것을 육체 위에 놓는다는 식으로 묘사할 수 있음을 알고 기뻐할 것이다.

꿈의 작업도 이와 같다. 이런 사정 아래서는 묘사의 정밀성을 요구할 수 없다. 이를테면 간통(Ehebruch), 즉 결혼생활의 파괴(bruch)처럼 그림으로 그리기가 어려운 요소는 다른 것의 파괴, 이를테면 하지(下肢)의 파괴(Beinbruch), 즉 골절로 대리하는 것을 여러분은 꿈의 작업의 경우 관대하게 보아도 좋다. 이렇게 해서 여러분은 알파벳을 상형문자로 바꾸려 할 때의 미숙한 점을 보충하는 데 성공할 것이다.

'신벌(神罰)'
—— 간통으로 팔을 부러뜨림

방위병의 아내 안나 M이 클레멘티네 K부인을 간통죄로 고소했다. 고소 진술에 의하면 K부인은 전쟁터에 있는 K에게서 매달 70크로네의 송금까지 받고 있다는 것이다. K부인은 원고의 남편인 칼 M과 법을 어긴 불륜의 관계를 계속했다. 원고와 아이들은 굶주림으로 비참한 생활을 하고 있었는데, K부인은 원고의 남편 M으로부터 상당액의 돈을 받았다. K부인은 원고의 남편과 함께 술집에 가서 밤늦게까지 술을 마시고 있었다. 이것은 원고의 남편 친구가 몰래 원고에게 가르쳐 주었다. 뿐만 아니라 피고인은 원고의 남편에게 많은 군인 앞에서 "그럼 당신은 낡은 마누라와 곧 헤어져 나와 함께 살 수 없다는 거예요." 하고 물은 적조차 있었다. K부인의 아파트 여자 관리인도 원고의 남편이 K부인의 거실에서 잠옷바람으로 있는 것을 몇 번이나 보았다고 말했다.

K부인은 어저께, 레오포르트슈타트 시의 판사 앞에서 자기는 M을 모르기 때문에 특별히 친밀한 관계가 있다는 것은 문제가 되지 않는다고 부인했다. 그러나 증인 알베르티네 M은 K부인이 원고의 남편과 키스하고 있는 것을 자기에게 들켜 몹시 놀란 적이 있었다고 증언했다.

이미 전의 심리(審理)에서 증인으로 출정한 원고의 남편 M은 그때 피고인과의 친밀한 관계를 부인했었다. 그러나 어저께 재판관 앞으로 편지 한 통이 왔는데, 그 속에서 증인 M은 첫번째 심리 때 한 진술을 뒤엎고 작년 6월 이후로 K부인과 연애관계를 계속한 것을 인정했다. 자기가 전에 피의자와의 관계를 부인한 것은 그녀가 심리를 받기 전에 그에게 와서 자기를 도와달라, 제발 아무 말도 하지말라고 애원했기 때문이라고 했다. 그리고 증인은 덧붙여 썼다. "오늘은 모든 것을 법원에 고백하지 않을 수 없는 기분입니다. 왜냐하면 '나는 왼팔을 부러뜨렸기'때문입니다. 나에게는 이것이 내가 범한 죄에 대한 '하나님의 벌'처럼 여겨져 어쩔 수 없었습니다."

판사는 범죄 행위 자체가 이미 시효(時效)가 지났다는 것을 확정했으므로 원고도 또한 그 고소를 '취하'하여 피고인은 무죄 판결을 받았다.

사고의 상호 관계를 나타내는 품사, 이를테면 '왜냐하면', '그러므로', '그러나'와 같은 말을 그림으로 그릴 경우, 여러분은 방금 말한 보조 수단을 갖고 있지 않다. 그러므로 원문의 이러한 구성 요소는 그림으로 바꿀 때 탈락해버린다. 이와 마찬가지로, 꿈의 사상이 가진 내용은 꿈의 작업으로 사물이나 활동이라는 원료로 분해되어버린다. 그림으로 그릴 수 없는 상호 관계는, 조금이라도 정밀한 그림을 만들어 암시할 수 있는 가능성이 있다면 여러분은 그것으로 만족해야 할 것이다. 꿈의 작업은 꿈의 잠재 사상의 내용을 현재몽의 명암(明暗)으로, 또 여러 가지 부분으로서의 분할 등 형태상의 특징으로 나타내는 데 성공한다. 부분몽(部分夢 plastische) —— 이 경우 하나의 꿈은 몇 개로 나누어진다 —— 의 수효는 잠재몽 속의 주제의 수, 즉 사상의 계열 수와 일반적으로 일치한다. 이를테면 짧은 서몽(序夢 Vortraum)은 뒤이어서 나타나는 주제몽(主題夢)에 대해서 흔히 머리말이나 유인(誘因)의 관계를 갖고 있다. 꿈의 사상 속에 있는 부문장(副文章)은 장면 전환처럼 삽입되어 현재몽 속에 나타난다. 그러므로 꿈의 형식은 결코 무의미한 것이 아니며, 그 형태도 해석할 필요가 있다. 하룻밤에 꾼 많은 꿈은 흔히 같은 뜻을 갖고 있으며 다가오는 하나의 자극을 어떻게든 잘 처리하려고 하는 노력을 말해준다. 개개의 꿈 속에서조차 특별히 표현이 어려운 요소는 '중복(重複 Doubletten)', 즉 몇 겹의 상징으로 표현된다.

꿈의 사상과 그 대리물인 현재몽을 계속 비교해나가면 지금까지 우리가 예상도 하지 않았던 일, 이를테면 꿈의 어이없음이나 꿈의 불합리함에도 의미가 있다는 것을 알게 된다. 이 점에서 꿈에 대한 의학적 견해와 정신분석적 견해는 여태까지 볼 수 없었던 정도로 날카롭게 대립하는 듯이 보인다. 의학적 견해에 의하면 꿈은 어이없는 것이다. 왜냐하면 꿈을 꿀 때의 심리 활동은 모든 비판이 결여되어 있기 때문이다. 이에 반해서 우리의 정신분석적 견해에 따르면 꿈의 사상에 포함되어 있는 비판, 즉 '이것은 넌센스다.'는 판단을 표현하려 할 때야말로 비로소 꿈은 어이없어진다. 여러분이 이미 아는 저 연극 구경을 가는 꿈(C석 입장권 석 장에 1플로린 50크로이처)은 이것의 좋은 예이다. 그와 같은 표현된 판단은 '그렇게 빨리 결혼한 것은 넌센스였다'는 것을 의미하고 있다.

마찬가지로 우리는 어떤 요소가 과연 꿈 속에 나타나 있었던가, 이 요소는 사실 이런 것이 아니라 저런 것이었던 게 아닌가, 하고 꿈을 꾼 사람이 흔히 말하는 의문이나 의혹의 본체를 해석 작업 때 발견한다. 그와 같은 의문이나 의혹은 잠재사상과는 관계가 없다. 그것들은 죄다 꿈의 검열 작용이다. 우리는 그러한 의문이나 의혹을 검열의 결과로서 완전히 성공하지 못한 삭제(削除)에 비유할 수 있다.

꿈의 작업이 잠재몽 속에서 대립점을 어떻게 다루는가 연구하면 놀라운 것을 발견하게 된다. 우리는 잠재 재료에 포함되어 있는 일치점이 현재몽 속에서는 응축에 의해서 표현된다는 것을 이미 알았다. 그런데 대립점도 마찬가지로 다루어지며 특히 자주 똑같은 현재요소로 표현된다. 그러므로 정반대라고 추정할 수 있는 현재몽의 어떤 요소는 나타난 그대로거나, 나타나 있는 요소의 정반대, 또는 그 양쪽을 동시에 의미하고 있다. 번역할 때 어느 쪽을 택하는가는 꿈의 의미가 결정해준다. 꿈 속에 부정(否定)의 묘사가 없다는 것, 적어도 명백한 부정의 표현이 없다는 것은 이것과 관련이 있다.

언어의 발달 과정은 꿈의 작업의 이 기괴한 태도를 설명하는 데 편리한 유추(類推)를 준다. 많은 언어학자들은 원시언어에서는 '강하다 —— 약하다' '밝다 —— 어둡다' '크다 —— 작다'라는 대립되는 개념의 반의어(反義語)가 동일한 어근으로 표현되어 있었다고 주장하고 있다('원시어(原始語)의 대립적 의미).'

이를테면, 고대 이집트에서는 'ken'이라는 말이, 처음에는 '강하다'와 '약하다'의 두 가지 의미를 가지고 있었다. 회화할 때 이처럼 대립적 의미를 가진 말을 사용할 때는 오해를 일으키지 않기 위해서, 어조(語調)라든가 몸짓으로 두 가지의 구별을 뚜렷이 했다. 문자로 나타낼 때는 이른바 한정어(限定語), 즉 그 자신은 발음할 수 없는 것으로 되어 있던 그림을 글자에 덧붙였다. 그러므로 ken이 '강하다'는 뜻일 때는, 그 글자 뒤에 똑바로 서 있는 남자의 그림을 조그맣게 그려 넣고, '약하다'는 뜻일 때는 그 뒤에 힘없이 쪼그리고 앉아 있는 남자의 그림을 그려 넣었다. 후대에 이르러서야 비로소 같은 발음을 가진 원시어가 조금씩 변화하여 그 중에 포함되어 있는 대립적 의미가 두 개의 기호로 표현되게 되었다. 이리하여 '강하다'와 '약하다'의 양쪽을 나타내는 'ken'에서 강한 뜻의 'ken'과 약한 뜻의 'kan'이 발생한 것이다. 이 가장 얕은 단계에 있었던 가장 오랜 언어뿐 아니라 훨씬 후대의 오늘날까지 아직 쓰이고 있는 언어도 역시 이와 같은 고대의 대립적 의미가 유물로서 많이 남아 있다. 나는 이에 대해서 아벨(C. Abel)의 저서(1884년)에서 몇 가지 증거를 인용해보기로 한다.

　　라틴 어 중에 이와 같은 두 가지 대립적 의미를 가진 것,
　　altus(높다——깊다)와 sacer(신성한——무엄한).
　　같은 어원을 변형한 것으로는,
　　clamare(외치다)와 clam(조용히, 잠자코, 살며시).
　　siccus(마른)와 succus(젖은).
　　독일어에서 같은 것으로는,
　　Stimme(목소리)와 stumm(입다문, 벙어리의).
　　같은 계통의 언어를 대조해보면 많은 예가 있다.
　　영어의 lock(잠그다)와 독일어의 Loch(구멍)나 Lücke(틈).
　　영어의 cleave(찢다)와 독일어의 kleben(붙다).

　영어의 without은 본래 '……와 함께'와 '……없이'라는 두 가지 뜻을 가지고 있었는데, 오늘날에는 후자의 뜻만 사용되고 있다. 그러나 withdraw(빼앗아버리다)와 withhold(주지 않다)와 같은 합성어에서, with에는 '덧붙이다'는 뜻 이외에 '빼앗다'는 뜻도 있었음이 분명해진다. 독일어의 wieder도 이것과 마찬가지다(wieder는 '다시'라는 뜻이지만 '되풀이'외에 '본디처럼'이라는 뜻이 있음).
　꿈의 작업의 다른 특징은 언어의 발달과정 중에 그 대응물이 발견된다는 것이다. 고대 이집트 어에서나 다른 나라의 근대어에서처럼 똑같은 의미를 나타내기 위해서 발음의 순서를 바꾸어 다른 말을 만드는 일이 일어났다. 영어와 독일어를 비교해보자.

　　Topf(항아리)——pot(항아리)
　　boat(작은 배)——tub(욕조, 통)
　　hurry(서둘다)——Ruhe(휴식)

Balken(서까래) —— Kloben(통나무) —— club(곤봉)
wait(기다리다) —— träuwen(기다리다)
라틴 어와 독일어 사이에서는
capere(붙잡다) —— packen(싸다, 붙잡다)
ren(콩팥) —— Niere(콩팥)

여기서 개개의 단어에 일어난 전도(轉倒—Umkehrung)가 꿈의 작업에 의해서 여러 가지 방법으로 나타나고 있다. 의미의 전도, 즉 그 반대의 것으로 대리한다는 것은 이미 말했다. 그리고 이 밖에 꿈 속에서 상황의 전도 등의 두 사람 사이의 관계의 전도가 나타난다. 즉 '거꾸로의 세계'에 있는 것 같다. 꿈 속에서는 토끼가 사냥꾼을 쏘는 일이 흔히 일어난다. 전도가 사건의 순서에도 일어나서, 그 결과 꿈 속에서는 인과 관계가 뒤집혀 결과에서 원인이 일어난다. 그것은 주인공이 먼저 쿵 자빠지고, 이어 무대의 측면에서 주인공을 쏘는 총소리가 탕 하고 울리는 유랑극단의 신파극과 비슷하다. 어떤 때는 각 요소의 순서가 모두 뒤집혀버리는 꿈이 있다. 그 결과 하나의 뜻을 끌어내기 위해서 마지막 요소를 처음에, 처음의 요소를 마지막으로 뒤집어서 해석하지 않으면 의미를 찾아낼 수 없는 것이 있다. 여러분은 꿈의 상징에 관한 연구에서 물 속에 들어가거나 물 속에 떨어지거나 하는 일이 물 속에서 나온다, 즉 아이를 낳거나 태어나는 것을 의미한다는 것과, 층계나 사다리를 올라가는 것이 그것을 내려가는 것과 마찬가지 뜻이라는 것을 발견한 일이 생겨날 것이다.

꿈의 왜곡이 이렇게 표현의 자유에서 어떤 이익을 얻고 있는가는 지금 새삼스레 상세히 설명할 필요가 없다.

꿈의 작업에 나타나는 이 특징을 '태곳적(太古的—archaisch)'이라고 불러도 좋다. 이 태곳적 특징은 고대의 표현세계, 즉 언어나 문자에서 마찬가지로 발견할 수 있는 것이며, 해석할 때에 꿈의 경우와 꼭같은 곤란을 수반하지만 어떤 곤란이 있는가는 어차피 이 문제를 비판적으로 논할 때 설명하기로 한다.

그러면 다른 두세 가지 점을 설명하기로 한다. 분명히 꿈의 작업에서는 말로써 표현되는 잠재사상을 감각상(感覺像), 대개는 시각상으로 바꾸는 일이 중심이 되어 있다. 그런데 우리의 사상이라는 것은 이와 같은 감각상에서 생긴 것이다. 사상의 첫 재료와 그 발달의 전단계(前段階)는 감각적 인상(感覺的印象), 옳게 말하자면 감각적 인상의 기억상(記憶像)이었다. 이 기억상에 나중에야 비로소 언어가 붙고 아울러 그 말에 사상이 결합된 것이다. 그러므로 꿈의 작업은 사상에 퇴행적 처리(退行的處理)를 하여 사상 발달의 길을 되돌아가게 하는 일이다. 그리고 이 퇴행(Regression)의 과정에서 기억상의 사상으로까지 발달할 때에 새로 얻게 된 획득물은 모두 탈락되지 않을 수 없다.

꿈의 작업이란 실로 이 퇴행적 과정을 가리키는 것이다. 우리가 꿈의 작업에서 알게 된 여러 과정과 대비해보면 현재몽에 대한 흥미는 멀리 후퇴하지 않을 수 없다. 그러나 나는 이 현재몽에 대해서——현재몽은 우리가 직접 알 수 있는 유일한 것이므로——다시 두세 가지를 더 설명하고 싶다.

당연한 일이지만, 현재몽은 이제 우리에게는 의의가 없는 것이 되었다. 현재몽이 훌륭히 구성되어 있다든가 서로 아무 연관도 없이 따로따로 몇 개의 상(像)으로 해체되어 있다든가 하는 것은 아무래도 좋은 일이다. 비록 꿈이 얼른 보기에 뜻깊은 듯한 외관을 갖고 있더라도 그 외관은 꿈의 왜곡으로 생긴 것이며, 마치 이탈리아의 교회 정면이 교회 전체의 구조나 양식과 전혀 관계가 없는 것처럼 꿈의 외관도 꿈 그 자체의 내용과 전혀 유기적인 관계가 없다. 그러나 때로 이 꿈의 외관에 독특한 의미가 있는데, 그것은 꿈의 잠재사상의 중요한 부분이 어떤 때는 조금만 왜곡되고 어떤 때는 조금도 왜곡되지 않은 채 재현되기 때문이다. 그러나 우리가 꿈을 해석해서 어느 정도의 왜곡이 일어났는지 판단을 내리기 전에는 그것을 알 수 없다. 현재몽 속의 두 가지 요소에 밀접한 관계가 있는 것처럼 여겨지는 경우에도 이것과 같은 의문은 일어난다. 이와 같은 현재몽의 요소 사이에 있는 밀접한 관계에서 잠재몽 속에도 이 요소에 대응하는 것이 밀접하게 관계하고 있지 않나 하는 암시를 얻게 되는데, 어떤 때는 반대로 꿈의 잠재사상으로 면밀히 연결되어 있는 것이 현재몽에서는 뿔뿔이 흩어져서 산재하고 있다고 믿어지는 경우도 있다.

일반적으로 말하면, 여러분은 꿈을 마치 줄거리가 있는 구성물로서 생각하거나 실용적인 표현인 것처럼 생각하고, 현재몽의 한 부분을 현재몽의 다른 부분으로 설명하려고 하는 일은 삼가야 한다. 오히려 대개의 경우, 꿈은 각력암(角礫岩)에 비교할 수 있다. 각력암이란 여러 종류의 다른 돌조각이 접착되어 이루어진 것이며, 그 무늬 모양은 거기에 포함되어 있는 원 돌조각과는 다른 것이 되어 있다. 꿈의 작업의 일부에 이른바 '2차적 가공(sekundare Bearbeitung)'이라고 부르는 것이 있다. 이 작용은 꿈의 작업에 1차적인 결과를 재료로 해서 꽤 조리있게 종합하여 만드는 것이다. 이 2차적 가공 때의 재료, 즉 일차적인 결과는 전체의 뜻이 흔히 오해되기 쉬운 식으로 배열되고 필요할 때는 다른 것이 삽입되기까지 한다.

한편, 꿈의 작업을 과대평가하여 그것이 매우 많은 일을 할 수 있다고 생각해서는 안 된다. 여기서 든 것만으로 꿈의 활동은 끝난다. 응축, 치환, 조형적 표현, 그리고 꿈 전체의 2차적 가공——꿈의 작업은 이 네 가지 이상은 할 수 없다. 꿈 속에 판단, 비판, 경탄, 추론이 나타나는 일이 있다. 그러나 이것들은 꿈의 작업이 아니라 매우 드물게는 눈을 뜨고 난 뒤 꿈을 생각했을 때 덧붙여진 것인데, 대개의 경우는 잠재사상의 일부가 다소 변형되어 전체의 관련에 맞춰져서 현재몽으로 옮겨진 것이다.

그리고 꿈 속의 대화도 꿈의 작업으로서는 할 수 없는 일이다. 다소의 예외는 있지만, 그것은 본인이 전날에 행한 대화를 모사(模寫)한 것이거나 그런 대화를 조립한 것이며, 꿈의 재료로서 또는 꿈의 유발자(誘發者)로서 잠재사상 속에 들어간 것이다.

마찬가지로 꿈의 작업은 수의 계산도 하지 못한다. 만일 현재몽에 계산 같은 것이 나타나 있을 때는 대개 그것은 숫자의 나열과 겉보기 계산이며, 계산으로서도 아주 엉터리고, 꿈의 사상에 있는 계산의 단순한 복사에 지나지 않는다.

이와 같은 상태이니 꿈의 작업이라는 주제를 향했던 관심이 이윽고 거기서 떠나, 현재몽에 의해서 다소 왜곡된 모습을 보여주는 잠재사상으로 향하는 것은 조금도 이상할 것이 없다. 그러나 이 관심의 변화가 너무 지나쳐 이론적 고찰에 있어서 꿈 전체의 대신으로 꿈의 잠재사상만을 들어서, 잠재사상에만 적용되는 것을 꿈 전체에 대해 억지로 적용시키려 하는 것은 정말 옳지 않은 일이다. 기괴한 일이지만, 정신분석의 성과가 남용되어 양자 사이에 이런 혼동이 생긴 것이다. 우리는 '꿈'이라는 말을 꿈의 작업의 결과, 즉 잠재사상이 꿈의 작업의 작용을 받아서 된 '형식'에만 국한하여 사용해야 하는 것이다.

꿈의 작업은 실로 특수한 과정이다. 이것과 비슷한 것은 아직 심정(心情) 생활에서는 발견되지 않았다. 이와 같은 응축, 치환, 관념으로부터 형상으로의 퇴행적 전환 등은 실로 정신분석의 새로운 발견이다. 이 새로운 지식을 인식한 것만으로도 정신분석의 노력은 이미 충분히 보상되었다. 그리고 또 꿈의 작업을 다른 것과 비교해보면 정신분석의 연구가 다른 영역, 특히 언어와 사고의 발달에 관한 영역과 얼마나 밀접한 관계가 있는지 알 수 있을 것이다. 또 꿈 형성의 메커니즘이 그대로 노이로제 증상의 발생 양식에 적용된다는 것을 알게 된다면 여러분은 정신분석의 견해가 한층 더 의의가 있다는 것을 예상할 수 있게 될 것이다.

그 밖에 이와 같은 연구가 심리학에 얼마만큼 새로운 이익을 주었느냐 하는 것을 개괄할 수 있는 데까지는 아직 와 있지 않음을 나도 알고 있다. 그러나 이것은 무의식적인 심리행위 ── 두말할 것도 없이 그것은 꿈의 잠재사상이다 ── 가 있다는 새로운 증거를 주었다는 것과 무의식적인 심리생활을 아는 데 꿈의 해석이 얼마나 뜻밖의 많은 시사를 주는가를 지적하는 것만으로 그치고 싶다.

그러나 여러분에게 지금까지 전체적인 맥락에서 준비적으로 이야기해 온 바를 갖가지 짧은 꿈의 실례를 들어 보여줄 때가 온 것 같다.

열두 번째 강의

꿈을 분석한 여러 가지 예

훌륭한 대규모의 꿈을 함께 해석하려고 하는 대신, 내가 다시 한 번 단편적인 꿈의 해석을 여러분에게 보여준다고 해서, 실망하지 말기 바란다. 이미 이만큼 준비를 쌓았으므로 큰 꿈을 해석할 자격이 있다, 라고 여러분은 말할 수 있다. 또 그만큼 무수한 꿈의 해석이 성공한 이상, 꿈의 작업과 꿈의 사상에 관한 정신분석의 주장을 증명할 수 있는 훌륭한 예를 오래 전에 모을 수 있었을 것이라고 여러분은 확신을 가지고 말할는지 모른다. 사실 그대로이다. 그러나, 여러분의 희망을 채워주기에는 아직도 많은 어려움이 가로놓여 있다.

우선 첫째, 꿈의 해석을 본업이라고 생각하고 있는 사람은 한 사람도 없음을 고백하지 않으면 안 되겠다. 그렇다면 사람들은 어떤 때 무엇 때문에 꿈을 해석하는 것일까? 우리는 이따금 이렇다할 목적도 없이 친구의 꿈을 연구하거나, 정신분석 연구의 연습으로 어느 기간 자기 꿈을 연구하기도 하지만 대개는 분석치료를 받고 있는 노이로제 환자의 꿈을 연구의 대상으로 삼는다. 그와 같은 꿈은 훌륭한 재료이며 어떤 점으로 보나 결코 건강인의 꿈에 못지 않지만 치료의 기법상 치료를 제1의 목표로 삼고 꿈의 해석을 둘째로 하지 않으면 안 되기 때문에 우리는 치료에 필요하다고 여겨지는 것만을 뽑아내고 필요하지 않은 대부분의 꿈을 버리고 만다. 또 치료 중에 나타난 많은 꿈도 도무지 충분한 해석을 하지 않는 적이 많다. 그러한 꿈은 우리들에게 아직 알려지지 않은 많은 심리적 재료로 만들어졌으므로 치료가 끝나야 비로소 이해할 수 있는 것이다. 치료 중에 나타나는 그런 꿈을 이야기하는 것은 필연적으로 노이로제의 모든 비밀을 폭로하는 결과도 되겠지만, 노이로제 연구의 준비로서 꿈을 다루게 된 이상 우리는 그렇게 할 수도 없다.

그러면, 여러분은 쾌히 그와 같은 노이로제 환자의 꿈을 연구 재료로 다루기를 단념하고 오히려 정상인이나 자기 자신의 꿈의 해명을 듣고 싶다고 말할 것이다. 그러나 이것은 꿈의 내용상 할 수 없는 일이다. 사람은 자기 자신이나 자기를 완전히 믿고 있는 남을 사정없이 ──이것은 꿈을 철저하게 해석할 때 필연적으로 따르는 것인데── 폭로하지는 못하는 법이다. 여러분도 알다시피, 꿈은 인격의 가장 비밀스러운 것에 관한 것이기 때문이다. 이와 같은 재료를 손에 넣기가 어려운 점 외에도 보고할 때 다른 것까지 고려하지 않으면 안 된다. 꿈은 꿈을 꾼 본인에게조차 기묘한 모습을 보인다. 하물며 꿈을 꾼 사람의 인품을 모르는 다른 사람의 눈에는 더 기묘하게 보일 것이 당연하다. 우리의 문헌에는 훌륭하고 상세한 분석의 예가 많다. 나 자신도 어떤 환자의 병력(病歷) 보고의 일부로서 그런 상세한 꿈의 분석을 공표한 적이 있다. 오토 랑크는 한 처녀가 준 서로 관련이 있는 두 가지 꿈을 발표했는데 이것은 가장 훌륭한 실례일 것이다. 그 꿈을 인쇄하니 불과 두 페이지였지만 그 분석은 실로 76페이지에 이르렀다. 이와 같이 큰 꿈의 분석을 여러분에게 들려주기 위해서는 아마 한 학기 전부가 다 필요할지도 모른다. 만일 강하게 왜곡된 긴 꿈을 예로 든다면 많은 설명을 해야 할 것이고 그 꿈에 대한 연상이나 회상에서 많은 재료를 끌어내야 하며, 여러 가지 다른 분석도 해야 하므로 강의는 전체적인 전망이 불가능하여 만족스럽지 못한 결과가 될 것이다. 그러므로 가장 안이한 길을 걸어서, 이 부분 저 부분이 따로따로 분리되어 인식하기 쉬운 노이로제 환자의 꿈으로부터 단편적인 짧은 부분을 보고하는 것으로 만족해주기를 부탁하고 싶다. 가장 쉽게 증명할 수 있는 것은 꿈의 상징이며 다음은 꿈의 퇴행성 왜곡의 어떤 종류의 특질들이다.

그러면 지금부터 말하는 꿈에 대하여, 왜 내가 보고할 만한 가치가 있다고 생각했는지 여러분에게 하나씩 설명하기로 한다.

1. 다음의 꿈은 단지 두 개의 간단한 정경(情景)으로 되어 있다.

'백부가 토요일인데도 불구하고 담배를 피우고 있다——한 여자가
제 아이처럼 백부를 애무하고 있다.'

첫번째 장면에 관해서 이 꿈을 꾼 사람(유대인)은 "자기 백부는 믿
음이 깊은 사람이며, 토요일(유대인에게 토요
일은 안식일이다.)에 담배를 피우는 죄를 지은
적도 없거니와 지으려고 생각지도 않는다."라고 말했다. 두 번째 장면
에 나타난 여자에 대해서 그에게는 어머니 이외에 아무런 연상도 떠오
르지 않았다. 이 두 개의 장면, 즉 두 가지 관념은 분명히 서로 관계가
있는 것이 틀림없다. 그러면 어떤 식으로 관계가 있는 것일까? 그는
자기의 백부가 현실적으로 그런 행위는 하지 않는다고 단호하게 부인
했으므로 '만일'이라는 가정을 넣으면 이 대목은 살아난다. '만일 믿
음이 깊은 내 백부가 토요일에 담배를 피운다면, 나도 어머니에게 애
무를 받아도 좋을 것이다.' 즉 신앙 깊은 유대인에게는 토요일에 담배
를 피우는 것과 마찬가지로 어머니의 애무가 허용되지 않는다는 것을
이 꿈은 뚜렷이 나타내고 있다.

앞에서 내가 꿈의 작업으로 꿈의 여러 사상 사이에 있는 관계는 전
부 탈락되어버리고 꿈의 사상은 그 소재(素材)로 분해된다고 말한 것
을 여러분은 기억할 것이다. 그러므로 해석의 과제는 이 탈락된 연락
을 본래대로 다시 조립하는 일이다.

2. 꿈에 관한 나의 저술(1900년에 출판
된 《꿈의 해석》)을 출판한 이래 나는 어느 범위
안에서 이 문제에 대해 사람들에게 의논을 받는 입장에 놓였다. 그리
하여 여러 해 전부터 내게 꿈을 보고하거나 내 비판을 구하거나 하는
편지를 각 방면의 사람들한테서 받아왔다. 나는 물론 그 모든 편지들
에 대해 감사하고 있지만 거기에는 해석이 가능할 만큼 많은 자료를
첨부하여 보내준 사람도 있고 자기 스스로 꿈에 어떤 해석을 내리고
있는 사람도 있다. 1910년에 뮌헨의 어느 의사가 보내준 다음과 같은
꿈은 이 종류에 속하는 것이다.

내가 이 꿈을 발표하는 이유는 꿈을 꾼 사람이 분석자에게 그것에
관한 정보를 제공해주지 않을 때는 꿈이 얼마나 이해하기 어려운가 하
는 것을 여러분에게 보여주기 위해서이다. 왜냐하면 나의 억측인지는
모르지만 여러분은 꿈에 상징적 의미를 적용하는 방법을 이상적인 꿈
의 해석으로 간주하고 자유연상의 기법을 포기해버리고 싶어하는 것

184

같기 때문이다.

나는 이런 해로운 잘못으로부터 여러분을 구해주려고 한다.

"1910년 7월 13일 새벽에 나는 다음과 같은 꿈을 꾸었다. 나는 자전거를 타고 튀빙겐 거리를 내려간다. 그때 갈색 다크스훈트(사냥개의 일종)가 맹렬히 쫓아와 내 발뒤꿈치를 물었다. 나는 좀더 달린 뒤에 자전거에서 내려 돌층계에 앉아, 발꿈치를 꽉 물고 놓지 않는 개를 떼놓기 시작했다. (개가 문 사실과 장면 전체가 내게 불쾌감을 주지는 않았다.) 마침 맞은편에 중년 부인 두 사람이 앉아 있다가 빙글빙글 웃으면서 나를 바라보고 있다. 그때 나는 눈을 떴다. 그리고 전에는 자주 경험한 것처럼 잠을 깨려고 하는 순간에 여태까지의 꿈 전부가 똑똑히 눈에 비쳤다."

이 꿈에서는 상징이 거의 소용없다. 그러나 꿈을 꾼 사람은 내게 다음과 같이 보고해주었다.

"나는 최근 한 여성이 좋아졌으나 그 여성이 거리에서 거니는 것을 바라볼 뿐 아무리 해도 접근할 방도가 없었다. 그래서 그 여성이 데리고 있는 다크스훈트를 매개로 해서 접근하는 것이 가장 바람직스럽다고 생각했다. 실제로 나는 매우 개를 좋아했고 그 여성도 역시 개를 좋아하는 것같이 보였으므로."

그리고 그는 여태까지 자주 구경꾼이 깜짝 놀랄 만큼 개싸움을 잘 말렸다고 덧붙였다. 즉 그가 반한 처녀가 언제나 이 특이한 사냥개를 데리고 다녔음을 알 수 있다. 그런데 처녀는 현재몽에서 말살되고 다만 처녀를 연상시키는 사냥개만이 현재몽에 남아 있다. 그 빙글빙글 웃으면서 그를 바라보고 있는 중년 부인은 아마 처녀를 가리킬 것이다. 그가 내게 보고해준 것도 이 점을 충분히 설명해주지 않는다. 꿈 속에서 자전거로 달리고 있는 것은 그가 기억하는 경험의 직접적인 되풀이이다. 즉 그가 자전거를 타고 있을 때에만 개를 데리고 있는 그 처녀를 만났기 때문이다.

3. 친한 사람과 사별하고 나면 몇 해 동안 특수한 꿈을 꾼다. 그 꿈 속에 그 사람의 죽음에 대한 인식과 죽은 그 사람을 소생시키고 싶다는 소망이 참으로 교묘하게 타협하여 나타난다. 어떤 때는 그 사람이 분명히 죽었음에도 불구하고 자기가 그 사람이 죽은 것을 모르기 때문

에 아직도 살아 있는 것처럼 보이며, 또는 그 사람이 죽은 것을 자기가 알았을 때 비로소 그 사람은 정말로 죽었다는 식으로 꿈 속에 표현된다. 어떤 때는 그 사람은 절반만 죽고 절반은 살아 있는 것처럼 나타난다. 그리고 이와 같은 상태는 모두 뚜렷한 특징을 갖고 있다. 여러분은 이와 같은 꿈을 간단히 어이없다고 말해버려서는 안 된다. 왜냐하면 죽은 사람을 되살려낸다는 것은, 우리가 동화에서 흔히 보듯이 꿈에서는 얼마든지 있을 수 있는 일이기 때문이다. 나는 이와 같은 꿈을 분석한 경험에 의하여 죽은 사람의 부활에 합리적인 설명을 할 수 있다는 것, 죽은 사람을 되살리고 싶다는 경건한 소망은 더 기묘한 방법으로 표현된다는 것을 알았다. 여기서 나는 여러분에게 그런 꿈을 하나 보여주기로 한다. 그와 같은 꿈은 아무리 생각해봐도 기괴하고 터무니없이 보이지만 이 분석은 우리가 이미 이론적으로 상세하게 설명하여 알게 된 것을 여러 가지로 다시 한 번 가르쳐줄 것이다. 다음 꿈은 몇해 전에 아버지를 잃은 어떤 남자가 들려준 것이다.

"아버지의 시체가 다시 발굴되었는데 안색은 좋지 않았다. 아버지는 줄곧 살아 있었던 것이다. 나는 아버지가 그 사실을 깨닫지 못하도록 하기 위해 모든 수단을 다하고 있다. (그리고 이 꿈은 얼른 보기에 매우 동떨어진 사건으로 옮겨간다.)"

아버지가 죽었다는 것은 우리도 인정할 수 있다. 그러나 그가 무덤에서 발굴되었다는 것은 현실과는 일치되지 않는다. 이에 계속되는 다른 일도 결코 현실에는 있을 수 없는 일이다. 그러나 꿈을 꾼 그는 다음과 같은 이야기를 들려주었다. 아버지를 매장하고 돌아온 뒤 갑자기 이빨이 아프기 시작했다. 그는 이 치통을 '아픈 이는 뽑느니만 못하다. '라는 유대의 율법대로 이빨을 뽑아버리려고 치과 의사를 찾아갔다. 그런데 치과 의사는 "아프다고 금방 이를 빼면 큰일납니다. 좀더 참아야 합니다. 아픈 이빨의 신경을 죽이기 위해서 뭘 좀 넣어두지요. 사흘 뒤 다시 오십시오. 그때 이를 뽑아드리겠습니다."라고 말했다.

이 '뽑는다'라는 것은 발굴을 뜻하는 것입니다, 하고 꿈을 꾼 사람은 갑자기 소리쳤다.

그의 말은 옳을까? 두 가지가 완전히 일치하지는 않지만 대강은 비숫하다. 왜냐하면, 뽑히는 것은 생이빨이 아니라 죽어버린 이빨이기 때문이다. 그러나 다른 경험으로 미루어 꿈의 작업에는 이런 종류의 부정확성이 있다고 생각해도 좋다. 꿈을 꾼 이 사람은 죽은 아버지와, 신경을 죽인 채로 아직 뽑지 않고 남겨둔 이를 응축하여 하나로 융합시킨 것이다. 현재몽에 어이없는 일이 나타났다고 해서 그리 놀랄 것은 없다. 왜냐하면 이에 대해서 들은 말이 모두 아버지에게 그대로 적용된다고 할 수 없기 때문이다. 그렇다면 이와 같은 응축을 가능하게 만든 아버지와 이와의 'Tertium Comparationis(제3의 입장, 즉 유사점)'는 대체 어디에 있는 것일까?

여기에 유사점이 있었던 것은 틀림없다. 왜냐하면 '이가 빠지는 꿈을 꾸면, 가족 중의 누군가가 죽는다.'는 속설을 알고 있었다고 꿈을 꾼 사람이 보고해주었기 때문이다.

이런 통속적인 해석은 옳지 않거나, 또는 적어도 어떤 우스꽝스러운 의미에서만 옳다는 것은 우리도 알고 있다. 이처럼 우연히 언급하게 된 주제를 꿈의 내용의 다른 부분의 배후에서 발견할 수 있다면 우리는 더욱 놀라게 될 것이다.

그런데 내가 그 이상 캐묻기 전에 그는 아버지의 병으로 인한 죽음과 아버지와 자기의 관계를 이야기하기 시작했다. 아버지는 오랫동안 앓고 있어서 아들인 그는 간호와 치료에 많은 돈을 썼다. 그러나 그에게는 그 정도의 돈은 거액이라고 할 수 없었다. 그는 아버지를 한 번도 귀찮다고 생각지 않았고 빨리 죽어주었으면 좋겠다고는 더군다나 생각지 않았다. 아버지에 대해서 유대인다운 효성을 가지고 유대의 율법을 엄하게 지키고 있음을 스스로 자랑으로 알고 있었다. 이런 점에서 꿈의 사상 속에 어떤 모순이 있다는 것이 우리의 주의를 끌지 않을까? 그는 이와 아버지를 동일시하고 있었다. 그는 유대의 율법에 따라 이를 치료하려고 했다. 이 경우 유대의 율법은 이가 아파서 괴로울 경우엔 이를 뽑게 되어 있다. 아버지에 대해서도 그는 유대의 율법에 따라 행동하려고 했다. 아버지의 경우, 유대의 율법은 비용과 괴로움을 개의치 않고 온갖 무거운 짐을 자진하여 짊어지고 고통을 주는 것에 대해 적의를 가져서는 안 되는 것으로 되어 있다. 만일 그가 아픈 이에 대해서 품고 있는 것과 같은 감정을 앓아 누워 있는 자기 아버지에게 품고 있었다면, 즉 아버지가 빨리 죽어서 가외의 돈이 드는 아버지의 괴로운 생존이 끝났으면 좋겠다고 바랐다면, 이와 아버지의 일치는 억지가 아닌 것이 될 것이다.

이 소망이 실제로 아버지의 오랜 병환 중에 아버지에 대한 그의 태도로 나타났다는 점과 그가 자신의 극진한 효성을 자랑스럽게 확언하고 있는 점이야말로 자기의 그런 부당한 소망을 생각지 않으려는 속셈이었다는 것은 의심할 나위도 없다. 이러한 조건 아래서 친아버지에 대한 죽음의 소망은 쉽게 솟는다. 그리고 이것은 '죽는다는 것은 아버지로 봐서는 하나님의 구원이다.' 하는 식의 제법 동정하는 듯한 가면을 쓰고 있다.

그러나 여러분은 내가 여기서 꿈의 잠재사상 자체에서 한 걸음 뛰어넘은 점에 주의해주기 바란다. 이 잠재사상의 최초의 관심은 확실히 한 때, 즉 꿈이 만들어지고 있는 동안만 무의식적이었을 터이지만, 아버지에 대한 적의의 감정은 영원히 무의식인 그대로 있었을 것이다. 그것은 아마 어릴 때 시작되어 아버지의 병환 중에도 이따금 가장(假裝)한 모습으로 의식 속에 스며들었는지도 모른다. 우리는 이 꿈의 내용에 뚜렷이 공헌하고 있는 다른 잠재사상에 대해서 더욱 큰 확신을 가지고 이러한 사실을 주장할 수 있다. 확실히 아버지에 대한 적의의 움직임은 꿈 속에서 조금도 발견되지 않는다. 아버지에 대한 이와 같은 적의의 근원을 어린 시절의 생활 속에서 찾아보자. 일반적으로 아버지에 대해 공포심이 생기는 것은, 대개의 아버지가 사춘기 전후의 나이 때에 사회적 동기(動機)들에 의해서 아들의 성적 활동을 감시하게 되는데, 이것은 유년기 때부터 그런 감시적 태도를 취하기 때문임을 상기할 수 있다. 아버지와의 이런 관계는 이 경우의 사나이에도 적용될 것이다. 아버지에게 품는 사랑 속에는 어릴 때의 성적 위협에 근원을 두고 있는 외경(畏敬)과 불안이 섞여 있다.

현재몽의 그 다음에 계속된 부분은 '자위(自慰) 콤플렉스(Onaniekomplex)'로 설명이 된다. '아버지의 안색은 나쁘다.'는 것은 '이빨을 뽑아 버리면 안색이 변합니다.'라는 치과 의사의 말을 암시하고 있다. 사춘기의 청년이 지나치게 자위행위에 빠지면 안색이 나빠져서 자위가 폭로되거나 폭로되지나 않을까 하고 걱정하는데 치과 의사의 말은 동시에 이것과도 관련이 있다. 꿈을 꾼 사람이 현재몽 속에서 이 나쁜 안색을 자기에게서 아버지에게로 옮겼다는 것은 마음의 짐을 가볍게 하기 위해서이니, 여러분이 잘 아는 꿈의 작업의 전도(轉倒)의 하나이다. '아버지는 줄곧 살아 있었던 것이다.'라는 것은 아버지가 소생을 바라는 소망과 동시에 이를 빼지 않고 그대로 둔다는 치과의와의 약속과도 일치하고 있다. 다시 그 '나는 아버지가 그것을 깨닫지 못하도록 모든 수단을 다하고 있다.'는 글은 훨씬 더 교묘하다. 이 글은 우리에게 '아버지는 죽었다는 것을'이라는 글을 보충하고 싶은 기분이 들게 한다. 그런데 이 의미심장하고 유일한 보충도 역시 자위 콤플렉스에서 일어난 것이다. 즉 이 청년이 자기의 성생활에 관해서 아버지의 눈을 속이려고 온갖 짓을 다했던 것은 당연한 일이다. 결론으로서 이른바 치통의 꿈이 언제나 자위와 자위에 대한 죄의 두려움을 나타내고 있다는 것을 기억해주기 바란다.

이제서야 여러분은 이와같이 이해하기 어려운 꿈이 어떻게 해서 만들어졌는지 알게 되었을 것이다. 즉 이 꿈은 사람을 속이는 기묘한 응축의 힘을 빌리고, 또 잠재적인 사고 과정의 중심에서 갖가지 관념이 탈락하고, 다시 이들 관념 중에서 가장 깊고, 시간적으로 가장 멀리 떨어져 있는 것에 대해서 의미가 애매한 대리물을 많이 만들어내어 완성된 것이다.

4. 우리는 이미 터무니없지도 않고 기괴하지도 않은 이치가 닿는 평범한 꿈을 연구하려고 몇 번이나 시도했다. 그러나 그런 꿈들에 있어서는 '왜 사람은 이렇게 아무렇지도 않은 것을 꿈에 보는가?'라는 의문이 일어난다. 그러므로 나는 이런 종류의 새로운 예를 이야기하기로 하겠다. 내가 말하는 꿈은 어느 젊은 여성이 하룻밤 사이에 본, 서로 관련이 있는 세 가지 꿈이다.

(a) "그녀는 자기 집의 객실을 걸어가다가 나지막이 매달려 있는 샹들리에에 세게 머리를 부딪쳐서 피가 났다."

이 꿈에 대해서 아무것도 생각이 나지 않았다. 실제로는 이런 일은 한 번도 일어나지 않았다. 그녀의 이야기는 오히려 이 꿈과는 아주 다른 방향으로 향한다.

"선생님도 짐작하셨듯이 저는 요즈음 머리칼이 빠져서 애를 먹고 있답니다. 어제도 어머니가 말씀하셨어요. '애, 이제 더 이상 머리가 빠지다가는 네 머리가 마치 엉덩이처럼 맨질맨질해지겠구나.'라고요."

그러므로 머리는 이 꿈에서는 신체의 다른 끝을 대신하는 것이다. 우리가 샹들리에를 상징적으로 해석하는 데는 아무런 도움도 필요 없다. 즉 길게 늘일 수 있는 것은, 음경(陰莖)의 상징이다. 그렇다면 음경과의 충돌에 의해서 야기된 신체 하단부의 출혈이 문제가 된다. 이것으로는 아직 애매할지 모르지만 이 여성에게 다시 더 연상을 시켜 보았더니 이 꿈이 월경은 남성과의 성교 결과로 일어난다는 믿음과 관계가 있다는 것을 알았다. 이 생각은 미숙한 많은 소녀들이 믿고 있는 성에 대한 견해의 한 토막이다.

(b) "그녀는 포도밭에 깊은 도랑이 파여져 있음을 본다. 그 도랑은 그녀가 나무를 한 개 뽑았기 때문에 생겼다는 것을 알고 있다."

이 꿈에 관한 그녀의 보고는 '내게는 그런 나무가 없다는 것이었다. 그녀는 꿈 속에서는 나무를 보지 않았다고 말하지만, 이 말은 다른 사상을 나타내고 있다. 이 사상은 이제 상징적으로 완전히 해석할 수 있다. 이 꿈은 유치한 성이론(性理論)의 한 견해와 관계가 있다. 즉 여자아이는 태어날 때 남자아이와 같은 성기를 가지고 있었는데, 그 후의 모양은 거세(去勢 나무를 뽑는 일)에 의해서 생겼다는 생각이다 (거세의 원어 castration은 라틴어 castrat (잘라 줄이다)라는 말에서 유래한 것).

(c) "그녀는 책상 서랍 앞에 앉아 있다. 이 서랍 속은 누가 건드리면 금방 알 수 있도록 가지런히 정돈하고 있다."

서랍은 상자, 모자상자와 마찬가지로 여성 성기의 상징이다. 그녀는 성교를 한(그녀의 생각에 의하면 다만 남자에게 닿기만 하더라도) 증거가 성기에 나타난다는 것을 알고 있었으며 줄곧 이러한 증거가 나타나는 것을 두려워하고 있었다. 이 세 가지 꿈에는 '안다'는 것이 특히 강조되어 있다고 생각된다. 그녀는 어린아이다운 성적 호기심의 시절, 자기의 독특한 발견을 매우 자랑으로 생각하던 시절을 상기하고 있는 것이다.

5. 다시 한 번 상징의 다른 예를 이야기하기로 한다. 그러나 이번에는 꿈이 나타난 당시의 심리 상태를 대강 미리 말해두어야겠다. 한 여

성과 사랑의 하룻밤을 보낸 남성이 한 말을 들으면 그 여자는 남자와의 사랑의 보금자리 속에서도 아이를 원하는 소망이 억누를 수 없을 만큼 심해지는 모성적인 성격의 여자였다. 그러나 두 사람이 밀회하는 처지가 단순한 연애인 까닭으로 수태력(受胎力)이 있는 정액이 자궁에 들어가지 않도록 주의하지 않으면 안 되었다. 날이 새어 잠이 깼을 때 여자는 다음과 같은 꿈을 이야기했다.

"빨간 군모를 쓴 한 장교가 거리에서 뒤를 따라왔다. 나는 그 사람에게서 달아나려고 층계를 달려올라갔다. 장교는 여전히 뒤를 따라온다. 숨을 헐떡이며 나는 내 방으로 뛰어들어 문을 닫아걸었다. 장교는 문 밖에 있는 것 같았다. 내가 열쇠구멍으로 내다보니 남자는 벤치에 앉아 울고 있었다."

빨간 모자를 쓴 장교에게 쫓겨서 헐레벌떡 층계를 올라가는 것은 성교의 표현임을 여러분도 이미 알고 있을 것이다. 꿈을 꾼 여자가 쫓아온 남자를 들이지 않고 문을 닫는 것은 꿈에서 흔히 사용되는 전도(轉倒)의 예로 간주할 수 있다. 왜냐하면 실제로는 사랑의 행위가 끝나기 전에 몸을 돌린 것은 남자 쪽이었기 때문이다. 마찬가지로 여자의 슬픔은 남자에게로 옮겨갔다. 즉 꿈 속에서 울고 있는 것은 남자이며 동시에 눈물은 정액을 암시하는 것이다.

정신분석은 모든 꿈은 성적인 뜻을 가지고 있다고 주장한다는 소문을 여러분은 아마 틀림없이 들었을 것이다. 이 비난이 옳지 않다는 판단을 이제 여러분 자신이 내릴 수 있는 입장에 있다. 여러분은 더 명백한 욕구, 즉 굶주림이라든가 목마름이라든가, 자유에 대한 동경의 충족을 주제로 하는 소망의 꿈, 또는 쾌적한 꿈, 조바심하는 꿈, 나아가서는 순전한 탐욕과 이기심의 꿈 등이 있음도 배웠다. 그러나 강하게 왜곡된 꿈은 주로——여기에도 예외가 있지만——성적 소망을 나타내고 있다는 것을 정신분석 연구의 성과로서 여러분은 물론 기억해두어도 좋다.

6. 꿈에 상징이 이용되고 있는 예를 많이 늘어놓는 것은 나로서는 특별한 이유가 있기 때문이다. 내가 여러분을 처음 만났을 때 정신분석의 발견을 여러분이 납득할 만큼 이야기한다는 것이 얼마나 어려운 일인가 호소해두었는데, 여러분도 그 이후 어렵다는 내 말에 동의했

을 줄 안다. 그러나 정신분석의 여러 주장은 저마다 서로 밀접한 관련
이 있으므로 어느 한 점에 대해서 납득할 수 있으면 학설의 대부분을
쉽게 이해할 수 있을 것이다.

정신분석은 좀 관대하게 대해주면 금방 으쓱거린다, 라고 말할지도
모른다. 잘못에 관한 설명에 납득한 사람은 논리적으로 다른 모든 것
을 믿지 않을 수 없게 된다. 그 다음에 마찬가지로 들어가기 쉬운 것
은 꿈의 상징일 것이다. 나는 여러분에게 이미 어딘가에서 발표한 적
이 있는 꿈 이야기를 하기로 한다. 그것은 남편이 수위인 어느 서민층
여자의 꿈이다. 이 여성은 확실히 지금까지 한 번도 꿈의 상징이라든
가 정신분석이라든가 하는 것을 들은 적도 없었다. 꿈을 성적 상징의
도움으로 해석하는 것이 독단인지 억지인지는 여러분이 스스로 판단
할 수 있을 것이다.

"……그리고, 누군가가 집을 부수고 들어왔다. 그녀는 공포에 가득
차서 남편인 수위를 불렀다. 그러나 남편은 두 악한과 사이좋게 교회
로 가버렸다. 교회에 가려면 몇 층의 돌계단을 올라가야만 했다. 교회
뒤에는 산이 있고, 산 위에는 울창한 숲이 있었다. 수위는 헬멧을 쓰
고 가슴 가리개를 하고 망토를 입고 있었다. 그리고 갈색 수염을 더부
룩하게 기르고 있었다. 얌전하게 수위를 따라가는 악한들은 허리에
바람으로 부푼 자루 모양의 앞치마를 두르고 있었다. 교회에서 산까
지는 하나의 길이 나 있었다. 이 길 양쪽은 풀숲과 나무숲이 무성했는
데, 그것이 차차 짙어져서 산꼭대기는 거의 밀림이 되어 있었다."

여러분은 여기에 나타난 상징이 무엇인가를 수월하게 알 수 있을 것
이다. 남성 성기는 세 사람의 인물로서 나타나 있다. 여성 성기는 교
회와 산과 숲이 있는 하나의 풍경으로 나타나 있다. 여기서도 계단은
성교의 상징이다.

꿈에서 산이라고 하는 것은 해부학에서도 'Monsveneris(비너스의
언덕)', 즉 음부(陰部)라고 부르고 있다.

7. 또 하나의 상징으로 풀 수 있는 꿈을 이야기하기로 한다. 꿈을
꾼 사람은 꿈의 해석에 대해서 전혀 이론적 예비 지식이 없는데도 제
멋대로 자기 꿈의 모든 상징을 번역한 것은 주목할 만한 일이고 수긍
이 가는 일이다. 이런 태도는 매우 보기드문 일이다. 그 조건에 대해

서는 상세히 알려져 있지 않다.

"나는 아버지와 함께 어떤 곳을 걷고 있다. 그 장소는 확실히 플라테르 공원이다. 왜냐하면 아득히 둥근 지붕의 건물이 보였기 때문이다. 이 둥근 지붕 앞에 하나의 조그만 건물이 있고 그 건물에 애드벌룬이 매어져 있다. 그러나 그 애드벌룬은 얼마쯤 바람이 빠진 것처럼 보인다. 아버지가 그에게 저런 것은 모두 무엇 때문에 있느냐고 묻는다. 그는 아버지의 질문에 약간 얼떨떨했지만 간단히 무엇 때문이라는 것을 설명해준다. 그리고 두 사람은 안마당으로 들어간다. 거기에는 큼직한 함석이 깔려 있다. 아버지는 그 함석을 찢으려고 생각했으나, 누가 보지는 않나 하고 먼저 주위를 둘러보았다. 아버지는 아들에게 아무튼 관리인에게 말하기만 하면 괜찮다고 말했다. 그리고 아버지는 서슴지 않고 함석을 찢어버렸다. 이 안마당에서 아래쪽으로 사다리가 수직갱(垂直坑)까지 걸려 있었다. 수직갱의 벽은 마치 가죽을 씌운 안락의자처럼 푹신하고 부드러웠다. 이 수직갱 끝에는 긴 플랫폼이 있고 다시 또 새로운 수직갱이 시작되고 있었다."

꿈을 꾼 사람은 스스로 해석했다.

"둥근 지붕은 내 성기다. 둥근 지붕 앞의 애드벌룬은 내 페니스인데 나는 불능증(不能症) 때문에 고민하지 않으면 안 되었다."

우리가 더 파고들어가서 번역해보면 둥근 지붕의 건물은 둔부이며 (어린아이들은 둔부를 항상 성기의 일부로 간주한다), 그 앞의 조그만 건물은 음낭(陰囊)이다. 꿈 속에서 아버지는 아들에게 저런 것은 모두 무엇 때문에 있는가? 즉 성기의 목적과 기능에 대해서 질문했다. 이 상황은 아들이 질문하는 것으로 바꾸어 생각해도 좋을 것이다. 아버지가 그런 것을 아들에게 묻는 것은 현실에서는 있을 수 없으므로 꿈의 관념을 소망으로 보거나 아니면 조건문(條件文)으로 해서 '만일 내가 아버지에게 성에 대해서 설명해달라고 부탁한다면'으로 해석해야 한다. 이 사상의 계속은 다음 장소에서 발견할 수 있다.

함석이 깔린 안마당은 처음부터 상징적으로 해석되지 않는다. 이것은 아버지의 일자리에서 온 것이다. 나는 멋대로 이 '함석'을 아버지가 거래하고 있는 다른 금속과 바꾸었지만, 그 밖에는 꿈 속의 말은 달라진 것이 아니다. 꿈을 꾼 사람은 일찍이 아버지의 장사를 거들고

있었다. 그리고 막대한 이윤의 대부분을 이루고 있는 부정에 가까운
술책에 대해 몹시 분개하고 있었다. 따라서 앞의 꿈의 사상의 계속은
'만일 내가 아버지에게 묻는다면, 마치 아버지가 단골손님을 속이듯
이 나를 속일 것이다.'라는 것이 된다. 이 장사의 부정을 나타내기 위
해서 사용된 '찢는다'라는 것에 대해서는 꿈꾼 사람 자신이 제이의 설
명으로서 그것은 자위를 뜻한다고 말했다.

우리는 벌써부터 이것을 잘 알고 있었을 뿐 아니라 비밀스러운 자위
는 그것과 정반대(자위를 공공연히 해도 상관없다)로 표현된다. 자위
행위를 다시 아버지에게 전가시키고 있는 것은 우리의 예상과 모두 일
치한다.

꿈의 처음 장면에 나오는 질문과 마찬가지로 그는 수직갱의 벽이 푹
신하고 부드러웠기 때문에 질(腟)이라고 금방 해석했다.

여기서 나는 내려간다는 것은 다른 경우의 오른다는 동작과 마찬가
지로 성교로 해석하고 싶다는 것을 덧붙여둔다.

첫 수직갱에 긴 플랫폼이 이어 나가고, 거기서 다시 새로운 수직갱
이 계속되는 광경을 그는 자신의 이력으로 설명해주었다.

그는 한동안 성교를 하여 왔지만 장해 때문에 그것을 단념하고 치료
를 받으면서 다시 할 수 있게 되기를 기다리고 있었다.

8. 다음의 두 가지 꿈은 일부다처의 경향이 뚜렷한 어느 외국인의
꿈이다. 내가 이 꿈을 얘기하는 것은 현재내용(顯在內容)에서는 교묘
히 감추어져 있더라도 자아(自我)는 어떤 꿈에나 나타난다는 것을 보
여주고 싶기 때문이다. 꿈 속의 트렁크는 여성의 상징이다.

(a) "그는 여행을 떠나려 하고 있고, 짐은 차에 실려 역으로 보내
진다. 차에는 많은 트렁크가 실려 있는데, 그 중에는 견본 같은 크고
검은 트렁크가 두 개 있다. 그는 위로하듯 누군가에게 말한다. '지금
저 트렁크는 역까지 함께 운반될 뿐이야.' 하고."

그는 실제로 많은 짐을 갖고 여행했는데, 치료하는 동안 내게 많은
여자 이야기를 털어놓았다. 두 개의 검은 트렁크는 현재 그의 생활에
서 중요한 역할을 맡고 있는 두 흑인 여자이다. 그 중에 한 여자는 그
의 뒤를 따라 멀리 빈까지 오고 싶어했지만, 그는 나의 권고에 따라
여자에게 전보로 관계를 끊었다.

194

(b) "세관의 한 광경이다. 동행의 여행자가 자기 트렁크를 열고서, 담배를 피우면서 태연스럽게 '신고할 만한 것은 들어 있지 않습니다.' 하고 말한다. 세관 관리는 그 말을 믿는 듯이 보였으나 다시 한 번 속을 뒤져보고 하나의 금제품(禁制品)을 발견했다. 여행자는 단념한 듯이 '하는 수가 없군.' 하고 말한다."

이 여행자는 그 자신이다. 그리고 내가 그 세관 관리가 되어 있다. 그는 나에게 모든 것을 대체로 옳게 고백하고 있었는데, 최근에 맺은 어느 여자와의 관계에 대해서는 잠자코 있으려고 했다. 왜냐하면 자기가 말하지 않더라도 내가 그 여자에 관한 것을 눈치채고 있다고 예상했기 때문이다. 그는 발견되어 당황하게 되는 위치를 미지의 사람과 바꾸었다. 그러므로 자신은 꿈 속에 나타나 있지 않은 것이다.

9. 다음의 것은 아직 보고하지 않았던 어떤 상징의 실례이다.

"그는 두 여자 친구와 함께 걷고 있는 자기 누이동생을 만난다. 그 두 여자 친구도 자매였다. 그는 이 두 여자에게 악수를 청했으나 자기 누이동생에게는 청하지 않았다."

이 꿈은 현실의 사건과 아무런 관계가 없다. 그의 생각은 오히려 어떤 시절로 거슬러올라간다. 그 무렵 그는 누이동생의 유방이 왜 그렇게 늦게 발육할까 하고 궁금해했었다. 그러므로 두 자매는 유방의 대용이다. 만일 자기 누이동생 것이 아니었더라면, 틀림없이 그 유방을 만져보고 싶어했을 것이다.

10. 여기서 꿈 속의 '죽음의 상징'을 보여주기로 한다.

"그는 경사가 급한 매우 높은 철교를 두 사람과 함께 —— 그 사람의 이름은 알고 있었으나 잠이 깼을 때 잊어버렸다 —— 건너간다. 갑자기 두 사람의 모습은 사라지고, 그는 모자를 쓰고 리넨옷을 걸친 귀신 같은 사람을 보았다. 그는 그 사람에게, '당신은 전보 배달부요?' 하고 묻는다……'아니오.' '그러면 마차를 모는 마부인가?'……'아니오.' 그는 계속하여 저쪽으로 걸어갔지만 꿈속에서 매우 무서움을 느꼈다. 잠을 깬 뒤에도 이 꿈은 갑자기 철교가 허물어져서 자기가 만일 심연(深淵)에 떨어진다면 하는 공상으로 이어졌다."

꿈을 꾼 사람이 자기가 모르는 사람이다. 이름을 잊어버렸다고 강조하여 말하는 사람들이야말로 대개는 꿈을 꾼 사람과 매우 친근한 사람이다. 이 꿈을 꾼 사람에겐 두 명의 형제가 있었다. 만일 그가 두 사람의 죽음을 몰래 바라고 있었다면 마땅히 그 벌로서 그가 죽음의 공포에 싸이게 되는 것이다.

그는 전보 배달부에 대해서 그런 사람은 언제나 나쁜 소식을 가지고 온다고 말했다. 제복으로 미루어보면 그 사람은 점등부(點燈夫)(가로등이 가스등이었던 시대에 이 등불을 켜고 다니던 사람)였는지도 모른다. 그러나 점등부는 한편 불을 끄기도 하는 직업이다. 요컨대 죽음의 정령이 생명의 불을 끄는 것과 마찬가지로.

마부에 대해서 그는 우란트(독일의 낭만파 시인)가 쓴 〈칼 왕의 항해〉라는 시를 연상하여 두 친구와의 위험한 항해를 생각했다. 그는 시 속의 칼 왕의 역할을 한 것이다. 철교의 붕괴는 최근에 일어난 사고와 '생명이란 달아놓은 다리 같은 것'이라고 속담을 연상시켰다.

11. 다음의 꿈은 죽음의 묘사에 관한 또 하나의 예다.

"미지의 신사로부터 검은 테를 두른 명함을 받았다."

12. 여러 가지 점에서 다음의 꿈은 여러분에게 흥미가 있을 것이다. 흥미가 있다고 말했는데 노이로제 상태도 물론 그 흥미 속에 들어간다.

"그는 기차를 타고 있다. 열차가 넓은 들판에 서버렸다. 그는 무슨 사고가 일어날 것 같구나, 달아나야겠다라고 생각하고 차장이건 기관수이건 만나는 사람을 모조리 때려죽이면서 잇따라 찻간을 빠져나간다."

이 꿈은 어떤 친구의 이야기를 생각나게 했다. 이탈리아의 어느 선로에서의 일인데, 한 미치광이가 조그마한 찻간에 갇혀서 호송되고 있었다. 한 여객이 잘못하여 그 찻간을 열었다. 그랬더니 미치광이는 이 열차의 많은 손님을 죽였다. 즉 꿈꾼 사람은 자기를 그 미치광이와 동일시하고 있는 것이다. 이것은 자기를 잘 알고 있는 사람은 죄다 쫓아버려야 한다는, 그를 이따금 괴롭히는 강박관념에서 나오고 있다.

그러나 그는 이 꿈의 유인(誘因)이 된 더 좋은 동기를 자기 자신이 발견하고 있다. 그 전날 그는 극장에서 한 처녀와 재회했다. 그는 전에 그 처녀와 결혼할 생각으로 있었는데, 여자가 그에게 질투를 일으키게 하는 짓을 했으므로 단념했다. 만일 그가 그 여자와 결혼했다면 질투가 차차 더 심해져서 실제로 미쳐버렸을지 모른다. 즉 그는 그 여자와 관계 있는 사나이들을 질투 끝에 모조리 죽여버려야 하지 않을까, 하고 생각했을 정도로 그 처녀를 바람둥이로 믿고 있었다. 달아나기 위해 잇따라 찻간을 빠져나가는 것을 우리는 결혼하고 있다는 것(일부일처제의 반대)의 상징으로 해석하고 있다.

열차가 넓은 들판에 멈춰서고 사고가 일어날 듯한 공포를 품은 점에 대해서는 그는 이렇게 말했다. 전에 그가 철도 여행을 했을 때 역이 아닌 곳에서 갑자기 열차가 서버렸다. 그때 "아마 열차가 충돌했나 봐요. 이런 때는 두 다리를 높이 쳐드는 것이 가장 안전해요." 하고 같은 찻간에 탄 젊은 여자가 설명했다.

그런데 이 '다리를 높이 쳐든다.'는 말은 그가 그 처녀와의 행복한 첫사랑 시절에 즐긴 산책과 소풍을 연상시켰다. 이것은 그 젊은 여자와 결혼했더라면 미쳤을 것이 틀림없다는 것을 입증하는 새로운 설명이다.

그러나 그럼에도 불구하고 그에게는 그와 같은 미치광이가 되고 싶다는 소망이 지금도 있다는 것을 그의 심리 상태를 잘 알고 있는 나는 확신을 갖고 말할 수 있다.

열세 번째 강의

꿈의 태고적 특질(太古的特質)과 유아성(幼兒性)

꿈의 작업이란 검열의 영향을 받아서 꿈의 잠재사상을 어떤 다른 표현 양식으로 바꾸는 일이라는 우리의 결론을 다시 한 번 언급하기로 하자. 이들 잠재사상은 눈을 뜨고 있을 때의 우리가 잘 알고 있는 의식적인 관념과 같은데, 새로운 표현 양식 편은 여러 가지 특징 때문에 이해하기 어렵다. 이미 말한 것처럼 이 표현 양식은 인류가 아득히 먼 옛날에 극복한 지적 진화(知的進化)의 여러 단계, 즉 비유적 언어의 단계, 상징 관계의 단계 및 아마도 우리의 사고언어(思考言語)가 발달하기 이전에 있었다고 생각되는 여러 단계에서 유래하고 있다. 그러므로 우리의 꿈의 작업의 이와 같은 표현 양식을 태고적, 또는 퇴행적(退行的)이라고 부르는 것이다.

이런 것에서 꿈의 작업을 한층 깊이 연구하면 아직도 충분히 알려지지 않은 인류의 지적 진화에 관해서 귀중한 설명을 얻을 수 있을 것이 틀림없다고, 여러분은 추측할 것이다. 나도 그랬으면 좋겠다고 생각하지만, 이 연구는 아직은 아무도 시작하지 않았다.

꿈의 작업에 의하여 우리가 거슬러올라가는 태고시대는 두 가지가 있어서 하나는 '개체(個體)'의 원초시대, 다시 말해서 소아기(小兒期)이며, 또 하나는 모든 개체가 그 소아기에 인류의 전 진화를 단축시킨 형식으로 반복한다는 의미에서, 이 개체의 원초시대는 '계통발생적' 태고시대이기도 하다. 나는, 잠재하는 심적 과정들의 어느 부분이 개체의 태고시대에서 유래하며, 또 어느 부분이 계통발생적 태고시대에서 유래하는지를 과연 구별할 수 있을까라는 문제에 대해 불가능하다

198

고 생각지 않는다. 이를테면 개체가 한 번도 배운 적이 없는 상징 관계는 분명히 계통발생적 태고시대의 유물이라고 간주해도 좋으리라 여겨진다.

그러나 상징이 꿈의 유일한 태고성은 아니다. 여러분은 모두 자기의 경험으로 소아기의 뚜렷한 '기억상실(소아기의 건망)'을 알고 있을 것이다. 내가 말하는 뜻은 인생의 한 살부터 대여섯 살, 또는 여덟 살까지의 경험이 후일의 경험처럼은 기억의 흔적을 남기고 있지 않다는 사실이다. 그야 소아기에서 현재까지의 기억이 빠짐없이 연결되어 왔다고 자랑하는 사람을 만나는 수가 있기는 하지만, 그러나 기억이 결여되어 있는 사람 쪽이 비교가 안 될 만큼 많다. 그런데 이것은 여태까지 이상하다고 여겨지지 않았다고 생각한다. 어린아이는 두 살에 말을 곧잘 하고, 곧 복잡한 심적 상황에 잘 적응해가는 능력을 보이며, 몇 해 뒤에 남이 얘기해주어도 전혀 기억해내지 못하는 것을 그 무렵에는 이미 지껄이고 있었던 것이다. 그리고 후년에 비해서 정신적 부담이 가볍기 때문에 소아기의 기억은 능률이 좋다. 기억 기능을 특별히 고도의 또는 어려운 정신적 행위로 간주할 근거는 조금도 없다. 그것은 고사하고 명석한 기억력은 정신력이 매우 낮은 사람들에게서도 발견되는 것이다.

그러나 이 제1의 특징에 대해서 나는 제2의 특징을 들지 않을 수 없다. 제2의 특징이란, 소아기의 초기를 감싸고 있는 기억의 공백 중에서 이 흩어진 기억이 잘 보존되어 대개는 조형적인 상의 모양을 하고서 선명하게 떠오르는데, 그렇다고 해서 왜 그렇게 선명하게 기억이 남아 있는가에 관해서는 알맞은 이유를 찾을 수 없다는 점이다. 우리가 훗날의 생활 속에서 만나는 여러 가지 인상의 재료에 대해서 우리의 기억은 어떤 처리, 즉 도태를 한다. 즉 기억은 중요한 것을 보존하고 중요하지 않은 것을 떨쳐버린다. 그러나 보존되어온 소아기의 기억은 이런 도태를 받지 않는다. 소아기의 기억은 반드시 소아기의 중요한 체험도 아니고, 어린아이의 입장에서 보아 중요하다고 여겨졌을 것이 틀림없는 체험도 아니다. 오히려 그것은 흔히 평범하고 무의미하여 어쩌면 이런 하찮은 것을 지금까지 잊어버리지 않고 있었을까 하고 놀라 자문할 정도의 것들이다.

전에 나는 소아기의 기억상실의 수수께끼와, 잊혀지지 않고 남은 기억의 잔존물에 관한 수수께끼를 정신분석의 도움을 빌려 규명하려고 시도했다. 그리하여 어린아이라도 중요한 인상만이 기억 속에 남는다는 결론에 도달했다. 이 중요한 인상은 여러분이 이미 알고 있는 응축작용(凝縮作用), 특히 치환작용(置換作用)으로 얼른 보기에는 중요하지 않은 것 같은 모습으로 바뀌어 나타날 뿐이다. 그래서 나는 이와 같은 소아기의 기억을 '은폐기억(隱蔽記憶 Deckerinnerungen)'이라고 부르는 것이다. 만일 분석을 철저하게 한다면 이 은폐기억에서 잊어버린 것을 모두 끌어낼 수 있을 것이다.

정신분석요법에서는 소아기의 기억 결손을 메꾸는 것이 흔히 보통 과제인데, 이 분석요법이 어느 정도까지 성공한다면(대개 성공하는 법이지만), 잊혀진 소아기의 내용을 다시 뚜렷하게 드러낼 수 있을 것이다. 이 소아기의 인상들은 실제로는 결코 잊혀진 것이 아니라 잠재하고 있어 접근하지 못했을 뿐인 것, 즉 무의식에 속해 있었던 것이다. 때에 따라서는 이 잠재한 기억이 저절로 무의식 속에서 떠올라오는 수도 있다. 더욱이 꿈과 결부되어 떠오른다. 이렇게 보면 꿈의 활동이 이 잠재적 소아기 체험에 이르는 길을 발견할 수 있음을 알 수 있다. 이 점을 입증하는 좋은 실례가 정신분석의 문헌에 실려 있는데 나 자신도 이에 어느 정도 공헌하여 왔다.

전에 나는 어떤 일과 관련하여 신세진 일이 있음에 틀림없는 어떤 사람의 꿈을 꾸었는데, 그 사람은 꿈속에서 매우 확실히 내 눈앞에 보였다. 그 사람은 애꾸눈으로 몸집이 작고 뚱뚱했으며 어깨가 딱 벌어진 사나이였다. 나는 꿈의 앞뒤 관계에서 그 사나이가 의사라고 생각했다. 다행히도 나는 그 무렵 아직 살아 계시던 어머니에게 나의 출생지──나는 고향을 세 살 때 떠나 왔었다──의 의사가 어떤 용모를 가진 사람인가 물어볼 수 있었는데, 어머니는 그 의사가 애꾸눈이고, 몸집이 작고, 뚱뚱하게 살이 쪘으며, 어깨가 딱 벌어진 사람이라고 가르쳐주었다. 동시에 그 의사가 나의 상처──나는 완전히 잊고 있었지만──를 치료해주었다는 것을 알았다. 즉 소아기 초기의 잊어버렸던 재료를, 이렇게 다루는 것이 꿈에 나타나는 또 하나의 태고성의 특질이다.

　우리가 지금까지 만난 다른 수수께끼 중의 또 하나도 이것과 똑같은 말을 할 수 있다. 꿈을 일으키는 것은 꿈의 검열과 꿈의 왜곡을 필요케 하였던, 성악(性惡)하고 방일한 성적 소망이라는 사실을 알게 되었을 때, 여러분이 얼마나 놀라서 받아들였는지 생각날 것이다. 이와 같은 꿈을 꾼 사람을 위해서 우리가 해석해준 경우, 다행히 그 사람이 그 해석 자체에 항의하지 않더라도 반드시 다음과 같은 질문을 퍼부었다.

　"나는 그런 소망과는 관계가 없다고 생각하고 있었고 그것과 정반대의 것을 의식하고 있었는데, 대체 그런 소망이 어디서 왔을까요?"

　우리는 이 소망의 유래를 지적하기에 주저할 필요는 없다. 이 나쁜 소망의 충동은 과거, 흔히 그다지 멀지 않은 과거에 유래하고 있다. 이 소망의 움직임이 있다는 것을 현재에는 알고 있지도 의식하고 있지도 않지만, 전에는 그런 소망이 있다는 것을 알고 있었고 의식하고 있었다는 것이 증명된다.

　어떤 부인이 꿈을 꾸었다. 그 꿈은 현재 17살난 외동딸이 죽었으면 좋겠다는 소망으로 해석되었다. 그리하여 우리가 지도해서 상기시켰더니 그녀는 한때 자기 딸에 대해서 죽음의 소망을 품은 적이 있었다는 것을 깨달았다. 그 딸은 이혼해버린 불행한 결혼에서 생긴 아이였다. 딸이 아직 뱃속에 있을 때 남편과의 심한 말다툼 끝에 격분의 발작으로, 뱃속의 아이가 죽어버렸으면 좋겠다고 주먹으로 힘껏 자기 배를 때린 적이 있었다. 지금은 자기 아이에게 온갖 애정을 다 쏟으며 아마 너무 지나치다는 말까지 들을 정도로 사랑하고 있는 어머니들이 과거에는 내키지 않는 마음으로 수태했고, 또 그 당시 자기 뱃속의 생명이 자라지 않기를 바란 예가 얼마나 많은지 모른다. 실제로 어머니들은 그와 같은 소망을 다행히도 그다지 해가 되지 않는 여러 가지 다른 행동으로 바꾸어버렸다. 그러므로 사랑하는 사람에 대한 죽음의 소망은 후일에 보면 불가사의하게 느껴지지만 그 사람과의 옛날 관계에서 유래하고 있는 것이다.

　한 아버지의 꿈을 해석하여 특별히 귀여워하고 있는 큰아들의 죽음을 바라고 있었다는 결론이 나왔을 때, 이 아버지는 그 어머니와 마찬가지로 그러한 소망이 마음속에 있었음을 상기할 것이 틀림없다. 현재의 처를 택한 데 대한 불만을 품고 있던 한 사나이가, 그 처와의 사이에서 태어난 아이가 아직 젖먹이였을 때, 성가신 이런 아이는 죽어버려야 아내와 헤어져서 실컷 자유를 누릴 수 있을 텐데, 하고 생각한 적이 있었다. 미움의 충동의 대부분은 대개 이것과 같은 원인에서 생긴다는 것을 증명할 수 있다. 이런 증오심의 충동은 과거에 속한, 언젠가 한 번은 의식되고 그리하여 정신생활 속에서 작용한 일이 있는 사건의 추억이다.

이런 것으로 해서 만일 어떤 사람과의 관계에 이런 종류의 변화가 일어나지 않았을 경우에는 즉 처음부터 그 관계가 냉담한 것이었을 경우에는 그와 같은 소망이나 그러한 꿈은 나타날 까닭이 없다고 여러분은 결론을 내리고 싶을 것이다. 이미 나는 그 추론이 옳다고 말한 바 있다. 다만 여러분에게 경고해두고 싶은 것은 꿈의 겉모양 그대로가 아니라 꿈의 뜻을 해석한 뒤의 꿈 전체의 의미를 고려해야 한다는 것이다. 사랑하는 사람이 죽었다는 현재몽은 단지 무서운 가면에 지나지 않고, 실제로는 전혀 다른 것을 뜻하고 있거나, 또는 그 사랑하는 사람은 다른 사람의 대신이며, 우리가 속고 있을 수도 있는 것이다.

이런 경우에 부딪치면 여러분의 마음속에 더 진지한 다른 의문이 솟아날 것이다. 여러분은 다음과 같이 말할지 모른다.

"설령 그 죽음의 소망이 전에는 존재해서 기억으로 그 존재가 증명되었다고 하더라도, 그것만으로는 아무런 설명이 되지 않습니다. 그 소망은 훨씬 옛날에 극복되어 지금은 무의식 속에 단순한 추억으로서 남아 있을 뿐이며, 강한 마음의 움직임으로서 남아 있는 것이 아니잖습니까? 그런데 강한 충동으로서 존재해 있다는 증거는 아무것도 없습니다. 어째서 그런 소망이 일반적으로 꿈 속에서 상기되는 것입니까?"

여러분의 이 의문은 사실 지극히 당연하다. 이 의문에 대답하려고 한다면 우리는 다시 이야기를 앞으로 진행시켜서 꿈의 학설 중 가장 중요한 점의 하나에 대한 우리의 의견을 밝히지 않으면 안 된다. 나는 부득이 당분간은 이 이상 이야기를 앞으로 진행시키지 않기로 하며, 이 의문도 잠시 보류하기로 한다. 우선은 여러분은 이 의문을 단념해주기 바란다. 이 극복되었을 것으로 보는 소망이 자극원이 되어 꿈을 일으킨다는 사실이 증명되었다는 것만으로 만족하기 바란다. 그리고 우리의 검토를 더 진행시켜서 다른 성악한 소망도 마찬가지로 과거로부터 나오는 것인가 어떤가를 알아보기로 하겠다.

계속해서 배척 소망(排斥所望 Beseitigungswunsch)(타인의 죽음을 바라는 소망)에 관한 설명을 하기로 한다. 우리는 이 소망을 대개의 경우, 꿈을 꾼 사람의 한정없는 이기심 탓으로 돌려도 좋다. 이 배척 소망이 바로 꿈의 형성자라는 것이 알려지는 일이 많다. 누군가가 우리 인생의 앞길을 막는다면 —— 이것은 인간 관계가 복잡해지면 많아지는데 —— 꿈은 그 방해자가 아버지건 어머니건, 또는 형제 자매이건 부부건 그 사람을 죽이려고 잔뜩 벼르며 기다린다. 우리는 인간의 본질이 이렇게 성악(性惡)한 것인가에 놀라 꿈에 관한 해석의 이 결과가 옳다고 그대로 인정할 기분이 나지 않았다. 그러나 이와 같은 소망의 기원을 과거에서 찾아야 한다고 배우고 나니, 이와 같은 이기심이나 소망 충동이 근친자에게 향해지더라도 조금도 이상하지 않은, 개인의 과거의 한 시기를 즉각 발견하게 된다.

이 어느 시기란 바로 소아기의 초기이다. 이 시기는 후일에 생각하면 모두 망각의 안개에 싸여 있지만, 이 시기의 아이는 종종 숨김없이 이기심을 발휘한다. 대개의 경우는 뚜렷한 이기주의의 싹, 올바로 말한다면 소질의 흔적이라는 모습으로 나타난다. 어린아이는 우선 먼저 자기를 사랑하고, 얼마가 지나서야 비로소 남을 사랑하며 자아(自我)의 일부를 남을 위해 희생하는 것을 배우게 된다. 어린아이가 처음부터 사랑을 기울이는 듯이 보이더라도 실은 그 사람이 필요하기 때문에, 그 사람이 없으면 살아갈 수 없기 때문에, 즉 이기적인 동기로 그 사람을 사랑하는 것이다. 후년에 이르러서야 비로소 사랑의 충동은 이기심과 관계가 없어진다. 실제로 어린아이는 '자기의 이기주의에서 남을 사랑하는 것을 배우는'것이다.

자기의 형제 자매에 대한 어린아이의 태도와 부모에 대한 태도를 비교해보면, 이 이기심에 대해서 배우는 바가 많다. 어린아이는 자기의 형제 자매에 대해서 반드시 사랑의 감정을 품고 있지는 않으며, 곧잘 드러내놓고 싫다고 말한다. 어린아이의 마음속에서 경쟁자를 미워하고 있다는 것은 의심할 것도 없으며, 이런 태도가 얼마나 종종 성인이 될 때까지, 아니 더 후년에까지 줄곧 계속되는가는 잘 알려져 있는 일이다. 분명히 이와 같은 심적 태도가 사랑의 태도로 깨끗이 해소되는 일도 종종 있다. 아니, 미움의 감정 위에 사랑의 태도가 덮인다고 하는 편이 좋을지 모른다. 그러나 적의의 감정은 일반적으로 애정보다 빨리 생기는 모양이다. 적의의 감정은 2살 반에서 네댓 살까지의 어린 아이로서 새로 동생이 태어났을 때 제일 관찰하기 쉽다. 어린아이는 대개 갓난아이를 진심으로 기꺼이 받아들이지 않는다.

“이번에 난 애기는 싫어. 황새가 다시 어디로 데려가버렸으면 좋겠어.” 하는 것이 대개의 어린아이가 하는 말이다. 그 결과 갓난아기를 헐뜯기 위해서 모든 기회가 이용되는데 갓난아기를 상처 입히는 일, 때로는 노골적으로 암살하려는 일도 드물지 않다. 두 아이의 나이 차가 적을 때는, 정신 활동이 더 활발해질수록 어린아이는 경쟁심을 일으켜서 상대방에게 대비한다. 만일 나이 차가 클 때는 갓난아기를 처음부터 재미있는 것, 혹은 살아 있는 인형으로 생각하여 어떤 종류의 동정심을 일으키는 경우도 있다. 갓난아기와 어린아이의 나이 차가 여덟 살 또는 그 이상일 때, 특히 여자아이의 경우는 갓난아기에 대해서 친절한 어머니 같은 충동이 재빨리 나타난다. 그러나 정직하게 말해서 꿈 속에서 형제 자매에 대한 죽음의 소망을 발견했을 때, 기괴하다고 놀랄 필요는 없다. 그 까닭은 배척 소망의 원형을 소아기의 초기에서, 아니 때로는 서로가 함께 살던 후년의 생활 속에서 쉽게 증명할 수 있기 때문이다.

어린아이들끼리 심하게 싸우지 않는 어린이 방은 아마 없을 것이다. 싸움의 동기는 부모의 사랑을 서로 빼앗으려 한다든가, 함께 가지고 놀게 되어 있는 장난감을 서로 빼앗으려 한다든가, 집안의 자리를 서로 빼앗으려 하는 일 등이다. 이 적의의 움직임은 형제 자매의 누구에게나 향한다. “영국의 젊은 여성이 어머니 이상으로 누구를 미워한다면 그것은 그 사람의 제일 손위 언니일 것이다.”라고 말한 것은 버나드 쇼였다고 생각된다. 쇼의 이 말에는 우리를 놀라게 하는 점이 포함되어 있다. 형제 자매 사이의 증오와 경쟁심은 그럭저럭 이해가 간다고 하더라도 그렇다면 어째서 딸과 어머니, 부모와 자식 사이의 관계에 증오의 감정이 침입하는 것일까?

　부모와 자식과의 관계는 아이 편에서 보아도 형제 자매에 대한 관계에 비하여 확실히 훨씬 더 의가 좋은 것이며, 우리도 그래야 한다고 생각하고 있다. 우리는 부모와 자식 사이에 애정이 없을 때, 형제 자매의 경우보다도 더 부당하다고 생각한다. 우리는 형제 자매 사이의 사랑은 세속적인 것으로 보고, 부모와 자식 사이의 사랑은 신성하다고 본다. 그럼에도 불구하고 평소의 관찰에 의하면 부모와 다 큰 자식들 사이의 감정 관계가 사회에 의해서 제창된 이상과 얼마나 거리가 먼가, 그 감정 관계에 벌써 얼마나 많은 적의가 작용하고 있는가, 그 감정 관계에 효성이나 사랑의 감정을 덧붙여 억누르지 않는다면 그 적의가 얼마나 나타나기 쉬운가 하는 것을 알 수 있다. 이 적의의 동기가 무엇인가는 잘 알려져 있는데, 아버지와 아들 어머니와 딸이라는 동성이 서로 반발하려고 하는 경향이 그것이다. 딸은 어머니를 자기의 의지를 속박하며, 성적 자유의 단념이라는 사회의 요구를 자기로 하여금 언제까지나 지키게 하는 사명을 지닌 권위(權威)로 인정한다. 경우에 따라서는 어머니를 이 경쟁자로 인정하며 경쟁에서 지지 않으려고 한다. 이와 똑같은 일이 아버지와 아들 사이에서는 한층 더 눈에 띄게 전개된다. 아들이 볼 때 아버지는 마지못해 참아야 하는 사회적 구속의 화신이다. 아버지는 아들이 제멋대로 행동하는 것, 젊을 때에 성적 향락에 빠지는 것, 또 재산이 있을 경우에 돈의 사용 등을 방해하려고 한다. 만일 왕위 계승자 경우, 아버지가 죽어주었으면 하는 기대는 비극적으로 높아진다. 이에 반해서, 아버지와 딸, 어머니와 아들의 관계는 그다지 위험하지 않은 것처럼 생각된다. 어머니와 아들의 관계는 이기심으로 조금도 더럽혀지지 않으며 영구히 변하지 않는 사랑의 전형이다.

　왜 나는 이와같이 일반적으로 알려져 있는 흔해빠진 일을 새삼 운운하는 것일까? 그것은 이러한 현상이 실생활에서 중요한 의의를 가지고 있다는 것을 부정하고, 사회가 요구하는 이상이 현실적으로 실현되고 있는 이상으로 훌륭히 실현되고 있는 것처럼 떠벌이는 경향이 분명히 있기 때문이다. 그러나 이와 같은 문제를 견유학파(犬儒學派)들에게 그냥 일임해두느니, 차라리 심리학이 진실을 말하는 편이 낫다. 물론 이런 진실의 부인(否認)은 현실생활에만 관련되어 있다. 소설이나 희곡 같은 예술은 이러한 이상이 실현되지 않을 때 나타나는 동기를 제작에 자유로이 이용하고 있다.

우리가 많은 사람의 꿈 속에서 부모, 특히 동성의 부모를 배척하려고 하는 소망을 폭로했다고 해서 별로 놀랄 것은 없다. 이 소망은 깨어 있을 때도 존재해서, 어떤 다른 동기에 의해 가장(假裝)되며, 의식되기조차 한다고 가정해도 좋다. 이를테면 '꿈의 분석 실례'의 제3의 예에서는 죽음의 소망이 아버지의 무익한 고통에 동정한다는 형태를 가장하고 나타났다. 꿈의 경우, 적의만이 지배하는 일은 드물다. 그보다 훨씬 많은 것은 적의가 사랑의 감정 뒤에 숨고, 마지막에는 억제되는 경우이다.

이 경우 꿈이 적의를 유리(遊離 Isolierung)(어떤 경험은 잊지 않지만 그 감정적 요소는 떼어내는 것)할 때까지, 적의는 가만히 기다리고 있어야 한다. 이와 같은 유리화에 의해서 꿈이 우리 눈에 거대한 것으로 보이더라도 해석을 하여 꿈을 꾼 사람의 실생활의 연관 속에 끼워넣으면, 본래대로 수축해버린다(한스 작스). 이 죽음의 소망은 실생활에서는 그것이 존재할 근거를 갖고 있지 않으며, 또 성인이면 깨어 있을 때에는 그와 같이 온당치 않은 소망을 품고 있다고는 결코 인정하지 않을 경우에도 꿈 속에서는 발견될 수 있다. 이것은 특히 동성의 부모와 자식 사이를 갈라놓으려고 하는 누구에게나 볼 수 있는 뿌리 깊은 동기가, 소아기의 이른 시절부터 이미 머리를 들고 있었기 때문이다.

나는 애정의 경쟁은 성적인 색채를 강하게 띠고 있다고 생각한다. 아들은 벌써 어린아이 때부터 어머니에 대해서 특별한 애정을 보이기 시작한다. 또 아들은 어머니를 자기 것으로 간주하고 아버지를 어머니의 독점을 에워싸고 다투는 경쟁자로 느끼기 시작한다. 이와 마찬가지로 어린 딸은 어머니를, 마치 자기와 아버지의 애정 관계를 방해하려 하는 방해자처럼, 또 자기 자신이 훌륭히 해낼 수 있는 지위를 빼앗으려고 하는 자로 생각한다. 이 태도를 우리는 오이디푸스 콤플렉스(Ödipuskomplex)라고 부르는데, 관찰해보면 이 태도의 기원이 얼마나 오랜 것인가 알 수 있다. 왜냐하면 오이디푸스의 전설*에서는 아버지를 죽이고 어머니를 자기 아내로 삼으려는 아들의 감정에서 나온 이 두 가지 극단적인 소망이 약간 약화된 형태로 실현되고 있기 때문이다. 나는 오이디푸스 콤플렉스가 자식과 부모의 관계를 모두 다 완전히 표현하고 있다고는 주장하고 싶지 않다. 자식과 부모의 관계는 확실히 이보다 훨씬 복잡하기 때문이다. 오이푸스 콤플렉스는 다소 강하게 발달하는 수도 있고, 또 그 반대로 되는 수도 있다. 그러나 오이푸스 콤플렉스는 유아 시절의 정신생활에서 일반적으로 볼 수 있는 매우 중요한 인자(因子)이다. 우리는 이 콤플렉스의 영향과 그것에서 생기는 발전을 과대평가하기보다 과소평가할 위험이 크다. 생각해 보면, 부모 쪽에서 오이디푸스적 태도로 반응하도록 자식을 자극하는 일이 많다. 즉 부모는 자식의 성별에 따라 귀여워하는 방법을 바꾼다. 그 결과 아버지는 딸을, 어머니는 아들을 더 귀여워하며, 또 결혼 생활이 식을 경우에는 자식이 매력을 잃은 사랑의 대상으로 대신되는 것이다.

이 오이디푸스 콤플렉스의 발견에 대해서 세상 사람들이 정신분석의 연구에 크게 감사했다고 우리는 주장할 수 없다. 그와는 반대로 이 발견에 대해서 어른들 사이에 심한 반발이 일어났다. 한편 엄금되어 있거나 금기(禁忌)로 되어 있는 이 감정의 관계를 부정하는 데 가담하지 않은 사람들도 늦게나마 그것을 보상하려고 오이디푸스 콤플렉스에 새로운 해석을 내리고 그 본래의 가치를 빼앗아버렸던 것이다. 나는 지금도 내 신념을 바꿀 생각은 없다. 내 신념에는 부정해야 할 것도 미화해야 할 필요도 없다. 그리스 전설에 의해서 피할 수 없는 숙명으로 인정된 이 사실에 친숙해지면 된다.

더 흥미 깊은 것은 실생활에서 추방된 이 오이디푸스 콤플렉스가 문학의 손에 넘겨져 이를테면 자유로운 처리에 맡겨졌다는 것이다. 오토 랑크는 그의 면밀한 연구 속에서 이 콤플렉스가 극시(劇詩) 속에 무한히 변형되고 완화된 모습으로, 혹은 가장(假裝)하여, 바꾸어 말하면 우리가 이미 검열의 작용으로 알고 있는 그 왜곡된 형태로 얼마나 풍부한 소재를 제공했는가를 증명해주었다. 그러므로 이 오이디푸스 콤플렉스가 훗날에 부모와 충돌없이 행복하게 살고 있는 어른의 꿈에 나타나도 좋은 셈이며, 또 거세 콤플렉스(Kastrationskomplex), 즉 아버지가 유아의 성적 행동을 위협하거나 제한하는 데 대한 반응도 이 오이디푸스 콤플렉스와 밀접한 관계가 있다는 것을 알 수 있다.

지금까지 발견한 사실에서 어린이의 심리생활의 연구에 주의해야 할 바를 알게 된 우리는, 이제야말로 다음과 같은 기대를 품어도 좋다. 이른바 금단(禁斷)의 꿈의 소망과 관련된 또 하나의 부분, 즉 방종스러운 성적 욕망의 유래도 같은 방법으로 설명할 수 있다는 희망을 가져도 좋다. 더 나아가서 우리는 소아의 성생활의 발달도 연구하고 싶다는 의욕을 느꼈다. 그리고 우리는 많은 근거에서 다음과 같은 것을 알았다. 우선 먼저 어린아이에게는 성생활이 없다든가, 성욕은 사춘기에 성기가 성숙해야 비로소 나타난다는 가설은 근거없는 잘못이라는 점이다. 반대로, 어린아이는 태어날 때부터 내용이 풍부한 성생활을 누리고 있다. 그러나 그 성생활은 어른으로서 정상으로 간주되는 것과는 여러 가지 점에서 다르다.

그런데 우리가 어른으로서 '도착(倒錯 Pervers)'이라고 부르는 것은 정상인의 성생활과 다음의 여러 가지 점에서 다르다. 첫째, 종(種)이라는 한계(동물과 인간과의 심연을 무시하는 것). 둘째, 혐오감의 한계를 넘어 있을 것. 셋째, 근친상간이라는 한계(혈연자에게서 성적 만족을 구해서는 안 된다는 금제(禁制)를 넘어 있을 것. 넷째, 공공연히 동성애를 행하는 것. 다섯째, 성기에 의해서 행하여지는 역할을 다른 기관이나 신체의 다른 부위에 바꿔놓는 것. 이와 같은 제한은 탄생 첫날부터 있는 것이 아니고, 유아의 발육과 교육의 과정 중에 서서히 형성된다. 어린아이는 이와 같은 제한에 사로잡히지 않는다. 또한 어린아이는 아직도 인간과 동물 사이에 있는 엄격한 장벽을 모른다. 인간과 동물과는 다르다는 긍지는 후일에야 비로소 생긴다. 어린아이는 처음에는 배설물에 대해서 혐오감을 나타내지 않는다. 이 혐오감은 교육의 영향으로 서서히 배운다. 어린아이는 성의 구별에 무관심하다. 오히려 남녀 양성은 같은 모양의 성기를 가졌다고 상상한다. 어린아이는 그 최초의 성적 욕망과 호기심을 자기와 가장 친근한, 그리고 성적이 아닌 다른 이유로 가장 사랑하고 있는 사람, 즉 부모, 형제, 자매, 유모에게로 돌린다. 마지막으로 후년에 애정 관계의 정점에 이르렀을 때 다시 나타나는 특징이지만 어린아이는 성기에만 쾌감을 기대하지 않고 몸의 다른 여러 부위에도 같은 감각이 있어 그 부위에서 같은 쾌감을 얻을 수 있다는 것을 발견한다. 따라서 그 부위가 성기의 역할을 할 수 있다는 사실을 알아낸다. 그러므로 어린아이는 '다형성 도착(多形性倒錯 Polymorphervers)'이라고 할 수 있는데, 어린이가 이 모든 충동을 아주 조금밖에 행위에 나타내지 않는 까닭은 후년에 비해서 이와 같은 충동의 강도가 약한 때문이며 또 한편 교육이 어린이의 성적 표현을 강하게 압박하기 때문이다. 이 억제는 이론화(理論化)되어 있어 어른들은 어린아이의 성적 표현의 어느 부분을 너그럽게 보며, 다른 부분에는 새로운 해석을 내려, 성적인 성질이 없다고 여기고 전체를 부인하게 된다. 이를테면 어린아이의 방에 들어가면 그 아이의 성적 장난을 엄하게 꾸짖으면서도, 대외적인 이론에서는 어린아이의 성적 순결을 변호하는 사람이 많다. 어린아이는 자유로이 방임되어 있을 때나 유혹당했을 때, 사람의 눈을 끄는 도착된 성활동을 잘 나타낸다. 물론 어른은 이것을 '어린아이다운 것'이라든가, '장난이다' 하고 간단히 처리해버린다. 왜냐하면, 어린아이는 도덕이나 법률에 대해서 한 사람 몫의 책임이 있다고 판정할 수 없기 때문이다. 그러나 역시 성욕은 있는 것이며, 타고난 체질의 징표로서도, 또 나중의 발달의 추진력으로서도 의의를 가지는 것이다. 따라서 어린아이의 성욕으로 어린아이의 성생활과 함께 인간 일반의 성생활을 설명할 수 있는 열쇠를 얻게 된다. 그러므로 왜곡된 꿈 뒤에 이 모든 도착된 소망의 움직임이 나타났을 경우에는, 이 점에서도 꿈이 완전히 유치형 상태로 되돌아간 것을 의미하고 있다.

금지된 소망 중에서 특별히 두드러진 것은 근친상간의 소망이다. 즉 부모, 형제 자매와 성교하고자 하는 소망이다. 인간 사회에서 이와 같은 성교가 얼마나 혐오감을 불러일으키는가, 혐오를 진정으로 느끼지 않더라도 사람이 표면적으로 얼마나 혐오를 나타냈는가, 또 얼마나 강력하게 그것이 금지되었는가, 여러분은 알고 있을 것이다. 근친상간의 공포를 설명하기 위해서 여태까지 실로 막대한 노력이 기울여져 왔다. 이러한 금제(禁制)에 대해 어떤 사람은 이것은 씨〔種〕를 보존하고자 하는 자연도태다, 즉 동종교배(同種交配)는 종족의 질적〔質的〕 저하를 가져오기 때문에 근친상간의 금제라는 형태를 빌려 심적으로 나타나는 것이라고 설명한다.

다른 사람들은 이렇게 주장한다. 어릴 때부터 가족과 공동 생활을 하고 있기 때문에 성적인 호기심이 그 가족에게 돌려질 수 없게 된 것이라고. 그것은 그렇다치고, 이 두 가지 주장에서는 근친상간의 금제가 자동적으로 달성된다고 되어 있다. 그렇다면 왜 엄한 금제가 필요한지 알 수 없다. 뒤집어 생각하면 이 엄격한 금제야말로 강한 욕망이 있다는 것을 뜻한다. 정신분석 연구의 결과, 근친상간적인 사랑의 선택은 누구에게나 처음에는 있다는 것, 그리고 후년에 이르러서야 비로소 이에 대해 저항이 나타나는데, 그 저항이 어디에서 유래하는가는 개체(個體) 심리학으로는 충분히 설명할 수 없다는 것을 알게 되었다.

아동심리학을 연구한 결과, 우리는 꿈을 한층 더 잘 이해할 수 있게 되었다. 그 결과를 종합해보면 잊어버린 소아기의 체험이 꿈에 나타난다는 것을 알았을 뿐 아니라, 어린아이의 정신생활은 그 특징, 즉 이기심과 근친상간적인 사랑의 선택 등은 꿈에 있어서는, 바꾸어 말해서 무의식 속에서는 계속 존재하고 있다는 것, 꿈에 의해서 우리는 밤마다 이 유아성(幼兒性)의 단계로 되돌아갈 수 있다는 것을 알았다.

이 일로 해서 '정신생활에 있어서 무의식적인 것이란 유아적인 것이다'라는 것을 알 수 있었다. 그리고 이 발견으로 인간에게는 많은 악이 숨어 있다는 불쾌한 인상은 엷어지기 시작한다. 그런 무서운 악은 정신생활에 있어서의 원초적인 것, 원시적인 것, 유아적인 것에 지나지 않는다. 그리고 그 일부는 어린아이에 있어서 활동하고 있으나 규모가 작기 때문에 무시되며 일부는 어린아이에게는 별로 윤리적인 기준이 요구되지 않기 때문에 중시되지 않는 것이다.

꿈은 이 어린아이의 단계로 퇴행하기 때문에 우리의 마음속의 숨은 악(惡)을 출현시킨 듯한 외관(外觀)을 갖는 것이다. 그러나 우리를 당황하게 하는 이 외관은 사람을 속이는 가면에 지나지 않는다. 꿈의 해석으로 상상되는 것만큼 인간은 악인이 아니기 때문이다.

꿈의 나쁜 욕망이 유아성의 자취에 불과하다면, 또 꿈이 사고와 감정 속에서 우리를 다시 어린아이로 만들어 우리를 윤리적 발달의 최초 단계로 되돌아가게 하는 것뿐이라면, 이와 같은 나쁜 꿈을 꾸었다 하더라도 이성적으로 생각해서 얼굴을 붉힐 필요는 없다. 이성이라는 것은 정신 생활의 한 작은 부분에 지나지 않는다. 정신에는 이 성적이 아닌 것이 많이 존재한다. 그런데도 이치에 맞지 않게 이러한 꿈에 얼굴을 붉히는 일이 종종 일어난다.

우리는 이와 같은 꿈을 꿈의 검열에 맡기는데, 만일 이 소망이 왜곡되지 않은 노골적인 형태로 의식 속에 침입해올 때는——그런 일은 매우 드물지만——얼굴을 붉히거나 분개하게 된다. 아니, 우리는 왜곡된 꿈에 대해서도, 그 꿈의 뜻을 알고 있는 것처럼 얼굴을 붉히는 수가 있다. 여러분은 그 '사랑의 봉사'의 꿈에 대해서 본인에게는 해석해주지 않았지만 그 고상한 노부인이 스스로 판단을 내리고 분개한 것이 생각날 것이다.

이것만으로 이 문제가 끝난 것은 아니다. 만일 우리가 꿈에 나타나는 악을 더 깊이 연구한다면 인간의 본성에 대해서 다른 판단으로 새로운 평가를 내릴 수 있을 것이다.

연구 전체의 성과로서 우리는 두 가지 견해를 얻었다. 그러나 이러한 견해는 다시 새로운 수수께끼, 나아가서는 새로운 의문의 시초를 의미할 뿐이다.

첫째로 꿈이 하는 일의 퇴행성(退行性)은 형식적일 뿐 아니라 실질적이기도 하다. 즉, 이 퇴행성에 의하여 우리의 사상은 원시적인 표현양식으로 번역될 뿐 아니라 원시적인 정신생활의 모든 특징, 즉 자아의 그 예전의 강대성과 성생활의 원초적 충동들이 다시 소생되며, 만일 상징관계를 태고적인 것으로 생각해도 좋다면 인류의 태고의 지적 소산(知的所産)도 다시 부활시킨다.

둘째로 오늘날의 우리는 일찍이 우리의 지배적이고 독재적이었던 이 옛 유아적 특징을 모두 무의식 속에 넣어 무의식에 대한 우리의 생각을 바꾸고 확대하지 않으면 안 된다. 무의식은 이제 그때 잠재하고 있던 것에 대한 이름이 아니다. 무의식은 독자적인 소망의 움직임, 독자적인 표현양식, 여느때는 발동하지 않는 독자적인 심적 메커니즘을 가진 특수한 심적 영역이다. 그러나 우리의 해석으로 뚜렷이 밝혀진 꿈의 잠재사상은 이 영역에 속해 있는 것은 아니다. 잠재의식이란 오히려 우리가 깨어 있는 동안에도 생각하려면 생각할 수 있는 것이다. 그럼에도 불구하고 꿈의 잠재사상은 역시 무의식적인 것이다. 그러므로 어떻게 이 모순을 해결하면 좋은가? 그래서 우리는 이 두 가지를 구별해야 하지 않을까 하고 생각하기 시작한다.

우리의 의식 생활(意識生活)에서 유래하고, 의식 생활의 성격을 가지고 있는 그 무엇 —— 우리는 이것을 '낮의 잔재(殘滓 Tagesreste)'라고 부르고 있다 —— 과 무의식의 영역으로부터 나오는 그 무엇이 결부되어 꿈이 되는 것이다. 그리고 이 둘 사이에서 꿈의 작업이 행하여진다. 낮의 잔재가 나중에 덧붙여지는 무의식에 의하여 어느 정도 영향을 받는가가 퇴행의 조건이 될 것이다.

이것이 꿈의 본질에 대한 심오한 통찰인데, 우리가 다시 깊이 심적 영역을 규명하기 전에는 그 진상을 뚜렷이 밝힐 수는 없다. 그러나 곧 꿈의 잠재사상의 무의식적 성격과 유아성(幼兒性)의 영역에 유래하는 무의식을 구별하기 위해서 다른 이름을 붙일 수 있을 때가 올 것이다.

잠자는 동안의 심리적 활동을 이와같이 퇴행시키는 것은 무엇일까 하는 의문이 마땅히 일어난다. 어째서 심적 활동은 잠을 방해하는 심리적 자극을 처리하기 위하여 퇴행의 도움을 빌리지 않으면 안 되는 것일까? 그리고, 만일 심적 활동이 꿈의 검열을 피하기 위해 지금은 이해할 수 없는 옛 표현 방법을 사용해서 가장해야 될 정도라면, 어째서 인류가 극복한 심적 충동과 옛 소망의 성격 특징을 소생시키는 것일까?

바꾸어 말하면 형식적 퇴행에 부가(附加)되는 실질적인 퇴행은 심리적 활동에 있어서 무슨 도움이 될까? 우리를 만족시키는 단 하나의 대답은 이렇다. 이와 같은 방법에 의해서만 꿈이 만들어질 수 있기 때문이며, 역학적으로는 달리 꿈의 자극을 해소할 수 없기 때문이라고. 그러나 우리도 아직은 그와 같은 답을 할 권리는 가지고 있지 않다.

역주 : 테베의 왕 라이오스에게, 그와 아내 이오카스테 사이에서 태어난 아들은 아버지를 죽이는 운명을 타고난다는 신탁(神託)이 내렸다. 두 사람은 무서워하여 아이가 태어나자 곧 그 아이를 묶고 발에 구멍을 뚫어서 키타이론 산에 버린다. 그러나 이 아이는 코린트의 왕 포류보스의 양치기에게 발견되어 발이 부어 있었다는 데서 오이디푸스라는 이름이 지어지고(에디푸스는 독일어식 발음이며 그리스 어로는 오이디푸스라고 한다. 오이다는 붓는다는 뜻), 포류보스의 친아들로서 길러진다. 그러나 한 번은 코린트 사람에게서 너는 포류보스의 친자식이 아니라는 모욕을 당한다. 그래서 그는 신

탁을 받으러 멜피로 떠난다. 그런데 멜피의 신탁은 너는 아버지를 죽이고 어머니를 아내로 삼을 운명을 타고났다는 것이었다. 그는 포류보스를 친아버지로 알고 있었으므로 신탁이 실현되는 것을 두려워하여 코린트로 돌아가지 않고 다우리스로 향했다. 도중에 그는 친아버지 라이오스와 마부를 만나 말다툼끝에 그만 두 사람을 죽이고 말았다. 마침 그 무렵 괴물 스핑크스가 테베 근처에 나타나서 테베 인을 크게 괴롭혔다. 이 괴물은 바위 위에 걸터앉아 그 앞을 지나가는 테베 인에게 수수께끼를 내어 풀지 못하는 자를 죽이는 것을 일삼고 있었다. 그때문에 테베 인은 "스핑크스로부터 이 나라를 구하는 자는 테베의 왕이 되고 이오카스테를 아내로 삼아야 한다."고 선언했다. 오이디푸스가 이 괴물에게 가까이 가자, 다음과 같은 수수께끼를 냈다. "다리를 넷 가진 자가 둘과 셋의 다리를 가지게 된다. 다리의 수는 변하고 제일 많은 다리를 가질 때 제일 약하다. 한 마디로 답하라." 에디푸스는 곧 "사람"이라고 대답했다. 태어날 때는 기고, 나이를 먹으면 지팡이를 짚는다는 뜻이다. 스핑크스는 수수께끼가 풀린 데 놀라 바위에서 굴러떨어져 죽었다. 오이디푸스는 테베의 왕이 되어 친어머니인 이오카스테를 아내로 삼는 몸이 되었다. 이윽고 테베에 전염병이 퍼졌다. 이번에는 라이오스의 살해자를 추방하라는 신탁이 내렸다. 오이디푸스가 이 신탁을 실행하려고 노력하고 있을 때 예언자가 나타나서 오이디푸스 자신이 아버지 라이오스를 죽인 범인이며 어머님의 남편이라고 알렸다. 이 말을 듣고 이오카스테는 자결하고 오이디푸스는 자기 눈을 도려내어 장님이 되었다. 이 이야기는 전설 작가들에 **따라** 부분 부분 차이가 많지만 그 줄거리는 거의 같다.

열네 번째 강의

소망 충족

여태까지 어떤 길을 걸어왔는가를 여러분은 다시 한 번 상기해주기 바란다. 우리가 발견한 정신분석 기법을 적용했을 때 꿈의 왜곡이라는 난관에 부딪쳤는데, 잠시 그 문제를 젖혀놓고, 어린아이의 꿈에서 꿈의 본질을 똑똑히 알고자 하는 생각이 떠올랐다. 아울러 우리는 그 연구의 성과를 무기로 하여 꿈의 왜곡을 직접 공격하여 한 걸음 한 걸음 극복해왔다. 아니, 그렇다고 생각하고 싶다. 그러나 우리는 이 두 가지 방법에서 따로따로 발견한 것이 반드시 일치하지 않음을 고백하지 않을 수 없다. 이 두 가지 성과를 종합하여 상호 조화를 이루는 것이 우리가 할 다음 과제이다.

두 방면으로부터의 연구에 밝혀진 바로는, 꿈의 작업이란 본질적으로는 사상을 환각적(幻覺的)인 체험으로 바꾸는 일이라는 것이었다. 어떤 방법으로 이것이 이루어지는지는 수수께끼지만, 이것은 오히려 일반심리학(一般心理學)이 다룰 문제이며 여기서 상세하게 논할 여가가 없다. 어린아이의 꿈에서 우리는 꿈의 작업의 목적은 잠을 방해하는 심리적 자극을 소망 충족으로 제거하는 일이라는 것을 배웠다. 왜곡된 꿈에 대해서는 그 꿈을 해석하는 수법을 알기 전에는 어린아이의 꿈과 같다고 말할 수 없었다. 그러나 우리는 처음부터 왜곡된 꿈이라도 어린아이의 꿈과 같은 관점에서 설명할 수 있다는 기대를 갖고 있었다. 모든 꿈은 실제로 어린아이의 꿈이며, 어느 꿈이고 유치형의 재료를 다루며 어린아이다운 심적 욕구와 메커니즘을 가지고 활동하고 있다는 견해에 우리가 도달했을 때, 이 예상은 비로소 적중했다. 꿈의 왜곡을 극복했을 때 우리는 꿈이 소망 충족이라는 견해가 왜곡된 꿈에도 타당한 것인지 어떤지 검토해보기로 하자.

우리는 앞의 강의에서 꿈을 하나씩 분석했는데, 그때는 조금도 소망 충족의 문제를 고려하지 않았다. 그러나 한창 그 해석을 하고 있을 때, '꿈의 작업의 목적이라는 그 소망 충족은 대체 어디에 있는 것일까' 하는 의문이 여러 분의 마음속에 끊임없이 솟아올랐을 줄 안다. 이 의문은 중요하다. 왜냐하면 그러한 의문은 아마추어 비평가한테서 흔히 나오는 것이기 때문이다. 잘 알다시피 인간이란 새로운 지식에 대해서는 본능적으로 반감을 품는 법이다. 이와 같은 새로운 지식을 금방 최소한으로 줄이고 될 수 있으면 하나의 표어(標語)로 압축해버리는 것이 그 반감의 표현이다. 새로운 꿈의 학설에 대해서는 이 '소망 충족'이라는 말이 표어가 되었다. 꿈이 소망 충족이라고 들으면 일반 사람은 즉각 "소망 충족은 대체 어디 있습니까?" 하고 질문하는데, 그 질문 뒤에는 소망 충족 따위는 아무 데도 없지 않은가 하는 부정적 대답을 한다. 일반 사람은 즉각 심한 불안을 불러일으킬 만큼 불쾌감이 수반된 자기의 무수한 꿈을 상기하고는 정신분석이 주장하는 꿈의 학설은 정말 엉터리라고 의심하기 시작한다. 우리는 그런 사람들에게 즉각 "왜곡된 꿈에는 소망 충족이 공공연히 나타날 까닭이 없다. 그것은 찾아내야 하므로 꿈을 해석하기 전에는 이 소망 충족이 사람의 눈에 띄지 않는다." 하고 쉽게 대답할 것이다. 우리는 왜곡된 이런 꿈에 포함된 소망은 검열에 의하여 기각된 금지된 소망이며, 이 소망의 존재야말로 꿈의 왜곡의 원인이 된 것이고 검열이 간섭하는 동기가 된 것임을 알고 있기 때문이다. 그렇지만 아마추어 비평가에게 꿈의 해석을 하기 전에 그 꿈의 소망 충족에 대해서 질문해서는 안된다는 것을 납득시키기란 어렵다. 그런데 아마추어들은 여러 번 말해도 이 경고를 잊어버리고 만다. 소망 충족의 학설을 부정하고자 하는 태도는 분명히 꿈의 검열의 필연적인 결과에 지나지 않는다. 즉, 검열을 받은 이 소망을 부정하는 태도의 대리적(代理的) 발로에 지나지 않는다.

물론 우리도 어째서 고통스러운 내용을 가진 꿈이 많은가, 특히 불안몽(不安夢)*이 있는가를 설명하고 싶다. 여기서 비로소 우리는 꿈

속의 감정(感情)이라는 문제에 직면하게 되며, 이것은 독립해서 연구할 만한 가치가 있는 문제이기도 하지만 유감스럽게도 여기서는 상세하게 설명할 수 없다. 만일 꿈이 소망 충족이라면 꿈 속에 고통스러운 감정이 있다는 것은 있을 수 없는 일이라는 아마추어 비평가의 의문은 막연하다. 그러나 이들 아마추어 비평가가 생각해보지도 않았던 세 가지 복잡한 문제부터 먼저 고찰해야 한다.

첫째로 고찰해야 할 것은 꿈의 작업이 소망 충족을 만드는 데 완전히 성공하지 못하여, 그 결과 꿈의 사상의 고통스런 감정 일부가 현재몽에 남는 경우이다. 분석하면, 이와 같은 꿈의 사상은 그것을 재료로 하여 만들어진 꿈보다 훨씬 고통스러웠을 것이라는 점을 알게 될 것이다. 이것은 어느 예에 대해서나 항상 설명할 수 있다. 마치 목마름이라는 자극으로 일어난 물을 마시는 꿈이 목마름을 가시게 하는 목적을 거의 달성하지 못하는 것처럼 우리는 그때 꿈의 작업이 그 목적을 달성하지 못한 것을 인정한다. 물을 마시는 꿈을 꾸어도 목은 여전히 마르고, 물을 마시기 위해서 잠을 깨지 않으면 안 된다. 그러나 그것은 역시 어엿한 꿈이었으니 이 꿈은 꿈의 본질이 전혀 결여되어 있지 않다. ‘ut desint vires, tamen est laudanda voluntas(로의 시인 오비디우스가 한 말. 설사 그 힘은 미치지 못하더라도 의도는 언제나 칭찬할 만하다.)’라고 말하지 않을 수 없다. 분명히 인정되는 의도는 적어도 칭찬할 만하다. 이와 같은 실패의 예는 결코 드물지는 않다. 꿈의 작업으로 봐서는 내용의 의미를 고치는 것보다 감정의 성질을 바꾸는 편이 훨씬 어렵다는 점이 실패의 한 원인이다. 감정은 몹시 저항력이 강한 경우가 많기 때문이다. 그러므로 꿈의 작업은 꿈의 사상에 포함되어 있는 고통스러운 내용을 소망 충족의 모습으로 바꾸는데, 그 고통스러운 감정 쪽은 여전히 변화하지 않고 남는 것이다. 이런 꿈에서는 감정과 내용이 완전히 일치하지 않는다. 이에 대해서 아마추어 비평가는, 꿈은 본디 소망 충족이 아니므로 꿈 속에서는 무해한 내용조차 고통스럽게 느껴진다고 말했는지 모른다. 이런 몰이해(沒理解)한 주장에 대해서는 꿈의 작업의 소망 충족 경향은 이런 꿈에서야말로 내용과 감정이 분리(分離)되어 있기 때문에 제일 뚜렷이 나타난다고 항의할 수 있다. 이런 잘못된 생각은 노이로제가 무엇인지 모르는 사람이 꿈에서도 내용과 감정의 결합이 긴밀하다고 생각하고, 그 때문에 내용이 변하더라도 그 내용에 속하는 감정은 본래대로 표현된다는 것을 모르기 때문에 일어나는 것이다.

둘째로 고찰해야 할 것은 아마추어라면 누구나 등한시하는 매우 중요하고 심각한 인자(因子)이다. 즉, 소망 충족은 확실히 쾌감을 가져다줄 것이 틀림없겠지만, 대체 누구에게 쾌감을 가져다주느냐 하는 것이다. 물론 그 소망을 품고 있는 사람에게 가져다주는 것인데, 꿈을 꾼 사람은 자기의 소망에 대해서 아주 특수한 관계를 가지고 있다는 것을 우리는 알고 있다. 꿈을 꾼 사람은 자기의 소망을 비난하고 검열한다. 즉, 꿈을 꾼 사람은 그 소망을 좋아하지 않는다. 또한 소망의 충족은 꿈을 꾼 사람에게 아무런 쾌감도 가져다주지 않으며, 오히려 그 정반대의 것을 가져다준다. 이 쾌감과 정반대의 것이 무엇인지는 더 설명이 필요하지만 경험상 그것이 불안의 형태로서 나타난다는 사실을 우리는 알고 있다. 그러므로 꿈을 꾼 사람과 그 꿈의 소망과의 과제는, 뚜렷한 공통점으로 굳게 결합되어 있는 두 사람의 합체(合體)에 비유할 수 있다. 이 사실을 상세하게 이야기하는 대신 여러분에게 유명한 동화를 하나 소개하겠다. 여러분은 이 이야기 속에서 이것과 같은 관계를 발견할 것이 틀림없다.

행복의 여신이 어떤 가난한 부부에게 세 가지 소망을 들어주마고 약속했다. 부부는 매우 기뻐하며 신중히 세 가지 소망을 고른다. 그런데 아내가 이웃집에서 풍겨오는 소시지 냄새에 현혹되어 '아아, 저런 소시지를 두 개만 가졌으면.' 하고 생각했다. 그러자 금방 소시지가 눈앞에 나타났다. 이것으로 첫재 소망이 채워졌다. 이것을 보고 남편은 화가 나서 분한 김에 "제기랄, 이 따위 소시지, 여편네 코 끝에나 매달려버려라." 하고 말했다. 그러자 소시지는 아내의 코 끝에 매달려서는 아무리 해도 떨어지지 않았다. 이것이 두 번째 소망 충족이었으며, 이 소망은 남편이 품은 소망이었다. 이 소망의 충족이 아내로 봐서는 매우 불쾌한 일임은 말할 나위도 없다. 여러분은 이 동화의 마지막을 알 수 있을 것이다. 두 사람은 결국 부부로서 일체이므로 세 번째 소망으로서 소시지가 아내의 코 끝에서 떨어지도록 바랐을 것이 틀림없다. 우리는 이 동화를 여러 다른 의미에서 이용하는 일이 있을 줄 알지만 여기서는 단순히 양쪽의 의견이 서로 일치하지 않으면 한쪽의 소망 충족은 다른쪽의 사람에게는 불쾌한 것이 된다는 것을 설명하기 위해서였다.

이제 불안한 꿈을 더 잘 이해하는 데는 곤란하지 않을 것이다. 또 하나의 관찰을 이용해서 그것에 대한 여러 가지 예를 인용할 수 있는 가설을 세우기로 하자. 그 관찰이라는 것은 불안한 꿈은 전혀 왜곡되지 않은, 바꾸어 말하면 검열의 눈을 피한 내용을 가지고 있는 경우가 많다는 것이다. 불안한 꿈은 흔히 노골적인 소망의 충족, 물론 꿈을 꾼 사람이 인정하려 들지 않는 소망의 충족이다. 즉 검열 대신에 불안이 나타난 것이다. 유치형(幼稚型)의 꿈은 꿈을 꾼 본인이 인정하는 소망의 공공연한 충족이며 보통의 왜곡된 꿈은 억압된 소망의 가장된 충족이라고 할 수 있다. 여기서 '불안한 꿈이란 억압된 소망의 공공연한 충족이다.'라는 공식이 성립된다. 불안은, 억압된 소망이 검열보다 더욱 강하게 나타나는 것, 즉 억압된 소망이 검열에 대항해서 그 소망 충족을 관철했거나 관철하려고 한 표시이다. 꿈으로 봐서는 소망 충족이지만 꿈의 검열 편에 서 있는 우리로 봐서는 고통스러운 감정을 느끼게 되는 원인이며 그것을 방어(防禦)하려는 원인이 되는 것에 지나지 않음을 알 수 있다. 그때 꿈에 나타난 불안은 평소에 눌려 있던 소망들의 강함에 대한 불안이라고 말할 수 있을 것이다. 어째서 이 강한 소망에 대한 방어가 불안이라는 형태를 갖는가는 꿈의 연구만으로는 설명되지 않는다. 우리는 불안을 다른 곳에서 분명하게 연구해야 한다.

왜곡되지 않은 불안한 꿈에 적용되는 이 가설은, 부분적으로 왜곡된 불안몽이나 고통스러운 감정이 거의 불안에 가까운 모습을 띤 다른 불쾌한 꿈에도 적용된다. 보통 불안한 꿈을 꾸면 잠이 깬다. 즉, 꿈의 억압된 소망이 검열에 대항해서 완전히 충족되기 전에 잠이 깨는 것이 보통이다. 이 경우 꿈은 그 목적을 달성하는 데 실패했다고는 하나, 그 때문에 꿈의 본질이 변화하지는 않는다. 우리는 꿈을 잠이 방해되지 않도록 감시하는 야경꾼, 즉 수면의 파숫군에 비유했었다. 야경꾼이라도 자기 혼자서 방해나 위험을 쫓아버릴 자신이 없다고 느꼈을 때는 자고 있는 사람을 흔들어 깨우는 수가 있다. 그러나 꿈이 위험한 빛을 띠고 불안으로 향하기 시작했을 때라도 우리는 운 좋게 잠을 계

218

속하는 수가 있다. 우리가 수면 중에 "꿈이었다구." 하고 혼잣말을 중얼거리고는 다시 잠들어버리는 것은 바로 이때이다.

꿈의 소망이 검열을 압도할 사태는 언제 일어나는 것일까? 그 조건은 꿈의 소망 쪽에서 채워지는 일도 있고, 꿈의 검열 쪽에서 채워지는 일도 있다. 소망은 어떤 뚜렷하지 않은 원인으로 언제고 강해질지도 모르지만, 우리는 흔히 꿈의 검열 태도 쪽이 이 힘의 균형의 이동에 책임이 있는 듯한 인상을 받는다. 우리는 앞에서 이미 검열의 강도(強度)는 꿈마다 다르다는 점을 말했다. 검열의 힘은 일반적으로 매우 각양 각색이며 같은 꺼림칙한 요소에 대해서도 언제나 같은 엄격함으로써 임하지 않는다는 가설을 지금 덧붙여두고 싶다. 검열은 자기를 기습하려고 위협하는 어떤 소망에 대해서 자기의 무력을 깨닫는 사태에 직면하면, 왜곡을 이용하는 대신, 자기에게 남겨진 마지막 수단으로서 불안을 깨워 수면 상태를 파악하는 것이다.

그런데 여기서 기묘하게 느껴지는 것은 왜 이 꺼림칙한 나쁜 소망이 꼭 밤중에만 활동하여 우리의 수면을 방해하느냐 하는 이유를 우리가 아직 모르고 있다는 점이다. 이에 대한 대답으로는 그것은 수면 상태의 본성 때문이라는 가설을 세울 수밖에는 없을 것이다. 낮 동안은 검열이라는 무거운 압력이 이들 소망을 누르고 있어서 일반적으로 소망은 그 영향력을 발휘하지 못한다. 그러나 밤에는 심적 활동의 다른 모든 관심과 마찬가지로 이 검열도 자고 싶다는 단 한 가지 소망에 편리하도록 그 영향력을 정지시키거나 혹은 적어도 많이 저하시킨다. 즉 금지되어 있는 소망이 다시 활동하는 것은 밤 동안에 검열의 이 간섭력이 저하되기 때문이다.

불면증을 호소하는 노이로제 환자 중에는 불면이 처음에는 바라던 것이었다고 고백하는 사람이 있다. 이와 같은 환자는 꿈을 꾸기를 무서워하기 때문에, 즉 검열의 이 간섭력 저하의 결과를 두려워하여 안심하고 잠들지 못하는 것이다. 그러나 검열의 간섭력 저하는 결코 큰 부주의를 뜻하는 것이 아님을 여러분도 쉽게 알 수 있을 것이다. 수면 상태는 우리의 운동 기능을 마비시킨다. 그러므로 설령 나쁜 의도가 마음속에 움직이기 시작하더라도 그야말로 실제로는 아무런 해도 없는 꿈을 만드는 일밖에 하지 못한다. 그리고 '꿈이었구나.' 하는 밤에 속하면서 결코 꿈의 생활에는 속하지 않는 가장 이성적인 말은 사태가 안심할 수 있는 것임을 말해준다. 따라서 우리는 그 꿈을 방임(放任)하고는 계속 잠을 자는 것이다.

셋째로, 자기의 소망에 반항하는 꿈을 꾸고 있는 사람은 각기 딴 인물로 분리되어 있으면서도 무언가로 단단히 결합되어 있는 두 인물의 합체(合體)라는 견해를 상기한다면, 어째서 소망 충족에 의해 매우 불쾌한 일, 즉 징벌이 행하여지는가 하는 이유도 이해할 수 있을 것이다. 여기서도 그 세 가지 소원에 관한 동화를 빌려서 설명하기로 하자. 쟁반 위의 소시지는 제1의 인물, 즉 아내가 품은 소망의 직접적인 충족이며, 아내의 코 끝에 붙은 소시지는 제2의 인물, 즉 남편의 소망 충족인데, 동시에 그것은 아내가 품은 어리석은 소망에 대한 징벌이기도 하다. 이 동화에 남아 있는 세 번째 소망의 동기가 되는 것을 우리는 노이로제 환자에게서 재발견할 것이다. 그런데 인간의 심적 활동에는 이와 같은 징벌의 의향이 많이 있다. 이것은 매우 강한 의향이어서 일부 고통스러운 꿈은 이 징벌 의향에 책임이 있다고 해도 무방하다.

이제 여러분은 이것으로 유명한 소망 충족의 학설은 모두 설명이 되었다고 할는지 모른다. 그러나 더 잘 살펴보면, 여러분은 자기의 말이 옳지 않다는 것을 깨닫게 될 것이다. 나중에 인용하는 여러 가지 꿈의 방식에 대비(對比)해서 —— 많은 학자도 그렇게 말하고 있지만 —— 소망 충족, 불안 실현(不安實現), 징벌 실현(懲罰實現)이라는 세 가지 해결로는 너무나 미흡하다. 더 덧붙여두고 싶은 것은 불안은 소망과 반대되는 대립물(對立物)이며, 이 대립은 연상(聯想)에서는 서로 특별히 밀접한 관계가 있어 이미 말한 것처럼 무의식세계 속에서는 일치한다는 점이다. 그리고 징벌도 사실 소망 충족이며 이것은 다른 사람, 즉 검열을 하는 사람의 소망 충족이다.

전체적으로 보아서, 나는 소망 충족의 이론에 대하여 여러분의 항의에 조금도 양보하지 않았다. 그러나 왜곡된 꿈에 대해서 일일이 그 소망 충족을 입증할 의무가 있으므로, 나는 결코 이 과제를 회피할 생각은 없다. 그래서 전에 해석한 그 1플로린 50크로이처로 석 장의 C석 입장권을 산꿈, 우리가 많은 지식을 배운 그 꿈으로 돌아가기로 하자.

여러분도 다시 한 번 상기해주기 바란다. 어느 날 남편은 아내에게, 아내보다 불과 석 달 손아래인 엘리제라는 여자 친구가 약혼했다는 말을 한다. 그날 밤 아내는 남편과 함께 극장에 가 있는 꿈을 꾼다. 좌석의 한 쪽은 거의 비어 있다. 남편은 아내에게 말한다. 엘리제와 그 약혼자도 오고 싶어했으나 석 장에 1플로린 50크로이처 하는 C석 입장권을 사야 했으므로 올 수 없었다는 것이다. 부인은 두 사람이 올 수 없었다는 것을 결코 불운이 아니라고 생각한다. 우리는 이 꿈의 사상 속에 너무 빨리 결혼해버렸다는 후회와 남편에 대한 불만이 포함되어 있는 것을 발견했다. 그러면 마음을 어둡게 하는 이 사상이 어떻게 소망 충족의 형태로 변형되었는가, 또 그 소망 충족의 흔적은 현재내용(顯在內容)의 어디에서 발견되는가 하는 것이 우리의 호기심을 끈다. 그런데 '너무 일찍 서둘러서'라는 요소는 검열에 의해 꿈에서 삭제되었다는 것을 우리는 이미 알고 있다. 빈 좌석은 이 점을 암시하고 있다. '1플로린 50크로이처에 석 장'이라는 이상한 표현은 전에 연구한 상징의 도움을 빌리면 더 잘 이해할 수 있을 것이다. 실제로 3은 남자를 의미한다. 그리고 현재 요소(顯在要素)는 '지참금으로 남자를 산다(나만큼의 지참금이라면 10배나 훌륭한 남자를 살 수 있다.)'로 즉각 번역할 수 있다. 결혼은 분명히 '연극 구경'으로 바뀌어 있다.

'너무 서둘러 입장권 걱정을 했다.'는 것은 너무나 빨리 결혼했다는 것을 대리하고 있다. 그러나 이 대리 형식은 소망 충족이 한 일이다. 평소에 이 여성은 자기의 여자 친구가 약혼했다는 소식을 들은 날만큼 자기의 조혼에 불만을 느끼고 있지는 않았다. 당시 그녀는 자기가 빨리 결혼한 것을 자랑으로 여겼고, 그 여자 친구 엘리제보다 자기가 더 행복하다고 생각하고 있었다. 순진한 처녀들은 약혼하면 금방 여태까지 금지되어 있던 연극을 보러 가서 함께 구경하여도 좋다는 기쁨을 드러내는 수가 많다고 한다. 여기서 나타난 무엇이나 보고 싶다는 욕망, 즉 호기심은 확실히 처음에는 성생활에 돌려진 성적 호기심이며, 특히 부모의 성생활을 향한 성적 호기심이었다. 또한 이 호기심은 처녀를 조혼으로 몰아세우는 강한 동기가 된다. 이렇게 하여 연극 구경은 결혼했다는 것을 뚜렷이 나타내는 대리물이 된다. 즉 그녀는 지금은 빨리 결혼한 것을 후회하고 있지만 빨리 결혼한 것이 소망 충족—

—결혼으로 그녀의 호기심이 채워졌으므로 —— 이었던 그 시절로 되돌아가 있는 것이다. 그리고 이 옛날의 소망의 움직임에 이끌려서 결혼이 연극 구경으로 바뀐 것이다.

숨겨진 소망 충족을 증명하기 위해서 우리가 택한 실례는 이상적인 것이라고는 할 수 없다. 우리는 다른 왜곡된 꿈도 이것과 동일한 방법으로 다루지 않으면 안 된다. 나는 이제 여러분 앞에서 일일이 그렇게 할 수가 없으므로 여러분에게 어떤 꿈이라도 성공한다는 확신을 주는 것만으로 그치겠다. 그러나 나는 꿈의 이론의 이 부분에 좀더 머물고 싶다. 내 경험에 의하면 이 점은 꿈의 이론 전체 중에서 가장 위험한 부분의 하나이며 더 많은 반대와 오해를 부른 점이기도 하다. 또한 여러분은 꿈은 충족된 소망, 또는 그것과 정반대의 것, 즉 현실화된 불안이나 징벌이라고 말함으로써 내가 이미 내 주장의 일부를 철회했다는 인상을 받을 것이다. 그리고 여러분은 지금이야말로 그 주장을 더욱 축소시키는 절호의 기회라고 생각할는지 모른다. 나 자신은 잘 알고 있는 사실이지만, 그것을 너무나 간단하게, 따라서 상대편이 충분히 납득할 수 없도록 지껄인다는 비난을 받은 적도 있다.

우리와 함께 꿈의 해격이 여태까지 가져다준 모든 성과(成果)를 받아들인 사람도, 대개 소망 충족의 문제에 이르면 멈칫 걸음을 멈추고 "꿈이 언제나 의미를 가지고 있어서, 이 의미가 정신분석의 기법으로 밝혀질 수 있음은 인정하더라도, 왜 이 꿈은 뚜렷한 증거가 있는데도 언제나 소망 충족이라는 공식에 끼워 맞추어야 합니까? 어째서 밤의 사고(思考)는 낮의 사고만큼 갖가지 의미가 있어서는 안 되는 것입니까? 다시 말해서 어떤 때는 충족된 소망과 일치하고, 어떤 때는 선생님 자신이 말씀하시는 것처럼 그것과는 정반대의 것, 즉 현실화된 공포와 일치할 수 없는 것입니까? 어째서 또 의도(意圖), 경고, 찬부(贊否)에 대한 숙고, 비난, 양심의 가책, 목전에 다가온 일을 준비하는 노력 등도 표현할 수 없는 것일까? 왜 언제나 소망이나, 기껏해야 그것과 정반대의 것만을 표현하는 것입니까?"라고 질문한다.

이 점에서 의견의 차이가 있더라도 다른 점에서 일치한다면 상관없다고 여러분은 생각할는지 모른다. 꿈의 의미를 아는 방법을 발견한 것만으로는 충분하지 않은가? 만일 우리가 꿈의 의미를 너무 좁게 한정했다면, 전진은커녕 후퇴했을 것이다. 그렇지만 그런 일은 없다. 이 점에 대한 오해는 꿈에 대한 우리 인식의 본질에 저촉되며 노이로제를 이해하는 데 필요한 꿈의 가치를 손상하는 것이다. 상인의 세계에서 붙임성 좋다고 존중되는 그런 종류의 영합적 태도는 학문의 세계에서는 가당치 않을 뿐 아니라 오히려 해로운 것이다.

"왜 꿈에는 많은 의미가 있어서는 안 됩니까?"라는 질문에 대한 나의 첫 대답은 "왜 안 되는지 나는 모른다."는 평범한 말이다. 설사 많은 의미가 있더라도 나는 이의가 없다. 아니 내가 아는 한, 꿈이 많은 의미를 가지고 있더라도 상관없다. 다만 어떤 사소한 일이 꿈의 이 비교적 폭 넓고 편리한 견해, 즉 실제로는 꿈의 의미가 매우 다의적(多義的)이라는 견해에 저촉될 뿐이다.

나의 제2의 대답으로서 꿈은 가지각색의 사고 형식과 지적 조작(知的操作)에 대응한다는 가설은 내 자신에 있어서 조금도 새삼스러운 것이 아님을 강조하고 싶다.

나는 언젠가 어느 환자의 병력(病歷)에 사흘 밤 연거푸 나타났다가 그 후는 나타나지 않았던 한 꿈을 보고했다.

나는 이것을 설명하여 꿈이 이런 식으로 나타난 까닭은 어떤 '계획'이 실현되었기 때문에 두 번 다시 나타탈 필요가 없어졌기 때문이라고 말했다. 그 후 나는 고백에 대응(對應)하는 꿈을 발표했다. 그런데 내가 이론(理論)을 내세워 꿈은 언제나 충족된 소망에 지나지 않는다는 주장을 하는 것은 무슨 까닭일까?

내가 그렇게 주장하는 까닭은 꿈에 대해서 우리가 애써서 얻은 성과를 잃게 할지도 모르는 단순한 오해를 허락하고 싶지 않기 때문이다. 즉 그것은 꿈과 꿈의 잠재사상을 혼동하고 잠재사상에만 적용되는 것을 꿈에까지 적용시키려 하는 오해라고 하겠다. 꿈은 우리가 앞에서 열거한 계획, 경고, 숙고, 준비, 또는 어떤 과제를 해결하는 시도 등을 대리할 수 있으며, 또 그것들에 의하여 대상될 수 있다는 것은 아주 옳은 이야기다. 그러나 여러분이 주의해서 본다면 이러한 것들은 모두 꿈의 원천이 되는 잠재사상에만 적용된다는 것을 인정하게 될 것이다.

여러분은 꿈의 해석에서 인간의 무의식적인 사고는 이와 같은 계획, 준비, 숙고 등을 다루며, 꿈은 이런 것을 재료로 하여 꿈의 작업으로 만들어진다는 것을 알고 있다. 만일 여러분이 분석시에 꿈이 작업에는 관심이 없고 인간의 무의식적인 사고 쪽에 매우 큰 관심을 가졌다면 여러분은 꿈의 작업 같은 것을 젖혀놓고 꿈이 경고·계획 등에 대응한다는, 실제로는 조금도 틀림없는 판단을 내리게 될 것이다. 정신분석을 연구하고 있으면, 이런 예에 흔히 부딪친다. 우리는 대개 꿈의 형식을 다시 부수어, 그 꿈의 원료가 되는 잠재사상을 꿈 대신에 서로 맞추어서 연결을 지으려 한다.

그러므로 여러분은 꿈의 잠재사상에 관한 평가에서 우리가 열거한 매우 복잡한 심리적 행위는 모두 무의식적으로 일어날 수 있다는 것을 아주 우연히 배운 것이다. 이것은 굉장한 일이지만 우리를 얼떨떨하게 만드는 결론이다.

그러나 문제를 되돌리자. 여러분은 자신이 간략한 표현을 사용했다는 것을 염두에 두고 있고, 또 여러분이 앞에서 예거한 꿈의 갖가지 성질이 꿈의 본질에 관계가 있는 것은 아니라고 믿고 있다면, 여러분이 한 말은 아주 옳다. 여러분이 '꿈'이라고 말할 때, 그 '꿈'이라는 말은 현재몽, 즉 꿈이 작업의 산물을 의미하거나 또는 고작 꿈의 작업 자체, 즉 꿈의 잠재사상에서 현재몽이 만들어진 심리과정을 의미하거나 그 어느 편이어야 한다. 꿈이라는 말을 다른 뜻으로 사용하면 개념의 혼란이 생기며 이거야말로 백해 무익한 일이다. 만일 여러분이 말하는 꿈이, 꿈의 배후에 있는 잠재 사상만을 가리킨다면 여러분은 솔직이 그렇다고 인정하고 모호한 표현을 사용해서 꿈의 문제를 적당히 얼버무려서는 안 된다. 꿈의 잠재사상이란 꿈의 소재(素材)이다. 이 소재가 꿈의 작업에 의해서 현재몽으로 바꾸는 것이다. 어째서 여러분은 이 소재와 소재를 처리하는 꿈의 작업을 혼동하려 하는가? 만일 여러분이 혼동한다면 여러분은 꿈의 작업의 산물만을 알고 그 산물이 어디서 오며 어떻게 만들어지는가 설명하지 못하는 사람보다 별로 진보했다고는 할 수 없는 것이다.

꿈에서 단 하나 본질적이라고 할 수 있는 것은 사상이라는 소재를 가공하는 꿈의 작업이다. 어떤 경우의 실제적 상황에 있어서는 꿈의 작업을 등한시하여도 무방하지만 이론(理論)에 있어 그것을 무시하는 것은 옳지 않다. 정신분석적으로 관찰하면 꿈의 작업은 잠재사상을 여러분이 이미 배운 태고적, 혹은 퇴행적 표현 양식으로 번역하는 일에만 한정되어 있는 것이 아님을 알 수 있다. 그뿐 아니다. 꿈의 작업은 낮의 잠재사상에 속하지 않지만 꿈 형성의 원동력인 그 무엇을 이들 사상에 덧붙인다. 꿈을 만드는 데 없어서는 안 될 이 부가물(附加物)은 마찬가지로 의식되지 않은 소망이며 이 소망을 채우기 위해서 꿈의 내용이 변형되는 것이다. 그러므로 여러분이 꿈에 의해 대리된 사상만을 고려에 넣는다면 꿈은 경고, 계획, 준비 등 무슨 일이라도 할 수 있다.

또 꿈은 언제나 무의식적인 소망의 충족이기도 하지만 그것은 여러분이 꿈을 꿈의 작업의 성과로 인정할 때에만 그러하다. 따라서 꿈은 다만 단순한 계획이나 경고가 아니라 항상 어떤 무의식적인 소망의 힘을 빌어 계획이나 경고 등을 태고적인 표현 양식으로 번역하여 이 소망을 채우도록 그것을 변형한 것이다. 소망 충족이라는 이 하나의 성격은 언제나 변하지 않는 성격이지만 다른 성격들은 여러 가지로 바뀔 수 있는 가능성이 있는 것이다. 그러나 이것도 소망일 수 있다. 이때 꿈은 무의식적인 소망의 도움을 빌려 낮의 잠재적 소망을 충족된 모습으로 표현하는 것이다.

이상 말한 모든 것은 나는 이미 잘 알고 있는 것이지만 내 말을 여러분에게도 이해시킬 수 있었는지 어떤지 모르겠다. 지금까지 말한 것을 여러분에게 입증해보인다는 것은 나로서는 매우 힘드는 일이다. 그러려면 한편에서는 많은 꿈을 면밀히 분석해야 하며, 또 한편에서는 꿈에 대한 우리의 견해 가운데서 가장 까다롭고 중요한 소망 충족이라는 문제는 내가 나중에 이야기하려 하는 문제와 결부시키지 않고는 충분히 납득할 수 있도록 말할 수 없기 때문이다. 모든 것이 서로 끊을 수 없는 관련이 있는 이상, 어떤 한 사물의 본질을 깊이 규명하기 위해서는 그와 비슷한 성격을 가진 다른 것들을 문제삼지 않고서도 할 수 있다고 생각하는가? 우리는 꿈과 가장 비슷한 것, 즉 노이로제의 증상에 대해서는 조금도 언급하지 않았으니, 지금까지의 지식으로 만족하지 않으면 안 된다. 그러나 나는 한 가지 예만 더 여러분에게 설명하고 그것을 새로운 각도에서 고찰해보기로 한다.

　다시 한 번 지금까지 몇 번이나 언급한, 그 1플로린 50크로이처로 석 장의 입장권을 산 꿈을 한 번 더 예로 들고 싶다. 그런데 내가 처음에는 별로 깊은 생각도 없이 이 꿈을 실례로 골랐다는 것을 여러분에게 고백한다. 여러분은 이미 이 꿈의 잠재사상을 알고 있을 것이다. 즉 자기의 여자 친구가 지금 비로소 약혼했다는 소식을 듣고 마음에 생긴, 매우 서둘러서 결혼해버렸다는 후회와 남편에 대한 경멸감, 즉 좀더 기다렸더라면 더 좋은 남성을 남편으로 가질 수 있었을 텐데 하는 생각이다. 이와 같은 사상을 소재로 해서 하나의 꿈을 만든 소망도 우리는 이미 알고 있다. 그것은 연극을 보러가고 싶다는 호기심, 극장에 갈 수 있게 됐으면 하는 소망이다. 이 소망은 결혼하면 무슨 일이 일어나는가 경험해보고 싶다는 옛날에 품었던 호기심의 한 지류(支流)다. 어린아이의 경우, 이 호기심은 언제나 부모의 성생활로 향해 있으므로, 이 호기심은 유치형(幼稚型)이며, 후일에도 여전히 이 호기심이 남아 있다면 그 소망은 깊이 유아적인 것에 뿌리 박은 욕망의 움직임이다.

　그러나 전날에 들은 소식이 부인으로 하여금 이 보고 싶다는 호기심을 불러일으킨 유인(誘因)이 된 것은, 아니며, 단지 분함과 후회를 불러일으킨 데에 지나지 않는다. 이 보고 싶다는 소망의 움직임은 처음에는 꿈의 잠재사상에 속해 있지 않았고 또 그런 소망을 고려에 넣지 않더라도 우리는 꿈의 해석 결과를 분석 속에 배열할 수 있었다. 그러나 이 분함과 후회는 그 자체로는 꿈을 만들 수가 없었다. '그렇게 서둘러서 결혼한 것은 바보짓이었다.'라는 사상만으로 결코 꿈은 만들어지지 않는다. 이 사상에서, 결혼하면 어떤 일이 일어나는 것인지 보고 싶다는 묵은 소망이 일깨워져서 비로소 이 꿈이 만들어진 것이다. 이어 이 일깨워진 묵은 소망은 결혼을 연극 구경으로 바꾸어 이 꿈의 내용을 만들었으며, 거기에 '나는 이제 극장에 가서 여태까지 못 보게 한 것을 무엇이든 다 볼 수 있지만 너는 아직 안 돼. 나는 결혼했지만 너는 더 참아야 하는 거야.'라는 소망 충족의 형식(形式)을 주었던 것이다. 이와 같은 방법으로 현재의 상황이 정반대의 상황으로 바뀌어서 현재의 패배가 예전의 승리와 대치되었다.

　그리고 이 밖에 이 호기심의 만족은 이기적인 경쟁심의 만족과 얽혀 있다. 그리하여 이기적인 경쟁심의 만족이 꿈의 현재내용을 제약하고 있다. 즉 현재내용 속에서 그녀는 극장의 좌석에 앉고, 한편 여자 친구는 극장에 들어갈 수 없었던 것으로 되어 있다. 이 호기심과 경쟁심의 만족을 가져다주는 이 장면에는 꿈의 잠재사상을 아직 포함하고 있는 꿈의 내용들이 부적당한, 이해할 수 없는 수식으로 되어 쌓여 있다. 꿈의 해석이란 소망 충족을 나타내는 점을 도외시하고 은근히 암시된 조짐으로 고통스러운 꿈의 잠재사상을 재현하는 일이다.

내가 지금부터 말하고자 하는 하나의 고찰은 지금 전경(前景)에 나와 있는 꿈의 잠재사상에 여러분의 주의를 꼭 돌리려 하는 데 목적이 있다. 그러나 부디 다음 세 가지 점을 잊지 말기 바란다. 첫째, 이 잠재사상은 꿈을 꾼 당자에게는 무의식이라는 점이다. 둘째, 이 잠재사상은 완전히 조리가 선 맥락(脈絡)이 있는 것이므로 꿈을 일으키는 자극에는 명백한 반응으로서 이해될 수 있다는 점이다. 셋째, 이 잠재의식은 어떤 심리적 욕망, 또는 지적 조작(知的操作)으로서 가치를 가질 수 있다는 점이다. 나는 지금 이 사상을 전보다 엄밀한 의미에서 '낮의 잔재'라고 부르고 싶다.

이리하여 나는 이 낮의 잔재와 잠재사상을 뚜렷이 구별한다. 즉 여태까지의 용어법에 일치시켜서 꿈을 해석할 때 알게 될 모든 것을 꿈의 잠재사상의 일부분에 지나지 않는다. 그런 우리의 견해는 다음과 같은 것이 된다. 낮의 잔재 위에 무의식에 속해 있던 것, 즉 강력하긴 하지만 억압된 어떤 소망의 움직임이 부가된다. 그리하여 이 소망이 움직임만이 꿈을 만들 수 있는 것이다. 낮의 잔재에 이 소망의 움직임이 작용하여 꿈의 잠재사상의 다른 부분이 만들어진다. 이 다른 부분은 이제 합리적인 것이 아니라도 좋고 깨어 있을 때 이해할 수 있는 것이 아니라도 좋다.

무의식적인 소망과 낮의 잔재와의 관계를 표시하기 위해서 나는 이 경우에 가장 적절하다고 여겨지는 하나의 비유를 쓰기로 한다. 어떤 기업체에서도 자본을 제공하는 자본가와 어떤 아이디어를 가지고 그것을 실행해 옮길 수 있는 기업가가 필요하다. 꿈의 형성에 있어서 자본가의 역할을 맡고 있는 것은 무의식적인 소망이다. 무의식적 소망은 꿈의 형성에 필요한 정신적 에너지를 제공한다. 기업가의 역할을 하고 있는 것은 낮의 잔재이며, 자본가가 제공한 자본을 어떻게 이용할 것인가를 결정한다. 물론 자본가 자신도 아이디어와 전문 지식을 가지는 수가 있고 기업가 자신도 자본을 소유하는 수가 있다. 이런 경우 실제면에서는 여러 가지 일이 간단해지지만 그러나 이것을 이론적으로 이해하기란 어려워진다. 경제학에서는 언제나 한 사람의 인간을 자본가와 기업가의 두 면으로 나누어서 생각한다. 그러므로 우리의 비유의 출발점이 된 기본적인 상황이 재건(再建)된다. 꿈의 형성에서도 이것과 같은 변이(變異)가 나타난다. 이 문제를 이 이상 추구하는 일은 여러분에게 맡기기로 한다.

이 문제에 대해서 우리는 이제 이 이상 전진할 수 없다. 왜냐하면, 오래 전부터 여러분은 어떤 의혹으로 마음이 교란되어 있을 것이기 때문이다. 그 의혹은 경청할 만하다. '낮의 잔재는, 꿈을 만들기 위해서 꼭 부가되어야 하는 그 무의식적인 소망고 실제로 동일한 미로 무의식적입니까?' 하는 것이 여러분의 의문일 것이다. 이 예감은 지당하다. 여기에 문제 전체의 핵심이 있다.

낮의 잔재는 이 무의식적 소망과 같은 의미의 무의식이 아니다. 꿈의 소망은 다른 무의식에 속한다. 즉, 우리가 특별한 메커니즘을 가진, 유치형의 것에서 유래(由來)한다고 인정한 그 무의식에 속한다. 무의식의 이런 종류를 구별하기 위해서 각각 다른 이름으로 불린다는 것은 매우 편리하겠지만 우리가 노이로제라는 현상의 연구에 정통할 때까지 이름을 붙이기를 보류하고 싶다. 아무튼 무의식이라는 것이 존재한다는 주장조차 환상적이라고 책망받는 처지인데, 거기에 두 종류의 무의식이 존재한다는 가정을 해야 비로소 문제는 해결된다고 고백한다면 여러분은 뭐라고 말하겠는가?

나는 여기서 일단 이야기를 끊기로 한다. 지금까지 여러분이 들은 바는 불완전한 것에 불과하였지만 그러나 이 지식의 계속이 우리들 자신이나 우리 뒤를 따르는 사람들에 의해서 밝혀질 것이라고 생각하는 것은 가망조차 없는 일일까? 또한 우리 자신도 충분히 놀랄 만한 새로운 지식을 얻은 것이 아닐까?

역주 : 꿈을 꾸고 있는 동안, 그 꿈 속의 상황에 심한 불안을 느끼고 그 때문

에 잠에서 깨어나는 꿈을 가리킨다. 프로이트는 이 경우 불안을 느낀 내용은 욕구의 소망 충족이며 불안은 그 위장(僞裝)의 역할을 하는 것으로 본다.

원주 : 이 어린애 없는 여자가 꾼 꿈에 나타난 3이라는 숫자에 또 하나의 수궁할 수 있는 해석을 내릴 수 있지만 그것에 언급하지 않은 까닭은 그것을 분석하더라도 이 꿈을 설명하는 데에는 아무런 재료도 제공하지 않기 때문이다.

열다섯 번째 강의

불확실한 것과 비판

이제 꿈의 이야기를 끝냄에 있어서 우리가 여태까지 설명해온 사실과 새로운 견해에 관한 일반적인 의문점과 불확실한 점을 논해야겠다. 여러분 가운데 내 강의를 주의해서 들은 사람은 스스로 이와 같은 재료를 두세 가지 모았을 줄 안다.

1. 꿈의 해석 작업의 여러 결과는 아무리 분석 기법을 정확히 지키더라도 불확실한 데가 많으므로, 여러분은 아마 현재몽을 잠재사상으로 정확히 풀이하는 시도는 실패로 끝나는 것이 아닐까 하는 인상을 받았을 것이다.

여러분은 그에 대해서 다음과 같은 점을 지적할 것이다. 첫째, 꿈의 특정한 요소를 그대로의 의미로 해석할 것인가, 아니면 상징으로 해석해야 할 것인가 하는 점을 알 수 없다. 왜냐하면 상징으로 사용된 사물도 그렇다고 하여서 그 자체의 의미만은 아니기 때문이다. 그러나 그 어느 쪽인가를 결정하는 객관적인 근거는 없으니, 이 점을 어떻게 해석할 것인가는 오로지 해석자의 자의(自意)에 맡겨지게 된다. 둘째로 꿈의 작업에서는 상반되는 것이 일치하는 것이니, 어떤 꿈의 요소를 적극적인 의미로 풀이해야 할 것인가, 또 소극적인 의미로 풀이해야 할 것인가, 그대로의 의미로 풀이할 것인가, 그 반대의 의미로 풀이할 것인가 결정되어 있지 않다. 여기서도 해석자가 마음대로 택할 수 있는 기회가 있게 되는 셈이다. 셋째로, 꿈에서는 갖가지 전도(轉倒)가 사용되어 있으므로 해석자는 제 마음대로 그와 같은 전도를 억지로 적용시킬지 모른다. 마지막으로 여러분이 이미 들은 바 있는 것, 즉 어떤 꿈에 대해서 발견된 해석이 유일한 가능한 해석이라고 단언할 수 있는 경우는 드물다. 또 '똑같은 꿈을 여러 가지 의미로 해석할 수 있다는 것을 간과할 위험이 있는 것은 아닐까?' 하는 점을 예로 들 것이다. 이와 같은 형편에서는 얼마든지 해석자의 자의가 작용할 여지가 남아 있으며, 그 많은 여지는 꿈 해석 결과의 객관적 확실성과 서로 용납되지 않는 것처럼 여겨진다고 여러분은 결론지을 것이다. 또는 여러분은 '꿈에는 잘못이 없습니다. 그러므로 선생님의 꿈에 관한 해석이 불충분한 것은 선생님의 견해와 전제가 옳지 않기 때문입니다.'라고 결론을 내릴는지 모른다.

여러분이 의문으로 삼은 재료는 모두 어디 하나 나무랄 데가 없다. 그러나 첫째로, 우리가 하는 식의 꿈 해석은 해석자의 자의에 맡겨져 있다는 의견과, 해석의 결과에 결함이 있음은 우리의 방법이 옳지 않았던 탓이 아닌가, 하는 의견이 정당하다고는 생각지 않는다. 만일 여러분이 해석자의 자의를 배척하고 그 대신 해석자의 숙련, 경험, 이해력을 든다면 나는 여러분의 말에 찬성할 것이다. 이와 같은 개인적인 요소도 물론 무시할 수는 없다. 더구나 꿈의 해석이 한층 어려울 경우에는 특히 그러하다. 그러나 이 점에서는 다른 학문의 경우도 별로 다를 것이 없다. 한 사람이 다른 사람보다 어떤 기법의 조작을 서툴지 않게 하거나 혹은 더 익숙하게 하지 않게 하거나 하는 방법은 없다. 이를테면 상징을 해석할 때 제멋대로라든가 독단적이라고 비난받는 점도, 일반적으로 꿈의 사상과 그 각 부분과의 관계, 꿈과 꿈을 꾼 사람의 생활과의 관계, 그리고 꿈이 나타난 심리 상황 전체를 고려하고 생각할 수 있는 해석 중에서 하나를 고르고는 다른 해석은 소용없다고 버린다면 제거할 수 있는 것이다. 꿈의 모호함이나 불확실함이 오히려 필연적으로 예측되는 꿈의 특징이라는 것을 안다면, 꿈의 해석의 불완전함은 우리의 전제가 잘못되어 있었기 때문에 생긴 것이라는 여러분의 결론은 근거가 자연 무력하게 된다.

꿈의 작업이란 꿈의 사상을 상형문자와 아주 닮은 원시적인 표현 양식으로 번역하는 일이라는 말을 상기해주기 바란다. 그야 이 원시적인 표현 체계에는 이와 같은 불확실함과 모호함이 반드시 따르지만 그 이유만으로 그 표현양식이 실용에 적합하지 않을지 모른다고 의심할 권리를 우리는 가지고 있지 않다.

꿈의 작업에서는 상반되는 것이 일치하는데 이것은 이른바 '원시어(原始語)의 대립적 의미'와 아주 닮았다는 것을 여러분은 알고 있을 것이다. 언어학자 아벨(1884년)——이 착안점은 그의 덕분이다——은 한 사람이 다른 사람에게 이와 같은 두 가지 상반된 의미를 가진 단어를 사용한 전달(傳達)이, 그 때문에 모호했다고 생각해서는 안 된다고 우리에게 경고하고 이다. 오히려 어조나 몸짓은 이야기의 줄거리와 더불어 말하는 사람이 두 가지 대립되는 의미 중 어느 쪽을 전하려 하고 있는지 의심의 여지가 없을 만큼 분명했을 것이 틀림없다. 문자로 쓸 때는 몸짓으로 나타낼 수 없으므로, 그 태고어의 단독으로는 발음할 수 없는 일정한 그림을 덧붙였다. 이를테면 이집트 상형문자의 'ken'이라는 두 가지 의미를 가진 말은 '강하다' 또는 '약하다'를 뜻함에 따라서 그 문자 뒤에 똑바로 서 있는 조그만 사나이나, 힘없이 쭈그리고 있는 조그만 사나이의 그림을 덧붙였다. 이와같이 함으로써 발음이나 문자에는 몇 가지의 의미가 포함되어 있었음에도 불구하고 오해를 피할 수 있었다.

태고어의 문자와 같이 태고어의 표현 체계에는 현대어에서는 허용되지 않을 듯한 많은 애매함이 발견된다. 이를테면 셈 어족(히브리, 아라비아, 에티오피아 어 등)의 문자는 자음(子音)밖에 표시되지 않은 것이 많았다. 읽는 사람은 자기의 지식과 전후 관계를 근거로 생략된 모음을 보충해야 했다. 다 그렇지는 않지만 상형문자는 이와 비슷한 원칙을 따르고 있었다.

그 때문에 고대 이집트어의 발음은 우리들에게 오래 알려지지 않았던 것이다. 이집트의 신성한 책에도 또 다른 애매함이 있었다. 예를 들면 상형문자의 배열을 오른쪽에서 왼쪽으로 늘어놓느냐, 왼쪽에서 오른쪽으로 늘어놓느냐, 하는 것은 오로지 쓰는 사람의 자의에 맡겨져 있었다. 그러므로 이것을 읽으려면 사람, 새 등의 얼굴의 방향을 목표로 읽어야 한다는 규칙을 염두에 두지 않으면 안 된다. 그러나 문자를 쓰는 사람은 상형문자를 세로로 늘어놓아도 되었으므로 아주 작은 물건에 새겨넣는 비문(碑文) 등에서는 보기에 아름답게 되도록, 또는 비면(碑面)에 잘 배열되도록 문자의 배열을 다시 다른 식으로 바꾸기도 했다.

상형문자로서 가장 곤란했던 점은 단어와 단어를 떼어놓을 줄 몰랐다는 점일 것이다. 그림은 같은 간격으로 배열되어 있다. 그래서 어떤 문자가 앞 말에 속하는지 다음에 오는 새 말의 시작인지 일반적으로 알 수 없었다. 이에 반해서 페르시아 어의 설형문자(楔形文字)에서는 각 낱말을 떼어놓기 위해 사선(斜線)의 쐐기가 사용되고 있다.

가장 오래되고 오늘날 아직도 4억의 사람들이 사용하고 있는 언어와 문자는 중국어이다. 내가 중국어를 안다고 여러분이 상상해서는 곤란하다. 나는 중국어 속에서 꿈의 부정확함과 유사한점을 발견하고 싶어서 중국어를 공부했을 뿐이다. 나의 기대는 결코 어긋나지 않았다. 중국어는 우리를 깜짝 놀라게 할 만한 애매함으로 가득 차 있다.

잘 알려져 있듯이 중국어는 많은 자음(字音)으로 되어 있으며, 이와 같은 자음은 하나나 두 음이 결합하여 발음된다. 주요 사투리(북경어, 광동어 등)의 하나는 약 400가지의 이런 음을 가지고 있다. 그런데 이 사투리의 어휘는 약 4천이므로 각 자음은 평균 약 10개의 다른 뜻을 가진 셈이 된다. 그 중 두세 가지는 열 이하지만, 다른 것은 열 이상의 뜻을 갖는다. 따라서 이 뜻의 불명료함을 피하기 위해 많은 수단이 사용되고 있다. 그것은 단지 글의 앞뒤 관계만으로는 말하는 사람이 듣는 사람에게 그 음절음 열 가지 뜻 중에서 어느 것을 부각시키려 하고 있는지 짐작할 수 없기 때문이다. 이러한 수단 중에 두 가지 음을 결합시켜 하나의 합성어를 만드는 법과, 다른 네 가지 '음조(사성을 말함)'를 이용하여 이 몇 가지 자음을 발음하는 방법이 있다.

중국어에 문법이 거의 없는 것과 같은 상태는 꿈과 비교하면 더한층 흥미가 있다. 한 자음의 말의 어느 것이나, 그것이 명사인지 동사인지 형용사인지 알 수 없다. 성(性), 수(數), 어미, 시제(時制), 화법(話法)을 판별하는 낱말의 변화가 전혀 없다. 그러므로 중국어는 말하자면 소재만으로 되어 있는 거나 같다. 그것은 마치 꿈의 작업에 의해 우리의 사고언어(思考言語)가, 관계를 나타내는 표현이 탈락하여 그 원료로 분해되는 경우와 같다. 중국어에서 의미가 애매한 경우에는 모두 그 결정이 듣는 사람의 이해에 맡겨지는 셈인데, 이 경우 듣는 사람은 문맥으로 판단을 내린다. 나는 중국어의 속담 하나를 노트에 기입해두었다. 독일어로 옮기면, 'Wenig was sehen viel was wunderbar'가 된다. 이것은 그리 이해하기 어렵지 않다. 이것은 '보는 것이 적은 사람일수록 놀라운 것을 많이 보게 된다.'든가 '보는 것이 적은 사람에게는 놀라는 것이 많다.'는 뜻일 것이다. 물론 문법상으로만 다른 이 두 가지 번역 가운데 어느 쪽을 택하는가는 별로 문제가 되지 않는다. 이와 같은 불확실함이 있지만 중국어는 사상을 나타내는 수단으로 대단히 뛰어난 것이라고 나는 확신한다. 그러므로 불명료성 때문에 뜻이 모호해진다고는 할 수 없다.

그러나 꿈의 표현 체계는 이들 고대 문자보다 매우 불리한 입장에 있다는 사실을 우리는 인정하지 않으면 안 된다. 왜냐하면 고대어나 고대 문자는 어쨌든 의사의 전달 수단으로 만들어진 것이기 때문이다. 바꾸어 말해서 어떤 방법, 어떤 보조 수단을 사용하면 더 잘 이해되는가 하는 점을 고려해서 만들어진 것이다. 그런데 이 특징이 꿈에는 없다. 꿈은 누군가에게 무엇을 말하려고는 생각지 않는다. 꿈은 전달의 도구가 아니다. 오히려 반대로 이해되지 않는 데에 꿈의 본질이 있다. 그러므로 비록 꿈에는 다의성(多義性)이나 불확정성이 많기 때문에 그 의미를 결정할 수 없다는 점을 알더라도 새삼스레 놀라거나 당황할 것은 없다. 지금의 비교에서 얻은 믿을 만한 수확은 다음의 견해이다. 즉, 사람들이 우리의 꿈에 관한 해석의 올바름을 공격하는 무기로서 이용하고 있는 이 같은 불확정성이야말로 오히려 모든 원시적인 표현 체계에 공통적인 성격인 것이다.

실제로 어느 정도까지 꿈을 이해할 수 있는가는 훈련과 경험에 의해서 결정되지만, 나는 상당한 정도까지 할 수 있다고 생각한다. 정식 훈련을 받은 분석자한테서 얻은 결과를 비교해보면 내 견해의 올바름이 입증된다. 많은 아마추어들은 아니 학문계의 아마추어들조차도 학문상의 어떤 일에 난점과 의심스러운 점에 직면하면, 제법 숙고한 뒤에 회의적인 태도를 보이며 잘난 체하는 광경은 두루 잘 아는 바이다. 그러나 나는 그것을 잘못이라고 생각한다.

이것과 같은 상황은 바빌론, 아시리아 비문 해독의 역사에도 있었다는 것을 여러분은 아마 알지 못할 것이다. 설형문자(楔形文字)를 해독하는 사람은 '공상가'니, 그런 연구는 모두 '엉터리'니, 하고 여론이 들끓은 시대가 있었다. 그런데 1857년 왕립 아시아협회가 결정적인 실험을 했다. 이 협회는 유명한 설형문자 연구가인 로울린슨, 힌크스, 폭스 탤보트 및 오페르 등 네 명에게 위촉하여 새로 발굴된 비문을 저마다 따로따로 번역하게 하고, 그 결과를 밀봉하여 보내라고 지시했다. 그리하여 네 가지 번역을 비교해보았더니 네 사람 사이에 매우 많은 일치점이 있다는 것을 알게 되고 여태까지 달성된 것이 믿을 만한 것임이 입증되었을 뿐 아니라, 앞으로 진보를 보증할 수 있다는 것을 성명했다. 그러고부터는 학자라고 자칭하던 아마추어들의 비난도 차차 자취를 감추고, 설형문자 문헌을 해독하는 방법도 정확해져서 그 후 이 방면이 매우 발달했던 것이다.

2. 제2의 의문점은 여러분도 필시 품었으리라고 생각되는 인상과 깊은 관계가 있다. 즉 우리의 꿈의 해석술로 풀이한 결과는 부자연스럽고 어색하며 억지처럼 보이는, 즉 무리하고 우스꽝스럽고 장난 같은 인상을 준다는 점이다. 이와 같은 비평이 매우 빈번하므로 내 귀에 들어온 최근의 보고들 중에서 아무거나 하나 취급해보기로 한다. 다음과 같은 얘기가 있다.

자유의 나라라 자만하는 스위스에서 최근에 어느 사범학교 교장이 정신분석을 연구했다고 해서 파면되었다. 그는 끝까지 항의했다. 그래서 베른의 한 신문이 이 판결에 대한 문교 당국의 견해를 발표했다. 이 기사 중에서 정신분석에 관계있는 몇 줄을 인용하기로 한다.

'그리고 우리들은 그 문제의 인물이 참고서로 삼고 있는 취리히 프피스터 박사의 책도 보았는데, 그 책 속의 많은 실례가 고의적이며 부자연스러운 것임에 놀랐다. 적어도 사범학교 교장쯤 되는 사람이 정신분석의 모든 주장과 그 엉터리 증명을 무비판하게 받아들였다는 것은 정말 놀라운 일이다.'

이 글은 '냉정히 판단하는 사람'이 내린 판결이라고 하여 지상에 발표된 것이다. 나는 오히려 그 냉정이라는 말을 '조작된 것'이라고 생각하고 있다. 어느 정도의 고찰과 어느 정도의 전문 지식은 냉정한 판단을 내리는 데 결코 해가 되지 않는다는 기대를 가지고 이 말을 좀더 상세히 검토해보기로 한다.

누군가가 심층심리학(深層心理學)의 미묘한 문제에, 그 사람의 첫 인상으로 재빨리, 그리고 단호하게 판단내리는 것을 보면 확실히 통쾌할 것이다. 그의 눈에 해석은 모두 고의적인 억지로 보인다. 여러 해석은 그의 마음에 들지 않는다. 그래서 해석은 모두 거짓이며, 아무런 도움도 되지 않는다고 비평가는 생각할 것이다. 그런데 그는 이런 해석이 자기 눈에 그렇게 보이는 것은 그럴 만한 이유가 있기 때문이 아닐까 라고는 생각조차 하지 않는다. 그럴 만한 이유는 무엇일까? 그것은 더 큰 문제와 결부되게 된다.

이와 같은 비판을 초래한 사정은 여러분이 꿈의 검열의 가장 강한 수단이라고 배운, 그 치환작용(置換作用)과 본질적으로 관계가 있다. 꿈의 검열은 치환작용의 도움을 빌려 우리가 암시라고 부르는 대리물을 만든다. 그런데 암시라도 그것을 알기 어려운 암시가 있다. 즉 암시로부터 그 본래의 것으로 돌아가는 귀로(歸路)는 쉽게 발견되지 않으며, 또한 매우 특이하고 진기한 외면적인 연상에 의해서 본래의 것과 결부되어 있다. 이런 경우에는 모두 감추어야 하는 것, 감추어두기로 결정된 것이 문제가 된다. 실로 꿈의 검열은 이런 감추는 일을 하고 있는 것이다. 감추어져 있는 것은 본래 있었던 장소를 찾으면 발견된다고 생각해서는 안 된다. 이 점에서는 국경 감시원 편이 스위스의 문교 당국보다 훨씬 빈틈없다. 그들은 문서나 설계도를 발견하기 위해서 서류가방이나 서류함을 찾는 것만으로는 만족하지 않는다. 스파이나 밀수업자가 그런 금제품을 자기 옷의 가장 눈에 띄지 않는 곳, 이를테면 구두의 이중창 사이와 같은 본래는 물건을 넣을 수 없는 은밀한 장소에 감추고 있을지도 모른다는 가능성을 고려에 넣는다. 감춘 물건이 거기서 발견되면 그것은 물론 열심히 찾던 물건이지만 동시에 일종의 횡재이기도 한 것이다.

꿈의 잠재적 요소와 그 현재적(顯在的)인 대리물과의 관계는, 가장 거리가 멀고 매우 특수한, 때로는 우스꽝스럽고 때로는 익살스러운 외관을 띠는 수가 있다는 것을 우리가 인정한다면, 우리가 보통 스스로는 해결할 수 없었던 예에서 풍부한 경험을 얻을 수 있다. 이와 같은 해석을 혼자 힘으로 끌어내는 것은 불가능할 때가 종종 있다. 아무리 머리가 좋은 사람이라도 잠재적 요소와 현재적 대리물과의 연관을 추측할 수는 없다. 꿈을 꾼 사람이 그 직접적인 연상으로 단숨에 꿈의 의미를 번역해주든가——이 대리물은 그의 마음속에서 만들어졌으므로 그가 번역할 수 있는 것이다——또는 꿈을 꾼 사람이 우리에게 많은 재료를 주어 전혀 특별한 통찰력의 필요없이, 마치 필연적으로 해결되거나 그 어느 쪽이다. 꿈을 꾼 사람이 이 두 가지 방법으로 우리를 도와주지 않는다면 문제의 현재요소(顯在要素)는 영원히 이해할 수 없을 것이다. 최근에 경험한 한 가지 예를 여러분에게 추가해서 이야기하기로 한다.

내가 맡고 있던 여환자 한 사람이 치료 중에 아버지를 잃었다. 그 뒤부터 그녀는 모든 기회를 포착하여 꿈 속에서 아버지를 되살리려고 했다. 그러다가 한 번은 꿈에 이야기의 전개상 나오지 않을 부분에 아버지가 나타나, "11시 1분이다. 11시 반이다. 12시 15분 전이다."라고 말했다. 이 기괴한 꿈을 해석하는 실마리로서 그녀는 다음의 연상밖에 떠오르지 않았다. 즉, 그녀의 아버지는 점심 식사 때, 성장한 자식들이 정확히 시간을 지켜서 앉으면 기분좋아 했다 라는 연상이었다. 확실히 이 연상도 꿈의 요소와 관계가 있지만 이것만으로는 이 꿈의 유래를 설명할 수 없었다. 그런데 그때의 치료 상황으로 보아, 이 꿈과 어떤 관계가 있지 않을까 의심되는 충분한 근거가 나타났다. 그것은 그녀가 사랑하고 존경하는 아버지에 대해서 품은 비판적인 반항심을 조심스레 억제하고 있었다는 점이었다. 그것이 꿈과는 아주 관계가 없지 않은가 하는 의문이었다.

얼핏 보기에 꿈과는 관계가 없는 연상을 그녀에게 계속 연상시켜나가는 동안에 그녀는 다음과 같은 이야기를 실토했다. 어젯밤 자기 집에서 심리학의 문제에 관한 토론의 꽃이 피었는데, 그때 친척 한 사람이 "원인(原人 Urmensch)은 우리 모두 속에 살아 있다."고 말했다. 나는 이 이야기에서 금방 해결의 열쇠를 발견했다. 이것은 그녀에게 죽은 아버지를 다시 살아나게 하는 둘도 없는 기회를 주었다. 즉 꿈 속에서 그녀는 아버지에게 12시 15분 전이라는 말을 하게 함으로써 아버지를 시계인간($\substack{시계인간 \\ Uhrmensch}$)으로 만들었던 것이다.

여러분은 아마 이런 예는 위트와 비슷하다고 말할 것이다. 실제로 꿈을 꾼 사람의 위트가 해석자의 위트로 간주되는 경우가 흔히 있다.

더욱이 위트를 문제로 삼고 있는지, 꿈을 문제로 삼고 있는지 정하기
어려운 경우도 적지 않다. 잘못 말하기의 많은 예에서 같은 의문이 솟
았다는 것을 여러분은 기억할 것이다. 어떤 남자가 숙부와 함께 숙부
의 자동차(Auto)를 타고 있었을 때, 숙부가 자기에게 키스한 꿈을 꾸
었다. 그는 자기 꿈을 금방 해석하고 이렇게 말했다. "꿈의 뜻은 자기
성애(자기성애. Autoerotismus. 리비도 설의 술이, 즉 이성의 대상없이 만족을 얻는 일)입니다." 그는 우리에게 농담삼아 말했
을까? 그의 마음에 떠오른 위트를 꿈이라고 말한 것일까? 나는 그렇
게는 믿지 않는다. 그는 실제로 그런 꿈을 꾼 것이다. 그러나 꿈과 이
위트와의 사이에 있는, 사람을 깜짝 놀라게 하는 그 유사성은 어디서
오는 것일까? 나는 이 의문을 풀기 위해 한때 내 전문으로 삼았던 길
에서 좀 떨어져 나왔다. 왜냐하면 나는 위트를 깊이 연구해야 할 필요
에 쫓겨 있었기 때문이다. 연구 결과 위트는 다음과 같이 발생한다는
것을 알았다. 즉 의식 전의 사고의 흐름이 한순간 무의식적인 가공(加
工)을 받는다. 이 가공 때문에 의식 전의 사고 과정이 위트의 형태로
떠오르는 것이다. 무의식의 영향 아래, 무의식의 영역을 지배하고 있
는 메커니즘, 즉 응축과 치환(置換)의 두 작용을 받는다. 즉, 꿈의 작
업에 관여하는 것과 같은 과정의 영향을 받는다. 위트와 꿈이 비슷한
것은 이 유사성 때문이다. 이와 같은 뜻밖의 '꿈의 위트'는 보통의 위
트와 같은 쾌감을 주지 않는다. 어째서일까? 그 이유는 여러분이 위
트를 깊이 연구하면 저절로 알게 될 것이다. '꿈의 위트'는 서툰 위트
처럼 보인다. '꿈의 위트'는 우리를 웃기지 않으며 우리에게 아무런
느낌도 일으키지 않는다.

그러면 여기서 고대의 꿈 해석에 관한 발자취를 더듬어보기로 하
자. 고대의 해몽은 쓸모없는 것이 많지만, 우리들 자신의 예를 훨씬
능가하는 훌륭한 실례도 많이 남아 있다. 역사적으로 유명한 꿈을 하
나 여러분에게 이야기하기로 한다. 그것은 알렉산더 대왕의 꿈인데,
플루타크와 다르디스의 아르테미도로스가 다소 차이는 있지만 이것을
해석하여 보고하고 있다. 대왕이 완강하게 방어하는 티로스 시를 포
위하고 있던 어느날(BC 322년) 그는 사튀로스 신이 미친 듯이 춤을 추고 있
는 꿈을 꾸었다. 대왕의 군대에 종군하고 있던 해몽가 아리스탄도로
스가 이 꿈을 해몽하여 '사튀로스(Satyros)'라는 말을 σατυρος (티

로스는 그대의 것)로 분해하고, 티로스 시가 곧 함락될 것이라고 예언했다. 알렉산더 대왕은 이 해몽에 따라 공격을 계속할 것을 결심하고 마침내 티로스는 대왕의 손에 들어갔다. 이 해몽은 보기에 어디까지나 억지처럼 보이지만 실제는 옳았던 것이다.

3. 오랜 세월 동안 정신분석가로서 꿈의 해석에 전념해온 사람에게서도 꿈에 대한 우리의 견해에 항의가 나왔다면, 여러분은 어떤 특별한 인상을 받을 줄 안다. 이처럼 풍부한 선동성이 있는 말이 새로운 잘못을 저지르는 데에 이용되었던 것은 그야말로 당연한 일이었다. 이 주장은 개념의 혼동과 옳지 않은 일반화의 결과로서, 꿈의 의학적 견해와 별 차이가 없는 옳지 않은 여러 주장이 생겼다.

여러분은 그 주장의 하나를 이미 알고 있을 것이다. 그 중의 하나는 다음과 같은 것이다. 꿈은 현재의 적응하고자 하는 시도와 장래의 문제를 해결하고자 하는 시도이며 '예상경향(豫想傾向 prospektive Tendenz)'을 추구하고 있다($\genfrac{}{}{0pt}{}{\text{마에}}{\text{더}}$). 이 주장은 이미 이야기한 것처럼 꿈과 그 꿈의 잠재사상을 혼동하였기 때문에 생긴 것이다. 즉 '꿈의 작업'의 무시를 전제로 하고 있다. 무의식적인 정신 활동——꿈의 잠재사상은 그 일부이다——의 특징으로서는 예상 경향은 전혀 새로운 것이 아니고, 또 그것으로 다 설명되는 것도 아니다. 왜냐하면, 무의식적인 정신 활동은 미래에 대한 준비 외에 많은 것을 다스리고 있기 때문이다. 그리고 '죽음의 계약'이 어느 꿈에서도 발견된다는 주장 밑바닥에는 더욱 심한 혼동이 가로놓여 있는 것처럼 여겨진다. 이 공식이 대체 무엇을 말하려는지 나는 잘 알 수 없다. 이 공식 뒤에는 꿈과 꿈을 꾼 사람의 전인격과의 혼동이 숨겨져 있다고 추측된다.

소수의 편리한 예만을 근거로 부당한 일반화를 시도한 좋은 예로 다음과 같은 명제를 들 수 있다. 즉, 어느 꿈이라도 두 가지로 해석할 수 있다. 그 하나는 우리가 여태까지 보여준 바와 같은 이른바 정신분석적 해석이며, 또 하나는 이른바 욕망의 움직임을 무시하고 한층 높은 정신 작용의 표현을 목표삼는 신비적 상징적 해석이다($\genfrac{}{}{0pt}{}{\text{질버}}{\text{러}}$). 하기야 후자의 꿈도 있기는 하지만, 여러분이 이 견해를 다른 많은 꿈에 적용하려고 해도 헛일일 것이다.

여러분이 들은 것 가운데서 아주 석연찮은 주장은 모든 꿈을 남녀 양성적으로 해석해야 한다는 주장일 것이다. 즉, 남성적 또는 여성적이라고 불러야 할 두 가지 경향의 합체를 꿈으로 보아야 한다는 주장이다(아들러). 물론 이런 꿈도 더러는 있다. 이와 같은 꿈은 히스테리 증상의 어떤 것과 같은 구조를 가지고 있음을 배우게 될 것이다. 내가, 이와 같은 꿈의 새로운 일반적인 특징에 관한 주장을 모두 이야기하는 것은 여러분이 이런 새로운 발견을 경계해달라는 것과, 내가 이런 주장에 어떤 판단을 내리고 있는가 하는 점에 대해서 여러분의 마음에 적어도 의문을 남기지 않기 위해서이다.

  4. 분석 요법을 받고 있는 환자가 자기를 치료하는 의사의 학설에 자기 꿈의 내용을 맞추려고 하기 때문에, 이를테면 어떤 사람은 오로지 성적인 충동이 일어나는 꿈을 꾸고, 다른 사람은 권력 추구의 꿈을 꾸며, 또 다른 사람은 다시 이 세상에 태어나는 꿈마저 꾸게 마련이다, 그리하여 꿈 연구의 객관적 가치가 의심스러운 것으로 보인다, 하고 말하는 사람이 있다(슈테켈). 그러나 환자들의 꿈을 좌우한다는 정신분석 요법이 존재하기 전부터 인간은 꿈을 꾸고 있었고 현재 치료를 받고 있는 사람이 치료전에도 꿈을 꾸고 있었다는 것을 생각하면, 이 주장이 가진 비중은 감소되어버린다. 이 사실의 진상도 곧 뚜렷해져서 결국 꿈의 학설로서는 중요한 것이 아님을 알게 될 것이다. 꿈을 일으키는 기연(機緣)이 되는 낮의 잔재는 깨어 있을 때 강하게 흥미를 끈 것의 나머지다. 만일 의사의 이야기나 의사가 준 자극이 환자에게 중요한 것이 되었다면, 그런 것들은 낮의 잔재권내에 침입하여 마치 강한 감정을 가진, 아직 소멸하지 않은 전날의 다른 관심사와 마찬가지로 꿈을 만드는 심리적 자극이 될 수 있을 것이다. 그리고 그것은 자고 있는 사람에게 작용하는 육체적 자극과 같은 작용을 할지도 모른다. 꿈을 유발하는 다른 유인(誘因)과 마찬가지로, 의사에 의해서 자극된 사고과정 또한 꿈의 현재내용에 나타나거나, 아니면 잠재내용 속에 있음이 증명될 것이다. 사람은 꿈을 실험적으로 만든다. 아니 더 정확히 말해서 꿈의 재료의 일부를 꿈 속에 넣을 수 있다는 것을 우리는 알고 있다. 그러므로 정신분석자는 환자에게 영향을 준다는 점에서 모블리 볼트처럼 피실험자에게 사지(四肢)를 어떤 일정한 위치에 두게 하는 실험자와 같은 역할을 하고 있는 것이다.

어떤 사람이 '무엇에 관해서' 꿈을 꾸느냐 하는 점에서는 그 사람에게 영향을 줄 수도 있지만, 그 사람이 '무엇을' 꿈꾸느냐 하는 점에서는 그 사람에게 영향을 줄 수 없다. 꿈의 작업의 메커니즘과 꿈의 무의식적인 소망은 어떤 외부의 영향에도 초연하다. 우리가 앞에서 육체적인 자극몽을 고찰했을 때, 꿈 속 생활의 특수성과 자주성은 잠자고 있는 사람에게 가해진 육체적이나 심리적 자극에 대한 반응 가운데 표시된다는 점을 인식했다. 따라서 꿈 연구의 객관성을 의심하려고 하는 위에서 말한 주장은 꿈과 꿈의 재료를 혼동하는 데서 기인한다.

나는 여러분에게 꿈의 문제를 많이 얘기할 생각이었다. 내가 많은 것을 얘기하려다가 단념했었다는 것을 여러분도 대강 느끼고 있을 것이다. 모든 점의 취급 방법이 매우 불완전하다고 여러분도 대강 느꼈을 것이다. 그러나 꿈의 현상이 노이로제 현상과 깊은 관계가 있는 이상, 나는 완전하게 이야기할 수가 없었다. 우리는 꿈을 노이로제 연구의 입문으로서 고찰할 것이다. 노이로제 연구에서 꿈으로 들어가는 것보다 꿈에서 노이로제 연구로 들어가는 편이 확실히 옳다. 그러나 꿈이 노이로제를 이해하는 준비가 되었던 것처럼, 노이로제라는 현상을 안 다음에야 비로소 꿈을 올바르게 이해할 수 있을 것이다.

여러분이 이에 대해서 어떻게 생각하고 있는지 알 수 없다. 그러나, 내가 여러분의 관심을 꿈의 문제로 크게 돌렸다는 것, 우리의 중요한 시간을 이 문제에 많이 소비했다는 것을 결코 후회하지 않는다. 정신분석의 존망에 관계되는 여러 가지 주장의 정당성을 꿈 이외의 것에서 이토록 빨리 확신할 수는 없기 때문이다. 노이로제 증상이 독자적인 의미를 가지고, 어떤 의도에 소용되며, 그리고 환자의 운명에서 비롯된다는 것을 증명하려면 몇 달, 아니 몇 해에 걸쳐 긴장된 연구를 할 필요가 있다. 이에 반해서 이것과 같은 사태를 언뜻 보기에 불가해한 혼란된 꿈의 작용으로 증명하고, 이 길을 더듬어서 정신분석학의 모든 전제(前提), 즉 심적 과정의 무의식성(無意識性), 이 심적 과정을 지배하는 특수한 메커니즘과 거기에 나타나는 욕망의 힘을 확증한다면 불과 몇 시간의 노력으로 훌륭히 성공할 수 있는 것이다.

그리고 꿈과 노이로제 증상의 구조상에 나타나는 철저한 유사성은 꿈꾸고 있는 사람이 잠에서 깨어 이성적인 사람으로 매우 신속히 바꿘다는 점과 비교해보면 노이로제도 또한 정신생활에 작용하는 갖가지 힘과 힘 사이의 조화의 변화에 입각한 것에 지나지 않음을 확신하게 될 것이다.

제3부　노이로제 총론

열여섯 번째 강의

정신분석과 정신의학

꼭 1년 만에 다시 여러분을 만나, 정신분석의 강의를 계속한다는 것은 매우 기쁜 일이다. 지난해에는 잘못과 꿈의 정신분석적인 취급방법을 강의했는데, 올해는 노이로제(신경증)라는 현상을 여러분에게 강의하려 한다. 곧 깨닫게 되겠지만 노이로제 현상은 잘못이나 꿈과 많은 공통점을 가지고 있다. 그러나 이번에는 여러분은 지난해와 같은 태도로 이 강의를 들을 수 없다. 지난해에는 여러분의 판단과 일치하지 않으면 여러분은 앞으로 나가지 않으려고 했다. 나는 여러분과 자주 토론하고 여러분의 이론(異論)을 받아들여 여러분의 '건전한 오성(悟性)'이 최종적인 판결을 내리는 법정(法廷)으로서 그대로 인정했다. 그러나 이번에는 그런 방법을 취하지 않는다. 그 이유는 매우 간단하다. 잘못과 꿈은 여러분에게는 낯익은 현상이다. 여러분도 나와 마찬가지로 거기에 대해서는 많은 경험을 가지고 있고 쉽게 많은 것을 경험할 수 있다. 그러나 노이로제 현상의 영역은 여러분과는 인연이 멀다. 여러분 자신이 의사가 아닌 이상 내가 말하지 않으면 거기에 접근할 길이 없고 앞으로 내가 비판하고자 하는 재료에 정통하지 않으면 아무리 훌륭한 판단이라도 아무 소용이 없는 것이다.

그러나 내가 독단적인 강의를 하고 있다든가, 여러분에게 무조건 믿도록 요구하고 있다고 내 말을 곡해해서는 안 된다. 그와 같은 오해를 받는다면 천만 뜻밖이다. 나는 여러분에게 확신을 주겠다는 생각은 없다. 나는 여러분의 연구심을 북돋워주고 여러분의 선입관(先入觀)을 흔들어놓고 싶은 것이다. 여러분은 재료에 대해서 아무것도 알지 못하기 때문에 비판하는 입장에 있지 않은 이상 그대로 믿어도, 무조건 비난해도 안 된다. 여러분은 귀를 기울이고 내가 하는 말을 순순히 받아들여야만 한다. 확신이라는 것은 그리 쉽게 얻어지는 것이 아니다. 아무런 노력도 없이 얻어진 확신 따위는 금방 무가치해지고 흔들리고 만다. 나와 같이 오랜 세월, 같은 재료에 대해서 연구를 계속하고 새롭고 놀라운 경험을 자기 자신이 스스로 체험한 사람만이 확신을 가질 권리가 있는 것이다. 지식이라는 영역에서 그와 같은 급속한 확신, 전광석화 같은 전향(轉向), 순간적인 반발은 대체 어디서 온 것일까? 여러분은 첫눈에 반한다는 것(Coup de foudre)이, 지식과는 전혀 다른 감정의 영역에서 온다는 것을 깨닫지 못하는가?

우리는 한 번도 환자에게 정신분석을 믿으라든가, 정신분석의 지지자가 되라고 요구한 적은 없다. 그런 짓을 하면 환자는 흔히 의심에 찬 눈으로 우리를 보게 된다. 호의적인 회의(懷疑)야말로 우리가 환자에게 가장 요구하고 있는 태도다. 그러므로 여러분도 통속적인 견해나 정신의학적인 견해와 병행하여 정신분석적 견해를 여러분의 마음속에 조용히 자라도록 노력해주기 바란다. 그러면 양자가 서로 영향을 주고받아 우열(優劣)을 겨루고, 서로 일치되어 하나의 결론에 도달할 기회가 찾아올 것이다.

그러나 한편, 내가 정신분석적인 견해로써 강의하는 것이 사변적(思辨的)인 체계라고 생각해서는 결코 안 된다. 정신분석이란 오히려 관찰의 직접적인 표현이거나 아니면 관찰한 것을 가공(加工)한 결과다. 이와 같은 가공이 충분히 정당한 방법으로 이루어졌는지 어떤지는 학문이 더 진보하면 증명될 것이다. 그리고 나는 거의 25년이 지나 꽤 노령에 이른 지금, 아무런 과장도 없이 이와 같은 관찰은 참으로 어렵고 격렬하고 전심전력을 기울인 연구였다고 단언하고 싶다.

정신분석을 반대하는 자는 우리가 주장하는 그 유래를 전혀 고려해보지도 않고, 정신분석은 주관적인 착안에 지나지 않으므로 누구든 마음대로 이러한 착안에 반대할 수 있다고 생각하고 있는 것 같은 인상을 나는 흔히 받았다. 나는 그런 적의(敵意)에 찬 태도를 도무지 이해할 수 없다. 아마도 이것은 의사가 노이로제 환자에 대한 연구심이 부족하고 환자가 호소하는 말에 주의를 기울이지 않고 흘려들은 결과 환자의 말에서 어떤 귀중한 것을 끌어내는 가능성, 즉 노이로제 환자에 대해 좀더 세밀하게 관찰할 좋은 가능성을 잃고 있기 때문일 것이다.

나는 이 기회에 강의 중에는 적어도 여러분 개개인과 너무 논쟁하지 않을 작정이라는 것을 미리 언급해둔다. 실은 나는, '투쟁은 만물의 아버지'라는 명제(命題)가 진리라는 것을 믿을 수 없다. 이 명제는 그리스의 소피스트(궤변론자. 기원전 5세기 그리스에서 각종 학문, 특히 변론술과 학술 등을 가르친 교사의 일단)한테서 나왔으며(이 말은 소피스트가 한 말이 아니라 헤라클레이토스의 말인데 프로이트는 착각하고 있다), 소피스트와 마찬가지로 이 격언 또한 변증법(辯證法)의 과대평가 때문에 잘못되어 있다고 믿고 있다. 이와는 반대로 이른바 학문상의 논쟁은 그다지 효과가 없는 것처럼 여겨진다. 다만 논쟁이 항상 상대편의 인격을 존중하여 행하여질 경우는 예외다. 이삼 년 전까지만 해도 나는 단 한 번 겨우 한 사람의 학자(뮌헨의 뢰벤펠트 Löwenfeld, 프로이트의 제자. 노이로제에 대해 논쟁함)와 정식으로 학문상의 논쟁을 한 것을 자랑으로 삼고 있다. 그 결과 두 사람은 친구가 되었으며, 오늘에 이르기까지 우리의 우정은 변하지 않고 있다. 그러나 나는 논쟁의 결과가 언제나 이렇게 되리라는 확신이 없었으므로 오랫동안 논쟁을 시도한 적이 없다.

그런데 학술상의 토론을 이처럼 피하는 것은 이론(異論)을 완강히 배척하는 고집쟁이, 또는 학문의 세계에서 흔히 사용되는 속어를 빌린다면 '고루함'이라고 여러분은 판단할 것이다. 그러나 나는 여러분에게 이렇게 대답하고 싶다. 만일 여러분이 열심히 노력해서 어떤 확신을 얻었을 때는 여러분에게도 이 확신을 끝내 지키겠다는 권리가 마땅히 생길 것이라고.

그리고 나는 연구를 계속하는 동안에 두세 가지 중요한 점에 대해서 나의 견해를 수정·변경하고 새로운 견해로 바꾸었으며, 물론 나는 그때마다 공표해두었다. 그런데 이런 솔직한 태도를 취한 결과는 어떠했겠는가? 어떤 사람은 내 자신이 한 수정을 조금도 알지 못하고, 이제는 옛날과 달라진 주장을 들고 나와서 오늘날도 여전히 나를 비판하고 있다. 또 어떤 사람은 내가 견해를 바꾸었다고 나를 비난하고, 그 때문에 나를 믿을 수 없다고 말한다. 자기 견해를 한두 번 바꾸면 세상에선 즉각 신용할 수 없다고 말한다. 그 사람의 새 주장이 역시 잘못되어 있을지 모른다는 것이 그 이유이다. 그런데 한번 발표한 주장을 외곬으로 고집하거나 사람들이 무어라 해도 쉽게 철회하지 않는 사람은 마침내 고집쟁이라든가 '고루하다'는 공격을 받는다. 이와같이 서로 정반대의 비판에 직면했을 때 우리는 과연 어떻게 하면 좋겠는가? 우리는 종전대로 밀고 나가서 자기 자신의 판단으로 가장 좋다고 믿는 바에 따라가는 수밖에 없다. 나도 그렇게 할 결심이다. 그리고 나의 모든 학설을, 내 경험이 한 발짝 내디딜 때마다 자꾸만 수정하기를 그치지 않을 작정이다. 그러나 근본적인 나의 통찰에 대해서는 여태까지 정정할 필요를 발견하지 못했다. 그리고 앞으로도 그럴 필요가 없으리라고 생각한다.

그러면 이제 노이로제 현상에 대한 정신분석적인 견해를 여러분에게 이야기해야겠다. 이 경우 유추(類推)하고 비교하기 위해서 이 전에 다룬 여러 현상과 결부시켜 이야기하는 것이 제일 빠를 것이다. 그러면 내 진찰 시간 중에 많은 사람들이 저지르는 증상행위(症狀行爲)를 한 가지 들기로 한다. 긴 일생의 고민을 15분 동안에 고백하기 위해 의사의 진찰실을 찾는 사람을 정신분석의는 어떻게 해줄 수도 없다. 보통 의사들은 환자를 보고 "나쁜 곳은 없군요." 하고 진단을 내리거나 "글쎄요, 수욕(水浴) 치료를 좀 해보십시오." 하고 제안하겠지만, 정신분석의는 깊은 지식이 있기 때문에 오히려 그렇게 말하기가 어렵다. 우리 동료 한 사람이 "대체 자네는 외래 환자를 어떻게 다루는가?" 하는 질문을 받았을 때, 그는 목을 움츠리고 "나는 환자에게 몇 크로네($\frac{1크로네는\ 10}{마르크}$)의 까닭없는 벌금을 부과해줄 뿐이야." 하고 대답했다는 것이다. 그처럼 가장 바쁘다는 정신분석의조차 그 치료시간은 그다지 복잡하지 않다는 말을 들어도 여러분은 놀라지 않을 것이다.

나는 대기실에서 진찰실과 치료실을 겸한 방으로 가는 사이의 문을 이중으로 하여 거기에 펠트를 씌워 튼튼하게 해두었다. 이 조그만 장치의 목적이 무엇인지는 뚜렷하다. 그런데 내가 대기실에서 환자를 불러들였을 때 환자는 자기 뒤의 문을 닫는 것을 잊어버린다. 더구나 거의 이 이중의 문을 열어둔 채 들어온다. 나는 그것을 보면 즉각 무뚝뚝한 말투로, 점잖은 신사건 잘 차려입은 부인이건 들어온 환자에게 가서 문을 닫고 오라고 명령한다. 나의 방법은 지나치게 사무적인 인상을 준다. 나는 그런 명령을 내리고, 나 자신이 창피를 당한 적이 더러 있었다. 왜냐하면 스스로 문고리를 잡지 못하고 보호자가 문을 닫아주어야 하는 환자도 있었기 때문이다. 그러나 대개의 경우 나의 방법은 옳았다. 대기실과 진찰실 사이의 문을 열어둔 채 들어오는 사람은 하층 사회에 속하는 사람이며, 그와 같은 사람들은 무뚝뚝한 취급을 받아도 할 수 없다.

그러나 여러분은 나머지 이야기를 듣지 않고 동의해서는 안 된다. 환자의 이와 같은 부주의한 행위는 그가 대기실에 혼자 기다리고 있다가 자기 이름이 불린 뒤 대기실에 아무도 기다리고 있지 않을 경우에만 나타난다. 남이 자기를 기다리고 있을 때는 결코 나타나지 않는다. 후자의 경우 그는 자기가 의사와 이야기를 하고 있는 동안에 엿들으면 곤란하다는 것을 충분히 알고 있다. 그러므로 이중 문을 주의 깊게 닫는 것을 결코 잊지 않는다.

그러므로 환자의 부주의는 우연도 아니고 의미가 없지도 않다. 오히려 중요한 의미가 있다. 이 부주의로 환자가 의사를 대하는 태도를 알 수 있다. 대부분의 환자는 사계의 권위자라는 명성을 동경하고, 대가의 이름에 현혹되고 위압되며, 권위자에게 주시받고 싶은 범인(凡人)의 한 사람이다. 환자는 아마 미리 전화로 몇 시에 찾아뵈면 제일 형편이 좋겠는가고 문의했을 것이다. 그는 율리우스 마인르의 지점(식품가게의 이름. 당시는 제1차 대전 중이라 식료품이 부족했으므로 이 가게 앞에 줄을 지어 물건을 샀다)에 몰려들듯이 외래 환자가 인산인해를 이루어 기다리고 있겠거니 하고 각오하고 있었던 것이다. 그러나 찾아와보니 기다리는 사람이 하나도 없는데다가 초라한 대기실에 들어와보고는 실망한다. 환자는 넘칠 듯한 존경심을 품고 있었으므로 의사에게 분풀이를 하지 않고는 직성이 풀리지 않는다. 그래서 이때, 그는 대기실과 진찰실 사이의 문을 닫는 것을 게을리하는 것이다. 이 동작으로 의사에게 “흥, 여긴 아무도 없잖아, 내가 진찰을 받는 동안에 누구 하나 찾아오지 않을 거야.” 하고 말하고 싶은 것이다. 그러므로 만일 의사가 심한 질책으로 환자의 불손한 태도에 처음부터 즉각 역습을 해두지 않으면 환자는 이야기하는 동안에도 무례하고 오만하게 굴 것이 틀림없다.

이런 하찮은 증상행위의 분석에서는 여러분이 이미 알고 있는 것밖에는 발견하지 못한다. 즉 증상행위는 우연이 아니라 하나의 동기, 즉 하나의 의미와 의도를 가지며, 또 그것은 뚜렷이 지적할 수 있는 심리적 연관의 하나라는 것, 나아가 그것은 꽤 중요한 심리적 경과의 조그만 징후임을 표시한다. 그러나 특히 이와같이 표면에 나타난 경과는 그것을 행한 당사자의 의식에는 없다는 것을 보여주고 있다. 왜냐하면 이중 문을 열어둔 채 들어온 환자는 누구나 이 부주의로써 나에게 경멸을 나타내려고 했다는 것을 스스로 인정할 수 없을 것이기 때문이다. 그들 가운데 많은 사람들은 아무도 없는 대기실에 들어왔을 때 일어난 실망의 감정은 생각나겠지만, 그 인상과 이어 일어난 징후행동과의 연결은 그의 의식에 떠오르지 않을 것이 틀림없다.

그런데 여기서 증상행위의 이 조그마한 분석을 어떤 부인 환자의 관찰에 이용하기로 한다. 지금도 여전히 생생한 기억으로 남아 있는 관찰을 하나 골라보겠다. 이 실례는 비교적 짧게 묘사할 수 있기 때문이다. 그러나 어느 정도 상세하게 설명한다는 것은 이런 강의에는 참으로 필요하다.

며칠 동안의 휴가를 얻어 고향에 돌아온 젊은 장교가 내게 자신의 장모를 치료해달라고 부탁했다. 그 장모는 매우 행복하게 살고 있었는데, 어처구니없는 어떤 관념 때문에 그녀 자신과 자신의 가정을 저주하기 시작했다. 내가 만났을 때 그녀는 쉰세 살의 점잖은 부인이었으며, 상냥해보이고 소박한 성품을 지닌 것처럼 느껴졌다. 그녀는 서슴지 않고 다음과 같은 이야기를 들려주었다. 그녀는 시골에 남편과 함께 매우 행복한 부부생활을 보내고 있었으며 그녀의 남편은 큰 공장을 경영하고 있었다. 그리고 그녀는 남편의 애정에 찬 마음씨에 진심으로 감사하고 있었다. 두 사람은 30년 전에 연애결혼을 했으며, 그 후 두 내외 사이에는 파란도 불화도 질투도 없었다. 두 자녀도 행복한 결혼을 했다. 남편으로서 또 아버지로서의 책임감에서 그는 아직 은퇴하려 하지 않았다. 그런데 1년 전에 그녀 자신도 이해할 수 없는 하나의 사건이 일어났다. 그녀가 믿는 남편이 젊은 여자와 연애관계를 맺었다는 익명의 편지를 받았기 때문이다. 그녀는 금방 그 편지를 믿었다. 그 뒤부터 그녀의 행복은 엉망이 되어버렸다.

상세한 사정은 대략 다음과 같다. 그녀의 집에는 하녀가 한 사람 있었다. 그녀는 이 하녀와 자주 집안 내막 이야기를 한 모양이다. 이 하녀는 어떤 여자에게 노골적인 적의를 품고 있었다. 그 여자는 집안이 좋지 않은데도 자기보다 훨씬 성공했다는 것이 그 이유였다. 실제로 그 여자는 남의집살이라는 길을 택하지 않고 실업 교육을 받고 공장에 채용되었으며 전쟁 중에는 사원들이 출정(出征)하여 일손이 부족해지는 바람에 좋은 지위를 얻게 되었다. 그리하여 지금은 공장 안에 살면서 신사와 교제하고, 사람들한테서는 아가씨라고까지 불리고 있었다. 출세하지 못한 이 하녀가 지난날의 동창에 대해 뒤에서 험담을 하는 것은 당연하다. 어느 날 부인은 하녀와 같이 집에 손님으로 왔던 노신사의 이야기를 했다. 그 노신사는 아내와 별거하며 첩을 두고 있다는 소문이었다. 어떻게 해서 이런 말을 하게 되었는지 부인 자신도 알 수 없지만 "만일 우리 주인양반에게 애인이 있다는 말을 듣는다면 얼마나 무서운 일일까?" 하고 갑자기 말했던 것이다.

그 다음날, 부인은 우편으로 익명의 편지 한 통을 받았다. 편지는 위필(僞筆)로 씌어 있었으며, 그 사연에는 그녀가 어제 한 말과 같은 내용이 씌어 있었다. 그녀는——반신 반의였지만——이 편지가 그 짓궂은 하녀의 짓이라는 것을 간파했다. 왜냐하면 남편의 애인으로 하녀가 무척 미워하고 있는 그 여자의 이름이 씌어 있었기 때문이다. 그녀는 음모를 즉각 간파하고 이런 비겁한 밀고가 근거없는 일이라는 것을 주위의 여러 사정으로 충분히 알고 있었으나 그러면서도 이 편지는 한순간에 그녀를 사로잡아버렸다. 부인은 무서운 흥분에 싸여서 즉각 남편을 불러다 심한 비난을 퍼부었다. 남편은 이 밀고를 일소에 붙였다. 그리고 최선의 정성을 다했다. 남편은 주치의인 공장 의사를 불렀다. 의사는 불행한 부인을 진정시키기 위해서 온 힘을 기울였다. 두 사람이 취한 그 후의 조치는 매우 합당하였다. 하녀는 파면되었지만 애인이라는 말을 들은 상대의 그 여자 쪽은 파면되지 않았다. 그 후 환자는 그 익명의 편지를 더는 믿지 않을 만큼 냉정해졌다고 되풀이해서 말했지만, 마음에서부터 영원히 냉정을 되찾은 것은 아니었다. 남이 그 여자의 이름을 말하거나 길거리에서 그 여자만 보면 그만 시기심, 고통, 굴욕의 발작이 폭발하는 것이었다.

이상이 부인의 병력(病歷)이다. 그녀가 다른 노이로제 환자에 비해서 자기의 병증을 너무나 간단히 묘사했다는 것, 즉 우리의 말을 사용하면 병력을 속이고 있다는 것, 그녀가 익명의 편지에 씌어 있는 고발을 잠재의식 속에 여전히 믿고 있으며, 그 생각을 떨쳐버릴 수 없다는 것, 이러한 것들을 이해하는 데는 별로 정신의학의 경험을 필요로 하지 않는다.

그러면 정신과 의사는 이와 같은 증상 예에 접했을 때 어떤 태도를 가질 것인가? 대기실의 문을 닫지 않는 환자의 증상행위에 대해서, 정신과 의사가 어떤 태도를 가질 것인지를 우리는 이미 알고 있다. 그는 심리학적인 측면에는 관심이 없으며 그 증상을 환자와는 전혀 관계가 없는 하나의 우연이라고 설명한다. 그러나 이 설명을 그대로 질투에 고민하는 이 부인에까지 밀고 나가지는 못한다. 증상행위는 중요하지 않은 것처럼 여겨지지만 이 증상은 의미 심장한 것으로 우리에게 부딪쳐온다. 증상은 심한 주관적인 고뇌를 수반하고 있다. 증상은 객관적으로는 가정의 공동생활을 위협한다. 그러므로 증상은 훌륭한 정신의학적인 관심의 대상이다. 정신과 의사는 먼저 증상을 본질적인 특성에 의해 분류하려고 한다. 이 부인을 괴롭히고 있는 관념, 나이 먹은 남편이 젊은 여자와 연애하는 일은 세상에서 흔히 있는 일이다. 그러나 그것에 부수되어 일어난 어처구니없는 일은 이해할 수 없는 일이다. 환자가 품행이 단정하고 상냥한 남편을 세상에 흔히 있는 남편 중의 한 사람이라고 믿는 데는 그 익명의 편지 이외에는 아무 증거가 없다. 부인은 편지의 사연이 전혀 증명력을 갖고 있지 않다는 것을 알고 있다. 부인은 이 편지의 출처를 훌륭히 증명할 수 있다. 즉 그녀는 자기가 질투할 뚜렷한 이유가 없다. 부인은 자기 자신에게도 그렇게 말할 수 있다. 그럼에도 불구하고 부인은 이 질투가 완전히 근거가 있는 것처럼 고민하는 것이다. 현실에서 추론(推論)해도 논증할 수 없는 이런 종류의 관념을 '망상'이라고 부른다. 다시 말하면 이 부인은 '질투망상'에 사로잡혀 있는 것이다. 이것이 아마 이 증상 예의 근본적인 특징일 것이다.

이것이 먼저 뚜렷해지면 우리의 정신의학의 관심은 다시 활발해진다. 망상이 현실과 분리되어 있다면 그 망상은 현실에서 만들어진 것이라고 말할 수 없다. 그렇다면 망상은 어디서 오는 것일까? 망상이라고 해도 천차만별의 내용을 가지고 있다. 지금의 예에서는 어째서 망상의 내용이 질투일까? 어떤 사람에게 망상, 특히 질투망상이 나타나는 것일까? 이 점에 대해서 정신과 의사의 의견을 듣고 싶다. 그런데 정신과 의사는 보통 이런 질문에 대해 단 한 가지만을 설명해준다. 그는 이 부인의 가족사항을 조사해보고 "망상은 그것과 비슷한 정신장애나 또는 그것과 다른 정신장애가 몇 번이나 되풀이해서 나타난 가계(家系)의 사람들에게 나오는 증상입니다." 하고 대답할 것이다. 바꾸어 말하면, 이 부인이 망상을 일으킨 것은 그녀가 그와 같은 망상에 사로잡힐 유전적인 소인(素因)이 있기 때문이라는 것이다. 확실히 그럴 수도 있겠지만 이 설명이 우리가 알고 싶어하는 것의 전부일까? 이것이 증상 예의 원인으로 작용한 전부일까? 무언가 다른 망상 대신에 이 질투망상이 발생한 것이라든가, 임의(任意)라든가, 설명할 수 없다든가, 하는 말만으로 우리는 만족해야 할 것인가? 그리고 유전적인 영향의 위력을 역설하는 그 명제를, 이 정신에 어떤 체험이 끼어들더라도 그것은 아무래도 좋은 일이라든가, 그녀는 언젠가 한 번은 어떤 망상을 일으킬 숙명을 갖고 있다는 식으로 부정적으로 해석해도 좋을 것인가? 여러분은 과학이라고 자칭하는 정신의학이, 우리에게 그 이상의 해명을 주려고 하지 않는 이유를 알고 싶어할 것이다. 그러나 나는 여러분에게 분수에 맞지 않는 진단을 내리는 자는 사기꾼이라고 말하고 싶다. 정신과 의사는 이와 같은 증상 예를 한 걸음 전진시켜 해명하는 길을 조금도 모른다. 그들은 진단과 풍부한 경험이 있는데도 불확실함을 면할 수 없는 예후(豫後)를 판정하는 데 만족하고 있을 뿐이다.

그러면 정신분석은 이 이상의 것을 할 수 있는가? 틀림없이 할 수 있다. 이와같이 접근하기 어려운 증상 예에 있어서조차도 정신분석은 더 상세한 것까지 이해시켜주는 것을 발견할 수 있음을 여러분에게 보여주고 싶다. 우선 여러분은 별로 두드러지지 않은 미세한 점, 즉 지금 망상의 토대가 되어 있는 그 익명의 편지는 바로 환자 자신이 선동해서 만들게 한 것이라는 것, 바꾸어 말하면 그녀는 이 사건 전날 음모가인 그 하녀에게 만일 내 남편이 젊은 여자와 연애관계를 맺고 있다면 그야말로 나의 최대의 불행일 거야, 하고 말한 사실에 주목해주기 바란다. 이것은 그녀 자신이 익명의 편지를 보내는 착상을 하녀에게 준 것이다. 그러므로 그녀의 망상은 어느 점에서는 이 편지와 관계가 없다고 할 수 있다. 망상은 전부터 이미 기우(杞憂)로서——또는 소망(?)으로서——그녀의 마음속에 있었던 것이다. 그리고 이 밖에 불과 두 시간의 분석으로 밝혀진 더 조그만 징후를 여러분에게 이야기하고 싶다. 환자가 자기의 신상 이야기를 한 뒤에 내가 그 밖의 생각, 연상, 기억을 보고해달라고 말했을 때 환자는 매우 냉담한 태도를 보였다. "나한테는 아무 연상도 떠오르지 않아요. 할 말은 다했습니다." 하고 그녀는 주장했다. 그리고 두 시간 뒤, 실제로 나는 부인에 대한 분석을 중지하지 않으면 안 되었다. 왜냐하면 "나는 이제 완전히 건강해진 것 같은 개운한 기분이에요. 그런 병적인 생각은 이제 두 번 다시 떠오르지 않을 거예요." 하고 말했기 때문이다. 물론 그녀는 나한테 저항하기 위해서, 그리고 분석을 더 계속하지 않을까 하는 불안감에서 이렇게 말했다. 그런데 이 두 시간 동안에 그녀는 어떤 해석의 실마리가 될 만한, 또는 어떤 해석을 꼭 내리지 않을 수 없게 만든 몇 마디를 말해버렸다. 이 몇 마디를 해석해보면, 그녀의 질투망상이 발생한 원인에 어떤 해결의 빛을 줄 것이다. 부인은 어떤 청년, 즉 그녀를 환자로서 나에게 데려온 자기 사위에게 깊은 연정(戀情)을 품고 있었던 것이다. 그녀는 이 사랑을 전혀, 아마도 거의 의식하고 있지 않았다. 혈연관계라는 현상에서 이 사랑의 경향은 쉽게 친족간의 순수한 애정이라는 가면을 덮어써버렸다. 우리가 여태까지 겪은 경험의 전부를 기울이면 쉰세 살이 되는 정숙한 부인이며 선량한 모친인 이 여성의 정신생활에 우리의 감정을 이입(移入)하는 것은 결코 어렵지 않을 것이다. 연애는 무서운 것, 있을 수 없는 것으로서 의식의 표면에 나타날 수는 없었지만 줄곧 무의식으로 존재하여 무거운 압력을 가하고 있었던 것이다. 그 결과 당연히 어떠한 일이 그녀의 마음에 일어나지 않을 수 없었고 또 무언가 어떤 구원을 찾지 않으면 안 되었다. 그리하여 가장 가까운 완화책(緩和策)으로서, 치환(置換)의 메커니즘이 이용된 것이다. 이 치환은 망상적 질투의 발생에 언제나 관여한다. 나이 먹은 여자인 자기가 젊은 남자를 사랑하고 있다 하더라도 자기의 늙은 남편이 젊은 여자와 연애관계를 맺고 있다면 그녀 자신의 부정(不貞)이라는 양심의 가책은 분명히 가벼워질 것이다. 따라서 남편의 부정을 중심으로 하는 공상은 그녀의 마음의 괴로움을 더는 약이 되었던 것이다. 자기 자신의 사랑을 그녀는 의식하지 않았지만 이 사랑의 영상(映像), 즉 남편의 부정에 관한 망상——그것은 위에서 말한 이익을 그녀에게 가져다주었지만——은 이제 강박관념으로 망상적이고 의식적인 것이 된 것이다. 이 연정을 부정하는 증명은 모두가 당연히 아무 소용 없다. 왜냐하면 그런 증명은 그 영상에만 향하고 영상을 짙게 하는 데는 도움이 되지만 저촉하기 어려운 두 의식의 밑바닥에 잠겨 있는 원상(原傷)을 향하지는 않았기 때문이다.

　짧은 시간이었지만 어려웠던 정신분석의 노력으로 이 증상의 예에 대해서 어떤 것을 알 수 있었는지 종합해보기로 한다. 물론, 우리의 발견은 옳았다고 가정하고서의 일이다. 이 점에 대해 나는 여러분의 비판에 결코 굴복할 수 없다. 첫째, 망상은 이제 무의미한 것, 또는 이해할 수 없는 것이 아니다. 망상은 의미심장한 것, 훌륭한 동기를 가진 것, 환자가 겪은 강한 감동의 체험과 인과관계(因果關係)를 가진 것이다. 둘째로, 망상은 반드시 다른 징후로 추측되는 어떤 무의식적인 심리과정의 반응으로서 나타난 바이며, 망상을 갖기 쉬운 성격이나 논리적이고 현실적인 공격에 끝내 저항하려고 하는 성질을 갖고 있는 것은 바로 위와 같은 관계 때문이다. 망상은 그 자체가 원했던 것이며 어떤 종류의 위안이다. 셋째로, 이 망상은 바로 질투망상이며, 결코 그 이외의 다른 것이 아닌 것은 질병 속에 숨어 있는 체험 때문에 움직일 수 없도록 규정되어 있다. 그러나 다른 분은 그 부인이 바로 사건 전날에 음모가인 그 하녀를 보고, “만일 남편의 품행이 나쁘다면 그 이상 무서운 일이 있을까?” 하고 외친 것이 생각날 것이다. 여러분은 또 우리가 분석한 그 질투 행동과의 두 가지 중요한 유사점, 즉 증상행위 뒤에 숨어 있는 뜻과 그 의도의 해명이 무의식과 관계가 있다는 것을 간과할 수 없을 것이다. 하기야 우리가 이 증상의 예를 기회로 모든 의문이 이것으로 해결되었다고는 할 수 없다. 이 증상의 예는 오히려 잇따라 의문을 낳는다. 의문 중의 어떤 것은 아직은 해결될 수 있는 단계까지 이르지 않았고, 또 다른 문제들도 특수한 사정이라는 불편 때문에 해결되지 않았다. 이를테면 어째서 행복한 결혼생활을 보내고 있던 부인의 마음에 사위에게 연정을 느낄 틈이 생겼을까? 달리도 괴로움을 완화할 수 있었을 텐데 굳이 그런 영상의 형태로, 즉 자기의 마음의 상태를 자기 남편에게 투사(投射—Projektion)한다는 형태로 완화하려 했을까? 이와 같은 질문을 한다는 것은 부질없는 짓이라든가 좋지 않은 일이라고 생각해서는 안 된다. 이 질문에 대답할 만한 필요한 자료를 우리는 많이 준비해놓고 있다. 이 부인은 때마침 갱년기였다. 갱년기에는 여성의 성욕이 본의 아니게 갑자기 높아진다. 이것만으로 대답은 충분할는지 모른다. 혹은 그녀의 선량하고 성실한 남편은 몇 해 전부터 이미 원기왕성한 아내의 요구를 채워줄 정력이 없어졌다고 덧붙여도 좋다. 이런 부부의 남편은 그때 분명히 품행이 방정했고, 이런 남편이야말로 특별히 아내에게 정답게 굴고, 아내의 노이로제에 대해서 남달리 관대함을 나타낸다는 것을 우리는 경험에 의해 알고 있다. 또 병의 원인이 되는 이 연정의 상대가 딸의 젊은 남편이라는 것은 아무래도 그냥 넘길 일이 아니다. 딸에 대한 심한 에로틱한 애착——이것은 어머니의 성적 소질(性的素質)에 기인한다——은 흔히 이처럼 형태를 바꾸어서 계속되는 일이 종종 있다. 이와 관련해서 한 가지 상기해줄 것은 장모와 사위의 관계는 예로부터 인간에 있어서는 특별히 미묘한 것으로 간주되어왔으며 이 관계는 원시인에게 매우 강력한 터부, 즉 '금기(禁忌)'를 만드는 동기가 되었다는 것이다(프로이트작 《토템과터부 (Totem und Tabu)》, 1913년 참조). 두 사람의 관계는 자칫하면 적극적인 면에서나 소극적인 면에서 문화라는 범위를 벗어나기 쉽다. 부인의 증상 예에서는 이 세 가지 계기 중 어느 것이 작용했는지, 아니면 이 요소 중의 두 가지, 또는 세 가지가 동시에 작용했는지, 물론 나는 말할 수 없다. 그것은 증상 예의 분석을 두 시간 이상 계속하지 못한 이유 때문만은 아니다.

지금 깨달았지만 내가 여태까지 말한 사항은 여러분에게는 아직 납득이 안 갈 것이다. 나는 정신의학과 정신분석을 비교해보고 싶어서 위의 이야기를 한 것에 지나지 않는다. 그러나 나는 여러분에게 한 가지 질문하고 싶은 것이 있다. 그것은 정신의학과 정신분석학 사이에 무언가 모순이 있다는 것을 깨달았느냐는 것이다. 정신의학은 정신분석의 기법을 응용하려고 하지 않는다. 정신의학은 망상의 내용에 어떤 것을 관련시키려 하지 않고 있다. 그리고 정신의학은 우리에게 무엇보다도 가까이 있는 특수한 원인을 제시하는 대신, 유전이라는 것을 꺼내어 아주 일반적이고 멀리 있는 병의 원인을 강조한다. 그러나 정신의학과 정신분석 사이에 어떤 모순이나 대립이 있는 것일까? 오히려 둘은 서로 보충하여 완전한 것이 되는 것은 아닐까? 유전적인 요소는 체험의 의의와는 모순되는 것일까? 오히려 둘은 서로 협력하여 작용하는 것이 아닐까? 정신의학적 연구의 본질에는 정신분석의 결과로서 거부할 만한 것이 없다는 나의 의견에 여러분은 동의할 것이다. 즉 정신분석학에 반항하는 것은 정신과 의사지 결코 정신의학이라는 학문이 아니다.

정신분석학과 정신의학과의 관계는 마치 조직학(組織學)과 해부학과의 관계와 같은 것이다. 해부학은 기관의 외부형태를 연구하고, 조직학은 조직과 세포로 구성된 기관의 구조를 연구한다. 이 두 연구방법에 모순이 있다고는 생각할 수 없다. 한쪽의 연구는 다른 쪽 연구의 연속이다. 오늘날 해부학이 과학적 의학의 기초로 여겨지고 있다는 것은 여러분도 아는 바지만 과거 어느 때에는 몸의 내부 구조를 알기 위한 시체의 해부가 금지되어 있었다. 이것은 오늘날 정신생활의 심층을 연구하는 데에, 정신분석의 사용이 금지되어 있는 것과 마찬가지다. 아마 앞으로는 정신생활의 심층(深層)에 있는 무의식 과정에 대한 지식이 충분히 없다면 과학적이고 심원한 정신의학은 불가능하다는 의견이 나오게 될 것이다.

그런데 여러분 중에는 심하게 공격받고 있는 정신분석학에 대해서 두터운 우정을 갖고 있는 사람도 있을지 모른다. 그런 사람은 정신분석학이 다른 측면, 즉 치료의 측면에서도 옳다고 인정될 것이라고 예상할지 모른다. 여러분도 알다시피 종래의 정신의학에 의한 치료법으로는 망상 같은 것은 어쩔 수가 없었다. 그렇다면 정신분석은 망상이라는 증상의 메커니즘에 대해서 독특한 견해를 갖고 있으므로 망상을 치료할 수 있겠는가? 아니 할 수 없다. 정신분석학은 이런 병에 대해서——적어도 당분간은——다른 치료법과 마찬가지로 무력하다. 우리는 환자의 마음속에 무엇이 일어나고 있는가를 이해할 수는 있지만 그것을 환자 자신에게 이해시켜주는 방법은 모른다. 내가 망상의 분석을 처음에 예상했던 것 이상으로 추진할 수 없었다는 것은 여러분도 이미 알고 있다. 그렇다면 이와 같은 증례의 분석은 그 결과가 아무 얻은 것이 없으니 비난받아야 한다고 여러분은 주장할 생각인가? 그렇지 않으리라고 나는 믿는다. 우리는 직접적인 효용성을 떠나서 학문을 연구할 권리, 아니 의무가 있다고 믿고 있다. 지식의 한 조각이 자꾸 쌓여서 마침내는——언제, 어디서인지는 모르지만——하나의 힘, 즉 치료 능력으로 바뀌는 시대가 올 것이다.

망상의 경우와 같이 정신분석이 다른 형태의 노이로제나 정신질환에 무효임을 알았다 하더라도 과학 연구의 다시없는 수단으로서 그 정당성은 길이 사라지지 않을 것이다. 그러나 그런 경우엔 말할 것도 없이 우리는 정신분석을 행할 수 없을 것이다. 우리들이 연구 재료로 하여 거기서 배우려고 하는 인간은 살아 있는 생물이며, 그 자신의 의지를 갖고 있으므로 작업에 협력하기 위해서는 그만한 동기를 필요로 한다. 그러므로 효과가 없다는 것을 알면 우리가 원하는 대로 되어줄 것을 거부할 것이 틀림없다. 이것으로 오늘의 강의는 다음 사실을 말하고 끝내고 싶다. 이 세상에는 여러 종류의 신경장애가 있는데, 이런 신경장애에 대한 지식이 깊어지면 이 지식은 실제 치료의 힘으로 바뀐다는 사실이다. 또 우리는 이렇듯 접근하기 어려운 병이 어떤 조건 아래서는 어떤 내과(內科) 치료법에도 결코 뒤지지 않는 효과를 거둘 수 있다고 하는 것이다.

열일곱 번째 강의

증상의 뜻

저번 강의에서 임상 정신의학(臨床精神醫學)은 개개의 증상이 나타
나는 형식과 개개의 증상이 가진 내용에는 거의 관심이 없었지만, 정
신분석학은 바로 이것을 실마리로 하여 증상은 의미심장하고 환자의
체험과도 관련이 있다는 정리(定理)를 가장 먼저 세웠다고 말했었다.
노이로제 증상이 뜻을 갖고 있다는 것은 브로이어(J. Brouer 1842~1925. 프로이트의 선구자로 볼 수 있는 오스트리아 의 생 리 학자 겸 개업 의사)가 히스테리 증상 예를 연구하여 고치는 데 성공했을 때 비
로소 발견되었다(1880~'82년). 그리고 그때부터 이 히스테리의 한 증
상 예는 유명해졌다. 실은 브로이어와는 관계없이 쟈네(P. Janet 1859~1947. 프랑스의 정신병리학자. 샤르코의 문하생으로 프로이트와 동문)도 같은 사실을 입증했다. 그러므로 문헌상의 선취권은
이 프랑스 학자에게 속한다. 왜냐하면 브로이어는 자기의 관찰을 쟈
네보다 10년 이상이나 늦게(1893~ 95년) 나와 공동연구를 하고 있을
무렵에 발표했기 때문이다. 아무튼 이 발견이 누구에 의해서 이루어
졌는가 하는 것은 아무래도 좋다. 여러분도 알다시피 어떤 발견이든
반드시 한 번에 그치는 것이 아니고, 단번에 이루어지는 것도 아니며,
성공자에게 그 공적이 돌아가는 것도 아니다. 미국은 콜럼버스의 이
름을 따서 명명되지는 않았다. 브로이어와 쟈네 이전에 위대한 정신
의학자 류레가 정신병자의 섬망(譫妄)조차 그것을 해석할 수 있으면
의미를 갖고 있음을 알 것이라는 견해를 발표했다. 나는 쟈네의 노이
로제 증상 설명에 대한 공적을 오랜 동안 너무 높이 평가하고 있었음
을 고백하고 싶다. 왜냐하면 쟈네는 히스테리 증상의 환자를 지배하
고 있는 '무의식적 관념(idées inconscientes)'의 표현으로 풀이했기 때

문이다. 그런데 쟈네는 그 후 무의식은 단지 단어(單語)이자 방편이며, 'une façon de parler(둔사(遁辭)'에 지나지 않는다고 생각하는 것처럼 매우 소극적인 태도를 보였다. 쟈네는 무의식이 실재(實在)하는 것이라고는 생각지 않았다. 이때부터 나는 그만 쟈네의 말을 알 수 없게 되어버렸다. 말하지 않아도 될 이 한 마디를 하는 바람에 쟈네는 그 위대한 공적을 헛되이 만들어버렸다고 생각한다.

그러므로 노이로제 증상은 잘못(실수행위)이나 꿈과 같이 뜻을 갖고 있으며, 또 그것을 나타내는 사람의 생활과 관계가 있다. 그러면 이 중대한 견해를 두세 가지 실례를 들어서 여러분에게 상세히 설명하기로 한다. 그러나 어떤 경우에는 늘 뜻을 가지고 있다는 것이 입증된다고 주장할 수 없다. 아무튼 자기 스스로가 관찰을 시도한 사람은 내 말을 납득할 수 있을 것이다.

그러나 나는 어떤 동기로 인해 실례를 히스테리에서 가져오지 않고 히스테리와 매우 가까운, 아주 주목할 만한 다른 노이로제를 예로 들겠다. 이 노이로제에 대해서 나는 여러분에게 몇 가지 전제를 해두어야겠다. 내가 지금 택하는 노이로제란 강박 노이로제(強迫 Neurose)이다. 강박 노이로제는 잘 알려진 히스테리만큼 일반적인 것은 아니다. 이렇게 말해도 괜찮다면 강박 노이로제는 집요하고 소란스러운 것이 아니라 오히려 환자의 사사로운 일 같은 형태를 가지며 거의 신체적인 현상을 나타내지 않고, 그 증상 모두가 심리적 영역에서 만들어진다. 강박 노이로제와 히스테리는 그 연구 결과를 기초로 비로소 정신분석이 구축되고 그 치료에 있어서도 정신분석 요법이 개가를 올린 노이로제 증의 두 가지 형태다. 강박 노이로제에는 심리적인 것에서 육체적인 것으로 이행하는 신비한 비약은 볼 수 없으나 정신분석의 노력으로 우리에게는 히스테리 증상보다 더 정체가 뚜렷하고 친근한 것이 되었다. 또 강박 노이로제는 히스테리 환자의 어떤 극단적인 특징을 눈부실 만큼 똑똑히 나타내고 있음을 알았다.

강박 노이로제는 다음과 같은 형태를 갖는다. 환자 자신은 도무지 관심도 없는 사상에 사로잡히고 자기와는 아무 관련도 없는 충동의 움직임을 자기 내부에 느끼며 그걸 해봐야 자기는 아무런 기쁨을 느끼지 않으면서도 도저히 하지 않을 수 없는 행동에 몰리고 만다. 이 관념(강박관념)은 그 자체로는 무의미하고 환자로 봐서도 흥미없는 것이다. 이 관념은 아주 어이없을 때가 많으며, 대개의 경우 이 관념이 실마리가 되어 환자는 자꾸 생각에 잠기게 되고 그 때문에 지쳐버려서 내키지 않는 마음으로 그 관념의 포로가 되어버린다. 환자는 자기의 의지와는 반대로 마치 그것이 자기의 가장 중대한 인생문제이기나 한 것처럼 생각하게 되고 고민한다. 환자가 마음속에 느끼는 충동 또한 철없고 어처구니없는 인상을 주지만 대개는 중범죄에 대한 유혹처럼 무서운 내용을 갖고 있으므로 환자는 그 생각을 자기는 짐작도 못 할 일이라고 부정할 뿐 아니라 전전긍긍하면서 그 충동으로부터 달아나려고 애쓰며 혹시 그 충동을 실행에 옮기지 않을까 하여 자기 자유를 억압하고 포기하고 제한하며 자기 몸을 지킨다. 그러나 그 충동은 한 번도 실행에 옮겨지지는 않는다. 그리하여 언제나 도피와 경계가 승리를 차지한다.

환자가 실제로 행하는 일──이른바 강박행위──은 전혀 해가 없는 아주 하찮은 것이며 대개 일상생활에서 하는 동작의 반복과 그 의례적인 수식에 불과하다. 그러나 그 때문에 취침, 세면, 옷입기, 산책 같은 꼭 필요한 동작이 극도로 지리하고 손도 댈 수 없는 과제로 되어버린다. 이 병적인 관념과 충동과 행동이 강박 노이로제의 각각의 형태나 증상 예의 경우 같은 비율로 섞여 있는 것은 아니다. 오히려 보통 이들 요소의 어느 것인가가 그 병상(病像)을 지배하며 그에 따라 이 병에 이름이 붙여진다. 그러나 그 모든 형태의 공통점은 매우 뚜렷하다.

그것은 확실히 광기 어린 병이다. 아무리 극단적인 정신병적 공상이라도 이 같은 것을 만들어내지는 못한다고 나는 믿고 있다. 그리고 매일 눈앞에서 그런 광경을 볼 수 없다면 그것을 믿으려 하지 않을 것이다. 그렇다고 여러분이 그런 환자를 설득하여 마음을 가다듬고 그런 어리석은 생각에 잠기지 말고, 그런 장난 대신 더 이성적인 일을 해보면 어떻겠느냐고 충고하면 환자에게 도움이 되리라고 생각해서는 안 된다. 환자 자신도 그렇게 하고 싶은 마음이 간절하다. 환자 자신도 뚜렷이 자기 마음의 상태를 알고 있고 자기의 강박 증상에 대해서 여러분과 같은 의견을 갖고 있을 뿐 아니라 환자 쪽이 자진해서 그렇게 하고 싶다고 여러분에게 제의하기도 한다. 단지 환자 자신도 달리 어떻게 할 수 없을 따름이다.

강박 노이로제의 경우 행동으로까지 나타나지 않고 지탱되는 것은 하나의 에너지에 의해서다. 이 에너지에 비길 수 있는 것은 정상적인 정신생활에는 없다. 환자는 단 한 가지 일, 즉 치환(置換)하거나 교환할 수 있다. 하나의 어이없는 관념을 약화된 다른 관념으로 바꿀 수 있고 하나의 조심이나 금지에서 다른 조심이나 금지로 옮길 수 있다. 하나의 의례(儀禮) 대신 다른 의례를 할 수 있다. 환자는 강박관념을 바꿀 수는 있지만 결코 강박관념을 제거하지는 못한다. 모든 증상을 그 원형태에서 멀리 떨어진 것으로 대치할 수 있는 것은 실로 이 병의 중요한 성격이다. 또 정신생활을 일관하고 있는 여러 대립성(對立性 —Polarität)이 이 상태에서 특히 뚜렷이 나타난다. 다시 말해 적극적 내용과 소극적 내용을 가진 강박관념은 지성의 영역에서 의혹을 일으켜 가장 확실하다고 여겨지는 것까지 서서히 침식해간다. 그리하여 마침내 모든 것은 더욱 모호해져서 결단력이 없어지고 무기력해지며 스스로 자유를 구속하고 만다. 그러나 강박 노이로제 환자는 날 때부터 매우 정력적인 소질을 가졌거나 남달리 자기 집착이 강하고 지성은 일반적으로 평균보다 높다. 그는 대개 뛰어나게 높은 도덕적 수준에 도달해 있으며 양심이 강하고 일반 사람 이상으로 정의감에 불타고 있다. 성격상의 특징과 병의 증상이 이처럼 모순되기 짝이 없는 가운데서 양자와의 올바른 관련을 발견하려면 열심히 연구해야 한다고 여러분도 생각할 것이다. 우리는 우선, 이 병의 두세 가지 증상을 이해하고 해석하는 것밖에 아무것도 바라서는 안 된다.

아마 여러분은 우리가 저번에 했던 토론을 생각하고 현대의 정신의학이 이 강박 노이로제의 문제에 어떤 태도를 취하고 있는지 알고 싶을 것이다. 그런데 그것은 정신의학에서는 아주 초라할 정도의 것이다. 정신의학은 여러 가지 강박관념에 이름을 붙였다. 그리고 그 이상의 아무 말도 하지 않고 있다. 그 대신 정신의학은 그런 증상을 가진 사람을 '변질자(變質者—Degenerierte)'라고 강조한다. 그러나 이 말은 별로 합당한 설명이 아니다. 실제로 변질자란 하나의 가치 판단이며 설명이 아닌 판결이다. 사람에게는 당연히 갖가지의 이상한 일이 나타난다고 생각해야 한다. 아니, 그런 증상을 나타내는 사람은 태어날 때부터 일반 사람과 좀 다를 것이 틀림없다고 우리는 믿고 있다. 이와 같은 사람은 다른 노이로제 환자, 이를테면 히스테리 환자라든가 정신병 환자 이상으로 '변질적'인가, 라고 반문하고 싶다. 강박 노이로제의 특징은 지나치게 일반적이다. 이런 증상이 매우 뛰어나고 사회에 뜻깊은 공적을 남긴 이름 있는 사람들에게도 나타난다는 것을 안다면, 이런 특징을 강박관념으로 규정해버리는 것이 과연 정당한 것인지 의심스러워진다. 그 사람 자신의 분별있는 태도와 전기 작가(傳記作家)의 거짓말 덕분에 그 사람의 사생활에 대해서 우리는 거의 아는 바가 없지만 그 중에는 에밀 졸라 같은 진리의 광신자도 있다. 우리는 졸라가 한평생 많은 기괴한 강박벽(强迫癖) 때문에 괴로워했다는 말을 듣고 있다(툴루즈(F. Toulouse)《에밀 졸라, 의학적 심리학적 조사》 파리. 1896년).

정신의학은 이런 사람을 우수성 변질(優秀性變質 — Dégénerés superieurs)이라고 불러서 도피구를 만들었다. 과연 교묘한 도피 문구다. —— 그러나 정신분석의 방법을 통해서 우리는 이 기괴한 강박 증상을 다른 병과 같이 또 변질자가 아닌 사람처럼 영구히 제거할 수 있다는 것을 경험했다. 나 자신도 이와 같은 일에 몇 번이나 성공했다. 그러면 지금부터 강박 증상의 분석 예를 두 가지만 이야기할까 한다. 하나는 옛날의 관찰이지만, 나는 이 이상 좋은 실례(實例)를 알지 못한다. 나머지 하나는 최근에 연구한 것이다. 그리고 이야기는 이 두 가지 실례로만 그치기로 한다. 왜냐하면 이와 같은 실례를 들기 시작하면 아주 넓은 범위에까지 상세하게 이야기하지 않으면 안 되기 때문이다.

환자는 서른 살쯤 되는 부인이며 매우 완고한 강박관념에 괴로워하고 있었다. 만일 내 연구가 운명의 장난으로 수포로 돌아가지만 않았다면 —— 이 일은 나중에 얘기하겠지만 —— 아마 나는 그 부인을 고칠 수 있었을 것이다. 부인은 하루에 몇 번이나 다음에 말하는 주목할 만한 강박행위를 했다. 부인은 자기 거실에서 옆방 거실로 달려간다. 그리고 그 방에 들어가면 한가운데 놓여 있는 테이블 곁에서 일정한 자세를 취하고 벨을 울려 하녀를 불러놓고는 하찮은 일을 시키거나, 어떤 때는 아무 일도 시키지 않고 돌려보낸다. 그리고 부인은 다시 자기 거실로 돌아온다. 확실히 이것은 결코 심한 증상은 아니었지만 우리의 호기심을 끌기에 충분했다. 그리고 의사로서 내가 손을 쓰기 전에 환자 자신이 아주 재빨리, 꽤 명료하게 깨닫고서 설명해주었다. 어째서 내가 이 강박행위의 뜻을 짐작하게 되었는지, 어째서 그 해석을 말하게 되었는지는 알 수 없다.

나는 환자에게 "어째서 그런 짓을 하십니까? 거기에 무슨 뜻이 있습니까?" 하고 몇 번이나 물어보았다. 그때마다 그녀는 "난 모르겠어요." 하고 대답할 뿐이었다. 그런데 어느 날, 나는 그녀의 마음속에 있는 크고 뿌리 깊은 망설임을 보기 좋게 굴복시켰다. 그 순간 갑자기 그녀는 깨달았다. 그리고 자기의 강박행위와 관계있는 자초지종을 이야기했다. 그녀는 10년 전에 매우 나이 많은 남자와 결혼했다. 그런데 신혼 초야에 그 남자가 임포텐츠임을 알았다. 남자는 그날 밤 몇 번이나 시도를 되풀이하기 위해 자기 방에서 신부의 방으로 뛰어들어왔지만 번번이 실패했다. 아침이 되자 남자는 "잠자리를 치우는 하녀 앞에서 나는 창피를 당해야 한단 말이야." 하고 화가 난 듯이 말하고는 마침 그 방에 있던 붉은 잉크병을 집어들어 요에 끼얹었다. 그런데 붉은 잉크의 얼룩은 마땅히 묻어야 할 자리에 묻지 않았다.

나는 처음 이 기억과 현재의 강박행위에 어떤 관계가 있는지 알지 못했다. 왜냐하면 자기의 거실에서 다른 거실로 몇 번이나 달려가는 것과 하녀가 나타나는 것과는 얼마쯤 비슷하다는 것만을 깨달았을 뿐이기 때문이다. 그때 환자는 나를 옆 거실의 테이블로 데리고 갔다. 나는 그 테이블 보 위에 큼직한 얼룩이 있는 것을 발견했다. 부인은 "나는 하녀가 저 얼룩을 못 보는 일이 없도록 테이블 곁에 서는 거예요." 하고 설명했다. 신혼 초야의 그 광경과 그녀의 현재의 강박관념 사이의 밀접한 관계를 나는 이제 의심할 여지가 없이 알게 되었고 이 강박행위에서 더욱 많은 것을 배우게 되었다.

우선 첫째, 이 여환자는 분명히 자기를 남편과 동일시(同一視—Idenzifierung)하고 있다. 그녀는 남편의 역할을 하고 있다. 즉 그녀는 남편이 한 거실에서 다른 거실로 달려가는 흉내를 내고 있는 것이다. 이에 맞추기 위해서 침대와 시트가 테이블과 테이블 보로 대치되었다고 가정해야 한다. 이것은 억지처럼 여겨지지만 우리는 장난으로 꿈의 상징을 연구한 것은 아니다. 꿈에서도 흔히 테이블이 나타나는데 테이블은 침대로 해석할 수 있다. 테이블과 침대는 짝이 되어 결혼을 의미하므로 테이블은 쉽게 침대를 대신한다.

강박행위가 뜻을 가지고 있다는 증거는 이것으로 충분하다. 강박행위는 그 중대한 광경의 묘사이자 반복이다. 그러나 우리는 이 외양만으로 만족해할 의무는 없다. 만일 이 둘 사이의 관계를 더 파고들어가서 검토한다면 우리는 더 깊은 어떤 것, 즉 강박행위의 목적에 대한 해명을 얻을 수 있을 것이다. 이 부인의 강박행위의 핵심은 분명히 하녀를 불러다가 그녀에게 얼룩을 보이고, 자기 남편이 한 "나는 하녀 앞에서 창피를 당해야 한단 말이야."라는 말과 정반대의 것을 입증하는 데 있다. 그러므로 남편——그녀는 남편의 역할을 흉내내고 있다——은 하녀 앞에서 창피를 당하지 않아도 되는 것이다. 확실히 얼룩은 제자리에 묻어 있다. 그러므로 그녀는 그 광경을 단지 되풀이한 것이 아니라 그 광경의 계속을 연출하고 정정하고 그 광경을 올바른 방향으로 돌린 것이다. 동시에 이것으로 그녀는 그날 밤에 일어난 매우 안타까운 일, 붉은 잉크까지 필요했던 그 일, 즉 남편의 임포텐츠까지도 정정한 셈이 된다. 즉 이 강박행위는 "아니에요. 어째서 내 남편이 하녀 앞에서 창피를 당하겠어요? 남편은 임포텐츠가 아니에요." 하고 말하고 있는 것이다. 그녀는 이 소망을 꿈의 방식과 마찬가지로 현재의 행동 속에서 실현된 것으로 표현하고 있다. 이 행동은 그날 밤의 불행에서 남편을 회복시키는 목적을 달성하고 있는 것이다.

내가 이 부인에 대해서 여러분에게 말할 수 있는 것은 모두 이것과 완전히 일치하고 있다. 더 정확히 말하자면 우리가 그녀에 대해서 알고 있는 모든 것은 그 자체로는 영문을 알 수 없는 이 강박행위에 대해 방금 말한 해석이 옳다는 것을 입증하고 있다. 부인은 몇 해 전부터 남편과 헤어져서 살고 있다. 그리고 남편과 정식으로 이혼해야 할 것인가, 하는 생각으로 싸우고 있다. 그렇다고 그녀가 남편한테서 해방되었다고는 결코 말할 수 없다. 그녀는 남편에게 정숙해야 하고, 유혹에 빠지지 않도록 세상에서 은거하고 있다. 그녀는 자기의 공상 속에서 남편의 모습을 과장해서 변명하고 있다. 그녀의 병의 가장 깊은 비밀은 그녀가 자기 병으로써 세상의 좋지 않은 쑥덕공론으로부터 남편을 감싸고 남편과의 별거를 합법적인 것으로 만들어 그가 마음 편한 생활을 보낼 수 있도록 해주는 데 있다. 그러므로 보기에는 아무 해도 없는 강박행위의 분석은 한 질환의 핵심을 곧장 적중시킨 셈이 된다. 동시에 강박 노이로제 일반의 비밀도 드러낸 것이 된다. 나는 여러분이 이 실례에 상당한 시간을 들여 연구하기를 바란다. 왜냐하면 이 실례는 어떤 예로도 결코 얻을 수 없는 여러 가지 조건을 모두 갖추고 있기 때문이다. 분석의의 안내나 간섭없이, 지금의 경우는 증상의 해석이 환자 쪽에서 돌연 발견되었다. 그리고 증상의 해석은 다른 때처럼 기억 속에서 잊고 있던 소아기와 관계없이 환자의 성숙기의 생활에서 일어나 그녀의 기억으로부터 결코 사라지지 않고 남아 있는 체험과 관련되어 이루어졌다. 증상에 관한 우리의 해석에서 언제나 거론되고 있는 항의는 모두 지금의 실례에는 적용되지 않는다. 실제로 해석은 반드시 이렇게 잘 되는 것은 아니다.

다시 또 하나의 실례를 들기로 한다. 여러분은 그다지 눈에 띄지 않는 이 강박행위에서 그 여환자의 비밀이 드러난 것에 깜짝 놀라지 않았는지? 신혼 첫날밤의 사건만큼 여성에게 있어서 비밀 중의 비밀은 없다. 더욱이 우리가 다름 아닌 성생활의 비밀에 이르렀다는 것은 사실은 이렇다 할 뜻이 없는 것일까? 아니면 성생활의 비밀에 이른 것은 실제로 내가 그런 예를 선택했기 때문인지도 모른다. 우리는 너무 서둘러서 판단을 내려서는 안 된다. 아무튼 제2의 실례를 들기로 하자. 이 제2의 예는 방금 말한 것과는 전혀 다른 종류이며, 흔히 볼 수 있는 종류의 증례 전형, 즉 취침의례(就寢儀禮－Schlafzeremoniell)의 예이다.

환자는 열아홉 살 먹은, 발육이 좋고 천분이 풍족한 외동딸이다. 그녀는 그 교양과 총명함이 부모보다 뛰어났다. 어릴 때는 말괄량이였고 명랑했지만 최근에는 이렇다 할 원인도 없이 완전히 신경질적이 되어버렸다. 어머니에게 말대답을 자주 하게 되었고, 언제나 불만이었으며, 우울하고 우유부단할 뿐 아니라 의심이 강해졌다. 그리하여 마침내 자기 혼자서는 광장이나 한길을 걸어다닐 수 없다고 호소하기 시작했다.

우리는 이와 같은 복잡한 증상에 적어도 두 가지 진단, 즉 광장 공포와 강박 노이로제라는 진단을 내리지만 처녀의 병상에 대해서는 너무 여러 말 않기로 하고 그녀가 취침 의례를 나타내기 시작하여 부모를 무척 괴롭힌 일을 상세하게 설명하고 싶다.

사람들은 이렇게 말할지 모른다. "어떤 의미에서는 정상적인 사람에게도 누구나 취침 의례가 있다. 적어도 자기의 취침을 방해받지 않도록 어떤 조건을 만든다. 사람은 일정한 형식으로 각성 생활(覺醒生活)에서 수면상태로 옮긴다. 그리고 이 형식을 밤마다 똑같이 되풀이한다."고. 그런데 정상인이 취침하는 데 필요한 조건은 모두 합리적으로 이해할 수 있는 것들이다. 설령 외부의 사정 때문에 변경해야 할 때라도 사람은 쉽게 또 금방 거기에 적응한다. 그런데 병적인 취침 의례는 매우 완고해서 최대의 희생을 치르더라도 실행되어야 하며, 동시에 정상인과 같이 합리적인 동기가 있는 것 같은 가면을 쓰므로 표면적인 관찰로는 어처구니없이 꼼꼼한 점만이 정상인과 다른 것처럼 보인다. 그런데 더 자세히 관찰해보면, 그 가면은 좀 모자라서 의례는 합리적인 동기로는 설명할 수 없는 규정을 포함하고 있고, 더구나 합리적인 동기와는 전혀 모순된 다른 것을 갖고 있다는 것을 알 수 있다.

그녀는 밤마다 되풀이하는 조심스런 동기로 자기는 조용해야만 잠들 수 있다는 것, 소음의 일체와 근원을 제거해야 한다는 것을 들고 있다. 이 때문에 그녀는 두 가지 동작을 한다. 첫째 자기 방에 있는 큰 시계를 멎게 하고, 다른 시계는 모두 방 밖에 내놓으며, 서랍 속에 넣어둔 팔목시계까지 모두 방 밖에 내놓는다. 둘째로 화분과 꽃병이 밤중에 뒤집어지거나 부서져서 잠이 깨지 않도록 그것을 책상 위에 조심스레 늘어놓는다.

조용하게 하기 위해서 이와 같은 방법을 쓰는 것은 겉으로 보기에만 합리적이라는 것을 그녀는 알고 있다. 작은 시계는 머리맡 책상 위에 두어도 똑딱거리는 소리가 들릴 까닭이 없다. 우리는 모두 경험상 벽시계의 규칙적인 똑딱거림은 수면을 방해하기는커녕 잠을 재촉하도록 작용한다는 것을 알고 있다. 또 그녀는 화분이나 꽃병에 다리가 생겨서 밤중에 저절로 굴러떨어지거나 부서지거나 할지도 모른다는 자기의 걱정은 전혀 있을 수 없는 일임을 충분히 알고 있다. 그리고 취침

의례의 이 밖의 규정을 조사해보면 조용하게 만든다는 구실은 희미해
져버린다. 이를테면 자기 거실과 부모의 거실 사이에 있는 문을 절반
쯤 열어놓아달라고 요구하고는 열어둔 문에 여러 가지 도구를 세워 닫
히지 않도록 하고 있는데, 이러한 요구는 주위를 조용히 만들기는커
녕 오히려 방해하는 잡음의 원천을 만드는 거나 다름없다.

그런데 가장 중대한 조건은 침대 자체에 관한 것이다. 침대 머리맡
에 놓아두는 베개 받침은 목제 침대의 테두리 널빤지에 닿아서는 안
된다. 작은 베개는 커다란 쿠션 위에 꼭 마름모꼴이 되도록 놓아야
한다. 그리고 그녀는 자기의 머리를 똑바로 이 마름모꼴의 세로의 대
각선상 위에 놓는다. 새털이불(오스트리아에서는 ‘듀헨트(Duchent)’라고 한다.)은 덮기 전에 털지 않으
면 마음이 놓이지 않는다. 그러면 속의 깃털이 다리 쪽으로 모두 모이
게 되는데, 그녀는 이 새털이불을 눌러서 반드시 다시 한 번 편편하게
만든다.

그 밖의 자질구레한 점에 관한 설명은 그만두기로 한다. 말해봐야
그리 새로운 것을 배울 수도 없는 것이고, 우리의 목적에서 벗어나게
되기 때문이다. 다만 그녀는 이 모든 일을 결코 순조롭게 하지 않았다
는 것을 여러분은 주의해야 한다. 모든 것이 정확하고 깨끗이 되었을
까 하는 염려가 항상 뒤따랐다. 그래서 다한 뒤에는 모두 확인해보고
‘나쁜 데가 있으면’ 되풀이해야만 했다. 어떤 때는 A에, 어떤 때는 B
에 의혹이 생겨 일일이 그것을 확인하러 다니기 때문에 두 시간이나
흘러가버린다. 그 동안 그녀도 잠을 자지 못하고 조마조마해하는 부
모도 잠을 잘 수 없다는 것이다.

이 고민의 분석은 아까 말한 여환자의 강박행위에 관한 분석처럼 그
리 간단히 되지는 않는다. 나는 그녀에게 여러 암시를 주어 해석의 힌
트를 얻지 않으면 안 되었다. 그런데 그녀는 이 힌트나 실마리를 언제
나 깨끗이 거부하거나, 또는 경멸하는 태도로 의심하거나 했다. 처음
의 거부적인 반응 기간이 지나자 다음에는 내가 암시한 여러 가지 가
능한 일에 대해서 곰곰이 생각하고 그에 대한 연상을 수집하고 기억
을 일깨워서 연결하는 것 같더니 마침내 모든 해석을 혼자의 힘으로
해내게 되었다. 이와 같은 상태로 나아감에 따라 그녀는 그 강박적인
의례를 점점 하지 않게 되었으며 치료가 끝나기 전에 그것을 모두 그

만두어버렸다. 그러므로 여러분은 분석이라는 작업이 우리가 지금 하고 있는 것처럼 개개의 증상이 확실하게 밝혀질 때까지 철저히 추구할 일이 아니라는 것을 알아야만 한다. 그렇지 않으면 제시된 주제를 부득이 여러 번 버려야 한다. 그러면 다른 여러 연관에서 새로 앞의 주제로 되돌아올 수 있는 자신이 생긴다. 즉 내가 지금 여러분에게 이야기하는 증상의 해석은 여러 성과의 종합이지만 다른 작업으로 중단되어 이러한 결과를 내기까지는 몇 달이나 걸렸던 것이다.

이 환자는 시계가 그 장치로 보아서 여성 성기의 상징이며 그 이유로 모두 침실에서 추방했다는 것을 차차 깨닫게 되었다. 여느때 우리는 시계를 다른 상징으로 해석하고 있지만, 시계가 이처럼 성적인 뜻을 갖는 것은 그것이 주기적(周期的)인 바늘의 진행과 똑같은 시간 간격을 갖는 것과 관련이 있다. 여성은 자기의 월경이 시계장치처럼 규칙적으로 오는 것을 자랑하는 법이다. 그런데 이 환자의 불안은 특히 시계의 똑딱거리는 소리 때문에 잠이 방해되는 점에 쏠리고 있었다. 시계의 똑딱똑딱 하는 소리는 성흥분(性興奮) 때의 음핵(陰核)의 꿈틀거림에 비유할 수 있다. 그녀는 사실 이 괴로운 감각 때문에 몇 번이나 잠에서 깼으며 이제 자기의 음핵 발기에 대한 불안이 움직이고 있는 시계를 밤이면 곁에서 멀리하라는 명령이 되어 나타났다.

또 화분과 꽃병도 모든 용기(容器)와 마찬가지로 여성의 상징이다. 그러므로 화분이나 꽃병이 밤중에 떨어지거나 부서지거나 하면 안된다는 조심성에는 훌륭한 뜻이 있는 것이다. 우리는 약혼 때 용기나 쟁반을 깨는 습관이 널리 퍼져 있다는 것을 알고 있다. 이 자리에 모인 여러분은 이 관습의 한 토막을 갖고 있겠지만 이 관습을 우리는 일부 일처제(一夫一妻制)의 관점에서, 신랑은 신부에게 청구권을 내세우지 않겠다는 서약의 상징으로 풀이해도 좋다. 그녀는 자기가 행한 의례의 이 부분에 대해서 또 하나의 기억을 불러일으켰으며 그 기억으로부터 여러 가지 연상을 생각해냈다. 어릴 때 그녀는 유리병이나 찻잔을 떨어뜨리고 손가락을 베어서 몹시 피가 난 적이 있었다. 어른이 되어 성교(性交)에 관한 것을 알았을 때 그녀는 만일 신혼 초야에 출혈하지 않고 처녀의 증거가 없다면 어떻게 하나 하는 불안을 느꼈다. 그러므로 꽃병을 깨지 않도록 그녀의 조심은 처녀성과 첫 성교

때의 출혈과 관련된 콤플렉스를 모두 격퇴하는 것을 의미한다. 그것은 출혈한다는 불안과 동시에 정반대로 만일 출혈하지 않으면 어떻게 하나 하는 반대의 불안감을 거부하는 것을 뜻하고 있다. 그리고 이 조심과 그녀가 이러한 의례를 행할 때 소리를 내지 않도록 주의했다는 것과는 그다지 깊은 관계는 없었던 것이다. 그녀는 어느 날 자기가 하고 있는 의례의 핵심적인 뜻을 발견했는데, 그때는 그녀가 쿠션과 베개 받침은 침대의 테두리 널빤지에 닿아서는 안 된다는 명령의 의미를 갑자기 깨달았을 때였다. 즉 그녀는——우리는 마술적 의례에 의해서라는 말을 삽입해도 좋을 것이다——남성과 여성을 떼어놓고 싶었던 것이다. 즉 부부관계를 하지 않도록 부모를 떼어놓으려 한 것이다. 그녀는 이와 똑같은 목적을 훨씬 어릴 때 취침 의례를 하지 않고 좀더 직접적인 행동으로 달성하려고 시도했다. 즉 무섭다는 구실을 만들거나 실제로 무서운 기분을 구실로 부모의 침실과 자기 침실 사이의 도어를 닫지 않도록 했다. 이 명령은 그녀의 현재의 의례 속에도 남아 있다. 이러한 방법으로 그녀는 부모의 동정을 엿듣는 기회를 만들었는데 어떤 때는 엿들으려다가 몇 달이나 계속 불면증에 걸려버렸다. 이와같이 부모를 방해하는 것에만 만족하지 않고 이번에는 가끔 부모의 침대에서 부모 사이에 재워달라는 데 성공했다. 그 결과 실제로 '쿠션'과 '침대 테두리'는 접촉할 수 없었다. 그러나 그녀의 몸이 자라서 이제는 부모의 침대에서 편히 잘 수 없게 되었다. 그래서 그녀는 불안이라는 의식적인 가면을 이용해서 어머니와 자는 장소를 바꾸어 아버지 옆에서 자게 되었다. 이 상황은 확실히 여러 가지 공상의 출발점이 되었다. 그 공상의 결과는 이 의례 속에서 발견할 수 있다.

'쿠션'이 여성이었는데, 새털이불을 흔들어서 속의 털을 모두 아래로 모아 불룩하게 만드는 것도 하나의 의미를 갖고 있었던 것이다. 이것은 여성을 임신시킨다는 뜻을 갖고 있다. 그런데 그녀는 이 임신의 상징인 불룩해진 것을 열심히 도로 펴곤 했다. 그것은 곧 부모의 성교 결과 또 하나의 아이가 태어나서 자기의 경쟁자가 되지나 않을까 하는 공포 때문이었다. 그 때문에 그녀는 몇 해 동안 괴로워했다. 한편 큰 쿠션이 여성, 즉 어머니라면 작은 베개는 딸을 표시할 것이다. 왜 이

작은 베개를 밑받침 쿠션 위에 마름모꼴로 놓고 다시 자기의 머리를
정확히 이 마름모꼴의 중앙선에 얹지 않으면 안 되는가? 어떤 벽에도
흔히 있는 낙서를 보고 마름모꼴은 여성의 벌린 음부를 의미한다는 것
을 그녀는 쉽게 생각했다. 이 경우 그녀 자신은 남성, 즉 아버지의 역
할을 하여 자기의 머리로서 음경을 대용하고 있었던 것이다(거세를 표현하는 단두의 상징성(Diesymbilik des Köpfens für Kastration) 참조).

　그런 망측한 생각이 숫처녀의 머릿속에 달라붙다니, 하고 여러분은
말할 것이다. 나는 그것을 인정하지만 그러나 여러분은, 내가 이와 같
은 생각을 조작한 것이 아니라 단순히 해석했을 뿐이라는 것을 잊지
말아주기 바란다. 이와 같은 취침 의례는 어디로 보나 기괴하다. 그리
고 여러분은 공상과 이 의례의 대응관계――이 의례는 해석에 의해
서 분명해지는 것이지만――를 부인해서는 안 된다. 그러나 나에게
더 중요한 것은 다음과 같은 것이다. 즉 의례 속에는 단지 하나의 공
상이 침전(沈澱)되어 있는 것이 아니라 어느 한 점과 연결되어 있는
몇 개의 공상이 침전되어 있다는 데 주목해주기 바란다. 또 하나 중요
한 것은 의례의 명령은 성적 소망을 어떤 때는 적극적으로, 어떤 때는
소극적으로 재현하고, 일부는 성적 소망의 대리가 되고 일부는 그 성
적 소망을 막기 위해 사용되었다는 점도 중요하다.

　만일 여러분이 환자의 이 의례와 다른 증상을 옳게 결부시킨다면 이
의례의 분석에서 많은 지식을 얻을 수 있을 것이다. 그러나 이것은 지
금 우리의 목적이 아니다. 그러므로 여러분은 이 처녀가 아버지에게
성적인 애착을 품고 있었다는 것과 그 애착은 유아기 초기에 시작되
었다는 것만으로 만족해주기 바란다. 그녀가 자기 어머니에게 그처럼
무뚝뚝하게 대했다는 것은 이 때문일 것이다. 이 증상의 분석으로 다
시 환자의 성생활에 도달했다는 것을 우리는 간과할 수 없다. 노이로
제 증상의 뜻과 목적을 규명하는 일이 많아지면 많아질수록 우리는 아
마 그것을 이상하게 생각지 않게 될 것이다.

　요컨대 나는 두 가지 선택된 예로서 노이로제의 증상은 잘못이나
꿈과 마찬가지로 어떤 뜻을 갖고 있다는 것과 그 증상은 환자의 체험
과 밀접한 관계가 있다는 것을 여러분에게 보여준 것이다. 이 두 가지
예에서 끌어낸 이 중대한 명제를 여러분이 금방 믿을 것이라고 내가

기대해도 좋겠는가? 아니, 기대하지 않는다. 또 여러분은 충분히 납득이 갈 때까지 여러 가지 많은 예를 이야기해달라고 나한테 요구할 수 있겠는가? 이것도 할 수 없다. 왜냐하면 만일 내가 개개의 증상 예에 관한 치료를 상세히 말하게 되면 노이로제론의 여러 점을 해결하는 데만도 한 주에 다섯 시간씩 1학기분을 강의해야 하기 때문이다. 그러므로 내 주장의 증거로 위의 두 예를 드는 데 그치기로 한다. 그리고 더 상세한 것을 알고 싶은 사람은 다음과 같은 문헌을 보라고 권하겠다. 즉 이제는 고전에 속해버린 브로이어의 첫 증상 예(히스테리)에 관한 해석, 융에 의한 이른바 조발성치매(早發性痴呆―정신분열증)의 몽롱한 증상에 대한 훌륭한 해명(이 무렵 융은 단지 정신분석가였으며, 예언자가 될 생각은 없었다) 및 정신분석 잡지에 발표된 무수한 연구 보고다. 이런 연구 보고는 그 밖에도 많이 있다. 노이로제 증상의 분석, 해석, 번역은 정신분석가들의 마음을 크게 사로잡았으므로, 노이로제 환자의 다른 문제는 한때 등한시되었을 정도이다.

여러분들 중 이와 같은 노력을 아끼지 않는 사람은 증상에는 뜻이 있다는 것을 입증하는 재료가 많이 있음을 보고 필경 강한 인상을 받을 것이다. 그러나 또 어떤 곤란에도 부딪치게 될 것이다. 증상의 의미는 우리의 배운 것처럼 환자의 체험과 어떤 관계를 갖고 있다. 그 증상이 다른 사람에게서 볼 수 없는 개인적 색채를 강하게 띠고 있으면 있을수록 체험과의 관련을 만들 수 있는 가능성이 크다. 따라서 현재로는 무의미한 관념이고 목적없는 행동이지만 그것이 적당하다고 여겼고 목적에 맞는다고 여겼던 과거의 상황을 찾아주는 일이 바로 우리 연구의 과제가 된다. 테이블로 달려가서 하녀를 부르는 그 여환자의 강박행위는 이런 종류의 증상의 본보기다. 그러나 이것과는 전혀 다른 성격의 증상도 있다. 더욱이 이것은 매우 많다. 이같은 증상은 이 병의 '정형적(定型的―typisch)'인 증상이라고 불러야 한다. 그리고 이 정형적인 증상은 모든 경우 거의 같으며 개인차가 없거나 있을 때는 적어도 감소되어 있다. 그 때문에 증상을 환자의 개인적인 체험과 연결하거나 개인이 체험한 사태에 관련시키는 것은 어렵다.

다시 강박 노이로제로 눈을 돌리자. 두 번째 예의 여환자가 행한 취침 의례에는 역사적 해석(우리는 이렇게 불러도 좋다)을 할 수 있을 만큼 개인적인 특질을 가지고 있지만, 한편으로는 정형적인 증상도 많이 볼 수 있다. 이와 같은 강박 노이로제 환자에게는 반복해서 하는 경향, 동작을 리드미컬하게 하는 경향, 다른 동작에서 고립시키는 경향 등이 있다. 그들의 대부분은 손을 잘 씻는다. 광장공포(혹은 場所恐怖, 空間恐怖)에 괴로워하는 환자(이런 경우, 강박 노이로제에 포함하는 대신 불안 히스테리라고 구분한다)는 지겨울 정도의 단조로움으로 같은 증상을 되풀이하는 일이 많다. 환자는 밀폐된 공간, 넓은 장소, 긴 외길이나 가로숫길에 겁을 먹는다. 환자는 아는 사람이 같이 가거나 자기 뒤에서 차가 오면 안심하고 갈 수 있다. 이런 기본적인 증상은 환자 거의가 같은데 이 토대 위에 환자마다 개인적인 조건——기분이라고 불러도 좋다——을 둔다. 이 개인적인 조건은 각 증상의 예마다 매우 다르다. 이를테면 어떤 환자는 좁은 길만 무서워하지만 어떤 환자는 넓은 길만 무서워한다. 또 어떤 환자는 인기척이 드문 길만 걸을 수 있지만 어떤 환자는 복잡한 길밖에 걷지 못한다.

이와 마찬가지로 히스테리라도 많은 개인적인 특징 외에 유사적 유래를 쉽게 더듬을 수 없는 공통의 정형적인 증상이 많이 있다. 그리고 우리가 진단의 방침을 세울 수 있는 것은 이와 같은 정형적인 증상에 의한다는 것을 여러분은 잊으면 안 된다.

그런데 히스테리의 한 증상 예에 있어서 하나의 정형적인 증상을 하나의 체험이나 또는 비슷한 체험의 연쇄에 결부시켰다고 하자. 이를테면 히스테리성 구토(嘔吐)를, 그 구토를 일으키게 하는 어떤 인상 탓으로 돌렸다고 하자. 그런데 히스테리성이 아닌 구토의 증상 예를 분석한 결과 유인(誘因)으로서 작용했다고 생각한 체험과는 전혀 다른 종류의 체험을 발견했을 때 우리는 당황하게 된다. 그러나 곧 이 히스테리 환자는 어떤 뚜렷하지 않은 이유로 구토를 하지 않을 수 없었다는 것과 분석으로 안 어떤 역사적인 유인은 기회있을 때마다 내부의 필연성에 이용된 구실에 지나지 않았다는 것을 알 수 있다.

이상의 이야기에서 과연 개인적인 노이로제 증상은 환자의 체험과의 관계에서 만족할 만큼 설명할 수 있지만, 정신분석의 기법은 그 증상 예로 훨씬 자주 나타나는 정형적인 증상을 설명하는 데는 도무지 소용이 없다는 비관적인 결론에 도달하게 된다. 그리고 이에 덧붙여

274

서 증상의 역사적인 해석을 철저하게 할 때 부딪치는 많은 어려움을 나는 여러분에게 전혀 설명하지 않았으며 또 그럴 생각도 없다. 왜냐하면 나는 여러분에게 적당히 얼버무리거나 감출 생각은 없지만 총론(總論)이라고 이름지어야 할 이 연구의 시초부터 여러분을 당혹시키거나 혼란에 빠뜨리고 싶지 않기 때문이다. 실제로 증상의 의미를 이제 가까스로 알았을 뿐이다. 나는 지금까지 얻은 것을 발판으로 삼고 아직도 알려지지 않은 것을 한 걸음 한 걸음씩 극복하지 않으면 안 된다.

그러므로 정형적(定型的)인 증상과 개인적인 증상 사이의 근본적인 차이를 결국 인정할 수 없다는 말로 여러분을 달래고 싶다.

개인적인 증상이 분명히 환자의 체험과 관계가 있다면 정형적인 증상은 그 자체가 정형적인 모든 인간에게 공통되어 있는 어떤 경험의 탓으로 돌릴 수 있을는지 모른다. 노이로제에서 언제나 볼 수 있는 특징, 이를테면 강박 노이로제 환자의 반복과 회의(懷疑)는 병적 변화라는 성질상 환자가 어쩔 수 없이 보인 일반적인 반응인지도 모른다. 그렇다고 그렇게 빨리 절망할 이유는 없다. 하여튼 이제부터 앞으로 일어날 일을 보기로 하자.

우리는 꿈의 학설에서도 지금의 경우와 비슷한 곤란에 직면한 적이 있다. 그에 대해서는 지난해 꿈에 대한 강의 때 말하지 못했다. 꿈의 현재 내용은 매우 천차만별이며 개인차가 크다. 그리고 우리가 분석에 의해 현재 내용에서 얻은 것을 여러분에게 상세히 이야기했다. 그런데 이 밖에 '정형적'이라고 불러도 좋은, 모든 사람에게 똑같은 모습으로 나타나는 꿈도 있다. 이런 꿈의 내용은 언제나 같은 형태를 갖고 있으며, 그 해석에서는 똑같은 곤란이 따른다. 그것은 추락의 꿈, 날고 있는 꿈, 물에 떠 있는 꿈, 헤엄치는 꿈, 억눌려 있는 꿈, 발가벗는 꿈, 그리고 어떤 종류의 악몽이다. 이와 같은 꿈들은 개개인에 따라 적절한 해석이 내려지고 있지만, 어째서 이런 꿈들은 천편일률적인지, 또 어째서 정형적으로 나타나는지는 설명되어 있지 않다. 그런데 우리는 이러한 꿈에서도 어떤 공통적인 토대가 개인마다 다른 어떤 부가물(附加物) 때문에 생생해지는 것을 관찰하고 있다. 그리고 이 정형적인 꿈도 우리의 견해를 넓히기만 한다면 다른 종류의 꿈에서 얻은

꿈에 대한 지식에 무리하지 않고 자연스럽게 끼워 맞출 수 있을 것
이다.

열여덟 번째 강의

외상(外傷)에의 고착, 무의식

지난번에는 우리의 연구를 우리가 품은 의문이 아니라 우리가 발견한 결과와 결부시켜 계속하고 싶다고 말해두었다. 그 두 가지 전형적인 예의 분석에서 끌어낸 가장 흥미있는 두 가지 결론에 대해서 나는 아직 아무 말도 하지 않았다.

첫째, 두 여자 환자는 마치 그녀들의 과거의 한 부분에 고착(固着—Fixierung)되어, 거기서 해방되는 길을 모르기 때문에 현재와 미래가 단절되어 있는 것 같은 인상을 준다. 이를테면 옛날 사람이 수도원에 은둔하여 거기서 고난에 찬 인생의 운명을 참고 견디었듯이 그녀들은 자기의 병 속에 숨어 있다.

'제1의 예'의 여환자의 경우, 그녀에게 이 고착이라는 운명을 준 것은 현실에 있어서는 훨씬 옛날에 단념해버린 결혼이었다. 그녀는 자기의 증상을 통해서 남편과의 관계를 계속하고 있다. 우리는 그 증상 속에서 남편을 위해 변호하고 남편을 용서하고 남편을 존경하고 남편의 불행을 안타까워하는 소리를 들었다. 그녀는 젊고 다른 남자를 끌 매력이 충분히 있으면서도 남편에게 정절을 지키기 위해 현실적으로나 공상적(魔術的)으로나 조심을 게을리하지 않았다. 그녀는 세상에 얼굴을 내놓지 않고, 복장도 개의치 않는다. 그리고 그녀는 자기가 앉아 있는 의자에서 쉽게 일어나려고 하지 않고, 자기의 이름을 서명하기를 거부하며, 자기가 가진 것은 어떤 것이건 남이 가져서는 안 된다는 이유로 해서 누구에게도 선물을 하지 못한다.

'제2의 예'의 그 젊은 처녀 환자의 경우, 그녀를 고착시킨 것은 사춘기 이전에 아버지에 대해서 나타난 에로틱한 집착이었다. 그녀는 '나는 이렇게 병들어 있는 한 결혼을 할 수 없다'고 스스로 결론지었다. 그러나 우리는 그녀가 결혼을 하지 않고 아버지 곁에 있고 싶어서 그런 병에 걸렸다고 추측해도 좋다.

그런데 우리는 다음과 같은 질문을 하지 않을 수 없다. 어떻게 해서 어떤 길을 걸어서 또 어떤 동기로 그런 놀랍고 불리한 태도를 인생에 대해서 갖게 되는가? 그런 태도는 노이로제의 일반적인 특징이며, 결코 이 두 환자에게만 특별히 있는 특징이 아니라고 가정해야 한다.

그것은 실제로 모든 노이로제에서 공통으로 발견할 수 있으며, 또 실제로 매우 중요한 의의를 갖고 있다. 브로이어가 취급한 첫 히스테리 환자는 중병에 걸려 있던 아버지를 간호하던 시기에 이와 같은 방법으로 고착되어 있었다. 병이 나았는데도 그녀는 그 후 어느 점에 있어서 인생과 절연해버렸다. 그야 그녀는 건강을 되찾고 충분히 일할 수 있게 되었지만, 정상적인 여성의 운명을 가질 수는 없었다. 우리는 분석을 통해서 어느 환자나 증상과 그 증상의 결과에 의해 과거의 어떤 시기로 다시 끌려가 있다는 것을 알았다. 많은 증상 예에서 환자는 매우 초기의 생활단계 즉 소아기나 우습게 들릴는지 모르지만 유아기(乳兒期)에조차 고착되어 있었다.

전쟁으로 특별히 잘 생기는 병, 이른바 외상성(外傷性) 노이로제는 우리가 지금 취급한 노이로제 환자가 보여주는 그런 태도와 가장 비슷하다. 외상성 노이로제는 물론 대전(大戰) 전에도 열차 충돌 사고 뒤라든가, 그 밖에 생명의 위험이 있는 무서운 사건 뒤에 발생했다. 외상성 노이로제는 근본적으로는 우리가 정신분석으로 검토하고 치료하려 하고 있는 자발성 노이로제와 같지 않다. 우리는 외상성 노이로제를 정신분석의 견지에서 설명하는 데 아직 성공하고 있지 않지만, 어느 점에 우리의 견해로 감당 못 할 일이 있는가를 나중에 여러분에게 밝힐 수 있게 되리라 믿고 있다. 그러나 어느 한 점에서 양쪽은 완전히 일치한다고 강조해도 괜찮다. 외상성 노이로제에서는 외상을 일으킨 사고의 순간에 대한 고착이 분명히 그 병의 바탕을 이루고 있다. 환자는 꿈속에서 반드시 외상(外傷)의 상황을 되풀이하는 것이 통례다. 정신분석할 수 있는 히스테리성 발작의 경우, 이 발작은 그 외상의 상황을 완전히 재현한 것임을 알 수 있다. 환자는 외상의 상황에 아직 뒤처리를 하지 않은 것처럼 보이며, 또 이 외상의 상황은 아직 극복되지 않은 긴박한 작업으로 눈앞에 가로놓여 있는 것처럼 보인다. 우리는 이 견해를 진지하게 가정하고 있다. 또 그것은 우리가 심리과정의 '경제적'인 견해라고 부르는 것에 대한 길을 가리켜준다. 그렇다. 외상적이라는 표현은 이와 같은 경제적인 의미 이외에 아무것도 아니다. 짧은 시간에 심리생활의 자극이 고도로 증대하여, 이 자극을 정상적인 방법으로 처리하고 극복할 수 없어 그 결과 에너지 활동에 연속적인 장애가 생겼을 때 우리는 이것을 외상적이라고 부른다.

이 유사성으로 생각하여 앞에서 말한 노이로제 환자가 고착되어 있는 것처럼 여겨지는 체험도 외상적이라고 이름지어도 좋지 않을까 하는 생각이 든다. 이렇게 하면 노이로제 질환이라는 병의 한 가지 단순한 조건이 주어질 것이다. 노이로제는 외상적인 병과 동등하게 취급할 수 있고, 또 심한 감정을 수반한 체험을 처리할 수 없기 때문에 발생한 것일 것이다.

실제로 브로이어와 내가 1893년부터 95년에 걸쳐 새로운 관찰을 이론적으로 설명한 첫 공식도 그와 같은 내용이었다. '제1의 예'의 환자, 즉 남편과 별거하고 있는 젊은 부인의 증상 예는 이 견해를 훌륭히 입증하고 있다. 부인은 부부생활을 해나갈 수 없다는 것에 이기지 못하고, 줄곧 이 외상에 고착되어버렸다. 그런데 '제2의 예', 즉 아버지에게 고착한 그 딸의 예에서는 이 공식이 충분히 포괄적이 아님을 알게 된다. 어린 딸이 이와같이 아버지에게 반하는 일은 아주 보통이고 또 흔히 극복되므로 '외상적'이라는 이름은 그 내용을 모두 잃어버린다. 한편 환자의 병력을 보면 이 최초의 성적 고착은 처음에는 외관상 아무런 해 없이 지나갔으며, 몇 해가 지나서 비로소 강박 노이로제의 증상이 되어 재발했다는 것을 알게 된다. 그러므로 우리는 노이로제가 되는 조건은 복잡하며, 또 그 조건은 가지각색이라고 예상한다. 그러나 우리는 외상설(外傷設)을 잘못되었다고 단정해버릴 수 없을 것 같은 예감도 든다. 외상설은 어떤 다른 관점에 끼워 맞추어지는 것이며, 또 종속되어버리는 것임에 틀림없다.

여기서, 다시 한 번 우리가 지금까지 걸어온 길을 버리기로 한다. 이 길은 이 이상 갈 수 없으므로 올바른 길을 발견할 수 있을 때까지 우리는 그 밖에 여러 가지 것을 경험해야 한다. 그리고 과거의 어느 시기에 대한 고착이라는 주제에 대해서 그런 현상은 노이로제 이외의 세계에도 널리 존재한다는 데 주목하고 싶다. 어느 노이로제에서나 이와 같은 고착은 포함되어 있다. 그러나 고착이 있다고 해서 반드시 노이로제가 된다고는 할 수 없다. 고착과 노이로제는 일치하는 것도 아니며, 어느 고착이나 다 노이로제의 길에서 일어나는 것은 아니다. 과거 어떤 일에 대한 감정적인 고착의 전형은 비애(悲哀)이다. 비애에 빠지면 현재와 미래에서 완전히 멀어져버리기까지 한다. 그러나 아마 추어의 판단으로도 비애와 노이로제는 분명히 다르다. 한편 비애의 병적 형식이라고 불러도 좋은 노이로제가 있다.

인간은 여태까지의 생활의 밑바탕을 뒤흔들어놓는 외상적인 사건에 의해서 완전히 활동이 정지당한 결과, 현재와 미래에 대한 일체의 관심을 포기하고 영원히 과거에 구애되는 일이 있다. 그러나 이 불행한 사람들이 반드시 그 때문에 노이로제가 되는 것은 아니다. 그러므로 설령 이 한 특징이 아무리 결정적으로 나타나고 또 아무리 중대한 의의를 갖는다 하더라도 우리는 이것을 가지고 노이로제의 특성으로서 과대평가하고 싶지는 않다.

그러면 다음으로 우리 분석의 제2의 결과를 설명하기로 한다. 이 결과에 대해서 나중에 제한을 둘 필요는 없다. 우리는 '제1의 예'의 부인 환자에 대해서 그녀가 얼마나 무의미한 강박행위를 했는가, 그리고 숨겨진 인생의 추억이 그 강박행위와 얼마나 밀접한 관계가 있는가를 여러분께 보고해두었다. 다음에 우리는 강박행위와 기억 사이의 목적을 추측했다. 그런데 우리는 어떤 하나의 요인을 버리고 전혀 고려하지도 않았는데, 이 요인이야말로 우리의 모든 주의력을 기울일 가치가 있는 것이다. 이 부인 환자는 강박행위를 되풀이하고 있는 동안에는 그 행위가 그 체험과 결부되어 있음을 알지 못했다. 둘 사이의 관련은 그녀에게 감추어져 있어서 자기가 어떤 충동으로 이런 강박행위를 하고 있는지 알지 못한다고 솔직히 대답하지 않을 수 없었다. 그러다가 치료 작용으로 갑자기 그녀는 둘 사이의 관련을 발견하고, 보고할 수 있게 되었다. 그러나 환자는 자기가 그 강박행위를 하고 있는 목적, 즉 과거의 안타까운 사건을 정정하고 사랑하는 남편을 높이 평가하려는 목적에 대해서는 여전히 아무것도 알지 못했다. 이러한 동기만이 강박행위의 원동력이었으리라는 것을 깨닫고 내게 고백하기까지에는 상당한 시일과 대단한 노력이 필요했다.

그 결혼 첫날밤의 실패 뒤에 일어난 광경이 환자가 남편에게 품고 있던 사랑의 동기와 관련되어서 만들어진 것은 우리가 강박행위의 '의미'라고 부르는 것을 낳게 했다.

그러나 그녀가 강박행위를 하고 있는 동안은 이 의미의 두 가지 방향, 즉 '유래(由來)'와 '목적(目的)'을 그녀는 알지 못했다. 그러므로 어떤 심적 과정이 그녀의 마음속에 작용할 수 있었고, 강박행위는 그 심적 과정의 산물이었다. 그녀는 정상적인 심리상태에서는 이 결과를 인정했지만, 그 심적인 전제조건에 대해서는 조금도 의식하고 있지 않았다. 베르네임의 최면술에 걸린 사람이 병실에서 눈을 뜨거든 5분 뒤에 우산을 펴라는 명령을 받고 눈을 뜬 다음 이 명령을 실행하긴 했지만, 어째서 자기가 그런 행동을 하고 있는지 그 동기를 말하지 못한 그 경우와 마찬가지로 그녀는 행동하고 있었던 것이다. 우리가 '무의식적인 심적 과정'이 존재한다고 말할 때는 바로 이와 같은 상태를 가리키는 것이다. 이 상태에 대해서 이 이상 더 정확하게 과학적으로 설명할 수 있으면 해보라고 온 세계에 요구해도 좋다. 그리고 만일 이 이상 훌륭한 설명이 있다면, 그때야말로 우리는 기꺼이 무의식적 심적 과정이 있다는 가설을 고집할 것이다. 그리고 만일 누가 과학적인 의미로는 무의식이 실재하지 않는다든가, 단순한 응급처치적인 것에 지나지 않는다든가 둔사(une façon de parler)라든가, 하고 의의를 내세운다면 우리는 어깨를 움츠리며 납득이 가지 않는다고 단념이나 하듯 그런 주장을 거부하지 않으면 안 된다. 실존하지 않는 것에서 어떻게 강박행위같이 현실적으로 분명히 존재하는 결과가 나타나겠는가!

'제2의 예'의 여환자에서도 우리는 근본적으로 같은 것에 부딪친다. 그녀는 쿠션이 침대의 테두리 널빤지에 닿아서는 안 된다는 계율을 만들었다. 그리고 이 계율을 따라야만 했다. 그러나 그녀는 이 계율이 어디서 유래하고 있는지, 무엇을 의미하는지, 그것을 수행시키는 힘은 어디서 오고 있는지를 알지 못한다. 그녀 자신이 계율을 아무래도 좋다고 생각하고 있는가, 아니면 그것에 반항하고 있는가, 그렇지 않으면 그것에 맹렬히 거역하고 그것을 파괴하려고 결심하고 있는가, 하는 것 등은 그것을 실행하는 것과 전혀 관계가 없다. 이 계율을 지키지 않고는 견딜 수 없는 것이어서 왜 그런가, 하고 그녀는 스스로 물어보아도 별수없다.

그럼에도 불구하고 강박 노이로제의 이 증상, 즉 관념과 충동은 어디서 오는 것인지 모르게 솟아 나타나서 정상적인 심적 생활의 모든 영향력에 완강히 저항하고, 또 환자에게 미지 세계에서 온 강대한 권력을 가진 손님처럼, 또는 죽어야 하는 자의 무리 속에 섞인 불사자(不死者)와 같은 인상마저 주며, 다른 것에서 격리된 심적 생활의 특수지역에 있다는 것을 뚜렷이 보여주고 있음을 사람들은 정직하게 고백하지 않으면 안 된다. 이들 관념과 충동에서 마음속에는 무의식이 존재한다고 확신할 수 있는 넓은 길이 펼쳐온다. 그리고 다름 아닌 이 이유로 말미암아 의식심리학(意識心理學)밖에 모르는 임상 정신의학은 이와 같은 병에 특수한 변질양식의 징표(徵表)라는 낙인을 찍는 것밖에 하지 못한다. 강박관념이나 강박충동은 그 자체가 무의식이 아님은 물론이다. 하물며, 강박행위의 수행에 의식적인 지각이 결여되어 있을 까닭이 없다. 만일 강박관념이나 강박충동이 의식에 침입하지 않았다면 그것들은 증상이 되지 않았을 것이다. 그러나 우리가 정신분석으로 추론한 그런 심리적 전제조건이나 우리가 해석으로 그것들을 끼워 맞추는 여러 연관성은 우리가 분석작업으로 그것을 환자에게 의식시키기까지는 적어도 무의식인 것이다. 그런데 그 두 가지 실례로써 확인된 이 사실이 모든 노이로제와 각 증상으로 입증될 수 있으며, 언제 어떤 경우에나 이 증상의 뜻은 환자에게는 알려져 있지 않다는 것, 그리고 이 증상은 무의식적인 과정에서 오는 것이지만 이 무의식적인 과정은 갖가지 편리한 조건 아래 의식화시킬 수 있다는 것 등을 정신분석으로 배울 수 있다고 여러분이 덧붙인다면 정신분석에서는 무의식적인 정신요소 없이는 아무것도 처리할 수 없으며, 무의식을 감각으로 파악할 수 있는 것과 같이 그것을 다루는 데 익숙해진다는 것 등을 알 수 있게 될 것이다. 그러나 무의식을 단지 개념으로 생각하고 있는 사람, 분석을 해본 적도 없고 한 번도 꿈을 해석했다든가 노이로제 증상을 뜻이나 목적으로 풀이한 적이 없는 사람은 모두 이 문제를 비판할 자격이 없다는 것을 아마 여러분도 이해할 것이다.

우리의 목적을 위해서 다시 한 번 말하겠다. 즉 분석적 해석에 의해 노이로제 증상에 어떤 뜻을 부여할 수 있다는 것은 바로 무의식적인 심적 과정이 존재한다는 것 —— 여러분이 다음과 같이 말하고 싶다면 무의식적인 심적 과정을 필연적으로 가정하지 않을 수 없다는 것 —— 에는 반발의 여지가 없는 훌륭한 증거이다.

그러나 이것이 전부는 아니다. 브로이어의 제2 발견 —— 나는 이 발견이 제1의 발견보다 내용이 풍부하다고까지 여기며, 그만이 이 발견의 공로자이다 —— 덕분에 무의식과 노이로제 증상과의 관계에 대해서 우리는 더 많은 것을 배웠다. 증상의 뜻은 언제나 무의식적이라는 것을 알았을 뿐 아니라 실로 이 무의식성(無意識性)과 증상의 존재 가능성 사이에는 대리관계(代理關係)도 있는 것이다. 여러분은 곧 내 말을 알게 될 것이다. 나는 브로이어와 더불어 이렇게 주장하고 싶다. 즉 우리가 어떤 증상에 부딪쳤을 때는 언제나 그 환자의 마음속에 특정의 무의식적 과정이 존재하며, 바로 이 과정이야말로 이 증상의 의미를 내포하고 있다고 추정해도 좋다. 그러나 동시에 증상이 성립되기 위해서는 이 뜻이 의식되지 않을 필요가 있다. 의식적 과정에서는 증상이 형성되지 않는다. 그 무의식적인 과정이 의식적이 되자마자 그 증상은 사라져버린다.

여러분은 여기에 치료에 대한 실마리, 즉 증상을 소멸시키는 길이 있다는 것을 곧 깨달을 것이다. 브로이어는 이렇게 해서 히스테리 환자를 고쳤다. 히스테리 환자를 그 증상에서 해방시켜준 것이다. 브로이어는 증상의 뜻을 내포하고 있는 무의식적 과정을 환자에게 의식시키는 방법을 발견했다. 그 결과 증상이 사라져버린 것이다.

브로이어의 이 발견은 사변(思辨)의 결과가 아니라 환자의 협력에 의해 성취된 행운의 관찰 결과였다. 여러분은 이 새로운 사실을 여러분이 이미 알고 있는 무언가 다른 일에 환원시켜 이해하려고 서둘러서는 안 된다. 오히려 여러분은 이 새로운 사실 속에 있는 하나의 새로운 기초적인 사실을 알아야 한다. 그리고 이 기초적인 사실의 도움을 빌리면 다른 많은 일이 뚜렷해질 것이다. 그러므로 나로 하여금 이것을 다른 말투로 되풀이하는 것을 허용해주기 바란다.

증상은 밖에 나타나지 않고 숨어 있는 어떤 다른 것의 대리물이다. 어떤 종류의 심적 과정은 정상적인 상태에서 의식이 이 심적 과정의 존재를 알고 있을수록 강하게 발달한다. 그런데 실제는 그렇게 되지 않았다. 그 대신 방해되고 어딘가에서 저지되고 무의식에 머물러 있지 않으면 안 되었던 과정에서 증상이 나타난 것이다. 그러므로 교환이라는 것이 일어났다. 만일 이 과정을 거꾸로 거슬러올라가는 데 성공한다면 노이로제 증상의 치료는 그 임무를 다한 것이 된다.

브로이어의 발견은 오늘날에도 여전히 정신분석 요법의 기초가 되고 있다. 증상의 무의식적 전제조건이 의식화하면 증상이 사라진다는 명제는 실제로 시험해보면 가장 터무니없고 뜻밖의 놀라운 복잡성을 피할 수는 없지만, 그 후의 광범한 연구로 실증되었다. 정신분석 요법은 무의식을 의식으로 바꿈으로써 그 효과를 발휘하고, 이 변환(變換)을 수행할 수 있을 때에만 이 치료법은 유효하다.

그런데 이 치료작업이 너무 가볍게 여겨지는 위험을 방지하기 위해서 약간 본제(本題)에서 벗어나 생각해보기로 한다. 내가 여태까지 상세하게 설명한 바에 의하면, 노이로제란 어떤 종류의 무지의 결과, 즉 사람이 당연히 알아야 할 심적 과정을 모르기 때문에 일어나는 결과였다. 이 사고방식은 저 유명한 소크라테스의 악덕도 무지의 결과에서 온다는 설과 아주 비슷하다.

그런데 분석에 숙련된 의사로서는 한 사람 한 사람의 환자의 마음에 어떤 심적인 움직임이 무의식인 채로 머물러 있는가를 추측하는 것은 매우 쉽다. 그러므로 환자가 알고 있는 것을 보고하게 하여 그 자신의 무지에서 환자를 해방시켜주는 것은 의사로 봐서 전혀 어려운 일이 아니다. 적어도 이 방법에 의해서 무의식적 의미가 있는 증상의 일면이 쉽게 해결된다. 그러나 다른 일면, 즉 증상과 환자의 과거의 체험이 어떻게 관련이 있는가에 대해서는 실제로 의사는 많은 것을 추측할 수 없다. 왜냐하면 의사는 환자의 과거의 체험 같은 것을 모르기 때문이다. 의사는 환자가 자기 체험을 회상하여 이야기를 꺼낼 때까지

기다리고 있어야 한다. 그러나 동시에 그 체험 대신 이 체험에 대한 대리물을 발견할 경우도 있을 것이다. 의사는 환자의 가족에게 체험 가운데 외상적으로 작용한 것을 종종 분별하는 입장에 있을 것이고, 또 매우 어릴 때 일어났기 때문에 환자가 모르는 체험까지도 이야기할 수 있는 입장에 있는 것이다. 그러므로 이 두 가지 방법을 종합하면 환자의 병인(病因)이 된 무지를 짧은 시간에 힘들이지 않고 제거할 가능성을 얻을 수 있을 것이다.

그렇다, 그렇게 순조롭게 나가면 이야기는 간단하다. 그런데 처음에 생각지도 않았던 것을 깨달았다. 지식은 지식이라도 언제나 같지는 않은 것이다. 지식에도 여러 종류가 있다. 지식이라고 해도 심리학적으로 결코 같은 가치를 가지고 있는 것은 아니다. '같은 듯해도 갖가지로 다르다(Il y a fagots et fagots)'라고 몰리에르도 말하고 있다. 의사의 지식은 환자의 지식과 같지 않으며, 같은 효과를 발휘할 수도 없다. 의사가 말로써 자기의 지식을 환자에게 전해줘도 그런 지식은 전혀 효과가 없다. 아니, 이렇게 말하는 것은 옳지 않을는지도 모른다. 그것은 증상을 제거하는 작용은 갖고 있지 않지만 다른 작용, 말하자면 분석을 진행시키는 작용을 갖고 있다. 항변의 소리는 그것을 입증하는 최초의 징후이다. 그때 환자는 자기가 지금까지 의식하고 있지 않았던 것, 즉 자기 증상의 의미를 알게 된다. 그러나 그는 자기 증상을 갖는 의미를 전과 같은 정도로밖에 알지 못한다. 이렇게 하여 우리는 무지의 종류도 몇 가지 있다는 것을 알았다. 여러분에게 그차이가 어디에 있는가를 보여주려면 우리의 심리학적 지식을 어느 점에까지 깊게 만들어야 한다. 그러나 증상의 의미를 아는 동시에 증상은 없어진다, 라는 명제는 어디까지나 옳다. 다만 이 지식은 환자의 내부 변화에 입각해야 한다는 것이 필수조건이며, 이 내부의 변화는 일정한 목적을 가진 심적 작업에 의해서만 일어나는 것이다. 여기서 우리는 증상 형성의 '역학(力學)'이라는 개념에 총괄되는 여러 가지 문제에 직면한 셈이 된다.

내가 여러분에게 이야기한 일들이 너무나 모호하고, 또 너무나 복잡하지 않느냐고 여러분에게 물어봐야겠다. 내가 몇 번이나 앞의 말을 취소하고 한정하고 사고의 흐름을 끼워 맞추기도 하고 도중에서 잘라버리기도 하고 하여, 여러분의 머리를 혼란시키지는 않았는지? 만일 혼란시켰다면 참으로 미안한 일이다. 그러나 나는 진리를 희생하면서까지 이 일을 단순화하는 것은 절대로 원치 않는다. 설령 대상이 여러 면에 걸쳐 서로 얽혀 있다는 인상을 여러분이 받았더라도 나로서는 괜찮다. 그리고 여러분이 금방 소화할 수 있는 이상으로, 내가 모든 점에 대해서 많은 이야기를 했다 하더라도 별로 해가 되지는 않을 줄 안다. 그러나 나는 청강자 여러분과 독자 여러분이 내가 한 이야기를 머릿속에서 정리하고 생략하고 간략하게 만들어서 기억해두고 싶은 것만 발췌하는 것을 나도 알고 있다. 많은 것을 얘기해두면 결국 많은 수확이 있다는 것은 어느 정도 진실이다.

내 이야기 속의 본질적인 것, 즉 증상의 뜻, 무의식 및 양자와의 관계를 여러 가지 부수적인 것은 빼놓고 단단히 파악해두기 바란다. 우리의 노력은 다음 두 가지 방향을 향하고 있다는 것을 아마 여러분도 알 수 있을 것이다. 첫째, 어떤 경로로 인간은 병에 걸리는가, 즉 어째서 노이로제라는 생활태도를 취하게 되는가 하는 임상의 문제이다. 둘째, 노이로제라는 조건에서 병적인 증상이 어떻게 발전하는가? 이것은 역시 심리역학(心理力學)의 문제이다. 이 두 문제는 마땅히 어디에선가 서로 접촉하는 점이 있어야 할 것이다.

오늘은 이 이상 이야기를 진행시키지 않을 작정이지만 아직 시간이 있으므로 나는 여러분의 주의를 그 두 가지 증상 예의 분석에 관한 다른 특징——나중에 다시 이 특징의 완전한 평가를 논할 생각이지만——인 기억의 결손, 즉 건망증에 돌리고 싶다. 이미 말한 대로 정신분석 요법의 과제는 모든 병인(病因)인 무의식을 의식으로 바꾸는 일이라는 공식으로 요약될 수 있다. 그런데 이 공식이 다른 공식으로 대치될 수 있다는 말을 듣는다면 여러분은 아마 놀랄 것이다. 그 공식이란 환자의 기억의 결손을 메꾸어 그의 건망증을 제거한다는 다른 공식이다. 그러나 결국은 마찬가지다. 즉 노이로제 증상의 발생에 중요한 관계를 갖고 있는 것은 실로 노이로제 환자의 건망증이다. 그러나 여러분이 그 ‘제1의 예’의 증상 분석을 고찰한다면 건망증을 이렇게 평가하는 것은 옳지 않다는 것을 깨달을 것이다. 그 부인 환자는 자기의 강박행위와 관련되어 있는 그 광경을 잊어버리기는커녕 하나도 빠짐없이 생생하게 기억하고 있었다. 그리고 이 증상의 발생에는 그 밖의 잊어버린 다른 것과는 관계가 없다. '제2의 예', 즉 강박 의례(强迫儀禮)를 행한 처녀의 경우는 '제1의 예'에 비하면 그다지 뚜렷하지 않지만 대개 사태는 비슷하다. 그녀 또한 어렸을 때 한 행위, 즉 부모와 자기 침실 사이의 문을 끝까지 열어놓으려 했던 사실과 자기가 어머니를 더블베드에서 쫓아낸 사실을 결코 잊어버리지 않고 있었다. 주저하면서 내키지 않는 마음으로 한 것이기는 했지만 처녀는 이 사실을 매우 똑똑하게 회상했다.

이 점에 대해서 주목할 만한 것은 '제1의 예'의 부인 환자이다. 그녀는 그 강박행위를 셀 수 없을 만큼 되풀이하고 있으면서도 단 한 번도 강박행위가 신혼 초야 이후의 체험과 비슷하다는 것을 깨닫지 못했고, 또 강박행위의 동기를 연구하기 위해서 그녀에게 직접 질문했을 때조차 이 회상은 한 번도 떠오르지 않았다. 같은 일이 의례(儀禮)뿐만 아니라 그 의례를 하는 유인까지 밤마다 똑같이 되풀이하는 그 처녀에게도 적용된다. 두 사람의 경우 본래의 뜻의 건망증, 즉 기억의 탈락은 없었지만 기억의 재생, 기억의 상기를 가져다주는 연결이 중단되어 있다.

강박 노이로제의 경우는 이런 종류의 기억장애로 충분하지만 히스테리의 경우에는 이야기가 달라진다. 히스테리라는 노이로제의 특징은 대개 대규모의 건망증이다. 히스테리의 개개의 증상을 분석해보면 반드시 과거생활 인상의 연결에 부딪친다. 그리고 그 생활 인상이 되돌아왔을 때까지는 그 인상이 까맣게 잊혀지고 있었던 것이라고 해도 무방하다. 이 잊혀진 일련의 생활 인상은 한편으로는 아주 어릴 때까지 거슬러올라가므로 히스테리성 건망증은 정신생활의 시작을 우리들 정상인에게 숨기고 있는 유치형 건망증의 직접적인 계속이라고 생각할 수 있다.

또 한편, 환자는 극히 최근의 체험마저도 잊어버릴 수 있고, 특히 병을 갑자기 일으키든가 악화시키든가 하는 유인이 건망증에 의해서 완전히는 아니더라도 일부가 침식된다는 것을 알고 우리는 놀라는 것이다. 이와 같은 새로운 기억의 전체상(全體像)에서 중요한 세부가 소멸되어 있다든가, 잘못된 기억에 의해서 대치되는 일은 아주 흔하다.

또는 분석이 다 끝나기 직전 오랫동안 억제되어 있던 연관에 뚜렷한 공백이 남아 있던 생생한 체험이 어느 정도 기억에 떠오르는 일도 흔하다.

회상 능력이 이렇게 침해된다는 것은 이미 말한 것처럼 히스테리의 특징이다. 히스테리의 경우 기억 속에 아무런 흔적도 남기지 않는 상태가 증상(히스테리 발작)으로 나타난다. 강박 노이로제의 경우에는 이것과는 다르므로 이들 건망증은 히스테리성 변화의 심리적 특징이지 노이로제의 일반적인 특징은 아니라고 여러분은 결론을 내릴지도 모른다. 그러나 이 차이점의 의의도 다음과 같은 것을 생각하면 한정될 것이다.

우리는 두 가지의 것을 총괄하여 하나의 증상의 '의미'를 만들었다. 이 두 가지 것이란 증상의 원천(어디서)과 증상의 목적(어디로) 또는 이유(무엇 때문에)이다. 바꾸어 말하면, 첫째는 증상을 발생시킨 인상과 체험, 둘째는 증상이 목표하고 있는 목적이다. 증상의 원천이란 결국 외계에서 와서 반드시 한 번은 인상에 심어지고, 그런 다음 잊혀져서 무의식이 된 인상을 말한다. 그런데 증상의 목적, 증상의 의향 쪽은 처음에 혹시 의식되었는지도 모르지만 한 번도 의식에 오르지 않은 것과 같은 과정, 즉 발단에서부터 무의식에 머물러 있는 마음속(endpsychisch)의 과정이 보통이다. 그러므로 히스테리의 경우에 일어나듯이 유래, 즉 증상을 지탱하고 있는 체험까지도 건망증이 침식했는지 어떤지는 그다지 중요하지 않다. 실로 증상의 목적, 즉 처음부터 무의식적이었는지도 모르는 의향이야말로 증상의 무의식적인 것에 좌우되고 있는 근거인 것이다. 더욱이 강박 노이로제에서는 증상은 히스테리의 경우만큼 단단히 무의식에 매달려 있지 않다.

그러나 심적 생활에 있어서의 무의식을 이와같이 강조하는 바람에 우리는 정신분석에 대한 비판이라는 악령을 일깨워놓은 결과가 되었다. 이 말을 듣고 여러분은 놀라서는 안 된다. 또 정신분석에 대한 항변의 원인은 단지 무의식을 손으로 붙잡기가 어렵다든가, 또는 무의식을 입증할 경험에 비교적 접근하기 어렵다는 점에 있을 뿐이라고 생각해서는 안 된다. 항변의 소리는 더 깊은 데서 온다고 생각된다. 인간은 그 역사의 과정에서 과학 때문에 두 번 그 소박한 자만심에 커다란 모욕을 당하지 않을 수 없었다. 최초의 모욕은 지구는 우주의 중심이 아니라 그 크기를 상상할 수 없을 만큼 큰 우주계의 아주 작은 한 조각이라는 것을 인류가 알았을 때였다. 이미 알렉산드리아의 학문(기원전 4세기부터 기원후 4세기까지 이집트의 알렉산드리아에서 일어난 학문)은 이와 같은 말을 하고 있다고는 해도 이런 주장을 들으면 우리는 먼저 저 코페르니쿠스의 이름이 생각난다.

두 번째의 모욕은 생물학의 연구로 인간이 자칭하는 창조의 특권이 무효가 되어 인간은 동물계에서 진화한 것이며, 그 동물적인 본성은 뿌리뽑기 어렵다는 것을 지적받았을 때다. 이 가치의 전도(轉倒)는 현대에 와서는 다윈과 월레스(1823~1913. 영국의 박물학자로 동물 분포에 대해 '월레스線'을 세웠다)나 그 선구자의 영향으로, 동시대인의 격렬한 저항을 받으면서 성취한 것이다.

그러나 인간의 과대망상은 현대의 심리학적 연구에 의해서 세 번째의 가장 심한 모욕을 받게 될 것이다. 즉 현대의 심리학은 자아(自我)가 자기 집의 주인은 결코 될 수 없고, 자기의 정신생활 중에서 무의식적으로 일어나고 있는 일에 대해서도 극히 적은 정보밖에 제공받지 못한다는 것을 이 심리학적 연구는 증명해보이려 하는 것이다. 인간의 반성을 촉구하는 이 경고도 우리들 정신분석가가 제일 먼저 또 유일한 경고자로서 제기한 것은 아니지만, 이 경고를 가장 강력히 주장하고 모두의 가슴에 감동을 줄 경험 재료에 의해 그것을 증명하는 것은 우리에게 주어진 사명인 것처럼 여겨진다. 여기에 우리의 학문에 대해서 온 세상이 다 반대하는 원인이 있고, 아카데믹한 품위있는 자세를 일체 벗어버리는 원인이 있으며, 항변으로 이 공평한 논리를 모두 무시해버리는 원인이 있는 것이다. 이 밖에도 우리는 이 세계의 평화를 더욱 다른 방법으로 교란하지 않으면 안 되었는데, 이에 대해서는 곧 여러분에게 말씀드리게 될 것이다.

열아홉 번째 강의

저항과 억압

노이로제를 더 깊이 이해하려면 우리는 새로운 경험을 쌓을 필요가 있다. 그리고 이 경험은 두 가지가 있다. 이 두 가지는 다 색다른 경험으로, 매우 주목할 만하고 또 초심자를 적이 당황하게 만든다. 그러나 여러분은 지난해의 강의로 이 두 가지 경험에 대한 마음의 준비가 이미 되어 있다.

첫째, 우리가 환자의 병을 고쳐서 환자를 그 괴로운 증상으로부터 해방시켜주려고 하면 환자는 치료하는 동안 의사에게 강하게 그리고 집요하게 저항한다. 이 현상은 매우 기괴한 사실이므로 환자의 가족들에게는 이런 말을 하지 않는 편이 좋다. 왜냐하면 가족들은 우리의 치료법이 날짜가 걸리거나 실패한 것을 변명하기 위한 구실로밖에 생각지 않기 때문이다. 환자도 그것이 저항인 줄 모르는 채 모든 저항 현상을 만들어낸다. 우리가 환자로 하여금 그것이 저항이라는 것을 깨닫게 해주고, 그것을 예상할 수 있게 해줄 수 있다면 그것만으로도 대성공이다.

자기의 증상에 괴로워하고 주변에 있는 사람들까지도 괴롭히며, 그 괴로움에서 해방되기 위해서는 많은 시간, 돈, 노력, 자기 극복이라는 엄청난 많은 희생을 견디어내려는 환자가 도리어 나으려는 생각이 없기 때문에 구제자에게 반항한다. 이런 일이 과연 있을 수 있는 일로는 들리지 않는다. 그러나 이것이 사실이다. 만일 여러분이 이것은 변명에 불과하다고 우리를 비난한다면, 우리들로서는 이렇게 대답하기만 하면 된다. "참을 수 없이 이가 하파서 치과 의사를 찾은 사람이라도 의사가 충치에 핀셋을 갖다대려고 하면 의사의 손을 밀쳐버리는 법이다."라고.

환자의 저항은 천차만별이며, 매우 미묘하고, 종종 구별하기 어려우며, 변화 무쌍하게 그 모습을 바꾼다. 의사는 끊임없이 이에 대해서 의혹을 품고 속지 않도록 조심해서 다가가지 않으면 안 된다.

우리는 정신분석 요법에서도 이미 꿈의 해석에서 여러분에게 말한 그 기법을 응용한다. 우리는 환자에게 꼼꼼히 생각하고 반성케 하는 것을 피하고, 조용히 자기 관찰의 상태에 두어 그때 내부 지각에 저촉해오는 모든 것, 즉 마음에 떠오르는 감정, 생각, 회상 등 모든 것을 떠오르는 순서대로 말해줘야 한다고 명령한다. 그때 우리는 환자에게 간곡하게 주의시켜둔다. 그것을 입 밖에 내기에 너무나 '불쾌하다', 너무나 '점잖지 못하다', 별로 '중요하지 않다' 그러니 여기서는 적합하지 않다든가, '어리석은 일'이어서 말할 필요가 없다는 등의 이유로 떠오르는 연상을 선택하거나 버리려는 어떠한 동기에 굴복해서는 안 된다고. 환자는 언제나 자기 의식의 표면에 떠오르는 것만 따라가며, 떠오른 연상에 대해서는 어떤 비판도 내리지 말라고 엄명을 내린다. 치료의 성과 여부, 특히 치료 기간의 길고 짧음은 환자가 양심적으로 이 근본 규칙을 지키느냐 안 지키느냐에 달려 있다고 말해둔다. 우리는 꿈의 해석에 관한 기법으로 무수한 두려움과 반항을 수반하는 연상이야말로 언제나 무의식을 발견시켜주는 재료를 내포하고 있다는 것을 알고 있기 때문이다.

이 기법상의 근본 규칙을 세움으로써 우선 그 기본 원칙이 이 저항의 공격점이 된다. 환자는 모든 수단을 다 써서 이 규정에서 달아나려고 한다. 어떤 때는 자기에게 연상 같은 것은 아무것도 떠오르지 않는다고 주장하고, 어떤 때는 너무 여러 가지 생각이 밀어닥쳐 무엇이 무엇인지 모르겠다고 말한다. 그러면 우리들은 환자가 어떤 때는 이것, 어떤 때는 저것의 비판적 항의에 굴복해버린 것을 알고 화가 나서 불쾌감을 느낀다. 즉 환자는 입을 열 때까지의 긴 침묵으로써 굴복해버렸다는 자기의 심중을 우리에게 보여준다. "그런 다음 실제로 '그런 것은 말할 수 없습니다. 입 밖에 내기가 부끄럽습니다." 하고 고백한다. 그리고 처음 약속과는 반대로 부끄럽다는 동기를 승인한다. 혹은 자기에게 어떤 연상이 떠오르기는 했지만 이 연상은 남의 일에 관련된 것이지 자기 일이 아니다, 그래서 보고할 필요가 없다고 하며, 또는 방금 떠오른 연상은 실제 별로 중요하지 않고 너무 하찮으며 너무나 어이없다, 그래서 아마 선생님은 이런 관념에 개입하지 않으리라고 생각했다, 하고 말한다. 이와같이 계속 말을 횡설수설하며 끝이 없지만 이에 대해서, 모든 것을 말한다는 것은 문자 그대로 모든 것을 말한다는 뜻임을 잘 설명해주지 않으면 안 된다.

우리들이 만나는 환자로서 치료의 손이 미치지 않도록 뭔가 어떤 영역을 자기밖에 모르는 것으로 숨겨두려고 시도하지 않는 환자는 하나도 없었다. 어느 모로 봐도 최고의 지식계급이라고 생각되는 한 사람이 어떤 은밀한 연애관계에 대해서 몇 주간이나 입을 다물고 있었다. 내가 어째서 신성한 규칙을 어기느냐고 항의했더니, 자기는 그 이야기를 자기의 사사로운 일이라고 믿었기 때문에 잠자코 있었다고 변명했다. 분석요법의 이와 같은 비호권(庇護權)을 절대 인정할 수 없는 것은 당연하다. 빈 같은 도시 사람들은 호엘 마르크트($^{빈\ 도심}_{지\ 광장}$) 광장이나 성 스테판 교회 같은 장소에서의 범인 체포가 허용되지 않는 것과 같은 예외를 인정하려 하고 있다. 그러므로 범인을 체포하기가 힘이 들 것이다. 범인이 이 성역의 장소에 숨어 있을 것은 뻔하다. 전에 나는 일하는 능력을 객관적으로 높이 평가받고 있는 어떤 사람에게 이러한 예외권을 허용해주자고 결심한 적이 있었다. 왜냐하면 그는 일정한 사항에 대해서 제 삼자에게 비밀을 꼭 지키겠다는 복무선서(服務宣誓)를 하고 있었기 때문이다. 환자는 물론 치료의 효과에 만족하고 있었지만 나는 불만이었다. 그래서 앞으로는 이와 같은 조건 아래서는 결코 분석을 하지 않겠다고 속으로 결심했다.

강박 노이로제 환자는 그 과도의 양심과 의혹을 오로지 이 기법상의 원칙에 맞춤으로써 교묘히 이 기법의 규칙을 쓸모없는 것으로 만드는 요령을 알고 있다. 불안 히스테리 환자는 이쪽이 찾고 있는 것과는 전혀 동떨어지고 분석에도 도무지 소용없는 연상만을 제시함으로써 이 원칙을 불합리한 것같이 만들어버리는 경우가 때때로 있다.

그러나 여기서는 치료 기법상의 어려움을 어떻게 처리하는가 하는 것을 여러분에게 이야기할 생각은 없다. 결국 결단과 인내로 저항을 파괴하고 기본 원칙에 어느 정도 따르게 하는 것은 가능하며 그렇게 되면 저항은 다른 영역으로 옮기게 된다. 즉 저항은 지적인 저항이 되어 나타나고, 증명을 가지고 도전하는 형태를 취하며, 정상적이기는 해도 아직 강의를 듣지 않은 사람이 정신분석을 비판하는 데 사용하는 어렵다든가 사실 같지 않다든가 하는 말로써 꼬집어준다. 그때야말로 우리는 과학 문헌 속에서 합창(合唱)이라도 하듯이 우리에게 던져지는 갖가지 비판과 항의의 소리를 듣게 된다. 밖에서 우리들에게 외치는 비평 따위는 별로 새삼스러운 것이 아니다. 실제로 그것은 '컵 속의 폭풍' 같은 것이다. 환자는 여전히 혼잣말을 하지만 시간이 흐름에 따라 우리의 강의, 설명, 반박을 기꺼이 듣게 되고, 또 지식을 얻기 위해서 문헌을 가르쳐달라고 말하게 된다. 또 분석이 개인적으로 자기를 괴롭히지 않는다는 조건 아래서라면 환자는 기꺼이 정신분석의 지지자가 된다. 그러나 우리는 이 지식욕 역시 저항이라고 생각한다. 이와 같은 지식욕은 우리의 특수한 사명에서 빗나가 있다. 그래서 우리는 그것을 배격한다.

강박 노이로제 환자에 있어서는 저항의 어떤 특수한 술책 사용을 예기하고 있지 않으면 안 된다. 그것을 환자는 흔히 분석을 방해하지 않고 진행시킨다. 그래서 그 증상 예의 수수께끼 쪽은 분석에 의해서 차차 밝혀지지만, 그러나 결국에는 그에 대응해서 어째서 실생활에서는 효과가 나타나지 않느냐, 즉 증상이 나아지지 않는 것을 우리들은 이상하게 생각한다. 그 경우 저항은 강박 노이로제 고유의 의혹 속에 숨어버리고, 그런 자세로써 우리에 대한 효과적인 반항을 한다. 이에 따라 환자는 대개 다음과 같은 말을 하려 하는 것이다.

"과연 모두 지당하고 재미있다. 나도 기꺼이 연상을 더 계속해나가겠다. 만일 그것이 사실이라면 내 병은 훨씬 좋아질지도 모른다. 그러나 암만해도 사실같이 여겨지지 않는다. 그리고 내가 사실이라고 믿지 않는 한 나와는 아무 관계가 없다."

오랫동안에 걸쳐 최후에 얻은 것이 겨우 이런 냉담한 태도였으므로 이제는 바야흐로 환자와 의사 사이에 결전이 벌어지게 된다. 지적 저항이 반드시 가장 다루기 어려운 저항은 아니다. 의사는 언제나 지적 저항에 이길 수 있지만 환자도 분석요법을 받으면서, 어떻게 저항하

면 되는가를 알고 있다. 그리고 이 저항을 극복하는 것이 가장 어려운
기법상 과제의 하나다.

환자는 연상을 생각해내는 대신, 감정의 '전이(轉移—Udertragung)'
에 의해서, 의사의 치료에 저항하는 데 사용하는 태도와 감정을 실생
활 속에서 되풀이한다. 환자가 남성이라면 그는 틀림없이 이 재료를
자기와 아버지와의 관계에서 빌려오고, 아버지의 지위에 의사를 놓
는다. 그리고 인격의 독립과 판단의 독립을 얻고자 하는 노력과 그의
첫째 목적인 아버지와 동등해지고 싶다거나 아버지를 압도하고자 하
는 야심과 감사해야 할 무거운 짐을 인생에서 두 번이나 져야 한다는
불만에서 환자는 저항을 만들어낸다. 이러한 환자의 마음속에는 병을
고치고자 하는 훌륭한 의도가 의사에게 잘못을 저지르게 하고 의사로
하여금 과오를 인정하도록 하며 무력감을 느끼게 하여 의사에 대해 개
가를 올리고자 하는 의도로 완전히 바뀌어버린 것 같은 인상을 주는
때가 있다.

여성은 저항을 위해서, 의사에 대해 상냥하고 에로틱한 색채를 띤
전이법(轉移法)을 천재적으로 터득하고 있다. 의사에 대한 이 애착이
어느 높이에 이르면 현재의 치료 상황에 대한 어떤 관심도, 환자가 분
석요법을 받을 때 약속한 어떠한 의무도 없어져버린다. 그리고 환자
의 불타는 질투심과 의사의 부득이한 거절의 말——비록 의사가 체
면을 차리고 얌전하게 한 말이라도——로 상처받은 감정은 의사와의
개인적인 친애감을 손상시켜, 그 결과 분석의 가장 격렬한 추진력이
작용하지 않게 되어버린다.

이런 종류의 저항을 일방적으로 비난해서는 안 된다. 그것은 환자
의 과거생활의 가장 중요한 재료를 많이 포함하고 있어서 그것을 납득
할 수 있도록 재현함으로써 우리가 이 저항을 올바른 방향으로 돌리는
교묘한 수법을 알고만 있다면 이 저항이야말로 분석의 가장 뛰어난 발
판이 된다. 단지 이 재료는 처음에는 언제나 저항에 사용되고 있으며
또 치료에 적대하는 가면을 쓰고 나타난다는 것이다. 저항은 강요된
변화에 반항하기 위해서 동원된 그 사람의 성격적 특성이며, 자아(自
我)의 여러 가지 태도라고 해도 좋다. 그때 성격적 특성들이 노이로제
라는 조건에 결부되어 어떻게 형성되었는지, 또 노이로제의 요구에

반응하여 어떻게 형성되었는지를 알게 될 것이고, 또 평소에는 전혀 나타나지 않거나 또는 이토록 뚜렷이 나타나지 않는, 즉 잠재성이라고 부를 수 있는 성격적 특성의 특징들을 알 수 있을 것이다.

여러분은 우리들이 이와 같은 저항이 나타나는 것을 분석의 영향력을 막는 위험물이라고 간주하고 있다고 생각하면 곤란하다. 아니, 우리는 저항이 나타나지 않으면 안 된다는 것을 알고 있다. 만일 우리가 저항을 뚜렷하게 일으킬 수도 없고, 저항을 환자에게 뚜렷이 인정시킬 수도 없다면 매우 불만이다. 마지막으로 이와 같은 저항의 극복이 분석의 본질적인 작업이며, 우리가 환자를 위해서 무언가 완수했다는 것을 우리에게 보장시켜주는 작업의 부분인 것이다.

더욱이 치료 중에 나타나는 모든 우연적인 일, 즉 그의 마음을 다른 데로 돌리게 하는 외부적이 사건이나 분석에 적의를 갖고 있는 환자 주위의 유력한 사람들의 여러 가지 얘기나 어떤 우연의 질환이나 노이로제에 병발하고 있는 기질적 질환(氣質的疾患) 등을 환자는 치료를 방해하기 위해서 극력 이용한다는 것, 그리고 환자는 병이 가벼워지는 것조차도 자기의 노력을 포기하는 동기로 삼는다는 것을 여러분이 아울러 생각한다면, 여러분은 어떠한 분석에서도 싸우지 않으면 안 된다는 저항의 여러 가지 형태와 방식에 대해서, 물론 완전하다고는 할 수 없지만 대강은 알 수 있을 것이다. 나는 이 점을 매우 상세하게 다루었다.

그 까닭은 증상을 치료하는 데 맞서서 나타내는 노이로제 환자의 저항에 대해서 얻은 우리의 이 경험이야말로 실은 노이로제에 대한 정신분석의 역학적인 견해의 기초가 되는 것임을 여러분에게 알리고 싶었기 때문이다.

브로이어와 나는 처음에는 최면술을 사용해서 정신요법을 했다. 브로이어의 첫 여환자는 처음부터 끝까지 최면술로 치료를 받았다. 처음에 나는 이것을 본받았다. 솔직히 말하면 작업은 그 당시 분석요법보다 쉽게 그리고 유쾌하게, 게다가 짧은 시간에 진행되었다. 그런데 그 효과는 믿을 수 없었으며 오래 가지도 않았다. 그래서 마침내 나는 최면술을 그만두어버렸다. 그리고 최면술을 사용하는 한 노이로제 상태의 역학적인 통찰 같은 것을 얻을 수 없음을 깨달았다. 최면 상태에서 의사는 저항의 존재를 알 수가 없다. 최면 상태는 저항을 쫓아버리고 분석작업을 할 수 있도록 어떤 영역을 열어주지만 그 이상 나아가려고 하면 이 영역의 경계에서 가로막혀 한 걸음도 나아가지 못한다. 그것은 강박 노이로제 경우의 의혹과 비슷하다. 그러므로 참된 정신분석은 최면술의 사용을 단념함과 동시에 시작되었다고 해도 좋을 것이다.

그러나 저항을 확인하는 것이 이토록 중대한 문제가 된 이상, 우리는 저항이라는 것을 가정하는 데 너무 경솔하지 않았는지 신중히 검토해보아야 한다. 다른 이유로 연상이 떠오르지 않는 노이로제의 증상예가 실제로 있을지도 모르고, 우리의 가설에 반대하는 논증이 내용면에서 실제로 음미할 만한 가치가 있을지도 모르며, 또 분석받은 사람의 지적인 비판을 간단히 저항이라고 처리해버리는 것은 잘못일는지도 모른다. 그러나 여러분! 우리들은 그렇게 간단히 환자의 지적 비판을 저항이라고 판단한 것은 아니다. 이렇게 비판적인 어느 환자도 저항이 나타났을 때와 소멸한 뒤에 관찰하는 기회를 가졌다. 저항은 치료를 시키고 있는 사이에 끊임없이 그 강도를 바꾼다. 우리가 새로운 주제에 접근하려고 하면 반드시 저항이 커지고 그 주제를 한창 진행시키고 있을 때 저항은 제일 강해지는데, 이 주제가 처리되면 저항은 다시 없어져버린다. 그러므로 우리가 기법상 특별히 실수를 하지 않는다면 환자가 만들 수 있는 제일 강한 저항에 부딪치는 일은 결코 없다. 우리는 한 환자가 분석하고 있는 동안에 몇 번이나 비판적 태도를 버렸다가는 다시 갖는 것을 확신했다.

환자에게는 고통스러울 새로운 무의식적 재료를 우리가 의식에 올리려고 하면 환자는 극단적으로 비판적이 된다.

비록 전에는 여러 가지를 이해하고 받아들였던 환자라도 이런 경우에 직면하면 전에 이해하고 인정한 일을 씻은 듯이 잊어버린다. 환자는 모든 희생을 치르고라도 반항하려고 발버둥치며, 완전히 감정을 억제할 수 없는 모습을 띠는 일도 있다. 환자를 도와서 새로운 저항을 잘 굴복시키는 데 성공하면, 환자는 다시 본래의 분별과 이해력을 되찾는다. 그러므로 그의 비판은 그 자체가 존중할 만한 독립된 기능은 아니다. 그 비판은 그 사람의 감정적인 태도에 굴복하여 저항의 뜻대로 움직인다. 뭔가 자기의 마음에 들지 않으면 그는 매우 교묘히 그에 대해서 자기 몸을 방위하고 겉보기에 매우 비판적인 태도를 갖는다. 그러나 어떤 일이 그의 마음에 들면 그는 일변하여 아주 쉽게 믿게 된다. 아마 우리도 이 점에서는 모두 비슷할 것이다. 그러나 분석 중에는 피분석자가 아주 곤란한 궁지로 몰려가기 때문에 피분석자에게 있어서는 지성이 감정에 완전히 종속해버리는 것이다.

그런데 환자가 자기의 증상을 제거하고 자기의 심적 과정에 있어서의 정상적인 흐름을 회복시키는 데 이렇게 심하게 저항한다는 관찰을 우리는 어떻게 생각해야 할 것인가? 우리는 상태의 변화에 저항하고자 하는 강력한 힘이 거기에 작용하고 있다는 것을 발견할 수 있었다고 말할 수 있다. 이 힘은 과거 이 상태를 억지로 만들어낸 것과 같은 힘임에 틀림없다. 증상이 없어져갈 때 우리가 경험으로 재구성할 수 있는 것은 증상 형성 때 일어난 것이 틀림없다. 우리가 브로이어의 관찰로 알고 있듯이 증상이 존재한다는 것은 그 전제로 뭔가 어떤 심적 과정이 정상적인 방법으로 완료될 수 없었기 때문에 증상으로서 의식에 나타났음을 알 수 있다. 그러므로 증상은 거기서 멎어버린 어떤 것의 대리품이다. 이제 우리는 추정한 그 힘의 작용을 어느 곳에 두어야 하는지를 안다.

즉 문제의 심적 과정이 의식까지 나타나는 것을 막기 위해서 어떤 심한 반항이 일어났음에 틀림없다. 그 결과 이 심적 과정은 언제까지나 무의식에 머무른 것이다. 이 심적 과정은 증상을 무의식적인 것으로 만드는 힘을 갖고 있다. 이와 비슷한 반항이 분석요법 중에도 작용하며, 무의식을 의식으로 옮기려 하는 노력에 대해 다시 반항하는 것이다. 이를 우리는 저항으로 느끼는 것이다. 저항으로 우리들에게 제시되는 이 병인(病因)이 되는 과정을 억압(抑壓—Verdrängung)이라 부르고 있다.

그런데 우리는 이 억압이라는 과정에 대해서 좀더 확실한 개념을 가져야 한다. 억압은 증상 형성의 전제조건이지만, 동시에 유례없는 술어다. 이를테면 하나의 충동(Impuls)을 어떤 행동에 옮기려 하는 하나의 심적 과정을 그 예로서 생각해보자. 우리들은 이 충동이 때로 격퇴되는 것을 알 수 있는데, 그것을 거부라든가 비난이라고 부르고 있다.

그런데 이 충동의 뜻대로 되는 에너지가 충동에서 빼앗겨져 그 결과 충동은 힘이 없는 것이 되어버린다. 그러나 충동은 기억으로 되어 존속한다. 그 충동을 물리칠 것인가 어쩔 것인가를 결정하는 전 과정은 자아의 양해 아래서 행해진다. 그런데 이 충동이 억압을 받을 때는 양상이 완전히 다르다. 즉 억압받은 충동은 그 에너지를 여전히 갖고 있으며, 그 충동에 대한 기억 같은 것은 남아 있지 않다. 또 억압 과정은 자아에 인식되지 않고 행하여진다. 그러므로 이런 비교에 의해서 우리는 억압의 본질에 접근하지 못한다*.

이 억압이라는 개념을 좀더 분명히 하기 위해서 어떤 이론적 관념이 소용되는가 하는 것을 내가 어떻게 알았는지 여러분에게 설명하기로 한다. 우선 먼저, '무의식적'이라는 말의 순수한 기술적(記述的)인 의미에서, 이 말의 체계적인 의미로 나아갈 필요가 있다. 즉 우리는 심적 과정의 의식성(意識性)이라든가 무의식성이라든가 하는 것이 그 심적 과정의 한 가지 속성에 지나지 않으며, 반드시 일의적(一義的)인 뚜렷한 속성은 아니라고 단언해야 한다. 이와 같은 어떤 과정이 줄곧 무의식인 채 머물러 있었다고 하더라도 의식으로부터 이렇게 차단되어 있는 것은 이 과정이 받은 운명의 한 표시에 지나지 않으며, 결코 운명 그 자체는 아니다. 이 운명을 구체적으로 알기 쉽게 설명하기 위해 어떠한 심리 과정——예외가 하나 있지만 나중에 설명하기로 한다——도 처음에는 무의식적인 단계 혹은 무의식적인 위상(位相)에 존재하고 있으며, 이 단계에서 비로소 의식적인 단계로 옮겨간다고 가정한다. 이를테면 사진의 영상은 처음에는 음화(陰畵)이지만 인화에 의해 양화(陽畵)로 되는 것과 같다. 그러나 어느 음화나 모두 양화가 되어야 할 필요는 없는 것처럼 무의식적인 심적 과정이 반드시 의식적인 심적 과정이 될 필요는 없다. 개개의 과정은 처음에는 무의식이라는 심적 조직체계에 속해 있으며, 경우에 따라 의식이라는 심적 조직 체계로 옮겨갈 수 있다고 말하는 편이 편리하다.

이 체계에 대해 지극히 대범하게 생각을 하는 것이 우리들에게는 편리할 것이다. 그것은 공간적으로 생각하는 일이다. 그래서 무의식의 조직 체계를 하나의 큰 대기실에 비유해보자. 이 대기실 안에는 많은 심적인 움직임이 하나하나의 인간처럼 바쁘게 소용돌이치고 있다. 이 대기실에는 제2의 좁은 방, 일종의 살롱 같은 것이 붙어 있다. 이 살롱에는 의식이 도사리고 있다. 그런데 두 방의 문지방에 각각 한 사람의 문지기가 버티고 서서 개개의 심적인 움직임을 검사하고 검열하며 그것이 마음에 안 들 때는 살롱에 못 들어가게 한다. 여러분도 곧 깨닫겠지만, 문지기가 개개의 심적인 움직임을 문지방에서 일찍이 쫓아버리건 일단 살롱에 들어온 뒤에 나가라고 명령하건 별 차이는 없다. 그것은 문지기의 경계의 정도와 빨리 식별하는 것만이 문제가 된다.

그런데 이와 같은 비유를 똑똑히 머리에 넣어두면 우리의 술어(術語)를 만드는 데 도움이 될 것이다. 무의식이라는 대기실 안에 있는 여러 가지 움직임은 다른 방에 있는 의식의 눈에는 띄지 않는다. 즉 이들 마음의 움직임은 처음에는 무의식적인 움직임에 머무르지 않을 수 없다. 만일 움직임이 문지방까지 돌진해와서 문지기에 쫓겨났을 때도 이 움직임은 우선은 무의식적인 움직임에 머무른다. 우리는 이 것을 '억압되었다'고 부른다. 그 심적인 움직임이 이미 문지방 앞에까지 다가온 것을 문지기가 밀어낸 경우에도 반드시 의식적이 되는 것은 아니다. 그 움직임이 용케 의식의 눈에 띄었을 때만 의식적이 된다. 그러므로 이 제2의 방을 '전의식(前意識)'이라고 부르는 것은 지당할 것이다. 그렇다면 의식적이 된다는 것은 순전한 기술적(記述的)인 뜻을 갖고 있는 셈이 된다. 그런데 개개의 심적 움직임에 있어서의 억압의 운명이란 그것들이 무의식 체계에서 전의식 체계로 들어가는 것을 문지기가 허용하지 않는 데 있다. 우리가 분석요법으로 억압을 없애려고 할 때 저항이라는 형태로 알게 되는 것이 바로 이 문지기에 해당된다.

이와 같은 표현방법은 조잡하며 동시에 공상적이며, 과학적 표현으로서는 전혀 허용되지 않는 것이라고 여러분이 말하리라는 것을 나는 잘 알고 있다. 나는 이와 같은 표현방법이 조잡한 것임을 충분히 알고 있다. 그뿐 아니라 이것이 옳지 않다는 것도 알고 있다. 그리고 만일 아주 잘못되어 있지 않다면, 우리는 이와 같은 표현방법을 대신하는 더 훌륭한 것을 준비하고 있다. 이와 같은 표현방법이 아직도 여러분의 눈에 공상적으로 비치는지 어떤지는 알 수 없지만 당분간은 전기회로(電氣回路) 속에 헤엄치는 암페어의 소인*(小人)과 같이 그것은 보조개념이다. 그리고 관찰을 이해하는 데 도움이 되는 한 이와 같은 표현방법을 경멸해서는 안 된다. '두 개의 방과 그 경계선인 문지방 앞에 있는 문지기, 그리고 제2의 방구석에 있는 구경꾼으로서의 의식'이라는 이 조잡한 가설은 실제의 사항에 매우 가깝다고 나는 여러분에게 보증하고 싶다.

그리고 우리가 붙인 '무의식', '전의식(前意識)', '의식'이라는 이름은 여태까지 제창되었거나 또는 현재 사용되고 있는 이름, 즉 '하의식(下意識)', '부의식(副意識)', '내의식(內意識)' 등과 같은 것보다는 훨씬 편견이 적고 시인하기 쉽다는 것을 여러분도 인정해주길 바란다.

그러므로 만일 여러분이 내가 여기서 노이로제 증상을 설명하기 위해 가정한 심적 장치인 이와 같은 구조가 일반적으로 통용되는 것이어서 정상적인 기능까지도 설명할 것이 틀림없다고 말해준다면 그것은 나에게는 한층 의의 깊은 것이 된다. 여러분의 이런 생각은 물론 옳다. 우리는 지금 이와 같은 추론(推論)을 추구해갈 수는 없지만, 암흑에 싸여 있는 정상적인 심적 사건을 병적인 상태의 연구를 통해 해명할 가능성만 있다면, 증상 형성의 심리학에 대한 우리의 관심은 매우 높아질 것이다.

그건 그렇다 치고 무의식 및 전의식의 두 개의 체계, 그 체계들 사이의 관계에 대한 우리의 주장이 무엇에 입각해 있는지 여러분은 깨닫지 못하겠는가? 무의식과 전의식 사이에 있는 문지기는 현재몽(顯在夢)의 형성에서 간섭한 바로 그 '검열'에 지나지 않는다. 우리들이 꿈을 일으키는 것으로 인정한 '낮의 잔재'는 전의식적인 재료였다. 이 전의식적인 재료는 밤의 수면상태에서 억압된 무의식적인 소망 활동이 가지는 에너지 덕분에 잠재몽을 만들 수 있었다. 무의식 체계의 지배 아래서 이 재료는 하나의 가공——응축과 치환(置換)——을 받았다. 그러나 가공은 정상적인 실생활, 즉 전의식 체계에서는 알려져 있지 않거나 예외적으로밖에 허용되어 있지 않다. 우리는 이와 같은 가능의 차이로 두 체계의 특질을 구별했다. 어떤 과정이 전의식과 무의식의 체계에 속하느냐는 것은 의식과의 관계로 알 수 있다. 왜냐하면 의식은 전의식에 속하기 때문이다.

꿈은 병적 현상이 아니다. 꿈은 모든 건강인에게 수면상태라는 조건에 따라 나타난다. 심적 장치의 구조에 관한 앞의 가설은 꿈의 형성과 노이로제 증상 형성을 동시에 우리에게 이해시켜주는 것이지만, 정상적인 정신생활에도 고려해볼 것을 단호히 요구하고 있는 것이다.

이 정도로 해두고, 이번에는 억압에 대해 이야기하고 싶다. 그러나 억압이란 증상 형성의 전제조건에 지나지 않는다. 증상이 억압에 의해서 방해된 어떤 것의 대리물이라는 것은 우리들도 알고 있다. 그러나 억압에서 이 대리형성을 이해하는 데까지 가려면 아직도 상당한 거리가 있다. 억압이라는 문제와 관련하여 다음과 같은 의문이 일어난다. 즉 어떤 종류의 심적인 요구가 억압에 굴복하는가, 어떠한 힘에 의해 어떠한 동기에서 억압이 완수되는가, 하는 것이다. 이 의문에 대해서는 아직까지 하나밖에 대답이 주어지지 않았다. 저항에 대해 검토했을 때 저항은 자아의 힘, 즉 우리가 잘 알고 있으면서도 잠재하고 있는 성격적 여러 특성에서 나온다고 말했다. 즉 억압을 하는 것도 이 힘이다. 적어도 이 힘이 관여하고 있는 것이다. 그 이상의 것을 우리는 아직 알고 있지 않다.

내가 전에 말한 두 개의 증상 예는 지금 우리들에게 도움이 된다. 우리는 정신분석을 통해 노이로제 증상의 목적을 언제나 발견할 수 있다. 이것도 여러분에게 새삼스러운 말이 아니다. 나는 노이로제의 그 두 가지 증상 예에서 이미 여러분에게 보여주었다. 그러나 실제로 두 가지 예로 무슨 말을 할 수 있겠는가? 그것을 입증하기 위해서 여러분은 200가지, 아니 무수히 많은 증상 예를 보여달라고 요구할 권리가 있다. 그러나 나는 여러분의 요구에 응할 수가 없다. 그러므로 여러분은 이에 대해서 자기 자신이 경험하거나, 아니면 이 점에 대해 모든 정신분석가가 찬성하고 있는 증언에 따르는 수밖에 없다.

우리가 상세하게 증상을 검토한 그 두 가지 증상 예에서 정신분석이 환자의 성생활의 가장 은밀한 부분을 고백시킨 것을 기억할 것이다. 그리고 '제1의 예'에서 우리는 증상의 목적, 즉 증상의 의도 내지 의향을 뚜렷하게 알았다. 아마 '제2의 예'에서는 증상의 목적이 후에 이야기할 어떤 요소 때문에 어느 정도 감추어져버린 모양이다.

어떤 예를 분석하더라도 이 두 가지 증상 예에서 발견한 것과 같은 것이 발견될 것이다. 우리는 언제나 분석에 의해서 환자의 성적 체험과 성적 소망에 도달할 것이고, 또 언제나 환자의 증상은 같은 목적을 지향하고 있다고 확신하게 될 것이다. 이 목적이란 성적 소망을 채우는 일이다. 증상은 환자로 봐서는 성적 만족을 얻는다는 목적을 지향하고 있다. 증상은 곧 실생활에서는 결여되어 있는 성적 만족의 대리물이다.

그 '제1의 예'에서 부인 환자의 강박행위를 생각해보라. 부인은 열렬히 사랑하는 남편과 별거하지 않으면 안 되었다. 남편의 성적 결함과 허약 때문에 남편과 함께 살 수가 없었다. 그러나 그녀는 남편에게 줄곧 정절을 지켜야만 했고, 남편의 위치에 다른 남자를 둘 수는 없었다. 그녀의 강박증상은 그녀가 열망하고 있는 것을 그녀에게 주었으며, 남편을 존경하고, 남편의 허약, 특히 남편의 임포텐츠를 부인하고 정정해주고 있다. 이 증상은 근본적으로 꿈과 완전히 같은 소망 충족이다. 그러나 꿈에서는 언제나 그렇다고 할 수는 없으나 그녀의 증상 예는 에로틱한 소망의 충족이다.

'제2의 예'의 여환자에 있어, 그녀의 취침 의례는 부모의 성적 교섭을 방해하거나, 혹은 성교의 결과 새 아기가 생기지 않도록 하는 것을 목표로 삼고 있다는 것을 여러분은 적어도 짐작할 수 있었다. 나아가서, 이 의례는 결국 자기 자신을 어머니의 지위에 두려는 것을 목표로 삼고 있는 것이라고 여러분은 아마 추측했을 것이다. 즉 여기서도 성적 만족의 방해물을 제거하는 것이며, 자기 자신의 성적 소망을 채우는 것이 문제가 된다. 이에 관련해서 암시되어 있는 복잡한 사항은 나중에 기회를 보아 이야기하기로 한다.

여러분, 나는 지금 여기서 이 주장은 일반적으로 적용되는 것이 아니라고 말함으로써 나중의 사태를 미리 방지해두고 싶다. 그러므로 내가 여기서 억압, 증상 형성 및 증상의 해석에 대해서 이야기한 것은 모두 노이로제의 세 가지 형, 즉 불안 히스테리, 전환(轉換) 히스테리, 강박 노이로제에서 얻은 것이며, 당분간은 이 세 가지 형태에만 적용되는 것이라는 데 주의해주기 바란다. 이 세 개의 형태를 하나로 하여 우리는 '감정전이 노이로제(Übertragu-ngsneurose)'라고 부르는데, 이 세 가지 병적 증상은 정신분석 요법이 활약할 수 있는 영역이

기도 하다.

　다른 노이로제는 이들에 비해 그리 정신분석 연구의 대상이 되고 있지 않다. 그 중의 어떤 종류의 노이로제는 아무리 정신분석 요법을 시도해봐도 낫지 않았고, 그것이 정신분석을 소외시킨 이유의 하나가 되었다. 그러나 정신분석은 아직 극히 새로운 학문이며, 정신분석이 형성되려면 많은 노력과 시일이 필요하다는 것, 그리고 불과 얼마 전까지도 정신분석을 하는 사람은 단 한 사람밖에 없었다는 것을 잊지 말아주기 바란다. 그러나 우리는 모든 방면에서 감정적인 노이로제 아닌 다른 병을 더 깊이 이해하려 하고 있다.

　그리하여 이 새로운 재료에 적용시킬 때 우리의 가설과 결과가 어떻게 확대되는가를 여러분에게 이야기할 수 있을 것이다. 또 이것들은 더 연구하는 것이 모순을 일으키기는커녕 우리의 지식을 더욱 고도로 통일시켜주었다는 것을 여러분에게 알려주고 싶다. 그러므로 지금 여기서 말한 것이 모두 세 가지 감정전이 노이로제에 해당된다면, 우선 하나의 새로운 보고를 덧붙여서 증상의 중요성을 높이기도 한다. 즉 발병의 여러 유인을 비교 검토하면 다음과 같은 공식(公式)으로 마무리하여 하나의 결론을 얻을 수 있다. 즉 현실이 성적 소망의 만족을 그들에게 주지 않을 경우 '좌절체험(挫折體驗－Versagung)' 때문에 병에 걸린다는 것이다. 여러분은 이 두 가지 결과가 얼마나 잘 일치하는가를 인정할 수 있을 것이다. 이제 비로소 증상은 실생활에서 채워지지 않는 소망의 대상적인 만족이라고 해석될 수 있는 것이다.

　노이로제의 증상이 성의 대상적 만족이라는 명제는 아직도 여러 항의를 받고 있다. 나는 오늘, 그 중의 두 가지 항의를 음미해보고 싶다.

　여러분 자신이 많은 노이로제 환자를 분석적으로 연구한다면 여러분은 아마 고개를 갸우뚱하고 이렇게 나에게 보고할 것이다.

　"그런데 선생님이 하시는 말씀은 어떤 종류의 증상 예에는 전혀 적용되지 않습니다. 오히려 증상은 성적 만족을 배제한다든가 포기한다든가 하는 정반대의 목적을 갖고 있는 것 같습니다."

　나는 이런 여러분의 해석이 옳은 데에 이의를 내세울 생각은 없다. 정신분석에서는 그 사태가 이러했으면 좋았을 것을 하고 우리가 바라고 있는 것보다 훨씬 복잡한 것이 보통이다. 그렇게 간단하다면 그것을 백일하에 드러내는 데 정신분석 같은 것은 필요없었을 것이다.

그 '제2의 예'에서의 여환자의 경우 취침 의례에 두세 가지 특색은 분명히 성적 만족에 반대되는 금욕적인 성질의 것임을 인정할 수 있다. 이를테면 시계를 밖에 내놓은 것은 밤중의 음핵 발기(陰核勃起)를 피한다는 마술적인 뜻을 갖고 있고, 꽃병이 떨어지거나 깨지거나 하지 않도록 조심하는 것은 처녀성을 지키는 것과 같다. 내가 분석할 수 있었던 취침 의례를 가진 다른 여러 증상 예에서는 이와 같은 소극적인 성질이 더 두드러지게 나타나 있었다. 그 의례는 모두 성적인 기억이나 유혹에 대해 자기 몸을 지키는 방위책으로 성립되어 있었다. 그런데 우리들은 몇 번이나 정신분석에서는, 정반대는 결코 모순을 의미하지 않는다는 것을 경험했다. 그러므로 증상은 성적 만족이나 혹은 성적 만족의 방위를 목표로 하고 있다는 우리의 주장을 확대할 수 있을 것이다. 더욱이 히스테리에 있어서는 적극적인 소망 충족이라는 성질이 우세하며, 강박 노이로제에서는 소극적·금욕적인 성격이 우세하다.

만일 증상이 성적 만족이라는 목적과 동시에 그것과 정반대의 목적을 지향할 수 있다면 이 양면성, 즉 양극성(兩極性)은 우리가 아직도 말할 수 없는 증상의 메커니즘의 어떤 부분에 훌륭한 논거가 될 것이다. 즉 증상은 지금부터 이야기하려는 것처럼 두 가지 상반되는 지향의 간섭(干涉)에서 생긴 타협의 산물이다. 그리고 증상은 타협의 성립에 협력한 억압된 것과 억압당한 것을 동시에 나타내고 있다. 이 경우 한쪽이나 다른 쪽이 증상 속에 우세하게 나타나서 둘 중 한쪽의 영향이 완전히 탈락되는 일은 극히 드물다. 히스테리에서는 대개 하나의 증상 속에 두 가지 목적이 동시에 들어 있고 강박 노이로제에서는 두 가지 목적이 흔히 따로따로 떨어져 있다. 그러므로 후자에서는 증상이 두 시기로 나타나며 서로 죽이고 서로 전후하는 연속된 두 행위로 성립된다.

제2의 의혹을 해결하는 것은 그리 쉬운 일이 아니다. 만일 여러분이 증상의 해석 예를 살펴본다면, 먼저 증상을 해석할 때 성의 대상적 만족(代償的滿足)이라는 개념을 최대한으로 확대할 수 있을지 모른다는 의견을 가질 것이다. 이러한 증상은 아무런 현실적인 만족을 제공하지 않으며, 성적 콤플렉스를 근거로 해서 관능(官能)을 약동시킨다든가 하는 식의 어떤 공상적 묘사에 한정되어 있다는 것을 여러분은 잊어서는 안 된다.

그리고 이른바 성적 만족은 흔히 어린아이 같으며, 단지 성적 만족이라는 가치도 없는 성질을 나타내고, 어느 점에서는 자위 행위와 비슷하거나 또는 어른이 어린아이에게 상기시킨다는 것도 여러분은 틀림없이 강조할 것이다. 또 잔인하거나 무참한 욕망의 만족, 또는 부자연스럽다고까지 불러도 좋을 정욕의 만족이라는 현상을 우리가 성적 만족이라고 말하려는 데 대해 여러분은 아마 깜짝 놀랄 것이다.

여러분, 여기서 인간의 성생활에 근본적인 검토를 가하여 성이라고 불러도 좋을 것을 뚜렷이 규명하기 전에는 이 제2의 점에 대해서 여러분의 완벽한 이해를 바라는 것은 무리한 요구일 것이다.

역주 : 여기서 설명되고 있듯이 프로이트는 행위 경향을 무의식적으로 억누르는 것을 억압(抑壓—Verdrängung)이라고 하고, 의식적으로 억누르는 것을 억제(抑制—Unterdrückung)라고 하여 구별했다. 또 그는 억압보다는 약하고, 억제보다 강한 것을 'Zurückdrangung'이라고 불렀다. 그러나 이에 해당하는 말이 영어에도 없으므로 이것 역시 '억제'라고 번역했다. 앞의 '잘못'의 장에 나오는 억제가 이것이다. 단, 이 말에는 무의식이라든가 의식이라든가 하는 함축적인 뜻은 전혀 없는 것 같다.

역주 : 암페르 또는 암페어의 규칙, 즉 전류 주위에 생기는 자장(磁場)의 방향에 대한 규칙의 표현방법. 즉 사람이 전류의 방향을 향해서 헤엄치면서 얼굴을 자침(磁針) 쪽으로 돌리고 있을 때 자침의 북극은 정상적인 위치에서 이 사람의 왼쪽에 닿는다. 이 표현방법은 '수영자의 규칙'이라고 부르는데, 지금은 '사람' 대신, 오른쪽으로 돌리는 나사로 표시하는 수가 많다.

스무 번째 강의

인간의 성생활

'성적(性的)인 것'이란 대체 무엇을 뜻하는가. 그것은 일부러 언급하지 않더라도 다 아는 일이라고 여러분은 생각할지 모른다. 확실히 그렇다. 성이란 사람이 적어도 입 밖에 내서는 안 되는 외설스러운 것이다. 나는 이런 말을 들은 적이 있다. 전에 어떤 유명한 정신과 의사의 제자들이 히스테리 증상은 흔히 성적인 것의 표현이라는 것을 어떻게든 선생에게 납득시켜주려고 했다. 이런 목적으로 제자들은 선생을 어느 히스테리 여환자의 병상에 데리고 갔다. 여환자의 발작은 누가 보아도 분만(分娩) 과정의 흉내였다. 그런데 선생은 "해산이군그래. 헌데, 해산은 결코 성적인 것이 아니야." 하고는 제자들의 주장을 일소에 붙여버렸다. 확실히 그렇다. 분만은 어디에 들고 나가더라도 외설은 아니다.

이런 엄숙한 문제에 대해서 농담을 하다니 무슨 일인가, 하고 여러분은 기분이 상했을 줄 안다. 그러나 이것은 결코 농담이 아니다. '성적'이라는 개념이 무엇을 포함하고 있는가 하고 아무리 엄숙하게 생각해보아야 그리 쉽게 그 내용을 들 수는 없다. 남녀 양성의 차이에 관련된 것을 모두 성이라고 한다면 아마 적절한 정의일 것이다. 그러나 이 정의로는 너무나 무미건조하고 포괄적이라고 여러분은 생각할 것이다. 여러분이 성행위를 문제의 중심에 둔다면 성이란 이성의 육체, 특히 이성의 성기에서 쾌감을 얻는 목적에 관심을 두는 일체의 것, 궁극의 뜻으로 말하면 성기의 결합과 성교의 수행을 목적으로 하는 일체의 것이라고 여러분은 말할 것이다. 그러나 이런 정의를 내린다면 여러분은 성이란 외설스러운 것이라든가, 분만은 실제로 성에 속하지 않는다든가, 하고 말하는 사람들과 오십 보 백 보가 된다. 한편 여러분이 생식 기능을 성의 핵심에 두고 생각한다면 생식을 목적으로 하지는 않지만 그럼에도 불구하고 확실히 성적인 모든 것, 이를테면 자위나 키스조차도 제외될 우려가 있다. 그러나 우리들은 이미 전부터 정의를 내리려고 시도하면 언제나 곤란에 빠졌고 이것을 면할 수 없다는 것도 각오하고 있었다. 그러므로 지금의 경우, 사태를 개선하기 위해서 정의를 내리는 것은 단념하기로 한다. ‘성적’이라는 개념의 발전에는 질베러의 뛰어난 표현을 빌리면, ‘경계선을 긋는 방법의 어긋남(Über denkungsfehler)’을 초래한 어떤 일이 일어나고 있었던 것 같은 기분이 든다. 일반적으로 인간이 무엇을 성적이라고 부르는지 전혀 짐작하지 못하는 것은 아니다.

일상생활에의 실제상의 필요에서 성이란 양성의 차이, 쾌감 획득, 생식 기능 및 극비로 간직해야 할 외설스러운 것에 관련된 것 등등으로 충분할는지 모른다. 그러나 학문에서는 이것으로 불충분하다. 왜냐하면 내 몸을 희생하고 오직 사욕을 버림으로써 완수할 수 있었던 신중한 연구에 의해서 우리는 그 ‘성생활’이 정상적인 모습에서 아주 빗나간 일단의 예외가 있다는 것을 알게 되었기 때문이다. 이와 같은 ‘성도착자(性倒錯者)’ 중의 일단은 양성의 구별을 성의 프로그램에서 말살해버린 것처럼 보이며, 자기와 동성의 사람만이 그들의 성적 소망을 자극한다. 이성, 특히 이성의 성기는 그들에게는 전혀 성의 대상이 되지 않는다. 극단적인 경우에는 오히려 그것은 혐오의 대상이다. 따라서 그들이 생식에 관여하는 것을 일체 포기하는 것은 말할 나위도 없다. 우리는 이와 같은 사람을 동성애자, 혹은 성대상전도자(性對象轉倒者—Invertierte)라고 부르고 있다. 그들은 이 하나의 운명적인 이상성(異常性)을 제외하면, 흔히 —— 반드시 그렇지는 않지만 —— 어디 하나 나무랄 데 없을 만큼 교양이 있고, 지적으로나 도덕적으로도 남보다 빼어난 남녀인 것이다. 그들은 동성애의 학문적 대변자의 입을 빌려, 자기들은 인류의 특별한 변종(變種)이며 다른 양성과 동일한 권리가 있는 ‘제3의 성’이라고 자칭하고 있다. 나중에 그들의 주장을 비판할 기회가 있을 것이다. 물론 그들이 주장하고 싶어하듯이 그들은 인류의 '선택된 자'는 아니다. 선택된 자는커녕 성적 견지에서 보면 별종의 변태자와 마찬가지로 그들은 열등(劣等)이며 적어도 무능한 사람들을 포함하고 있는 것이다.

이와 같은 도착자는 정상인이 그 성적 대상을 대하는 것과 같은 태도로 자기들의 성 대상에게 같은 일을 하려고 한다. 그러나 이들 도착자들 뒤에는 이상자(異常者)의 긴 행렬이 따른다. 이와 같은 이상자의 성활동은 이성적(理性的)인 인간이 매력을 느끼는 것과는 점점 멀어져 간다. 그것이 나타내는 천자만별의 모습을 보면 그들은 브뤼겔이 '성 안토니우스의 유혹'이라는 제목으로 그린 그 그로테스크한 괴물이나, 혹은 플로베르가 경건한 속죄자의 눈앞에 전개시킨 그 지칠 대로 지친 신과 신앙자의 긴 행렬*에나 비유할 수 있다. 이와 같은 이상자들의 군상들 때문에 우리의 머리가 혼란해져서는 곤란하다면 이 군상을 정리할 필요가 있다. 우리는 이 군상을 둘로 나눈다. 하나는 동성애자처럼 성적 대상이 변화되어 있는 자이고, 하나는 성적인 목표$\binom{\text{Sexualziel. 성욕을}}{\text{만족시키는 행동}}$가 변화된 자들이다.

남녀 양성의 성기를 결합시키는 것을 그만둔 사람들은 제1의 그룹에 속한다. 이런 사람들은 성행위 때, 상대의 성기 대신에 몸의 다른 기관이나 또는 몸의 다른 부분으로 대용한다. 이때 그들은 대리기관이 성기로 불충분하다는 것은 아랑곳하지 않고, 욕지기가 나도록 더러우니 그만두자는 것 등은 일체 안중에 없다. (질(膣)의 대용으로서 입과 항문을 대신한다.)

그리고 제2의 그룹에 있어서는 성기가 여전히 성 대상이 되어 있지만, 그것은 성기능 때문이 아니라 다른 기능 때문에, 즉 해부학적으로 닮았다는 이유나 가까이 있다는 이유 때문이다. 이와 같은 사람에 있어서는 어린이 교육 때 천하다고 추방한 배설 기능이 여전히 성적 관심을 끌고 있음을 알 수 있다.

또 어떤 사람에 있어서는 성기가 전혀 대상이 되지 않고 몸의 다른 부분, 이를테면 여성의 유방, 다리, 땋은 머리카락 등이 욕구의 대상이 된다. 더 나아가서는 몸의 부위는 아무 의미가 없고, 몸에 지니고 있는 물건, 이를테면 구두라든가 속옷의 일부가 일체의 소망을 채운다. 이런 사람들을 페티시스트(fetischist)라고 부른다. 더 극단적이 되면 물론 대상 전체를 요구하기는 하지만 그 대상에 아주 특수하고 기묘한, 때로는 전율할 만한 요구를 하는 사람이 있다. 어떤 사람에게는 방어력이 없는 시체가 대상이 되고 어떤 사람은 대상의 쾌감을 맛보기 위해서 범죄적인 폭력을 감행하기까지 한다. 이와 같은 소름끼치는 이야기는 이 정도로 끝내고 싶다.

다른 한 그룹에는 정상상태로는 단순한 서두이며 준비가 되는 전희적인 행위를 성적 소망의 목표로 삼는 도착자(倒錯者)가 들어간다. 즉 이성을 찬찬히 바라보고 싶어한다든가, 이성을 만지고 싶어한다든가, 이성의 비밀스런 곳을 들여다보고 싶어서 못 견디는 사람, 혹은 숨겨두어야 할 자기 자신의 육체의 일부를 노출하여 상대편도 같은 행동으로 자기에게 응해줄 것을 은근히 기대하는 사람 등이다.

이에 비해서 수수께끼 같은 사디스트(Sadist—학대음란자)가 있다. 그들이 갖는 애욕의 충동은 자기 상대에게 고통과 괴로움을 주는 것뿐 그 외의 목적은 없다. 거기에는 모욕을 암시하는 일에서부터 육체를 매우 상하게 하는 것까지 여러 단계가 있다. 이것과 대조적인 마조히스트(Masochist—피학대음란자)가 있다. 마조히스트의 유일한 쾌감은 사랑하는 대상으로부터 상징적 또는 현실적 형태의 모든 모욕과 괴로움을 받는 데 있다. 또 이런 이상 성격이 몇 가지나 결부되어 얽혀 있는 사람도 있다.

마지막으로 이들 그룹은 각각 두 종류로 나뉜다. 즉 자기의 성적 만족을 현실에서 구하는 사람과 머릿속에서만 상상하는 데 만족하여 일반적으로 실제의 대상을 전혀 필요로 하지 않고 공상으로 대리할 수 있는 사람이 그것이다.

이렇게 어처구니없고 기괴하고 무서운 것이 실제로 그런 사람들의 성활동을 구성하고 있다는 것은 이제 의심할 여지가 없다. 그들 자신도 그렇다고 간주하여 그 대상(代償) 관계를 인정하고 있을 뿐 아니라, 우리들도 그것이 우리 실생활에 있어서의 정상적인 성적 만족과 똑같은 역할을 그들의 실생활에서 맡고 있으며, 또 그들은 그 때문에 우리들과 같은, 아니 흔히 과대한 희생을 무릅쓰고 있음을 인정해야 하는 것이다. 우리는 그 이상 상태가 어디서 정상상태와 접하고 있는가, 그 이상상태는 정상상태의 어디서 발생한 것인가를 대충, 또는 상세하게 살펴볼 수 있다. 성적활동에 귀찮게 따라다니는 그 외설어라는 성질과 여기서 다시 마주치는 것은 어쩔 수 없는 일이다. 더욱이 이 외설이란 성질은 대개 파렴치한 정도까지 높아지는 것이다.

그런데 이렇게 비정상적인 성적 만족의 종류에 대해서 우리는 어떤 태도를 가져야 하는 것일까? 분개하거나 개인적인 혐오감을 나타내거나, 우리는 그런 병적 성욕과 관계가 없다고 버티어봐야 아무 소용도 없다. 그렇다. 우리는 그런 것에 개의하지 않는다. 요컨대, 이것도 다른 것과 같이 현상의 한 영역이다. 이것이 기묘하고 진귀한 것에 불과하다는 도피적인 구실은 쉽게 반박할 수 있다. 아니 그것과 정반대로, 그것은 우리가 흔히 보는, 또 이 세상에 널리 존재하는 현상인 것이다. 그러나 사람들이 이런 현상은 모두 성본능의 혼란이며 탈선을 나타내고 있는 것이므로 굳이 그런 것 때문에 일부러 성생활에 대한 지금까지의 견해를 바꿀 필요는 없다고 말한다면 우리는 진지하게 대답해둘 필요가 있다. 만일 우리가 성욕의 이와 같은 병적 형태를 이해하지 못하고, 또 그것과 정신적인 성생활과 관련시켜 설명하지 못한다면 마땅히 정상적인 성생활도 이해하지 못하고 있는 셈이 된다. 한 마디로 말하여, 위에서 말한 성도착은 세상에 흔히 있을 수 있는 일이며, 이른바 정상적인 성욕과의 관련을 충분히 이론적으로 설명하는 것은 어디까지나 거부할 수 없는 우리의 사명인 것이다.

여기에 하나의 통찰과 두 가지 새로운 경험이 도움이 된다. 전자에 대해서는 이반 블로호(Ivan Blocho, 1872~1923. 독일의 피부과 의사. 성과학 창시자 중의 한 사람)에게서 얻은 바가 크다. 블로호는 성적 목표의 이와 같은 일탈(逸脫)이나 성 대상에 대한 관계의 이와 같은 이완(弛緩)의 예는 아득한 옛날부터 우리에게 알려진 모든 시대를 통해서 원시적인 민족에서나 고도의 문명을 가진 민족에서나 볼 수 있으며, 시대에 따라 관대하게 보고 또 일반적으로 용인되어 성행했다는 근거에서, 이런 도착을 모두 '변질징후(變質徵候)'라고 생각하는 것은 잘못이라고 주장하고 있다. 다음으로 후자, 즉 두 가지 새로운 경험이라는 것은 노이로제 환자의 정신분석 연구에서 얻은 것인데, 이 경험은 우리들의 성적 도착관에 결정적인 영향을 미치지 않을 수 없었던 것이다.

우리는 앞서 노이로제 증상은 성의 대상적(代償的)인 만족이라고 말했다. 그리고 나는 명제를 증상의 분석으로 입증하려면 많은 곤란에 부닥칠 것이라고 여러분에게 암시해두었다. 이른바 도착된 성욕을 '성적 만족' 속에 포함할 때 비로소 앞의 명제는 옳은 것이 된다. 왜냐하면 무슨 일이 있더라도 증상을 이렇게 해석하지 않을 수 없는 경우가 놀랍게도 많기 때문이다. 동성애적인 충동이 어느 노이로제 환자에게서나 증명될 수 있다는 것, 대다수의 증상은 이와 같은 잠재성 도착의 표현이라는 것을 알면, 동성애자나 성대상도착자가 이례적인 인간이라는 주장은 금방 무효가 되어버린다. 동성애자라고 자칭하는 사람은 바로 의식적인 현재성(顯在性) 성대상도착자에 지나지 않으며, 잠재성(潛在性) 동성애자의 수에 비하면 문제도 되지 않는다. 그런데 동성에서 대상을 고른다는 것은 연애생활에서 보통 있는 한 분지(分枝)라고 간주할 수밖에 없으므로, 그것에 특별히 높은 의의를 부여하지 않으면 안 된다는 것을 우리는 점점 깨닫게 된다. 그러나 이렇게 생각해도 현재성 동성애와 정상상태의 구별은 없어지지 않는다. 이 구별은 실생활에서는 중요하지만 이론적으로는 그 가치가 매우 감소된다. 감정전이 노이로제 속에는 들어가지 않는 어떤 병, 이를테면 파라노이아(Paranoia—편집병)는 언제나 과도하게 강한 동성애적 충동을 방지하려는 시도에서 발생한다고 우리는 가정하기도 한다. 아마 여러분은 그 부인 환자가 강박행위 속에서 한 사람의 남자, 즉 별거한 남편의 역할을 맡고 있었다는 것을 아직 기억할 것이다. 남자의 역할을 맡아하는 증상이 생기는 것은 노이로제에 걸린 부인들 사이에서는 흔히 있는 일이다. 이것은 동성애 속에는 들어가지 않지만 동성애의 가설과는 매우 관계가 있다.

　여러분도 알고 있겠지만 히스테리성 노이로제는 모든 기관계(기관계, 신경계, 호흡계, 소화계 등)에 증상을 나타내며, 그 결과 모든 기능에 장애를 초래하는 일이 있다. 정신분석을 해보면 도착적이라고 불러도 좋은 모든 충동이 이때 모습을 나타내어 다른 기관을 성기의 대리로 삼으려 하고 있다는 것을 알 수 있다. 즉 이 기관들은 대리 성기 같은 역할을 한다. 우리는 이 히스테리 증상에 관한 연구를 통해서 신체의 기관은 그 본래의 기능 외에 성적, 즉 성감적(性感的—erogene)인 의의를 갖고 있으며, 만일 그 기관에 성감적인 요구가 너무 커지면 본래의 기능이 손상된다는 견해에 이르렀다.

히스테리 증상으로서 우리가 부딪치는, 겉보기에는 성과 전혀 관계가 없는 기관에 나타나는 무수한 감각과 신경 흥분은 도착된 성충동의 충족으로서의 본성을 우리에게 보여주는데, 이 도착된 성충동에서는 성기의 의의가 다른 기관에 빼앗겨버리고 있다. 그리고 또 우리는 영양섭취 기관이나 배설기관이 성흥분의 담당자가 되는 일이 매우 많다는 것도 알고 있다. 그러므로 이것은 성적 도착에서 볼 수 있었던 것과 똑같다. 그런데 성적 도착에서는 전혀 힘들이지 않고 매우 뚜렷이 알 수 있었던 것이, 히스테리에서는 증상 해석이라는 우회를 통해서야 비로소 알 수 있다. 그리고 또, 문제의 도착된 성충동은 그 사람의 의식 속에 있는 것이 아니라 무의식 속에 들어 있다.

강박 노이로제의 많은 증상 가운데서 가장 중요한 것은 매우 강한 사디즘적인 성충동, 즉 성 목표가 도착되어 있는 성충동에서 생긴 증상이다. 더욱이 이러한 증상은——강박 노이로제의 구조와 일치되는 것처럼——주로 그런 소망을 방지하고 있거나 또는 만족과 방지와의 싸움을 나타내고 있다. 이 경우 반드시 만족을 얻는다. 만족은 우회해서 환자의 행동 속에 들어갈 줄 알고 있으며, 그 사람에게 반항하는 것을 즐기며, 환자를 자기가책자(自己苛責者)로 만든다. 노이로제의 다른 형, 이를테면 천착증(穿鑿症)에서는 보통은 정상적인 성적 만족을 얻기 위한 준비에 지나지 않는 행위나 또는 성적 만족을 얻는 도중에 행하는 행위, 즉 보고 싶어하고 만지고 싶어하고 탐색해보고 싶어하는 행위 등에 과도한 성적 색채를 띤다. 접촉공포라든가 세탁강박(洗濯强迫)의 큰 의의는 이것으로 충분히 설명된다. 강박행위의 상상도 못 할 큰 부분은 자위의 변장된 반복과 변형이다. 그리고 다 알다시피 자위란 행위로는 단순한 것에 지나지 않지만 여러 가지 성적 공상을 수반하고 있다.

성도착과 노이로제와의 관계를 더 상세하게 여러분에게 이야기하는 것은 나로서는 매우 쉬운 일이지만, 우리의 목적에는 지금까지 말한 것으로 충분하다고 생각한다. 그러나 증상 해석의 이와 같은 설명을 듣더라도 인간의 도착 경향의 빈도나 강도를 과대평가하지 않도록 조심해야 한다. 정상적인 성적 만족이 저지당하면 사람은 노이로제에 걸린다. 그러나 이것이 현실적으로 저지될 경우 욕구는 성욕을 흥분시키기 위한 비정상적인 길로 간다. 왜 그런 일이 일어나는가는 나중에 알게 될 것이다. 아무튼 이와 같은 측지성(側枝性—Kollateral)의 역류정체*(逆流停滯) 때문에, 도착 충동은 정상적인 성적 만족이 현실에서 전혀 방해를 받지 않은 때보다 훨씬 강하게 나타난다는 것을 이해해주기 바란다. 더욱이 유사한 영향은 현재성 도착(顯在性倒錯)에 있어서도 볼 수 있다. 현재성 도착은 일시적인 상황이나 영속적인 사회제도 때문에 정상적인 방법으로 성본능을 채우기가 매우 곤란해질 때 유발되며, 활발화되는 경우가 많다. 그러나 도착경향이 실제로 이와 같은 조건과는 전혀 관계 없이 나타나는 수도 있다. 이때의 도착은 그 사람으로 봐서는 정상적인 성생활이다.

정상적인 성욕과 도착된 성욕의 관계를 설명하는 바람에 여러분은 오히려 혼란을 일으킨 것 같은 인상을 받았을 것이다. 그러나 여러분은 다음의 사항을 한 번 생각해주기 바란다. 정상적인 성적 만족을 현실에서 얻기 어려워지거나 또는 전혀 얻을 수 없게 되면, 보통때는 도착경향이 나타나지 않던 사람에게도 도착경향이 나타난다. 이 말이 옳다면 도착을 쾌히 받아들이는 그 무엇인가가 이 사람들 속에 있다고 가정해야 한다. 또 여러분이 희망한다면 이렇게 말해도 좋다. 도착경향은 잠재된 형태로 이런 사람에게 존재하고 있는 것이 틀림없다고.

이렇게 우리는 앞서 여러분들에게 보고한 제2의 새로운 사실에 도달했다. 즉 정신분석 연구는 어린이의 성생활에 관심을 가질 필요가 생겼다. 더욱이 증상을 분석할 때에는 환자의 추억과 연상이 언제나 소아기(小兒期)의 아주 초기 때까지 거슬러올라갔기 때문이다. 우리가 추론한 것은 어린이를 직접 관찰하여 일일이 입증되었다. 여기서 이번에는 도착경향은 유아기에 뿌리박고 있다는 것, 어린이에게는 도착될 경향의 소질이 있다는 것, 어린이는 미성숙의 정도에 따라 그 소질을 발휘하고 있다는 것, 즉 도착적인 성욕이란 개개의 욕망으로 분해된 유아성욕(幼兒性慾)이 확대한 것이란 점 등이 분명해졌다.

이제 여러분은 도착을 다른 눈으로 볼 것이다. 그리고 인간의 성생활과 도착과의 관련을 무시하지 않을 것이다. 그러나 이 결론을 인정하려면 여러분은 대단한 놀라움과 심한 감정적인 고통을 참지 않으면 안 된다! 어린이에게도 성생활이라고 불러도 좋을 것이 있다는 사실, 우리들의 관찰의 올바름, 그리고 어린이의 행동 속에는 후에 도착이라는 판결이 내려질 만한 것과 밀접한 관계가 있는 점이 발견된다는 주장의 근거, 이 모든 것에 여러분은 아마 먼저 이의를 내세울 기분이 날 것이다.

그러므로 나는 먼저 여러분이 느끼는 반항의 동기를 밝히고, 이어 우리의 관찰을 종합하여 말하려 한다. 어린이에게는 성생활——성흥분, 성욕 및 어떤 종류의 성적 만족감——이라는 것이 없으며, 그것은 12살부터 14살 사이에 갑자기 눈뜨는 것이라는 주장은——모든 관찰은 도외시하고——생물학적으로 생각해보아도 믿을 수 없는 것이다. 이 주장은 어린이는 이 세상에 태어났을 때 성기를 갖고 있지 않으며, 사춘기가 되어서야 비로소 성기가 생긴다는 주장과 마찬가지로 불합리하다. 사춘기에 그들의 눈뜨는 것은 생식 기능이다. 이 기능은 이미 존재하고 있는 육체적 및 정신적인 재료를 자기의 목적을 위해서 이용하는 것이다. 여러분은 성욕과 생식을 혼동하는 과오를 범하고 있다. 이 과오 때문에 여러분은 성애(性愛), 성도착 및 노이로제의 이해를 스스로 막고 있는 것이다. 그러나 이러한 과오는 교육의 결과이다. 여러분 자신이 전에는 어린이였고, 어린시절부터 교육의 감화를 강하게 받았다는 데에 이 과오의 근원이 있는 것이다. 왜냐하면 사회는 성욕동(性欲動)이 생식 충동으로 심하게 나타났을 때 이것을 속박하거나 제약하거나 사회적 명령과 동일한 개인의 의지에 복종시키는 것을 그 가장 중대한 교육방침으로 삼고 있기 때문이다. 어린이가 지적 성숙의 어느 단계에 이를 때까지 성욕동의 완전한 발달을 연기시키는 것은 사회의 이익이 된다. 왜냐하면 성욕동이 완전히 나타나버리면 교육을 실시하기가 실제로 불가능하기 때문이다. 만일 그렇게 하지 않으면 성욕동은 모든 둑을 무너뜨리고, 고심하여 건설한 문화라는 전당도 떠내려 보내고 말 것이다. 그러나 성욕동을 제어하려는 사명은 결코 쉬운 일이 아니다. 거의 성공하지 않는 경우도 있고, 완전히 성공하는 수도 있다. 인간 사회를 움직이는 동기는 궁극적으로는 경제적인 것이다. 사회는 그 성원이 노동하지 않고도 생활할 수 있는 만큼의 충분한 식량은 갖고 있지 않으므로, 그 성원의 인구를 제안하고, 그 에너지를 성생활에서 노동으로 돌려야만 한다. 왜냐하면 원시시대부터 현재에 이르기까지 생활난이 계속되고 있기 때문이다.

새로운 세대의 성적 욕망을 조종하기 쉽게 만드는 작업은 훨씬 어릴 때부터 교육적 감화를 주기 시작하여 사춘기의 폭풍우를 기다리지 않고 그 준비단계인 어린이의 성생활에 일찌감치 간섭할 때에만 달성할 수 있다는 것을 교육자는 경험으로 틀림없이 알았을 것이다. 이 때문에 거의 모든 어린이의 성생활은 금지되고 좋지 않은 것으로 취급된다. 어린이의 생활을 성이 아닌 것으로 구축하려 하는 이상적인 목적을 세우고, 시대의 흐름과 더불어 사람들은 마침내 어린이에게는 성이 없다고 생각하게 되어 학문까지도 그것을 학설로서 보고하게 되어버렸다. 이와 같은 그들의 믿음과 의도가 모순되지 않도록 하기 위해서 어린이의 성활동은 간과되고 있다. 대단한 수완이다. 또 학문은 어린이의 성활동을 다른 식으로 해석하고는 만족해한다. 어린이는 순수한 것, 죄가 없는 것으로 간주되고 있다. 그리고 그렇지 않다고 말하는 사람은 인간성의 우아하고 신성한 감정을 손상시키는 고약한 인간으로 탄핵(彈劾)되는 것이다.

그런데 어린이는 이런 편의주의와는 상관없이 천진난만하게 그 동물적 권리를 주장하고, 또 자기들이야말로 순결한 자들임을 되풀이하여 보여주고 있다. 그렇기 때문에 어린이의 성욕을 부정하는 사람은 교육의 손을 늦추지 않고 '어린이의 악습'이라고 부르며, 자기들이 부정하려고 하는 성욕의 발현을 제일 엄하게 단속한다. 성욕이 없는 유아기라는 선입견에 가장 모순되는 시기, 즉 오륙 세까지의 나이가 대개의 사람의 경우, 기억망각의 베일에 싸여 있다는 것은 이론적으로 매우 흥미 깊다. 그러나 이 베일은 분석 연구로 완전히 벗길 수 있다. 그러나 이미 앞에서 본 것처럼 개개의 꿈은 이 베일도 통과해버리고 형성되었다.

그러면 어린이의 성생활 중에서 가장 눈을 끄는 것을 여러분에게 이야기하기로 하자. 아울러 '리비도'($\binom{\text{Libido. 라틴}}{\text{어로는 욕망}}$)라는 개념을 소개하는 것도 편리할 것이다. 리비도란 '굶주림'과 아주 비슷하며, 본능——굶주렸을 때의 섭식 본능(攝食本能)처럼 여기서는 성적 충동——을 발현시키는 힘을 말한다. 성흥분이라든가, 성적 만족 같은 다른 개념을 설명할 필요는 없다. 그 중에서도 유아의 성활동의 경우 가장 많은 해석을 해야 한다는 것은 여러분도 쉽게 알 수 있을 것이다. 그리고 여러분은 어쩌면 이 점을 우리에게 항의의 재료로 이용할지도 모른다. 이 해석은 분석적 연구를 기초로 하여 증상을 거슬러올라감으로써 얻어진다.

유아에 있어서는 성의 첫 충동이 생활에 필요한 다른 기능에 의존해서 나타난다. 여러분도 알다시피 유아의 중요한 관심은 영양섭취에 있다. 유아가 젖을 배불리 먹고 어머니의 젖가슴에서 잠들 때 가장 행복한 표정을 짓는다. 그 표정이야말로 후일 어른이 되어 성적 오르가슴의 절정에 도달했을 때 반복되는 것이다. 이것만을 가지고 어떤 추론을 내린다는 것은 너무 모험적일지도 모른다. 그러나 실제로는 먹고 싶은 생각도 없으면서 유아가 영양섭취의 동작을 되풀이하려 하는 것을 우리는 관찰한다. 그때 유아는 굶주림의 충동을 결코 느끼지 않는 것이다. 우리는 유아가 젖꼭지를 빤다(Iutschen 또는 Iudeln. 이 말은 원래 쭉쭉, 쩝쩝에 해당하는 의성어에 지나지 않았으나 나중에 나오는 린드너에 의해서 뚜렷한 개념을 갖게 되었다. 즉 물건——자기 입술, 손가락, 속옷, 고무젖꼭지 등——을 빨거나 핥는 것)고 말한다. 유아는 이런 동작을 한 다음 다시 편안한 표정으로 잠든다는 데서 빤다는 행위 그 자체가 유아에게 만족을 주었다는 것을 보여주고 있다. 이윽고 유아에게는 젖꼭지를 빨지 않으면 잠들지 않는 습관이 붙게 되어버린다. 부다페스트의 늙은 소아과 의사 린드너 박사가 처음으로 이와 같은 행위에 성적인 색채가 있다고 주장했다. 어린이의 뒷바라지를 하는 사람들은 이에 이론적인 주장을 내세울 생각은 없지만 똑같은 판단을 하고 있는 것 같다. 이런 사람들은 젖꼭지를 빤다는 것이 쾌감 획득에만 소용이 된다는 것을 확인하면 그것을 어린이의 나쁜 버릇으로 간주하고, 어린이가 스스로 이 나쁜 버릇을 그만두려 하지 않을 때에는 따끔한 인상을 주어 억지로 그만두게 하려고 한다. 그러므로 우리는 유아가 쾌감 획득의 목적밖에 없는 행동을 하고 있다는 것을 알게 된다. 유아는 이 쾌감을 영양섭취 때에 처음으로 체험하는데, 마침내는 쾌감과 영양섭취의 조건을 떼어놓는 것을 배운 것이라고 우리는 믿고 있다. 이와같이 하여 얻은 쾌감은 입과 입술 부분에만 관계가 있다. 우리는 몸의 이 부분을 '성감대(性感帶—erogene Zone)'라고 이름 짓고, 젖꼭지를 빠는 것으로 얻어진 쾌감을 성적 쾌감이라고 부르고 있다. 이와 같은 명명(命名)이 과연 옳은지 어떤지는 확실히 더 논의가 있어야 될 것이다.

만일 유아가 말을 할 줄 안다면 어머니의 젖꼭지로 젖을 빠는 행위는 인생에서 가장 중대한 것이라고 말할 것이다. 유아는 이것을 나쁜 짓이라고는 생각지 않는다. 왜냐하면 유아는 젖을 빤다는 이 행위로 두 가지의 커다란 생활욕구를 채우고 있기 때문이다. 그리고 우리는 정신분석으로 일생을 통해 이 동작의 심리적 의의가 얼마나 크게 훨씬 뒤에까지 계속 남아 있나를 알고 크게 놀랄 것이다. 어머니의 젖꼭지로 젖을 빠는 것은 성생활 전체의 출발점이 되며, 후년의 성적 만족에 다시없는 표본이 된다. 그리고 부족감을 느낄 때는 공상 속에서 흔히 이 표본으로 되돌아간다. 젖을 빤다는 것은 성의 첫 대상인 어머니의 유방이 포함되어 있다. 이 최초의 대상이 후일의 어떤 대상발견에 얼마나 중요한 영향을 미치고 있는지, 또 이 첫 대상이 전화되고 대리되어 우리의 정신생활의 멀리 떨어진 영역에까지 얼마나 깊은 영향을 미치는가에 대해서는 도저히 여러분이 이해할 수 있도록 얘기할 수가 없다.

그러나 우선 유아가 젖을 빤다는 활동을 하게 되면 어머니라는 대상은 버려지고, 자기 자신의 몸의 일부로 그것을 대용하게 된다. 즉 유아는 자기 혀로 엄지손가락을 빤다. 이 결과 외계의 동의없이도 쾌감을 얻을 수 있는데다가 신체의 어떤 제2의 성감대의 흥분을 강화하려고 한다. 성감대라고 모두가 다 같은 정도의 쾌감을 준다고는 할 수 없다. 그러므로 린드너가 보고한 것처럼 유아가 자기 자신의 몸을 만지작거리다가 성기가 특히 흥분하기 쉬운 장소라는 것을 발견하고, 그로 인해 빠는 동작에서 자위에 이르는 길을 발견했다면 이거야말로 참으로 중대한 체험이라고 할 수 있을 것이다.

빠는 행위를 이와같이 평가하면 이제 유아성욕의 두 가지 결정적인 특징을 알 수 있다. 유아성욕은 유기체의 커다란 욕구의 만족과 결부되어 나타나서 자기성애적(自己性愛的—autoerotisch)으로 거동한다. 즉 유아성욕은 대상을 자기 자신의 몸에서 찾고 자기 자신의 몸에서 발견한다. 음식물 섭취에서 가장 뚜렷이 나타난 현상은 배설에서도 어느 정도 되풀이된다. 유아는 소변이나 대변의 배설 때 쾌감을 느끼며, 또 성감대와 점막(粘膜)을 자극하여 되도록 많은 쾌감을 얻으려다 마침내 배설행위를 잘 조절하게 되는 것이라고 우리는 추론한다. 이 점에 대해서 섬세한 감각의 소유자인 루 안드레아스 살로메(Lhou Andreas Salome 니체의 연인, 릴케의 친구, 나중에 프로이트 파가 된 유명한 여성)가 상세하게 말한 것처럼 먼저 외계(外界)는 유아에게 쾌감 추구를 하지 못하도록 힘으로써 유아 앞에 막아서는데, 이것은 후일에 경험하는 안팎의 싸움을 어렴풋이나마 유아에게 느끼게 한다. 유아에게는 자기가 하고 싶을 때 배설하는 것이 허용되지 않고 남이 정한 때에 배설해야 한다. 유아에게 이 쾌감의 원천을 단념시키기 위해서 이 배설기능에 관한 모든 것이 천한 것, 숨겨두어야 하는 것으로 유아에게 설명된다. 여기서 비로소 유아는 쾌감과 사회적 품위를 교환해야 한다.

배설물 자체에 대한 유아의 태도는 처음부터 매우 다르다. 즉 유아는 자기의 대변에 대해서 하나도 혐오감을 느끼지 않는다. 오히려 대변을 자기 몸의 일부라고 생각하며, 자기 몸에서 떼어놓기를 싫어한다. 그리고 유아는 자기에게 특별히 중요한 사람이라는 표시로 보내는 제1의 ‘선물’로서 대변을 사용한다. 유아의 이 경향을 교육이 떼어놓는 목적을 달성하는 데 성공한 뒤에도 유아는 역시 대변을 ‘선물’, ‘돈’으로 계속 평가한다. 한편, 유아는 배뇨동작을 특별히 자랑스러운 것으로 간주하고 있는 것처럼 여겨진다.

여기서 여러분들은 꽤 오래 전부터 내 말을 중지시키고, 다음과 같이 외치고 싶은 심정일 것이다.

“정말 놀라운 일이군요. 대변의 배설이 유아가 이용하는 쾌감 만족의 원천이라니 말입니다. 대변은 매우 귀중한 물질이고, 항문은 성기의 일종이라구요? 그런 건 도저히 믿을 수 없습니다. 소아과 의사나 교육가가 정신분석과 그 결과를 엄하게 배척한 까닭이 이제 겨우 납득이 갔습니다.”

아니, 그렇지는 않다. 여러분은 내가 성적 도착의 사실과 결부시켜 유아의 성생활에 대한 여러 가지 사실을 이야기하려 하고 있다는 것을 까맣게 잊고 있는 것이다. 항문이 동성연애자나 이성연애자(異性戀愛者)를 불문하고 많은 어른에게 있어서 성교 때의 질(膣) 같은 역할을 하고 있음을 여러분이 알아서 안 될 이유는 없다. 그리고 대변 배설때의 쾌감을 평생토록 잊지 못하고, 그런 쾌감을 상당히 중대시하는 사람이 있다는 것을 여러분은 어째서 알아서는 안 되는 것일까?

배변행위에 대한 관심과 남의 대변을 들여다볼 때의 기쁨에 대해서는 어린이가 두세 살이 되어 보고할 수 있게 되면, 어린이 자신의 이야기로 직접 듣고 확인할 수 있을 것이다. 물론 여러분은 어린이를 미리 꾸짖어서는 안 된다. 꾸짖으면 어린이는 그런 것을 입 밖에 내서는 안 되는 일인 줄 알게 되기 때문이다. 그리고 여러분이 믿고 싶지 않은 다른 일에 대해서는 분석의 결과와 어린이의 직접 관찰에서 얻은 결과를 참조해주기 바란다. 또 그와 같은 모든 것이 눈에 보이지 않거나 다른 식으로 본다든가 하는 것은 바로 하나의 작위(作爲)라고 여러분에게 말하고 싶다.

여러분이 유아의 성적 활동과 성적 도착의 근연관계(近緣關係)를 기이하게 생각해도 나는 전혀 이의를 말하고 싶지 않다. 이 친근함은 실제로 명백한 것이다. 만일 어린이에게 성생활이라는 것이 있다면 그것은 도착적인 성질의 것이다. 왜냐하면 두세 가지 모호한 전조(前兆)를 제외하고는 성욕이 생식기능으로 바뀌기에는 아직 불충분한 점이 많기 때문이다. 한편, 생식 목적이 포기되어 있는 것은 모든 도착에 공통된 성격이다. 성활동이 생식 목적을 버리고 그것과는 독립된 목표로 쾌감 획득을 추구할 경우, 이 성활동을 우리는 도착이라고 부른다. 그러므로 여러분은 성생활의 발달에 있어서의 단절(斷絶)과 전환점은 생식이라는 목표 아래 성생활을 종속시키는 데 있음을 알았을 것이다.

이 전환점 이전에 나타난 모든 것, 이 전환을 거부하고 쾌감 획득만을 목표로 하는 것은 모두 '도착'이라는 명예롭지 못한 이름이 붙어서 추방되는 것이다. 그러므로 유아성욕에 대해서 간결한 설명을 계속하게 해주기 바란다. 내가 두 개의 기관계통(器官系統)에 대해서 보고한 것은 다른 기관계통을 참조함으로써 더 완전한 것이 될 것이다. 어린이의 성생활은 바로 일련의 부분욕동(部分欲動—Partialtrieb)의 활동에 국한되어 있는데, 이 부분욕동이란 서로가 독립해서 일부는 자기 자신의 몸에서 일부는 벌써 외계의 대상에서 쾌감을 얻으려는 욕동이다. 이러한 기관 중에서도 성기는 매우 빨리 눈에 띈다. 세상에는 남의 성기나 그 밖의 대상의 도움을 빌리지 않고 자기 자신의 성기로 쾌감을 찾고, 유아기의 자위에서 사춘기의 어쩔 수 없는 자위에 이르기까지 줄곧 자위를 계속하여 사춘기가 지난 후에도 언제까지나 이것을 그만두지 못하는 사람이 있다. 아무튼 자위 문제는 그리 간단하게 논할 수는 없다. 자위는 여러 면에서 관찰해야 하는 문제다.

나는 이 문제를 더 간략하게 말하고 싶지만 어린이의 '성적 탐구'에 대해서 좀더 몇 가지 이야기해야겠다. 성적 탐구는 유아성욕의 특징을 잘 나타내고 있으며, 또 노이로제의 증상 연구에도 중요한 것이다. 어린이의 성적 탐구는 매우 빠르며, 때로는 세 살도 되기 전에 시작된다. 성적 탐구는 성별에 관계가 없다. 어린이에게는 성별이 아무 의미가 없다. 왜냐하면 어린이 —— 적어도 남자아이 —— 는 남녀 양성이 모두 동일한 성기, 즉 남성 성기를 갖고 있는 줄 알고 있기 때문이다. 그런데 남자아이는 어린 누이동생이나 소꿉동무에게 질(膣)이 있다는 것을 발견했을 때 그는 즉각 자기 지각(知覺)의 증거를 부정하려고 한다. 왜냐하면 남자아이로선 자기와 같은 모습을 한 인간이 자기에게 매우 귀중한 것으로 여겨지는 성기라는 부분을 갖고 있지 않다고는 도저히 믿어지지 않기 때문이다. 후일에 남자아이는 만일 자기의 성기가 그 어떤 기회에 없어지지나 않을까, 하고 걱정한다. 그리고 어린이가 자기의 조그마한 자지에 대해 너무 신경쓴다고 해서 일찍부터 너무 꾸짖으면 그것은 후일에까지 두고두고 영향을 남긴다. 그는 마침내 거세(去勢) 콤플렉스에 지배당하게 된다. 이 거세 콤플렉스는 그가 건강하면 그 성격 형성에 크게 관계되며, 그가 병에 걸려 있는 경우라면 노이로제에, 그리고 분석요법을 받는 경우라면 그 저항에 크게 관계된다.

어린 여자아이에 대해서 우리가 알고 있는 것은 다음과 같은 것이다. 즉 여자아이는 자기가 큼직하게 눈으로 똑똑히 볼 수 있는 음경을 갖고 있지 않기 때문에 매우 손해를 보고 있다고 생각하며, 그것을 가진 남자아이를 시기하며, 이 동기로 인해 남자가 되고 싶다는 소망 —— 이 소망은 후일 불행히도 여자로서의 역할을 잘할 수 없었기 때문에 일어나는 노이로제 속에 다시 나타난다 —— 을 품는다. 또 여자아이의 음핵(陰核)은 유아기에는 음경과 똑같은 역할을 하고 있다. 그것은 특히 흥분하기 쉽고, 또 자기성애적인 만족이 얻어지는 부위이다. 여자아이가 성숙한 여성이 되려면 음핵의 이 민감함을 적당한 시기에 완전히 질구(膣口)에 양도한다는 것이 중요하다. 이른바 여성의 불감증(不感症)의 증상 예에서는 음핵이 이 민감함을 완강히 지속하고 있음을 알 수 있다.

어린이의 성적 호기심은 먼저 아기는 어디에서 태어나느냐 하는 문제——그 테베의 스핑크스의 수수께끼 뒤에 있는 것과 마찬가지 문제——로 향한다. 그리고 이 호기심은 대개 새 아이가 태어날 때의 이기적인 근심에 의해 눈뜬다. 황새가 아기를 날라온다는 유모의 판에 박은 대답은 우리가 상상하는 이상으로 흔히 어린아이에게 의심을 받는다. 어른들에게 정말로 속고 있다는 느낌은 어린이의 고독감과 독립심의 발달을 크게 자극한다. 그러나 어린아이는 이 문제를 자기의 머리로 해결할 수가 없다. 성적 소질(性的素質)이 발달하지 않았기 때문에 그것을 이해하는 능력에는 한계가 있다.

그래서 어린이는 어른이 어떤 특별한 것을 먹기 때문에 아기가 생기는 것이라고 우선 가정한다. 그리고 여성만이 아기를 낳을 수 있다는 것을 모른다. 나중에 여성만이 아기를 낳는다는 것을 알고, 아이가 음식물에서 만들어진다는 생각을 버린다. 그러나 이러한 생각은 여전히 동화 속에 남아 있다. 다 큰 아이는 이윽고 아버지가 아이를 만드는 데 어떤 역할을 하고 있는 것이 틀림없다고 깨닫지만 구체적으로 어떤 역할을 하는지는 짐작하지 못한다. 만일 우연히 아이가 성교를 목격하면 그는 그것을 넘어뜨리고 있는 것이라든가 싸우고 있는 줄 알고, 성교를 사디즘적으로 오해해버린다. 그리고 아직은 그 행위를 아기가 생기는 일과 결부시키지 못한다. 만일 어린이가 어머니의 침대나 속옷에서 핏자국을 발견하면, 그는 이 피를 아버지에 의해서 가해진 부상의 증거라고 생각한다. 유아기의 후반기에서 어린이는 남자의 음경이 아기가 생기는 것과 근본적인 관계를 갖고 있다고 어렴풋이 느꼈지만 이 부분에 배뇨(排尿) 이외의 다른 작용이 있다고는 믿지 못한다.

어린이는 처음부터, 아기는 창자에서 생기는 것이 틀림없다, 즉 아기는 대변처럼 나오는 것이라는 의견에 찬성하고 있다. 항문에 대한 흥미가 없어졌을 때 비로소 이 생각은 버려지며, 다음에는 배꼽이 찢

어진다든가, 양쪽 유방의 가운데 부분이 분만의 자리라는 가정으로
바뀌어진다. 이런 식으로 호기심에 찬 어린이는 성적 지식에 접근해
가거나 또는 무지로 말미암아 엄벙덤벙 그런 지식에 접촉하지 못하고
자라서, 대개 사춘기 전에는 불완전한 설명을 대강 듣게 된다. 그리고
이 설명은 흔히 외상적(外傷的)으로 작용하는 경우가 드물지 않다.
  여러분은 "노이로제는 성적인 원인에서 생긴다는 명제와 그 증상에
는 성적인 뜻이 있다는 명제를 고집하기 위해서 성이라는 개념이 정신
분석에서 매우 확대되어 있다."는 이야기를 들었을 것이다. 이제 여러
분은 이 확대가 정당한 것인지 아닌지 스스로 비판할 수 있을 것이다.
우리는 성이라는 개념을 매우 확대했으므로, 이 개념은 도착자의 성
생활과 어린이의 성생활까지도 포함할 수 있게 되었다. 즉 우리는 성
이라는 개념에 그 정당한 영역을 회복시켜준 셈이다. 정신분석 이외
에는 성이라고 부르는 것은 생식에 이용되고 있는, 정상이라고 보아
온 한정된 성생활을 가리키고 있는 것뿐이다.

  역주 : 이 안토니우스는 바두아의 안토니우스에 대해서 대(大) 안토니우스
라고 불리는 크리스트교 최후의 수도사를 말한다. 그는 기원 250년경 이집
트에서 태어나 스무 살 때 고향과 가까운 암굴에 들어가서 악마와 크게 싸우
고, 15년 후 나일 강가의 산으로 옮겨가 20년 동안 수행한 다음, 4세기 초 알
렉산드리아로 나와서, 디오크레티아누스 황제의 크리스트 교도 박해 속에서
신자를 격려하고, 나중에 홍해(紅海) 연안에 있는 산에 들어가 황무지를 개
척하며 기적을 행했다. 나중에 아리우스파에 반대하기 위해 다시 알렉산드
리아로 나가서, 기원 357년경 홍해 연안에서 세상을 떠났다. 그는 크리스트
교 수도주의(修道主義—Manachism)의 아버지라 일컬어진다.
  이 악마와 싸우는——근대적인 표현을 빌리면 관능(官能)과 싸우는——
대 안토니우스의 모습은 많은 화가들의 화제가 되었다. 이것이 '성 안토니
우스의 유혹'이라고 불린 그림이다. 성 안토니우스를 에워싼 요염한 온갖
자태의 많은(한 사람일 때도 있다) 나체의 미녀들——이것이 모든 그림의
공통적인 구도이다. 브뤼겔은 16세기 플랑드르(지금의 벨기에에서 네덜란드
에 걸친 지방)의 유명한 화가이다. 플로베르는《보바리 부인》으로 유명한
프랑스의 소설가인데, 여기서 말하는 것은 〈성 안토니우스의 유혹〉에 나오
는 많은 신들을 가리키는 것이다.

  역주 : '측지성(側枝性)'이라는 것은 단순히 곁이라든가 옆이라는 뜻에 지나

지 않지만, 병리학에서는 측지성 빈혈과 측지성 혈액순환이라는 말로서 사용된다. 여기서의 용법은 아마 후자에서 온 상사(相似—Analogie)일 것이다. 간단히 말하면 소화관에서 흡수한 영양분을 나르는 혈관은 간장 안에서 모세관으로 나뉘어지고, 이어 간정맥이 되어, 아래 대정맥에 들어가서 심장으로 돌아온다. 이것이 정상적인 혈액의 흐름이다. 그런데 간경변(肝硬變)의 경우에는 간장 속에서의 모세관의 통과가 나빠지기 때문에 이와 같은 길로는 혈액이 흐를 수 없게 되므로, 평소에 그다지 사용되지 않는 혈관, 이를테면 식도, 항문, 복벽(腹壁)의 가느다란 혈관을 통해서 심장으로 가려고 한다. 이와 같은 혈액순환을 측지성 혈액순환, 또는 부행로(副行路)라고 부른다. 즉 혈액이 흐르는 정상적인 넓은 길을 통할 때보다 높은 것은 당연하다. 그뿐 아니라 흐를 수도 없어 괴어 있는 혈액도 있게 된다. 이것이 역류정체(逆流停滯)이다. 이를테면 학교에 불이 났다고 하자. 그런데 단 하나의 교문(본디의 길)은 훨훨 불길에 싸여서 지날 수 없다. 더욱이 비상구는 좁고, 학생들은 몇백 명이나 된다. 이런 경우 마땅히 두 가지 현상이 일어난다. 첫째는 나가지 못하고 교사에 남는 사람이 많아진다(정체), 둘째는, 비상구에서는 옥신각신하는 소리가 들리고, 통로는 사람으로 가득 찬다(압력의 증가).

스물한 번째 강의

리비도의 발달과 성의 조직

'도착(倒錯)'이라는 것이 성에 대한 우리의 견해에 얼마나 중요한 것인가를 여러분에게 확실히 납득시키는 데 성공하지 못한 것이나 아닐까, 하는 생각이 든다. 그러므로 되도록 그 문제에 대해서 정정하고 보충하기로 한다.

그렇게 심한 반대를 불러일으킨 성이라는 개념을 단지 도착(die Perversionen)이라는 것 때문에 그와 같이 변경해야 했던 것이라고 생각해서는 안 된다. 유아성욕의 연구는 도착에 관한 연구 이상으로 성이라는 개념을 바꾸게 해버렸다. 그리고 도착과 유아성욕이 합치한다는 것을 우리들은 이제 확실히 알게 되었다. 유아성욕이 나타나는 것은 유아기의 후기에는 뚜렷이 눈에 띄지만 유아기의 초기에는 막연하게 형성되는 것 같다. 개체(個體) 발달의 연구 분석적 연관에 주의를 기울이지 않는 사람들은 유아기 초기에 성이라는 특질이 있다는 데 반대하고, 그 대신 무언가 미분화(未分化)된 성격을 인정하려고 할 것이다.

우리가 너무나도 편협하다고 해서 거부하는 그 정의, 즉 성은 생식 기능의 일부를 이루고 있다는 정의 이외에는 하나의 현상이 성이라는 성질을 갖고 있는지 없는지를 결정하는 일반적으로 인정된 기준이 아직 없다는 것을 잊어서는 안 된다. 생물학적 기준, 이를테면 플리스(W. Flies$_\beta$)가 주장한 23일과 28일의 주기성(周期性)도 아직 논의할 여지가 있다. 성적인 과정의 화학적 특이성도 추측할 수 있으나 앞으로의 발전을 기다리는 단계에 지나지 않는다(성 호르몬이 발견된 것은 1931년 이후의 일이다). 이에 반해서 어른의 성적 도착은 구체적으로 알려져 있고 또 뚜렷한 사실이다. 이미 일반적으로 인정되고 있는 그 이름이 가리키듯이 성적 도착은 의심할 것도 없이 성이다. 사람이 도착을 변질징후(變質徵候)라고 부르건 또 다른 이름으로 부르건, 그것을 성생활의 현상이 아닌 다른 현상 속에 넣으려는 용기있는 사람은 하나도 없었다. 이런 견지에서 보더라도 성과 생식은 반드시 일치하는 것이 아니라고 주장할 권리가 있다. 성도착은 모두 생식이라는 목표를 부정하고 있다는 것은 공공연한 사실이기 때문이다.

여기서 나는 흥미진진한 하나의 병행적(竝行的) 현상을 비교해보겠다. 대다수의 사람들은 '의식적(bewuβt)'과 '심적(psychisch)'이 같은 내용을 뜻한다고 생각하지만 우리는 '심적'이라는 개념을 확대시켜보고는 의식되지 않은 심적인 영역이 있다는 것을 인정하지 않을 수 없었다. 이와 마찬가지로 다른 사람들은 '성적(性的—sexuell)'과 '생식 기능에 속하는 것(zur Fortpflanzung gehörig)'——간단하게 말하자면 '생식기적(生殖器的—genital)'이라고 해도 좋다——을 동일한 것으로 간주하고 있는데, 우리는 생식기적이 아닌, 즉 생식작용과 하등 관계가 없는 성적인 것을 생각지 않을 수 없다. 그것은 형식적인 유사(類似)에 지나지 않지만 깊은 근거가 있다.

그러나 성적 도착의 존재가 이 문제에 관해서 움직일 수 없는 증거라고 한다면, 어째서 더 옛날에 성적 도착의 본질이 연구되어 이 문제가 해결되어버리지 않았을까? 나는 그 이유를 똑똑히 말할 수는 없지만 다음과 같은 점에 그 이유가 있는 것 같다. 즉 성적 도착은 옛날에 아주 특수한 사회적 제재를 받았는데, 이것이 학설에까지 간섭하여서 그 학문적 평가를 막은 모양이다. 성적 도착이 더러운 것일 뿐 아니라 무서운 것, 위험한 것임은 누구도 잊을 수 없는 것 같다. 또한 사람들은 성적 도착을 매력적인 것으로 여기고 있는 듯하며, 또 성적 도착을 누리고 있는 사람들에게 은밀한 질투를 느끼며 마음속에서 억제하고 있는 것처럼 보인다. 그 유명한 탄호이저(13세기 독일의 궁정음유시인. 여기서 베누스 산이란 몬스 베네리스(비너스의 산), 즉, 음부 그것도 여자의 음부를 가리킨다) 속에서 재판관이 된 영주가 이와 거의 같은 감정을 고백하고 있다.

베누스 산에 이르러 그는 명예도 의무도 잊었노라 ! —— 그와 같
은 일, 내 몸에 일어나지 않음은 신기하구나.

실제로 도착자라는 것은 얻기 어려운 만족을 얻기 위해서 매우 가혹
한 벌을 받고 있는 가엾은 인간이라고 할 수 있다.
그 대상과 목표가 부자연스러움에도 불구하고 도착적인 만족행위가
대개 완전한 오르가슴과 사정(射精)으로 끝나기 때문이다. 이것은 물
론 그 도착자가 어른이기 때문이다. 어린이에 있어서는 오르가슴이나
사정은 아직 거의 할 수 없으므로 그것과 비슷한 정도의 것으로 대리
시키는데, 이것 또한 확실히 성적인 것이라 할 수 없다.
성적 도착의 평가를 완벽하게 하기 위해서 나는 다시 다른 사항을
덧붙여야겠다. 성적 도착이 아무리 악평받는 것이건 정상적인 성행위
와 엄연히 구별되어야 하는 것이건, 정상인의 성생활을 잠깐 관찰해
보면 그들에게도 한두 가지 도착된 특징이 있다는 것을 알 수 있다.
먼저 키스는 도착 행위라고 불릴 충분한 자격이 있다. 왜냐하면 키스
는 쌍방의 성기 대신 성감대라고 할 수 있는 두 입을 접합시키는 행위
이기 때문이다. 그러나 아무도 키스를 성적 도착이라고 비난하지는
않는다. 오히려 연극에서는 키스를 성행위의 은근한 암시로서 허용하
고 있다. 그러나 키스도 사정(射精)과 오르가슴에 직접 결부될 만큼
심해지면 완전한 성적 도착이라고 할 수 있다. 그러나 이것도 결코 드
물지 않은 예이다. 그리고 대상에 접촉하거나 대상을 바라보는 것은
성적 향락에 없어서는 안 되는 조건이라는 것, 어떤 사람은 성흥분의
절정에 이르면 상대편을 꼬집거나 물거나 한다는 것, 애인의 가장 큰
흥분은 반드시 성기에 의해서 되는 것이 아니라 오히려 상대편의 몸의
다른 부분에 의해서 불러일으켜진다는 것 등을 사람들은 경험으로 알
고 있다. 그러나 이와같이 하나의 특징만 가진 사람을 정상인들 속에
서 끌어내어 도착자들 속에 넣는다는 것은 아주 무의미하다. 도리어
도착의 본질은 성적 목표를 잘못 갖거나 성기를 다른 것으로 대리하는
것이 아니다. 그것은 대상이 좀 어긋난 정도가 아니다. 도착의 본질은
다른 것을 모두 밀어젖히면서까지 도착이라는 이상 행위만을 실현시
키며, 생식 작용이 있는 성행위를 밀어내려는 배타성에 있다. 이것을

사람들은 확실하게 인식하고 있다.

이를테면 도착행위라도 그것이 정상적인 성행위를 위한 준비로서 한다거나 또는 성행위를 강화시키는 수단이라면(즉, 전희라면), 그것은 실제로 도착이 아니다. 이 사실로써 정상적인 성욕과 도착된 성욕 사이에 가로놓인 도랑은 매우 좁아진다. 이상의 것을 통해 정상적인 성욕이란 그 이전에 존재하고 있었던 재료에서, 각 특징을 쓸모없는 것으로서 배제하고 한 가지 새로운 목표, 말하자면 생식이라는 목표에 종속시키는 것으로서 만들어진 것임이 저절로 분명해진다.

우리는 여태까지 얻은 성도착의 지식을 이용해서 뚜렷한 가설을 가지고 다시 한 번 유아성욕의 연구에 몰두할 작정이지만, 그 전에 도착성욕과 유아성욕의 주요한 차이에 대해 관심을 돌리겠다. 일반적으로 도착성욕은 집중적인 것이 특징이다. 모든 행동은 하나의——오직 하나의——목표를 향해서 달린다. 거기에는 하나의 부분욕동(部分欲動)이 우세하다. 부분욕동의 단 하나가 우세하여 그것이 증명할 수 있는 유일한 것이거나 또는 하나의 부분욕동이 자기의 목적에 다른 부분욕동을 종속시키고 있는 경우가 있다. 이 점에서는 지배적인 부분욕동, 즉 성적 목표가 달라진 것 외에는 도착성욕과 정상성욕 사이에 아무 차이가 없다. 이를테면 둘 다 훌륭히 조직된 전제정치(專制政治)라고 할 수 있다. 다만 다른 것은 전자는 한 일족이, 후자에서는 다른 일족이 지배권을 독점하고 있다는 점이다.

이에 반해서 유아성욕에는 일반적으로 이와 같은 집중과 조직(Organisation)이 없다. 즉 각 부분욕동이 각기 동일한 권리를 주장하고, 저마다 멋대로 쾌감 획득을 추구하고 있다. 물론 집중이 없다거나 있다는 것은 도착성욕이나 정상성욕이나 둘 다 유아성욕에서 발생한 것이라는 사실에 일치한다. 그리고 또 유아성욕과 가장 닮은 도착성욕의 예가 있다. 이 경우 무수한 부분욕동이 서로 독립하여 각각의 목표를 관철하려 하고 있다. 아니, 좀더 잘 표현한다면 각각의 목표를 계속 추구하고 있는 것이다. 이런 예는 도착이라기보다는 생활의 유치성이라고 말하는 편이 더 적절하다.

이와 같은 예를 준비해두면 그대로 지나칠 수 없는 어떤 제안에 관해 상세하게 논한다 해도 상관없을 것이다. 여러분은 우리에게 이렇게 말할 것이다.

"선생님 자신이 불확실하다고 인정하고 계시는 소아기(小兒期)의 현상——거기서 후년에 성욕이 생긴다고 합니다만——을 어째서 선생님은 성욕이라고 이름 지어야 한다고 완강히 주장하시는 것입니까? 선생님이 오히려 생리학적인 서술로 만족하고, 이미 유아에게 관찰되는 젖을 빤다든가 배설하기를 참는다든가 하는 행동들은 유아가 기관쾌감(器官快感——Organlust)을 구하고 있는 증거라고 간단히 말할 수는 없을까요? 그렇게 하신다면 선생님은 어린이에게도 성생활이 있다는 등 모든 사람의 감정을 상하게 하는 주장을 피하실 수 있었을 텐데요."

당연한 말이다. 나는 기관쾌감에 대해서 결코 반대하지 않는다. 성적 결합의 최고의 쾌감이 성기의 활동에 결부된 기관쾌감에 지나지 않는다는 것도 잘 알고 있다. 그렇다면 처음에는 미분화인 이 기관쾌감이 발달된 후기 단계에서도 확실히 존재하는 그 성적 성격을 언제 얻게 되는 것인지 여러분은 나에게 대답할 수 있겠는가? 또 성욕에 관한 지식 이상으로 '기관쾌감'에 관한 지식을 갖고 있는가? 여러분은 '성기가 그 역할을 하기 시작하는 바로 그때, 이 성적 특질 즉 성적이라는 것과 생식적이라는 것이 합치된다'고 대답할지 모른다. 여러분은 대개의 도착이, 성기의 결합과는 다른 방법으로 성기의 오르가슴을 달성하는 것이라고 내게 맞서면서 도착에 대한 반론조차 거부할지 모른다. 그러면 도착이라는 것이 있으므로 '성은 생식이다' 하는 정의의 근거가 없어지는 것이니 성의 특질을 말할 때 이 불편한 생식의 관계를 삭제하고, 그 대신 성기의 활동을 전면에 내세운다면 실제로 여러분의 입장은 유리해진다. 그러나 이때, 여러분의 입장과 나의 입장은 그다지 멀지 않다. 즉 성기와 다른 여러 기관과의 대립이 되어버린다.

그러나 정상적인 키스, 화류계의 도착행위, 또는 히스테리의 증상처럼 쾌감 획득을 위해서 다른 기관이 성기를 대리하고 있다는 것을 나타내는 많은 증거를 여러분은 대체 어떻게 처리할 작정인가? 히스테리라는 노이로제에서는 자극현상, 감각, 신경지배, 그리고 성기에 속하는 발기현상까지도, 멀리 떨어진 신체의 다른 부위(이를테면 위쪽으로는 머리나 얼굴)로 대치되는 일이 흔히 있다. 이와 같은 논법으로 나간다면, 여러분이 말하는 성이라는 개념을 고집하더라도 아무 소용 없다는 것을 깨닫게 될 것이다. 그리하여 여러분은 나와 같이 '성'이라는 이름을, 유아기 때의 기관쾌감을 추구하는 활동으로까지 확대하려고 결심하지 않으면 안 되게 될 것이다.

그런데 내 주장이 정당하다는 것을 변호하기 위해서 다른 두 가지를 고려해두었으면 한다.

여러분도 알다시피 쾌감을 얻으려고 하는 유아기의 초기의 불확실한 쾌감 활동을 우리는 성적이라고 불렀다. 왜냐하면 우리는 분석의 방법으로 증상을 출발점으로 하여 이론의 여지가 없을 만큼 명료한 성적 재료를 통해서 쾌감 활동에 도달했기 때문이다. 그러므로 이 활동은 성 자체라고 해서는 안 될는지 모른다. 그러나 여러분은 이와 비슷한 경우를 한번 생각해주기 바란다. 두 가지 쌍자엽식물(雙子葉植物), 이를테면 사과나무와 누에콩이 씨〔種〕에서 어떻게 성장하는가를 관찰할 방법은 없다고 치더라도 이 두 개로 완전히 성장된 식물의 개체에서, 두 개의 배엽(胚葉)을 가진 첫 배아(胚芽)로까지 거슬러올라가 볼 수 있다는 양쪽의 경우 똑같이 가능하다.

이 두 가지 배엽은 외관상으로는 차이를 볼 수 없고 둘 다 똑같은 종류로 보인다. 그렇다고 이 두 가지가 실제로 똑같으며, 사과나무와 누에콩 사이와의 특성이 식물의 성장 후기에야 비로소 나타난다고 가정하겠는가? 그렇지는 않을 것이다. 배엽으로는 분간을 못 하더라도 배아 속에 이미 차이가 있다고 생각하는 편이 생물학적으로 옳을 것이다. 우리가 쾌감을 얻으려고 하는 유아의 활동을 성적 쾌감이라고 이름 지을 경우도 이와 같다. 나는 여기서 모든 기관쾌감을 성적 쾌감이라고 불러도 좋은지 어떤지, 또는 성적인 기관쾌감과 나란히 이 이름과 맞지 않는 다른 기관쾌감이 있는지 어떤지, 여기서는 논의할 수가 없다. 나는 기관쾌감과 그 여러 조건에 대해서는 거의 모른다. 또 분석이라는 것은 일반적으로 과거로 거슬러올라가는 특성을 갖고 있기 때문에 우선은 내가 뚜렷이 분류할 수 없는 요소에 도달하더라도 나는 조금도 놀라지 않는다.

또 하나, 설령 여러분이 유아의 활동은 성적인 것으로 간주하지 않은 편이 낫다고 나를 설득할 수 있다고 하더라도 어린이의 성적 순결에 대해서는 전체적으로 얻는 바가 매우 적을 것이다. 세 살부터 어린이에게는 분명히 성생활이 있기 때문이다. 이 나이가 되면 이미 성기의 흥분이 시작된다. 이 결과 유아성 자위(幼兒性自慰), 즉 성기에 의한 만족의 한 시기가 오는 것이 보통이다. 그리고 성생활의 심적 및 사회적 발현이 인정되지 않는 것을 불만스럽게 여길 필요는 없다. 즉 대상의 선택, 특정인에 대해 사랑이 담긴 태도를 취하는 것, 아니 오히려 남녀 양성 중 어느 한쪽으로 기우는 것, 그리고 질투를 나타내는 것 등은 정신분석이 창시(創始)되기 이전에 정신분석과는 관계없이 독자적으로 확인된 사실이며, 그것에 관심이 있는 관찰자라면 누구나 입증할 수 있다.

이에 대해서 여러분은 이렇게 반대할 것이다.

"매우 어릴 때 사랑에 눈뜨는 것은 의문의 여지가 없지만 그런 사랑이 '성적인' 성격을 갖고 있다는 데는 의문이 갑니다."

물론 어린이는 세 살부터 여덟 살 사이에, 일찍이 이 성적인 성격을 숨기는 방법을 배우는데 만일 여러분이 주의해본다면 이 사랑에는 '관능적(sinnlich)'인 의도가 있다는 데 대해서 많은 증거를 언제나 볼 수 있을 것이다. 또 여러분의 눈에 아직 띄지 않은 것은 분석적 연구에 의해서 어렵지 않게 손에 넣을 수 있을 것이다. 이 시기의 성적 목표는 성적 호기심과 가장 밀접한 관계가 있다. 이에 대해서 나는 전에 두세 가지 견본을 보였다. 이러한 두세 가지 목표의 도착적 성격은 물론 성교라는 행위 목적을 아직 발견하지 않은 어린이의 체질적인 미숙성(未熟性) 때문이다.

약 여섯 살에서부터 여덟 살 이후에, 성적 발달의 정지와 후퇴를 볼 수 있다. 이것은 교육상 가장 잘 되었을 경우 이 시기를 잠재기(潛在期—Latenzzeit)라 이름 붙일 가치가 있다. 그러나 이 잠재기가 전혀 결여되어 있을 때도 종종 있다. 잠재기라고 하더라도 성활동과 성적 호기심이 전면적으로 중단되는 것은 아니다. 잠재기가 시작되기 전에 대개의 체험이나 심적 욕동은 유아성 건망(幼兒性健忘) —— 우리의 첫 유년기를 덮어버리고, 우리를 거기서 멀리 떼어놓는 이미 말한 망각 —— 에 빠지고 만다. 정신분석의 과제는 잊어버린 이 시기를 기억

속에서 되살리는 데 있다. 그러므로 우리는 잠재기 이전의 시기에 성생활이 시작되었다고 하는 것이야말로 이 망각을 일으키는 동기라는 것, 즉 망각은 억압의 결과라고 추론하지 않을 수 없게 된다.

어린이의 성생활은 세 살 이후부터 여러 가지 점에서 어른의 성생활과 비슷해진다. 이미 말한 것처럼 어린이의 성생활은 다음과 같은 점에서 어른의 성생활과 다르다. 즉 어린이에게 있어서는 성기가 상위를 차지하는 견고한 성적인 체제가 결여되어 있으며, 도착의 성격이 역력하고, 두말할 것도 없이 욕구 전체의 강도가 약하다. 그러나 성욕의 발달단계, 즉 리비도인 발달이 이론적으로 가장 흥미 있는 시기는 이 시기 이전에 있다. 리비도는 매우 급속히 발달하기 때문에 직접 관찰하는 것만으로는 이 변하기 쉬운 모습을 결코 잘 포착하지 못한다. 정신분석으로 노이로제를 철저히 연구함으로써 비로소 리비도의 발달 훨씬 이전의 단계를 추측할 수 있다. 이것은 물론 이론으로 만들어낸 것에 지나지 않는다. 그러나 여러분이 정신분석을 실지로 하게 되면 그것이 필연적으로 유용한 이론이라는 것을 알게 될 것이다. 우리가 정상적인 대상의 경우 지나쳐버릴 여러 사정을 이 경우 왜 병리학이 우리에게 해명해주지 못하느냐 함은 머지않아 여러분도 이해하리라고 생각한다.

이제 우리는 성기의 우위성(優位性)이 만들어지기 전에 어린이의 성생활이 어떻게 형성되는가를 말할 수 있다. 이 성기 우위성은 잠재기 이전의 유아기 초기에 준비되어, 사춘기부터 차차 체제가 갖춰지는 것이다. 그런데 이 성기 우위 시기의 전기(前期)에는 전성기적(前性器的—prägenital)이라고 부르고 싶은 일종의 완만한 성적 체제가 존재한다. 그리고 이 시대에는 성기적인 부분욕동이 아니라 사디즘적인 부분욕동과 항문애적(肛門愛的)인 부분욕동이 매우 두드러지게 나타난다. 이 시기에는 '남성적' '여성적'이라는 대립관계는 아무 역할도 하지 않으나, '능동적' '수동적'이라는 대립 관계는 존재한다. 이 대립을 성적대극성(性的對極性)의 선구라고 불러도 좋다. 즉 이 남녀라는 양극성은 후일에 이 대극성과 접합하는 것이다. 성기기(性器期)의 단계에서 관찰해보면 이 시기의 활동으로서 남성적인 것으로 여겨지는 것은 잔인성으로 쉽게 이행해버리는 하나의 지배욕의 발현이라는 것을 알 수 있다. 수동적인 목적을 가진 욕구는 이 시기에서는 매우 중대한 의의가 있으며, 항문의 성감대와 결부되어 있다. 또 들여다보고 싶다는 욕망과 알고 싶다는 욕망이 강하게 나타난다. 그러나 성기는 실제적으로 단지 배뇨기관으로서 역할에 있어서만 성생활에 관여하고 있을 뿐이다. 이 시기의 부분욕동에 대상이 없는 일은 없지만 그 대상은 반드시 모여서 하나의 대상이 되지는 않는다.

사디즘적인 항문애기 체제(肛門愛期體制－sadistischanale Organisation)는 성기 우위단계의 바로 이전 단계이다. 한 걸음 더 깊이 연구하면 이 체제 중의 얼마만큼 많은 것이 후년의 최종적인 구성 중에 남아 있는지, 또 어떤 길을 통해서 이 단계의 부분욕동이 새로운 성기기 체제(性器期體制) 속에 강제로 갇혀버리는지를 알 수 있다.

우리는 리비도 발달의 이 사디즘적 항문애기 이전에 초기의 더 원시적인 체제 단계가 있다는 것을 발견할 수 있다. 그리고 이 단계에서는 입의 성감대가 주역을 맡고 있다. 빤다는 성활동은 이 단계에 속한다고 생각해도 좋다. 그리고 어린이들뿐 아니라 홀스 신(이집트의 태양신. 입에 손을 물고 태어났다고 한다)까지도 입으로 손가락을 빨고 있는 것을 묘사한 고대 이집트인의 지혜에 여러분은 경탄해도 좋다. 아브라함(1877~1925 프로이트가 독일 최초의 정신분석의라고 부른 뛰어난 정신과 의사)은 최근에 이 원시적인 구순기(口脣期)가 후일의 성생활에 어떤 흔적을 남기고 있는가에 대해 여러 가지를 보고했다.

여러분! 성의 체제에 관한 이 마지막 보고는 여러분을 계발시키기보다 오히려 여러분에게 무거운 짐을 지운 것같이 생각된다. 그러나 다시 한 번 상세히 말할 작정이니 참아주기 바란다. 여러분이 지금 듣는 것도 앞으로 이용할 때는 훌륭한 도움이 될 것이다. 우선 성생활——리비도 기능이라고 우리는 말하고 있지만——이라는 것은 처음부터 완성된 것으로서 나타나는 것도 아니고, 또 언제나 같은 모습으로 성장해가는 것도 아니다. 오히려 서로 다른 일련의 단계를 하나하나 통과해가는, 이를테면 애벌레가 나비가 되듯이 발달단계를 몇 번이나 되풀이한다는 것을 단단히 기억에 새겨두기 바란다.

그리고 발달의 전환점은 모든 성적인 부분욕동이 성기 우위 아래에 종속될 때, 즉 성욕이 생식 기능 아래 복종할 때다. 그 이전의 성생활은 말하자면 토막난 성생활로 각 부분욕동이 저마다 멋대로 활약하고 있는 때이다. 이 무정부 상태는 '전성기적(前性器的)' 체제──먼저 사디즘적 항문기가 되지만, 그 이전의 가장 원시적인 구순기가 있다──의 출현으로 완화되어간다. 그리고 이 밖에 오늘날 아직도 정밀하게 알지 못하는 여러 과정이 있는데, 이 과정을 지난 하나의 체제 단계가 바로 위의 나중 단계로 옮겨가는 것이다. 리비도가 이렇게 오랜 몇 단계의 발달의 길을 진행하는 것이 노이로제를 이해하는 데 어떤 의의를 갖는가는 다음 차례에 이야기하기로 한다.

오늘은 리비도 발달의 다른 면, 즉 성적인 부분욕동과 대상과의 관계를 살펴보자. 나는 이 발달의 훨씬 후년에 나타나는 사건을 상당히 자세히 이야기하려 하므로, 이 발달에 대해서는 한번 훑어보는 정도로 그치고 싶다.

다시 말해서 성욕동 중의 몇 가지 성분, 즉 지배욕(사디즘), 엿보고 싶은 욕망 및 알고 싶다는 욕망 등은 처음부터 하나의 대상을 갖고 있고 그것을 줄곧 지속해나간다. 그런데 다른 성분, 즉 몸의 어떤 특정 성감대와 결부되어 있는 부분욕동은 성적이 아닌 기능에 의지하고 있을 때만 대상을 갖고 있다. 그러나 이 기능에서 독립하면 그 대상을 버린다. 그러므로 성욕의 구순애적(口脣愛的) 성분이 첫 대상은 유아의 영양섭취 욕구를 채워주는 어머니의 유방이다. 그러나 빠는 동작을 하게 되면 젖을 빨 때 함께 만족되는 에로틱한 성분은 독립하여 유방이라는 외계에 대상은 버려지고, 이것을 자기 자신의 몸으로 대체(代替)한다. 구순애적 욕동은 자기성애적(自己性愛的)이 된다. 항문애(肛門愛)나 다른 성감대의 욕동은 처음부터 자기성애적인 것이다.

그 후의 발달은──되도록 간결하게 말하면──두 가지 목적을 갖고 있다. 첫째, 자기성애를 버리고 자기 자신의 몸에 있는 대상을 외계의 대상과 다시 바꾼다. 둘째, 각 욕동의 여러 가지 대상을 통일하여 단 하나의 대상으로 바꾸는 일이다. 이것은 물론 이 단 하나의 대상이 자기 자신의 몸과 비슷한 하나의 몸 전체일 때에만 성공한다. 그리고 다수의 자기성애적인 성욕의 움직임이 쓸모없는 것으로서 버려지기 전에는 이 통일은 이루어지지 않는다.

대상을 발견해가는 이 과정은 꽤 복잡하므로 아직까지 개관적(槪觀的)으로 서술된 적이 없다. 만일 잠재기 전의 소아기 때 이 과정이 어느 정도 완결된 경우 거기서 발견된 대상은 구순기 쾌감 욕동이 다른 기능에 의존함으로써 얻어진 최초의 대상과 거의 같은 것이라고 역설하고 싶다. 이 첫 대상은 어머니의 유방이 아니라도 역시 어머니다. 우리는 어머니를 최초의 '사랑의 대상(Liebesobjekt)'이라고 부르고 있다. 그렇다면 우리는 사랑을 어떻게 생각하고 있는가? 성적인 욕구의 심적 측면을 중시하고, 성욕의 밑바닥에 있는 육체적 또는 '관능적' 충동의 요구를 억제하거나 잠시 잊고 싶을 때 우리는 이것을 사랑이라고 부른다.

어머니가 사랑의 대상이 될 무렵에는 이미 어린이의 마음에 억압이라는 심적 작용이 시작된다. 그리고 이 억압에 의해 어린이는 성적 목표의 어떤 부분의 지식을 의식화하지 않도록 한다. 이와같이 사랑의 대상으로 어머니를 고르는 것은 우리가 '오이디푸스 콤플렉스'라고 부르고 있는 모든 것과 밀접한 관계가 있다. '오이디푸스 콤플렉스'는 노이로제를 정신분석으로 설명하는 데 중요한 의의를 지니고 있는 반면 정신분석에 대한 반대에도 적지않게 기여하고 있는 것이다.

제1차 세계 대전 동안에 일어난 한 조그만 사건을 들어주기 바란다. 정신분석의 열렬한 신봉자 한 사람이 군의관으로, 독일군의 전방부대 소속으로 폴란드에서 근무하고 있었다. 이 의사가 때때로 환자에게 뜻밖에 치료 효과를 준다는 것이 동료들 사이에 주목을 끌었다. 어떻게 된 거냐고 그 이유를 질문받자, 실은 정신분석을 환자에게 응용하기 때문이라고 그는 고백했다. 그리고 동료에게 자기 지식을 나누어 줄 것을 쾌히 승낙했다. 그래서 밤마다 군의, 동료, 상관이 모여서 정신분석이라는 신비로운 가르침에 귀를 기울였다. 한동안은 매우 순조롭게 이야기가 진행되었는데, 어느 날 그가 오이디푸스 콤플렉스를 이야기하자 갑자기 상관이 일어서서 "나는 오이디푸스 콤플렉스라든가 뭔가 하는 것을 믿지 않아. 조국을 위해서 싸우고 있는 용감한 전사이며 한 가장인 우리에게 그런 말을 한다는 건 실로 비천하기 짝이 없는 일이야." 하고 호통을 쳤다. 그리고 상관은 이 강의를 금지시켜 버렸다. 그래서 강의는 끝장이 나고 이 정신분석가는 진지의 다른 장소로 좌천되었다. 그런데 만일 독일군의 승리가 이러한 학문의 '통제'를 필요로 한다면 그것은 한심하기 짝이 없는 일이다. 독일은 이러한 통제 아래에서는 결코 발전하지 않을 것이다.

여기서 여러분은 이 무서운 오이디푸스 콤플렉스가 무엇을 뜻하는지 알고 싶어할 것이다. 그러나 이 이름이 이미 여러분에게 모든 것을 말하고 있다. 여러분은 모두 그리스 신화에 있는 오이디푸스 왕의 전설을 알고 있을 것이다. 오이디푸스는 태어나면서 아버지를 죽이고 어머니를 아내로 삼는다는 운명을 지니고 있었다. 이 신탁(神託)에서 벗어나려고 그는 온갖 노력을 다했다. 그럼에도 불구하고 오이디푸스가 본의 아니게 이 두 가지 죄를 저질렀음을 알았을 때 그는 스스로 자기 눈을 도려내어 자기를 벌한다.

여러분 가운데 많은 사람들은 이것을 제재로 한 소포클레스(기원전 5세기의 그리스 극작가)의 비극을 보고 깊은 감동을 받았을 것이다. 이 아테네의 시인이 쓴 작품은 오이디푸스가 오래 전에 저지른 행위가 교묘하게 미루어지는 심문(審問)의 결과 그때마다 나타나는 새로운 증거에 의해서 점차로 환하게 폭로되는 모양을 묘사하고 있다. 이 묘사법은 정신분석의 진행방법과 어느 점에서 매우 비슷하다. 대화의 진행 중에 오이디푸스의 어머니이자 아내인 이오카스테가 심문의 계속에 반대하는 장면이 나온다. 그녀는 많은 사람들이 꿈속에서 어머니와 성교를 하지만 그들은 그런 것을 문제로 삼지 않고 있지 않느냐고 주장한다. 기실 우리는 꿈을 경시하지는 않는다. 적어도 많은 사람에게서 일어나는 전형적인 꿈은 중요하다고 생각하고 있다. 그리고 이오카스테가 말하고 있는 이 꿈이 실로 이 신화의 기괴하고 무서운 내용과 밀접한 관계가 있음은 의심할 나위도 없다.

소포클레스가 쓴 이 비극에 대해서 관중이 분격적인 반감을 일으키지 않는 일이야말로 이상하다. 오히려 관중이 그 단순한 군의(軍醫)와 같은 반응을 나타내는 것이 당연할 것이다. 왜냐하면 이 비극은 그 밑바닥에 부도덕한 것을 포함하고 있으며, 인간의 도덕적인 책임을 무시하고 있고, 또 신이야말로 범죄의 명령자이며, 범죄를 저지르지 않으려고 안간힘을 쓰는 인간의 도덕적인 욕구도 신의 힘 앞에서는 무력하다는 것을 보여주고 있기 때문이다.

이 신화의 소재는 마치 신과 운명에 죄를 돌리고 탄핵할 것을 목적으로 하고 있는 듯한 느낌을 주고 있다. 이것이 만약 여러 신들과 불화를 일으킨 비판적인 에우리피데스(소포클레스, 아이스킬로스와 함께 그리스의 3대 비극작가였다. 그러나 신에 대한 태도는 소포클레스가 절대적이었는 데 비해 에우리피데스는 비판적이었다)의 손에 의해 씌어졌더라면 아마 그와 같은 탄핵의 대상이 되었을 것이다. 그러나 신앙이 경건한 소포클레스에게는 그와 같은 의도가 추호도 없었다. 설령 신들의 의지가 범죄를 명령하더라도 그 의지에 복종하는 것이야말로 최고의 도덕이라는 아주 신앙적인 구실로, 그는 이 궁지를 빠져나가고 있다. 나는 이 도덕이 이 극의 장점이라고는 생각지 않는다. 아니, 이 도덕은 극의 효과로 보아 아무래도 좋은 것이다. 관객은 이 도덕에 반응하는 것이 아니라 이 신화의 신비로운 뜻과 내용에 반응하는 것이다. 관객은 마치 자기 분석에 의해서 오이디푸스 콤플렉스를 자기 자신의 마음속에서 인정하고, 신의 의지와 신화를 숭고한 가면으로서의 자신의 무의식의 정체를 폭로한 것처럼 느낀다. 관객은 아버지를 없애고 아버지 대신 어머니를 아내로 삼으려 했던 자신의 소망을 상기하고, 그 생각에 놀라지 않을 수 없는 것처럼 느끼는 것이다.

관객은 또 이 시인의 소리를 마치 "네가 책임을 거부하고, 이 범죄적인 의도를 피하려고 얼마나 안간힘을 썼는지 모른다고 주장해봐야 헛일이다. 어쨌든 너는 죄인이다. 너는 이 범죄적인 의도를 포기 못하지 않았으냐. 그 의도는 아직도 무의식이 되어 네 마음속에 여전히 도사리고 있기 때문이다." 하고 말하고 있는 것처럼 받아들이는 것이다. 그리고 이 말 속에는 심리학상의 진리가 포함되어 있다. 인간은 자기의 나쁜 충동을 억압하여 무의식으로 만들고, 그 충동에 대해 책임이 없다고 우기지만 역시 이 책임을 자기도 알 수 없는 죄악감으로서 느끼지 않을 도리가 없는 것이다.

이 오이디푸스 콤플렉스는 많은 노이로제 환자가 종종 괴로워하는 죄악감의 가장 중요한 원천의 하나임이 확실하다. 아니, 그 이상이다. 내가 1913년에 《토템과 터부》라는 제목으로 발표한 인류의 종교와 도덕의 원시형태에 대한 논문 속에서 인류는 종교와 도덕의 궁극의 원천인 죄책의식을 대체로 인류 역사의 시초에 오이디푸스 콤플렉스에 의해 얻은 것으로 추측하게 되었다고 말했다. 나는 이 문제에 대해서 여러분에게 더 이야기하고 싶지만, 지금은 언급하지 않는 편이 좋을 것 같다. 이 문제에 일단 손을 대면 이야기를 끊기가 어려워지므로 역시 개인심리학으로 돌아가지 않으면 안 되겠다.

잠재기 전의 대상 선택 시대에, 오이디푸스 콤플렉스라고 하는 관점에서 어린이를 직접 관찰해보면 어떤 것이 인식될까? 여러분은 어린 남자아이가 어머니를 독점하려 하여 아버지의 존재를 방해자라고 느끼며, 만일 아버지가 어머니에게 애정을 보이면 기분 나빠하고, 아버지가 여행을 떠나거나 집에 없으면 흐뭇해하는 것을 쉽게 볼 수 있을 것이다. 어린이는 흔히 자기 감정을 직접 표현하여 어머니에게 "나는 어머니를 색시로 삼을 거야."라고 말한다. 이런 것을 오이디푸스의 소행과 비교하는 것은 당치 않다고 사람들은 말하겠지만, 그러나 실제로 그것은 충분히 비교할 수 있는 것이며 그 본질은 같다. 이 관찰을 종종 흐리게 하는 것은 같은 어린이가 동시에 다른 기회가 생기면 아버지에게 친밀한 애정을 보이기 때문이다. 그러나 이와같이 서로 반대되는 좀더 적절히 표현해서 '암비발렌츠(양면가치. Ambivalenz같은 사람을 사랑하고 동시에 미워하는 것)'의 감정은, 어른에 있어서는 흔히 갈등(Konflikt)을 일으키지만 어린이에게 있어서는 마치 후일 무의식 속에 줄곧 병존하듯이 함께 의좋게 존재할 수 있다.

여러분은 "어린 남자아이의 거동은 이기적인 동기에서 나오므로 에로틱한 콤플렉스라는 개념을 내세울 아무런 이유가 없다. 어머니는 모든 욕구를 뒷바라지해주고, 자기 이외에 다른 사람을 그렇게 해주지 않는 데에 호의를 갖는 것이다."라고 반대하고 싶을지도 모른다. 과연 이 생각은 옳지만 이 경우에나 이와 비슷한 경우에나, 자기 중심적 관심은 에로틱한 욕구가 결부되는 기둥에 지나지 않는다는 것이 곧 뚜렷해질 것이다. 어린아이가 어머니에 대해서 노골적인 성적 호기심을 나타내고 밤마다 어머니 곁에서 자겠다고 조른다면, 또 어머니가 변소에 갈 때도 같이 가겠다고 우긴다면, 지나친 경우에는——이것은 어머니가 흔히 자기 경험으로 확인하고 웃으면서 보고하는 것인데——어린이가 어머니를 유혹하려고까지 한다면, 어머니에 대한 어린이의 애착이 에로틱한 성질의 것이라는 주장은 더욱더 확실한 것이 된다.

어머니가 어린 여자아이에게 남자아이와 마찬가지로 시중을 들어주어도 같은 결과는 되지 않으며, 아버지가 어머니와 경쟁해서 남자아이의 시중을 들어주는 경우에도 아버지는 결국 자기를 어머니와 똑같이 중요한 인물로 남자아이의 눈에 비치게 할 수 없다는 것을 깨닫게 될 것이다. 요컨대 어린아이가 이성의 대상을 좋아한다는 계기는 어떤 비판으로도 이 상황에서 제거할 수 없다. 기실 부모 중의 어느 한 사람보다 두 사람이 함께 자기 시중을 들어주는 편이 좋을 텐데도 남자아이의 경우 오히려 그렇게 해주는 것을 좋아하지 않는 것을 단순히 자기 중심적인 관점에서 어리석다고만은 할 수 없다.

여러분도 깨달았듯이 나는 남자아이와 부모에 대한 관계만을 이야기했지만 어린 여자아이에 대해서도 필요한 대목만 변경하면 똑같은 말을 할 수 있다. 아버지에 대한 정다운 애착, 어머니를 필요없다고 배척하고 어머니의 지위를 빼앗고 싶어하는 욕망, 벌써 후일의 여자다움과도 비슷한 수법을 쓰는 미태(媚態), 이러한 것들은 어린 여자아이를 귀엽게 만들긴 하지만 이 귀여운 모습 때문에 우리는 그것이 중대한 뜻이 있다는 것과 이 상황에서 후일에 중요한 결과가 일어날 가능성이 있다는 것을 잊어버리고 만다. 부모 자신이 어린이의 오이디푸스적 태도를 눈뜨게 하는 데 결정적인 영향을 미치고 있는 일이 많다는 것을 특히 덧붙여두겠다. 즉 부모 자신이 성의 매력에 끌려 아이가 몇이라도 되면 아버지는 딸 쪽에 어머니는 아들 쪽에 특히 애정을 쏟는다. 그러나 부모가 일깨워준다는 이상과 같은 계기에 의해서도 오이디푸스 콤플렉스가 저절로 눈뜬다는 자발적인 성질은 흔들리지 않는다.

다른 아이가 태어나면 오이디푸스 콤플렉스는 확대되어 가족 콤플렉스(Familienkomplex)가 된다. 가족 콤플렉스의 동기에 의해 어린이는 새로 이기심이 침해당하므로 남동생이나 누이동생을 증오의 눈으로 보고 두말할 것 없이 배척하겠다는 의향을 갖는다. 어린이는 보통 이 증오감을 부모 콤플렉스(Elternkomplex)에서 나온 증오감보다 말로서 나타내는 일이 훨씬 더 많다. 이와 같은 소망이 채워져 자기가 싫어하던 어린이가 태어나서 곧 죽어버리면, 이 죽음은 비록 어린이의 기억에 남아 있지 않더라도 그로 봐서는 얼마나 중대한 사건이었나를 후일의 분석으로 알 수 있다.

아기의 탄생에 의해서 제2의 지위로 밀려가 처음으로 어머니에게

버림받은 어린이는 자기의 이와 같은 의붓자식 취급에 대해 어머니를 용서하지 못한다. 어른이라면 심한 원한이라고 불러도 좋을 감정이 어린이의 마음에 싹튼다. 이것은 두고두고 계속되는 불화의 원인이 되는 수가 많다. 성적 탐구심과 그 결과가 전부 어린이의 이 생활 경험과 결부되어 있다는 것은 이미 말했다. 남동생이나 누이동생이 커감에 따라 그들에 대한 태도는 더 두드러진 변화를 갖는다. 남자아이는 자기에게 불실(不實)한 어머니의 대용으로 누이동생을 애정의 대상으로 삼는다. 어린 누이동생 한 사람의 사랑을 얻기 위해서 형제는 어린이 방에서 벌써 적의에 찬 경쟁을 벌인다. 그리고 이것은 후년의 생활에서도 중요한 영향을 끼친다. 반대로 어린 여자아이는 오빠를 옛날처럼 자신을 귀여워해주지 않는 아버지의 대리물로 삼으려 하며, 또 제일 나이 어린 누이 동생을 아버지에게서 바랐지만 얻지 못했던 갓난아기의 대상으로서 택하기도 한다.

어린이를 직접 관찰하거나, 또 분석의 영향을 받지 않은 유아기의 명료한 기억을 고찰해보면 방금 말한 그런 일이나 그와 비슷한 일들을 많이 발견할 수 있다. 그리고 여러분은 이러한 일로써 형제자매의 서열에서의 어린아이의 위치가 그 아이의 후일의 생활을 형성하는 데 매우 중요한 요인이며, 이 요인을 어떤 사람의 전기를 쓸 때도 고려되어야 함을 알아야 할 것이다.

그러나 이와같이 쉽게 얻을 수 있는 해명을 앞에 놓고 근친상간의 금지를 설명하려 하는 학문상의 여러 학설을 생각한다면 여러분은 아마 웃음을 터뜨리고 말 것이다. 근친상간의 금지를 설명하기 위해서 정말 여러 학설이 생각되었다. 이를테면 어릴 때부터 함께 살고 있기 때문에 같은 가족의 이성에는 성적 매력을 느끼지 않는다든가, 근친상간을 피하고자 하는 생물학적 경향이 심리적으로 선천적인 근친상간 혐오가 되어 나타난다든가 하는 설이 있다. 만일 근친상간의 유혹에 대해서 무언가 믿을 만한 자연적인 장벽이 존재한다면 굳이 법률이나 관습으로 엄하게 금지할 필요가 없지 않았겠느냐 하는 것을 위의 학설을 세운 사람은 잊고 있다. 이와는 반대의 것 속에 진리가 있는 것이다. 인간의 최초의 대상 선택은 언제나 근친상간적이다. 대상은 남자아이의 경우에는 어머니나 자매이다. 그 후에도 늘 활동하고 있는 이 유아성의 경향이 실현되지 않게 하기 위해서 매우 엄한 금제가 필요했던 것이다. 오늘날 아직 생존하고 있는 미개인이나 야만인에 있어서는 근친상간의 금지가 우리들보다 훨씬 엄중하다. 그리고 최근 라이크(프로이트 초기 때, 의사가 아닌 제자의 한 사람)는 어떤 뛰어난 연구 속에서 다시 태어나는 것을 상징하는 야만인의 성인식이 어머니와 남자아이의 근친상간적인 결합을 끊어버리고 아버지와의 화목을 구한다는 뜻을 갖고 있다고 설명했다.

인간이 이토록 금지해야 하는 것으로 보는 근친상간이 여러 신들 사이에서는 허용되고 있었다는 것을 여러분은 신화를 읽고 알 것이다. 또 고대의 역사에서 여러분은 누이동생과의 근친상간적인 결혼이 왕자에게는 가장 신성한 법도(고대 이집트 왕이나 페루, 잉카 제국의 왕 등)였다는 것을 알 수 있다. 즉 그것은 일반 국민에게는 금지된 특권이었다.

어머니와의 결혼은 오이디푸스의 하나의 범죄이고, 아버지를 죽인 것이 또 하나의 범죄이다. 이것은 또한 인류 최초의 사회적 종교적 제도인 토테미즘이 금지한 2대 범죄이다.

우리는 어린이의 직접 관찰에서 이번에는 노이로제에 걸린 어른들의 분석적 연구로 옮겨보자. 정신분석학은 오이디푸스 콤플렉스를 좀 더 깊이 이해하는 데 무슨 도움이 되었을까? 이야기는 간단하다. 신화에 나타나 있듯이 분석에도 이 콤플렉스가 나타나 있다. 분석은 이들 노이로제 환자 자신이 오이디푸스였다는 것, 또는 결국 같은 말이지만 콤플렉스에 대한 반응에서 햄릿(어머니를 빼앗아 결혼한 숙부에게 복수한다)이 되어 있다는 것을 보여주고 있다. 물론 오이디푸스 콤플렉스의 정신분석적 묘사는 거의 유아기의 그것에 대한 스케치를 거칠게 확대한 것이다. 아버지에 대한 미움이나, 아버지가 죽어주었으면 하는 소망은 이미 은근히 암시되는 정도가 아니다. 어머니에 대한 애정은 어머니를 아내로 삼는다는 목적을 공공연히 나타내고 있다.

우리는 이 기분 나쁜, 이 극단적인 감정의 움직임을 그 귀여운 유년 시절의 탓만으로 돌려도 괜찮겠는가? 또는 분석에 의해 새로운 요인이 섞여졌기 때문에 우리가 속은 것일까? 이러한 요인의 혼입을 발견하는 것은 그리 어려운 일이 아니다. 어떤 사람이 과거에 대해서 보고할 때는 가령 그가 역사가라 하더라도 그가 스스로 모르는 사이에 언제나 현재에서 과거로 또는 그 중간에 가로놓인 시대에서 과거로 옮겨서 바꾸어놓은 것을 우리들은 고려에 넣지 않으면 안 된다. 그는 그렇게 옮겨서 바꾸어놓음으로써 과거를 위조해버린다.

노이로제 환자의 경우 과거에 대한 이 이입(移入)이 고의인지 아닌지는 알 수 없다. 나중에 그 동기를 이야기할 생각이다. 우리는 먼 과거로 거슬러올라가는 '후퇴공상(後退空想—Rückphantasieren)'이라는 사실을 옳게 평가해야 한다. 또 우리는 아버지에 대한 미움이 후일 다른 관계에서 온 많은 동기에 의해 심해지고, 한편 어머니에 대한 성적 소망이 어린이에게는 아직 적합지 않은 형태로 주어진다는 것을 어렵지 않게 발견한다. 그러나 오이디푸스 콤플렉스 전체를 후퇴공상으로 설명하여 후년의 시대와 결부시키는 것은 모두 헛일일 것이다. 어린이의 직접 관찰이 입증하고 있듯이 유아기의 핵심과 약간의 그 부속물은 줄곧 남아 있는 것이다.

분석에 의해 확인된 오이디푸스 콤플렉스 형식의 배후에서 우리가 만나는 임상적(臨床的)인 사실은 이제 실제적인 의의를 지니고 있다. 성욕동이 처음으로 강력히 자기 주장을 하는 사춘기에 옛날의 가족적 근친상간적인 대상이 다시 부각되고 리비도가 새로이 배비(配備. Besetzung. 대상에 에너지가 주입, 집중되고 충적되는 것)된다. 유아기의 대상 선택은 사춘기의 대상 선택의 미미하지만 그러나 방향을 결정하는 전주곡에 지나지 않았다.

그리하여 사춘기에는 매우 강한 감정적 과정이 오이디푸스 콤플렉스의 방향으로 향하거나 아니면 그 반동의 형태로 움직이기 시작한다. 그러나 이 감정의 흐름은 그 심리적 내력을 감내하지 못하므로 대부분 의식에서 멀리 떨어져 있어야 한다. 이 시기부터 하나하나의 인간은 부모에게서 떨어진다는 큰 과제에 몰두하지 않으면 안 된다. 부모에게서 떨어지면 비로소 어린이는 어린이라는 것을 그만두고, 사회 공동체의 일원이 된다. 이 과제가 아들로 봐서는 자기의 리비도적 소망을 어머니에게서 돌려, 어떤 현실의 알지 못하는 연애대상을 선택하기 위해 사용하는 것이다. 이때 만일 아들이 아버지와 적대관계에 있다면 아버지와 화해하고, 또 만일 유아적인 반항에 대한 반동으로서 아버지에게 굴종되어 있다면 아버지의 위압에서 탈출하는 것이 된다. 이러한 과제는 누구에게나 주어져 있지만 이 해결이 이상적으로, 즉 심리적으로나 사회적으로 올바르게 행해지는 일이 얼마나 드문가 하는 것은 주목할 만하다.

일반적으로 노이로제 환자는 이 해결이 잘 되지 않는다. 아들은 한평생 아버지의 권위 아래서 굴복하고, 자기의 리비도를 가족 이외의 성대상으로 옮기지 못한다. 관계는 다르지만 딸의 운명에 대해서도 같은 말을 할 수 있다. 이런 뜻에서 오이디푸스 콤플렉스가 노이로제의 핵심이라고 간주되는 것도 당연하다. 여러분들도 내가 오이디푸스 콤플렉스와 관련이 있는 실제상으로나 이론상으로 중요한 많은 관계를 얼마나 조급하게 처리했나 하는 것을 눈치챘을 것이다. 나는 오이디푸스 콤플렉스의 변종이라든가, 생각할 수 있는 역전형(逆轉型)은 언급하지 않을 작정이다.

오이디푸스 콤플렉스와 비교적 인연이 먼 여러 관계 가운데서 하나만을 여러분에게 시사해두고 싶다. 즉 오이디푸스 콤플렉스는 문학 작품의 창작에 결정적인 영향을 미쳤다는 것이다. 오토 랑크는 그것에 공헌한 바가 컸던 한 책 속에서 모든 시대의 극작가는 희곡의 재료를 주로 오이디푸스 콤플렉스, 근친상간 콤플렉스(Inzestkomplex) 및 그것의 변종과 위장품에서 가져왔다는 것을 증명해주었다. 그리고 오이디푸스 콤플렉스의 두 개의 범죄적 소망은 정신분석이 발달되기 훨씬 이전부터 분방한 욕동생활의 어김없는 표현으로서 알려져 있었다는 것은 주목할 만하다. 백과 전서학파인 디드로(1713~1784. 프랑스의 계몽사상가, 문학가)의 저서 속에, 《라모의 조카》라는 유명한 대화편이 있다. 이 책은 다름아닌 괴테에 의해서 독일어로 번역되었다. 이 대화 속에는 다음과 같은 놀라운 글이 있다.

"만일 이 조그만 미개인이 끝까지 그대로 방임되어 그 몽매함을 그냥 지니고, 그 이성이 결핍된 젖먹이의 이성에 30세 남자의 정열을 결합시키기라도 하는 날이면, 아마 아버지의 목을 조르고 어머니와 잘는지도 몰라."

그러나 여기 그대로 둘 수 없는 다른 일이 있다. 오이디푸스의 아내이며 동시에 어머니인 여자가 꿈을 상기시켜준 것은 헛된 일이 아니다. 여러분은 꿈을 형성하는 소망이 흔히 도착적인 것이며, 근친상간적인 것이거나 또는 자기가 사랑하고 있는 가장 가까운 사람에게 생각지도 못할 적의를 나타내고 있다는, 꿈의 분석 결과가 생각나지 않는가? 나는 이 나쁜 충동이 어디서 유래했는가를 그때 설명하지 않았지만, 지금 여러분은 스스로 대답할 수 있을 것이다. 그것은 유아기의 훨씬 초기에 속하며 의식적 생활에서는 벌써 버려진 리비도가 보관되고, 대상배비(對象配備)된 것이다. 이 대상배비는 밤에 여전히 존재하며, 어떤 의미에서는 그 능력을 발휘할 수 있다.

그러나 노이로제 환자뿐 아니라, 모든 인간이 이처럼 도착적이고 근친상간적, 살인광적 꿈을 꾸고 있으므로 우리는 다음과 같은 결론을 내려도 좋을 것이다. 즉 오늘날 정상적인 사람이라 할지라도 성적 도착과 오이디푸스 콤플렉스의 대상배비의 시기를 경유하는 발달의 길을 걸어왔고, 이 길은 정상적인 발달의 길이며, 노이로제 환자는 건강한 사람의 꿈의 분석에서도 발견되는 것을 단지 확대하여 크게 해서 보여준 데 지나지 않는다고 결론을 내려도 괜찮다. 그리고 이 사실이야말로 우리가 꿈의 연구를 노이로제 증상의 연구에 선행(先行)시킨 동기의 하나다.

역주 : 이오카스테 정해진 운명이 전부이며, 앞일은 하나도 모르는 인간에게 무슨 두려워할 일이 있겠어요. 되는 대로 마음내키는 대로 사는 편이 제일이랍니다. 어머니와의 결혼을 두려워하실 건 없어요. 많은 사람들이 벌써 전부터 꿈속에서 어머니와 잠자리를 같이 하고 있는걸요. 정말이지, 그런 건 아무렇지도 않게 생각하는 가장 안락하게 세상을 보낸답니다.
오이디푸스 낳아주신 어머님이 살아 계시지 않는다면, 그대의 말을 모두 잘했다고 할 수 있겠소만, 살아 계시는 이상 그대의 말이 아무리 명언이라도 나는 두려워하지 않을 수 없소. (소포클레스, 《오이디푸스 왕》에서)

스물두 번째 강의

발달과 퇴행의 관점. 병인론(病因論)

우리는 앞에서 리비도의 기능이 길을 빙 둘러 발달하여 결국은 정상(正常)이라고 불리는 방법으로 생식(生殖)에 봉사할 수 있게 된다는 말을 했다. 이제 나는 여러분에게 이 사실이 노이로제의 원인에 어떤 의의가 있는지 설명해보고 싶다.

리비도 기능의 발달이 두 가지 위험, 즉 '제지'의 위험과 '퇴행(退行)'의 위험을 반드시 수반하는 것이라고 가정한다면 우리의 입장은 일반 병리학이 가르치는 바와 일치한다고 생각한다. 즉 생물학적인 과정에는 변이(變異)를 낳는 일반적인 경향이 있기 때문에 반드시 모든 준비단계가 한결같이 순수하게 경과하고 완전히 극복된다고는 할 수 없다. 그 결과 기능의 모든 부분은 영구히 이 조기단계에 억제된다. 그러므로 발달이라는 전체상(全體像) 속에는 어느 정도의 발달의 제지가 섞여 있는 것이다.

이 과정과 비슷한 것을 다른 영역에서 찾아보자. 인류 역사의 초기에 흔히 일어났던 일인데, 어떤 민족 전체가 새로운 땅을 찾아 본래의 땅에서 떠났다고 하자. 이 경우 민족의 전원이 한 사람도 빠짐없이 새로운 땅에 도착한다고는 할 수 없다. 물론 다른 원인으로 도착하지 않는 사람도 있겠지만 그것은 별문제로 하고, 이민의 어떤 적은 무리, 혹은 적은 단체는 도중에서 정지하여 그 자리에 정착하고 한편 주류 쪽은 더 진전을 계속할 경우가 있었을 것이 틀림없다.

더 신변 가까이에 있는 비유를 찾아보자. 여러분도 알듯이, 고등 포유동물에 있어서는 남성 생식선(性腺. 몽환을 가르킴)이 처음에는 복강(腹腔)의 휠씬 안쪽에 있었던 것인데, 태내 생활(胎內生活)의 어느 시기에 유주(遊走)하기 시작하여 마지막에 골반 끝의 피하(皮下)에 이르게 된다. 생식선이 이와같이 유주하는 결과, 몇몇 소수의 남성에 있어서는 한 쌍의 생식선 중 한쪽이 골반강(骨盤腔) 속에 잔류하기도 하고, 원래는 둘 다 유주 중에 통과해야 하는 이른바 서혜관(鼠蹊管) 속에 한쪽만이 언제까지나 체류해버리기도 하며, 또는 정상적인 경우라면 생식선이 통과해버리면 서혜관은 또는 유착돼버리는데, 그것이 열린 채 남는 기형이 발견된다(이른바 탈장. 헤르니아는 이 기형의 결과 장에서 나온 것이다).

나는 젊은 학생 시절에 브뤼케 선생의 지도 아래 처음으로 학문적 연구에 손을 대기 시작했는데, 그때의 주제는 구조가 아직도 매우 원시적인 작은 어류(칠성장어)에 있어서의 척수 후근(後根)의 신경세포의 기원에 관한 것이었다. 나는 그 후근의 신경섬유는 척수 회백질(灰白質)의 후각(後角)에 있는 큰 신경세포에서 나와 있다는 것을 발견했다. 이와 같은 일은 이제 다른 척수동물에서는 볼 수 없다. 그런데 곧 나는 이 신경세포가 그 회백질 이외의 곳에 퍼져서 후근(後根)의 이른바 척수신경절(脊髓神經節)에까지 뻗어나가 있는 것을 알았다. 이것으로 나는 이 신경절군(群)의 신경세포는 척수로부터 신경근(神經根)까지 유주한 것이라고 추론했다. 발행학도 이 사실을 뒷받침하고 있는데, 이 작은 어류에서는 유주해온 통로 전체가 남겨진 세포로부터 뚜렷이 알 수 있도록 되어 있었다.

그러나 자세히 살펴보면 여러분은 쉽게 이 비유의 약점을 눈치챌 수 있을 것이다. 그래서 우리는 설령 성욕의 어떤 부분이 마지막 목표에 도달해버려도 다른 부분은 발달의 초기단계에서 정지해 있을 수 있다는 것이 어느 성적 욕구에 있어서도 가능하다는 것을 솔직히 말하고 싶다.

이 경우 여러분은 우리가 이와 같은 성적 욕구를 인생의 처음부터 계속되고 있는 흐름으로 생각하고 있다는 것, 그리고 이 흐름을 연속해서 일어나고 있는 개개의 운동으로, 말하자면 인위적으로 분해했다는 것을 알 수 있을 것이다. 이와 같은 생각은 더 상세하게 설명될 필요가 있다는 인상을 여러분은 마땅히 받게 되겠지만 이야기가 너무 옆길로 벗어나므로 그만두기로 한다. 여기서 부분욕구(Partialstrebung)

가 이와같이 초기단계에 정지하는 것을 고착$\binom{固着. 즉 欲}{動의 고착}$이라고 부르기로 해두자.

이와 같은 단계적인 리비도 발달의 제2의 위험은 발달해서 전진한 부분 또는 후퇴 운동을 일으켜서 쉽게 조기단계로 되돌아갈 수 있다는 점에 있다. 우리는 이것을 '퇴행'이라고 부르고 있다. 후일의 형태, 즉 더 고도로 발달한 형태에 있어서는 욕구의 기능 발휘가——바꾸어 말하면 만족이라는 목적에 도달하는 것이——외부의 강한 장애 때문에 막혀버리면 이렇게 퇴행 현상을 일으키는 계기가 된다. 고착과 퇴행이 서로 관계가 있다고 가정하는 것은 우리로 봐서는 당연한 일이다. 발달 도상에서 고착이 강하면 강할수록 기능은 그 고착점까지 퇴행하여 외부의 장애물을 점점 더 피하게 된다. 즉 고착이 강하면 강할수록 완성된 기능은 발달 도상에 나타나는 외부의 장애물에 대해서 저항이 적다. 만일 이동해가는 민족이 그 도중의 주둔지에 대부대를 남겨놓고 왔다 하자. 이때 더 전진해가는 민족이 패배하거나 강적에 부딪쳤다면 이 주둔지까지 퇴각하는 것이 당연하다. 그러나 또 민족이 그 대부분을 이동 도중에 남겨두면 둘수록 패배의 위험은 커진다.

노이로제를 이해하려면, 고착과 퇴행의 이 관계에서 계속 눈을 떼지 않도록 하는 것이 중요하다. 그러면 여러분은 우리가 머지않아 언급하려 하고 있는 노이로제의 원인 문제, 즉 노이로제의 병인론(病因論) 문제에 대해 확실한 실마리를 얻을 수 있다.

그러나 우리는 조금 더 퇴행문제를 생각해보고 싶다. 리비도 기능의 발달에 대한 설명을 들은 여러분은 두 종류의 퇴행이 있다고 예상해도 좋다. 제1의 퇴행은 리비도를 배비(配備)한 첫 대상으로 퇴행하는 일이다. 알다시피, 이 대상은 근친상간적인 성질을 갖고 있다. 제2의 퇴행은 성의 체제 전부가 여러 초기 단계로 되돌아가는 일이다. 이 두 가지 퇴행은 감정전이(感情轉移) 노이로제에 나타나서 그 메커니즘에 큰 역할을 한다. 특히 리비도가 근친상간적인 최초의 대상으로 퇴행하는 일은 노이로제 환자에 있어서는 너무나 흔히 볼 수 있는 특징이다.

만일 노이로제의 다른 종류, 이른바 나르시시즘적 노이로제를 고려에 넣는다면 리비도의 퇴행에 대해서 더 많은 이야기를 하지 않을 수 없게 되는데, 우선 그것은 우리의 목적이 아니다. 이들 병으로 여태까지 말하지 않았던 리비도 기능의 다른 발달과정이 뚜렷해질 것이다. 따라서 퇴행의 새로운 종류도 알 수 있게 될 것이다.

그러나 나는 이제 '퇴행'과 '억압'을 혼동하지 않도록 여러분에게 특히 경고해두고 싶다. 두 과정의 관계를 여러분의 머릿속에 뚜렷한 것으로 만들기 위해서, 나는 여러분을 도와주어야 한다고 생각한다. 기억하겠지만 억압이란 의식이 될 수 있는 행위, 즉 전의식 체계(前意識體系)에 속하는 행위가 무의식, 즉 무의식 체계로 다시 되돌아가는 과정이다. 그리고 만일 일반적으로 무의식적인 심적 행위가 바로 이웃하고 있는 전의식 체계로 들어가는 것이 허용되지 않고 검열의 문지방에서 밀려날 때도 우리는 마찬가지로 이것을 억압이라고 부르고 있다. 그러므로 억압이라는 개념은 성과 아무 관계가 없다. 제발 이 점을 충분히 주의해주기 바란다. 억압이라는 개념은 순수한 심리학적인 과정이다. 그것은 '국소적(局所的―topisch)' 과정이라고 부르는 편이 이 특징을 더 잘 표현하는 말일 것이다. 국소적이라는 의미는 그것이 심적 공간(心的空間)이라는 가설과 관련이 있다는 뜻이다. 또는 이 조잡한 보조개념을 쓰지 않기로 한다면 그 과정은 개별적인 심적 계통으로 성립된 심적 장치(心的裝置)의 구조와 관련되어 있다는 뜻이다.

지금 든 비교에서, 우리는 여태까지 '퇴행'이라는 말을 일반적인 뜻이 아닌, 아주 특수한 뜻으로 사용하고 있었다는 것을 비로소 깨닫는다. 퇴행에 일반적인 뜻――발달의 높은 단계에서 낮은 단계로 되돌아가는 일이라는 뜻――을 부여한다면 억압도 퇴행 속에 들어가버린다. 왜냐하면 억압이란 심적 행위 발달의 보다 빠르고, 보다 깊은 단계로 역행하는 일이라고도 할 수 있기 때문이다. 그러나 억압의 경우 우리는 이 심리적 행위가 후퇴하는 방향을 문제로 삼고 있지 않다. 왜냐하면 어떤 심적 행위가 무의식의 훨씬 낮은 단계에 고착되어 있는 경우도 역학적인 의미로 우리는 억압이라고 부르기 때문이다. 그러므로 억압은 국소적이고 역학적인 개념이며 퇴행은 순전히 기술적(記述的)인 개념이다.

그러나 우리가 여태까지 퇴행이라고 부르고 또 고착(固着)과 관련해서 고찰한 것은 오로지 리비도가 그 발달의 초기단계로 되돌아가는 것을 의미하고 있었다. 즉 억압이란 본질적으로 전혀 다른, 억압과 전혀 관계가 없는 것을 가리키고 있었다. 우리는 리비도의 퇴행을 순수한 심적 과정이라고 부를 수는 없고, 또 그것을 심적 장치의 어떤 자리에 놓아야 하는지도 알지 못한다. 설령 리비도의 퇴행이 심적 활동에 가장 강한 영향을 미치더라도 그 경우에는 기질적 인자가 가장 뚜렷한 인자이다.

이런 말을 늘어놓으면 대체로 무미건조해지기 쉽다. 그래서 이 문제를 더 인상적으로 적용하기 위해서 임상 예로 한번 방향을 바꾸기로 하자.

여러분은 히스테리와 강박 노이로제가 감정전이 노이로제라는 부류의 두 대표라는 것을 알고 있을 것이다. 그런데 히스테리에 있어서 근친상간적인 첫 성적 대상에 대한 리비도의 퇴행은 언제나 존재하지만, 성 체제의 초기단계로의 퇴행은 없는 거나 마찬가지다. 그 대신 히스테리의 메커니즘에 있어서는 억압이 주역을 맡고 있다. 만일 히스테리에 대한 여태까지 확실해진 지식을 이론적으로 구성함으로써 완전한 것으로 만들 것을 내게 허용한다면, 나는 지금 논하고 있는 사태를 다음과 같이 설명할 것이다. 즉 각 부분욕동이 통일되어 성기우위 체제(性器優位體制)의 상태가 완성되는데, 이 통일의 결과로 만들어진 것이 의식에 결부되어 있는 전의식 체계의 저항에 부딪친다. 즉 성기우위 체제는 무의식으로부터는 인정을 받지만, 전의식으로부터는 이것과 같은 정도로 인정을 받지 않는다. 이 통일이 전의식측에서 거부되는 결과 성기우위 체제가 나타나기 전의 상태와 어떤 점에서 비슷한 하나의 상(像)이 생긴다. 그러나 비슷하다고는 하지만 그것과는 역시 아주 다르다.

즉 후자에서는 리비도의 두 가지 퇴행 현상 가운데, 성 체제의 초기단계로의 퇴행 쪽이 훨씬 뚜렷하다. 그런데 히스테리에서는 이와 같은 퇴행이 없다. 또 노이로제에 대한 우리의 견해가 모두 시간적으로 먼저 이루어진 히스테리 연구의 영향을 몹시 받고 있기 때문에 리비도 퇴행의 의의는 억압의 의의보다 훨씬 나중에 우리에게 밝혀졌다. 만일 우리가 히스테리나 강박 노이로제 외에 다른 노이로제, 즉 나르시시즘적 노이로제를 고찰하게 되면 이 리비도 퇴행의 의의는 더욱 확대되고 여태까지와는 다른 가치를 줄 것임을 각오해둘 필요가 있다.

이에 반해서 강박 노이로제에서는 사디즘적, 항문애적 체제(肛門愛的體制)라는 전단계에 대한 리비도의 퇴행이 가장 두드러지고, 또 이것이 증상 발현의 형태를 결정한다. 이때 사랑의 충동은 사디즘적 충동의 가면을 쓰지 않으면 안 된다. '나는 너를 죽이고 싶다'는 강박관념은——이 관념에서 우연이 아니라 반드시 부가되어 있는 혼합물을 제거하면——결국 다름 아닌 '나는 당신을 사랑하고 싶다'는 뜻이 된다. 그리고 대상에 대한 퇴행이 동시에 일어나고, 그 결과 이 충동은 자기에게 가장 가깝고 가장 사랑하는 사람에게만 향한다고 여러분이 가정한다면, 이들 강박관념이 환자에게 얼마나 놀라움을 불러일으키고, 또 의식적 지각에는 얼마나 이상하게 느껴지고 있는지 여러분도 상상할 수 있을 것이다.

그러나 억압도 이 노이로제의 메커니즘에는 크게 관여하고 있다. 그러기는 해도 이와 같은 속성 입문으로는 물론 쉽게 설명할 수 없다. 억압이 없는 리비도의 퇴행은 결코 노이로제를 일으키지 않고, 오히려 성도착이 되어버린다. 이것으로 해서 여러분은 억압이라는 것이 노이로제를 도착과 가장 재빨리 구별시키며, 노이로제의 가장 뚜렷한 특징이 되어 있는 과정이라고 생각할 것이다. 그러나 장차 성적 도착의 메커니즘에 대해서 우리가 알고 있는 것을 여러분에게 소개할 기회가 있겠지만, 그때 성도착도 우리가 생각하고 있는 것만큼 간단한 과정이 아니라는 것을 알게 될 것이다.

만일 여러분이 노이로제의 원인을 탐구하는 준비로서 리비도의 고착 및 퇴행에 동의한다면 방금 들은 이 두 가지 것에 대한 논술을 곧 납득하리라고 나는 생각한다.

나는 이 문제에 대해서 오직 하나를 보고했을 뿐이다. 즉 리비도를 만족시키는 가능성을 빼앗기면, 다시 말해 거부(拒否)——나는 이렇게 부르지만——에 빠지면 인간은 노이로제가 되며 그 증상은 바로 거부된 만족에 대한 대리물이라고. 물론 그것은 리비도의 욕구불만이 언제나 거부한 본인을 노이로제로 만든다는 뜻은 아니다. 단지 노이로제의 증상 예를 연구해보니까, 그 모든 경우에 거부 인자가 입증된다는 뜻이다. 그러므로 이 명제의 반대가 반드시 진리는 아니다. 여러분도 이 명제가 노이로제의 병인에 관한 수수께끼를 전부 드러낸 것이 아니라 그 필수조건을 역설한 데 지나지 않는다는 것을 알 것이다.

이 명제에 대해서 더 논의하기 위해서 거부의 본성, 또는 거부된 것의 특성에 의해 근거를 찾아야 하는지 어떤지를 지금은 모르겠다. 그러나 거부가 전면적이고 절대적일 때는 매우 드물다. 그것이 병인(病因)으로서 힘을 발휘하려면 그 당사자만이 열심히 구하고 있는 만족을 얻는 방법, 그 당사자만이 그렇게 할 수 있는 능력을 가진 방법이 거부되어야 한다.

병에 걸리지 않고 리비도를 만족시키지 못하고 참고 견디는 방법은 일반적으로 아주 많다. 특히 우리들 주위엔 이와 같은 만족 결핍을 태연하게 참을 수 있는 사람들이 있다. 물론 그 사람은 그때 행복하지 않으면 만족을 갈구하며 고민하지만 결코 병이 나지는 않는다. 그러므로 우리는 성적 욕동의 활동(Triebsreung. 육체적인 과정 혹은 동태를 말한다. 미국 심리학에서 말하는 욕구, 즉 need에 해당한다. 이것이 심리적으로 나타난 것, 즉 심적 대표물이 프로이트가 말하는 욕망, 미국 심리학에서 말하는 동인, 즉 드라이브이다. 이 대목에서는 정낭벽(精囊壁)에 대한 압력의 상승을 말한다)이 —— 나로 하여금 다음과 같은 말을 사용하게 해준다면 —— 매우 '가소적(可塑的 —plastisch)'인 것임을 고려하지 않으면 안 된다. 그러므로 이들 욕동은 어떤 하나의 것이 다른 것의 대리를 할 수 있고, 하나는 다른 것의 강도를 자기가 인수할 수 있다. 만일 한쪽의 만족이 현실적으로 거부되었을 때 다른 움직임을 만족시켜서 완전히 보상할 수 있다. 이들 상호 관계는 물을 가득 채운 관이 서로 연결되어 있는 수로망 같은 것이다. 더욱이 성기 우위의 지배하에 종속되어 있으면서도 이와 같은 상태에 있는 것이다. 이 상태는 쉽게 하나의 관념으로 정리할 수가 없다.

그리고 성의 부분욕동은 그것들의 부분욕동으로 합성되어 있는 성욕동(性欲動 — Sexualstrebung)과 완전히 같은 것같이 그 대상을 교환하고 또 그 대상 대신 다른 것, 즉 쉽게 구할 수 있는 다른 대상과 바꾸는 능력을 다분히 갖고 있다. 이와같이 바꿀 수 있는 능력과 대용품을 금방 받아들이는 준비 체제는 거부의 병인작용(病因作用)에 대해서 큰 저지력으로 움직일 것이 틀림없다. 리비도 만족의 결핍 때문에 병이 나는 것을 막고 있는 이 과정 중의 어떤 것은 특수한 문화적 의

의를 갖는다. 이 과정의 본질은 성욕이 부분쾌감 혹은 생식쾌감의 목
표를 포기하고, 발생적으로는 그 포기된 목표와 관계가 있지만 이미
그 자체는 성적이 아니라 사회적이라고 불러야 할 다른 목표를 갖는
데 있다. 우리는 이 과정을 '승화작용(昇華作用—Sublimierung)'이라
고 부르고 있다. 이 경우 우리가 결국 자기 추구적인 성적 목표보다
사회적인 목표 쪽을 한층 높이 보는 일반의 평가에 따르고 있는 셈
이다. 아무튼 승화작용은 성애(性愛)의 욕구가 성적이 아닌 다른 욕구
에 도움을 구하는 하나의 특수 예에 지나지 않는다. 우리는 다른 것과
관련시켜서 승화작용에 대해 다시 한 번 이야기해야겠다.

이제 여러분은 리비도를 만족시킬 수 있다는 부자유는 그것을 참고
견디는 이와 같은 여러 가지 수단이 있기 때문에 무의미한 것으로 화
해버렸다는 인상을 받았을 것이다. 그러나 그렇지 않다. 그것은 그 특
유의 병인 작용을 역시 갖고 있다. 대항 수단 같은 것은 일반적으로
충분한 것이 못 된다. 일반 사람이 평균적으로 참을 수 있는 만족시키
지 못한 리비도 양에는 한계가 있다. 리비도의 가소성(可塑性), 즉 리
비도의 자유로운 가동성도 결코 모든 사람에게 완전히 부여되어 있는
것은 아니다. 많은 사람이 승화능력을 아주 조금밖에 갖고 있지 않다
는 것은 그만두고라도, 승화작용은 언제나 리비도의 한 작은 부분만
을 방출시키는 데 지나지 않는다.

이와 같은 한계 가운데 가장 중요한 것은 분명히 리비도의 가동성의
한계다. 왜냐하면 가동성에 한계가 있기 때문에 사람은 아주 사소한
목표와 대상에 의해서만 만족을 얻을 수 있기 때문이다. 리비도의 발
달이 불완전하면 리비도는 성적 체제상이나 대상 발견상에도 초기단
계에 매우 큰 규모로, 때로는 몇 겹으로나 겹쳐서 리비도가 고착되고,
그 결과 현실에서 만족을 얻을 수 없게 된다. 이것을 여러분이 잠깐
상기한다면 리비도의 고착 속에 거부 또는 좌절 체험과 함께 질병의
원인이 되는 제2의 유력한 인자를 인식하게 될 것이다. 도식적으로 간
단히 말하면 노이로제의 병인론에서는 리비도의 고착은 노이로제의
소인적(素因的), 내적인 인자를 대표하며 거부는 우발적, 외적인 인
자를 대표한다고 말할 수 있다.

이 기회에 나는 여러분에게 전혀 무익한 논쟁에 가담하지 말라고 경

고해두고 싶다. 학문의 세계에서는 진리의 일부를 끄집어내어 이 일부의 진리를 가지고 전체의 진리를 대신한다면서 자기에게 편리하도록 적잖이 진리의 그 외의 부분에 반대하기를 즐겨 행한다. 이렇게 해서 벌써 정신분석학의 운동도 여러 방향으로 갈라진 것이다. 이를테면 어떤 사람은 자기 주장인 욕동만을 인정하고 성애의 욕동을 부정하며, 다른 사람은 현실적인 생활상의 영향만 존중하고 개인의 과거의 영향을 간과하고 있다. 그런데 여기서, 이것과 비슷한 대립과 논쟁이 생길 계기가 있다.

즉 노이로제는 외인적(外因的)인 질환이냐, 아니면 내인적(內因的)인 질환이냐, 또는 특수체질의 불가피한 결과냐 아니면 어떤 해로운 외상적(外傷的) 생활 인상의 산물이냐 하고. 특히 그 중에서도 노이로제는 리비도의 고착(거기에 덧붙여진 그 밖의 성적소질)에 의해서 일어나느냐, 아니면 거부의 압력으로 일어나느냐 하는 논쟁이었다. 이 딜레마는 내가 여러분에게 지적할 수 있는 다른 딜레마, 즉 아기는 아버지의 생식행위로 만들어지느냐, 혹은 어머니의 수태(受胎)로 만들어지느냐 하는 딜레마보다 어리석은 것으로 생각된다. 두 조건은 양쪽이 다 없어서는 안 되는 것이라고 여러분도 생각할 것이다. 노이로제의 원인에도 이것과 완전히 같다고는 할 수 없지만 매우 비슷한 조건이 있다.

노이로제의 원인을 이 견지에서 보면 노이로제의 증상에는 하나의 계열을 이루어 나란히 있는 것을 알 수 있다. 이 계열에서는 두 가지 요인――성적 소질과 체험, 여러분이 다르게 부르고 싶다면 리비도의 고착과 거부――이 한편이 감소할 때는 다른 편은 증가하여 나타난다. 이 계열 내에서의 극단적인 증상 예가 있다. 이 증상 예에 대해서 여러분은 '이 사람들은 리비도의 발달이 매우 독특하기 때문에 무엇을 체험하건 아무리 생활에서 조심을 하건 병이 난다'고 확신을 가지고 말할 수 있다. 이 계열의 다른 끝에는 다음과 같은 증상 예가 있다. 즉 인생에 있어서 '이 사람이 인생에서 이러이러한 상태에 놓이지 않았더라면 확실히 병에 걸리지는 않았을 것이다' 하고 그 반대의 판단을 내려야 하는 증상 예가 그것이다. 이 계열 속에 있는 여러 증상 예에서는 다소의 소인적(素因的)인 성적 소질이 많으냐 적으냐, 해로운 생활상의 필요조건이 적으냐 많으냐 하는 것이 일치하고 있다.

그들이 이와 같은 체험을 갖지 않더라도 그들의 성적 소질은 노이로제를 일으키지 않았을 것이고, 또 리비도의 다른 식이었더라면 이 체험은 그들에게 외상적으로 작용하지 않았을 것이다. 나는 이 계열의 증례에 대해서는 소인적인 요인 쪽을 얼마쯤 중시하고 있지만, 이것을 인정하느냐 어떠냐는 여러분이 노이로제의 경계를 어디다 두느냐에 달려 있다.

여러분! 나는 여러분에게 이와 같은 급수를 상보적 계열(相補的系列. Ergängzungsreihen, 즉 노이로제=f(성적소질, 체험)보충이라는 두 인자가 서로 보충하여 노이로제가 발병한다는 것)이라고 부르기를 제안한다. 그리고 우리는 장차 이와 비슷한 다른 계열을 세울 계기를 발견할 때의 준비를 해주기 바란다.

일정한 방향과 대상에 붙는 리비도의 끈적끈적한 성질, 이른바 리비도의 점착성(粘着性—Klebrigkeit)은 개인차가 있는 독립된 인자인 것 같다. 이 인자가 무엇에 좌우되고 있는지 모르지만 이 인자가 노이로제의 병인으로서 중요하다는 것을 앞으로 과소평가하지 않도록 하자. 그러나 양자 사이에 밀접한 관계가 있다고 과대평가해서는 안 된다. 이와 같은 리비도의 '점착성'은 이유는 모르지만, 정상적인 사람에게도 많은 조건 아래서 나타나며, 또 어느 의미에서는 노이로제 환자와 정반대의 사람, 즉 성도착자에게서 결정적인 요인으로 나타난다. 성도착자의 병력에서는 욕동의 비정상적 방향이나 비정상적 대상 선택을 가진 매우 초기의 인상을 흔히 볼 수 있고, 또 성도착자의 리비도가 평생을 통해서 아주 어릴 때의 인상에 줄곧 고착되어 있다는 것은 정신분석이 발견되기 전부터 알려져 있었다(비네의 학설.). 우리는 무엇이 그와 같은 인상에 리비도를 그토록 심하게 끌어당기는 힘을 주었는지 말할 수 없는 경우가 많다. 나는 여러분에게 내가 관찰한 이런 종류의 증례를 이야기할까 한다. 한 남자가 있었다. 그에게는 지금 여성의 성기나 다른 부분의 매력은 아무런 의미도 없고, 신을 신은 어떤 모양을 한 발만이 그에게 참을 수 없는 성흥분을 불러일으켰다. 그는 리비도를 고착시킨 6살 때의 한 체험을 회상할 수 있었다. 그는 그에게 영어를 가르쳐주던 여자 가정교사와 나란히 의자에 걸터앉아 있었다. 그 여자 가정교사는 무척 여위었고, 얼굴도 못생겼으며, 물처럼 파아란 눈을 가진 사자코의 노처녀였다. 마침 그날 그녀는 다리를 다쳐서 비로드 슬리퍼를 신고 쿠션 위에 다리를 뻗고 있었다. 그리고 다리는 아주 얌전하게 놓여 있었다. 이때 본 이 가정교사의 힘줄이 드러난 여윈 다리는 사춘기의 정상적인 성활동을 겁을 먹고 시도한 뒤에, 마침내 그의 유일한 성대상이 되어 버렸다. 만일 이와 같은 다리에 그 영국인 여자 가정교사의 타입을 생각케 하는 다른 특징이 덧붙여지면 이 남자는 누를 수 없이 흥분하게 되었다. 그런데 이와 같은 리비도의 고착의 결과, 그는 노이로제 환자가 되지 않고 성도착자, 우리의 술어를 사용하면 다리 페티시스트가 되었다. 그러므로 리비도의 아주 심한, 그리고 이와 더불어 초기의 고착은 노이로제를 일으키는 큰 원인이 되며 그것이 작용하는 범위는 노이로제의 영역을 훨씬 넘고 있다는 것을 알 수 있을 것이다. 이 조건도 이것만으로는 앞에서 말한 거부의 조건과 마찬가지로 결정적인 것이 아니다.

그러므로 노이로제의 원인에 대한 문제는 더 복잡한 것 같다. 사실 정신분석의 연구로 우리는 하나의 새 요인을 발견했다. 그것은 그 병인의 계열에서는 고려하지 않았지만, 여태까지 건강했던 사람이 갑자기 노이로제에 걸려 교란된 것 같은 증상 예에서는 가장 잘 찾아볼 수 있다. 이와 같은 사람들에게서는 반드시 소망 충족에 대한 반항의 발현——우리는 다음과 같이 말하기로 하고 있지만——심적 '갈등'의 발현이 발견된다. 인격의 일부는 어떤 소망을 주장하고, 인격의 한 부분이 어떤 소망의 편을 들고 있는데, 다른 한 부분이 이것에 반항하여 그것을 막으려 한다. 이와 같은 갈등이 없으면 노이로제 같은 것은 일어나지 않는다. 그런데 이런 것은 굳이 새삼스레 말할 것까지도 없는 것처럼 보일는지 모른다. 알다시피 인간의 심적 활동은 늘 갈등에 의해 움직여지고, 그 갈등의 해결을 자기 자신이 강구해야 한다. 그러므로 이 갈등의 병인(病因)이 되려면 특별한 조건이 충당되지 않으면 안 된다. 그 조건이 어떤 것인지, 그 병적인 갈등은 어떤 심적인 힘 사이에 일어나는지, 그 갈등은 병을 일으키는 다른 인자와 어떤 관계가 있는지를 살펴보아야 한다.

이 의문에 대해서는 비록 도식적으로는 간단하다고 하지만 나는 충분한 대답을 할 수 있다고 생각한다. 갈등은 욕구 거부에 의해서 불러일으켜진다. 그때 만족을 빼앗긴 리비도는 다른 대상과 다른 방법을 찾을 수밖에 없다. 그런데 이 다른 대상과 방법은 인격의 어떤 일부의 마음에 들지 않는다. 그 결과 거부권이 발동되어 만족을 얻는 새로운 방법이 우선은 불가능해진다. 이것이 갈등의 조건이다. 여기서 증상 형성의 길이 틔어오는데 이 길을 더듬는 일은 다음에 말하기로 한다. 물리쳐진 리비도의 욕구는 어떤 우회로를 지나 역시 자기가 생각한 바를 관철한다. 물론 이때 왜곡되고 완화된 모습으로 일어난 반대의 소리에 비위를 맞추지 않는 것은 아니다. 이 우회가 증상형성의 길이다. 증상이란 거부에 의해서 필연적으로 생긴 새로운 만족, 즉 대상만족(代償滿足)이다.

이 심적 갈등의 의의는 또 다른 표현으로 나타낼 수 있다. 즉 '외적' 거부가 병인이 되려면, 내적 거부가 덧붙여지지 않으면 안 된다. 물론 이때 내적 거부와 외적 거부는 별개의 방법과 대상에 관계가 있다. 외적 거부는 만족의 한 가능성을 빼앗고, 내적 거부는 만족의 다른 쪽의 가능성을 몰아내려고 한다. 그 결과 갈등이 생긴다. 이와 같은 표현이 더 낫다고 나는 생각한다. 왜냐하면 이 표현은 어떤 신비로운 내용을 포함하고 있기 때문이다. 즉 내적인 방해는 인류 발달의 태고시대에 현실의 외적 장애에서 발생한 것임을 암시하고 있기 때문이다.

그러면 리비도의 욕구에 반대하는 힘, 즉 병인이 되는 갈등에 있어서의 반대당은 무엇인가? 일반적으로 말하면 그 힘은 성적이 아닌 욕동의 힘이다. 우리는 이 힘을 '자아욕동(自我欲動—Ichtrieb)'이라는 이름으로 총괄하고 있다. 감정전이 노이로제의 정신분석에서는 이 성분을 상세히 분석할 계기가 주어지지 않는다. 분석에 대항하는 저항에서 우리는 이 자아욕동의 지식을 기껏해야 약간 알 수 있을 뿐이다. 그러므로 병인이 되는 갈등은 자아욕동과 성욕동 사이에 있는 갈등이다. 다수의 증상 예에서는 여러 가지 종류의 순전한 성욕동 사이의 갈등 같은 외양을 띠고 있지만 그 근본은 모두 같다. 즉 갈등에 있는 두 성적 욕구 중에서 한쪽은 자아에 충실한 데 반해, 나머지 한쪽은 자아의 방위를 요구하고 있는 것이다. 그러므로 그것은 어디까지나 자아와 성욕 사이의 갈등이 된다.

정신분석학이 어떤 심적인 사건은 성충동이 하는 짓이라고 주장했을 때마다 세상 사람들은 분개해서, 인간은 성욕만으로 되어 있는 것은 아니라느니, 심적 활동에는 성욕 이외에도 다른 욕동이나 관심도 존재한다느니, '모든 것'을 성욕으로 설명한다는 것은 언어도단이니 하고 공격했다. 그런데 이런 반대하는 분들과 어떤 한 가지 점에서라도 의견이 일치한다는 것은 매우 유쾌한 일이다. 정신분석은 성적이 아닌 욕동의 힘도 존재한다는 것을 결코 잊지 않고 있다. 정신분석은 성욕동과 자아욕동의 뚜렷한 구별 위에 세워진 것이다. 정신분석은 온갖 반대를 앞에 놓고, 노이로제는 성욕에서 나오는 것이 아니라 자아와 성욕 사이의 갈등 때문에 발병하는 것이라고 주장한 것이다. 정신분석은 자아욕동의 존재나 의의를 부정할 생각을 한 번도 한 적이 없다. 정신분석은 성욕동이 병과 실생활에서 어떤 역할을 하고 있는가를 연구하고 있는 것이다. 먼저, 성욕동의 연구가 정신분석의 대상이 되었을 뿐이다. 그 까닭은 감정전이 노이로제에서 가장 빨리 성욕동을 연구하는 실마리가 풀렸기 때문이고, 또 남이 등한시하는 것을 연구하는 것이 정신분석의 사명이기 때문이다.

정신분석학이 인격 중에서 성적이 아닌 부분의 것을 전혀 고려하지 않는다는 것도 옳지 않다. 자아와 성욕을 구별함으로써 우리는 자아욕동도 역시 중대한 발달을 이루었다는 것, 이 발달은 리비도의 발달과 관계가 있으며 리비도의 발달에 반작용을 미쳤다는 것을 특히 확실히 안 것이다. 물론 우리는 리비도의 발달에 비하면 자아의 발달에 대해서는 그다지 알고 있지 않다. 왜냐하면 나르시시즘적 노이로제를 연구함으로써 비로소 자아의 구조에 대한 통찰을 얻을 수 있었기 때문이다. 그러나 이미 자아의 발달단계를 이론적으로 구성하려 했던 페렌치(^{Ferenczi, 1873~1893. 헝가리}_{의 지도적인 정신분석학자})의 주목할 만한 연구가 있다. 그리고 우리는 자아의 발달을 검토하는 든든한 발판을 두 군데에서 얻었다. 어떤 인간의 리비도적 관심이 처음부터 그 사람의 자기 보존의 관심과 대립하고 있다고는 생각되지 않는다. 오히려 자아는 어떤 단계에서나 그때그때의 성적 체제와 조화하도록 하고, 이것을 자기에게 맞추어나가려고 노력한다. 리비도 발달에 있어서의 각 단계의 교대(交代)는 미리 정해진 프로그램에 따른다. 그러나 이 경과가 자아 쪽에서 영향을 받는다는 것은 부정할 수 없다. 자아와 리비도 사이에는 어떤 평행관계, 즉 양자의 발달단계의 일정한 대응관계가 똑같이 예견된다. 아니 도리어 이 대응이 교란되면 병인적 요인조차 생길 수 있다는 것도 부인할 수 없다.

리비도가 발달하다가 어떤 곳에서 강한 고착을 남겼을 때 자아가 어떤 태도를 취할 것인가 하는 의문은 우리들에게는 훨씬 중요하다. 자아는 이 고착을 묵인하기 쉬우며 그에 따른 정도로 고착되거나—— 결국 같은 말이지만—— 유아성(幼兒性)이 될 것이다. 그러나 또 자아는 리비도의 이 고찰을 거부하는 태도를 취하고 있을 때도 있다. 그 때 리비도가 고착받은 곳에서 자아는 억압을 하는 것이다.

이 길을 지나서 노이로제의 병인이 되는 제3인자인 '갈등경향'은 리비도의 발달과 관계되는 것과 똑같이 자아의 발달에도 관계가 있다는 결론에 이른다. 이리하여 노이로제의 원인에 대한 우리의 통찰은 모두 완성되었다. 우선 먼저 가장 일반적인 조건은 거부이다. 둘째는 리비도의 고착이다. 이 때문에 리비도는 일정한 방향으로 밀려간다. 셋째로, 자아의 발달에서 생긴 갈등경향이다. 그리고 이 자아의 발달 때문에 이와 같은 리비도의 충동은 거부된다. 그러므로 나의 강의 중에 여러분이 느낀 것만큼 실제로는 그렇게 복잡한 것도 아니고, 전망이 흐릿한 것도 아니다. 그러나 정직하게 말해서 우리의 지식은 미완성이다. 우리는 다시 더 새로운 사실을 덧붙여서 이미 알고 있는 사실까지도 분석하지 않으면 안 된다.

자아의 발달이 갈등형성에 따라서 또 노이로제의 원인이 되는 것에 미치는 영향을 실증하기 위해 여러분에게 한 가지 예를 들겠다. 이 예는 창작한 것이지만 어느 점으로 보나 현실에서 일어남직한 일이다. 나는 네스트로이(1813~63, 독일의 극작가. 헤벨의 희곡 《유디트》에 등장하는 인물)의 광대 연극의 예를 빌려 '1층과 2층'이라는 제목을 붙이고 싶다.

1층에서 문지기가 살고, 2층에는 집주인이 살고 있었다. 집주인은 부자고 귀족이었다. 두 사람에겐 자식이 있었다. 그런데 집주인의 딸은 무산 계급인 문지기의 딸과 마음대로 노는 것이 허락되어 있었다고 가정하고 싶다. 그러면 아이들의 놀이가 우스운 놀이, 즉 성적인 특징을 띠게 되는 것은 있을 수 있는 일이다. 아이들은 '아빠 엄마 놀이'를 하고 사이좋게 놀면서 지그시 서로 바라보거나, 또 성기를 자극하

는 일이 있을 수 있다. 문지기의 딸은 아직 대여섯 살밖에 안 되었지
만 어른의 성생활을 어느 정도 보아왔으므로 이 놀이에서도 마땅히 유
혹자의 역할을 하게 될 것이다. 이 놀이는 비록 오래 계속되지 않더라
도 두 아이에게 성흥분의 그 무엇을 충분히 눈뜨게 한다. 함께 노는
것을 그만둔 뒤 이삼 년 동안 성흥분은 줄곧 자위의 형태로 나타난다.
여기까지는 같지만 결국 두 아이는 매우 달라지게 된다.

　문지기의 딸은 아마 첫 월경이 시작될 때까지 자위를 계속하겠지
만, 그 후 아무런 힘도 들이지 않고 그 버릇을 버린다. 그리고 몇 해가
지나서 연인을 만들어 아기까지 낳았을지 모른다. 그리고 인생의 비
탈길을 헤매다가 결국 인기 예술가가 되어 마침내는 귀족의 부인이라
도 되었을지 모른다. 또는 그녀의 운명은 그리 화려한 것이 아니었을
지도 모른다. 아무튼 그 어릴 때의 성활동에 의해 아무 지장을 받지
않고, 노이로제에도 걸리지 않고 평생을 보낼 것이다.

　한편 집주인의 딸은 이와는 전혀 다르다. 그녀는 아직 어린아이인
데도, 벌써 자기가 좋지 않은 짓을 하지 않았나 하고 겁을 먹는다. 그
리고 몹시 고민한 끝에 가까스로 자위의 만족을 단념한다. 단념은 했
지만 소녀의 마음속 깊숙이 억압된 것이 줄곧 남는다. 처녀가 되어 인
간의 성교에 대해서 무슨 말을 듣게 되면 그녀는 입으로 표현할 수 없
는 무서움에 감싸여서 그런 이야기를 들으려 하지 않고 언제까지나 아
무것도 모르는 채 있고 싶다고 생각한다. 이제 그녀는 다시 고개를
든, 누를 수 없는 자위의 충동에도 아마 굴복하고 말 것이다. 처녀는
이 충동에 대해서 고백할 용기가 없다. 이윽고 성숙한 여자로서 남편
을 가져야 할 나이에 갑자기 노이로제가 폭발한다. 그 때문에 처녀는
결혼도, 인생의 행복도 다 헛된 것이 되어버린다. 분석을 통해서 이
노이로제를 간파하는 데 성공하면 이 교양있고 지성적이며 품위있는
처녀는 성충동을 완전히 억압해버리고 있다는 것, 그 성충동은 그녀
에게는 무의식이지만 그 소꿉동무와의 하찮은 체험과 결부되어 있다
는 것을 알 수 있다.

　같은 체험을 가졌는데도 두 소녀의 운명이 이렇게 다른 것은 한쪽
소녀의 자아는 또 한쪽 소녀에게는 나타나지 않은 발달을 더듬었기 때
문이다. 문지기의 딸에게는 성행위가 후일에도 그 어린 시절과 마찬

가지로 자연적인 것, 죄없는 것으로 보였다. 그런데 집주인의 딸은 교양의 영향을 받고 또 교육이 명하는 요청을 받아들였다. 그리고 그녀의 자아는 이 자아에 주어진 요청을 기초로, 여성의 순결과 무욕(無慾)이라는 이상을 만들어냈다. 그러나 성활동이라는 것은 이 이상에 합치하지 않는다. 즉 그녀의 자아는 도덕적으로나 지적으로나 높이 발달해 있기 때문에 그녀는 자기 성욕과의 갈등에 빠진 것이다.

오늘은 자아의 발달에 대해서 또 한 가지 점을 고찰하고 싶다. 왜냐하면 그것으로 넓은 시야가 펼쳐질 것이고, 그 결과가 바로 자아욕동과 성욕동 사이에 우리가 그어보고 싶어하는 뚜렷한——물론 당장 눈에 띄지는 않지만——경계선이 정당한 것임을 입증해주기 때문이다.

자아와 리비도의 두 발달과정을 고찰함에 있어서, 우리는 여태까지 조금도 그 가치가 인정되지 않았던 하나의 착안점을 미리 말해두어야겠다. 두 발달이 다 결국은 인류 전체가 그 원시시대부터 매우 긴 세월을 거쳐서 더듬어온 발달을 계승한 것이며, 그 발달을 단축하여 되풀이한 것이다. 리비도의 발달에는 이 '계통발생적(系統發生的)'인 유래가 뚜렷이 나타나 있다고 나는 생각한다. 어떤 동물의 생식기는 입과 가장 밀접한 관계가 있고, 다른 동물의 생식기는 배설기와 뚜렷이 분리되어 있지 않으며, 또 어떤 동물의 생식기는 운동기와 결합되어 있다는 것을 생각해주기 바란다. 이런 일들은 저 벨셰가 쓴 훌륭한 책에 흥미 깊게 씌어 있다(《자연의 애정 생활, 사랑의 진화사(進化史)》(1900년)를 말한다. 당시 독일의 베스트 셀러로 15만 부가 팔렸다고 한다. 해파리는 입과 생식기가, 오징어는 운동기와 생식기가 붙어 있는 것 등을 가리킨다). 여러분은 많은 동물에 있어서, 말하자면 모든 도착이 그 성적 체제에 깊이 뿌리 박혀 있는 것을 보게 될 것이다. 그런데 인간에 있어서는 계통발생적인 관점이 일부는 뚜렷하지 않다. 그것은 결국 유전된 것이라도 개체의 발달 중에 새로이 획득한 것이기 때문이다. 그리고 새로 획득하는 것은 아마 그 당시 획득하지 않을 수 없었던 상황과 같은 상황이 오늘에도 여전히 계속되고 있어서, 각 개체에 작용을 미치고 있기 때문일 것이다. 이 상황은 그 당시에는 새로운 것을 창작하도록 작용했지만, 오늘날에는 잠자고 있는 것을 깨우는 작용을 하고 있다고 나는 말하고 싶다.

그리고 이 밖에 앞에서 말한 각 개인의 발달과정은 외부에서 온 새로운 영향으로 자주 방해되고, 변경되고 있는 것은 확실하다. 그러나 우리는 인간에게 이와같이 발달을 강요시키고, 오늘날에도 발달의 방향으로 여전히 압력을 걸고 있는 힘을 알고 있다. 그것은 또한 현실의 거부다. 만일 우리가 그것에 정정당당한 이름을 붙인다면 생의 '필요', 즉 그리스어로 아낭케(필요, 폭력, 강제, 운명의 뜻이 있다)이다. 이 아낭케야말로 엄격한 교육자이며, 우리를 여러 가지로 변조시켰다. 노이로제 환자라는 것은 이 교육이 지나치게 엄격해서 나쁜 결과를 초래한 어린아이와 같은 것이다. 이는 어떤 교육이라도 피할 수 없는 일이다. '생의 필요'를 발달의 추진력으로서 위에서 말한 것처럼 평가했다고 해서, 우리는 '내적인 발달경향'——가령 어린 것이 존재한다면——의 의의를 경시하고 있는 것은 아니다.

그런데 성욕동과 자기 보존욕동이 현실의 궁핍에 대해서 똑같이 거동하지는 않는다는 것은 주목할 만하다. 자기 보존욕과 이 욕동에 결부되어 있는 모든 욕망은 훨씬 교육하기 쉽다. 자기 보존욕은 생의 필요에 순응하여 현실의 명령에 따라 발달하는 것을 빨리 배운다. 이런 것은 당연한 일이다. 왜냐하면 이 욕동은 그것이 필요로 하는 대상을 다른 수단으로는 구할 수 없기 때문이다. 그 대상이 없으면 개체는 죽어버려야 한다.

그런데 성충동 쪽은 교육하기 어렵다. 성충동에는 처음부터 대상 결핍이 없기 때문이다. 즉 성충동은 기생충처럼 육체의 다른 기능에 기생하여 자기 자신의 육체로 자기 성애적으로 만족을 얻는다. 그러므로 현실적 필요성이라는 교육적 영향과는 처음부터 인연이 없는 것이다. 이 성욕은 대개의 인간에 있어서는 한평생을 통해서 어느 점에서 보면 자기 본위적이고 남에게서 영향을 받기 어려운 특징, 즉 우리가 '무분별(無分別)'이라고 부르는 것을 줄곧 지속한다. 성적 욕구가 결정적인 강도에 달하면 청년에 대한 교육의 가능성도 대개 끝난다. 교육자는 이것을 알고 이 사실에 입각하여 행동한다. 그러나 교육자는 앞으로 정신분석의 결과에 영향을 받아 교육이 중점을 유아기로 옮기게 될 것이다. 흔히 사오 세에서 벌써 조그만 인간이 완성된다. 그리고 그 후는 그의 속에 숨어 있던 것이 서서히 겉으로 나타날 뿐이다.

　두 욕동군(欲動群) 사이의 이런 차이가 어떤 의미를 갖고 있는가를 충분히 평가하기 위해서 우리는 옆길로 벗어나 '경제적'이라고 부르기에 알맞는 하나의 고찰법을 소개해야겠다. 그 결과 우리는 정신분석 중에서 가장 중요하고, 그러나 유감스럽게도 가장 불분명한 영역에 발을 들여놓게 된다. 즉 우리의 '심적 장치(心的裝置)'의 작용에는 중요한 목적이 있느냐고 묻고 싶다. 그리고 이 질문에 대해, 그 목적은 쾌감의 획득을 향하고 있다고 대답하고 싶다. 우리의 심적 활동은 모두 쾌감을 찾고 불쾌를 피하는 방향으로 향하고 있으며, 그 활동은 자동적으로 쾌감원칙(快感原則—Lustprinzip)에 의해서 조정되고 있는 것 같다. 그런데 이 세상에 있는 모든 것에 대해서 쾌감과 불쾌를 일으키는 조건이 무엇인가를 알고 싶지만 우리는 아직 그에 대해서 아무것도 알고 있지 않다. 우리는 쾌감이 심적 장치 속에 있는 자극량의 감소, 저하, 소실과 아무튼 관계가 있으며, 한편 불쾌는 자극량의 증가와 관계있다고 주장할 뿐이다. 인간이 경험할 수 있는 최고의 쾌감, 즉 성교를 할 때의 쾌감을 연구하면 이 점은 완전히 분명해진다. 이와 같은 쾌감과정에서는 심적인 흥분, 혹은 심적 에너지의 양이 문제되므로 이런 종류의 고찰을 우리는 경제적 견지에서의 고찰이라고 부른다.

　우리는 심적 장치의 과제와 작용을 쾌감획득의 강조와는 다른 식으로, 또 그보다 훨씬 일반적으로 기술할 수 있다는 것을 깨닫는다. 심적 장치는 안팎으로 오는 자극량과 흥분의 강도를 제압하고, 그것을 처리하는 목적에 봉사할 수 있다. 성욕동은 그 발달의 처음부터 끝까지 쾌감획득이 목적인 것은 분명하다. 성욕동은 근원적인 기능을 변화시키지 않고 줄곧 갖고 있다. 자아욕동도 처음에는 이것과 같은 것을 목적으로 삼지만 필요성이라는 교육자의 영향 아래 곧 쾌감원칙을 변용해서 바꾸는 것을 배운다. 불쾌를 막는 임무는 자아욕동으로 봐서는 쾌감획득의 임무와 거의 맞먹는 가치가 있다. 자아는 직접 만족을 얻기를 단념하고 쾌감의 획득을 연기하며, 불쾌의 일부를 참고 어떤 쾌감의 원천을 완전히 포기하는 것도 부득이하다고 생각하게 된다. 이와같이 교육된 자아는 '이성적(理性的)'이 된다. 그리고 이제 쾌감원칙의 지배를 받지 않고 '현실원칙(現實原則—Realitatprinzip)'을 따르게 된다. 이 현실원칙도 결국은 쾌감을 지향하지만 그 쾌감은 비록 연기되고 감소된 것이라도 현실을 고려하고 보장하는 쾌감이다.

쾌감원칙에서 현실원칙으로 이행한다는 것은 자아의 발달에서 가장 중요한 진보의 하나가 된다. 우리는 성욕이 뒤늦게나마, 더욱이 내키지 않는 마음으로 자아의 발달의 이 단계에 달려 올라온 것을 이미 알고 있다. 그리고 성욕이 외부의 현실에 이렇게 든든하지 않은 관계로 결부되는 데 만족하고 있는 것이 인간에 어떤 결과를 가져다주는가를 여러분은 나중에 알게 될 것이다. 그러면 결론으로 이것과 관계있는 것을 또 하나 설명해두기로 한다. 인간의 자아가 리비도와 같은 발달사를 갖고 있다면 마땅히 '자아의 퇴행(退行)'이 있어야 할 것이라는 말을 들었다고 해서 여러분은 놀라지 않을 것이다. 그리고 자아가 이와같이 발달의 초기단계로 역행하는 것이 노이로제에서는 어떤 역할을 하는지 여러분은 알고 싶을 것이다.

스물세 번째 강의

증상 형성의 길

아마추어들은 증상이 병의 본질이며, 증상을 제거하면 병은 나은 거나 마찬가지라고 생각한다. 그런데 의사는 병과 증상을 구별하는 것이 중요하다고 생각하고, 증상을 제거해도 병은 아직 나은 것이 아니라고 말한다. 그러나 증상을 제거한 뒤에 남은 뚜렷이 병이라고 할 수 있는 부분은 새로운 증상을 만드는 능력뿐이다. 그러므로 우선은 이 아마추어의 관점에 서서 증상을 규명하는 것은 병을 이해하는 것과 마찬가지라고 생각하기로 한다.

증상——여기서는 물론 심적, 혹은 심리적 증상과 심적 병에 걸려 있음을 가리킨다——은 생활 전체로 봐서 해롭거나 또는 적어도 무익한 행위이며, 흔히 환자들이 불쾌한 것이라고 호소하고, 또 거기에는 불쾌감이나 고통이 결부되어 있다. 증상이 주는 중대한 손해는 증상 자체가 소비시키는 심정적 소모와 증상과의 싸움에 필요한 심정적 소모이다. 증상이 강하게 형성되면 이 두 소모 때문에 환자가 낼 수 있는 심적 에너지는 극히 적어지고, 그 결과 생활에 있어서의 중대한 활동은 모두 할 수 없게 되어버린다. 이와 같은 결말은 주로 위에서 말한 방법으로 빼앗긴 에너지의 양 여하에 달려 있으므로, 여러분은 '병'이라는 것이 원래 실용적인 개념이라는 것을 쉽게 알게 될 것이다. 그러나 여러분이 이론적인 입장에 서서 이 에너지의 양을 문제로 삼지 않는다면, 우리는 모두 병들어 있는 것과 같다. 즉 노이로제에 걸려 있다고 말할 수 있다. 왜냐하면 증상 형성의 조건은 정상적으로도 증명할 수 있기 때문이다.

우리는 이미 노이로제의 증상은 리비도가 새로운 종류의 만족을 찾을 때 생기는 갈등의 결과라는 것을 알고 있다. 적대관계에 있는 두 힘은 증상 속에서 다시 만나 증상 형성이라는 타협으로 화해한다. 그러므로 증상은 그만큼 저항력을 갖고 있는 것이다. 증상은 양쪽에서 지지를 받고 있다. 우리는 갈등에 관여하고 있는 양자 중의 한쪽은 현실에서 거부된 채워지지 않는 리비도이며, 이 리비도는 이제 만족을 얻는 다른 길을 찾지 않으면 안 된다는 것을 알고 있다. 설령 리비도가 거절된 대상 대신 다른 대상을 가질 준비가 되어 있더라도 현실이 여전히 이 소망을 받아들이지 않는다면 리비도는 결국 퇴행의 길을 걸어, 이미 극복한 체제 중의 어떤 단계로 되돌아가거나 아니면 옛날에 버린 대상의 하나로써 만족을 구하려고 노력할 것이다. 즉 리비도는 그것이 발달했을 때 이러한 장소에 남기고 온 고착에 의해서 퇴행의 길로 들어가고 만다.

그런데 도착에의 길과 노이로제에의 길은 뚜렷이 갈라져 있다. 이 퇴행이 자아의 반항을 불러일으키지 않으면 노이로제는 일어나지 않는다. 그리고 리비도는 정상적인 만족은 아니더라도 그 어떤 현실적 만족을 얻는 데 성공한다. 그러나 의식뿐 아니라 운동신경을 뜻대로 지배할 수 있고, 또 심적 욕구 실현에의 길도 뜻대로 할 수 있는 자아가 이 퇴행에 찬동하지 않으면 그때야말로 갈등이 생긴다. 리비도는 쾌감원칙의 요청에 합치한 에너지 배비(配備)의 출구를 찾아서 달아나려고 할 것이 틀림없다. 리비도는 자아에서 멀어지지 않으면 안 된다. 그러나 이와 같은 도피로는 리비도가 퇴행적으로 더듬고 있는 발달의 길에 고착하면 그때 비로소 주어진다. 그런데 이 고착은 자아가 전에 억압에 의해서 방어하려 했던 것이다. 리비도는 역류하면서 이 억압된 장소를 점거함으로써 자아와 자아의 법칙에서 벗어난다. 그리고 그때, 이 자아의 영향 아래서 받은 모든 교육도 모두 포기하기에 이른다.

리비도는 만족이 눈앞에 있는 한 온순하고 다루기 쉬운 것이다. 그러나 안팎으로부터의 거부(욕구 불만)라는 이중의 압력을 받고, 리비도는 순종하지 않게 되어 지나간 좋은 시절을 회상한다. 이것이 리비도의 근본적으로 변하지 않는 성격이다. 리비도가 에너지를 배비하려고 움직여가는 여러 표상(表象)은 무의식 체계에 속해 있어서 이 체계로서 만 가능한 과정, 특히 응축과 대치작용을 받는다. 여기서 꿈의 형성과 아주 닮은 관계가 이뤄진다. 즉 무의식적인 소망 공상의 충족이라고 할 수 있는 무의식으로 만들어진 잠재몽(潛在夢)이, 검열하는 의식적 (또는 전의식적)인 활동의 일부와 만나 이 검열활동과의 협정으로 타 협으로서의 현재몽(顯在夢)이 될 수 있도록 무의식 체계 중에서 리비 도를 대표하는 것도 전의식적인 자아의 권력을 고려하지 않으면 안 된다. 자아 중에서 고개를 쳐들기 시작한 리비도의 대표에 대한 반항 을 '역배비'(逆配備, Gegenbesetzung. 어떤 욕구가 의식에 떠오르지 않도 록 자아가 끊임없이 압력을 가하는 것. 반항은 그 발현이다)로서의 리비도를 쫓아 가며, 동시에 자기 자신의 표현도 될 수 있는 그 어떤 표현을 리비도 에 억지로 선택시킨다.

그 결과, 증상은 무의식적인 리비도의 소망 충족에 몇 겹이나 왜곡 된 유도체(誘導體)가 되고, 서로 모순되는 두 가지 뜻을 교묘히 택한 모호한 형태가 된다. 그러나 '꿈 형성'과 '증상 형성'과는 이 후자의 점에서만 다르다. 왜냐하면 꿈 형성 때의 전의식적인 의향은 수면을 계속시키고, 수면을 방해하는 것은 의식에 접근시키지 않는 것만을 목적으로 하고 있기 때문이다. 이 전의식적인 의도는 무의식적인 소 망 충족에 날카롭게 "안 돼, 들어가 있어!" 하고 말을 건네지는 않 는다. 이 전의식적인 의도가 이렇게 관대한 것은 자고 있는 사람은 전 혀 위험하지 않은 존재이기 때문이다. 즉 현실에의 출구는 수면상태 에 의해서 닫혀져 있기 때문이다.

갈등이라는 조건 아래서 리비도의 회피가 가능한 것은 고착이라는 것이 있기 때문이다. 고착이라는 이 퇴행적인 배비는 결국 억압을 우 회시켜 리비도를 방출(放出—Abfuhr)——또는 만족——시키게 되는 데, 그때도 역시 타협이라는 조건은 지켜지지 않으면 안 된다. 무의식 과 낡은 고착이라는 우회길을 지나서 리비도는 마침내 현실적인 만족 을 얻는 데 성공한다. 그렇기는 하나 이 경우의 현실적 만족은 극히 한정된 거의 알아볼 수 없을 정도의 것이다. 이 마지막 결말에 관련해 서 다시 두 가지 의견을 설명하게 해주기 바란다. 첫째로 여러분은 한 편에서는 리비도와 무의식이 또 한편에서는 자아의식과 현실이 처음 부터 밀접하게 결부되어 있었던 것에 주목해주기 바란다. 물론 이 양자는 처음부터 관계가 있었던 것은 아니다. 둘째로, 여기서 지금 말한 것과 앞으로 말하는 것은 모두 히스테리성 노이로제의 증상 형성에 관계하고 있다는 것을 머리에 넣어두기 바란다. 그런데 리비도는 억압의 돌파구를 만드는 데 필요한 고착을 어디서 발견하는 것일까? 리비도는 그 고착을 유아성욕의 활동과 체험 속, 즉 유아기에 버려진 부분욕동과 포기한 대상 속에서 발견한다. 말하자면 리비도는 그러한 것으로 되돌아간다. 그런데 이 유아기에는 이중의 뜻이 있다. 첫째는 어린이가 그 선천적인 소질과 더불어 갖고 태어난 욕동의 방향이 처음 모습을 나타냈다는 뜻이고, 둘째는 다른 욕동이 외적인 영향과 우연한 체험으로 눈뜨고 활동하기 시작했다는 뜻이다. 이와같이 둘로 나누는 것이 옳다는 것은 의문의 여지가 없다고 생각한다. 선천적인 소인이 밖으로 나타난다는 데는 아무 비판할 여지가 없지만, 분석 경험에 의하면 유아기의 순전히 우연적인 체험이 리비도의 고착을 뒤에 남긴다고 우리는 부득이 가정하지 않을 수 없다. 나의 주장에는 이론적인 난점 같은 것은 전혀 없다고 생각한다. 체질적인 소질은 확실히 오랜 옛날의 조상이 겪은 체험의 유물이며, 또 옛날에 획득된 것이다. 이와같이 획득물이 없다면 유전이라는 것은 없었을 것이다. 그리고 유전하는 이와 같은 획득물이 우리가 관찰하고 있는 현재라는 시대에서 갑자기 사라진다고는 좀처럼 생각할 수 없다. 하지만 조상의 체험이나 성년기의 체험을 중시하여 유아기의 체험의 의의를 별것 아닌 듯이 무시해버려서는 안 된다. 아니 반대로, 이 유아기의 체험이야말로 특별히 중시해야 할 일이다. 유아기의 체험은 중대한 결과를 남긴다. 왜냐하면 이 체험은 발달의 미완성 시기에 일어나기 때문이다. 그리고 바로 이 때문에 유아기의 체험은 외상적(外傷的)으로 작용하는 것이다. 로우흐(독일의 해부학자)나 다른 학자가 한 발육 메커니즘에 대한 연구에 의하면, 세포분열이 진행 중인 배자(胚子)를 바늘로 찌르면 중대한 발생 장애가 일어난다. 그런데 애벌레나 성숙한 동물에 같은 상해를 입힐 경우 아무 장애가 나타나지 않는다.

　그러므로 우리가 노이로제의 병인 방정식(病因方程式) 속에 체질적 인자의 대표로서 도입한 어른의 리비도 고착은 이제 두 가지 요인, 즉 유전적인 소질과 유아기 초에 획득한 소질로 분해된다. 도식이라는

것은 배우는 사람에게 이해되기 쉬우므로 이 관계를 하나의 도식으로
종합해본다.

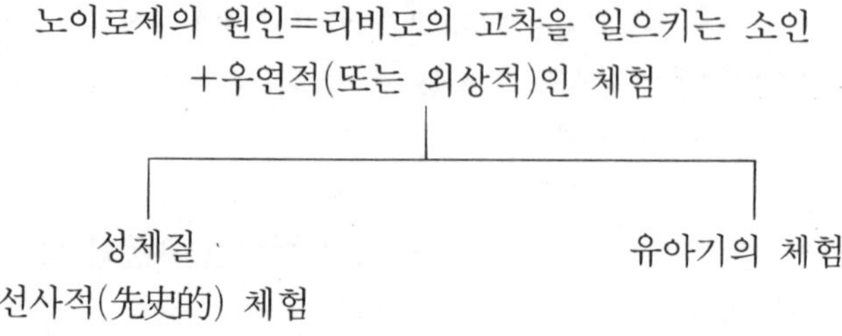

유전적인 성체질은 각종 부분욕동이 단독으로 또는 다른 부분욕동
과 결부하여 특별히 강해짐에 따라 갖가지 소질을 나타낸다. 성체질
과 유아기의 체험이라는 인자는 '상보적 계열(相補的系列)'을 다시
형성한다. 이 상보적 계열은 어른의 소질과 우발적인 체험 사이에서
우리가 처음 안 계열관계와 비슷하다. 어른이나 어린이나 마찬가지로
극단적인 증상 예를 볼 수 있고, 마찬가지 대리관계를 볼 수 있다. 여
기서 여러분이 리비도의 퇴행 중에서 가장 뚜렷한 것, 즉 성 체제의
초기단계로의 리비도의 퇴행은 주로 유전적 체질이라는 요인에 좌우
되고 있는 것은 아닐까 하는 의문을 갖는 것은 당연하다. 그러나 이
의문에 대한 대답은 여러분이 노이로제라는 질환의 많은 형을 고찰할
수 있게 될 때까지 미루는 것이 좋을 것이다.

그런데 분석적 연구에 의하면 노이로제 환자의 리비도는 그 환자의
유아기의 성체험과 결부되어 있음이 확실하다. 이 사실에 우리는 잠
시 머물러 있기로 하자. 이 견지에서 보면 유아기의 성체험은 인간의
생활과 병에 매우 중요하다는 인상을 받는다. 치료라는 점에서 보면
그 의의가 없어지는 일은 없다. 그러나 치료라는 작업에서 눈을 돌리
면 우리는 노이로제라는 병의 각도에서 생활을 너무 일방적으로 보고
있다는 오해를 받을 우려가 있다는 것을 깨닫는다. 리비도는 그 후일
의 지위에서 쫓겨난 뒤, 퇴행적으로 유아기의 체험으로 되돌아간다는
것을 생각하면 유아기의 체험의 의의는 역시 감소시켜보아야 한다.
그러나 거꾸로 리비도 체험은 유아기에는 전혀 중요하지 않았으나 퇴

행하여 비로소 중요해졌다는 결론은 참으로 그럴 듯하게 여겨진다. 여러분은 전에 오이디푸스 콤플렉스를 논했을 때 우리가 이와 같은 양자 택일에 대비해서 뚜렷한 태도를 정한 것이 생각날 것이다.

이 점을 결정하는 것은 이번에도 어렵지는 않다. 리비도의 퇴행이 유아기의 체험에 대한 리비도의 배비(配備)——즉 병인적 의의(病因的意義)——를 매우 강화시킨다는 주장은 어디까지나 옳다. 그러나 이 주장만이 유일하게 결정적인 것이라고 생각한다면 잘못일 것이다. 이 외에도 다른 것을 고려하지 않으면 안 된다.

관찰해보면, 첫째 유아기의 체험은 그 자체가 의의를 가지며, 유아기에서도 그 의의는 이미 증명되었다는 것을 똑똑히 배우게 된다. 실제로 소아 노이로제라는 것도 있다. 물론 소아 노이로제에서 시간적인 후퇴라는 요인은 매우 흐릿하거나 아주 탈락되어 있다. 즉 이 병은 외상적인 체험에 직접 이어서 일어난다. 이와 같은 소아 노이로제를 연구하면 마치 어린이의 꿈이 어른의 꿈을 이해하는 열쇠가 된 것처럼 어른의 노이로제에 대해서 착각하지 않게 된다. 그런데 어린이의 노이로제는 사람들이 생각하고 있는 것 이상으로 많다. 소아 노이로제는 버릇이 없다든가, 장난꾸러기의 표시로 잘못 판단되어 흔히 못 보고 말며, 육아(育兒)의 대가(大家)조차도 문제로 삼지 않는다. 그러나 후일에 돌이켜보면 금방 깨닫는 일이다. 소아 노이로제는 대개 불안 히스테리의 형태로 나타난다. 이 '불안 히스테리'에 대해서는 다른 기회에 이야기하기로 한다. 후일에 노이로제는 직접적인 계속이라는 것을 알 수 있다. 그러나 앞에서 말한 것처럼 이 소아 노이로제가 중단되지 않고 고질병처럼 한평생 줄곧 계속되는 수가 있다. 극히 적은 예에 지나지 않지만, 우리는 현실적으로 병에 걸려 있는 상태의 어린이를 대상으로 소아 노이로제를 분석할 수 있었다. 그러나 우리는 성년기에 노이로제에 걸린 환자에게서 얻은 지식을 기초로, 소아 노이로제에 대한 견해를 얻는 데 만족하지 않으면 안 되는 경우가 훨씬 많았다. 이때 우리는 정정하고 주의하는 것을 게을리해서는 안 된다.

둘째, 리비도를 이토록 소아기로 끌어당기는 것이 거기에 없는데도 리비도가 언제나 이 소아기로 퇴행하는 것은 정말 모를 일이라고 말할 사람이 있을 것이다. 발달 도상의 어떤 곳에의 고착——우리는 이렇게 가정하고 싶다——이라는 것은, 리비도 에너지의 어느 일정량이 그 장소에 고정되는 일이라고 생각할 때만 이 고착이라는 말이 내용을 갖게 된다.

마지막으로 유아기와 후일의 체험의 강도와 병인적(病因的)인 의의 사이에는 마치 우리가 앞에서 연구한 계열과 같은 상보적 관계가 있다는 것을 여러분에게 지적해두고 싶다. 병인의 모든 중심이 유아기의 성체험에 걸려 있는 증상 예가 있다. 이 경우, 성체험의 인상은 확실히 외상적인 작용을 발휘한다. 그리고 이것을 보충하는 것으로서는 보통의 성체질과 미숙함에서 생기는 것뿐이다. 이와 같은 증상 예와 나란히 후일의 갈등에 역점이 놓여지는 증상 예도 있다. 이 경우, 분석에서는 유아기의 체험이 강조되어도 그것은 퇴행의 결과로 생긴 것처럼 여겨진다. 그러므로 '발달의 정지'와 '퇴행'의 두 양극이 있고, 두 양극 사이에서 이 두 요인이 갖가지 정도로 함께 작용하고 있는 것이다.

이것은 어린이의 성 발달에 일찍 간섭하여 노이로제를 예방하려고 기도하는 교육학에 있어서는 얼마쯤 흥미가 있을 것이다. 사람들이 유아기의 성체험에만 주의를 기울이고 있는 한, 성의 발달을 늦추게 하거나 어린이가 이런 체험을 하지 못하게 하면 노이로제 예방에는 만전책을 강구한 셈이 된다. 그러나 우리는 이미 노이로제를 일으키는 조건은 복잡해서 단 하나의 인자를 고려하는 것만으로는 일반적으로 뜻이 없다는 것을 알았다.

유아기의 엄격한 예방은 오히려 예방의 가치를 잃는다. 왜냐하면 이와 같은 예방은 체질적인 인자에 대해서는 무력하기 때문이다. 그리고 교육가가 상상하는 것만큼 이와 같은 예방은 쉽게 실행되지 않는다. 또 이와 같은 예방은 반드시 두 가지 새로운 위험을 수반하는데 그 위험을 경시해서는 안 된다. 첫째, 예방의 도가 지나칠는지 모른다. 즉 이와 같은 예방은 성의 억압을 조장하는데, 이거야말로 해로운 결과를 가져오는 것이다. 둘째, 어린이는 이와 같은 예방 때문에 사춘기에 마땅히 찾아오는 성욕의 습격에 대해서 아무런 저항력도 없이 인생에 내보내진다는 위험이 있다. 그러므로 유아기의 예방이 얼마나 유효한가는 정말로 의심스럽고, 또 현실에 대한 태도를 바꾸는 것이 노이로제를 예방하는 데 있어서 과연 뛰어난 수단이라고 할 수 있는지는 쉽게 단정할 수 없다.

그러면 증상문제로 되돌아가기로 하자. 증상은 이를테면 거부된 만족을 더 옛 시기로 리비도를 퇴행시킴으로써 대상(代償)하는 일이다. 대상 선택의 초기단계나 혹은 체제의 초기단계와 끊을래야 끊을 수 없는 어린시절로 리비도가 퇴행하기 때문에 증상은 만족의 대용품이 되는 것이다. 우리는 이미 노이로제 환자는 그의 과거의 어느 시기인가에 고착되어 있는 것이라고 말했다. 이제 그 과거의 어느 시기란 리비도가 만족을 얻고 있었던 시기, 즉 리비도가 행복했던 시기라는 것을 알 수 있다. 환자는 오랫동안 자기의 생활사(生活史) 속을 뒤진 끝에 마침내 그와 같은 행복한 시대를 발견한다. 어떤 경우엔 유아기로까지 거슬러올라가야 한다. 그는 그 시대를 회상하는 것처럼 보이고, 또 후일의 사건에 자극을 받아 그 시대를 공상하고 있는 것처럼도 보인다.

그러나 아무튼 증상은 그 유아식 만족을 얻는 방법을 되풀이한다. 그리고 그 만족은 갈등에서 생긴 검열에 의해서 왜곡되고, 대개 고통스러운 감각으로 바뀌어 있으며, 또 발병의 유인(誘因) 요소와 뒤섞여 있다. 증상이 가져다주는 만족의 종류는 매우 기묘한 것이다. 이 만족은 당사자가 깨닫지도 못하는 것이며, 오히려 당사자는 우리가 만족이라고 말하는 것을 고통으로 느끼고, 또 고통으로 호소한다. 그러나 우리는 여기서 눈을 돌리자. 이렇듯 만족이 고통으로 바뀌는 것은 증상을 낳는 압력이 된 심적 갈등 때문이다. 일찍이 개체로 봐서 만족스러웠던 것이 현재는 그의 저항이나 혐오를 일깨울 것이 틀림없다.

이와 같은 감각의 변화에 대해서 우리는 그다지 눈에 띄지 않으나 교훈에 찬 실례를 알고 있다. 이를테면 어머니의 유방에서 탐스럽게 젖을 먹은 아이도 이삼 년이 지나면 보통 밀크에 심한 반감을 나타낸다. 이것은 교육으로도 극복하기 힘들다. 만일 밀크라든가 밀크가 든 음료에 얇은 껍질이 덮여 있으면 이 반감은 혐오로까지 높아진다. 이와 같은 껍질이 옛날에 몹시 갖고 싶어한 어머니의 유방을 상기시켰다는 것은 아마 부정할 수 없을 것이다. 그 속에 이유(離乳)라는 외상적으로 작용한 체험이 섞여 있음은 물론이다.

그리고 또, 증상을 주목할 만한 것이라고 하여 그 증상을 리비도를 만족시키는 수단으로 해석하지 못하도록 여기게 하는 다른 것도 있다. 증상은 보통 만족이라고 부르는 것을 우리에게 조금도 상기시키지 않는다. 증상은 대개 대상에서 완전히 독립해 있고, 또 외적인 현실과의 관계를 포기한다. 우리는 이것을 현실원칙을 버리고 쾌감원칙으로 돌아간 결과라고 생각하지만, 그것은 또 넓은 뜻으로 일종의 자기성애로 돌아가는 일이기도 하다. 자기성애는 실로 성욕에 처음으로 만족을 준 것이다. 자기성애는 외계에 변화를 일으키는 대신 육체에 변화를 일으킨다. 즉 외적 활동 대신에 내적 활동, 행동 대신에 적응을 가져온다. 이것은 또한 계통발생적 견지에서 보아 매우 중요한 퇴행현상과 합치한다. 우리가 증상 형성에 대한 분석적 연구에서 앞으로 배워야 하는 새로운 사실과 결부시킬 때 비로소 이것을 뚜렷이 이해할 수 있을 것이다.

그리고 우리는 증상 형성 때는 꿈 형성의 경우와 같은 무의식 과정, 즉 응축과 치환(置換)이 공동으로 작용하고 있는 것을 상기한다. 증상은 꿈과 마찬가지로 실현된 그 무엇, 어떤 종류의 유아성의 만족을 묘사하고 있는데, 이 만족은 극단적인 응축작용 때문에 단 하나의 감각 또는 신경지배로 압축되어버리며, 또 극단적인 치환작용 때문에 이 만족은 리비도적 복합체 전체의 극소 부분에만 한정되어버린다. 그러므로 예상되고 또 언제라도 입증되는 리비도의 만족을 증상 속에서 발견하기 어려운 일이 많더라도 전혀 놀랄 것은 없다.

우리는 아직도 어떤 새 사실을 배워야 한다고 여러분에게 아까 말했다. 이 새 사실은 확실히 놀랄 만한 것이고, 우리를 당황케 하는 것이다. 여러분도 알 듯이 증상의 분석으로 우리는 리비도가 고착되어 있다는 것과 증상을 일으킨 유아기 체험에 관한 것을 알았다. 그런데 놀랄 만하다는 것은 유아기의 이 장면은 반드시 진실한 것이 아니라는 점이다. 대부분의 경우 확실히 진실한 것이 아니고, 어떤 경우는 역사적 진실과 정반대이다. 진실이 아니라는 이 발견만큼 이런 결과를 가져다준 정신분석의 신용을 떨어뜨리거나, 또는 분석과 노이로제에 관한 이론의 토대가 된 환자의 진술의 신빙성을 떨어뜨리는 것은 없다고 여러분은 생각할 것이다.

　그러나 다시 이 밖에 우리를 매우 당황케 하는 것이 있다. 만일 분석으로 밝혀진 유아기 체험이 언제나 현실의 것이었더라면 우리는 튼튼한 기반 위를 걸어왔다는 느낌을 가질 것이다. 그런데 유아기 체험이 환자가 지어낸 것이며 공상이라는 것을 알게 되면 우리는 이 흔들리는 불안정한 기반을 버리고 더 튼튼한 장소로 피난하지 않으면 안될 것이다. 그러나 그 어느 쪽도 아니다. 오히려 분석으로 구성되었거나, 혹은 분석 중에 생각난 유아기 체험은 어떤 때는 의심할 것도 없이 지어낸 이야기고, 어떤 때는 확실한 사실이며, 대개의 경우는 진실과 거짓말을 혼합한 것임을 알 수 있다. 그러므로 증상은 어떤 때는 실제로 있었던 체험의 묘사이며, 그 체험이 영향을 미쳐서 리비도가 고착한 것이라고 말해도 좋다. 또 어떤 경우는 병인적(病因的)인 의의를 아무것도 갖고 있지 않은 환자의 공상을 묘사한 것이다. 여기서 나아갈 길을 발견하기는 어렵다. 그러나 이것과 비슷한 발견 속에 아마 최초의 단서가 있을 것이다. 즉 인간이 옛날부터, 아직 아무런 분석도 하기 전부터 의식에 갖고 있었던 따로따로 분리된 어린시절의 기억은 이것과 마찬가지로 가짜거나, 아니면 적어도 많은 진실과 거짓말을 혼합한 것이다. 이 경우 어린시절의 기억이 진짜가 아닌 것을 지적하는 것은 그리 어렵지 않다. 그러므로 지금과 같은 뜻밖의 실망은 분석의 책임이 아니라 어느 점에서 환자의 책임이라고 생각하면 조금은 마음이 풀린다.

　조금만 생각해보면 무엇이 사태를 이렇게 복잡하게 만들었는지 알 수 있다. 현실을 경시하고 현실과 공상의 구별을 등한히했기 때문이다. 이런 환자의 지어낸 이야기를 열심히 연구한다는 것은 모욕도 이만저만이 아니라는 기분이 든다. 우리에게는 현실과 지어낸 이야기는 하늘과 땅만큼 다르다는 생각이 든다. 그리고 우리는 현실과 지어낸 이야기를 아주 다른 식으로 평가하고 있다. 아무튼 환자 또한 정상적으로 생각할 때는 이것과 동일한 견지를 갖는다. 만일 환자가 결국은 소망하고 있는 상황──그것은 증상 배후에 있으며, 더욱이 유아기 체험의 묘사이다──인 재료를 들고 나올 때 우리는 물론 처음에는 그 재료가 과연 현실의 것인지 공상의 산물인지 분간하지 못한다. 나중에야 어떤 특징으로 어느 쪽이라고 정할 수 있다. 그리고 우리는 환자에게도 이 결정을 알리는 작업을 시작한다. 그러나 이것을 어느 환자에게나 쉽게 할 수는 없다.

만일 우리가 마치 모든 민족이 잊어버린 원시시대를 감싸듯이 당신은 어린시절의 역사를 감싸려 지금 바야흐로 공상을 펼치려 하고 있다고 처음에 솔직히 일러주면, 이 주제를 더 깊게 추구하려 하고 있던 환자의 관심이 뜻밖에도 갑자기 식어버리는 것을 깨닫는다. 환자도 사실을 알고 싶어하며, '공상의 산물'을 경멸한다. 그런데 연구의 이 부분이 해결될 때까지 "우리는 당신이 어릴 때 실제로 일어난 일을 연구하고 있는 것입니다." 하고, 그가 믿도록 해두면 환자는 나중에 우리의 착각을 비난하고 우리가 속기 쉬운 것을 비웃게 된다. 공상과 현실을 같은 계열에 두고 지금 문제로 삼고 있는 유아기 체험이 그 중의 어느 쪽에 속하는가 따위는 당장은 개의할 필요가 없다는 제안을 환자가 납득하려면 오랜 시간이 걸린다. 그러나 이 제안이야말로 분명히 심적인 산물에 대한 오직 하나의 옳은 태도이다. 심적인 산물도 또한 일종의 현실성을 갖고 있다. 환자가 이와 같은 공상을 창작했다는 것은 역시 하나의 사실이다. 그리고 이 사실은 노이로제에 있어서는 환자가 이 공상의 내용을 실제로 체험한 경우에 못지않는 의의를 가지고 있다. 이와 같은 공상은 물질적 현실성(物質的現實性—materielle Realität)에 대한 심리적 현실성(心理的現實性—psychishe Realität)이다. 그리고 우리는 노이로제의 세계에서는 심리적 현실성이 결정적인 것임을 차차 깨닫게 된다. *

노이로제 환자의 어릴 때 생활사 속에 언제나 되풀이되고, 거의 예외없이 볼 수 있는 사건 중에서 두세 가지 특별히 중요한 것이 있다. 그러므로 나는 다른 사건 이상으로 이 사건들을 가치있는 것으로 간주한다. 이런 사건의 견본으로서 부모의 성교(性交)의 목격, 어른에 의한 유혹, 거세 위협(去勢威脅)의 세 가지를 들겠다. 이와 같은 사건들은 결코 물질적 현실성이 아니라고 가정하는 것은 큰 잘못일 것이다. 이것과 완전히 반대로 나이 먹은 가족들을 조사해보면 이와 같은 사건이 있었다는 것을 흔히 뚜렷이 증명할 수 있다. 이를테면 자기의 음경을 만지작거리기 시작하며 그런 짓을 사람들 앞에서 하면 안 된다는 것을 아직 모르는 어린이에게 부모나 보모가 '그런 짓을 하면 고추를 떼어버릴 테야'라는가, '그런 짓을 한 손은 잘라버릴 테야' 하고 위협하는 일이 흔히 있다. 나중에 물어보면 부모는 이런 일이 흔히 있었다는 것을 인정한다. 왜냐하면 그들은 이와 같은 위협이 가장 좋은 방법이라고 믿기 때문이다. 많은 사람들은 이 협박을 정확히 의식적으로 기억하고 있다. 좀 나이가 든 뒤에 이런 위협을 받으면 아주 똑똑하게 기억한다. 어머니나 다른 여자가 이와같이 위협할 때는 아버지가 안 된다고 했다든가, 의사의 명령이라든가 하며, 보통 다른 사람 탓으로 돌린다. 프랑크푸르트의 소아과 의사 호프만(1800~94. 아동문학 가로서도 유명하다)──이 사람은 유아기의 성적 콤플렉스나 그 밖의 콤플렉스에 대해서 조예가 깊어 세상에 이름이 났다──이 쓴 유명한 《더벅머리 페티》라는 책 속에서 여러분은 손가락을 '빠는 것'을 그만두지 않는 벌로서, 거세 대신 엄지손가락을 자르는 것으로 완화되어 대치된 것을 볼 수 있을 것이다.

그러나 노이로제 환자를 분석했을 때 발견되는 것만큼 자주 거세 위협이 어린아이에게 가해지는 일은 있을 수 없을 것이다. 어린이는 남의 암시나, 자기성애적인 만족이 금지되어 있다는 지식이나, 여성 성기를 발견했을 때 받은 인상을 토대로 이와 같은 위협을 공상 속에서 구성한 것이라고 생각하고 우리는 만족하고 있다.

이것과 마찬가지로 물론 어린이의 이해나 기억은 믿을 수 없다고 하지만, 지체가 높고 가풍이 엄한 가정의 어린이라도 부모나 어른의 성교를 보았을지도 모른다고 생각하는 것은 결코 부당하지 않다. 그리고 후년에 어린이가 이 인상(印象)의 뜻을 깨닫고, 이 인상에 반응하는 것은 부정할 수 없다. 그러나 만일 어린이가 성교를 관찰할 수 없는 세밀한 데까지 자세히 설명한다면, 또는 어린이가 뒤에서의 성교 즉 동물형 성교(more ferarum)라고 말한다면──이렇게 말하는 일은 매우 많다──이 공상은 동물(특히 개)의 교미를 관찰한 데 기인하고 있으며, 그 공상의 동기가 사춘기의 채워지지 않는 들여다보고 싶은 욕망(호기심)에서 나왔다는 것은 이제 의심할 여지가 없다.

이런 종류의 공상 속에서 제일 극단적인 것은 자기가 아직 태어나지 않고 어머니의 태내에 있을 때 부모의 성교를 보았다는 공상이다. 특히 흥미있는 것은 유혹을 받았다는 공상이다. 왜냐하면 이것은 공상이라기보다 차라리 현실의 기억이기 때문이다. 다행인 것은 분석의 결과를 잠깐 들여다보면 이 공상이 모두 현실에 있었던 것 같으나 대부분은 현실에 있었던 것이 아니다. 자기보다 나이 위인 어린이라든가 같은 또래의 어린이에게 유혹받는 편이 어른에게 유혹받는 경우보다 언제나 많다. 어릴 때 이야기 속에 이런 사건을 들고 나오는 여자아이의 경우, 아버지가 틀림없이 유혹자가 되어 나타날 때는 이와 같이 아버지에게 죄를 덮어씌우는 이 공상적 성격도, 또한 아버지에게 죄를 덮어씌우게 만드는 동기도 뚜렷이 알 수 있다. 어린이는 언제나 유혹 공상——현실에서는 유혹 같은 것이 없는데도——으로 자기 성활동의 자기성애적인 시기를 감싸서 감추는 것이 통례이다. 어린이는 자기가 연모하던 대상을 초기 유아시대로 소급하여 공상함으로써 자위에 대한 수치심에서 벗어나는 것이다.

아무튼 어린이가 자기와 가장 가까운 친척 남자에게 성적으로 유혹받았다고 말할 때는, 그것은 공상의 나라에서 본 것이라고 여러분은 믿어서는 안 된다. 대개의 분석가는 이와 같은 일이 현실에 일어나서 그것을 한 점의 의혹도 남지 않을 만큼 확증할 수 있었던 환자를 치료한 일이 있다. 그러나 그때도, 이런 일은 유아의 맨 나중에 시기에 속에 있다가 유아기로 옮겨진 것에 지나지 않는다.

이와 같은 소아기의 사건은 아무튼 어린이에게는 꼭 필요했던 것이며, 또 노이로제의 부동성분($不動成分$)이라는 인상만을 여러분은 받았을 것이다. 이와 같은 사건이 현실에 있었다면 할 말이 없지만, 현실에 없었다면 그것은 암시에 의해서 만들어지고, 공상으로 보충된 것일 것이다. 결과는 어느 쪽이라도 마찬가지다. 우리는 공상, 또는 현실이 이와 같은 소아기의 사건 속에 큰 비중을 차지하고 있더라도, 현실이나 공상이나에 따라서 그 결과에 어떤 차이가 생기는가를 증명하는 데 아직은 성공하고 있지 않다. 여기에도 또한, 몇 번이나 말한 그 상보적 관계의 하나가 있다. 물론 이 상보적 관계는 우리가 배운 것 가운데서 가장 기괴한 것이다. 그러면 이런 공상에 대한 욕구와 그 공상을 만드는 재료는 어디서 온 것일까? 이러한 것이 욕동의 원천에서 나와 있다는 것은 의심할 것도 없지만, 같은 공상이 같은 내용을 가지고 만들어진다는 점은 설명되지 않으면 안 된다. 나는 이에 대해서 하나의 대답을 미리 마련해놓고 있다. 내 대답을 들으면 아마 여러분은 그 대담성에 놀랄 것이다. 물론 다른 이름이 몇 가지 있을지 모르지만, 나는 이것을 근원적 공상(根源的空想—Urphantasien)이라고 부르고 싶다. 이 근원적 공상은 계통발생적 소산이라고 생각한다. 개체(個體)는 자기 자신의 체험이 너무나 발육부전(發育不全)인 채로 있을 때 자기 자신의 체험을 뛰어넘어 이 근원적 공상에 의해서 원시 시대의 체험으로 들어가는 것이다. 오늘의 분석으로 우리에게 공상이라는 형태로 이야기되는 것은 모두, 이를테면 어린이를 유혹하는 것, 부모의 성교를 보고 성흥분이 일어난 것, 거세 위협 또는 거세 등은 원시 시대에 인간의 가족에게 한 번은 현실적으로 있었던 것이라는 것, 또 공상을 마음대로 하는 어린이는, 개인적인 진실 체험의 틈바구니를 선사적(先史的)인 진실의 체험으로 메꾸고 있는 데 지나지 않는다는 것, 이와 같은 일은 나에게는 어디까지나 사실 같은 기분이 든다. 노이로제의 심리학에는 다른 모든 원천보다 더 많은 인류 발달사의 유물이 보존되어 있는 것이 아닐까 하고 우리는 재삼 의심하게 되었다.

　여러분! 이상 말한 것 때문에 우리는 아무래도 '공상(空想)'이라고 이름 지어진 정신활동의 발생과 의의를 더 깊게 연구하지 않을 수 없게 되었다.

　여러분도 알 듯이 심적 생활에 있어서의 공상의 위치는 밝혀져 있지 않다. 그러나 공상이라는 것은 일반적으로 높은 평가를 받고 있다. 나는 여러분에게 이 점에 대해서 다음과 같이 말할 수 있다. 여러분도 알다시피 인간의 자아는 외계의 필요성의 작용을 받아 차츰차츰 현실을 존중하고 현실원칙에 따르도록 교육받지만, 그때 자아의 쾌감 추구——성적인 것만은 아니다——의 갖가지 대상과 목표를 일시적으로나 혹은 영구적으로 포기하지 않으면 안 되었다. 그런데 쾌감 추구를 포기한다는 것은 인간에게는 언제나 어렵다. 일종의 대상(代償)이 없다면 인간은 쾌감 추구를 완전히 버리지 못한다. 그러므로 인간은 하나의 심적 활동을 보류해놓고 있었다. 그리고 이 심적 활동 속에서는 그 포기한 쾌감의 원천과 버려진 쾌감 감수의 방법을 오랫동안 존속하도록 허용된 것이다. 바꾸어 말하면 우리가 현실성의 음미라고 부르는 것과 현실의 요구로 전혀 속박되지 않는 존재의 한 형식을 갖도록 허용된 것이다. 어떤 욕구도 금방 충족된 표상(表象)의 형태를 갖는다. 공상에 의한 소망 충족에 시간을 소비하는 것은 그것이 현실적인 것이 아님을 비록 뚜렷이 알고 있더라도 어떤 만족감을 주는 것은 의심할 여지가 없다. 그러므로 인간은 공상이라는 활동 속에서 현실에서는 오랫동안 단념해온 외적 속박으로부터의 자유를 향락하는 것이다.

이리하여 인간은 마침내 어떤 때는 쾌감을 구하는 동물, 어떤 때는 지성적 존재가 번갈아 될 수 있게 되었다. 인간은 현실에서 쟁취해온 얼마 안 되는 만족만으로는 아무래도 모자란다. "일반적으로 보조 구성(補助構成)이 없으면 잘 되지 않는 법이다."라고 일찍이 폰타네$\left(\begin{smallmatrix}\text{Fontane. 1819} \sim \\ \text{1898. 독일의 소설가}\end{smallmatrix}\right)$가 말한 적이 있다. 공상이라는 마음의 나라의 창조물은 농업, 교통, 공업 때문에 지금 바야흐로 지구의 원시적인 면모가 순식간에 흔적도 없이 사라져버리려 하고 있는 곳에 만들어진 '보호림(保護林)'이나 '자연보호 공원'과 같다. 거기서는 본디 모습을 볼 수 있다. 자연보호 공원은 옛 상태를 그대로 간직하고 있지만 그 밖의 곳에서는 유감스럽게도 필요에 의해서 그런 옛 상태는 희생되어버렸다. 거기서는 모든 것이 소용없는 것도 해로운 것도 제멋대로 무성하게 자라고 있다. 공상이라는 마음의 나라도 현실원칙의 속박을 벗어난 이와 같은 보호림이다.

공상의 가장 잘 알려진 산물은 우리가 이미 말한 이른바 '백일몽(白日夢)'이다. 그것은 야심적 소망, 과대망상적 소망, 에로틱한 소망 등의 관념적 만족이다. 현실이 체념과 인내를 강요하면 할수록 이와 같은 소망은 점점 더 무성해진다. 공상이라는 행복의 본질, 즉 현실의 동의를 얻지 않더라도 쾌감을 다시 획득할 수 있다는 것은 이 백일몽 속에 뚜렷이 나타나 있다. 이와 같은 백일몽이야말로 밤의 꿈의 핵심이며 표본이라는 것을 우리는 알고 있다. 밤의 꿈이란 결국 밤이 되어 욕동작용이 자유로이 되었기 때문에 활동하기 시작한 백일몽, 또는 야간 형식의 심적 활동에 의해서 왜곡된 백일몽 바로 그것이다. 우리는 이미 백일몽도 또한 반드시 의식적이 아니라도 되며 무의식적인 백일몽도 존재한다는 생각에 익숙해졌다. 이와 같은 무의식적인 백일몽은 밤의 꿈의 원천이며, 동시에 노이로제 증상의 원천이다.

공상이 증상 형성에 어떤 의의를 갖고 있느냐 하는 것은 다음의 보고로 분명해질 것이다. 우리는 거부〔挫折體驗〕가 생겼을 경우, 리비도가 퇴행(退行)하여 옛날에 비워둔 장소를 점검하며 그 장소에는 어떤 양의 리비도가 아직도 정착되어 남아 있다고 앞에서 말했었다. 우리는 이 이야기를 취소하거나 정정할 생각은 없지만 하나의 중간항(中間項)을 삽입하지 않으면 안 된다. 리비도는 어떻게 하여 이 고착점으로 되돌아가는 길을 발견하는 것일까? 그런데 포기되었다는 리비도의 대상이나 방향은 어떤 의미에서 아직도 포기되고 있지 않다. 그 대상과 방향, 혹은 그러한 것들의 파생물은 어떤 강도를 가지고 아직도 공상표상(空想表象) 속에 살아 있다. 그러므로 억압된 모든 고착에의 길을 트려면 리비도가 공상으로 물러나기만 하면 된다. 이 공상은 어떤 종류의 인내를 즐기고 있었던 것이다. 이 공상과 자아 사이에는 비록 심한 대립이 있더라도 어느 일정한 조건이 엄수되고 있는 한 양자 사이에 갈등은 일어나지 않는다. 이 조건은 양적(量的)인 성질의 것이다. 그런데 이 조건은 이제 리비도가 공상으로 역류함으로써 방해당한다. 리비도의 보급 때문에 공상에의 에너지 배비(配備)는 높아지고, 그 결과 공상의 요구는 많아지고 현실화 방향으로 심한 충동을 일으킨다. 그러나 이 때문에 공상과 자아 사이의 갈등은 피할 수 없게 된다. 공상이 이전에 전의식적(前意識的)이었건 의식적이었건 간에 이제 공상은 자아 쪽의 억압에 지고 또 무의식 쪽의 인력에 끌린다. 이리하여 리비도는 이제 무의식이 된 공상에서 무의식 속에 있는 공상의 근원, 즉 리비도 자체의 고착점으로 되돌아가는 것이다.

리비도가 공상으로 되돌아가는 것은 증상 형성에 이르는 길의 중간단계다. 이 단계는 특별한 이름을 붙일 가치가 있을 것이다. 융이 이에 대해서 '내향(內向－Introversion)'이라는 매우 적절한 이름을 지어주었다. 그러나 융은 이 이름을 적절하지 않은 다른 뜻에도 사용했다. 우리는 내향이라는 말을 리비도가 현실적인 만족의 가능성을 포기하고, 지금까지 무해한 것으로서 너그럽게 보아온 공상에 그 에너지를 지나치게 배비한다는 뜻으로 사용하고 싶다.

내향자(內向者)는 아직 노이로제 환자는 아니지만 그러나 어떤 불안정한 상태에 있다. 따라서 정체되어 있는 리비도를 위해서 다른 배출구를 발견하지 못한다면 균형이 조금만 깨져도 증상이 발생하지 않을 수 없을 것이다. 이에 반해서 노이로제적 만족의 비현실적 성격과 공상과 현실의 차이가 없다는 것은 내향의 단계에 걸음을 멈추면 벌써 얻을 수 있는 것이다.

이 마지막 논의에서 내가 병인론(病因論)의 연쇄의 구성 속에 하나의 새로운 인자(因子), 즉 지금 문제로 삼고 있는 에너지의 양, 에너지의 크기를 삽입한 것을 여러분은 아마 깨달았을 것이다. 우리는 이 인자를 앞으로 어디서나 고려해야 한다. 병인론적 조건을 순전히 질적(質的)으로 분석하는 것만으로는 충분치 않다. 다른 표현을 빌리면 이러한 심적 과정을 단지 '역동적(力動的)'으로 파악하는 것만으로는 부족하다. 여기에다 '경제적'인 관점이 필요하다. 두 욕망 사이의 갈등은 비록 내용적인 관계가 오래 전부터 있었더라도 에너지의 배비가 어느 강도에 도달하지 않으면 폭발하지 않는다고 우리는 말하지 않을 수 없다. 이와 마찬가지로 체질적 인자가 병원적(病原的) 의의를 가지는지 어떤지는 소질 속에 있는 하나의 부분욕동이 다른 부분욕동보다 훨씬 많으냐 적으냐에 따라서 정해진다. 모든 인간의 소질은 질적으로는 같은 종류이지만, 이 양적 단계에 있어서만 각기 다르다고 생각할 수 있다.

노이로제에 대한 저항력으로 봐서는 이 양적인 요인은 상당히 결정적인 것이다. 그것은 사람이 사용하지 않았던 리비도 중에서 '어느 정도의 분량'을 어느 쪽에도 관련없는 상태대로 갖고 있을 수 있느냐, 또 리비도의 '어느 정도의 부분'을 성적인 것에서 분리시켜 승화(昇華)의 목적으로 돌릴 수 있느냐에 달려 있다. 질적으로는 쾌감을 얻고 불쾌를 피하려고 하는 노력이라고 기술되는 심적 활동의 최종 목적도 경제적인 관점에서 보면 심적 장치 속에 작용하고 있는 흥분량을 극복하고 불쾌를 낳는 흥분량의 정체(停滯)를 막는 사명이라고 표현할 수 있다.

나는 노이로제에 있어서의 증상 형성에 대해서 여러분에게 많은 것을 이야기하고 싶었다. 그러나 여기서 이야기한 것은 모두 히스테리의 증상 형성에 관한 것뿐이라고 다시 한 번 역설한다. 강박 노이로제

의 경우에도 근본 원칙은 마찬가지지만 많은 점에서 히스테리와는 다
르다. 욕망의 요구에 대한 역배비(逆配備) —— 이에 대해서는 히스테
리 대목에서도 말했지만 —— 는 강박 노이로제에서는 더 강하게 나타
나서 이른바 '반동형성(反動形成 —Reaktionsbildung)'에 의해서 임상
상(臨床像)을 지배한다. 우리는 이것과 같은 변이, 그리고 좀더 큰 변
이를 다른 노이로제에서 발견하고 있다. 그와 같은 노이로제에서는
증상 형성의 메커니즘의 연구는 어느 점으로 보나 아직도 완성되어 있
지 않다.

오늘 여러분과 헤어지기 전에 나는 일반의 관심을 많이 끄는 가치
있는 공상생활의 어떤 면에 좀더 여러분의 주의를 끌고 싶다. 즉 공상
에서 현실로 돌아가는 길이 있다고 하는 것이다. 이것이야말로 다름
아닌 예술이다. 예술가는 또한 내향자가 될 소질을 갖고 있다. 내향자
는 노이로제 환자와 그리 떨어져 있지 않다. 예술가는 너무 강한 욕구
에 쫓겨서 명예·권력·재물·명성·여성의 사랑 등을 얻고 싶어
한다. 그러나 그는 이것을 만족시키는 수단을 갖고 있지 않다. 그래서
예술가는 다른 불평가처럼 현실을 버리고, 그의 모든 관심을 —— 심
지어 리비도까지도 —— 노이로제의 입구라고 할 수 있는 공상 생활의
소망 형성에 돌린다. 그러나 노이로제가 그의 발전의 결말이 되지 않
도록 하기 위해서는 여러 가지 인자가 서로 결합되어 있어야 한다. 예
술가가 노이로제 때문에 그 능력이 부분적으로 억압되고 괴로워한 예
가 많다는 것은 잘 알려져 있는 일이다. 아마 예술가의 체질에는 승화
(昇華)하는 능력이 강하고, 갈등의 해결수단인 억압은 어느 정도 약한
모양이다.

그러나 예술가는 현실로 돌아가는 길을 다음과 같은 방법으로 발견
한다. 공상생활을 하는 자는 예술가뿐이 아니다. 공상이라는 중간 지
역은 일반적으로 인간의 합의에 의해서 인정하고 있다. 그리고 부족
함을 느끼고 있는 자는 모두 이 공상에서 기쁨과 위안을 얻고 싶어
한다. 그러나 예술가가 아닌 일반 사람들은 공상의 샘에서 쾌감을 얻
는 것에 매우 제한을 받고 있다. 이런 사람들은 사정없는 심한 억압
때문에 별수없이 가까스로 의식에 올라갈 수 있는 조잡한 백일몽으로
만족을 얻지 않으면 안 된다. 그런데 참된 예술가의 경우는 그 이상의

것을 뜻대로 할 수 있다. 예술가는 우선 첫째, 자기의 백일몽을 가공하는 그 방법을 알고 있다. 그리하여 남의 마음에 거슬리는 너무나 개인적인 백일몽은 없애고 누가 읽어도 재미있는 것으로 만든다. 둘째로 예술가는 또한 백일몽이 엄금된 샘에서 왔다는 것을 남이 쉽게 알지 못하도록 완화시키는 방법도 알고 있다. 셋째로 그는 어떤 일정한 소재가 자기의 공상표상(空想表象)과 똑같은 것이 되도록 이 소재에 형태를 부여하는 이상한 능력을 갖고 있다. 넷째로, 그는 무의식적인 공상의 이 표현에 많은 쾌감획득을 결부시키는 방법도 알고 있어, 그 결과 억압은 적어도 잠시 동안 이 표현에 압도되어 포기되고 만다. 만일 예술가가 이와 같은 일을 모두 해낼 수 있다면, 그는 타인으로 하여금 무의식이라고 하는 접근할 수 없게 된 쾌감의 샘에서 다시 기쁨과 위안을 펴낼 수 있게 해주고, 타인의 감사와 경탄을 차지한다. 그리하여 처음에는 단지 자기의 공상 속에서만 손에 넣었던 것, 즉 명예·권력·여성의 사랑 등을 자기의 공상에 의해서 이제 실제로 획득할 수 있게 되는 것이다.

역주 : 여기서 현실성(現實性)이라는 것은 실제로 존재하고 있다는 뜻이다. 이 대목은 다음과 같은 예로써 생각하면 알기 쉽다. 신이라는 것은 물질적으로는 존재하지 않는다. 즉 물질적 현실성(物質的現實性)이 아니다. 그러나 신은 믿는 사람에게는 신은 분명히 존재하며, 그 사람의 행동에 영향을 미치고 있다. 즉 심리적 실재(心理的實在)이다.

스물네 번째 강의

보통의 신경질

지난번 강의에서 우리는 정신분석의 매우 어려운 일을 끝냈다. 그러므로 이 문제를 잠시 제쳐놓고 여러분의 주장을 들어보고 싶다.

나는 여러분이 내심 불만을 갖고 있음을 잘 알고 있다. '정신분석학 입문'이라는 것은 이런 이야기와는 전혀 다른 것이라고 여러분은 생각하고 있었고, 이론이 아니라 생생한 증례를 듣고 싶다고 기대하고 있었다. 그리고 여러분은 그 '1층과 2층'이라는 비유가 실제의 관찰이고 조작된 이야기가 아니었더라면 그 이야기에서 노이로제의 원인에 대해서도 무언가 배웠어야 했을 것이라고 말했다.

또는 내가 올해의 강의 초에 두 가지 증상——그것을 지어낸 이야기라고는 생각지 말아주기 바란다——을 여러분에게 이야기하고, 그 증상을 어떻게 설명해야 할 것인가, 그 증상은 환자의 실생활과 어떤 관계가 있는가를 설명했을 때, 증상의 '의미'라는 것을 알았다고 말했다. 그리고 그와 같이 이야기를 진행시켜줄 것을 내게 희망했다.

그런데 나는 여러분에게 아직 완성되지 않은 지리하고 꽤 까다로운 이론을 늘어놓은 것이다. 게다가 잇따라 새로운 사실을 덧붙이고, 여러분에게는 아직 소개하지 않은 여러 개념을 사용해서 이야기를 진행시켰으며, 기술적(記述的)인 묘사에서 역동적인 견해로 옮아갔는가 하면 다시 역동적인 견해를 버리고 이른바 '경제적'인 견해로 옮겨가곤 했다. 이때 사용한 많은 술어가 같은 것을 뜻하는지, 그 어조가 좋아서 다른 술어 대신 사용할 수 있는 것인지, 여러분은 이해하기 힘들었을 줄 안다. 게다가 나는 쾌감원칙이니 현실원칙이니 하는 광막한 관념과 계통발생적 유물까지 보여주었고, 여러분에게 무언가를 소개하는 대신 여러분의 기대와 매우 동떨어진 것을 눈앞에 늘어놓았다.

어째서 나는 노이로제의 입문을 여러분도 노이로제로서 알고 있는 것, 즉 여러분의 관심을 그 전부터 끌고 있던 것을 가지고 시작하지 않았을까? 신경질적인 사람의 독특한 성질 및 대인관계와 외부 영향에 대한 불가해한 반응, 그 과민성, 변덕 및 무능 같은 것에서 시작하지 않았을까? 어째서 신경질의 단순하고 평범한 형을 먼저 이해하고, 한 걸음 한 걸음 신경질의 수수께끼 같은 극단적인 형상의 문제로까지 나아가지 않았을까?

여러분, 확실히 그렇다. 나는 여러분의 말이 틀린다고는 하지 않는다. 나의 화술(話術) 속에 있는 결점은 모두 특별히 그럴 만한 가치가 있다고 말할 만큼 내 자신의 화술을 자랑하지도 않는다. 나 자신도 다른 식으로 말하는 편이 여러분에게 훨씬 편리했을 줄 알고 있고, 또 그것은 내 의향이기도 했다. 그러나 인간이라는 것은 사려분별있는 의향을 반드시 수행할 수 있는 것은 아니다. 재료 자체 속에 있는 그 무엇에 좌우되어 처음의 목적을 바꾸지 않으면 안 되는 일이 종종 있다. 잘 아는 재료를 늘어놓는 것 같은, 얼른 보기에 어렵잖은 일이라도 저자의 생각대로는 좀처럼 되지 않는 법이다. 그것은 자꾸만 제멋대로 되어간다. 그리고 나중에야 어째서 이렇게 되고 저렇게 되지 않았는가 하고 스스로도 자문하곤 한다.

'정신분석학 입문'이라는 제목은 노이로제를 다루려 하는 이 부분에는 이제 적합하지 않다는 것이 아마 이유의 하나일 것이다. 정신분석 입문은 잘못이나 꿈의 연구에 있다. 노이로제론(論)은 이미 정신분석 그 자체다. 이렇게 한정된 시간으로는 이와같이 압축된 형태로밖에 노이로제론의 내용을 여러분에게 가르칠 수가 없다. 그러므로 여러분에게 증상의 의미와 의의 증상 형성의 내부조건과 외부조건 및 그 메커니즘을 결부시켜서 강의하는 것이 관심이 된 것이다. 나는 그렇게 하려고 했다. 그것은 오늘 정신분석이 가르칠 수 있는 것의 중핵(中核)에 상당히 가깝다. 그때 리비도와 리비도의 발달에 대해서는 많은 것을 이야기했지만, 자아의 발달에 대해서는 몇 가지밖에 이야기하지 못했다. 여러분은 이미 입문에 의해서 우리의 기법에 대한 가설,

즉 무의식과 억압(저항)이라는 개념에 포함된 큰 관점에 대해서 준비
했다. 여러분은 다음 강의의 하나에서 정신분석의 연구는 그것과 어
디서 유기적으로 연결되어 있는가 듣게 될 것이다. 우리의 보고는 전
부 노이로제라는 병의 한 가지 그룹, 즉 이른바 감정전이 노이로제의
연구에서 나오고 있다는 것을 여러분에게 미리 말해두었다. 그런데
나는 증상 형성의 메커니즘을 히스테리성 노이로제 속에서만 추구해
왔다. 여러분이 설령 확실한 지식을 얻을 수 없더라도, 또 자세한 것
을 알지 못하더라도 정신분석은 어떤 방법을 사용하고 있는지, 또 정
신분석은 어떤 문제를 다루고 있는지, 또 정신분석은 어떤 업적을 올
렸는지에 대해서 하나의 개념을 얻었을 줄 안다.

나는 노이로제를 묘사함에 있어서 먼저 노이로제 환자의 행동, 즉
환자가 어떻게 그 병 때문에 괴로워하고 어떻게 그것에서 몸을 지키
고, 어떻게 그것에 적응하려 하고 있는가 하는 데서 시작하고 싶다고
말해두었다. 그것은 확실히 흥미가 있고, 연구의 보람이 있는 주제이
며, 또 다루기도 그리 어렵지 않다. 그러나 거기서 시작한다는 것은
좀 생각해볼 문제다. 왜냐하면 무의식을 발견할 수 없고, 리비도의 중
대한 뜻을 놓치게 되며, 모든 상태는 노이로제 환자 자신의 '자아의
발현'이라고 판단을 내릴 위험이 있기 때문이다.

환자의 자아가 믿을 만한 공평한 심판관이 아닌 것은 분명하다. 이
자아는 무의식을 부정하고, 그것을 억압해버린 힘이다. 무의식을 그
에 알맞게 다루는 데 있어서 어떻게 이 자아에 의지할 수 있겠는가?

억압된 것의 필두는 성욕의 거부된 요구이다. 우리가 자아의 입장
에서 이 요구의 크기와 의의를 알 수 없는 것은 매우 분명한 일이다.
억압이라는 관점이 어렴풋이 나타나기 시작한 순간부터 우리는 더욱
더 서로 반목하고 있는 두 당파의 한쪽을 더욱이 대승리를 거둔 당파
를 이 투쟁의 심판관으로 세우지 말도록 경고해두었다.

우리는 자아의 진술에 현혹되지 않을 만한 준비가 되어 있다. 만일
우리가 자아의 주장을 믿는다면 자아는 모든 점에서 능동적이었던 것
처럼 보인다. 그러므로 자아 자체가 증상을 바라고 만든 셈이 된다.
그런데 우리는 자아가 상당히 수동적인 역할을 했으며, 그때 자아는
이 수동성을 감추거나 적당히 얼버무리려 한 것을 알고 있다. 물론 자

아는 이 시도를 언제나 감히 하고 있다고는 할 수 없다. 강박 노이로 제의 증상에서 본 자아는 어떤 이분자(異分子)가 자기에게 적대해오 므로 자기는 간신히 자신을 지키고 있는 것이라고 고백하지 않으면 안 된다.

나의 이런 경고를 듣고도 자아의 거짓말에 귀기울이는 것을 그만두지 않는 사람은 분명히 호인이다. 그런 사람은 정신분석이 무의식과 성욕과 자아의 수동성을 강조했기 때문에 받은 일체의 저항을 받지 않고 있다. 알프레트 아들러(Alfred Adler 1870~1937. 오스트리아의 정신분석학자로서 후에 프로이트에서 분리되어 나갔음)처럼 그런 사람은 '신경질적 성격'이 노이로제의 결과가 아니라 원인이라고 주장할 수 있을 것이다. 그러나 그는 증상 형성의 극히 세밀한 점이나 단 하나의 꿈도 설명할 수 없는 것이다.

여러분은 이렇게 질문할 것이다. "정신분석이 발견한 요소를 아주 무시하지 않고, 자아가 신경질이나 증상 형성에 관여하고 있다고 자아를 알맞게 인정할 수는 없는 것일까요?" 나는 이에 대해서 다음과 같이 대답한다. "확실히 그렇게 할 수 있을 것이 틀림없고, 또 언젠가 어디에선가 그렇게 될 것이오. 그러나 거기서 시작하는 것은 정신분석의 연구방침이 아니오." 이 작업이 언제 정신분석 속에 들어올 것인가를 예언할 수 있다. 우리가 지금까지 연구해온 노이로제보다 더 심하게 자아가 관여하고 있는 노이로제가 있다. 우리는 이 노이로제를 '나르시시즘적' 노이로제라고 부른다. 이 병을 분석적으로 연구하면 노이로제에 자아가 관여하고 있다는 것을 공명하고 확실하게 알 수 있다.

그러나 자아와 노이로제와의 하나의 관계는 매우 뚜렷하므로 처음부터 고려에 넣을 수 있다. 이 관계는 언제나 있는 것처럼 여겨진다. 오늘날의 정신분석에 관한 지식으로는 아직 접근하기 어려운 질환인 '외상성(外傷性) 노이로제'에서 이 관계를 가장 뚜렷이 발견할 수 있다. 즉 여러분은 갖가지 형의 노이로제의 원인과 메커니즘에서는 언제나 동일한 요인이 활동하고 있으며, 어떤 형의 노이로제에서는 그 중의 한 요소가 다른 형의 노이로제에서는 다른 요소가 증상 형성에 대한 주역을 맡고 있다는 것을 알아야 한다. 이것은 한 유랑극단의 단원과 같은 것이다. 이 극단에는 저마다 주연이라든가 심복부하라든가 악당이라든가 하는, 각각 장기로 삼는 일정한 배역이 있다. 그러나 자선 공연(이익을 한 특정 배우에게 마련해주기 위한 공연)에서는 배우들이 다른 각본을 고를 것이다. 그래서 증상으로 바뀌어버리는 공상은 히스테리의 경우만큼 뚜렷한 일은 없다. 강박 노이로제에서는 자아의 역배비(逆配備), 또는 자아의 반동형성(反動形成)이 강박 노이로제 때의 병상(病像)을 압도적으로 지배하고 있다. 파라노이아(Paranoia—편집병) 등에서는 우리가 꿈의 대목에서 '2차적 가공(二次的加工)'이라고 부른 것이 망상이라는 형태로 상위를 차지하고 있다.

외상성 노이로제, 특히 전쟁의 공포에서 생긴 외상성 노이로제에서는 보호와 사리(私利)를 얻으려고 하는 자기 추구적인 자아동기(自我動機)가 인상적이다. 하기야 자아동기만으로는 병을 만들 수 없지만, 자아동기는 그 병에 찬동하여, 일단 병이 완성되면 그것을 지속시킨다. 또 이 동기가 병의 계기가 될 우려가 있는 위험으로부터 자아를 지키고 있다. 그리고 그 위험이 되풀이되지 않게 될 때까지 혹은 받은 위험에 대한 배상이 손에 들어올 때까지 이 병이 회복될 가망은 없다.

그러나 자아는 다른 모든 경우에 있어서도 노이로제가 발생하고 지속하는 데 마찬가지의 관심을 보인다. 증상이 자아에 의해 유지되는 것은 그것이 억압을 행한 자아의 경향에 만족을 주는 일면을 갖고 있기 때문이라는 것은 이미 말했다. 게다가 증상을 만들어 갈등을 해결한다는 것은 가장 편리하고 쾌감원칙에도 가장 적합한 도피방법이다. 이 도피구에 의해 자아는 의심할 바 없이 고통스러운 심적인 큰 직업에서 빠져나올 수 있는 것이다.

갈등의 결과가 노이로제가 되는 것은 가장 해가 없고, 사회적으로 가장 안전한 해결법이라고 의사 자신이 고백해야 하는 경우가 있다. 그러므로 의사 자신이 자기가 극복하려고 노력하는 병의 편을 드는 일이 있다고 말해도 여러분은 놀라서는 안 된다. 아니 인생의 갖가지 상황에서 의사는 자기의 역할을 건강의 광신자로서만 한정하지 말아야 한다. 의사는 이 세상에 노이로제 외에도 비참한 일이 존재하는 것이어서 현실적인 피할 수 없는 고민이 있다는 것, 또 필요라는 것은 건강을 희생하도록 인간에게 요구할 수조차 있다는 것을 알고 있다. 또 의사는 단 한 사람의 인간의 이와 같은 희생으로 많은 인간에게 접근하려 하고 있는 상상도 못 할 불행을 막을 수 있다는 것도 알고 있다. 그러므로 노이로제 환자는 갈등에 직면할 때마다 언제나 '질병에의 도피'를 하는 것이라고 말할 수 있다면 많은 경우 그와 같은 도피는 완전히 적당한 것으로서 인정해주지 않으면 안 될 것이다. 이와 같은 사정을 인식한 의사는 위로하는 기분으로 잠자코 물러날 뿐이다.

그러나 우리는 이러한 예외적인 예에서 눈을 돌려 더 논의를 진행시켜보고자 한다. 노이로제로 달아남으로써 어떤 내부적인 '질병 이득(疾病利得)'이 자아에게 주어진다는 것을 우리는 일반적인 상태에서는 인정하고 있다. 어떤 조건 아래서는 현실에서 얼마쯤 높이 평가되고 있는 분명히 외부적인 이익이 이 내부적인 이익에 부가된다. 이런 종류 중에서 가장 흔한 실례를 고찰해보도록 하자. 즉 자기 남편에게 난폭하게 취급되고 냉혹하게 혹사당하고 있는 아내가 있다고 하자. 그녀는 노이로제가 될 소질을 갖고 있으며, 또 그녀가 너무 내성적이거나 도덕적이어서 몰래 다른 남자의 위안을 얻을 수 없다면, 또한 그녀가 모든 외부적인 속박에 저항하여 남편과 헤어질 용기가 없다든가, 그녀에게 자활을 할 가능성 또는 현재의 남편 이상으로 훌륭한 남자를 손에 넣을 가능성이 없다면, 그리고 그녀가 어디까지나 이 잔인한 남편에게 성적인 기쁨 때문에 결부되어 있다면 그녀는 반드시 노이로제에 도피구를 발견할 것이다. 그녀의 병은 이제 강권적인 남편에게 도전하는 무기가 된다. 그녀는 이 무기를 자기 몸을 지키기 위해서 사용하고, 복수하기 위해서 남용할 수 있다. 그녀는 아마 자기 결혼생활의 불행을 호소하지 않겠지만 자기 병을 호소할 수는 있다. 그녀는 의사와 동맹을 맺는다. 여느때는 따뜻한 배려를 할 줄 모르는 남편도 부득이 그녀에게 관대한 태도를 보이고 그녀를 위해서 돈을 쓰며, 그녀에게 외출할 여가를 준다. 즉 그녀를 결혼생활의 압박에서 해방시켜주지 않을 수 없게 된다. 이와 같은 외부적인 또는 우연적인 질병 이득이 매우 막대하고, 또 이에 대신할 만한 것이 현실에서 발견되지 않을 경우에는 치료로서 노이로제에 영향을 줄 수 있다고 생각해서는 안 된다.

내가 지금 질병 이득에 대해서 여러분에게 이야기한 것은 내가 부정한 견해, 즉 자아 그 자체가 노이로제를 희망하고 노이로제를 만든다는 견해에 편리한 것이 아니냐고 여러분은 나를 비난할지 모른다. 잠시 좀 진정해주기 바란다. 이것은 자아가 노이로제를 저지할 수 없어서 감수하는 것으로 만일 노이로제로 어떤 것이 만들어진다면 자아는 그것을 재료로 가장 잘 사용하고 있다는 것을 뜻할 뿐이다. 이것은 방패의 한쪽 면에 지나지 않는다. 물론 바람직한 한쪽 면이다. 노이로제가 이익을 갖고 있는 한, 자아는 노이로제에 동의하고 있어야 할 것이다.

그러나 노이로제에는 이익만 있는 것이 아니다. 자아는 노이로제와 관련을 갖는 바람에 어처구니없는 손해를 봤다고 하는 것을 금방 깨닫는다. 자아는 갈등의 해결을 너무 비싼 값으로 산 것이다. 증상에 수반하는 고통은 아마 갈등의 고민과 같은 가치의 대용물일 것이며, 게다가 불쾌감이라는 덤까지 받은 셈이 된다. 자아는 증상에 수반하는 이 불쾌감에서 달아나고 싶지만 질병 이득을 버리고 싶지도 않다. 그러나 그렇게 뜻대로는 되지 않는다. 그러므로 자아는 자기가 여태까지 믿고 있던 것만큼 능동적이 아니었다는 것을 폭로한다. 우리는 이것을 단단히 머리에 넣어두어야 한다.

여러분이 의사로서 노이로제 환자와 교섭을 갖는다면 자기 병을 제일 심하게 한탄하고 호소하는 환자가 의사의 도움을 자진하여 구하는 사람이고 또 의사의 도움에 전혀 저항하지 않는 사람이라는 예상을 곧 버리게 될 것이다. 오히려 정반대이다. 질병 이득에 기여하는 것은 모두 억압에서 온 저항을 강화하고 치료상의 어려움을 증대시키는 것임을 여러분은 곧 알게 될 것이다. 우리는 말하자면 증상과 더불어 생긴 질병이득 외에 나중에 생긴 다른 질병이득을 덧붙이지 않으면 안 된다. 병 같은 심적 체제가 오랜 세월 계속 존재한다면, 그 체제는 마지막에 가서 독립된 존재처럼 거동할 것이다. 이 체제는 자기 보존본능 같은 것을 발휘한다. 이 체제와 정신생활의 다른 성분, 근본에 있어서는 이 체제에 적대하고 있는 것같이 다른 성분과의 사이에도 일종의 가조약(Modus vivendi)이 맺어진다. 그리고 이 체제가 다시 유익하고 가치있는 것임을 알 기회가 반드시 온다. 말하자면 이 체제는 2차적인 기능을 획득하고, 이 '2차적 기능'으로 자기의 지위를 새삼 강화한다. 병리학에서 실례를 드는 대신, 일상생활에서 뚜렷한 일례를 들어보자. 자기의 생활비를 벌고 있는 한 숙련공이 있었다. 이 숙련공이 작업 중에 다쳐서 불구가 되었다. 이제 이 사람은 노동을 할 수 없게 되었다. 그러나 그는 달마다 얼마간의 상해보험을 받게 되었다. 그리하여 이번에는 자기의 불구가 구걸의 도구로 이용될 수 있다는 것을 알았다. 그리하여 이 사람의 새로운 생활은 전보다 타락된 것이긴 해도 그의 본디 생활을 파괴한 바로 그것에 의해서 유지되게 되었다. 만일 여러분이 그의 불구를 본디대로 돌려준다면 여러분은 아마도 그에게서 생활비를 빼앗아버리는 셈이 될 것이다. 왜냐하면 그가 그 전의 일을 다시 할 수 있게 될지 의심스럽기 때문이다. 노이로제에 있어서 병의 이와 같은 2차적 이익에 해당되는 것을 1차적 질병이득에 대해 2차적 질병이득이라고 부를 수 있다.

그러나 일반적으로 말해서 여러분의 질병이득의 실제적인 의의를 과소평가하지 않도록, 그러나 이 이론적인 관점에서는 그 의의에 경탄하지 않도록 말해두고 싶다. 전에 본 예외는 일단 문제 밖으로 하고, 질병이득이라는 것은 오베르렌더가 '프리겐데 브레터'(오스트리아의 풍자 만화 잡지)에 그린 《동물의 지혜에 대해서》라는 만화를 언제나 생각케 한다. 한 아라비아인이 낙타를 타고 좁은 외길을 걸어온다. 길 한쪽에는 험한 산이 치솟아 있다. 길이 막 굽어 도는 모퉁이에서 사나이는 뜻밖에 사자를 만난다. 사자는 당장 그에게 덤벼들려고 한다. 남자는 아무 데도 달아날 길이 없음을 알았다. 한쪽은 병풍 같은 산이고, 한쪽은 높은 낭떠러지다. 뒤돌아설 수도 없고 달아날 수도 없다. 그야말로 진퇴유곡이 되었다. 그러나 낙타는 그와는 달랐다. 낙타는 그를 등에 태운 채 골짜기를 향해서 뛰어내린다——그리고 사자는 멍청하게 그 뒤를 지켜보고 있다(아라비아인을 자아, 낙타를 인간 전체, 사자를 갈등, 골짜기를 노이로제로 바꿔놓으면 된다). 노이로제라는 구조 수단은 대개 환자에게 좋은 결과를 가져다주지 않는다. 그 까닭은 증상 형성으로 갈등을 해결하는 것은 자동적인 과정이지만 이 과정은 생활의 요구에 맞지 않는 형태를 갖기 때문이며, 또 그것은 인간의 최선이며 최고의 힘을 그 사람이 이용할 수 없게 만들기 때문이다. 만일 취사선택을 할 수 있다면 사람은 아마 운명과의 정정당당한 싸움에 뛰어드는 쪽을 오히려 택할 것이다.

여러분! 그러나 내게는 노이로제 총론에 대한 이야기를 보통의 신경질에서 시작하지 않은 이유를 여러분에게 좀더 들려줄 의무가 있다. 여러분은 아마도 그렇게 하면 노이로제가 성적인 원인에서 일어난다는 것을 입증하기 어려워지기 때문에 지금까지의 그러한 설명 방법을 썼다고 생각할 것이다. 그러나 그렇게 생각한다면 잘못이다. 감정전이 노이로제의 경우 노이로제는 성(性)에서 생긴다는 전망에 도달하려면 먼저 증상을 해결하지 않으면 안 된다. 이른바 '현실 노이로제(現實神經症―Aktualneurose)'(신경쇠약반응, 불안 노이로제 등을 일컫는다. 분명한 병인적 갈등을 인정할 수 없는 노이로제적 반응)의 보통형에서는 성생활의 병인론적 의의는 관찰에도 합치하는 하나의 중대한 사실이다. 20여 년 전의 일이지만, 어째서 사람들은 노이로제 환자를 조사하며 언제나 환자의 성활동을 고려하지 않는 것일까 하는 의문을 품었을 때 이것을 깨달았다. 그 당시, 나는 그와 같은 것을 조사했기 때문에 환자의 인기를 모두 잃어버리고 말았다. 그런데 잠시 연구해보니 정상적인 성생활(vitasexualis)의 경우에는 노이로제―― 나는 현실 노이로제를 지칭하고 있었다――가 일어나지 않는다는 명제를 세울 수 있게 되었다. 확실히 이 명제는 인간의 개인차를 너무나 가볍게 무시하고 있었으며, 또 '정상(正常)'이라는 말에 붙어다니는 모호함에 난점이 있었다. 그러나 이 명제는 대강의 방향을 보여주고 있는 점에서 오늘날에도 그 가치를 여전히 갖고 있다. 그 무렵 나는 더 나아가서 노이로제의 어떤 형과 어떤 성적 장애 사이의 특수한 관계를 발견하려고 했다. 그리고 만일 내가 재료로서 같은 종류의 환자를 자유로이 만날 수 있다면, 아마 오늘날에도 같은 관찰을 되풀이할 수 있을 것이다. 나는 어떤 종류의 불완전한 성적 만족, 이를테면 자위(自慰)로 만족하고 있던 사람은 어떤 특이한 현실 노이로제에 걸려 있었다는 것, 그리고 만일 그 사람이 자위 대신 그것과 대동 소이한 채워지지 않는 다른 성적 습관을 갖게 되면, 이 노이로제는 금방 사라지고 다른 노이로제로 대치되는 것을 흔히 보았다. 그리고 나는 환자의 증상 변화로서 환자의 성생활 방식의 변화를 추측할 수 있게 되었다. 그 당시 나는 내 추측을 완강히 관철시키는 데 자신이 붙어서 마침내 내 환자들의 속임수를 무너뜨려 억지로 환자에게 사실을 실토시켰다. 그 결과 환자들은 나한테서 떠나 자기의 성생활을 나처럼 꼬치꼬치 캐묻지 않는 다른 의사 쪽으로 옮겨갔으니 당연한 일이었다.

물론 나도 그 당시 병의 원인을 언제나 성생활 속에서 찾을 수 있는 것이 아닌 것을 잘 알고 있었다. 어떤 환자는 성적 장애 때문에 노이로제가 되어 있었지만, 어떤 환자는 재산을 잃었거나 소모성의 기질적 질환(器質的疾患)을 경험하여 노이로제가 되어 있었다. 이와 같은 천차만별의 모습은 자아와 리비도 사이에 우리가 가정한 상호관계에 대해 어떤 전망을 얻었을 때 비로소 설명할 수 있었다. 그리고 이 견해가 깊어짐에 따라 점점 만족할 만한 설명을 할 수 있게 되었다. 자아가 그 어떤 방법으로 리비도를 다루는 능력을 잃었을 때만 노이로제가 되는 사람도 있다. 자아가 강하면 강할수록 자아의 임무수행은 쉽다. 그러나 그 어떤 원인 때문에 자아가 약해지면 리비도의 요구가 매우 높아졌을 때와 같은 작용을 미칠 것이 틀림없다. 즉 노이로제가 발병한다.

그리고 자아와 리비도 사이에는 그 밖에 더 밀접한 관계가 있는데, 이 관계는 아직 이야기할 단계가 아니다. 그러므로 여기서는 그 설명을 하지 않겠다. 그러나 어떤 경우에 어떤 길을 통해서 발병하건 노이로제 증상은 리비도에 의해서 일어나고, 따라서 리비도의 비정상적인 이용이라는 것은 우리들에게는 역시 가장 근본적이고 가장 교훈적인 일이다.

그런데 나는 현실 노이로제의 증상과 심인(心因) 노이로제(현실 노이로제와 대비되는 것, 일반적으로 정신 신경증이라고 불린다) 증상의 결정적인 차이를 이야기하지 않으면 안 된다. 심인 노이로제 가운데 제1의 부류는 우리가 지금까지 아주 상세하게 연구해온 감정전이 노이로제이다. 그런데 두 경우 그 증상은 리비도에서 나와 있다. 그 증상은 리비도의 비정상적인 이용이며 대상적(代償的)인 만족이다. 그러나 현실 노이로제의 증상인 머리가 무겁다든가 동통감(疼痛感), 어떤 기관의 자극상태, 어떤 기능의 감퇴 또는 억제 등은 아무 '의미'를 갖고 있지 않다. 즉 거기에 전혀 정신적인 의의가 없다. 그 증상은 이를테면 히스테리의 증상처럼 오로지 육체에 나타날 뿐 아니라 그 자체가 육체적인 과정이다. 그리고 이 과정은 우리가 여태까지 배운 복잡한 심적 메커니즘이 결여되어 있어도 일어난다. 실제로 이 육체적인 과정은 오랫동안 심인 노이로제 증상의 원인으로 간주되어왔다.

  그러나 그렇다면 우리가 정신 속에서 작용하고 있는 힘으로서 알게 된 리비도의 이용과 이 증상을 어떤 식으로 일치시킬 수 있을까? 그런데 이것은 매우 간단하다. 정신분석에 대해서 제기된 최초의 항의를 나로 하여금 회상하도록 해주기 바란다. 당시 세상 사람들은 정신분석은 노이로제라는 현상의 순시리학적(純心理學的)인 이론만 세우려 하고 있는데, 어떤 병도 그와 같이 심리학적 이론으로는 결코 질병을 설명할 수 없으므로 정신분석의 전도는 가망이 없다고 말했었다. 성기능은 순전히 정신적인 것도 아니고, 단순히 육체적인 것도 아니라는 것을 세상 사람들은 자칫 잊어버리기 쉽다. 성기능은 육체에도 정신에도 영향을 미친다. 만일 우리가 노이로제의 증상 속에 성기능의 심리적 장애가 나타나는 것을 인정했다면, 현실 노이로제가 성적 장애의 직접적인 육체적 결과라는 것을 발견했다고 해서 놀랄 것은 없다.

  현실 노이로제를 이해하는 데 있어서 임상의학은 각 방면의 학자에게 인정된 유익한 시사를 제공해주었다. 현실 노이로제는 그 증상의 세부에 있어서나, 모든 기관계통과 기능에 영향을 미치는 점에서나, 외래독물(外來毒物)의 만성작용으로 일어나는 병의 상태, 즉 중독이나, 외래의 독물을 갑자기 주지 않을 때에 생기는 금단증상(금단증상. 모르핀의 금단증상이 특히 유명하다. 모르핀 중독자에게 갑자기 모르핀을 안 주게 되면, 오한, 하품, 두통, 신경통, 설사, 구토, 불안, 불면, 환각 등을 나타낸다. 이것을 금단증상이라 한다)과 분명히 비슷하다. 이 두 병은 바제도우씨 병처럼 아무튼 독물의 작용과 관계가 있다는 것을 알고 있는 병적 상태, 단 이물(異物)로서 몸 안에 도입되는 것이 아니라, 그 사람 자신의 물질대사에서 생긴 독물의 작용으로 인한 병적 상태를 매개시키면 더 닮아질 것이다. 이와 같은 유추에 따르면 우리는 노이로제를 성물질 대사(性物質代謝) 장애의 결과로 간주하지 않을 수 없을 줄 안다. 어떤 때는 그 사람이 처리할 수 있는 것 이상으로 다량의 성적 독물(性的毒物)이 만들어지기 때문에 노이로제가 일어나고, 또 어떤 때는 내부상태와 심리적 상태로 말미암아 이 독물이 올바른 방향으로 이용되는 것이 저해되기 때문에 일어난다. 민간 사람들은 아득한 옛날부터 성욕의 본성에 대해 이와 비슷한 생각을 갖고 있었다. 그들은 사랑을 도취라고 이름 짓고, 미약(媚樂)으로 사랑의 마음이 생긴다고 보았는데, 그들은 이와같이 생각함으로써 작용하는 동인(動因)을 어느 정도 외계 쪽으로 옮긴 것이다. 여기서 우리는 성흥분이 여러 가지 기관에서 일어난다는 주장과 성감대(性感帶)라는 것이 생각날 것이다. 그러나 아무튼 '성물질 대사'라든가 '성의 화학작용(化學作用)'이라는 말은 우리들에게 알맹이가 없는 선물에 지나지 않는다. 우리는 이에 대해서 아무것도 알지 못한다. 과연 '남성적'과 '여성적'이라고 부를 수 있는 두 가지 성물질을 가정해야 할 것인지 리비도의 모든 자극작용의 담당자로서 단 하나의 성적 독물을 가정하는 것만으로 만족해야 할 것인지, 우리는 이것도 결정하지 못한다. 우리가 창조한 정신분석이라는 학설은 실제로 하나의 상부구조이며 언젠가는 그 밑에 기질적(器質的)인 토대를 두어야 한다. 그러나 우리는 이에 대해 아직 아무것도 모르고 있다(이때 성 호르몬은 아직 발견되어 있지 않았다).

학문으로서의 정신분석의 특징은 그것이 취급하는 소재들에 있는 것이 아니라 그것을 구사하는 기법에 있다. 정신분석의 기법은 그 본질을 훼손함이 없이 그대로 문화사, 종교학, 신화학(神話學) 및 노이로제론에 적용할 수 있다. 정신분석학은 정신생활 속에 있는 무의식을 발견하는 것만 목적으로 삼을 뿐, 그 이외에는 아무것도 하고 있지 않으며 바로 그것을 완수한 것이다. 독물의 직접 상해로 증상이 일어나는 것처럼 여겨지는 현실 노이로제의 문제는 정신분석으로 공격할 수는 없다. 이 문제는 정신분석으로는 조금밖에 설명할 수 없다. 이것을 설명하는 작업은 오히려 생물학적, 의학적인 연구에 넘겨야 한다. 여러분은 내가 왜 여태까지 해온 것처럼 재료를 늘어놓지 않으면 안 되었나 하는 이유를 충분히 알 수 있을 것이다.

내가 여러분에게 '노이로제론 입문'에 대해서 이야기하려 했었다면, 현실 노이로제의 간단한 증상 예에서 출발하여 리비도의 장애로 일어나는 복잡한 정신질환으로 들어가는 것이 확실히 옳은 방법일 것이다. 나는 전자의 현실 노이로제에 대해서는 내가 각 방면에서 경험한 것, 또는 내가 알고 있다고 믿는 것을 모으지 않으면 안 되었을 것이다. 그리고 후자의 심인 노이로제에 대해서는 정신분석이야말로 이 상태를 분명히 하는 데 있어서 가장 중요한 기법상의 보조수단이라고 선언했을 것이다. 그런데 나는 '정신분석학 입문'을 목적으로 이야기했다. 여러분이 노이로제에 대해서 어떤 지식을 얻는 것보다 정신분석에 대해서 하나의 관념을 얻는 편이 나로 봐서는 훨씬 중요하다. 그 때문에 나는 정신분석에는 별로 소용이 없는 현실 노이로제를 그렇게 전면에 내세울 수가 없었다. 그러나 나는 여러분에게 편리하도록 재료를 골라주려고 생각하고 있다. 왜냐하면 정신분석은 그 심오한 전제와 광범위한 관련 때문에 모든 교양있는 사람들의 흥미를 끌 가치가 있기 때문이다. 그러나 노이로제론(論)은 다른 여러 이론과 마찬가지로 의학의 한 장에 지나지 않는다.

그러나 현실 노이로제에 대해서도 얼마쯤 흥미를 가져야 한다고 여러분이 기대하는 것은 잘못이 아니다. 현실 노이로제는 심인 노이로제와 임상적으로 밀접한 관계가 있으므로 우리는 부득이 현실 노이로제에 흥미를 갖지 않을 수 없게 된다. 그러므로 나는 여러분에게 현실 노이로제를 세 가지 순수한 형태, 즉 신경쇠약(Neurasthenie), 불안 노이로제(Angstneurose) 및 심기증(心氣症—Hypochondrie)으로 구별하고 있다고 보고하려 한다. 이 분류도 반대가 없는 것은 아니었다. 세 가지 이름은 일반적으로 사용되고 있지만, 그 내용은 불확실하며 아직도 정설이 없다. 노이로제라는 혼란된 현상계(現象界)를 분류하거나 임상상의 단위인 병의 형태를 구별하는 데 반대하고, 현실 노이로제와 심인 노이로제의 구별조차 인정하려 하지 않는 의사도 있다. 그런 의사는 너무 극단에 치우쳐서 진보에의 길을 막는다고 생각된다. 방금 든 노이로제의 형태는 때로 순수한 것으로 나타난다. 물론 병형은 서로 섞이고 또 심인 노이로제적인 질환과 섞이는 수도 있다. 이런 형태로 나타났다고 해서 분류하려는 시도를 단념할 것은 없다.

여러분, 광물학(鑛物學)이라는 학문에 있어서의 광석학(鑛石學)과 암석학(巖石學)의 구별을 생각해보라. 광물은 개체로서 기술된다. 왜냐하면 그것은 의심할 것도 없이 광물들이 흔히 결정체로 주위에서 뚜렷이 구별된 상태로 발견되기 때문이다. 암석은 광물의 혼합물로 된 것인데, 그 성분인 광물은 확실히 우연히 혼합된 것이 아니라 그 생성 조건 때문에 혼합된 것이다. 노이로제론에서 우리는 노이로제의 발전 과정을 아직도 잘 알지 못하므로 암석학과 비슷한 학설을 만들어내는 데까지는 이르지 않았다. 그러나 개개의 광물에 비견할 수 있는 식별이 쉬운 임상상의 개체를 질환의 큰 덩어리에서 분리한다면 이것은 확실히 올바른 방향으로 향하고 있을 것이다.

현실 노이로제와 심인 노이로제 증상 사이에 있는 주목할 만한 관계는 다시 심인 노이로제의 증상 형성에 대한 우리 지식에 중요한 공헌을 할 것이다. 즉 현실 노이로제의 증상은 흔히 심인 노이로제 증상의 핵심이며, 전단계이다. 신경쇠약과 우리가 전환(轉換) 히스테리라고 부르는 감정전이 노이로제 사이에 불안 노이로제와 불안 히스테리 사이에 그리고 심기증(心氣症)과 장차 파라프레니(조발성치매와 파라노이아)로서 이야기할 생각으로 있는 병형과의 사이에 이와 같은 관련이 가장 뚜렷이 관찰된다. 예를 들면 히스테리성 두통, 혹은 히스테리성 동통(疼痛) 등을 들 수 있다. 분석의 결과 이와 같은 동통은 응축과 치환에 의해서 모든 종류의 리비도적 공상이나 리비도적 회상에 대한 대상적(代償的) 만족이라는 것을 알 수 있다. 그러나 이 동통은 전에는 현실에 있었던 것이다. 그 당시 그것은 직접적인 성독물 증상으로서 리비도적 흥분의 육체적인 표현이었다. 우리는 히스테리 증상이 모두 이와 같은 중핵(中核)을 갖고 있다고는 결코 주장하지 않는다. 그러나 이런 경우는 흔히 있으며 리비도적 흥분(성흥분)——정상적이건, 병적이건——이 육체에 미치는 영향은 히스테리의 증상을 만드는 데 편리한 것임은 역시 확실하다. 이 영향은 진주조개가 분비하는 진주모질(眞珠母質)의 외피로 쌓여가는 그 모래알 같은 역할을 하고 있다. *성교에 따르는 성흥분의 일시적인 징후는 증상 형성에 가장 편리하고 적절한 재료로서 정신 노이로제에 의해 마찬가지 방법으로 이용되고 있다.

이것과 비슷한 과정은 진단상에서나 치료상에서나 특별히 관심이 있다. 증상이 심한 노이로제에 걸리지 않았더라도 아무튼 노이로제에 걸리기 쉬운 사람들 사이에서는 병적인 육체변화——이를테면 염증이라든가 외상——에 의해서 증상 형성의 작업이 눈뜨게 되고, 그 결과 이 증상 형성의 작업은 현실에서 주어진 증상을 붙잡아 이것을 하나의 표현수단을 잡으려고 벼르고 있는 무의식적인 공상 전체의 대표로 재빨리 만들어버리는 일은 결코 드물지 않다. 의사는 이와 같은 경우에 어떤 때는 이 치료법을 다른 때는 저 치료법을 시도하여 기질적(器質的)인 병변(病變)이라는 토대만 제거하고는 노이로제라는 번잡

한 부산물은 그대로 내버려두거나, 혹은 때에 따라 나타나는 노이로
제를 극복하여 그 기질적인 유인을 과소평가하고 있다. 그 결과 어떤
때는 이 치료법으로, 어떤 때는 저 치료법으로 성공도 하고 실패도
한다. 그러므로 이와같이 혼합증의 경우에는 일반적인 법칙을 세울
방법은 거의 없다.

역주 : 진주 조개의 껍질은 세 층으로 되어 있다. 제일 바깥에 있는 것이 각
피(殼皮), 그 다음이 소주층(小柱層), 제일 안쪽에 있는 것이 진주모층(眞
珠母層)이다. 그런데 이 진주모층과 외투막(外套膜—조개껍질을 분비하는
조개의 외피 부분) 사이에 밖에서 이물질이 들어가면 외투막이 자극을 받아
다량의 진주모질이 분비되어 이 이물질을 감싸게 되고 여기에 이른바 진주
가 생기는 것이다.

스물다섯 번째 강의

불안

여러분! 내가 지난번 강의에서 '보통의 신경질'에 대해 이야기한 것은 아마도 내 강의 중에서도 가장 불완전하고 불충분한 것이라고 여러분은 생각할 것이다. 그리고 그것은 나 자신이 인정하는 바이다. 나아가 여러분은 대부분의 노이로제 환자들이 호소하는 이른바 '불안'이라는 것에 대해 내가 아예 언급하지도 않았던 점을 매우 궁금하게 여길 것이다. 환자들 스스로 가장 무서운 고통이라고 명명하는 불안, 그것은 사실 환자들에게 아주 강한 힘을 떨침으로써 환자들의 마음을 거의 미칠 정도로 죄고 있다. 이러한 불안에 관한 문제는 오히려 나로 하여금 노이로제 환자의 불안문제에 초점을 모음으로써 특별히 보다 더 상세하게 설명할 생각을 갖게 하였던 것이다.

불안(不安—Angst)이라는 것이 어떤 것인가는 내가 새삼 소개할 것도 없을 것이다. 여러분은 모두 이 감각, 더 정확하게 말하면 감정상태를 언제 어디에서고 스스로 체험했을 것이다. 그러나 어째서 노이로제 환자만이 보통 사람보다 더 많고 심한 불안을 느껴야 하느냐는 이유를 진지하게 고찰한 적은 없었으리라. 아마 사람들은 이것을 당연한 일로 간주하는 모양이다. 보통 '신경질적인'이라는 말과 '불안한'이라는 말은 같은 뜻인 것처럼 마구 섞여서 사용되고 있다. 그러나 이것은 옳지 않다. 어느 점으로 보나 신경질이 아닌데도 불안한 사람이 있고, 여러 가지 증상에 괴로워하고 있으나 그 여러 가지 증상 속을 아무리 뒤져보아도 불안 경향이 발견되지 않는 노이로제 환자도 있다.

하지만 확실한 것은 불안이란 바로 가지가지의 가장 중요한 문제가 서로 맺어져 있는 매듭이라는 점이다. 불안이란 확실히 하나의 수수께끼다. 이 수수께끼를 풀면 우리의 정신생활 전모가 금방 환하게 밝혀질 것이 틀림없다. 여러분은 아마 내가 이 수수께끼를 완전히 풀 수 있다고 말하지 않아도 정신분석은 이 불안이라는 주제까지도, 대학에서 강의하는 의학과는 전혀 다른 방법으로 손댈 것이라고 예상할 것이다. 학교의 의학에서는 무엇보다도 어떤 해부학적 길을 지나서 불안상태가 일어나는가가 관심의 표적이 되어 있다. 즉 학교의 의학은 연수(延髓)가 자극을 받고 있는 것이라고 말한다. 그리고 의사는 환자에게 당신은 미주신경(迷走神經)의 노이로제에 걸려 있다고 말한다. 연수는 매우 엄숙하고 매우 훌륭한 대상이다. 나 역시 몇 해 전에 이 연수의 연구에 얼마나 많은 시간과 노력을 기울였는지 확실히 기억하고 있다. 그러나 이제 나는 불안을 심리학적으로 이해하는 데 있어 불안이라는 흥분이 달리는 신경전달로의 지식보다도 더 중요한 것은 없다고 말하지 않을 수 없다.

이제부터 나는 노이로제 일반은 제외해두고 긴 시간에 걸쳐 불안을 다루기로 하겠다. 다시 말해 내가 이런 종류의 불안을 노이로제적 불안과 대비시켜 현실불안(Realangst)이라고 부른다면, 여러분은 금방 내 말을 알아들을 것이다. 사실 우리에게는 현실불안이 매우 합리적이고, 이해하기 쉬운 것처럼 여겨진다. 나는 먼저 불안이란 외계의 위험, 바꾸어 말하면 예지되고 예견된 상해를 감지한 데 대한 반응으로서 도피반사(逃避反射)와 결부되어 있으며, 또 자기 보존본능의 발현으로 간주해도 좋을 것이라고 말해두겠다. 어떤 기회에 즉 어떤 대상에 대해서 또 어떤 상황에서 불안이 나타나는가는 물론 대부분 우리의 지식상태와 외계에 대한 우리의 지배력 정도에 달려 있다. 미개인은 대포에 떨고, 일식(日蝕)에 놀라지만 이 무기를 다룰 줄 알고 일식이라는 자연현상을 예언할 수 있는 현대인은 그러한 동일 조건 아래에서도 결코 불안을 느끼지 않는다. 하지만 어떤 경우에는 지식이 더 많기 때문에 오히려 불안이 일어난다. 왜냐하면 빨리 위험을 인정하기 때문이다. 이를테면 밀림 속의 맹수의 발자국을 본 미개인은 몹시 불안에 떠는데, 이것은 자신이 맹수가 가까이에 있다는 것을 가르치기 때

398

문이다. 그러나 아무것도 모르는 사람은 개의치 않는다. 노련한 선원은 수평선상의 한쪽에 떠오르는 한 조각의 구름을 발견하고도 무서워하지만, 승객에게는 구름 따위는 아무렇지도 않게 생각된다. 선원의 경우 그 구름은 태풍의 내습을 알려주는 것이기 때문이다.

생각해볼수록 현실불안이 합리적이고 합목적이라는 판단에는 근본적인 수정이 필요하다고 말하게 된다. 즉 위험이 임박할 때에 취하게 되는 목적에 맞는 유일한 태도란 임박한 위험의 크기에 비해서 자기 힘을 냉정히 평가해본 다음 달아나는 편이 좋은가, 방위하는 편이 좋은가, 또는 나아가서 공격하는 편이 좋은가, 즉 그 어느 것이 좋은 결과를 가져올 가능성이 큰가를 결정하는 일이다. 그런데 대부분의 경우 불안은 이 테두리 속에 들어 있지 않다. 그러한 태도는 아마도 불안이 발생하지 않은 사람 쪽에서 더 잘하게 되는지 모른다. 여러분도 알다시피 불안이 아주 심해지면 불안이라는 것은 거의 목적에 맞지 않는다는 것을 알게 된다. 즉 불안이라는 것은 모든 행위, 심지어 도주 행위마저 마비시켜버리고 만다. 위험에 대한 반응은 보통 불안이라는 감정과 방어 동작의 혼합으로 되어 있다. 깜짝 놀란 동물은 불안에 떨고 달아나버리는데 이 경우의 합목적성은 '달아난다'는 것이지 불안에 떤다는 것이 아니다.

그러므로 불안의 발생은 결코 목적에 맞는 것이 아니라고 주장하고 싶은 기분이 든다. 불안의 상황을 면밀히 분석해보면 불안에 대해서 아마 더 좋은 견해를 얻을 수 있을 것이다. 불안에 있어서의 제1의 것은 위험에 대한 준비상태(準備狀態－Bereitschaft)이며, 이 준비상태는 감각적인 주의력의 항진(亢進)과 운동성 긴장의 항진이라는 형태로 나타난다. 이와 같은 대기 준비상태는 분명히 유익한 것이라고 정말 인정하지 않을 수 없다. 이와 같은 준비상태가 결여되어 있으면 중대한 결과가 닥친다. 그런데 이 준비상태에서 한편에서는 운동성의 행동, 즉 '도주'가 나타나고 더 높은 단계에서는 활발한 '방어'가 나타나며, 다른 편에서는 우리가 불안상태로서 느끼는 것이 나타난다. 불안의 발생이 단순한 발단(發端) 신호라면, 불안 준비상태가 행동으로 바뀌는 것은 그만큼 원활히 이루어지고, 또 모든 과정은 그만큼 목적에 맞게 진행되어간다. 그러므로 불안에서 생기는 준비상태는 합목적이지만, 우리가 불안이라고 부르는 것 속에서는 합목적이 아닌 것처럼 여겨지는 것이다.

불안, 공포(Furcht), 경악(Schreck)이라는 용어가 같은 것을 가리키는지 다른 것을 가리키는지의 문제를 상세하게 이야기하는 것은 그만두기로 한다. 다만 불안은 상태에 관련되어 있어서 대상을 무시할 때 사용하고, 공포는 주의가 대상을 향했을 때 사용하는 말이라고 생각한다. 이에 반해서 경악은 분명히 특별한 뜻을 갖고 있는 모양이다. 즉 경악은 미리 불안 준비상태가 만들어지기 전, 다시 말해 갑자기 위험에 부딪쳤을 때에 사용된다. 그러므로 인간은 불안으로 경악을 예방한다고 해도 무방하다.

'불안'이라는 말을 사용할 때 여러분은 어떤 모호함과 어떤 불확실함에서 벗어날 수 없을 것이다. 사람은 대개 불안이라는 말을 '불안 발생'을 지각함으로써 생긴 주관적인 상태의 뜻으로 해석하고, 이 상태를 감정이라고 부르고 있다. 그러면 감정이란 역동적으로 무엇인가? 아무튼 그것은 매우 복잡한 것이다. 감정은 첫째, 어떤 운동성 신경지배나 발산을 포함하며, 둘째 두 종류의 어떤 감각, 즉 발생한 운동성 활동의 지각과 쾌(快)·불쾌(不快)의 직접적인 감각——이것이 이른바 감정의 기음(基音)이 되어 있지만——을 포함하고 있다. 그러나 나는 이와같이 하나하나 요소를 헤아린다고 해서 감정의 본질에 접근한다고는 믿지 않는다. 몇 가지 감정에서는 이른바 전체를 결부시키고 있는 핵심이 어떤 중요한 체험의 반복이라는 것을 간파할 수 있고, 또 그것을 인정할 수도 있다고 생각한다. 이 체험은 개체의 선사시대가 아니라 종족의 선사시대에 받은 매우 보편적인 성격의 극히 초기의 인상에 지나지 않을는지 모른다. 내 말을 더 똑똑히 이해시키기 위해서 이 감정상태는 마치 히스테리 발작과 같은 구조를 가진 것, 즉 회상(回想—Reminiszenz)의 침전물이라고 해도 좋을지 모른다. 그러므로 히스테리 발작은 새로 만들어진 개인적인 감정에 비교할 수 있고, 정상적인 감정은 상속된 일반적 히스테리에 비교할 수 있다.

지금 내가 감정에 대해 말하는 것은 정상심리학(正常心理學)이 인정하고 있는 학설이라고 생각해서는 안 된다. 오히려 지금의 견해는 정신분석이라는 토양에서 성장하여 거기서만 생긴 견해이다. 여러분

이 심리학에서 감정에 대해서 배운 것, 이를테면 제임즈 랑게 학설*
은 우리들 정신분석가에게는 도무지 불가해한 것이고, 논할 가치조차
없는 것이다. 그렇지만 우리는 감정에 대한 우리의 지식을 아주 확실
한 것으로 간주하고 있지는 않다. 그것은 이 캄캄한 영역에서 빙산의
일각을 짐작하게 해준 첫 시도일 뿐이다.

그러면 이야기를 계속하자. 우리는 불안 감정의 경우, 어릴 때의 어
떤 인상을 되풀이하는 것이라고 믿고 있다. 그것은 '분만행위'라 할
수 있다. 분만 때의 불쾌감, 출산의 흥분 및 육체감각의 집약화가 한
꺼번에 나타난다. 이것이 생명의 위험에 직면하는 모든 경우의 원형
이 되는 것으로, 그 이후로 이것은 불안상태로서 우리에게 되풀이
된다. 혈액 신생(血液新生－內呼吸)의 중단에 의한 심한 자극의 증가
는 출산 때의 불안을 체험하는 원인이었다. 그러므로 최초의 불안은
독물성(毒物性)이었다. 불안이라는 말(라 틴 어 angustiae 는 '좁다'는 뜻이다)은 호흡이 좁아
진다는 출산 때에 현실적으로 보는 상황의 결과로서 현존하는 특징을
특히 강조하고 있다. 오늘날에는 감정 속에서 거의 언제나 되풀이되
고 있다. 또한 이 최초의 불안상태가 어머니한테서 떨어졌기 때문에
일어났다는 사실은 매우 뜻깊은 일이다. 최초의 불안상태를 반복하는
소인은 헤아릴 수 없을 만큼의 세대의 계열을 지나서도 유기체에 깊이
뿌리박고 있으므로, 설령 전설상의 맥더프처럼 '어머니의 배를 가르
고 나와서' 분만행위 자체를 경험하지 않는다 하더라도 각 개체가 불
안 감정을 면할 수 없다는 우리의 확신은 당연한 것이다. 그러나 우리
는 포유동물 이외의 동물에 있어서는 무엇이 불안상태의 원형인지를
말할 수 없다. 뿐만 아니라 그들에게 있어 어떤 감각의 복합체가 우리
의 불안에 해당하는지도 우리는 모르고 있다.

이제 분만행위가 불안 감정의 원천이며 원형이라는 설을 어떻게 착
상했는지 들어보는 것도 여러분에게는 흥미가 있을지 모른다. 이것은
사변(思辨)과는 아무 관계가 없다. 오히려 민중의 소박한 생각에서 빌
려왔다. 오래 전, 병원 근무의 젊은 의사들이 점심식사를 하러 식당에
모였을 때 산부인과의 조수가 최근의 산파 시험 때 일어난 유쾌한 이
야기를 들려주었다.

선생이 한 수험생에게 분만 때 태변(胎便)이 양수 속에 나오는 것은

어떤 뜻이냐고 물어보았다. 그러자 그 수험생은 즉각, "그 아기는 불안했던 거예요." 하고 대답했다. 그 결과 그녀가 놀림을 받고 보기좋게 낙제하고 만 이야기였다. 그러나 나는 마음속으로 그녀의 편을 들었다. 그리고 나는 때묻지 않은 서민 출신의 이 가엾은 여자가 어떤 중요한 연관성을 들추어냈다고 처음으로 느꼈던 것이다.

그러면 지금부터 '노이로제의 불안'의 문제로 이야기를 돌리기로 하겠다. 노이로제 환자의 불안은 어떤 새로운 현상의 형(型)과 관계를 우리에게 보여주는 것일까? 이에 대해서는 여기서 이야기할 것이 산더미처럼 있다.

첫째, 일반적인 불안, 이른바 부동(浮動)하는 불안(freiflottierende Angst)이라는 것이 있다. 이런 종류의 불안은 아무튼 적당한 표상 내용에 금방 붙어서 판단을 좌우하고 예상을 선택하며 모든 기회를 포착하여 자기를 정당화하려고 한다. 우리는 이 상태를 '예상불안(豫想不安)' 또는 '불안한 예상'이라고 부른다. 이런 종류의 불안에 괴로워하는 사람은 모든 가능성 중에서 언제나 가장 무서운 것을 예상하고, 뜻밖의 사건을 모두 불행의 전조로 해석하며, 불확실한 사건을 모조리 나쁜 의미로만 간주한다. 이와같이 불길한 것을 예상하는 경향은 병자라고 할 수 없는 많은 사람에게서도 볼 수 있는 성격 특성이다. 그리고 이런 사람들은 겁쟁이라든가 '비관자(悲觀者)'라고 불린다. 그러나 도가 지나친 예상불안은 대개 어떤 노이로제에 나타난다. 나는 이 노이로제를 '불안(不安) 노이로제'라고 이름 지어 현실 노이로제 속에 포함시켜두고 있다.

불안의 제2형은 방금 말한 것과는 반대로 오히려 심리적으로 제한이 정해져 있어서 어떤 일정한 대상, 일정한 상황과 결부되어 있다. 이것은 온갖 것에 해당되는 흔하면서도 기괴한 '공포증(Phobie)'이라는 불안이다. 미국의 유명한 심리학자 스탠리 홀(Stanley Hall. 제임즈의 제자로 프로이트를 미국에 초청한 사람)은 최근 처음으로 고심하여 이 공포증을 분류하고, 거기에 당당한 그리스 명을 붙여주었다. 이 분류는 이집트의 열 가지 재액을 세는 방법과 비슷하나 수가 열 가지 이상인 점이 다르다. 어떤 것이 공포증의 대상 혹은 내용이 될 수 있는가를 한번 들어주기 바란다. 암흑, 야외의 공기, 광장, 고양이, 거미, 송충이, 뱀, 쥐, 벼락, 뾰족한 것, 피,

닫혀진 방, 혼잡함, 고독, 다리를 건너는 일, 항해, 기차 여행 등이다.

이와 같은 잡다한 것들 가운데 방향을 잡기 위한 첫 시도로는 우선 이들을 셋으로 분류하는 일이 편리할 것이다. 첫 번째 부류는 무서움의 대상과 무서운 상황의 대부분이 우리들 정상인에게도 기분 나쁜 것들이며 위험과 관계가 있는 경우이다. 그러므로 이와 같은 공포증은 설령 그 강도(強度)가 매우 강하더라도 우리가 충분히 이해할 수 있는 것처럼 여겨진다. 보통 사람들은 뱀과 마주쳤을 때 기분이 나빠진다. 뱀 공포증이라고 불리는 것은 인류 일반에 볼 수 있는 것이며, 다윈도 이 공포증을 매우 생생하게 그리고 있다(《인간 및 동물의 표정》 제1장). 즉 두꺼운 유리판으로 단단히 칸막이가 되어 있는 줄 알면서도 뱀이 자기 쪽으로 머리를 쳐들고 다가올 때는 역시 속으로 공포감을 누르지 못한다고 말하고 있다.

두 번째 부류는 위험과의 연관성은 여전히 있지만 여느때는 그 위험을 경시하거나 예상을 하지 않는 습관이 붙어 있는 경우이다. 개개의 상황공포증(狀況恐怖症)은 이 속에 들어간다. 기차여행을 하고 있을 때는 집에 있을 때보다 불행이 일어날 기회, 즉 열차 충돌의 위험이 많다는 것을 우리는 잘 알고 있다. 또 배는 침몰하는 경우가 있으며, 침몰하던 승객은 대개 다 빠져 죽는다는 것도 우리는 충분히 알고 있다. 그런데도 우리는 이와 같은 위험을 일체 생각지 않고 예사로 기차나 기선에 오른다. 다리를 건널 때 다리가 한순간에 부서져서 물 속에 떨어져버리는 것도 가능한 일이지만, 이런 것은 극히 드문 사건이므로 위험하다고는 생각지 않는다. 혼자 있는 것에도 마찬가지로 위험은 따르며, 또 우리는 어떤 상황 아래서는 혼자 있는 것을 피한다. 하지만 어떤 조건하에서나 한순간도 혼자 있는 것을 견디지 못한다는 일은 있을 수 없다. 혼잡함, 닫혀진 방, 벼락 등에도 같은 말을 할 수 있다. 노이로제 환자가 품는 이와 같은 공포증에 대해서, 우리가 이상스럽게 생각하는 점은 일반적으로 공포증의 내용이 아니라 그 강도(強度)이다. 공포증이라는 불안은 정말 얼마나 묘사하기 어려운 것인지! 그리고 어떤 조건에서는 우리에게조차 불안을 불러일으키는 일이 있는 대상이나 상황에 노이로제 환자 쪽이 오히려 전혀 불안을 느끼지 않는 듯한 인상을 우리는 자주 받는다.

공포증의 세 번째 부류가 남아 있다. 이 부류는 이해하기 어려운 것이다. 어떤 건장한 사나이가 구석구석 잘 알고 있는 고향 마을의 어느 거리라든가 어느 장소를 불안해서 걸어가지 못할 경우, 또는 당당한 체격의 건강한 여성이 고양이가 옷자락을 스쳐 지나갔다든가 쥐가 방안을 기어갔다든가 하는 이유로 의식이 없어지도록 불안해할 경우, 이 사람의 눈에 역시 분명히 존재하는 위험과 공포를 대체 우리는 어떻게 결부시켜야 좋을 것인가? 이 동물공포증이라는 종류는 그 중심이 인간에게 보통 있는 혐오의 항진(亢進)은 아니다. 왜냐하면 고양이를 보면 그대로 지나가지 못하고 쓰다듬어주고 애무해주지 않고는 못 견디는 사람이 많다는 반증도 있기 때문이다. 여성이 무서워하는 쥐는 동시에 제1급의 애칭이 되어 있다. 자기 연인이 '생쥐 아가씨'라고 불러주면 좋아하는 처녀가 자기와 같은 이름을 가진 이 조그만 동물이 살살 기어나올 때는 너무나 무서워서 비명을 지르는 것이다.

가로공포(街路恐怖)나 광장공포(廣場恐怖)를 가진 사나이에 대해서는 꼭 어린이 같다는 말밖에 할 수 없다. 어린이는 교육으로 직접 이런 경우는 위험하니 피해야 한다고 배운다. 그리고 광장공포의 사나이도 누군가와 함께 그곳을 지나갈 때는 불안을 느끼지 않는다.

이제까지 말한 불안의 두 가지 형, 즉 부동(浮動)하는 예상불안과 공포증이 결부된 불안은 저마다 다른 것이다. 이 형은 저 형이 심해진 것이라고 말할 수도 없다. 양자는 아주 드물게 우연인 것처럼 결부되어 나타난다. 일반적인 불안이 아주 심하다고 반드시 공포증이라는 혐오로 나타나는 것은 아니다. 생활 전체가 광장공포라는 병으로 묶여 있는 사람에게 염세적(厭世的)인 예상불안이 전혀 나타나지 않는 수도 있다. 공포의 대부분은 이를테면 광장공포라든가 기차공포는 어른이 되어 비로소 나타나는 것이고, 암흑, 벼락, 동물에 대한 공포는 태어날 때부터 줄곧 존재하는 것으로 여겨진다. 전자의 공포증은 중대한 병증이라는 의의를 갖고 있지만, 후자의 공포증은 오히려 기벽(奇癖)이나 성품인 것 같다. 후자의 공포증을 나타내는 사람의 경우, 인간에게는 일반적으로 이와 비슷한 다른 공포증도 있는 것이 아닐까 하고 예상해도 좋다. 우리는 이와 같은 공포증을 한데 뭉쳐서 '불안

404

히스테리' 속에 넣고 있다고 덧붙여야겠다. 즉 우리는 이런 공포증을 그 유명한 전환 히스테리와 아주 닮은 병으로 간주하고 있는 것이다.

노이로제적 불안의 세 번째 부류는 우리의 눈에 하나의 수수께끼로 비친다. 즉 불안과 임박한 위험 사이의 관련을 전혀 볼 수가 없다. 이를테면 이 불안은 히스테리의 경우에 히스테리 증상에 수반되어 나타나거나 또는 흥분의 여러 가지 조건하에 나타난다. 그리고 이 흥분 때 어떤 감정이 나타나는 것이 아닐까 하고 우리는 예상했지만, 그것은 적어도 불안 감정이나 혹은 다른 어떤 상태에 결부시키지 않는 한 우리도 환자와 마찬가지로 이해할 수 없는 자연발생적인 불안발작이다. 이 불안발작을 설명하기 위해서 자칫하면 과장될 경향이 있는 위험이나 원인을 발견하지 않더라도 우리는 널리 아울러 깊게 논할 필요가 있다. 이와 같은 자연발생적인 발작의 경우, 우리가 불안상태라고 부르는 복합체는 분열할 가능성이 있다는 것을 알고 있다. 모든 발작을 강하게 발달한 개개의 증상――떨림, 현기증, 심계항진(心悸亢進), 호흡 곤란 등으로 대표시킬 수 있다. 그리고 우리가 불안이라고 말하는 일반 감정은 이 경우에는 없거나 혹은 나타나 있더라도 선명치 않은 모습을 가진다. 그러나 우리가 '불안 등가(不安等價－Angstäequivalent)'라고 이름 지은 이 상태는 모든 임상적(臨床的) 및 병인론적(病因論的) 관계에서 불안과 동열에 둘 수 있는 것이다.

이제 두 가지 의문이 솟는다. 첫째는 위험이 전혀 역할을 하지 않거나 혹은 아주 적은 역할밖에 하지 않는 노이로제적 불안을 어디까지나 위험에 대한 반응인 현실불안과 관련지을 수 있느냐는 점과 둘째로 노이로제적 불안은 어떻게 생각하면 좋으냐 하는 점이다. 그러나 우리는 우선 다음과 같은 예상을 세워보고 싶다. 즉 불안이 있는 곳에는 반드시 사람이 무서워하는 것이 틀림없이 존재할 것이라는 전제다.

임상적인 관찰은 노이로제적 불안을 이해하는 많은 실마리를 준다. 그러면 여러분에게 실마리의 의의에 대해서 상세하게 설명하기로 한다.

1. 예상불안(豫想不安), 또는 일반적인 불안이 성생활의 어느 과정――우리는 리비도의 어떤 종류의 사용법이라고 말하고 있지만――과 밀접한 관계가 있다는 것을 입증하기는 별로 어려운 일이 아니다.

이런 종류의 실례 중에서 가장 단순하고 가장 배울 점이 많은 것은, 이른바 욕구불만으로 끝나는 흥분(frustrane Erregung)에 직면한 사람, 즉 심한 성흥분을 풀 배출구가 없어서 만족한 결말에 이르지 못하는 사람의 경우이다. 그러므로 이를테면 약혼 중인 남성이라든가 정력이 부족한 남편의 아내라든가 임신에 대한 조심 때문에 성교를 빨리 끝마쳐버리거나 불완전하게만 행하는 여성의 경우가 이런 종류의 실례가 된다. 이런 조건 아래서는 리비도의 흥분은 소실되고 그 대신 불안이 발생한다. 이런 경우 불안은 예상불안이나 불안 발작이나 불안등가증(不安等價症) 형태를 갖는다. 조심스럽게 행하는 성교의 중절(中絶), 더욱이 상습적으로 하는 것은 남성, 아니 특히 여성에 있어서는 언제나 불안 노이로제의 원인이 된다. 그러므로 이와 같은 증상 예에 부딪쳤을 때는 먼저 이 방면의 원인을 찾아야 한다고 임상가에게 충고해두지 않으면 안 될 정도다. 성적인 악습이 교정되면 불안 노이로제 역시 사라지는 증상 예는 무수히 많다.

　내가 아는 한, 정신분석을 전공한 의사도 이제는 성욕의 억제와 불안 상태가 관계있다는 사실에 이의(異議)를 내세우지 않는다. 그러나 의사들은 이 두 관계를 거꾸로 해석하여 '그런 환자는 처음부터 불안에 대한 경향이 있었다. 그래서 성적인 일에 소극적인 태도를 갖는 것'이라 주장하기도 한다. 그러나 여성의 태도는 이와 반대의 것을 말해준다. 여성의 성활동은 근본적으로 수동적이다. 바꾸어 말하면 남성측의 취급에 따라서 결정된다. 아내 쪽이 정열적이면 정열적일수록 바꾸어 말해서 아내 쪽이 성교를 하고 싶어하는 일이 많고 성교에서 만족을 얻는 능력이 크면 클수록 아내는 남편의 불능증(不能症) 혹은 중절성교(中絶性交)에 대해 불안현상으로 반응하는 것은 확실하다. 한편 불감증의 여성이나 리비도가 적은 여성의 경우는 이와 같은 학대를 받아도 아무 영향이 없다.

　오늘날 의사가 열렬히 권하고 있는 금욕이 사람이 불안상태를 일으키는 데 중요한 요인이 되는 것은 만족을 얻을 수 있는 배출구에 도달하는 것을 거부당한 리비도가 강해지고, 더욱이 그 대부분이 승화(昇華) 작용에 의해서 방출되지 않을 때에 한한다. 병이 되고 안 되고 하는 것은 언제나 리비도의 양적 인자(量的因子)로 정해진다. 병은 젖혀놓고 성격 형성을 고찰하면, 성적 제한은 어떤 종류의 불안상태나 의혹감을 유발시키며, 한편 대담무쌍하고 용감하고 적극적인 기상(氣象)에는 성적 요구에 대한 자유방임이 수반되기 때문에 큰 불안상태를 병행하지 않는다는 것을 알 수 있다. 이러한 점은 문화의 온갖 영향을 받아 사람의 심성이 변화하고 복잡해졌기 때문에 보통 사람에게는 역시 불안은 성적 제한과 관계가 있는 것이다.

나는 여태까지 여러분에게 리비도와 불안 사이에는 발생상의 관계가 있다는 것을 보여주는 관찰을 이야기하지 않았다. 그 한 예는 인생의 어떤 시기가 불안의 발생에 영향을 미친다는 사실이다. 즉 사춘기나 갱년기에서는 리비도의 생산활동이 높아지기 때문에 불안이 발생하는 것이라고 말해도 좋다. 홍분상태의 대부분에 있어서는 리비도와 불안이 섞여 있거나 마지막으로 리비도가 불안에 의해 대상(代償)되는 것을 직접 관찰할 수 있다. 우리가 이러한 사실에서 받는 인상에는 두 가지가 있다. 첫째는 정상적인 사용을 저지당한 리비도가 쌓인 것이고, 둘째 문제는 오로지 육체적인 과정이라는 점이다. 리비도에서 어떻게 불안이 발생하는지는 아직 알 수 없다. 확실한 것은 리비도가 없어지고, 그 대신 불안을 볼 수 있다는 것뿐이다.

2. 제2의 시사는 심인 노이로제의 분석, 특히 히스테리의 분석으로 얻어진다. 불안은 흔히 증상에 수반하여 나타난다는 말을 했지만, 이 병에서는 증상과 결부되지 않고 불안이 발작되거나 혹은 지속 상태가 되어 나타나는 경우도 있다. 환자는 자기가 무엇을 무서워하고 있는지 말하지 못한다. 환자는 명백한 2차적 가공(二次的加工)으로 불안을 신변에 가까운 공포증, 이를테면 죽는다든가 미친다든가 졸도한다든가 하는 공포증과 결부시킨다.

만일 우리가 불안이나 불안을 수반하는 증상이 발생한 상황을 분석한다면, 정상적인 어떤 심적 과정이 막혀서 불안 현상으로 바뀌었는지 대개 알 수 있을 것이다. 이것을 달리 표현해보자. 즉 무의식 과정을 아무런 억압도 받지 않고 자유로이 의식으로 진행하고 있는 것이라고 생각하자. 이 과정은 어느 일정한 감정을 수반하고 있었을 것이다. 그런데 의식으로의 정상적인 흐름에 수반되는 이 감정이 억압을 받으면 그 원 성질이 무엇이거나 상관없이 놀랍게도 어떤 경우에나 불안으로 바뀌는 것이다. 그러므로 히스테리성 불안상태에 직면했을 때의 그 무의식의 상관물(相關物—Korrelat)은 그와 비슷한 성격의 것, 이를테면 불안, 수치, 당황 같은 흥분일 수도 있지만, 또는 격분이나 분노 같은 적극적인 리비도의 흥분 또는 적대적·공격적인 흥분일 수도 있다. 그러므로 불안은 어디에 내놓아도 통용되는 화폐이기도 하다. 만일 감정 흥분에 부속해 있는 표상 내용이 억압을 받으면, 그 감정 흥분은 어떤 것이라도 모두 불안이라는 화폐로 교환되고 또 교환할 수 있는 것이다.

3. 우리는 제3의 관찰을 주목할 만한 방법을 사용하여 불안에서 빠져나오려고 강박행위를 나타내는 환자에게서 얻을 수 있다. 만일 우리가 환자의 강박행위, 이를테면 세척(洗滌)이나 의례(儀禮)행위를 방해하려고 하거나 환자 자신이 자진해서 그 강박증상을 그만두려고 하면, 환자의 마음속에는 무서움과 같은 불안이 고개를 쳐들어 부득이 그 강박행위를 하지 않고는 못 견딘다. 그러므로 불안은 강박행위의 뒤에 숨어 있고, 환자는 불안에서 달아나기 위해서만 이 강박행위를 한다는 것을 우리는 알게 된다. 그러므로 강박 노이로제에서는 보통때면 발생해야 할 불안이 이 증상 형성(症狀形成)에 의해서 대상되고 있는 셈이 된다.

그리고 우리는 히스테리의 관찰에서도 이와 마찬가지 관계가 있다는 것을 안다. 즉 억압 과정의 결과로서 어떤 때는 순전한 불안 발생이, 어떤 때는 증상 형성을 수반한 불안이, 어떤 때는 불안없는 완전한 증상 형성이 발견된다. 그래서 일반적으로 증상은 보통때라면 피할 수 없는 불안 발생을 면하기 위해서만 만들어진다고 해도 추상적인 뜻으로는 옳은 것처럼 생각된다. 이렇게 생각하면 불안은 노이로제 문제에 대한 우리의 흥미에 있어 그 중심점에 위치하게 된다.

불안 노이로제의 관찰을 통해서 우리는 리비도가 정상적으로 이용되는 길에서 방향을 바꾸는 것은――그 결과 불안이 발생한다――육체적인 과정이라는 토대 위에서 행하여진다고 결론을 내렸다. 또 히스테리와 강박 노이로제의 분석으로 위와 동일한 결과를 수반하는 동일한 방향전환은 마음속의 '재판소($\begin{smallmatrix} \text{Instanz. 재결을 내리} \\ \text{는 장소 또는 능력} \end{smallmatrix}$)'로부터 일어나는 거부작용이라고 덧붙일 수 있다. 그러므로 우리는 이제까지 노이로제 불안의 발생에 대해서 많은 것을 안 것이 되지만, 아직도 상당히 모호한 점이 많다. 그러나 나는 아직 이 이상 전진하는 길을 발견하지 못하고 있다. 우리에게 과해진 제2의 과제, 즉 비정상적으로 이용된 리비도인 노이로제적 불안과 위험에 대한 반응인 현실불안 사이에 어떠한 것을 결부시킨다는 것은 훨씬 해결이 어려운 것처럼 여겨진다. 이 둘은 완전히 별개의 것이라고 여러분은 생각할지 모른다. 그러나 우리로서는 현실불안과 노이로제적 불안을 감각에 의해 구별하는 수단은 갖고 있지 않다.

하지만 우리가 여태까지 몇 번이나 주장한 자아와 리비도의 대립을 차용한다면, 현실적 불안과 노이로제적 불안과의 사이에서 구하고 있었던 연결도 마침내 이루어질 수가 있다. 우리가 알고 있듯이 불안 발생은 위험에 대한 자아의 반응이며, 도주(逃走)의 개시를 알리는 신호다. 그러므로 노이로제적 불안에서 자아는 리비도의 요구에 대해서 이와 같은 도주를 시도하고, 이 내부의 위험을 마치 외부의 위험인 양 취급한다는 견해가 당연히 생긴다. 이 견해로써 불안이 있는 곳에는 사람이 무서워하는 것이 있다는 우리의 예상은 실현되었는지도 모른다. 그러나 이 유추는 더 진행될 수가 있다. 외부의 위험에서 도주하려는 시도가 진지(陣地)를 굳게 지키는 일이나 목적에 맞는 방위책을 세우는 일로 바뀌듯이 노이로제적 불안의 발생 또는 불안을 묶어놓는 증상 형성에 길을 양보한다.

이제 다른 곳에 이해하기 어려운 점이 나타난다. 리비도에서의 자아의 도주를 뜻하는 불안은 이 리비도 자체에서 생긴 것이어야 한다. 이 주장은 막연하지만 어떤 사람의 리비도이든 그것은 결국 그 사람의 일부이며, 리비도가 무언가 외계에 있는 것처럼 그 사람과 대립하고 있는 것이 아님을 잊지 말도록 경고해둔다. 우리가 여전히 모르는 것은 불안 발생의 국소론적 역학(局所論的力學)이다. 즉 그때 어떤 종류의 심적 에너지가 소비되고, 또 그것은 어떤 심적 체계에 속하느냐는 문제이다. 나는 여러분에게 이 의문에 대해 대답할 수 있다고 약속할 수는 없지만, 다른 두 가지 실마리를 더듬어서 우리의 사색을 돕기 위해 직접적인 관찰과 분석적인 연구를 다시 한 번 이용하고 싶다. 지금부터 어린이에 있어서의 불안의 발생과 공포증에 결부된 노이로제적 불안의 출발점으로 돌아가보겠다.

어린이의 불안감은 아주 흔한 것이기 때문에 그 무서움이 노이로제적 불안인지, 현실불안인지 구별하기는 매우 어렵다. 아니, 어린이의 태도를 보면 이런 구별을 할 가치가 있는지조차 의심스러워진다. 왜냐하면 우리는 어린이가 모르는 사람, 새로운 장소, 새로운 물건을 죄다 무서워하더라도 그것을 이상하게 생각지 않기 때문이다. 그리고 우리는 이 반응을 어린이의 약함과 무지로 쉽게 설명할 수가 있다. 그래서 우리는 어린이가 강한 현실불안을 갖고 있다고 말하고, 만일 어린이의 이 불안이 천성적인 것이라면 그것은 참으로 목적에 맞는 것이라고 간주한다. 어린이는 이때 단지 원시인이나 오늘날의 미개인의 태도를 되풀이하고 있는 것이리라. 원시인이나 미개인은 무지하고 무력하기 때문에 낯선 것이나, 오늘날의 우리에게는 이미 아무런 불안을 느끼게 하지 않는 여러 가지 눈에 익은 사물에 대해서도 불안을 품는다. 만일 어린이의 공포증 가운데 적어도 그 일부가 인류 발달의 그 원시시대에 있었던 것과 같은 것이라면 우리의 예상과 보기 좋게 일치하는 것이 된다.

하지만 다른 한편에 있어서 우리는 어느 어린이나 모두 무서워하는 정도가 같지 않다는 것, 모든 사물과 상황을 특별히 무서워하는 어린이야말로 후일에 노이로제 환자가 된다는 것을 간과할 수 없다. 그러므로 노이로제의 소인(素因)은 현실불안에 대한 뚜렷한 경향으로도 간파할 수 있는 것이다. 즉 불안상태가 첫 징조로서 나타난다. 그리고 우리는 그 사람이 어릴 때뿐만 아니라 어른이 되어서도 모든 사물에 대해 불안해하는 것으로 보아 자기의 리비도가 높아짐을 불안해하는 것이라고 결론짓는다. 그리고 이와 같은 결론으로서는 리비도에서 불안이 발생한다고는 할 수 없게 된다. 그리고 만일 우리가 현실불안의 조건을 검토해본다면 자기의 약함과 무력감——아들러의 술어를 빌리면 열등성(劣等性-Minderwertigkeit)——은 만일 그것이 소아기부터 성인기까지 줄곧 계속되는 것일 경우 노이로제의 궁극적인 원인이 된다는 견해에 반드시 이르고 말 것이다.

이 사실은 지극히 간단하고 그럴 듯하여 우리로 하여금 다시 한 번 자세히 그것을 살펴보게 한다. 물론 이 사실에 의해서 노이로제라는 수수께끼의 정체도 드러나기 시작한다. 열등성이 어른이 되어서도 줄곧 계속된다——따라서 불안 조건과 증상 형성이 지속된다——는 것은 거의 확실시되는데, 여기서 만약 우리가 건강상태라고 인정되는 것이 나타난다면 도리어 그것이 이상한 것이 될 뿐만 아니라 그것에 대해 설명을 해야할 필요성마저 느끼게 된다.

그러나 어린이가 지닌 불안감을 면밀히 관찰해볼 때 거기서 우리가 또 알 수 있는 것은 무엇일까? 어린이는 우선 낯선 사람을 무서워한다. 상황은 그것이 사람을 포함하고 있을 때 비로소 중요한 것이 되고, 사물은 더 나중이 되어서야 비로소 문제가 된다. 그러나 어린이가 남을 두려워하는 것은 남이 자기에게 악의를 갖는다고 해서, 또는 남과 강약을 비교해보기 때문은 아니다. 다시 말해서 남을 자기의 생존, 안전 및 고통없는 상태를 위협하는 자로 인식한 소치가 아니다. 온 세계를 지배(당시는 제1차 세계 대전 때)하는 공격성 욕동(攻擊性欲動)에 위협받고 있기 때문에 두려워 떨고 있는 어린이는 없다. 그런 견해는 비극적이고 이론적인 조작물이다. 결코 그렇지는 않다. 어린이 자신이 낯선 사람을 무서워하는 것은 어린이가 믿고 아주 사랑하고 있는 사람——결국은 어머니——만을 안중에 두고 있기 때문이다. 불안으로 바뀌는 것은 어린이의 실망이며 동경이다. 즉 사용할 수 없는 리비도가 부동상태(浮動狀態)로 있을 수가 없어 불안으로 발산되고 마는 것이다. 어린이의 불안에 대한 전형적인 이 상황 속에서 분만행위 중의 첫 불안 상태, 즉 모체에서 떠나는 일이 반복되고 있는 것도 우연이라고만 할 수는 없다.

어린이의 첫 상황공포증(狀況恐怖症)은 어둠과 혼자 있다는 것에 대한 공포증이다. 그리고 어둠에 대한 공포증은 한평생 계속되는 수가 많다. 두 가지 다 공통적인 것은 자기를 돌봐주는 사랑하는 사람, 즉 어머니를 놓쳐버리는 데에 있다. 어둠을 무서워하는 어린이가 옆방에서 외치는 말을 들은 적이 있다. "아줌마, 얘기해줘. 나 무서워." "하지만 얘긴 해서 뭘하지? 내 얼굴도 안 보이는데." 어린이는 이에 대해서 "누가 얘기를 해주면 이 근처가 환해지는걸." 하고 말했다. 어둠에 대한 동경은 이리하여 어둠에 대한 공포로 변한다. 여기서 우리는 노이로제적 불안이 단지 2차적인 것이며, 현실불안의 특수한 경우에 지나지 않는다는 사실을 넘어서서, 정반대로 어린이의 경우는 사용되지 않는 리비도에서 발생한 노이로제적 불안의 그 본질적 특징이 현실불안이라는 형태로 활동하고 있음을 알게 된다.

어린이는 참된 뜻의 현실불안을 조금도 지니지 않은 채 이 세상에 태어난 것같이 여겨진다. 후일에 공포증의 조건이 될 수 있는 모든 상황, 이를테면 높은 곳, 강에 걸려 있는 좁은 다리, 기차여행, 승선(乘船) 등에 어린이는 아무런 불안도 일으키지 않는다. 더욱이 어린이가 아무것도 모르면 모를수록 무서워하는 것이 적다. 생명을 보호하는 이와 같은 본능의 대부분이 상속된다면 그것은 매우 바람직한 일일 것이다. 만일 그렇다면 어린이를 위험에서 보호하는 감시 임무는 그 때문에 훨씬 편해질 것이다. 그러나 실제로 어린이가 처음에 자기 힘을 믿고 무서운 것이 없는 것처럼 행동하는 것은 위험을 모르기 때문이다. 어린이는 강변을 달리고, 창가에 기어오르며, 뾰족한 물건이나 불을 갖고 논다. 즉 어린이는 자기가 다치거나 보호자를 아찔하게 만드는 일들을 뭐든지 해치운다. 그런 뒤에 어린이의 마음이 현실불안에 눈을 뜨는 것은 오로지 교육의 결과이다. 왜냐하면 어린이가 교훈적인 경험을 스스로 맛보는 따위의 일을 어른들은 잠자코 보고 있을 수가 없었던 것이다.

그런데 만일 불안에 대한 이러한 교육을 매우 순순히 받아들이고, 이어 어른이 주의시켜주지 않은 위험까지도 자기 힘으로 발견하는 어린이가 있다면, 그런 아이는 태어날 때부터 그 체질에 다량의 리비도 욕구를 갖고 있다거나 혹은 리비도의 만족이라는 악습에 어릴 때부터 물들어 있었다는 설명이 된다. 이런 어린이 가운데서 후일에 노이로제 환자가 나왔다고 해서 조금도 이상할 것이 없다. 왜냐하면 노이로제를 발병하기 쉽게 만드는 것은 많은 리비도의 우울한 열등 인자를 장기간 견뎌내지 못하는 데 있음을 우리는 이미 알고 있기 때문이다. 이 경우에 체질적 요인 역시 그 한 원인을 이루고 있으며, 또 우리가 그 사실을 부정할 수 없다는 점은 여러분도 인정할 것이다. 그러나 체질적 인자만 역설하고 다른 모든 인자를 등한시하거나 관찰과 분석 쌍방에서 일치하고 있는 결과로 보아 체질적 인자 같은 것은 전혀 없거나 또는 있어도 매우 흐릿한 그림자의 경우에도 이것을 들고 나오려

412

한다면, 우리는 거기에 대해서 단호히 반대할 뿐이다.

여러분은 어린이의 불안상태에 대해서 관찰한 것으로 다음과 같은 결론을 끌어낼 것이다. 어린이의 불안은 현실불안과 전혀 관계가 없지만 어른의 노이로제적 불안과 매우 비슷하다고. 어린이의 불안은 노이로제적 불안처럼 이용되지 않는 리비도에서 발생하여 잃어버린 사랑의 대상을 외부의 사물이나 상황으로 대리하고 있는 것이다.

여러분은 여기서 '공포증'을 분석해봐야 이 이상 더는 새로운 사실을 배울 수 없다는 말을 듣고 안심할 것이다. 즉 공포증에서도 어린이의 불안과 같은 일이 일어난다. 말하자면 방출되지 않고 사용되지 않는 이 리비도는 표면적으로만 현실불안으로 바뀐다. 그 결과 하찮은 외부의 위험이 리비도의 요구를 대표하는 것이다. 이 일치는 결코 놀랄 일이 아니다. 왜냐하면 유아성 공포증은 우리가 '불안 히스테리' 속에 넣고 있는 후일의 공포증의 원형일 뿐 아니라 그 직접적인 준비조건이며 그 서곡이기 때문이다. 히스테리성 공포증을 거슬러올라가면 모두 어린이의 불안에 도달한다. 그리고 비록 내용이 달라서 다른 이름을 붙이지 않으면 안 되더라도 히스테리성 공포증은 어린이의 불안의 계속이다.

두 병의 차이가 있다면 그것은 메커니즘의 문제이다. 어른에게 있어서 리비도가 불안으로 바뀌는 것은 동경(憧憬)과 같이 리비도를 잠시 이용할 수 없게 만드는 것만으로는 충분하지 않다. 어른은 오래 전에 이와 같은 리비도를 부동상태(浮動狀態)에 그대로 두거나 또는 다른 식으로 이용하는 것을 배운 것이다. 그러나 만일 리비도가 억압을 받은 심적 욕동에 속한다면 의식과 무의식의 구별이 아직 없는 어린이에 있어서와 같은 상태가 다시 만들어지고, 그리하여 유아성 공포증으로 퇴행함으로써 이른바 길이 열리고, 이 길을 지나서 리비도는 쉽게 불안으로 바뀌는 것이다.

기억하고 있겠지만 우리는 억압에 대해서 많은 것을 이야기했다. 그러나 그때는 언제나 억압되는 관념의 운명만 연구하고 있었다. 그 편이 알기 쉽고 이야기하기 쉽기 때문임은 물론이다. 억압된 관념을 내포한 감정은 어떻게 되느냐 하는 문제는 언제나 보류해두었다. 지금 비로소 우리는 어쨌든 불안으로 변하는 것이 이 감정의 주어진 운명임을 알게 된다. 그러나 이 감정의 변화는 억압 과정 속의 훨씬 중요한 부분이다. 우리는 무의식적인 감정의 존재를 무의식적인 관념과 같은 뜻으로는 주장할 수 없으므로 이 점을 상세히 이야기하기는 쉬운 일이 아니다. 의식적이건 무의식적이건 관념은 역시 관념이다. 우리는 무엇이 무의식적인 관념에 해당하는가 말할 수는 있다. 하지만 감정은 관념과는 전혀 다른 식으로 판단해야 하는 하나의 발산과정이다. 무의식으로서 감정에 해당하는 것이 무엇인가 말하려면, 먼저 심적 과정(心的過程)에 관한 우리의 전제(前提)에 대해서 깊이 생각해보고 분명히 해두지 않으면 안 되는데, 아직 우리로서는 그와 같이 할 수는 없는 실정이다. 그러나 아무튼 불안 발생이 무의식 체계와 밀접히 결부되어 있다는 지금의 인상을 존중하고 싶다.

　나는 불안으로 변하는 것, 다시 말해 불안의 형태로 발산하는 것은 억압을 받는 리비도가 당장 겪을 운명이라고 말했다. 그러나 이것이 단 하나의 운명, 또는 최종적인 운명은 아니라고 덧붙여두겠다. 노이로제에서는 이 불안 발생을 어떻게든 막으려고 하는 과정이 진행하고 있다. 그리고 이 과정은 여러 가지 방법으로 성공한다. 이를테면 공포증에서는 노이로제적인 과정의 두 단계를 뚜렷이 구별할 수 있다. 첫 단계는 억압하여 리비도를 불안으로 바꾸고, 불안을 외부의 위험으로 결부시키는 일이다. 두 번째 단계는 외부에 존재하고 있는 것처럼 인정된 위험을 온갖 조심성과 안전 수단으로 피하는 일이다. 억압이라는 것은 위험한 것으로 느껴진 리비도에 직면하여, 자아가 도주하는 시도에 해당된다. 공포증은 외부의 위험을 방어하기 위해 요새를 구축하는 일에 비유할 수 있을 것이다. 이 경우 외부의 위험은 두려워했던 리비도와 대치된다. 공포증에 있어서의 이 방어조직의 약점은 물론 외부를 향해서는 매우 강한 요새가 내부에서 붕괴를 일으키는 일이다. 외부에 리비도라는 위험물을 투영하는 일은 결코 수월하게 성공하지 않는다. 그러므로 다른 노이로제에서는 어쩌면 발생할지 모를 불안에 대해서 다른 방어조직이 사용되고 있다. 이것은 참으로 노이로제 심리학의 흥미로운 부분인데, 유감스럽게도 이것을 이야기하게 되면 본론에서 벗어나게 되고, 또 이것을 이해하기 위해서는 미리 전문적인 기초지식을 가져야 한다. 다만 나는 다시 몇 가지만 더 덧붙이겠다. 나는 여러분에게 억압 때 자아가 행하는 '역배비(逆配備)'에 대해서 이미 이야기했다. 자아는 억압이 줄곧 계속되듯이 역배비를 그만두어서는 안 된다. 억압 뒤의 불안 발생에 대해서 여러 가지 형태의 방어를 하는 것은 실로 이 역배비의 사명이 된다.

이야기를 공포증으로 돌리자. 공포증의 내용만을 설명하려 하거나, 온갖 대상 혹은 임의의 상황이 공포증의 대상이 되는 것은 어째서일까 하는 데만 관심을 갖는 것이 얼마나 불충분한가 하는 것을 여러분은 깨달아주기 바란다. 공포증의 내용은 현재몽(顯在夢)의 내용, 즉 외관과 거의 비슷하게 중요하다. 공포증의 이와 같은 내용 속에는 스탠리 홀이 강조한 것처럼 계통 발생적인 유전에 의해서 불안의 대상이 된 것이 많다는 것을 인정해야 한다. 그러나 인정한다고 하더라도 거기에는 어느 정도의 제한이 필요하다. 그러나 이와같이 불안을 일으키는 많은 것은 상징관계뿐이며, 위험과 결부되어 있다는 것은 계통 발생적으로 유전됐다는 그의 주장과 일치한다.

이리하여 우리는 불안문제가 노이로제 심리학의 중심 지위를 차지할 수 있다고 확신하게 된다. 또 우리는 불안 발생이 리비도의 운명과 무의식 체계에 결부되어 있다는 사실에서 깊은 인상을 받았다. 물론 우리는 아직도 단 한 가지 사실만은 결부시키지 못했다. 우리의 견해 속에 자리한 하나의 틈바구니가 있다. 즉 현실불안이라는 것은 자아의 자기 보존본능의 발현이라고 보지 않으면 안 된다는 이론(異論)을 삽입할 여지가 없다는 한 가지 사실이 그것을 의미한다.

역주 : 미국의 심리학자 제임스와 덴마크의 의학자 랑게가 각각 독립적으로 주창한 감정의 학설이다. 어떤 사물을 지각하면 감정이라는 심적 감동이 일어나고 그 심적 상태가 신체적인 표시가 되어 밖으로 나타난다[表出]는 지금까지의 학설에 대해서 어떤 사물을 지각하면 신체적인 표시가 밖으로 나타나고 있어 감정이라는 심적 감동이 일어난다는 설이다. 이를테면 슬퍼서 울고 무서워서 떠는 것이 아니라 울기 때문에 슬프고 떨기 때문에 무섭다는 설이다.

맥더프는 스코틀랜드의 귀족으로서 왕 맥베스를 죽였다. 이 말은 맥베스의 "여자가 낳은 자에게 굴복하지는 않을 것이다."라는 말에 대한 맥더프의 대답이다(셰익스피어 《맥베스》 제5막 제8장 참조).

스물여섯 번째 강의

리비도론과 나르시시즘

나는 앞에서뿐만 아니라 이미 몇 번인가 자아욕동과 성욕동의 구별에 대해서 이야기해왔다. 제일 먼저 우리는 억압작용에서 두 욕동이 서로 대립해 있되, 외형상으로는 성욕동이 자아욕동에 지고 있는 것 같지만 퇴행이라는 우회를 거쳐 어떻게든 만족을 구하려 하며, 결국은 결코 정복되지 않는다는 성질이 성욕동을 패배에서 지탱하고 있는다는 것을 알았다. 다음으로 이 두 본능은 그 필요성이라는 교사(教師)와의 사이에 처음부터 다른 입장을 취하므로 동일하게 발달되지 않으며, 현실원칙에 대해서도 역시 같은 관계를 갖지 않는다는 것을 배웠다. 나아가 성욕동은 자아욕동보다 훨씬 더 불안이라는 감정에 연결되어 있음도 알았다. (이 결과는 어느 중대한 점에서 아직도 불완전한 것처럼 여겨진다.) 그 증거로서 우리는 주목할 만한 심적 사실, 즉 가장 기본적인 자기 보존본능인 굶주림과 목마름이 채워지지 않는다고 해서 불안해지는 일은 없지만, 채워지지 않는 리비도가 불안으로 바뀐다는 것은 잘 알려져 있고 또 자주 관찰되는 현상의 하나라는 사실이다.

그러나 자아욕동과 성욕동을 구별하려고 하는 우리의 주장이 옳다는 사실에는 조금도 변동이 없다. 이와 같은 구별의 근거는 개체의 특별한 활동으로서 성활동이라는 것이 있다는 데 있음은 물론이다. 다만 이와 같은 구별이 어떤 의의가 있는가, 우리는 어느 정도 뚜렷이 양자를 구별하고 싶은가가 문제일 뿐이다. 이 문제는 성욕동의 육체적, 정신적인 발현이 우리가 성욕동에 대립시킨 다른 욕동의 발현과 어떻게 다른가, 또 이 차이의 결과가 얼마나 중요한가 확인되는 대로 대답할 수 있다. 우리에게는 물론 이 두 욕동 사이에 본질적인 차이가 있다고 주장할 동기가 없고, 그 차이도 알지 못한다. 이 두 욕동은 개체의 에너지 원(源)에 대한 이름으로서 우리 앞에 나타난 것에 지나지 않는다. 또 두 욕동은 결국 하나의 것인지, 아니면 본질적으로 다른 것인지, 만일 하나의 것이라면 언제 둘로 갈라졌는지에 관한 논의는 성욕동이라든가 자아욕동이라는 개념 위에서 할 수 있는 것이 아니라 이 개념 뒤에 있는 생물학적인 사실에 입각해서 해야 한다. 이것에 대해서는 우리는 아직 아무것도 모른다. 또 설령 우리 자신이 많은 것을 알고 있다 하더라도 그런 것은 정신분석 연구의 사명으로써 고려할 필요가 없다.

융처럼 모든 욕동이 처음에는 하나였다고 강조하고, 모든 것에 나타나는 에너지를 '리비도'라고 불러보아도 우리로서는 별로 얻는 것이 없다. 또 아무리 잔재주를 부려봐야 성기능을 정신생활에서 제거할 수는 없으므로 우리는 성적인 리비도와 성적이 아닌 리비도를 나눌 필요에 쫓길는지도 모른다. 그러나 리비도라는 이름은 우리가 여태까지 사용해온 것처럼 성생활의 원동력이 되는 것이므로 보류해두는 것이 옳다.

그러므로 내 생각으로는 정신분석상 성욕동과 자기 보존본능을 어느 정도까지 옳게 구별할 수 있느냐는 문제는 그다지 중요하지 않다. 정신분석은 그런 문제를 다룰 자격이 없다. 물론 생물학에서 보면 이 구별이 중요하다는 것을 나타내는 여러 가지 근거가 있다. 왜냐하면 성욕은 개체를 초월하고 씨〔種〕의 보존을 이어주려는 생체의 유일한 기능이기 때문이다. 이 기능을 작용시키는 것은 다른 기능을 작용시키는 것처럼 개체에 반드시 이익을 가져다주지는 않는다. 아니, 이익을 가져다주기는커녕 이 기능이 갖고 있는 비할 데 없는 심한 쾌감 때문에 개체는 그 생명의 위협을 받으며, 때로는 생명까지 빼앗길 위험에 직면한다. 개체는 자기 생명의 일부를 자손을 위한 소인으로서 보존해두기 때문에 다른 모든 것과 다른 아주 특수한 물질대사의 과정도 아마 필요로 할 것이다. 그리고 마지막으로 개체는 자기 자신을 가장 소중한 것으로 간주하고 성욕을 다른 여러 욕동과 마찬가지로 자기 만족에 대한 하나의 수단으로 보고 있다. 그러나 생물학의 입장에서 보면 개체라는 것은 영원히 계속되는 계열(系列) 내부의 한 삽화(揷畵)에 지나지 않으며, 마치 죽은 후에까지 남는 세습재산의 일시적인 소유주와 마찬가지로 실질적인 불사(不死)가 주어진 생식세포에 매달려 있는 단명한 부속품에 지나지 않는 것이다.

그러나 노이로제를 정신분석적으로 설명하려면 이런 야단스러운 관점은 필요치 않다. 우리는 성욕동과 자연본능을 따로따로 연구하여 감정전이 노이로제라는 부류를 이해하는 열쇠를 손에 넣었다. 그리고 우리는 이 감정전이 노이로제를 성욕동과 자기 보존본능이 충돌하고 있는, 혹은 생물학적——이 말은 엄밀하지 않은 표현이지만——으로 말하면 독립된 개체로서의 자아라는 하나의 위치와 세대계열(世代系列)의 일환(一環)으로서 다른 위치가 항쟁(抗爭) 하고 있는 근본적인 상황으로 귀착시킬 수 있었다. 이와 같은 불화는 아마 인간에게만 존재하는 것일 것이다. 그러므로 대체적으로 보면 노이로제는 실로 동물보다 우수한 인간의 특권이라고 할 수 있을지도 모른다. 인간의 리비도가 너무 지나치게 강하게 발달했다는 것과 아마도 리비도가 이와같이 발달했기 때문에 인간의 정신생활 구조가 분절(分節)을 갖게 된 것이 바로 이러한 갈등이 생기는 조건이 된 모양이다. 이것은 또한 분명히 인류가 동물과의 공통점을 한 걸음 넘어서 일대 진보를 이룩한 조건이기도 하다. 그러므로 인간이 노이로제를 지닐 수 있다는 것은 인간이 가진 천부적인 능력의 다른 한쪽 면에 지나지 않는지도 모른다. 그러나 이런 것도 단순한 사변(思辨)에 지나지 않는다. 그리고 이와 같은 사변은 우리의 당면 문제에서 빗나가게 할 뿐이다.

자아욕동과 성욕동은 그 발현으로 구별할 수 있다는 가설 아래서 우리의 연구는 지금까지 진행되어왔다. 감정전이 노이로제에서는 이 가설을 쉽게 입증할 수 있었다. 우리는 자아가 성충동의 대상에 주는 에너지 배비(配備)를 '리비도'라고 이름짓고, 자기 보존본능에서 나온 다른 모든 에너지 배비(配備)를 '관심'이라고 불렀다. 그리고 리비도의 배비, 리비도의 변화 및 리비도의 마지막 운명을 연구함으로써 정신적인 힘의 작용을 이해할 수 있었다. 감정전이 노이로제는 이 방면의 연구에 가장 편리한 재료를 제공해주었다. 그러나 자아, 갖가지 조직으로 된 자아의 구성, 그것들의 조직의 구성과 기능은 우리에게 감추어져 있었다. 그래서 다른 노이로제적인 장애를 분석하여 비로소 우리는 이 점에 대해 이해할 수 있을 것이라고 상상해야만 했다.

오래 전에 우리는 이와 같은 다른 질환에까지 정신분석의 견해를 응용하기 시작했다. 벌써 1908년에 아브라함은 나와 의견을 교환한 뒤 대상에 대한 리비도 배비가 결여되어 있는 것이——정신병의 하나로 생각되고 있는——조발성치매(早發性痴呆)(정신 분열병)의 중요한 특징이라는 명제를 발표했다(《히스테리와 조발성치 매의 성 심리적 차이》). 그렇다면 조발성치매의 환자에 있어서 대상에서 빗나간 리비도는 대체 어떻게 되는 것일까 하는 의문이 생긴다. 아브라함은 아무 주저함이 없이 이렇게 대답했다. "이 리비도는 자아로 되돌아간다. 그리고 이 반사적인 복귀가 조발성치매의 과대망상의 원천이다."라고. 연애관계에서 흔히 볼 수 있듯이 대상을 성적으로 과대평가하는 것은 모든 점에서 이 과대망상과 아주 닮았다. 이렇게 하여 우리는 정상적인 연애에 관련시켜서 정신병의 한 특징을 이해할 수 있다는 것을 처음으로 알았다.

아브라함의 이 최초의 견해가 정신분석에 채용되어 정신병에 대한 우리 입장의 토대가 되었다는 것을 여러분에게 미리 말해두고 싶다. 이리하여 우리는 대상에 매달려 있고, 또 그 대상으로 만족을 얻으려는 노력의 표현인 리비도가, 또한 대상을 버리고 그 대상 대신 자아를 둘 수 있다는 주장을 차차 갖게 되었다. 그리하여 이 주장은 시종 일관해왔다. 리비도의 이와 같은 처분법(處分法)에 주어진 이름을 나르시시즘*(Narzissmus)이라고 부른다. 이 명칭은 내케(P.Näcke. 독 일의 정신과 의사)가 기록한 어떤 도착(倒錯)에서 빌려온 것인데, 보통 같으면 성장한 개체는 타인이라는 성 대상에만 애정을 쏟는데, 이 도착에서는 모든 애정을 자기 육체에 쏟는다.

어떤 대상 대신 자기 자신의 육체나 자기 자신에게 이와같이 리비도가 고착하는 것은 보기 드문 일도 아니고 하찮은 일도 아니라는 것을 이윽고 깨닫게 된다. 오히려 나르시시즘이야말로 보통 있고 또 최초에 있었던 상태이며, 이 상태에서 비로소 후일의 대상애(對象愛)가 생기는 것이다. 그러나 이 때문에 나르시시즘이 소멸해버리지는 않는다. 많은 성욕동은 처음에는 자기 자신의 육체로——우리는 자기

성애적(自己性愛的)이라고 말하고 있지만——만족을 얻고 있으며,
또 이와같이 자기성애적으로 만족을 얻을 수 있기 때문에 현실원칙에
복종시키고자 하는 교육이 성애의 발달을 늦게 한 근거가 되었다는 것
을 여러분은 대상 리비도의 발달사에서 상기하게 될 것이다. 그러므
로 자기성애는 리비도 처분(處分)의 나르시시즘적 단계에 있어서의
성활동이었던 것이다.

　간단히 말하기 위해서 우리는 자아 리비도와 대상 리비도의 관계에
대해 하나의 관념을 만들어보았다. 나는 이 관념을 동물학에서 빌려
온 비유로 여러분에게 구체적으로 설명할 수 있다. 그러면 거의 분화
하지 않은 원형질의 조그마한 덩어리에서 생긴 가장 단순한 생물
(아메바를 말함)을 생각해주기 바란다. 이 생물은 의족이라고 불리는 돌기를 벋
어내어 그 속에 자기 몸의 원형질을 흘려보낼 수 있다. 이 생물은 또
그 돌기를 다시 집어넣고 원 덩어리가 될 수 있다. 이 돌기를 벋어내
는 작용을 리비도를 대상에 보내는 것에 비유하자. 그러나 한편 리비
도의 대부분은 자아 속에 남을 수 있다. 그리고 우리는 정상적인 상태
에서는 자아 리비도는 아무 방해 없이 대상 리비도가 되며, 또 이 대
상 리비도를 다시 자아 속에 받아들일 수 있다고 가정하고 싶다.

　그런데 위와 같은 사고방식에 의해 우리는 많은 심적 상태를 설명할
수 있을 것이다. 아니, 보다 소극적으로 말하면 우리는 정상적인 생활
의 하나로 헤아려야 하는 상태, 이를테면 연애할 때라든가 기질적 질
환(器質的疾患)의 경우라든가 수면 중일 때의 심적 상태 같은 것을 리
비도론의 술어로 설명할 수 있는 것이다.

　우리는 수면상태란 외계에서 도피하고 마음을 수면 소망에 맞추는
것이라는 가설을 세웠다. 밤중의 심적 활동으로서 꿈속에 나타나는
것은 수면 소망에 봉사하고 있을 뿐만 아니라 완전히 자기 중심적인
동기에 지배되어 있음을 알았다. 수면에 대해서 우리는 전에 리비도
적인 것이든 이기적인 것이든 아무튼 모든 대상배비(對象配備)를 포
기하고 자아 속에 갇혀 있는 상태라고 설명했다. 이렇게 말하면 수면
에 의한 피로회복과 피로의 일반적인 본질에 새로운 빛이 비치지 않겠
는가? 이렇게 생각하면 자고 있는 사람에게 밤마다 찾아오는 태내 생
활(胎內生活)의 편안히 격리된 모습은 정신적인 측면에서 보아도 완

전한 것이 될 것이다. 자고 있는 사람에 있어서는 리비도 분포의 원시 상태, 즉 자기 자신에 만족하고 있는 자아 속에서 리비도와 자아에 대한 관심이 아직 분리되지 않은 채 하나가 되어 살고 있는 완전한 나르시시즘이 다시 만들어지고 있는 것이다.

그러면 여기서 두 가지 문제를 고찰해보자. 첫째, 나르시시즘과 이기주의는 개념상 어떻게 구별되느냐 하는 문제이다. 나는 나르시시즘이란 이기주의에 리비도를 보충한 것이라고 생각하고 있다. 이기주의라고 말할 때는 개인의 이익에만 주의가 집중된다. 나르시시즘이라고 말할 때는 개인의 리비도적 만족도 생각에 넣고 있다. 실생활의 동기로서는 둘을 완전히 따로따로 추구할 수 있다. 사람은 절대적인 이기주의자가 될 수가 있지만, 대상으로 리비도를 만족시키는 것이 자아의 욕구인 한, 동시에 강한 리비도적 대상배비를 줄곧 지속할 수 있다. 따라서 이기주의란 대상을 추구하면서도 자아에 아무런 손상을 주지 않도록 조심하는 일이다. 사람은 이기주의이며, 동시에 극도의 나르시시즘적인, 바꾸어 말하면 거의 대상 욕구를 갖지 않는 수도 있다. 나르시시즘은 또 직접적인 성적 만족이나 혹은 성욕에 유래하지만 그보다 더 고등에 속하는 경향, 즉 우리가 이따금 '관능'에 대해서 '사랑'이라고 불러오고 있는 경향 속에 나타난다. 이기주의는 이 모든 경우에 뚜렷하고 일정 불변한 것이지만 나르시시즘은 변화하기 쉬운 요소이다. 이기주의와 정반대의 것, 즉 이타주의는 개념상 리비도적 대상배비와 같은 것이 아니다. 이타주의는 성적 만족을 추구하지 않는 점에서 후자와 다르다. 그러나 연애상태가 그 극에 이르면 이타주의와 리비도적 대상배비는 합치된다. 성 대상은 보통 자아의 나르시시즘 일부를 자기 쪽으로 끌어당긴다. 이것은 이른바 대상의 '성애적 과대평가(性愛的過大評價)(상대의 성기 같은 것을 불결하게 생각하지 않는다)'로서 나타난다. 그리고 성 대상을 이기주의에서 나아가 이타주의로 다루는 것이 덧붙여지면 성 대상은 강력한 것이 될 것이다. 그리하여 성 대상은 말하자면 자아를 흡수해버린 것처럼 된다.

여러분은 아마 지쳤을 것이다. 그래서 과학의 무미건조한 공상 뒤에 나르시시즘과 연애와의 경제적 대립을 시로 표현한 것을 읽으면 기분이 전환될 것이다. 나는 그것을 괴테의 《서동 시집*(西東詩集)》에서 빌려오기로 한다.

주라이카 국민도 노예도 지배자도
언제나 모두 말하지요.
'이 땅 위 사람들의 높은 행복은
오직 인격에만 있노라'고.
'만일 자기만 잃지 않으면
그 어떤 삶도 참을 수 있고,
자기의 본성을 잃지 않으면
모든 것 잃어도 후회없다'고.

하   템 그것은 그러리라, 그러하리라.
그러나 나의 길은 그와 다른 길.
이 세상의 행복은 하나가 되어
주라이카에만 있음을 본다.
그대가 아낌없이 나에게 줄 때
나는 거룩한 자아가 되고,
그대가 얼굴을 돌릴 때는
금방 자아를 잃어버린다.
그리고 하템은 몸을 망친다.
그러나 내 마음 정해졌으니
나는 재빨리 모습 바꾸어,
그대의 사랑하는 연인되련다.

제2의 고찰은 꿈의 이론을 보충하는 것이다. 억압된 무의식은 어느
점에서 자아로부터 독립한다. 그 때문에 비록 자아에 종속하고 있는
대상배비가 모두 수면에 편리하도록 물러가더라도, 억압된 무의식은
자고 싶다는 소망에 항복하지 않고 줄곧 그 배비를 계속한다는 가설을
덧붙이지 않는다면 우리의 꿈의 발생을 설명하지 못할 것이다. 이때
비로소 우리는 무의식이라는 것은 검열관(檢閱官)의 힘이 밤에 없어
지거나 저하되는 것을 기회로 삼는다는 것과 무의식은 '낮의 잔재(殘

滓)'를 붙잡아 이것을 소재로 금지된 '꿈의 소망'을 만들 수 있다는 것을 처음으로 이해할 수 있다. 또 다른 한편에서는 낮의 잔재와 이 억압된 무의식 사이에 이미 연결이 있기 때문에 리비도는 수면 소망에서 물러나라는 명령을 받고도 물러가지 못하겠다고 반항하고 있는지도 모른다. 그래서 우리는 이 중대한 역동적 특징을 지금 꿈의 형성에 대한 우리의 견해에 삽입하고 싶은 것이다.

기질적인 질환이나 아픈 자극이나 기관의 염증은 리비도를 그 대상에서 뚜렷이 격리시키는 작용이 있다. 이와같이 떨어져나온 리비도는 다시 자아로 되돌아가서 병이 난 신체부위에 보다 더 강하게 충당된다. 이와 같은 조건 아래서는 리비도가 대상에서 물러나는 것은 이기적인 관심이 외계에서 물러나는 것보다 훨씬 사람의 눈을 끈다고 우리는 감히 주장하고 싶다. 여기서 히포콘드리〔心氣症〕를 이해하는 길이 트이는 듯이 여겨진다. 히포콘드리에서는 겉보기에 병이 안 든 기관이 자아의 걱정의 씨가 된다.

나는 히포콘드리를 더 연구하고 싶은 유혹이나, 대상(對象) 리비도가 자아로 되돌아온다고 가정할 경우 우리가 이해할 수 있거나 묘사할 수 있는 다른 상황을 논하고 싶은 유혹에 사로잡히지만, 그런 유혹에는 지지 않을 작정이다. 왜냐하면 나는 이제 여러분의 마음을 차지하고 있으리라 여겨지는 두 가지 항의를 처리하지 않을 수 없기 때문이다. 첫째는 자유로이 운동하여 어떤 때는 대상에 어떤 때는 자아에 배비되고, 또 하나의 욕동 혹은 다른 욕동을 움직이는 데 사용되는 오직 하나의 에너지를 가정한다면 관찰된 현상을 충분히 설명할 수 있는데, 어째서 수면이나 병이나 이와 비슷한 상황을 설명할 때 리비도와 관심, 성욕동과 자아욕동을 끝내 구별하려 하는가 대답해달라고 여러분은 말할 것이다. 그리고 둘째로, 만일 대상 리비도에서 자아 리비도──혹은 일반적으로 자아 에너지──에로의 이와 같은 전환이 정신역학에서 날마다 밤마다 되풀이되는 정상적인 과정의 하나라면 어째서 내가 감히 리비도가 대상에서 떨어져나가는 것을 병리상태의 근원이라고 말하게 되었는지 알고 싶다고 여러분은 말할 것이다.

그러면 이 두 의문에 대답하기로 한다. 여러분의 제1의 항의는 타당한 것같이 들린다. 수면, 병, 연애의 상태를 자세히 살펴보아도 우리는 아마 자아 리비도와 대상 리비도, 리비도와 관심을 구별할 필요를 인정하지 못할 것이다. 그러나 여러분은 이와 같은 항의를 제기할 때 우리의 출발점이 된 연구를 무시하고 있었다. 실로 이 연구를 길잡이로 해서 우리는 지금 문제가 되어 있는 정신상태를 고찰하고 있는 것이다. 즉 감정전이 노이로제의 원인인 갈등을 고찰하기 위해서 우리는 부득이 리비도와 관심, 즉 성욕동과 자기 보존본능을 구별하지 않으면 안 되게 되었다. 그러고부터 우리는 이 구별을 버릴 수 없게 되어버렸다. 대상 리비도는 자아 리비도와 바뀔 수 있다는 가설, 바꾸어 말하면 자아 리비도를 고려해야 한다는 가설은 이른바 나르시시즘적 노이로제, 이를테면 조발성치매의 수수께끼를 풀어주는 유일한 열쇠처럼 여겨진다. 그리고 또 이 가설에 의해서 나르시시즘적 노이로제가 히스테리나 강박 노이로제와 비슷한 점과 다른 점을 설명할 수 있는 것이다.

그러면 우리가 이와 같은 증상 예에서 부정할 수 없을 정도로 확실하게 된 것을 그대로 병, 수면, 연애상태에 적용해보자. 이와 같은 적용을 자꾸만 진행시켜서 어느 정도 도움이 되는가 보아도 상관없을 것이다. 분석적 경험에 직접 입각해 있지 않은 유일한 주장은 설령 리비도가 대상을 향하거나 자기 자신을 향하거나 리비도는 역시 리비도일 뿐 결코 이기적인 관심이 되지 않으며, 또 반대로 이기적인 관심은 리비도가 되지 않는다는 점이다. 그러나 이 주장은 이미 비판적으로 평가한 그 성욕동과 자아욕동의 구별을 말만 바꾸어 했을 뿐이다. 그러나 우리는 우리가 발견한 이와 같은 구별이 가치가 없다는 말을 들을 시대까지 이것을 줄곧 지속해가고 싶다.

여러분의 제2의 항의도 일단은 그럴 듯하게 들리지만 과녁이 빗나가 있다. 확실히 대상 리비도가 자아로 물러가는 것은 병의 원인은 되지 않는다. 이와같이 물러간다는 것은 밤마다 잠들기 전에 일어나서 눈을 뜨면 다시 본디로 돌아가는 것임을 우리는 알고 있다. 원형질로 된 미생물은 위족을 옴츠리지만, 다음 순간 다시 그것을 뻗는다. 그러나 어느 일정하고 매우 강력한 과정 때문에 리비도가 대상에서 억지로 격리되었을 때는 사태가 완전히 달라진다. 이때 나르시시즘적이 된 리비도는 대상으로 되돌아가는 길을 찾지 못한다. 그리고 리비도의 운동성이 이와같이 장애를 받는 것은 물론 병의 원인으로서 작용한다. 나르시시즘적인 리비도는 어느 정도 이상의 울적함을 견디지 못하는 모양이다. 우리는 이것이 처음에 대상배비를 가져온 것이고 또 리비도의 울적 때문에 병이 나지 않도록 자아가 이 리비도를 놓아주지 않으면 안 된다고 생각해도 좋다.

만일 조발성치매에 대한 깊은 연구가 우리 계획에 들어 있었다면 리비도를 대상에서 떼어놓고 그것이 대상으로 되돌아가는 길을 차단하는 과정은 억압과정과 밀접한 관계가 있으며, 또 억압과정의 측면으로 해석할 수 있다고 여러분에게 보여줄 수 있었을 것이다. 그러나 여러분이 이 과정의 조건은 억압 조건과 거의 같다——우리가 오늘날 알고 있는 한은——는 것을 경험한다면 여러분의 발판은 이미 여러분에게 낯익은 것임을 깨닫게 될 것이다. 그 갈등은 같은 것으로서 또 그것은 같은 힘과 힘 사이에서 벌어지고 있는 것으로 여겨진다. 설령 그 결말이 이를테면 히스테리에 있어서의 결말과는 다른 것이라고 하더라도 둘의 차이는 단지 소인(素因)의 차이에 지나지 않는다. 이와같은 환자의 리비도 발달의 약점은 발달의 다른 단계에 있다. 여러분이 기억하듯이 증상 형성을 돌발시킨 결정적인 고착(固着)은 어딘가 다른 곳에 아마도 원시적 나르시시즘의 단계에 있는데, 이 원시적 나르시시즘이야말로 조발성치매가 궁극적으로 되돌아오는 과정이다.

주목해야 할 것은 모든 나르시시즘적 노이로제에 대해서 리비도의 고착점을 히스테리나 강박 노이로제보다 발달의 훨씬 초기단계에 있다고 가정해야 한다는 것이다. 그러나 우리가 감정전이 노이로제를 연구했을 때 발견한 개념은 또 실지로 매우 어려운 나르시시즘적 노이로제를 연구하는 데도 충분히 도움이 된다. 양자의 공통점은 매우 크다. 그것은 결국 같은 현상계(現象界)에 있다. 그러나 여러분은 본래 정신의학에 속한 이 병을 해명하는 사명이 감정전이 노이로제의 분석적인 지식을 갖고 있지 않는 자에 있어서는 얼마나 가망없는 것인지 예상할 수 있을 것이다.

조발성치매의 병상(病像)——아무튼 이것은 매우 다채로운 것이지만——은 리비도가 억지로 대상에서 격리되어 그것이 나르시시즘적 리비도가 된 자아 속에 쌓였기 때문에 생긴 증상으로만 채색되어 있는

것은 아니다. 오히려 다른 현상이 큰 자리를 차지하고 있다. 그리고
이와 같은 현상은 결국 다시 원래의 대상으로 환원하려고 하는 리비도
의 노력 때문이다. 이 리비도의 노력은 회복과 치유의 시도와 일치하
고 있다. 이런 증상이야말로 사람의 눈에 띄는 것이고 소란스러운 것
이며, 히스테리의 증상, 드물게는 강박 노이로제의 증상과 분명히 닮
았지만 어느 점으로 보나 역시 다르다. 조발성치매에 있어서는 다시
한 번 대상에 즉 그 대상의 표상(表象)에 도달하려고 애를 쓰는 리비
도가 실제로 대상에서 그 무엇을 붙잡고는 있지만, 말하자면 그것은
그 대상의 그림자──그림자라는 것은 그 대상에 소속하는 언어관념
이다──만 붙잡고 있는 데 지나지 않는 것이다. 그에 대해서 여기서
는 이제 더 이야기할 수 없지만 대상에 되돌아가려고 애쓰는 리비도의
이러한 거동에서 우리는 의식적인 표상과 무의식적인 표상의 구별을
실제로 결정하는 것이 무엇이냐는 점에 어떤 통찰을 얻을 수 있었다고
생각한다.

이제 나는 분석적 연구의 다음 진보를 기대할 수 있는 영역에 여러
분을 안내했다. 우리가 자아 리비도라는 개념을 자진해서 다루게 되
고부터 우리는 나르시시즘적 노이로제에 접근할 수 있게 되었다. 그
래서 이 질환을 역동적으로 해명하고 동시에 정신생활에 대한 우리의
지식을 자아의 연구로 완전하게 만드는 것이 우리의 사명이 되었다.
우리가 구하고 있는 자아심리학(自我心理學)은 우리가 자기 자신을
바라봄으로써 얻은 자료 위에 구축되어야 할 것이 아니라 리비도의 경
우처럼 자아의 장애와 붕괴의 분석 결과에 입각해 있어야 한다. 감정
전이 노이로제에서 얻은 리비도의 운명에 대한 여태까지의 지식도 더
위대한 이 연구가 완성되는 날에는 아마 보잘것없는 것이 되어버릴 것
이다.

그러나 우리는 아직도 거기까지는 가 있지 않다. 우리가 감정전이
노이로제에서 이용한 기법을 사용해도 나르시시즘적 노이로제에는 거
의 손대지 못한다. 여러분은 머지않아 그 이유를 듣게 될 것이다. 나
르시시즘적 노이로제에서는 우리가 조금만 전진해도 벽에 부딪쳐서
정지하지 않을 수 없다. 알다시피 감정전이 노이로제에서도 우리는
이와 같은 저항에 부딪쳤지만 그것을 하나하나 부술 수가 있었다. 그

426

러나 나르시시즘적 노이로제에서는 그 저항을 깨뜨릴 수가 없다. 고작해야 막아서는 벽에 호기심에 찬 눈을 던져서 성벽 저쪽에서 무슨 일이 일어나고 있는가 살필 수 있을 뿐이다. 그러므로 우리의 기법을 다른 방법으로 바꾸지 않으면 안 된다. 그러나 과연 잘 바꿀 수 있을는지 아직은 알 수 없다. 물론 이런 환자에 대한 자료가 우리 손에 없는 것은 아니다. 비록 우리의 질문에 대한 대답으로서는 아니지만 환자는 여러 가지 표현을 한다. 그러므로 우리는 우선 감정전이 노이로제 증상에서 얻은 지식의 도움을 빌려서 그 표현을 해석할 수는 있다. 양자의 일치가 커서 좋은 출발이라는 것을 보장해주지만 이 기법으로 어디까지 나아갈 수 있는지는 역시 알 수 없다.

그리고 다른 곤란이 이에 첨가되어 우리의 앞길을 막는다. 나르시시즘적 질환과 이에 관련되어 있는 정신병의 수수께끼는 감정전이 노이로제를 분석적으로 연구하는 훈련을 받은 관찰자에 의해서만 풀릴 수 있다. 그런데 우리 나라의 정신과 의사는 정신분석을 연구하지 않고, 우리들 정신분석가는 정신병의 증상 예를 거의 못 보고 있다. 준비과학으로서의 정신분석에 관한 훈련을 받은 일군(一群)의 새로운 정신과 의사들이 먼저 성장되어야 한다. 그 선구는 이미 현재 미국에 나타났다. 미국에서는 많은 지도적인 정신과 의사가 학생에게 정신분석을 강의하고, 연구 소장이나 정신병원장은 환자를 정신분석적으로 관찰하려 하고 있다. 그러나 이런 사람들과 마찬가지로 우리도 나르시시즘적 노이로제의 벽 저편을 보는 데 두어 번 성공할 수 있었다. 그래서 여러분에게 우리가 포착했다고 믿고 있는 것 몇 가지를 다음에 보고하기로 한다.

만성의 계통적 정신이상인 파라노이아[偏執病]의 병형(病型)은 아직까지 현대 정신의학의 분류에 있어 확연하지가 못하다. 그러나 이것이 조발성치매와 가까운 관계에 있다는 것은 의심할 여지가 없다. 나는 전에 파라노이아와 조발성치매를 파라프레니(Paraphrenie)라는 공통의 이름으로 종합하자고 제의한 적이 있다. 파라노이아의 형을 그 내용에 따라 분류하면 과대망상, 피해망상, 연애망상, 질투망상 등이 있다. 우리는 이와 같은 망상을 설명하는 시도를 정신의학에서 기대하고 있지 않다.

나는 이와 같은 예로서——물론 진부한 예로서 가치는 없지만——지적 합리화(知的合理化-eine intellekuelle Rationalisierung)에 의해 하나의 증상을 다른 증상에서 끌어내는 시도를 여러분에게 이야기하겠다. 즉 본래의 성격적 경향으로 자기가 박해받고 있다고 믿고 있는 환자는 이 박해에서 '나는 특별히 중요한 인물이 틀림없다'는 결론을 끌어내고, 이 결론에서 과대망상을 발전시킨다. 정신분석의 견해에 의하면 과대망상은 리비도적 대상배비가 자아로 물러감으로써 자아가 확대되는 직접적 결과이며, 유아초기의 근원적 나르시시즘으로 되돌아가는 결과로서 일어나는 2차적 나르시시즘이다.

그러나 피해망상의 증상 예에서 우리는 몇 가지를 관찰했는데, 이것은 어떤 실마리를 잡는 계기가 되었다. 우선 첫째, 압도적으로 많은 증상 예에서 박해하는 사람은 박해받는 사람과 동성(同性)이라는 데에 주목했다. 이것은 힘들이지 않고 설명할 수 있었다. 그런데 자세히 연구된 몇 가지 증상 예에서는 건강할 때 자기가 가장 사랑하던 동성의 사람이 병이 난 후로는 박해자로 되어버린다는 것이 밝혀졌다. 그리고 이것이 발전하면 사랑하고 있던 그 사람이 잘 알려져 있는 친근성에 따라 다른 인물로 바뀌어 있는 수도 있다. 이를테면 아버지가 선생이라든가 상관으로 바뀐다. 우리는 나날이 증가하는 이와 같은 경험으로 피해망상성 파라노이아(Paranoia persecutoria)라는 것은 과대해진 동성애적 충동에 대하여 개체가 자기를 방위하기 위해서 갖는 수단이라는 결론에 도달했다.

사랑이 미움으로 바뀌는 것은 흔히 알려져 있듯이 전에는 사랑했지만 지금은 미워하는 대상의 생명을 진심으로 위협하는 것이 될 수 있는데, 이것은 리비도적 충동이 불안으로 바뀌는 것——이것은 억압과정에 언제나 수반되는 결과지만——과 일치한다. 이에 관해서 내가 관찰한 최근의 실례를 들겠다.

한 젊은 의사가 고향에서 추방당하게 되었다. 왜냐하면 그는 둘도 없는 친구였던 그곳의 한 대학교수의 아들을 죽이려고 했기 때문이다. 그는 이 옛 친구가 틀림없이 흉악한 의도와 악마적인 힘을 갖고 있다고 생각했다. 그래서 최근 자기 가정에 덮친 모든 불행이나 공사간의 모든 불운을 죄다 친구 탓으로 돌렸다. 그뿐 아니라 이 알미운

428

친구와 그 부친인 대학교수가 전쟁을 일으켜서 러시아군을 국내에 침입시켰다고 생각했다. 그 때문에 '그는 사형에 처해도 모자란다. 이런 사나이는 몇 번 그리고 이 악인만 죽으면 모든 불행이 소멸될 것이다' 하고 확신했다. 그러나 그에 대한 옛 우정은 아직도 강해서 이 원수를 가까이에서 쏘아 죽일 기회가 있었을 때라도 손이 마비되어 뜻대로 되지 않을 정도였다.

내가 이 환자와 나눈 짧은 대화로 두 사람의 우정관계는 멀리 고등학교 시절까지 거슬러올라간다는 것을 알았다. 적어도 한 번은 우정의 선을 넘었다. 어느 날 밤 함께 잔 둘은 완전 성적 교섭을 가졌었다. 이 환자는 그의 나이와 그의 매력있는 인격에 알맞는 여성을 아직도 연모한 적이 없었다. 그는 한번 아름다운 상류 가정의 딸과 약혼했으나, 그가 냉담하다는 이유로 처녀가 약혼을 파기해버렸다.

몇 해 후 그가 한 여성에게 생전 처음으로 완전한 만족을 주는 데 성공한 바로 그 순간에 지금의 병이 폭발했다. 그 여성이 절정에 달해서 정신없이 그를 껴안았을 때 갑자기 그는 이상한 아픔을 느낀 것이다. 아픔은 예리하게 절개하듯 두개골의 주위로 달려갔다. 그는 나중에 이 감각을, 시체 해부 때 뇌를 꺼내기 위해서 하는 바로 그 절개가 자기 머리에 실시된 것 같았다고 말했다. 그리고 마침 자기 친구가 병리 해부학자였었기 때문에, 이 친구만이 자기를 유혹하기 위해서 여자를 보낼 수 있었다고 생각했다. 이때부터 옛 친구의 음모 때문에 자기가 여러 가지 희생을 당하게 되었다고 생각하게 된 것이었다.

그러면 박해자가 박해당하는 사람과 동성이 아닌 중상 예, 바꾸어 말하면, 동성애적 리비도의 방위라는 우리의 설명과 외면적으로 모순되어 보이는 증상 예는 대체 어떻게 하면 좋은가? 얼마 전 나는 그런 증상 예를 연구하는 기회가 있었다. 그리하여 그 외면적인 모순에서 하나의 확증을 끌어낼 수 있었다. 한 젊은 처녀가 어떤 남자—— 그녀는 이 남자와 두 번 데이트를 했다고 고백하고 있다——에게 박해를 당하고 있다고 믿고 있었다. 그러나 실제로 처녀는 처음에는 어머니의 대용물이라 생각할 수 있는 한 여성에게 망상관념을 돌리고 있었다. 남자와의 두 번째 데이트 직후, 처녀는 그 망상관념을 그 여성에게서 남자에게로 옮겨놓았다. 그러므로 박해하는 사람이 동성이라는 조건은 이 증상 예에서도 처음부터 갖추어져 있었던 것이다. 이 여환자는 망상의 이 전단계(前段階)를 변호사나 의사에게 고백할 때 말하지 않았다. 그러므로 이 증상 예는 파라노이아에 대한 우리의 견해와 모순되는 듯한 외관을 띠었던 것이다.

동성애적인 대상 선택은 본디 이성애(理性愛)보다 나르시시즘과 관계가 깊다. 그러므로 바람직스럽지 않게 심한 동성애적 충동이 거부되면 나르시시즘으로 돌아가는 길은 더욱 쉽게 발견된다. 나는 여태까지 애정생활의 근거에 대해 내가 아는 범위에서 여러분에게 이야기할 기회가 없었고, 앞으로도 그런 기회는 없을 것이다. 다만 나는 나르시시즘의 단계 뒤에 나타나는 대상 선택과 리비도의 발달은 두 가지가 서로 다른 형을 갖는다는 것만은 강조해두고 싶다. 두 가지 형이란 하나는 자기 자신의 자아 대신 자아와 될 수 있는 한 닮은 것을 대상으로 선택하는 '나르시시즘형'과 '의존형(衣存型―Anlehnugstypus)'이다. 의존형이라는 것은 다른 욕구를 채워주기 때문에 중요해진 인물(이를테면 어머니)을 리비도가 대상으로서 선택하는 일이다. 나르시시즘형의 대상 선택에 강하게 리비도가 고착되는 것은 현재성 동성애(顯在性同性愛)의 소인(素因)의 하나이다.

내가 이번 학기 초에 부인의 질투망상에 관한 증상 예에 대해서 이야기한 것을 여러분은 기억할 것이다. 그런데 내 강의도 이제 거의 끝에 가까워졌으므로 여러분은 정신분석에서는 망상을 어떻게 설명하는가 듣고 싶을 것이다. 그러나 나는 여러분이 기대하는 것보다 훨씬 적은 이야기밖에 할 수 없다. 논리적인 증명과 현실적인 경험으로 망상을 공격하지 못하는 것은 마치 강박관념과 마찬가지로 무의식――그것은 망상관념, 혹은 강박관념에 의해서 대리되고 또 이러한 관념에 의해서 억눌려 있다――과의 관계로 설명된다. 다만 망상관념과 강박관념이 다른 것은 두 질환이 생기는 장소와 역학(力學)이 다르기 때문이다.

파라노이아의 경우와 마찬가지로 여러 가지 임상적인 병형으로 분류되고 있는 우울병(憂鬱病―Melaneholie)의 경우에도 우리는 질환의 내부구조를 둘러볼 수 있는 한 장소를 발견했다. 우리는 이런 우울병 환자를 차마 정시하지 못할 만큼 괴롭히는 자책(自責)은 남, 즉 그들

430

이 잃어버린 성 대상이나 혹은 그 환자의 과실로 가치가 떨어진 성 대상과 관계가 있다는 것을 발견했다. 이것으로 우리는 환자는 리비도를 대상에서 물렸지만, '나르시시즘적 동일시(同一視)'라고 불러야 할 하나의 과정에 의해서 대상이 자아 속에 만들어졌다, 또는 대상이 자아에 투영되었다고 결론지을 수 있다.

나는 여기서 이 과정을 국소론적(局所論的) 역동적인 관점에서 질서있게 설명할 수는 없지만 비유적으로 기술할 수는 있다. 즉 자기 자신의 자아는 마치 버려진 대상처럼 취급되고, 또 자아는 돌려져야 할 모든 공격과 복수의 표현을 기꺼이 받는다. 우울병 환자에게 있는 자살 경향도 사랑하는 동시에 미워한 대상을 괴롭힌 것과 똑같이 격렬하게 자기 자신의 자아를 괴롭히고 있다고 생각하면 더 알기 쉬워질 것이다. 다만 나르시시즘적 질환과 마찬가지로 우울병에서도 브로이어 ^(정신 분열증을 기재한 스위스의 정신과 의사) 이래 우리가 암비발렌츠(Ambivalenz)라고 불러온 감정생활의 한 특징이 매우 현저하게 나타난다. 암비발렌츠라는 것은 동일 인물에 대해서 정반대의 감정을 품는 일이다. 유감스러운 일이지만 나는 이번 강의에서 여러분에게 감정의 암비발렌츠에 대해 이 이상 이야기할 입장에 있지는 않다.

나르시시즘적 동일시(同一視) 이외에 훨씬 전부터 알려져 있는 히스테리성 동일시가 있다. 설명할 생각이 있었다면 나는 이 두 동일시의 차이를 몇 가지 명료한 사실로써 이미 설명할 수 있었으리라고 생각한다. 우울병의 주기적, 순환적인 병형에 대해서는 여러분이 확실히 듣고 싶어하는 사실을 이야기할 수 있다. 즉 편리한 조건 아래에서는――나는 꼭 두 번 경험했다――발작이 없는 중간기(中間期)에 분석요법을 했더니, 전과 동일하거나 혹은 전과 정반대의 기분으로 되돌아가는 것을 막을 수 있었다. 이것으로 우리는 우울병에서나 조병(躁病―Manie)에서나 갈등의 특별한 종류의 해결책이 강구되어 있으며, 그 갈등의 전제조건은 어디까지나 다른 노이로제의 갈등의 전제조건과 일치한다는 것을 알았다. 또 이 영역에서는 얼마나 많은 것이 정신분석에 의해서 연구되지 않고 있는가를 여러분은 상상할 수 있을 것이다.

우리는 나르시시즘적 질환의 분석으로 인간의 자아 구성과 몇 개의 담당부국(擔當部局)으로 되어 있는 자아의 구조에 대한 지식을 얻고 싶다고 여러분에게 말해두었다. 어떤 곳에서 이것에 손을 댄 적이 있었다. 관찰망상(觀察妄想—注察妄想—Beobachtungswahn)의 분석에서 우리는 실제로 자아 속에는 하나의 '재판소'가 있으며, 이것은 줄곧 관찰하고 비판하고 비교하고 이와같이 하여 자아의 다른 부분에 대립하고 있다는 결론을 끌어냈다. 즉 환자가 '나의 일거수 일투족이 모두 경계당하고 감시되고 있다. 내가 생각하는 것을 깡그리 밀고되고 비평되고 있다'고 호소한다면, 이 환자는 아직 충분히 그 가치가 인정되지 않은 진리를 우리에게 가져다주었다고 생각한다. 환자는 이 불쾌한 힘을 밖으로 옮겨서 자기와는 아무런 관계도 없는 것으로 본 점에서만 잘못되어 있는 것이다. 환자는 자기 자신의 자아 내부가 자기의 현실자아와 그 활동을 이상자아(理想自我—Ideal-Ich)라는 자로 재고 있는 재판소에 의해 지배되고 있는 것을 느낀다. 그리고 이 이상자아야말로 성장하는 동안에 환자가 만든 것이다. 우리는 또 이 창조물은 저 최초의 유아성 나르시시즘과 결부되어 있으나, 그 후에 많은 장애와 굴욕을 받은 자기 만족을 회복하는 목적으로 만들어진 것이라고 생각하고 있다. 자기 관찰을 하는 자아 검열(自我檢閱), 즉 양심이다. 그리고 이 양심이야말로 밤에 꿈의 검열의 역할을 하고, 온당치 않은 소망 충동을 억압하는 것과 마찬가지다. 만일 이 '재판소'가 관찰망상의 경우에 붕괴하는 것을 보게 되면 이 '재판소'는 부모, 교사 및 사회적 환경의 영향에서 오고 있고, 또 이들 본받을 만한 인물의 어떤 자(者)와의 동일시(同一視)에서 오고 있다는 것을 알 수 있을 것이다.
  이상은 우리가 정신분석을 나르시시즘적 질환에 응용하여 여태까지 얻은 몇 가지 성과다. 아직도 너무나 수가 적은 것은 틀림없고, 여러 군데에서 둔한 감이 있다. 그러나 우리에게 부족한 날카로움은 새로운 영역에 정통함으로써 비로소 얻을 수 있을 것이다. 이와 같은 성과는 우리가 자아 리비도라든가 나르시시즘적 리비도라는 개념을 이용한 덕분에 얻을 수 있었던 것이다. 이러한 개념의 도움으로 우리는 감정전이 노이로제 때 내세운 견해를 나르시시즘적 노이로제까지 적용할 수 있었다. 그런데 여러분은 나르시시즘적 질환과 정신병의 모든 장애를 리비도론으로 설명하는 데 성공할 수 있느냐든가, 선생님은

432

어디서나 정신생활의 리비도적 인자(因子)를 병의 원인으로 인정하느냐든가, 자기 보존본능의 기능 변화에 책임을 지지 않아도 되느냐 하고 질문할 것이다.

아니 여러분, 이 점에 대해서 어떤 결정을 내리는 일은 그리 급하다고 생각되지 않으며, 또 그런 결정은 아직 시기 상조다. 그런 결정은 과학 연구의 진보에 조용히 맡기기로 하자. 만일 실제로 병인작용(病因作用)이라는 능력이 리비도적 욕동의 특권이며, 그 결과 리비도론이 가장 간단한 현실 노이로제에서 개체의 가장 무거운 정신병적 착란에 이르기까지의 전역에 걸쳐서 개가를 올릴 수 있다고 해도 우리는 조금도 놀라지 않을 것이다. 우리는 이 세상의 현실, 즉 아낭케(Ananke. 운명의 신, 외부의 힘, 필연이라는 뜻)의 종속에 반항하는 것이 리비도의 특징이라는 것을 알고 있기 때문이다. 그러나 나는 자아욕동이 리비도의 병인적(病因的)인 자극 때문에 2차적으로 마음을 빼앗기고 기능 장애에 빠지는 것은 얼마든지 있을 수 있는 일이라고 생각한다. 그리고 만일 우리가 중증의 정신병에서는 자아욕동 자체가 1차적으로 착란한다는 것을 인정한다면 우리의 연구방침은 결코 잘못되지 않았다고 믿고 있다.

여러분, 적어도 이 방면은 장차 분명히 밝혀질 것이다. 그러나 나로 하여금 우리가 남기고 온 불명료한 점을 분명히 하기 위해서 잠시 불안에 관한 문제로 돌아가게 해주기 바란다. 위험에 직면했을 때의 현실불안은 자기 보존본능의 발현이라는, 이제 논쟁의 여지가 없는 가설은 불안과 리비도 사이의 평소에는 매우 잘 볼 수 있는 관계와 일치하지 않는다고 우리는 앞에서 말했다. 그렇다면 불안 감정이 이기적인 자아욕동에서가 아니라 자아 리비도에서 나온다고 생각하면 어떻게 되겠는가? 어떤 경우에나 불안상태는 역시 목적에 맞는 것이 아니다. 불안상태가 더 고도에 이르면 그 비합목적성은 뚜렷해진다. 이 경우 불안상태 때문에 목적에 맞고 자기 보존에 도움이 되는 단 하나의 행위 —— 도주(逃走) 혹은 방어 —— 는 방해된다. 그러나 만일 현실불안의 감정적인 부분을 자아 리비도의 탓으로 하고, 그때 나타나는 행위를 자기 보존본능의 탓으로 한다면 이론상의 난점은 모두 제거될 것이다.

그래도 여러분은 인간이 불안을 느끼기 때문에 달아나는 것이라고 고지식하게 믿고 있을까? 그렇지 않을 것이다. 인간은 먼저 불안을 느끼고, 그런 다음 위험을 지각했기 때문에 일깨워진 공통의 동기로 달아나는 것이다. 커다란 생명의 위험에 직면한 일이 있는 사람은 "나는 조금도 무섭지 않았다, 다만 행동했을 뿐이다, 이를테면 맹수에 총을 겨누었을 뿐이다." 하고 말한다. 이것이야말로 가장 목적에 맞는 일이었던 것이다.

역주 : 나르시시즘은 그리스 신화의 미소년 나르시소스에서 온 것이다. 그는 연애감정을 모르는 소년이었다. 일찍이 에코는 그에게 열을 올렸으나 자기 뜻이 이루어지지 않는 것을 슬퍼하며 죽었다. 그런데 그에게 실연한 처녀 한 사람이 여신 네메시스에게 나르시소스의 얼음같이 차가운 마음을 처벌해 달라고 애원했다. 그래서 네메시스는 나르시소스가 샘에 비친 자기 모습에 반하도록 만들었다. 이리하여 나르시소스는 물에 비친 자기의 모습을 사랑하게 되었다. 그러나 그것은 연인에게 접근할 방도가 없는 사랑이었기 때문에 마침내 물에 빠져 죽고 만다. 그리고 수선화가 되었다. 이것이 여신 네메시스가 그에게 준 벌이었다.

역주 : 앞의 시에 나오는 주라이카는 페르시아어로 '가련한 연인'이라는 뜻이며, 괴테의 연인 마리아네 폰 빌레머 부인을 가리킨다. 하템은 괴테 자신을 가리킨다. 아울러 말하면 《서동 시집(西東詩集)》은 페르시아 시인 하피스의 시가 준 감동에서 생긴 것이다. 따라서 '동쪽'이라는 것은 페르시아, 즉 동양을 가리킨다. 여기서 주라이카가 하는 말이 나르시시즘이고 하템의 말이 연애이다.

스물일곱 번째 강의

감정전이

이제 내 강의도 종말에 가까워졌는데 여러분은 무엇을 기대하고 있는가? 그러나 여러분은 이 기대에 속아서는 안 된다. 여러분은 아마 이렇게 생각하고 있을 것이다.

'선생님은 여태까지 아주 세밀하게 정신분석을 소개해주시지 않았다. 그러니 정신분석을 실행에 옮길 수 있다는 그 근거, 즉 치료에 대해서는 한 마디의 언급도 없이 결국은 우리와 헤어지실 모양이다.'

하지만 내가 치료라는 주제를 여러분에게 이야기하지 않는다는 것은 생각할 수도 없다. 왜냐하면 여러분은 그러한 관찰을 통해서 새로운 사실을 배우기 때문이고, 또 이 새로운 사실에 대한 지식이 없으면 우리가 연구하고 있는 질환을 똑똑히 이해할 수 없기 때문이다.

여러분이 치료를 위해서 어떻게 분석을 해야 하는가. 그 기법을 가르쳐달라고 말하는 것이 아님을 나는 잘 안다. 여러분은 다만 정신분석 요법은 어떤 방법으로 작용하며, 또 정신분석 요법이라는 것은 대체 어떤 일을 하는 것인가, 하는 가장 일반적인 것을 알고 싶어할 것이다. 그리고 그것을 안다는 것은 여러분의 당연한 권리다. 그러나 나는 여러분에게 그 말을 하고 싶지 않다. 여러분 자신이 그 치료법을 추측해주었으면 좋겠다고 주장하고 싶다.

잠시 생각해보라. 여러분은 발병의 조건 중에서 본질적인 모든 것, 병에 걸린 사람에게 작용하는 모든 인자를 배웠다. 대체 치료의 힘이 작용할 여지는 어디 어디에 있는가?

첫째로 유전적인 소인이 있다. 그러나 우리는 이에 대해서 별로 언

급하지 않겠다. 그 까닭은 유전적인 소인은 다른 방면에서 크게 강조
되어 새삼 우리가 운운할 필요가 없기 때문이다. 그렇다고 여러분은
우리가 그것을 과소평가하고 있다고 생각해서는 안 된다. 치료자로서
의 우리는 그 힘을 충분히 알고 있다. 아무튼 우리는 그 소인을 변화
시킬 수는 없다. 그것은 우리들로 봐서 우리의 노력을 제한시키는 주
어진 것, 즉 소여(所與)이다.

둘째로, 우리가 분석할 때면 제일 먼저 주목하는 습관이 붙은 유아
기 체험의 잔재이다. 이 체험은 과거에 속하므로 우리는 그것을 거슬
러올라갈 수가 없다.

셋째로, 우리가 '현실적인 거부'로서 하나의 종합하고 있는 사랑의
결핍에서 생기는 인생의 불행, 빈곤, 가정불화, 배우자 선택의 실패,
자기에게 바람직스럽지 않은 사회상태, 사람에게 압력을 가하는 엄한
도덕적 요청 등이 있다. 그리고 이러한 인생의 불행 때문에 애정의 결
여가 생긴다. 분명히 여기서는 효과가 확실한 치료수단이 충분히 있
을 것이다. 그러나 그와 같은 치료수단은 비인의 민간 전승(民間傳承)
인 요제프 황제의 치료법*이나 되어야 할 것이다. 전제군주의 자비로
운 수술! 그 군주의 의지 앞에 인민은 굴복하고, 일체의 곤란은 사라
진다. 우리는 그 같은 자선행위를 우리의 치료법 속에 도입할 수 있을
지도 모른다고 말하는데, 그런 우리는 대체 어떤 자들인가? 스스로
가난하기도 하고 사회적으로 무력하며, 의료행위로 간신히 호구지책
을 얻고 있는 우리는——다른 의사라면 분석요법이 아닌 다른 치료
법으로 해줄 수 있지만——가난한 사람들을 위해 우리의 노력을 쏟
을 수 있는 입장도 못 된다. 우리의 치료법은 다른 치료법에 비해서
시간이 많이 걸리며 너무나 까다롭고 성가시다.

그런데 여러분은 이미 말한 용인 중의 하나에 매달려서 거기에 정신
분석 요법의 작용점이 있다고 믿고 있다. 만일 환자가 겪은 결여의 일
부가 사회가 요구하는 도덕적인 속박에 유래한다면 치료를 통해서 환
자에게 용기를 주고, 어떤 때는 넘어서 안 될 울타리를 넘어 사회가
높이 표방하고 있으면서도 그다지 실현되지 않은 이상의 실현을 단념
하고, 만족과 치유를 얻도록 충고할 수 있을 것이다. 성적으로 인생을
'마음대로 즐긴다'는 것에 의해서 사람은 건강해질 것이라고. 그러나

436

물론 이때, 분석요법은 세상 일반의 도덕에 어긋난다는 오명을 뒤집어쓰게 될 것이다. 분석요법은 사회에서 빼앗은 것을 개인에게 준다고.

그러나 여러분, 대체 누가 이런 엉터리를 여러분에게 보고했는가? 성적으로 충분히 인생을 마음대로 즐긴다는 조언이 분석요법의 요령이라니 천부당 만부당한 말이다. 환자에게서는 리비도의 욕동과 성적 억압, 육욕적인 방향과 금욕적인 방향 사이에 집요한 갈등이 있다고 우리 자신이 보고 있기 때문에 이런 평판이 난 것은 아니다. 이 갈등은 두 방향의 하나에 승리를 주는 것만으로는 소실되지 않는다. 아니, 우리는 노이로제 환자에 있어서 금욕 쪽이 우위를 차지하고 있다는 것을 알고 있다. 그러기에 억눌린 성흥분이 증상 속에서 울분을 터뜨리는 결과가 된 것이다. 만일 우리가 반대로 육욕 쪽을 이기게 해주었더라면 그때는 한쪽 구석으로 밀려간 성적 억압이 증상으로 바뀔 것이다. 두 해결의 어느 쪽도 내부 갈등을 종식시키지 못하고 언제나 채워지지 않는 일부가 남는다.

의사의 충고 같은 인자가 영향을 줄 수 있을 만큼 갈등이 불안정한 경우는 매우 드물다. 그리고 이런 경우 실제로 분석요법 같은 것은 필요없는 것이다. 의사한테서 이와 같은 영향을 받을 수 있는 사람은 의사의 힘을 빌리지 않더라도 같은 길을 발견할 것이다. 금욕하고 있는 어떤 청년이 비합법적인 성교를 하려고 결심할 때, 혹은 욕구불만의 아내가 다른 남자에 의해서 성욕을 충족시키려고 할 때, 대개의 경우 일부러 의사나 분석가의 허가를 구하지는 않을 것이다.

이 문제를 고찰할 때 사람들은 노이로제 환자의 병인적(病因的) 갈등을 동일한 심리학적 기반 위에 있는 심적 욕동 사이의 정상적인 싸움과 혼동해서는 안 된다는 중요한 점을 간과하고 있다. 병인적 갈등이란, 한편은 전의식(前意識)과 의식의 단계에 나타나 있고 한편은 무의식의 단계에 억제되어 있는 두 힘 사이의 충돌이다. 그러므로 이 갈등은 결코 해결되지 않는다. 그 유명한 이야기에 나오는 북극곰과 고래처럼 서로 싸우는 둘은 서로 만날 기회가 없다. 둘이 같은 기반 위에서 만날 때 비로소 훌륭히 화해할 수 있다. 나는 같은 기반에 오도록 주선해주는 것이 치료의 유일한 임무라고 생각하고 있다.

그리고 이 밖에 생활상의 문제에 대해서 충고하고 지도하는 것이 분석요법의 불가결한 부분이라고 여러분이 생각한다면, 여러분은 어디선가 엉터리 이야기를 들었던 것이다. 이야기는 정반대다. 우리는 되도록 그와 같이 교육자연하는 것을 경고하고 있다. 오히려 환자가 남의 손을 빌리지 않고 해결하는 것이야말로 우리가 바라는 바이다. 이와 같은 목적을 위해서는 환자에게 직업 선택, 기업, 결혼, 이혼 등에 대한 인생의 중대한 결정을 내리는 일을 삼가게 하고, 모든 것은 치료가 끝난 후에야 해야 한다고 우리는 명령하고 있다. 여러분은 여러분이 상상한 것과 완전히 다르다고 고백할 것이다. 다만 아주 젊은 사람이라든가, 친척이나 의논 상대가 없는 사람에게만은 우리도 바람직스러운 이 제도를 실시하지 못한다. 그런 사람들에 대해서 우리는 의사의 일 이외에 교사의 일까지 겸해야 한다. 그런 때 우리는 우리의 책임을 충분히 자각하고 주의를 기울여서 행동하고 있는 것이다.

그러나 '노이로제 환자는 분석요법 중에 마음껏 향락을 즐기도록 안내를 받는다'는 비난에 대해서 내가 너무 열심히 변명하는 바람에 거꾸로 우리가 사회의 도덕에 맞도록 그들에게 감화를 주고 있다는 결론을 여러분이 내려서는 안 된다. 적어도 그것 또한 우리와는 관계없는 일이다. 우리는 개혁자가 아니라 단순한 관찰자이다. 그러나 우리는 비판적인 눈으로 관찰하지 않을 수 없다. 우리는 인습적인 성 도덕의 편을 들 수도 없고, 또 사회가 성생활 문제를 실제로 해결하고자 하고 있는 방법을 높이 평가할 수도 없다는 것을 깨닫는다. 사회가 도덕이라고 일컫는 것은 그 때문에 마땅히 치러야 하는 희생보다 훨씬 많은 희생을 치르게 한다는 것, 또 사회가 하는 방식은 진실에 입각해 있지도 않고 현명하다는 것도 보여주지 않는다는 것을 우리는 사회에 솔직히 지적해줄 수 있다. 이런 비판의 말을 환자가 여러분과 함께 들어도 전혀 상관 없다. 우리는 환자가 다른 문제와 마찬가지로 성적인 문제도 편견없는 눈으로 평가하는 습관을 기르게 하고 있다. 그리하여 치료가 완료되어 환자가 남의 손을 빌리지 않아도 되고, 자기 자신의 판단으로 완전한 바탕과 절대적인 금욕 사이의 한가운데 지점을 택하게 되면 그 결말이 어떻게 되건, 우리는 양심에 한 점 가책도 받지 않는다. 자기 자신에 대해서 성실하라는 교육을 받은 사람은 설사 그 사람의 도덕적 그 기준이 사회 일반에서 시행되는 기준과 어느 점에서는 벗어나 있더라도 부도덕한 짓을 할 위험에서 오래 몸을 지킬 수 있다고 우리는 스스로에게 타이르고 있다. 아무튼 우리는 노이로제에 영향을 주는 것으로서의 금욕의 의의를 과대평가하지 않도록 주의하고 있다. 욕구불만이라는 병적인 상태와 그 결과로서의 리비도의 정체가 가벼운 성교로써 사라져버리는 경우는 다만 소수 예에 지나지 않는다.

그러므로 여러분은 성욕의 향락을 인정함으로써 정신분석 요법의 작용을 설명할 수는 없다. 여러분은 다른 것을 찾아야 한다. 나는 위와 같은 여러분의 억측을 물리치고, 여러분을 올바른 길로 데려왔다고 생각한다. 우리가 이용하는 것은 무의식을 의식으로 대치하는 것, 즉 무의식을 의식으로 번역하는 일이 틀림없다고 여러분은 말할 것이다. 확실히 그렇다. 우리는 무의식을 의식으로 확대하여 억압을 해제하고 증상 형성의 조건을 제거했으며, 병인적인 갈등을 그 어떤 방법으로도 해결할 수 있는 정상적인 갈등으로 바꾸었다. 우리가 환자의 마음에 불러일으킬 수 있는 것은 이와 같은 심적 변화로서, 이 변화를 일으킬 수 있는 한 우리의 조력도 결실을 본다. 그러므로 억압, 혹은 그것과 닮은 심적 과정이 없는 경우에는 우리의 치료도 실시할 방법이 없다.

우리는 이 노력의 목적을 여러 가지 공식으로 표현할 수 있다. 즉 무의식의 의식화라든가, 억압의 해소라든가, 건망(健忘)을 위한 기억의 결손을 메꾼다든가 하는 것이 그것이다. 그러나 그런 것은 모두 결국은 같은 것이다. 그러나 아마도 여러분은 이런 말만으로는 불만일 것이다. 여러분은 노이로제가 낫는 것을 달리 상상하고 있을 것이다. 이를테면 환자가 정신분석의 귀찮은 요법을 받아버리면, 인간이 완전히 변해버린다고 상상하고 있을 것이다. 그리고 여러분은 환자에게는 치료 전보다 무의식적인 것이 적어지고 의식적인 것이 많아지는 것이 치료 결과의 전부라고 생각하고 있을 것이다. 이제 여러분은 이와 같은 내부 변화의 의의를 아마 과소평가하고 있는지도 모른다. 완쾌된 노이로제 환자는 사실상 변화하긴 하지만 근본에 있어서는 역시 같은 인간이다. 즉 가장 유리한 조건 아래서 최선의 상태가 된 것뿐이다.

그러나 그래도 그만하면 대단한 일이다. 정신생활 속에서 얼른 보기에는 하찮은 그 변화를 이룩하기 위해 무엇을 해야 하는가, 또 어떤 노력을 기울일 필요가 있는가를 만일 여러분이 듣는다면 심적 수준(心的水準)에 있어서의 이와 같은 차이가 갖는 의의를 아마 여러분은 뚜렷이 알게 될 것이다.

　원인요법이라는 것을 여러분이 알고 있는지 물어보기 위해서 잠시 탈선해야겠다. 병의 발현(증상)을 공격하지 않고 병의 원인 제거를 목적으로 하는 방법을 원인요법이라고 한다. 그러면 정신분석 요법은 원인요법인가, 아닌가? 그 대답은 간단하지 않지만 이와 같은 설문이 좋지 않다는 것을 알 기회는 아마 있을 것이다. 분석요법이 증상의 제거를 첫째 사명으로 삼고 있지 않다면 분석요법은 원인요법처럼 보인다. 다른 점에서는 분석요법은 원인요법이 아니라고 여러분은 말할 수 있을 것이다. 즉 우리는 억압을 넘어서 인과(因果)의 연쇄를 죽 따라가, 마침내 욕동의 소질(Triebaanlage)에 있어서의 그 상대적인 강도 및 그 발달과정의 갖가지 이형(異型)을 알기에 이르렀다. 그런데 어떤 화학적인 방법으로 이 심적 기구에 간섭하여 그때 그곳에 있는 리비도의 양을 증감시키거나 또는 하나의 욕동을 희생시키고 다른 욕동을 강하게 할 수 있다고 가정한다면 이 방법이야말로 진정한 뜻의 원인요법일 것이다. 우리의 분석은 이 방법에 대한 정찰이라는 불가결한 예비작업을 하고 있는 것이다. 여러분도 알다시피 아직은 리비도 과정에 이와 같은 영향을 미칠 수는 없다. 정신분석 요법은 연쇄의 다른 곳을 공격하고 있는 것이다. 다른 곳이라는 것은 현상의 근원이라고 우리가 인정하고 있는 것이 아니라 증상에서 훨씬 멀리 떨어져 있고 주목할 만한 관계에 의해서 우리가 접근할 수 있는 어떤 장소이다.

　그렇다면 환자의 무의식을 의식으로 바꾸려면 우리는 무엇을 해야 할 것인가? 일찍이 우리는 이것이 매우 간단히 되며, 또 이 무의식을 추측하여 환자에게 이것이 무의식이라고 일러주는 것만으로 충분하다고 생각했다. 그런데 이 생각은 근시안적인 잘못이라는 것을 이미 깨달았다. 무의식에 대해서 우리가 알고 있는 것과 환자가 알고 있는 것은 같지 않다. 환자에게 우리가 알고 있는 것을 알려주어도 환자는 그것이 무의식인 것과 '바뀌는' 것으로 받아들이지 않고, 자기의 무의식과 '병렬(竝列)하는' 것으로 받아들인다. 그러므로 오히려 '국소적(局所的)으로' 머리에 그리고, 환자의 기억 속에 있는 억압에 의해서 무의식이 성립된 그 장소에서 이 무의식을 찾지 않으면 안 된다. 이 억압은 제거해야 한다. 이때야말로 무의식은 의식으로 원활하게 대치된다. 그러면 이 같은 억압을 없애려면 어떻게 해야 좋은가? 우리의 작업은 여기서 제2단계로 들어간다. 먼저 억압을 발견해야 하고, 이어 이 억압을 지탱하고 있는 저항을 제거해야 한다.

어떻게 이 저항을 제거할 것인가? 이와 같은 방법으로 한다. 즉 저항을 추측하여 환자에게 일러주는 것이다. 그렇다, 저항은 억압, 즉 우리가 쫓아버리려 하고 있는 것, 혹은 과거에 일어난 것에서도 온다. 저항은 외설스러운 충동을 억압하기 위해서 행해지는 역배비(逆配備)로 만들어진다. 그러니 우리가 벌써 처음에 의도한 것과 같은 일을 지금 하면 되는 것이다. 즉 해석하고 추측하고 그것을 환자에게 일러주면 되는 것이다. 그러나 우리는 이제 그것을 올바른 장소에 하지 않으면 안 된다. 역배비, 즉 저항은 무의식에 속해 있지 않고 우리의 협력자인 자아에 속해 있다. 그리고 자아는 의식적이 아니라도 어디까지나 자아이다.

이 경우 문제가 되는 것은 '무의식적'이라는 말이 두 가지 뜻을 갖고 있다는 것이다. 즉 하나는 현상으로서의 무의식, 또 하나는 조직체로서의 무의식이다. 이 문제는 매우 어려워서 분명하지 않은 것처럼 여겨진다. 그러나 앞에서 말한 것의 되풀이에 불과하지 않을까? 우리는 줄곧 그 준비를 하고 있었던 것이다. 우리가 해석을 통해서 자아에서 이것이 저항이라고 인정시켜줄 수 있다면 이 저항은 포기되고, 역배비는 철수되고 말 것으로 예상된다. 그러면 이런 경우 우리는 환자의 어떤 원동력을 작용시키면 될 것인가? 첫째로, 건강해지고 싶다는 환자의 의욕을 작용시키면 된다. 이 의욕은 환자에게 우리와 일치 협력하겠다는 기분을 갖게 만든다. 둘째로, 우리의 해석으로 지원을 받고 있는 환자의 지성을 빌리면 된다. 우리가 환자에게 적당한 예상관념(豫想觀念)을 준다면 환자는 그 지성으로 저항이라는 것을 금방 깨닫고, 억압된 것에 대응하는 번역을 아마 틀림없이 발견할 것이다. 내가 여러분에게 "하늘을 쳐다봐요. 저기 경기구(輕氣球)가 보이네." 하고 말한다면, "무엇이 보이는지 하늘을 쳐다보시오." 하고, 명령하는 경우보다 훨씬 쉽게 경기구를 발견할 수 있을 것이다. 생전 처음으로 현미경을 들여다본 학생도 무엇을 보아야 할 것인지 선생에게 배우는 법이다. 배우지 않으면 설령 현미경 아래 존재하여 보이고 있더라도 볼 수 없는 것이다.

그러면 사실을 이야기하기로 한다. 히스테리라든가, 불안상태라든가, 강박 노이로제의 여러 가지 형태에도 우리의 전제는 적용된다. 이와같이 억압을 찾아내어 저항을 발견하고, 억압된 것을 암시함으로써 저항을 정복하고, 억압을 제거하고, 무의식을 의식으로 바꾼다는 사명은 훌륭하게 성공한다. 이 경우 우리는 모든 저항을 극복하기 위해 환자의 마음속에서 얼마나 심한 투쟁이 벌어지고 있는가, 즉 역배비를 견지하려고 하는 동기와 역배비를 바야흐로 포기하려고 하는 동기 사이에, 동일한 심리학적 기반 위에서 정상적인 심리 투쟁이 얼마나 심하게 벌어지고 있는가에 대해서 생생한 인상을 받을 것이다. 전자는 당시 억압을 완수한 낡은 동기이다. 후자는 새로 덧붙여진 것으로서 우리편을 들어 갈등을 해결해주리라고 우리가 기대를 걸고 있는 동기이다. 우리는 낡은 억압 갈등을 되살려서 그 당시 해결된 과정을 수정(修訂)하는 데 성공한다.

우리는 새로운 재료로서, 첫째, 그 전의 해결이 병을 일으켰다는 충고와 다른 방법이 완쾌에 이르는 길이라는 확약을 덧붙이고, 둘째, 욕동이 거절된 첫 순간 이후, 모든 관계에 대규모의 변화가 일어난 것이라고 지적해준다. 그 당시에는 아마 자아는 약하고 유아성(幼兒性)이며, 리비도의 요구를 위험시하는 이유가 있었겠지만, 오늘날 자아는 강해지고 체험을 쌓은데다가 의사를 조력자로 갖고 있다. 그러므로 우리는 되살아난 갈등을 억압보다 훨씬 뛰어난 출구까지 데려가고 있다고 기대해도 좋다. 그리고 이미 말한 것처럼 히스테리, 불안, 노이로제 및 강박 노이로제에서도 우리가 주장하는 결과는 원리상 옳은 것이다.

그런데 사정은 같지만 우리의 치료법이 전혀 효과가 없는 다른 유형의 질병도 있다. 이와 같은 병에서도 자아와 억압된 —— 이 억압은 국소적으로 다른 특징을 갖고 있다 —— 리비도 사이에 근원적인 갈등도 있었다. 이 경우에도 환자의 생애 중에서 억압이 일어난 시기를 발견할 수 있다. 우리는 앞의 것과 같은 방법을 응용하고 같은 약속을 마련하여 예상 관념을 알려주는 등 마찬가지로 원조한다. 또 억압이 일어났을 때와 현재 사이의 세월의 간격은 갈등을 다른 출구로 데려오는 데 편리하다. 그러나 이 경우 우리는 저항을 쫓아버리거나 억압을 제거하는 데는 성공하지 못한다. 파라노이아, 우울병, 혹은 조발성치매 환자는 일반적으로 정신분석 요법에 영향을 받지 않으면 그것을 접근시키지 않는다. 이것은 어째서일까? 지능이 모자라기 때문이 아니다. 어느 정도의 지적 능력은 이런 환자에도 물론 필요하지만, 예를 들어 머리가 매우 날카롭게 움직이는 결합성(結合性) 파라노이아 같은 환자에 있어서는 이 점에 확실히 결함이 없다. 지능 이외의 원동력에 있어서도 결핍되어 있다고 볼 수 없다. 이를테면 우울병 환자는 '나는 병이다. 그래서 나는 괴로워하고 있다'는 의식을 고도로 갖고 있다. 파라노이아 환자에게는 이와 같은 의식이 없다. 그렇다고 그들에게는 우울병 환자가 보다 정신분석 요법이 통하기 쉽다고는 말할 수 없다. 여기서 우리가 아직 이해하고 있지 않은 하나의 사실에 직면한다. 그래서 우리는 다른 노이로제에서 성공한 모든 조건을 정말로 이해하고 있었던가 하는 의문이 생기게 된다.

히스테리 환자와 강박 노이로제 환자의 연구에 머문다면 아직 준비해두지 않았던 제2의 사실에 금방 부딪친다. 즉 조금 시간이 지나면 이 환자들은 우리에게 아주 특별한 태도를 갖게 되는 것을 깨닫는다. 실제로 우리는 치료 때 문제가 되는 원동력을 모두 설명하고 우리들 의사와 환자 사이에 있는 상황을 완전히 논리적으로 논했으므로 계산 문제처럼 답이 정확히 맞는다고 믿고 있다. 그런데 이 계산 속에 예상하지 않았던 그 무엇이 끼어드는 듯한 기분이 든다. 이 뜻밖의 새로운 것은 그 자체가 갖가지 모습을 띠고 있다. 나는 무엇보다도 이 현상 속에서 가장 잘 나타나고 비교적 이해하기 쉬운 형을 설명하기로 하겠다.

우리는 자기의 괴로운 갈등에서 달아날 길을 열심히 찾고 있는 환자가 의사의 인품에 대해서 특별히 흥미를 갖기 시작하는 것을 깨닫는다. 그 의사에 관련된 모든 것은 환자에게는 자기 자신의 일 이상으로 중요한 것으로 보이고, 자기의 병을 잊게 해주는 것처럼 여겨진다. 그 후 얼마 동안 환자와의 교섭은 매우 유쾌하게 진행된다. 환자는 아주 상냥해지고 될 수 있는 대로 감사의 마음을 나타내려고 하며 우리가 예상도 하지 않았던 자상한 인품과 장점을 보여준다. 그 결과 의사는 환자에게 호의적인 생각을 갖게 되고 이와같이 특별히 뛰어난 인품에 원조의 손을 내밀 수 있는 자기의 행운에 감사한다. 만일 의사가 환자의 가족들과 이야기할 기회가 있으면 저쪽도 같은 감사의 기분을 갖고 있음을 알고 기뻐한다. 환자는 집에서도 의사를 칭찬하고 잇따라 발견한 의사의 장점을 찬양한다. "저 사람은 선생님에게 홀딱 반했어요. 마치 장님처럼 선생님에게 의지하고 있답니다. 선생님의 말씀이라면 무엇이나 마치 하나님의 말씀처럼 듣고 있어요." 하고 가족들은 말한다. 그러나 날카로운 눈으로 이리저리 살펴본 사람들 중의 한 사람은 이렇게 말할 것이다. "저 사람은 이제 선생님 얘기밖에 하지 않습니다. 밤낮 선생님에 관한 얘기만 하지요. 그래서 우리는 이제 진절머리를 내고 있습니다."

의사의 인격이 환자에 의해서 이와같이 존경받는 것은 의사가 환자에게 줄 수 있는 회복의 희망과 환자를 해방시켜줄 놀라운 계시―― 이것은 치료에 반드시 수반된다――때문에 환자의 지적 시계(視界)가 넓어진 탓이라고 의사 스스로 겸허하게 생각하기를 희망한다. 이 조건 아래서 분석은 훌륭하게 진척된다. 환자는 자기에게 암시된 것을 이해하고 치료로서 지시받는 과제에 열중한다. 기억과 연상(聯想)의 재료는 환자의 마음에 넘치도록 솟아오르고, 환자는 정확하고 적절한 해석을 하여 의사를 놀라게 하며, 의사도 바깥 세계에서 건강인이 언제나 심하게 반대하는 심리학상의 모든 새 사실을 환자가 기꺼이 받아들이는 것을 보고 명예를 만회했다고 생각한다. 병의 상태가 어디로 보나 객관적으로도 좋아진 것은 분석 중 환자와 의사 사이에 이와같이 잘 협조한 데 기인하고 있다.

그러나 이렇게 훌륭한 날씨는 언제까지나 계속되지는 않는다. 흐린 날이 온다. 치료에 곤란이 나타나기 시작하는 것이다. 환자는 이제 하나도 연상이 떠오르지 않는다고 토라지기 시작한다. 환자는 이제 분석이라는 작업에 관심이 없고, 머릿속을 스쳐간 것은 무엇이나 숨김없이 말해야 하며 이 거역하는 비판적인 기분에 결코 굴복하지 말라고 미리 일러준 규칙을 자꾸만 잊어버리고 있다는 인상을 강하게 받게 된다. 환자는 마치 치료를 받지 않는 것처럼 또 마치 의사와 그 계획을 믿지 않는 것처럼 거동한다. 환자의 머릿속은 분명히 자기 자신을 위해서 비장해두려고 하는 생각으로 가득 찬다. 이것이야말로 치료를 위해서는 위험하기 짝이 없는 상황이다. 우리는 분명히 강력한 저항에 직면하고 있는 것이다. 그러면 대체 무슨 일이 일어난 것일까?

이 상황을 분명히 할 수만 있으면 환자가 의사에게 강한 애정을 쏟은 것이 이 방해의 원인이라는 것을 발견할 것이다. 그러나 의사의 거동으로도 치료 중에 일어난 상호관계로도 이 애정을 설명할 수는 없다. 이 애정이 어떤 형태로 나타나고 어떤 목적을 달성하려 하고 있는가 하는 것은 물론 두 당사자의 인간관계에 달려 있다. 만일 환자가 젊은 처녀이고 의사가 젊은 남자라면, 우리는 정상적인 연애관계의 인상을 받을 것이다. 처녀가 단둘이 있을 때 마음의 비밀을 고백할 수 있는 남자, 더욱이 한층 훌륭한 구조자라는 유일한 자리에서 자기를 보는 남자에게 반하는 것은 당연한 일이다. 우리는 아마 이렇게 노이로제에 걸린 처녀에게는 오히려 연애능력에 장애가 있다는 것을 간과하고 있었던 것이다.

의사와 환자의 인간관계가 방금 가정한 경우와는 동떨어져 있는데도 언제나 역시 같은 감정관계가 만들어지고 있는 것을 발견하면 우리는 점점 더 이상하게 생각하게 된다. 불행한 결혼생활을 보내던 젊은 유부녀가 아직 독신인 의사에게 진지한 정열을 품고 있는 듯이 보이고, 나아가 의사의 아내가 되기 위해 지금 당장이라도 이혼할 각오를 하며, 혹은 사회적인 장애가 있을 경우에 서슴지 않고 그 의사와 비밀 연애관계를 맺으려 하는 것은 있을 수 있는 일일는지도 모른다. 아니, 이와 같은 일은 정신분석 이외의 세계에서도 일어난다. 그런데 이런 상황에서 유부녀나 처녀들이 하는 고백을 들으면 여러분은 놀랄 것이다. 그 고백은 치료문제에 대한 아주 특수한 의견을 보여준다. 즉 "우리를 건강하게 만들어주는 것은 애정뿐이라고 언제나 생각하고 있었어요. 그래서 애당초 치료가 시작될 때부터 인생이 여태까지 우리에게 주지 않았던 것을 선생님과 가까이 함으로써 간신히 얻을 수 있으리라고 기대하고 있었지요. 오직 이 희망으로 우리는 치료 중의 온갖 고생을 달게 견디고, 실토에 따르는 곤란을 극복한 거예요.” 여기에 우리는 다음과 같은 말을 덧붙일 수 있다. “그리고 우리는 보통 같으면 도저히 믿을 수 없는 일을 모두 쉽게 이해한 거예요.” 그러나 이와 같은 고백은 우리를 놀라게 하는 것이고, 우리의 계산을 착오에 빠뜨리는 것이다. 그런데 우리가 제일 중요한 항목을 계산에서 빠뜨리는 수가 있겠는가?

　사실 그랬던 것이다. 우리가 경험을 쌓으면 쌓을수록——정정(訂正)이라는 것은 우리 학설의 과학적인 성격에 흠칠을 하는 것이라고 하더라도——우리는 정정하지 않을 수 없게 된다. 여기서 비로소 여러분은 분석요법은 우연적인 장애, 바꾸어 말하면 치료의 의도에 들어 있지 않고 치료 그 자체에서 생긴 것도 아닌 하나의 사건 때문에 장애를 받은 것이라고 생각할는지도 모른다. 그러나 환자가 의사와 그와 같은 애정으로 결부되는 것이 어떤 새 증상 예에서나 늘 되풀이되는 사건이라면, 또 만일 사랑이 싹트는 데 가장 불리한 조건 아래서도, 이를테면 그로테스크하게 불균형한 자끼리의 경우에도——늙은 여자와 백발의 의사 사이에서도——아무런 유혹도 존재하지 않았다고 우리가 판단할 수 있는 경우에 있어서도, 언제나 그와 같은 애정이 나타난다면 그때야말로 우리는 어떤 우연적인 장애라는 생각 대신에 병의 본질 그 자체와 가장 밀접히 결부되어 있는 어떤 현상이 문제의 중심이라는 것을 인정하지 않을 수 없게 된다.

　우리가 내키지 않는 마음으로 인정하려 하고 있는 이 새로운 사실을 우리는 감정전이(感情轉移－Übertragung)라고 부르고 있다. 의사에게 감정이 옮겨진다는 뜻이다. 왜냐하면 치료라는 상황에서 이와 같은 감정이 생긴다는 것으로는 설명이 되지 않는다고 생각했기 때문이다. 오히려 우리는 이런 감정이 생기는 준비상태는 다른 장소에서 된 것이며, 즉 환자의 마음에 미리 준비되어 있어서 분석요법의 기회에 의사에게 옮겨진 것이라고 추측하고 있다. 감정전이는 어떤 때는 격렬한 사랑의 요구로서 나타나고 어떤 때는 온화한 모습으로 나타난다. 젊은 여자와 늙은 남자 사이에는 연인이 되고 싶다는 소망 대신 저 사람의 딸이 되어 귀여움을 받고 싶다는 소망이 솟는다. 이 경우 리비도의 요구는 영구히 변하지 않고, 관능적이 아닌 플라토닉한 우정의 형태로 완화된다. 많은 여성은 감정전이를 승화시켜 그것이 어떤 종류의 존재권(存在權)을 얻게 될 때까지 변형하는 수법을 알고 있다. 또 다른 여성은 이 전이를 소박하고 원시적인, 대개는 실행 불가능한 모습으로 나타낸다. 그러나 그것이 결국은 언제나 같으며 같은 원천에서 나와 있다는 것은 결코 틀림이 없다.

이 감정이라는 새로운 사실을 어디에 넣으려 하고 있는가 하고 자문하기 전에 우선 이것을 완전히 기술(記述)해두고 싶다. 그러면 남자 환자의 경우는 어떻게 되는가. 남자 환자의 경우는 성별과 성적 매력이라는 귀찮은 문제를 섞지 않도록 남자 환자의 경우도 여자 환자의 경우와 별로 다를 것이 없다고 대답하지 않으면 안 될 것이다. 즉 의사에 똑같이 집착하는 것, 의사의 성격을 똑같이 과대평가하는 것, 의사에 대한 관심에 똑같이 빠지는 것, 의사의 생활 가까이에 있는 모든 것에 똑같이 질투하는 것 등이 나타난다.

감정전이의 승화된 형은 남성과 남성 사이에서는 훨씬 자주 볼 수 있지만 직접적인 성적 요구는 매우 드물다. 현재성 동성애(顯在性同性愛)를 나타내는 경우는 이 욕동 성분을 다른 형태로 사용하는 것보다 희박하다. 또 의사는 여자 환자의 경우보다 남자 환자에게서 감정전이의 한 현상형식(現象形式)을 관찰하는 일이 많다. 이 감정전이는 얼른 보기에 지금까지 말한 모든 것과 모순되는 것처럼 보인다. 그것은 절대적인 감정전이, 즉 음성감정전이(陰性感情轉移—die negative Übertragung)이다.

그러나 우리가 먼저 인정해둘 것은 감정전이가 치료의 초기에는 환자에게 있어서 얼마 동안은 가장 강력한 원동력이라는 사실이다. 전이가 의사와 환자가 협동하여 하고 있는 분석에 편리하도록 작용하는 한은 그것을 깨닫지 못하고 또 개의할 것도 없다. 그 다음에 만일 감정전이가 저항으로 변한다면 그때야말로 이에 주목하지 않으면 안 된다. 그리고 다음의 두 가지 정반대의 상황 아래서는 치료에 대한 감정전이의 관계가 변하는 것을 깨닫는다. 첫째는 감정전이가 강한 애정의 경향(zärtliche Neigung)을 띠었을 뿐 아니라 그것이 성욕에서 나오고 있다는 표시를 뚜렷이 나타냈기 때문에 내적인 반항(ein inneres

Widerstreben)을 일깨우지 않으면 안 되게 되었을 때이고, 둘째는 감정전이가 사랑의 충동(zärtliche Regungen)이 아니라 적의의 충동(feindselige Regungen)에서 나오고 있을 경우다.

이때 적대적 감정은 대개 애정보다 늦고 애정 뒤에 숨어서 나타난다. 적의와 애정이 동시에 존재하는 것은 감정의 암비발렌츠의 좋은 실례인데, 이것은 남과의 친밀한 관계의 대부분을 지배하고 있는 것이다. 적의의 감정은 애정과 마찬가지로 감정의 결합(結合─Gefühlsbindung)을 뜻한다. 이것은 마치 반항이 비록 정반대의 표현을 갖고 있더라도 복종처럼 의존을 뜻하는 것과 마찬가지다. 의사에 대한 적대적 감정도 '감정전이'라는 이름을 붙일 가치가 있다는 것은 나에게는 의심의 여지가 없다. 왜냐하면 치료라는 상황은 확실히 감정전이가 발생하는 데 있어서 충분한 원인이 되지 않기 때문이다. 우리가 음성감정전이(陰性感情轉移)를 필연적인 것으로 파악할 때 양성감정전이(陽性感情轉移─die positive Übertragung), 즉 애정의 감정전이라는 우리의 판단은 결코 틀리지 않았다는 것을 확신하게 된다.

감정전이는 어디서 오는가, 감정전이는 우리에게 어떤 곤란을 가져다 주는가, 이 감정전이를 우리는 어떤 방법으로 극복하는가, 그리고 마지막으로 감정전이에서 우리는 어떤 이익을 얻고 있는가, 이러한 것들은 분석의 기법을 안내할 때 상세히 다루기로 하고, 여기서는 대강만 이야기하는 것으로 그친다. 감정전이의 결과로 생기는 환자의 요구에 우리가 양보한다는 것은 부당한 일이다. 그렇다고 그런 요구를 어떤 때는 무뚝뚝하게 어떤 때는 분개하여 거절한다는 것은 철없는 짓일 것이다. 우리는 그와 같은 경우 "당신의 감정은 현재의 상황에서 생긴 것도 아니고 의사 개인에 관계된 것도 아닙니다. 다시 말해 당신의 마음속에서 옛날에 한 번 나타났던 감정을 지금 되풀이하고 있는 것입니다." 하고 환자에게 일러주어 감정전이를 극복시키고 있다. 같은 방법으로 우리는 이 반복을 회상으로 바꾸어버리기도 한다. 그 결과 애정적인 것이건 적대적인 것이건 어떤 경우에나 치료를 가장 강하게 위협하는 것처럼 보이던 감정전이가 치료의 가장 훌륭한 도구가 된다. 그리고 우리는 이 도구의 도움을 얻어 정신생활의 닫혀진 문을 열 수 있게 된다.

그러나 여러분이 이와 같은 뜻밖의 현상에 직면하여 당황하지 않도록 한 마디 해두고 싶다. 우리가 분석한 환자의 병은 완성된 것, 혹은 굳어버린 것이 아니라 생물처럼 성장을 계속하고 발달을 계속하고 있는 것임을 잊어서는 안 된다. 치료를 시작했다고 해서 금방 병의 진전을 막을 수는 없다. 그러나 치료가 환자를 꽉 붙들어버렸을 때 비로소 병의 새로운 산물은 모두 하나의 장소, 즉 의사와의 관계에 집중되는 것이다. 그러므로 감정전이는 나무의 목질(木質)과 피질(皮質) 사이에 있는 형성층에 비유할 수 있다. 형성층이라는 것은 조직의 신생(新生)과 나무둥치의 직경의 성장을 다스린다. 감정전이가 이 뜻을 가져야 비로소 환자의 회상이라는 작업은 배경으로 물러가는 것이다. 이때 우리는 이제 그 환자의 지난날의 병을 다루고 있는 것이 아니라, 지난날의 병에 대치되어 새로이 형태를 바꿔 만들어진 노이로제를 다루고 있는 것이라고 말해도 그리 큰 잘못은 아니다.

의사는 옛 병의 이 신판(新版)을 그 발단에서부터 쫓고 있는 셈이고, 그 병이 발생하여 성장해가는 모습을 바라본 셈이며, 의사 자신이 그 병의 중심인물이므로 그 병에 대해서는 특히 내용을 잘 알고 있는 셈이 된다. 환자가 나타내는 모든 증상은 그 본래의 의의를 버리고 감정전이와 관계가 있는 새로운 의미를 갖게 된다. 또는 이와 같은 수정에 성공한 증상만이 존속하여 있게 된다. 그러나 새로 인공적으로 만들어진 이 노이로제를 정복하는 것은 치료 전에 존재한 병을 고치는 것과도 일치하고, 우리의 치료라는 사명을 완수하는 것과도 일치한다. 의사와의 관계가 정상적이고, 또 억압된 욕망충동의 작용에서 해방된 사람은 의사와의 관계가 다시 없어졌을 때도 그 자신의 생활은 정상이다.

히스테리, 불안 히스테리, 강박 노이로제에 있어서의 감정전이는 치료에 있어서는 바로 중심적이며 중요한 의의를 갖는다. 그러므로 이와 같은 병을 '감정전이 노이로제(感情轉移神經症)'라는 이름으로 종합하는 것은 옳은 일이다. 분석 연구에서 감정전이라는 사실에 깊은 인상을 받은 사람은 이러한 노이로제 증상 속에 나타나 있는 억압된 충동이 어떤 종류의 것인지 이제 의심할 수 없을 것이다. 그리고 그런 사람은 이 충동이 리비도적인 성질의 것이라는 데 대해서도 더 확실한 증명을 요구하지 않을 것이다. 증상은 리비도의 대상적 만족(代償的滿足)에 의의를 갖고 있다는 우리의 확신은 감정전이라는 것을 같은 계열에 넣음으로써 비로소 공고(鞏固)한 것이 되었다고 우리는 말하고 싶은 것이다.

그러면 우리는 치유의 과정에 대한 과거의 역동적 견해를 개선하여 그것을 지금 새로 발견한 것과 맞출 수가 있다. 환자가 분석 중에 우리가 발견한 그 저항으로써 정상적인 갈등을 끝내 싸워내지 않으면 안될 때 그는 우리가 희망하는 방향, 즉 회복을 가져다주는 방향으로 갈등을 해결시키도록 영향을 미칠 강력한 원진력이 필요하다. 그렇지 않으면 환자는 그 전의 결과를 반복할 결심을 하고 모처럼 의식에 떠오른 것을 다시 억압해버리는 일이 있을 것이다. 이 투쟁의 결과는 환자의 지적 분별에 의해서 정해지는 것이 아니라——지적 분별이라는 것은 이와 같은 작업을 할 만큼 강하지도 않고 자유도 없다——환자와 의사의 관계만으로 정해진다. 환자의 감정전이가 양성으로 나타나는 한 감정전이는 의사를 권위의 옷으로 둘러싸서 의사의 보고와 견해에 대한 신뢰로 바뀐다. 이와 같은 감정전이가 없거나 혹은 음성일 경우의 환자는 결코 의사나 의사의 논증에 귀를 기울이지 않을 것이다. 이때 믿음은 그 믿음 자체의 성립사(成立史)를 되풀이하고 있는 것이다. 믿음은 사랑의 유도체(誘導體)이며 처음에는 증명을 필요로 하지 않는다. 나중에야 비로소 믿음은 논증을 인정하게 되고, 또 그 논증이 그 사람의 사랑하는 사람에게서 제출된 것이면 그 논증을 비판적으로 검토하게까지 된다. 이와 같은 지지가 없는 증명은 여태까지 유효하지 않았으며, 대부분의 사람에 있어 인생에서는 결코 유효하지 않다. 그러므로 인생은 일반적으로 그 사람이 리비도적 대상배비를 할 수 있는 경우에만 지적인 방면으로부터 영향을 받을 수 있는 것이다. 그러므로 우리는 환자의 나르시시즘의 정도에 따라 가장 좋은 분석적 기법을 사용하더라도 그 효력에 한계가 있는 것을 깨닫게 되며, 또 한계가 있지 않을까 하고 걱정하는 근거가 충분히 있는 것이다.

남에게 리비도적 대상배비를 하는 능력은 정상적인 인간에게 모두 주어져 있는 것이 틀림없다. 이른바 노이로제 환자의 감정전이 경향은 이 일반적인 특징이 비정상적으로 높아진 것에 지나지 않는다. 그런데 이와 같은 많은 사람들이 가진 중요한 인간의 특징을 오늘날까지 깨닫지 못하고, 한 번도 이용하지 않았다면 매우 기묘한 일일 것이다. 실제로는 옛날에 깨닫고 이용하고 있었던 것이다. 베르네임은 그 무엇에도 현혹되지 않는 날카로운 통찰력으로 최면현상(催眠現象)의 학설을——모든 인간은 어떤 방법으로건 암시에 걸리기 쉽다——즉 '피암시성(被暗示性)이 있다(suggestibel)'라는 명제를 토대로 구축했다. 베르네임이 말하는 피암시성은 바로 감정전이 경향이다. 그러나 감정전이라고 해도 너무 협의(狹義)여서 음성감정전이는 이 피암시성 속에 들어 있지 않았다. 그러나 베르네임은 암시의 본질이 무엇인지, 또 암시라는 것은 어떻게 생기는 것인지 대답하지 못했다. 그에게 있어서 암시는 하나의 근본적인 사실이며, 그 유래를 아무것도 증명하지 못했다. 그는 '피암시성(suggestibilität)'이 성욕에 의존하고, 리비도의 활동에 의존한다는 것을 믿지 않았다. 우리는 최면술을 버리고 우리의 기법으로 바꾸는 것만으로 감정전이라는 형태로 암시를 재발견했다는 것을 인정하지 않으면 안 된다.

그러나 여기서 잠시 쉬고 여러분의 주장을 듣기로 한다. 여러분의 마음속에는 항의의 소리가 가득 차 있으므로 여러분에게 발언을 허락하지 않으면 내 말은 아무것도 귀에 들어가지 않는다는 것을 깨달았기 때문이다.

"결국 선생님은 그 최면술사와 마찬가지고, 암시의 도움을 받아서 분석하는 것이라고 마침내 실토하신 셈이군요. 우리는 벌써부터 그럴 줄 알고 있었습니다. 그러나 암시만이 유효한 것이라고 한다면, 과거의 체험을 회상하기 위해서 길을 빙 돌아온 것이라든가 무의식을 발견한 것이라든가, 왜곡을 해결하거나 번역한 것이라든가, 노력과 시간과 돈을 막대하게 소비한 것 등은 대체 어떻게 됩니까? 어째서 선생님은 그 정직한 최면술사가 한 것처럼 증상에 직접 암시를 걸지 않으십니까? 그리고 만일 선생님이 자기가 걸은 우회로의 길목에서 직접 암시로는 발견할 수 없었던 중요한 심리학상의 무수한 사실을 발견했다고 변명하시려고 한다면 그렇게 발견하신 것이 사실임을 대체 누가 보장합니까? 그러한 발견도 암시의 산물, 다시 말해서 선생님이

목표로 삼지 않았던 암시의 산물이 아닙니까? 선생님이 희망하고 계
시는 것, 선생님의 눈에 옳다고 보이는 것을 이 영역에서도 선생님은
환자에게 강요하신 것이 아닙니까?”

　여러분이 내게 반대하고 있는 이런 일들은 매우 흥미가 있다. 그리
고 나는 여러분의 반대에 대답해야 한다. 그러나 오늘은 시간이 없으
므로 대답할 수가 없다. 그러니 다음 차례에 이야기하기로 하겠다. 그
러나 이 말에서 내가 답변할 수 있다는 것을 알 수 있을 것이다. 오늘
은 내가 손댄 일에 결말을 지어야 한다. 나는 감정전이라는 사실의 도
움을 받아 우리의 치료 노력이 나르시시즘적 노이로제에는 효과가 없
는 이유를 여러분에게 설명하기로 약속했다.

　이것은 두어 마디만 소비하면 할 수 있을 것이다. 그리고 여러분은
이 수수께끼를 푸는 것이 얼마나 간단한가. 모든 일이 얼마나 잘 일치
하는가를 보게 될 것이다. 관찰을 통해서 나르시시즘적 노이로제에
걸린 사람은 감정전이 능력을 전혀 갖고 있지 않거나 혹은 감정전이
능력이 아주 조금밖에 남아 있지 않다는 것을 알게 된다. 이와 같은
환자는 적의(敵意) 때문이 아니라 오히려 무감각 때문에 의사를 접근
시키지 않는다. 그러므로 이런 환자는 의사의 영향도 받지 않는다. 의
사가 하는 말에 환자는 냉담하고, 의사가 하는 말은 환자에게 아무런
인상도 주지 않는다. 그러므로 우리가 다른 노이로제에서 성공한 치
유의 메커니즘, 즉 병인적 갈등(病因的葛藤)의 재생, 억압에 의한 저
항의 극복을 환자에게 일어나게 할 수 없다. 환자는 여전히 전과 다름
없다. 환자는 이미 몇 번이나 혼자 힘으로 회복에의 시도를 해보았지
만 결국 병리적인 결과로 끝나버린 것이다. 우리는 이 결과를 조금도
바꿀 수가 없는 것이다.

　이런 환자한테서 얻은 임상상의 인상을 기초로 그들은 대상에 대한
배비를 포기하고, 대상 리비도가 자아 리비도로 바뀌어져 있다고 우
리는 주장했다. 이 특징에 의해서 우리는 이런 노이로제를 노이로제
의 제1 부류(히스테리, 불안 노이로제, 강박 노이로제)와 구별한 것
이다. 치료를 해보면 이와 같은 증상은 이 예상을 뒷받침하고 있다.
그것은 전혀 감정전이를 보이지 않는다. 그러므로 우리의 노력은 아
무 도움도 되지 않는다. 그들은 우리에 의해서는 낫지 않는다.

452

역주 : 요제프 황제는 18세기 중엽의 오스트리아 황제로 요제프 2세(1741~90년)라고 한다. 그는 재위 중에 농노를 해방하고 세금을 줄였으며 유태인의 상태를 개선하고 성직자의 힘을 제한, 몇 개의 수도원을 폐쇄했으며, 부지 10만제곱미터의 '빈' 종합병원을 세웠다. 그의 이름은 오늘날에도 '빈' 중앙역의 이름으로 남아 있다. 여기서는 이러한 종류의 치세, 개혁을 치료에 비유했다.

스물여덟 번째 강의

정신분석 요법

여러분은 내가 오늘 무슨 말을 하려 하는지 이미 알고 있을 것이다. 정신분석 요법은 결국 감정전이, 즉 암시에 입각한다고 내가 인정했을 때 여러분은 우리가 어째서 직접 암시를 사용하지 않느냐고 물었다. 그리고 또 여러분은 암시라는 것이 이토록 중시되고 있는데도 여전히 우리는 우리의 심리학상의 발견이 객관적이라는 것을 보장할 수 있느냐는 의문을 그 질문에 결부시켰다. 그리고 나는 여러분에게 자세히 대답하겠다고 약속했다.

직접 암시라는 것은 증상의 발현에 대해서 하는 암시이며, 여러분의 권위와 병을 일으키는 동기와의 싸움에 대한 암시이다. 여러분은 이 경우 이 동기를 전혀 고려하지 않고 증상이라는 형태가 몸에 나타나면 그것을 억누르라고 환자에게 요구하고 있다. 그래서는 여러분이 환자를 최면상태에 두건 두지 않건 결국 마찬가지다. 베르네임은 그의 독특한 날카로운 통찰로, 암시는 최면술이라는 현상의 본질이지만 최면 그 자체가 암시의 결과, 즉 암시된 상태라고 몇 번이나 되풀이해서 주장했다. 그 결과는 최면상태에서 건 암시와 마찬가지였다.

그러면 여러분은 경험담과 이론적인 고찰의 어느 쪽을 먼저 듣고 싶은가?

경험담부터 시작하기로 한다. 나는 1889년, 낭시에 있는 베르네임을 찾아가서 그의 제자가 되었다. 그리고 베르네임의 암시에 대한 책을 독일어로 번역했다. 몇 해 동안 나는 최면요법을 썼다. 처음 나는 그것을 금지암시(禁止暗示. 이제 이런 증상은 일어나지 않는다는 암시)에 결부시켰으며 나중에는 브로이어의 심문법에 결부시켰다. 그러므로 나는 최면요법 혹은 암시요법의 효과에 대해서 나 자신의 깊은 경험부터 이야기해도 좋을 것이다. 옛날 의사들의 말에 의하면 이상적인 치료법이란 수고가 덜 들고 믿을 수 있으며, 환자가 불쾌하게 생각지 않아야 한다. 만일 그렇다면 베르네임의 방법은 물론 이 중의 두 가지 조건을 갖추고 있다. 그의 방법은 매우 빨리 환자를 치료할 수 있다. 그리고 환자를 고생시키거나 불쾌감을 주지 않는다. 의사로 봐서는 이 방법은 결국은 단조로워진다. 그리고 어떤 환자에 대해서나 같은 방법과 같은 형식을 사용해서 여러 가지 증상이 존재하지 못하도록 하면 된다. 물론 증상의 의미라든가 의의는 포착할 것도 없다. 그러니 그것은 마치 기계적인 작업 같은 것이며 결코 과학적인 작업이라고는 할 수 없었다. 이 치료법은 또 환자의 기분을 상하게 하지 않았다. 그러나 베르네임의 방법은 하나의 조건이 결여되어 있었다. 이 방법은 어느 점으로 보나 믿을 만한 것이 못 되었다. 한 환자에게는 적용되지만 다른 환자에게는 적용되지 않았다. 한 환자에게는 큰 성과를 거두었지만 다른 환자에게는 거의 성공하지 못했다. 그리고 그 이유가 무엇인지 도무지 알 수 없었다.

이 암시요법의 효과가 영속하지 않은 것은 이 요법이 변덕스러웠던 것 이상으로 불편했다. 얼마 후 환자에게 물어보면 그 전의 고통이 재발해 있거나, 그 전의 고통이 새로운 고통으로 바뀌어 있었다. 그래서 의사는 다시 최면을 걸지 않으면 안 되었다. 이 치료법에 대해서 경험을 쌓은 의사는 몇 번이나 되풀이하여 최면을 걸어서 환자의 자주성(自主性)을 빼앗거나 마약처럼 이 치료법에 습관성이 붙어서는 안 된다고 경고하고 있다. 하기야 예상대로 성공하는 일도 많았다. 조금만 고생하면 영속하는 완전한 효과를 올릴 수가 있었다. 그러나 그와 같이 좋은 결과가 어떤 조건 아래서 이루어졌는지는 끝내 알지 못했다.

한 번 나는 이런 경험을 한 적이 있다. 단기간의 최면요법으로 한 여자 환자의 무거운 병을 깨끗이 고쳐주었다. 그런데 그 환자가 이렇다 할 까닭도 없이 내게 원한을 품은 뒤에는 고스란히 병이 재발했다. 그러다가 내가 환자와 화해를 하자 병은 다시 완전히 사라져버렸으며, 환자가 내게 다시 반감을 품게 되니 병도 재발했다.

또한 이런 경험도 한 적이 있다. 내가 최면술로 몇 번이나 노이로제 상태에서 구해준 어느 환자가 특히 완고한 어떤 발작을 치료하고 있는 동안 갑자기 내 목에 매달렸다. 이상과 같은 사실을 보면 사람이 바라건 바라지 않건, 암시적 권위(暗示的權威)의 본질은 무엇인지, 또 그것은 무엇에 유래하는가 생각하지 않을 수 없게 된다.

경험담은 이것으로 충분하다. 이상의 경험담은 우리가 설령 직접 암시를 포기하더라도 아주 소중한 것을 포기한 것이 아님을 보여준다. 그러면 이에 대해서 몇 가지 점을 음미해보자. 최면요법은 의사로 봐서나 환자로 봐서나 그리 힘들지 않다. 이 치료법은 많은 의사가 지금도 여전히 인정하고 있는 노이로제에 대한 견해와 꼭 일치한다. 의사는 노이로제 환자에게 "나쁜 데는 없어요, 단순한 신경성입니다. 그러니 당신의 괴로움 같은 것은 내가 몇 마디만 하면 오륙 분 안에 날려버릴 수 있어요." 하고 말한다. 그러나 그에 알맞는 장치의 힘을 빌리지 않더라도 직접 무거운 짐에 손을 대고 아주 적은 힘만 들이면 그 짐을 움직일 수 있다고 하는 것은 에너지에 대한 우리의 생각과 어긋난다. 지금의 상황이 이에 해당하기 때문에 우리의 경험상 그와 같은 잔재주는 노이로제의 경우 성공하지 못한다는 것을 배우게 된다. 그러나 나는 이 논법이 공격을 받을 성질의 것임을 알고 있다. 이 논법에는 '환기(喚起)' 최면 암시에 의해 격한 감정이나 행동이 일어나는 것이 포함되어 있다.

정신분석에서 얻은 지식의 관점에서 우리는 최면술 암시와 정신분석 암시 사이에 있는 차이를 다음과 같이 설명할 수 있다. 최면요법은 정신생활 속에 있는 것을 숨기고 장식하려고 하지만, 분석요법은 이것을 들추어내고 제거하려고 한다. 전자는 미용술(美容術) 같은 일을 하고, 후자는 외과요법과 같은 일을 한다. 최면요법은 증상을 금지하기 위해서 암시를 사용하고 억압을 강화하며, 증상 형성을 가져온 모든 과정을 그대로 둔다. 그런데 분석요법은 더 깊게 병의 근원을 향하며 증상을 일으킨 갈등을 공격한다. 그리고 이 갈등의 결과를 바꾸기 위해서 암시를 이용한다.

최면요법은 환자를 무활동(無活動), 무변화(無變化)에 머물게 한다. 그러므로 환자는 병의 어떤 새로운 유인(誘因)에 대해서 전과 마찬가지로 저항이 없다. 분석요법은 환자에게나 의사에게나 많은 노력을 필요로 하게 만든다. 그리고 이 노력은 내부저항을 제거하는 데 소비된다. 이 내부저항을 제거함으로써 환자의 정신생활은 영구히 바뀌어지고, 더 높은 발달단계에 추켜올려지며, 새로운 발병 가능성에서 방위된다. 저항을 제거한다는 이 작업이 분석요법의 근본을 이루는 것이다. 따라서 환자는 이 작업을 완수하지 않으면 안 되며, 의사도 교육이라는 뜻으로 작용하고 있는 암시의 도움으로 환자에게 이 작업을 완수하도록 해주어야 한다. 그러므로 정신분석 요법은 일종의 재교육(再敎育—Nacherziehung)이라고 해도 결코 부당하지 않다. 나는 이제 여러분에게 암시를 치료에 사용하는 정신분석의 방법과 최면요법만을 사용하는 방법이 어떤 점에서 다른가 하는 것을 분명히 밝혔다고 생각한다. 암시를 감정전이로 만들어버림으로써 여러분은 최면요법 때 우리 눈에 기괴하게 비친 그 변덕스러움의 원인을 알았을 것이고, 한편 분석요법은 그 한계 내에서는 믿을 수 있다는 이유를 알게 되었을 것이다. 최면상태를 사용할 경우 우리는 환자의 전이능력(轉移能力)에 좌우되지만 전이능력 자체에는 아무 영향을 미치지 못한다. 최면술이 걸린 환자의 감정전이는 음성이거나, 혹은 대개 그렇듯이 암비발렌츠이다. 어떤 경우는 특별한 태도를 가짐으로써 환자가 자기의 감정전이를 미리 방지할 수 있을는지 모른다. 그러나 우리는 그런 것을 경험한 기억이 없다. 정신분석에서 우리는 감정전이 자체에 의해 작업을 하고, 감정전이를 방해하는 것을 쫓아버리며, 우리가 활용하고 싶어하는 도구를 준비한다. 이와같이 우리는 암시라는 힘을 다른 식으로 사용할 수 있게 된다. 우리는 암시를 뜻대로 사용할 수 있다. 즉 환자는 자기 마음대로 자기 자신에게 암시를 걸 뿐 아니라 환자가 일반적으로 암시의 영향을 받는 한에서 우리는 환자의 암시를 조종하는 것이다.

그런데 여러분은 "우리가 정신분석의 원동력을 '감정전이'라고 부르건 '암시'라고 부르건, 그것은 아무래도 좋은 일이다. 그러나 그래서는 우리가 발견한 것이 객관적인 확실성이 의심스러워질 위험이 있다."고 말할 것이다. 치료에 도움이 되는 것이 연구에는 해로운 것이 되어버린다. 이것은 정신분석에 가장 잘 제기되는 항의이다. 그리고 여러분은 비록 이 항의가 엉뚱한 것이라 할지라도 이 항의를 불합리한 것이라고 일축해버릴 수는 없다고 고백할 것이다. 그러나 만일 이 항의가 정당한 것이라면 정신분석이라는 것은 교묘하게 위장하는 특별한 작용을 가진 일종의 암시요법에 지나지 않게 될 것이다. 그리고 우리는 생활의 감화나 심리적 역학이나 무의식에 대한 정신분석의 주장을 모두 대단찮은 것이라고 생각해도 좋을 것이다. 정신분석의 반대자도 그와 같이 생각하고 있다. 특히 성체험의 의의에 관한 것은 모두——설령 성체험 그 자체가 아니더라도——우리 자신의 타락된 공상 속에서 그와 같이 여러 가지로 짜맞추어서 환자에게 '믿게 만든' 것이라고 생각되고 있다.

이와 같은 비난은 이론(理論)의 도움에 의해서라기보다 경험의 도움으로 훨씬 쉽게 반박할 수 있다. 자기 자신이 정신분석을 한 사람은 환자에게 그와 같이 암시하는 것은 불가능하다고 몇 번이나 납득할 수 있었을 것이다. 환자를 어떤 학설의 신봉자로 만들어서 의사의 그릇된 생각에 찬동시키는 것은 물론 쉽다. 이와 같은 경우에 환자는 환자가 아닌 사람, 이를테면 학생 같은 태도를 갖는다. 그러나 의사는 그것으로 환자의 지성에는 영향을 줄 수 있지만 그 환자의 병에는 영향을 줄 수 없다.

환자의 갈등을 해결하고, 그의 저항을 극복하는 데 성공하는 것은 환자의 마음에 현재 존재하는 것과 일치하는 예상관념(豫想觀念)을 환자에게 주었을 때뿐이다. 의사의 추측과 일치하지 않은 것은 분석 진행 중에 다시 소실해버린다. 그것은 철회되어 더 올바른 것으로 바꾸어져야 한다. 의사는 신중한 기법을 사용해서 암시의 일시적인 효과가 나타나지 않도록 해야 한다. 그러나 이와 같은 일시적인 효과가 나타나더라도 걱정할 필요는 없다. 왜냐하면 우리는 제일 처음의 결과로 만족하지 않기 때문이다. 증상 예의 분명찮은 부분이 밝혀지지 않고 기억의 결손이 메꿔지지 않으며 억압의 동기가 발견되지 않으면 우리는 분석이 끝났다고 간주하지 않는다. 너무 빨리 결과가 나타나면 우리는 분석작업이 진척되었다고 생각하기보다 오히려 분석작업이 방해되었다고 생각하고, 그 결과가 된 전이를 몇 번이나 해소시킴으로써 그 결과를 부정해버린다. 분석요법이 순전한 암시요법과 구별되고, 또 분석의 결과는 암시의 결과가 아닐까 하는 의혹이 일소되는 것은 결국 방금 말한 그 특징에 의해서다. 다른 모든 암시요법에 있어서는 감정전이는 주의 깊게 보호되고, 손을 대지 않도록 해둔다. 그런데 분석요법에서는 전이 그 자체가 치료의 대상이 되고, 전이는 여러 가지 현상형(現象型)으로 분해된다. 분석요법이 끝날 때는 전이 그 자체가 소멸되어 있어야 한다. 그리고 좋은 결과가 나타나서 그것이 줄곧 계속되는 것은 암시에 의하는 것이 아니라 암시의 도움으로 성취된 내부저항의 극복이라는 작용, 즉 환자의 마음속에서 달성된 내부의 변화에 의해서이다.

우리는 치료 중에 음성〔敵對的〕인 감정전이로 바뀔 수 있는 감정전이와 싸워야 하기 때문에 개개의 암시가 생기는 것은 아마 방해될 것이다. 그러면 보통 같으면 암시로 생긴 것이 아닐까 하고 의심될 분석의 많은 결과가 이론의 여지없는 다른 방법으로 확인되는 증거를 보여주겠다. 이 증인은 조발성치매와 파라노이아의 환자이다. 이런 환자는 암시의 영향을 받은 것이 아닐까 하는 의혹을 가질 필요가 물론 조금도 없다. 이들 환자가 의식에 떠오른 상징의 번역이나 공상에 대해서 우리에게 이야기해주는 것은 감정전이 노이로제 환자의 무의식에 대한 우리의 연구 결과와 아주 일치하고, 또 흔히 의심받고 있는 우리의 해석이 객관적으로 옳다는 것을 보장해준다. 그러므로 이 점에 대해서 여러분은 분석을 믿어도 잘못이 아닐 줄 안다.

이제 우리는 치유(治癒)의 메커니즘에 대한 우리의 이야기를 리비도론의 공식을 사용해서 완성하고 싶다. 노이로제 환자에게는 향락의 능력도, 일을 하는 능력도 없다. 향락하는 능력이 없는 것은 그 사람의 리비도가 현실의 대상을 향하고 있지 않기 때문이고, 일할 능력이 없는 것은 리비도를 계속 억압하여 그것이 솟아오르는 것을 막기 위해서 다른 에너지를 대량으로 사용하지 않으면 안 되기 때문이다. 만일 환자의 자아와 리비도 사이의 갈등이 끝나고, 그의 자아가 다시 리비도를 뜻대로 할 수 있게 되면 그는 건강해질 것이다. 그러므로 치료의 사명은 자아에서 멀어져 있는 현재의 속박에서 리비도를 해방하여 리비도를 다시 자아에 종속시키는 데 있다.

그러면 노이로제 환자의 리비도는 어디에 있는 것일까? 그것을 찾아내기는 쉬운 일이다. 그 리비도는 증상——이것은 우선 단 하나 가능한 대상만족(代償滿足)을 리비도에 주고 있다——에 결부되어 있다. 그러므로 사람은 증상을 극복하고 그것을 해소키지 않으면 안된다. 즉 환자가 우리에게 요구하는 것과 똑같은 일이다. 증상을 없애려면 증상의 발생에까지 거슬러올라가서 증상을 만들고 있는 갈등을 소생시켜, 그 당시는 뜻대로 되지 않았던 욕동의 도움을 빌려 갈등을 다른 결말로 향하게 해주는 일이 꼭 필요하다. 억압과정에서 일어나는 이 정정(訂正)의 일부는 억압되어버린 과정의 기억의 흔적에 의해서 이루어진다. 그러나 이 작업의 결정적인 부분은 의사에 대한 관계, 즉 '감정전이'에 의해서 그 옛 갈등의 신판(新版)을 만듦으로써 이루어지는 것이다. 그리고 이 옛 갈등에 대해서 환자는 지난날 그가 거동한 것처럼 거동하고 싶어한다. 한편 의사는 환자의 뜻대로 되는 정신적인 힘을 모두 환자로 하여금 동원시켜서 이 갈등을 억지로 해결시키려고 한다. 그러므로 감정전이는 서로 싸우는 모든 힘이 부딪치는 싸움터라고 할 수 있다.

리비도와 리비도에 대한 모든 반항은 의사와의 관계에 집중된다. 그 결과 당연히 증상에서는 리비도가 없어진다. 그리고 환자의 본래의 병 대신 감정전이라는 인공적으로 만들어진 병, 즉 감정전이성 질환이 나타난다. 갖가지 비현실적인 리비도의 대상 대신 이 또한 공상적인 의사라는 대상이 나타난다. 그러나 이 대상에 대한 새로운 싸움은 의사의 암시에 도움을 받아 최고의 심리적인 단계에까지 높여져서 정상적인 심적 갈등으로서 진행한다. 이렇게 새로운 억압을 피함으로써 자아와 리비도 사이의 불안은 없어지고, 인격의 정신적인 통일이 다시 만들어진다. 리비도가 의사라는 일시적인 대상에서 또다시 분리되면 리비도는 지난날의 대상으로 되돌아가지 못하고 자아의 명령에 따르게 된다. 이 치료의 작업 중에 극복된 힘은 한쪽은 리비도가 어떤 방향으로 나아가려고 하는 데 대한 자아의 혐오이며(이것은 억압 경향으로서 나타났던 것이다), 또 한편에선 일단 배비된 대상에서 떠나기를 싫어하는 리비도의 집착하는 성질, 즉 점착성(粘着性)이다(이 때문에 리비도는 전에 배비된 대상에서 떨어지고 싶어하지 않는 것이다).

그러므로 치료라는 작업은 두 단계로 나누어진다. 제1단계는 모든 리비도를 증상에서 감정전이로 밀어주어 감정전이에 집중시키는 일이다. 제2단계는 이 새로운 대상에 대한 싸움의 전단(戰端)을 열어 리비도를 이 대상에서 쫓아버리는 일이다. 그리하여 이 새로운 갈등에서 억압이 일어나지 않으면 좋은 결과를 얻을 수 있다. 그 결과 리비도는 무의식 속으로 달아남으로써 자아에서 다시 멀어질 수 없게 된다. 그리고 이 억압배제(排除)는 의사의 암시를 받고 달성된 자아의 변화로 성취된다. 무의식을 의식으로 바꾸려고 하는 해석작업에 의해서 자아는 이 무의식의 희생으로 하여 확대된다. 교육에 의해서 자아는 리비도와 화해하게 되고, 리비도에 어느 정도의 만족을 양보할 기분이 된다. 자아는 리비도의 일부를 승화(昇華)에 의해서 방출할 수 있기 때문에 리비도의 요구를 무서워하는 일이 적어진다.

치료과정이 이상적인 기술(記述)과 일치하면 할수록 정신분석 요법의 효과는 크다. 치료를 방해하는 것은 대상에서 떨어지지 않으려고 저항하는 리비도의 운동성 결여와 대상에의 전이가 어떤 한계 이상으로 증대되는 것을 허용치 않는 나르시시즘의 완고함이다. 우리는 감정전이에 의해서 리비도의 일부를 우리 자신에게 끌어당겨 자아의 지배를 벗어나 리비도를 모두 포착한다고 말하면 치유과정의 역학(力學)은 아마 더 분명해질 것이다.

치료 중에, 그리고 치료로 회복되는 리비도의 분포에서 병중의 리비도 배분법(配分法)을 직접 추측해서는 안 된다는 경고가 마땅히 나온다. 어떤 환자가 아버지에의 감정을 의사에게 옮기는 강한 부친 감정전이(父親感情轉移)를 만들어놓고 이것을 제거함으로써 다행히도 훌륭히 병이 나았다고 하자. 이 경우 환자는 리비도가 무의식적으로 아버지에게 그와 같이 결부되어 있었기 때문에 병이 난 것이라고 추론하는 것은 잘못일 것이다. 이 경우 부친 감정전이는 우리가 리비도를 포착하려 하고 있는 싸움터에 지나지 않는다. 환자의 리비도는 다른 위치에서 이곳으로 이동해온 것이다. 이 싸움터는 반드시 적의 중요한 요새와 일치하지는 않는다. 적의 수도 방위는 수도의 문 앞에서 행해질 필요는 없다. 전이를 다시 한 번 그만두어야 비로소 우리는 병중에 존재하고 있었던 리비도의 분포를 관념 속에서 재구성할 수 있는 것이다.

리비도론의 관점에서 우리는 다시 한 번 꿈에 대해 최후의 단안을 내리고 싶다. 노이로제 환자의 꿈은 그 환자의 잘못이나 자유연상처럼 증상의 뜻을 추측하고, 리비도의 처분방법을 발견하는 데 도움이 된다. 꿈은 어떤 소망충동이 억압을 받았는가, 또 자아에서 물러난 리비도가 어떤 대상에 정착돼 있었는가를 소망충족의 형태로 우리에게 제시해준다. 그러므로 꿈의 해석은 정신분석 요법에 있어서 큰 역할을 하며, 또 많은 증상 예에서 장기간에 걸쳐 분석작업의 가장 중요한 수단이 된다. 우리는 이미 수면상태에서는 억압이 어느 정도 완화된 것을 알고 있다. 억압에 가해지는 압력이 얼마쯤 줄기 때문에 억압된 충동은 낮에 증상 속에 나타나는 것보다 훨씬 뚜렷이 꿈속에 나타난다. 그러므로 꿈의 연구는 자아에서 물러난 리비도가 속해 있는 억압된 무의식을 아는 데 있어서 가장 편리한 길이 되는 것이다.

그러나 노이로제 환자의 꿈은 본질적으로는 정상인의 꿈과 다르지 않다. 아니, 아마 대개는 양자를 구별할 수 없을 것이다. 정상인의 꿈에 통용되지 않는 방법으로 노이로제 환자의 꿈을 설명한다는 것은 터무니없는 일이다. 그러므로 우리는 노이로제와 건강의 차이가 낮에만 해당되며, 꿈에는 해당되지 않는다고 말할 수 있다. 노이로제 환자의 꿈과 증상 사이에는 관련이 있기 때문에 그들로써 분명해진 많은 가설을 우리는 건강인에게도 옮기지 않을 수 없게 된 것이다. 우리는 건강인도 꿈만이나, 꿈과 증상을 일으킬 수 있는 소지를 정신생활 속에 갖고 있음을 부정할 수 없다. 또 우리는 건강인도 억압을 하고, 줄곧 그 억압을 계속하기 위해서 에너지를 어느 정도 소비하지 않으면 안 되며, 그 무의식 체계에는 억압되고, 게다가 에너지가 배비된 욕동을 감추고 있으며, 그리고 그의 리비도의 일부는 그 사람의 자아의 뜻대로 되지 않는다고 결론짓지 않으면 안 된다. 그러므로 건강인도 잠재적인 노이로제 환자다. 그러나 꿈은 겉보기에는 건강한 사람이 만들 수 있는 오직 하나의 증상인 것처럼 여겨진다. 만일 여러분이 각성생활(覺醒生活)을 날카로운 눈으로 관찰한다면 이 외견과 모순되는 것을 실제로 발견하게 될 것이다. 즉 겉보기에 건강하다고 할 수 있는 그 생활에는 보잘것없고 실제로는 중요하지 않은 무수한 증상 형성이 섞여 있는 것이다.

그러므로 신경질적인 건강과 노이로제 사이의 차이는 실용적인 점에만 제한된다. 그 구별은 자유로운 에너지 양과 억압에 의해 속박된 에너지 양과의 상대적 관계에 환원될 수 있는 것이다. 즉 이 차이는 질적인 것이 아니라 양적인 것이다. 이 견해는 체질적인 소인에 기인하기는 하나, 노이로제란 원칙적으로 치유될 수 있다는 우리의 확신에 이론적인 근거를 제공해주는 것임을 여러분에게 새삼스레 상기시킬 것도 없을 것이다.

건강한 사람의 꿈과 노이로제 환자의 꿈이 같다는 사실에서 우리는 건강의 특징을 여러 가지로 억측해도 좋을 것이다. 그러나 꿈 그 자체에 대해서 다음과 같은, 아니 그 이상의 결론을 끌어낼 수 있을 것이다. 즉 우리는 꿈을 노이로제 증상과의 관련에서 떼어내서는 안 되고, 또 꿈의 본질은 사상(思想)을 태곳적(太古的)인 표현형식으로 번역한다는 공식으로 설명된다고 믿어서도 안 되며, 꿈이라는 것에서 우리는 현존하는 리비도의 처분방법과 대상배비를 나타내고 있다고 가정하지 않으면 안 된다고.

드디어 이야기는 종말에 이르렀다. 내가 정신분석 요법의 장(章)에서 이론적인 것만 설명하고, 치료가 실시되는 조건 및 치료가 거두는 효과에 대해서 아무 말도 하지 않은 데 대해 여러분은 아마 실망했을 줄로 안다. 그러나 이 두 가지는 이야기하지 않기로 한다. 전자를 이야기하지 않는 것은 여러분에게 정신분석을 하기 위한 실제상의 지도를 해줄 생각은 아예 처음부터 하지 않았기 때문이며, 후자를 말하지 않는 것은 여러 가지 동기가 나를 만류하기 때문이다. 이 강의 초에 정신분석 요법이 편리한 조건 아래서는 내과적 치료법 중에서는 훌륭한 치료 효과를 거둔다고 역설했다. 그리고 나는 이 효과는 다른 어떤 방법으로도 거둘 수 없을 것이라고 덧붙일 수 있다. 그러나 만일 내가 이 이상 말한다면 내가 과대한 선전으로 떠들썩해진 저 경멸의 소리를 흩날려버리려 하고 있는 것이 아닐까 하는 혐의를 받게 된다.

의학 교수들은 회합 석상에서까지 분석이 실패한 예와 분석이 해독을 끼친 예를 끌어모아 분석요법이라는 것은 가치가 없다는 것을 공표하여 괴로워하는 민중의 눈을 뜨게 해주자고, 자주 정신분석가에게 협박의 말까지 털어놓았다. 그러나 그와 같은 예를 모아봐야 그 방법이 악의에 찬 밀고적인 성질을 띠고 있는 점은 도외시하더라도 분석의

치료 효과에 대해서 올바른 판단을 내리는 데 적당한 일이라고는 생각
되지 않는다. 여러분도 알다시피 분석요법은 아직 시작 단계다. 우리
가 그 기법을 확립할 때까지는 실로 오랜 세월이 걸렸다. 그리고 이것
을 연구하는 동안에 또 차차 증가해가는 경험의 영향을 받아 완성된
것이다. 기법을 가르치기가 어렵기 때문에 정신분석에는 신참 의사들
이 기술을 연마하는 데 다른 부분의 전문가들보다 자기 자신의 능력에
의지하지 않으면 안 되었다. 그러므로 그 사람이 첫 해에 거둔 효과는
결코 분석요법의 효과라고 판단할 수가 없을 것이다. 정신분석의 초
기에는 치료의 시도가 실패로 끝난 일이 많았다. 그것은 일반적으로
이 방법이 적당치 않은 오늘날에 우리가 적응증(適應症)에서 제외하
고 있는 증상 예를 시도했기 때문이다. 그러나 이 적응증은 분석을 해
보고 비로소 안 것이다. 뚜렷한 형태를 가진 파라노이아라든가 조발
성치매에 효과가 없다는 것을 처음에는 알지 못했다. 그러나 여러 가
지 질환에 이 방법을 시도한다는 것은 역시 옳은 일이다. 그러나 첫
해의 실패는 대체로 의사의 실수나 부적당한 재료를 골랐기 때문에 생
긴 것이 아니라 외적 조건이 나빴기 때문에 일어난 것이다.

우리는 지금까지 반드시 나타나는, 정복할 수 있는 환자의 내부저
항에 대해서만 이야기했다. 분석 중에 환자의 처지나 환경으로 일어
나는 외부저항은 이론적으로는 거의 흥미가 없지만 실제에 있어서는
가장 중요한 것이다. 정신분석 요법은 외과 수술에 비할 수 있다. 즉
외과 수술처럼 성공하는 데 가장 좋은 조건 아래서 실시할 필요가
있다. 수술을 할 때 보통 외과 의사가 어떤 준비를 하는지 여러분은
알고 있을 것이다. 적당한 수술실, 훌륭한 광선, 조수, 가족을 멀리하
는 조치 등등이다. 그런데 외과 의사가 환자의 가족이 다 입회한 자리
에서 수술을 해야 하고, 더욱이 그들이 수술대를 둘러싸고 들여다보
면서 메스를 가할 때마다 큰소리를 지른다면 이 수술이 얼마나 잘 되
겠는가? 여러분은 한번 생각해보기 바란다. 정신분석 요법에서는 가
족이 자리를 함께 하는 것은 매우 위험하다. 더욱이 그것은 막을 수
없을 정도의 큰 위험이다.

우리는 환자의 내부저항을 각오한다. 내부저항은 부득이한 것이라
고 생각한다. 그러나 외부저항은 어떻게 막으면 좋을 것인가? 우리

가 아무리 설명해도 환자의 가족은 우리 뜻대로 되지 않으며, 그들에게 모든 문제에 대해 초연한 태도를 갖게 할 수도 없다. 또, 환자의 가족과 협력해도 안 된다. 왜냐하면 자기가 믿는 사람이 자기 편을 들어줄 것을 바라는——그것은 당연한 일이지만——환자의 신뢰를 잃을 우려가 있기 때문이다.

어떤 불화 때문에 가정이 파괴되는가를 알고 있는 사람은 분석가로서, 환자의 가족은 흔히 환자가 건강해지는 것보다 그대로 병들어 있는 쪽에 관심을 나타낸다는 것을 알아도 놀랄 것이 없다. 세상에 흔히 있듯이 노이로제가 가족들과의 갈등관계에 있을 경우 건강한 사람은 자기 이익과 환자의 회복 중 어느 쪽을 택하느냐 하면, 즉각 자기 이익을 택한다. 남편이란 당연히 차기의 구악(舊惡)이 드러날 것이 예상되는 치료를 좋아하지 않는 법이다. 우리도 이런 예에는 놀라지 않으며, 남편의 저항에 병든 아내의 저항이 합치는 바람에 우리의 노력이 수포로 돌아가거나 서두에서 꺾여버려도 우리는 우리 자신을 조금도 책망할 수 없다. 우리는 현존하는 상황 아래서 실행 불가능한 것을 실행하려 한 데 지나지 않았던 것이다.

많은 증상 예를 설명하는 대신 내가 의사로서의 양심 때문에 매우 난처했던 경우 하나를 이야기하겠다.

몇 해 전에 나는 한 젊은 처녀에게 분석 요법을 실시하고 있었는데, 이 처녀는 오래 전부터 불안해서 한길을 걸어갈 수도 없고, 집에 혼자 있을 수도 없게 되어 있었다. 이 처녀 환자는 자기의 어머니와 돈 많은 어느 남자와의 정사를 우연히 목격했기 때문에 공상이 생겼다고 차차 고백하기 시작했다. 그런데 처녀는 경솔하게도——아니 서둘러서——분석 시간에 주고받은 말을 어머니에게 암시했다. 즉 딸은 어머니에 대한 태도를 바꾸어 혼자 집을 지키고 있을 때의 불안은 어머니밖에 막아줄 수가 없다고 주장했다. 그러고는 어머니가 외출하려고 하면 불안에 가득 차서 방문을 막아섰다. 어머니는 전에는 신경질적이었는데, 몇 해 전에 물리치료를 실시하는 어느 병원에 다니고부터 완전히 나았다. 아니, 그녀는 그 병원에 다니고 있을 때 한 남자와 알게 되어 모든 점에서 자기를 만족시켜주는 관계를 그와 맺을 수가 있었다고 말해도 좋다. 딸이 열렬히 요구하는 바람에 놀란 그녀는 문득 자기 딸의 불안이 무엇을 뜻하는가를 깨달았다. 딸은 어머니를 집에 가두어 어머니가 애인과 교제하는 데 필요한 행동의 자유를 빼앗기 위해서 병이 난 것이다. 그래서 어머니는 즉각 앞으로 딸을 해로운 치료를 받으러 보내지 않기로 결심했다. 딸은 어느 병원의 신경과로 보내어지고, 그 병원에서 오랜 세월 '정신분석의 가엾은 희생자'라는 실물교시(實物敎示)의 재료가 되었다.

내 요법이 뜻밖의 결과가 되었기 때문에 그 동안 줄곧 나에 대한 악평이 들려왔다. 그러나 나는 침묵을 지켰다. 의사로서 비밀을 지킬 의무가 있다고 믿었기 때문이다. 그런데 몇 해 뒤에, 그 병원을 방문하여 이 광장공포증(廣場恐怖症)인 처녀를 만난 동료한테서 처녀의 어머니와 어느 돈 많은 남자와의 관계가 온 동네에 소문이 나 있으며, 두 사람은 마치 부부처럼 아이까지 생겼다는 이야기를 들었다. 결국 이 '비밀' 때문에 분석 치료가 희생된 것이었다.

대전(제1차 세계 대전) 전 몇 해 동안 외국에서 많은 환자들이 나를 찾아왔으므로 나는 내가 살고 있는 빈 시의 좋고 나쁜 평판과 관계가 없어져 버렸다. 그때 나는 자기의 기본적인 생활관계의 일에 대해서 타인에게 의존하고 있는 환자, 즉 독립해 있지 않은 환자는 결코 치료하지 않는다는 규칙을 만들었다. 그러나 정신분석가라고 다 이 규칙을 지킬 수는 없다. 아마 여러분은 가족에 대한 경계 때문에 정신분석은 가정에 있는 환자에게 실시해서는 안 된다. 즉 이 요법은 병원의 신경과에 입원한 환자에게만 한정해야 한다고 결론지을 것이다. 그러나 나는 여러분의 이 말에 찬성하지 않는다. 환자는――아주 쇠약한 단계에 있지 않는 한――치료 중에는 실생활이 그들에게 부과하는 과제와 싸워야 하는 상황 속에 있는 편이 훨씬 유리하다. 다만 가족은 그 거동으로써 이 유리한 점을 상쇄해서는 안 되며, 또 일반적으로 의사의 노력에 적의를 갖고 반항해서도 안 된다. 그러나 여러분은 우리의 손이 미치지 않는 이 인자(가족들)를 어떻게 해서 이 방면으로 움직이겠는가 하고 생각할 것이다. 치료의 전망이라는 것은 사회적인 환경과 그 가정의 문화적인 상태에 크게 좌우되는 것이라고 여러분들은 마땅히 추측할 것이다.

방해적인 이 외래인자(外來因子)를 이와같이 평가하면 우리가 겪은 실패의 대부분이 설명되지만, 이상의 말이 치료법으로서의 정신분석의 유효성에 대해서 암담한 미래를 약속하는 것이라고 말하는 것은 옳지 않다. 정신분석에 호의를 가진 사람은 분석의 성공율과 실패율의 통계를 내도록 우리에게 충고해주었다. 그러나 나는 이 충고를 듣지 않았다. 왜냐하면 나는 통계라는 것은 비교, 대조한 단위가 같은 종류의 것이 아니면, 또 치료를 실시한 노이로제 질환의 증상 예가 여러 가지 점에서 같지 않으면 가치가 없다고 생각했기 때문이다. 그리고 또 우리는 관찰할 수 있는 시일이 너무나 짧아서 치료의 효과가 언제까지 계속될는지 판단할 수 없었고, 또 많은 증상 예를 일반적으로 보고할 수도 없었다. 왜냐하면 이와 같은 증상 예는 자기의 병, 자기의 치료조차 비밀로 해두려는 사람들이며, 자기가 나은 것도 역시 비밀로 해야 하는 사람들이기 때문이었다. 그러나 통계를 물리친 최대의 이유는 사람들은 분석요법 문제에 대해서는 극도로 비합리적인 태도를 가지므로 합리적인 수단으로 이것을 어떻게 할 가망이 없다고 생각했기 때문이다. 새로운 치료법이란 것은 마치 코호(Koch)가 결핵에 대한 첫 투베르쿨린 효과를 발표하였을 때처럼 열광적으로 환영받고 연기처럼 사라져버리거나, 혹은 제너(E. J. Jenner)의 종두(種痘)——오늘날에도 아직 완고한 반대자가 있기는 하지만——처럼 그 당시에는 아무도 거들떠보지 않았으나 실제로 복음을 가져다주는 그 둘 중의 하나이다. 정신분석에 대해서 분명히 편견이 유포되고 있다. 만일 우리가 어려운 증상 예를 고치면 다른사람들은 "그런 것은 증명이 되지 않는다. 환자는 치료를 받을 무렵에 자연히 나아 있었는지도 모른다." 라고 말할 것이다. 그리고 우울병과 조병(躁病—mania)의 네 주기를 거친 환자가 우울병 뒤의 휴지기(休止期)에 내 치료를 받고 3주일 후에 다시 조병이 재발되면 가족들은 모두, 아니 입회 초청을 받은 의사로서 당당한 대가들까지도 이 새로운 발작을 환자에게 실시한 정신분석의 결과라고 확신하고 만다. 이러한 편견이란 어쩔 수 없는 것이다. 여러분은 현재 교전상태에 있는 한 민족이 다른 민족에 대해서 나타낸 갖가지 편견에 의해서 또다시 그런 일을 보고 있는 것이다. 이에 대처하는 가장 이상적인 수단은 그 편견이 시간의 경과와 더불어 자연히 사라지기를 기다리는 것이다. 언젠가는 같은 인간이 같은 일을 종래와는 전혀 다른 식으로 생각하게 될 것이다. 인간이 어째서 훨씬 옛날에 그와 같이 생각지 않았는지는 오늘날에도 역시 수수께끼일 뿐이다.

정신분석에 대한 편견은 이제 차츰차츰 그림자를 감추기 시작하고 있다. 많은 나라에 정신분석의 지식이 보급되었다는 것과 정신분석 요법을 실시하는 의사의 수가 늘어났다는 것은 이것을 잘 말해준다. 내가 젊었을 때 마치 오늘날 정신분석에 '냉정한 사람들'이 정신분석에 반대하고 있는 것처럼 최면술의 암시요법에 대한 의사들의 요란스런 비난의 소리를 듣곤 했었다. 그러나 최면술은 처음에 기대된 치료 효과를 발휘하지는 못했다. 우리들 정신 분석가는 이 최면술파의 정통 후계자라고 자칭해도 좋다.

그리고 또 우리는 그 최면술에서 얼마나 많은 격려와 이론적인 계몽을 받았는가를 결코 잊어서는 안 된다.

정신분석에 대해서 이러쿵저러쿵 말을 듣는 해로운 결과는 대체적으로 분석을 잘 하지 못했거나 분석하는 도중에서 그만두었을 때 나타나는 갈등이 증대하기 때문에 생기는 일시적인 현상에 지나지 않는다.

여러분은 우리가 환자에게 실시하는 치료과정에 대해서 설명을 들었다. 그러므로 우리의 노력이 과연 영구적인 장해를 가져다주는 것인지 아닌지 여러분이 판단을 내릴 수 있을 것이다.

물론 정신분석의 남용은 여러 방면에서 일어날 수 있다.

특히 전이(轉移)는 비양심적인 의사의 수중에 있을 때는 위험하기 짝이 없는 무기가 된다. 하지만 의약에서나 의사의 치료법에서나 이 남용을 막을 수단은 없다. 메스는 그것을 들지 않은 한 치료에 아무런 도움이 되지 않는 것이다.

여러분, 강의는 이것으로 끝났다. 내 강의의 여러 가지 결점을 돌이켜보면 부끄럽기 짝이 없는데, 이것은 결코 형식적인 인사가 아니다. 간단히 언급한 주제를 다른 대목에서 다시 다루겠다고 몇 번이나 약속해놓고도 그 약속을 지킬 수 있는 대목에 와서 지키지 못한 것을 특히 유감으로 생각하고 있다.

나는 여러분에게 발전의 도상에 있는 미완성의 문제를 보고할 작정이었으므로 짧게 요약된 논술 자체가 불완전한 것이 되고 말았다. 많은 대목에서 결론을 끌어낼 수 있는 재료를 마련했지만 그때 내 자신이 결론을 내리지 않았던 것도 있었다.

그것은 나로서는 여러분을 전문가로 만들 생각이 전혀 없기 때문이었다.

다만 나는 여러분의 흥미를 돋우려고 했을 뿐이다.

東洋 古典 百選

＊계속 간행합니다.

일신서적출판사

121-110 서울시 마포구 신수동 177-3
영업부 : 703-3001~6   FAX : 703-3009

정신 분석 입문

- **저 자** / 프로이트
- **역 자** / 김 양 순
- **발행자** / 남   용
- **발행소** / 일신서적출판사

주 소 : 121-110
　　　서울 마포구 신수동 177-3
등 록 : 1969. 9. 12. (No. 10-70)
전 화 : 703-3006~8
FAX : 703-3008
대체구좌 : 012245-31-2133577